U0920900

上海商务年鉴

SHANGHAI COMMERCE YEARBOOK

2010

《上海商务年鉴》编纂委员会　编

上海锦绣文章出版社

图书在版编目(CIP)数据

上海商务年鉴·2010/《上海商务年鉴》编纂委员会编.
—上海：上海锦绣文章出版社，2010.6

ISBN 978-7-5452-0665-4

Ⅰ.①上... Ⅱ.①上... Ⅲ.①商务—上海市—2010—年鉴 Ⅳ.①F727.51-54

中国版本图书馆CIP数据核字(2010)第092840号

上海商务年鉴(2010)

责任编辑：叶　导
美术编辑：姚　毅

上海锦绣文章出版社出版、发行
(200040　上海市长乐路672弄33号　www.shp.cn)
上海展强印刷有限公司印刷　　新华书店上海发行所经销
2010年9月第1版　　2010年9月第1次印刷
开本889×1194　　1/16　　印张26.75　　插页100　　字数110万字
书号:ISBN 978-7-5452-0665-4/J·384
定价：300.00元

2009年9月1日，中共上海市委书记俞正声出席美国硅谷银行有限公司上海代表处揭牌仪式

2009年7月20日，上海市市长韩正会见美国商务部部长骆家辉

2009年7月21日，上海市副市长唐登杰为第十六批跨国公司地区总部颁证

2009年3月6日，上海市商务委员会主任沙海林会见日本索尼（中国）有限公司董事长高篠静雄

2009年5月27日，上海市商务委员会副主任张新生陪同市领导会见加拿大亿万豪剑桥公司总裁唐和耐

上海市商务委员会副主任王新培在上海市展览会突发事件应急处置工作会议上讲话

2009年5月21日，上海市商务委员会副主任菅和平陪同市领导会见法国雅高服务有限公司全球首席执行官艾萨奇

2009年10月29日，上海市商务委员会副主任赵抗美陪同市领导会见美国ARC公司首席执行官亚当·罗斯门

上海市商务委员会副主任顾军在上海餐饮业服务世博誓师大会上宣讲动员

上海市商务委员会副主任黄峰会见康宁大中华区CEO孟安睿

上海市商务委员会秘书长顾嘉禾在“网络时代零售业格局转变与发展研讨会”上讲话

上海市商务委员会副巡视员胡文君参加上海世博会主运行指挥部窗口服务组工作会议

2009年12月，上海市商务委员会副巡视员俞建明会见土耳其伊斯坦布尔商会代表

2009年6月11日，第十二届国际商业论坛在锦江小礼堂举行

2009年10月21日，上海软件外包国际峰会在虹桥迎宾馆举行

2009年7月28日，上海外商投资企业座谈会在虹桥迎宾馆举行

2009上海家电名品嘉年华颁奖盛典在青松城大酒店举行

《上海商务年鉴》首届理事会单位会议在上海市商务委员会会议厅举行

上海东方电视购物有限公司在直播节目中销售雪佛兰轿车

上海商业的领头羊——新世界股份有限公司

兰生集团上海轻工国际发展有限公司在广交会上的展位

迎世博倒计时400天，浦东新区启动“旅游进社区”活动

2009年11月5日，虹口区举行迎世博600天行动，上海市首批文明餐厅授牌仪式

黄浦区召开2009“迎接世博、共谋发展”中秋恳谈会

2009年徐汇区在徐家汇举行“迎世博”新年倒计时活动

2009年静安区举行“静安国际购物嘉年华开幕式”

2009年10月30—31日，第三届中国中小企业节在奉贤区举行

青浦区举行"外商投资企业圣诞·新年音乐会"

杨浦区以创智天地园区为核心，辐射江湾五角场高新技术产业发展集聚区。图为鸟瞰创智天地园区全景

2009年11月18日，崇明县委、县政府在浦东金茂君悦大酒店举行"崇明商机研讨会暨招商推介会"

上海与世界各国和地区经济贸易关系示意图

2009年上海与世界上229个国家和地区有经济贸易关系

上海商贸国内市场发展布局图

上海商贸国内市场至2009年已有28个商业网点

祝贺单位

(排名不分先后)

光明食品(集团)有限公司
上海水产(集团)总公司
上海新世界股份有限公司
上海市国际贸易促进委员会
东方国际(集团)有限公司
上海兰生(集团)有限公司
中国上海外经(集团)有限公司
东方国际集团上海市对外贸易有限公司
上海丝绸集团股份有限公司
东方国际创业股份有限公司
上海汽车进出口有限公司
东方国际集团上海利泰进出口有限公司
东方国际集团上海家纺有限公司
东方国际集团上海市纺织品进出口有限公司
世博集团上海市对外服务有限公司
上海综合保税区管理委员会
上海市漕河泾新兴技术开发区发展总公司
上海市松江工业区管理委员会
上海化学工业区管理委员会
上海嘉定工业区管理委员会
上海金桥出口加工区管理委员会
上海市莘庄工业区管理委员会
上海闵行经济技术开发区联合发展有限公司
上海三凯进出口有限公司
上海轻工国际发展有限公司
上海建工(集团)总公司
上海对外劳务经贸合作有限公司
世博集团上海外经贸商务展览有限公司
世博集团上海现代国际展览有限公司
上海国际广告展览有限公司
上海市国际展览有限公司
上海新国际博览中心有限公司
上海博华国际展览有限公司

上海大宗钢铁电子交易中心有限公司
上海苏宁电器有限公司
联华超市股份有限公司
上海东方电视购物有限公司
浦东新区商务委员会
黄浦区商务委员会
静安区商务委员会
长宁区商务委员会
卢湾区商务委员会
徐汇区商务委员会
杨浦区商务委员会
虹口区商务委员会
闸北区商务委员会
宝山区商务委员会
普陀区商务委员会
闵行区经济委员会
嘉定区经济委员会
金山区经济委员会
松江区经济委员会
青浦区经济委员会
奉贤区经济委员会
崇明县经济委员会
中信泰富(中国)投资有限公司
东工物产贸易有限公司
上海欧雅恩企家居有限公司
上海蔡同德药业有限公司
上海捷强烟草糖酒(集团)连锁有限公司
上海西郊国际农产品交易有限公司
上海兰生国泰进出口有限公司
上海崇明华联超市有限公司
上海商业储运有限公司
上海嘉定商城有限公司
沛丰建筑工程(上海)有限公司

中国馆 CHINA PAVILION

祝贺单位

(排名不分先后)

上海江杨农产品批发市场经营管理有限公司
上海莘松房地产有限公司
上海浦东商业股份有限公司
上海尊贵电器有限公司
统一企业(中国)投资有限公司
上海飞马进出口有限公司
亿万豪健桥商业经营管理(上海)有限公司
上海理想信息产业(集团)有限公司
震旦有限公司
上海试四赫维化工有限公司
双钱集团股份有限公司
中国检验认证集团上海有限公司
上海老凤祥钻石加工中心有限公司
托伦斯精密机械(上海)有限公司
多美滋婴幼儿食品有限公司
嘉麒房地产开发(上海)有限公司
上海国际家用纺织品产业园
上海东方明珠进出口有限公司
四川快益点电器服务连锁有限公司上海分公司
国基电子(上海)有限公司
锐港商业(上海)有限公司
上海奥克斯电气销售有限公司
亚玛芬体育用品贸易(上海)有限公司
上海赞英时装有限公司
四川长虹电器股份有限公司上海分公司
电气硝子玻璃(上海)广电有限公司
上海仲义建设实业有限公司
上海豫园(集团)有限公司
苏特恩斯国际货运代理(上海)有限公司
德益齐租赁(中国)有限公司
尤妮佳生活用品(中国)有限公司
上海企德货展设备有限公司
好能机械系统(上海)有限公司

上海嘉定万达投资有限公司
杰劳瑞森国际货运(上海)有限公司
上海新境界食品贸易有限公司
上海香港三联书店有限公司
上海海尔工贸有限公司
沃特世科技(上海)有限公司
汉诺威再保险股份公司上海分公司
阿姆斯壮世界工业(中国)有限公司
上海梯西爱尔电器贸易有限公司
上海爱丽丝制衣有限公司
康佳集团多媒体上海分公司
长谷川香料(上海)有限公司
宜佳(上海)香料有限公司
上海化学工业区进出口有限公司
联太担保(上海)有限公司
永安百货有限公司
上海凯宝药业股份有限公司
上海文峰电器销售有限公司
锦江国际(集团)有限公司
必能信超声(上海)有限公司
上海华林工业气体有限公司
上海桃丰商贸有限公司
必和必拓国际贸易(上海)有限公司
东电化(中国)投资有限公司
中国储备粮管理总公司上海分公司
伟翔环保科技发展(上海)有限公司
大中里物业有限公司
上海经贸国际货运实业有限公司
上海海虹出租汽车有限公司
上海朋杨科技有限公司
上海古岛实业有限公司
霍尼韦尔航空电子(上海)有限公司
上海桂林实业有限公司

祝贺单位

(排名不分先后)

上海黄色小鸭贸易有限公司
上海中安商业发展有限公司
中怡保险经纪有限责任公司
上海亨斯迈聚氨酯有限公司
上海百联西郊购物中心有限公司
上海宗巍科技发展有限公司
上海团结普瑞玛激光设备有限公司
上海高鸿恒昌电子科技有限公司
第一兴商(上海)电子有限公司
上海李特实业有限公司
上海山景集成电路技术有限公司
葵和精密电子(上海)有限公司
上海友谊百货有限公司上海友谊商店
卡西欧(上海)贸易有限公司
上海亚俊国际贸易有限公司
昌硕科技(上海)有限公司
上海每日通贩商业有限公司
上海新华联大厦有限公司
爱普科斯(中国)投资有限公司
上海塔汇针织厂

上海核工蝶形弹簧制造有限公司
佛吉亚(上海)管理有限公司
上海丽洲生产性服务业功能区有限公司
上海杜氏实业有限公司
(上海银科实业有限公司)
上海虹桥友谊商城有限公司
上海奉贤西渡工业区管理委员会
盛美半导体设备(上海)有限公司
百鸿国际机械(上海)有限公司
上海中智库玛市场研究有限公司
上海市奉贤区南桥镇杨王工业园区
富来(上海)压铸机有限公司
上海华联商厦
上海周虎臣曹素功笔墨有限公司
光大期货有限公司
上海中隆纸业有限公司
上海亚龙烟草机械有限公司
上海雅马哈建设摩托车销售有限公司
开成兴业(上海)礼品有限公司
上海市崇明县供销合作总社

《上海商务年鉴》理事会

《上海商务年鉴》理事会

（排名不分先后）

理事单位

上海博华国际展览有限公司
上海大宗钢铁电子交易中心有限公司
上海苏宁电器有限公司
联华超市股份有限公司
上海东方电视购物有限公司
恩智浦半导体(上海)有限公司
锐港商业(上海)有限公司
历峰商业有限公司
中铁快运股份有限公司上海分公司
浦东新区商务委员会
黄浦区商务委员会
静安区商务委员会
长宁区商务委员会
卢湾区商务委员会
徐汇区商务委员会
杨浦区商务委员会
虹口区商务委员会
闸北区商务委员会
普陀区商务委员会
宝山区商务委员会
闵行区经济委员会
嘉定区经济委员会
金山区经济委员会
松江区经济委员会
青浦区经济委员会
奉贤区经济委员会
崇明县经济委员会

《上海商务年鉴》编纂委员会

名誉主任： 唐登杰

主　　任： 沙海林

副 主 任： 张新生　王新培　訾和平　赵抗美　顾　军
黄　峰　顾嘉禾　胡文君　俞建明

主　　编： 沙海林

副 主 编： 訾和平　王垂芳（常务）

编　　委：（以姓氏笔画为序）
邓福顺　田忠法　申卫华　朱　红　华天雄
刘　敏　孙嘉荣　谷　健　李　泓　吴建业
吴星宝　余如鹤　陈章远　徐文杰　桑　琦
臧新兴　戴　刚　濮韶华

《上海商务年鉴》编辑部成员

主　　任： 王垂芳

副 主 任： 姚芝芬

编　　辑： 吴　钟

资料收集： 史孝瑛　应伟生　戚鸿振
丁东妹　庞经成

《上海商务年鉴》

特约撰稿人、特约摄影和图片搜集人

（以姓氏笔画为序）

上海市商务委员会及所属事业单位

马山珊　尤永生　凤　奕　卢　正　史顺安　包闻杰　刘龙年
杨　晓　杨　曜　李　莺　吴　钟　吴德兴　余　敏　沈未来
沈　莺　陈宇先　陈　卿　周琳琳　庞春和　徐士良　郭笑捷
彭　勃　童培幸　戴桂麟

区　县

丁映红　方炳云　兰晓丽　刘文青　汤　皓　孙　安　李贺楠
吴培民　沈国准　张亦易　张忠志　陆国平　陈　彪　赵彩燕
徐卫民　曹济南　解文婧　蔡晨怡

保税区、工业区、开发区

王　晖　许利萍　苏程远　李延志　陈震林　武　鹏　娄有乐
夏其林　诸　亮

集团企业

米　军　朱　平　骆　琪　顾礼海　倪沈冰

著名企业

王大维　王　庆　王　健　方　丹　朱　昱　朱　菁　朱　蓓
孙玉宇　孙荣堂　李昌臻　张　英　张　蕾　陆懿晨　陈小平
国　光　郑志明　姚　婧　章式涛　康　莉　富文博

展览企业

王肇藩　李保健　李　琳　宋　佳　张　婷　陈伟巍　潘　宇

特约摄影

王树盛　平家驷

图片、资料工作人员

丁遂亮　沈　莺　徐彦雯

编辑说明

一、《上海商务年鉴》(以下简称《年鉴》)是一部大型的上海商贸专业工具书，由上海市商务委员会负责组织编纂。其主要任务是全面收集上海每一年的商贸发展情况及资料信息，并编辑整理，汇集成册。

二、《年鉴》的前身为《上海对外经济贸易年鉴》，创刊于1995年，每年编纂出版1卷，已出版14卷。《上海商务年鉴(2010)》延续其总卷号为第十六卷，主要记载2009年上海内贸，外贸，吸引外资，对外经济合作，服务贸易，技术贸易，商务体制改革等方面的发展情况，重点反映上海商务企业改革及经营情况。

三、《年鉴》主要采用记叙文体及图文并茂形式，全面记述和真实反映上海商务情况。其编纂体例在突出上海商务地方特色的前提下，力求同国家商务部主办的《中国商务年鉴》相衔接，与海内外编辑的经济类年鉴接轨。

四、《年鉴》设置的编目，随着上海每一年商贸的发展将有增有减。本卷年鉴除继续以专栏形式拓展开发区、展览会和"庆世博，创造更美好企业"外，全书共设七个大编，包括综合，企业，专栏，区县商务，专集，统计，便览等，约100万字，收集图照200余幅。

(一) 综合。总体介绍上海商务发展情况。

1. 特载。精选市、委领导有关上海商务的讲话，共2篇。

2. 总述。约请上海市商务委撰写的关于2009年上海商务发展综合情况，1篇。

3. 专文。由上海市商务委等有关处室及所属事业单位撰写的专题文章，共11篇。

(二) 企业。收录上海内外贸集团、公司发展情况。

1. 集团企业。介绍上海一些代表性的以国内贸易、对外经济贸易为主业的集团的机制转换及贸易发展情况，共5篇。

2. 著名企业。介绍2009年在上海市场经营居领先地位的内贸企业、专业外贸公司的经营情况；介绍跨国经营先进企业实施"走出去"战略，对外投资和经济合作发展情况以及服务贸易企业的经营发展情况；共19篇。

(三) 专栏。设有开发区、展览会和"庆世博，创造更美好企业"3个专栏。

1. 开发区。介绍上海国家级、市级开发区经营发展情况以及园区重大项目介绍，共17篇。

2. 展览会。介绍外经贸商务展览等服务贸易企业出国展览和来华来沪展览的经营发展情况以及重大展事,共14篇。

3. “庆世博,创造更美好企业”。介绍老字号、名牌商品、著名商标等内外贸企业,共117篇。

(四) 区县商务。介绍上海18个区县的商务发展情况。

(五) 专集。收录上海市商务委员会行政机构及领导人,商贸法规,商贸业协会,商务工作大事记。

1. 上海市商务委员会组织机构。介绍委领导成员、各处室及其负责人,以及委直属单位。

2. 商贸法律法规。收录国家及上海市商贸法律和政策性文件名录,共2篇。

3. 商贸业协会。选登内外贸行业协会,共16家。

4. 2009年上海商务工作大事记。共119条。

(六) 统计。

1. 对外贸易往来国家(地区)贸易情况分析。共15篇。

2. 内外贸统计表。收录上海2009年度国内贸易、对外贸易、吸引外资、对外经济合作、技术贸易等主要统计资料,共40类。

(七) 商贸便览。收录上海—中国—世界有关商务数据比较资料,共10类。

五、本卷年鉴有关编目中的数据,由于统计口径不同、方法不一,尚有不一致的情况。如有差异,均以统计编中的数据为准。另外有些资料及数据来自网上及相关报纸和杂志,仅供读者参考。

六、本卷年鉴在编纂过程中,得到各撰稿单位及有关人员的大力支持,在此谨表谢意,并请海内外读者对不足之处提出批评。联系地址:上海市四川中路49号209室,邮政编码:200002,电话(021)63218539,传真(021)63519389。

《上海商务年鉴》编辑部

2010年5月

上海商务年鉴(2010)

总　目　录

分编目录

第一编　综　合

第二编　企　业

第三编 专栏

第四编　区县商务

第五编 专集

第六编 统计

第七编 商贸便览

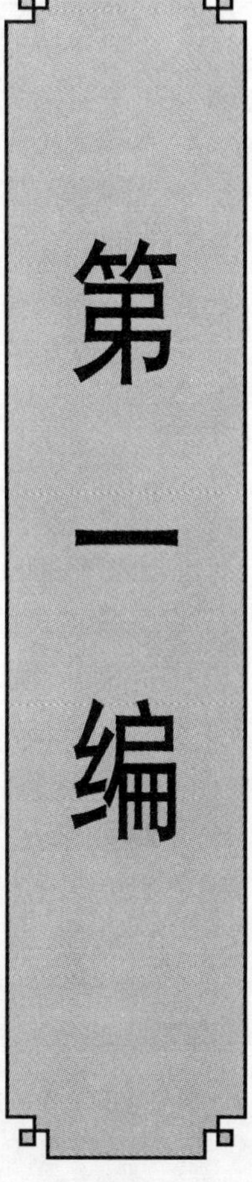

综　合

特载·总述·专文

一、特　载

在全市商务工作会议上的讲话(摘录)

上海市副市长　唐登杰

(2010年3月10日)

同志们:

经过认真准备,今天在这里召开一年一度的全市商务工作会议。会议内容很丰富,形式也很新颖。刚才,我们观看了一部短片,形象地展现了去年全市商务领域应对国际金融危机的冲击、推进商务发展取得的新成绩。杨国强同志传达了全国商务工作会议精神,沙海林同志代表市商务委作了一个很好的工作报告。希望大家会后认真学习研究,抓好工作落实。下面,我再简要谈四点意见:

一、肯定成绩,总结经验,珍惜商务发展的良好局面

2009年是新世纪以来上海商务工作面临困难最多、挑战最大的一年。同时也是我们砥砺奋进、顽强拼搏、取得新成就、实现新发展的一年。在市委、市政府的坚强领导下,我们不仅全面完成了各项目标任务,为全市经济平稳较快发展增添了浓墨重彩的一笔,同时全市商务部门通过应对挑战在许多方面也积累了宝贵的工作经验。

一是出台政策及时有效。市商务委在市政府的领导下,坚决贯彻中央和市委的精神,密集出台了搞活流通扩大消费、保持外贸稳定增长、促进服务贸易全面发展、促进服务外包产业发展和贸易便利化工作规程等重要的政策措施,相关区县也制定了相关配套政策和支持措施,特别是一些十分急迫、同时又符合WTO规则的资金扶持政策,对应对危机发挥了重要作用。

二是落实措施坚决果断。市区商务部门认真贯彻中央和市委市政府应对危机的各项政策措施,通过各种渠道加大政策宣传力度,逐级明确任务,落实责任,确保政策落到实处。本市各级开发区、行业协会和企业发扬拼搏精神,知难而上,充分发挥政策的促进效应,千方百计抢商机、拓市场,在逆境中奋进。通过大家的共同努力,去年商务工作为克服危机影响、保持全市经济平稳较快发展做出了积极贡献。

三是突出重点攻坚克难。商务工作任务繁重,头绪也非常多。全市商务部门在各有关方面支持下,着力突破重点、难点和瓶颈。在推进贸易便利化,跨境贸易人民币结算试点,推进服务贸易和服务外包,发展总部经济,实施"走出去"战略,家电下乡、汽车和家电以旧换新,世博特许产品促销等方面呈现

了不少新亮点，特别是去年国际贸易中心建设研究的“破题”，赢得了各方好评。对去年的商务工作，市委、市政府主要领导曾多次给予了肯定和表扬。

四是形成合力服务企业。去年，按照市委提出的“帮企业就是保就业、保民生、保产业、保后劲”的要求，市区商务部门在有关各方的共同努力下，进一步加大了对企业的帮扶力度。比如，针对去年企业普遍反映的融资、信保难等问题，分别与税务、银行、中信保建立了税贸、银贸等多种形式的合作机制，共同帮助商贸企业解决融资、信保等难题。市区商务部门深入企业调研，重点联系做好百强企业的帮扶工作，千方百计帮助企业开拓市场，及时解决企业反映的各类困难和诉求，受到企业的普遍好评。

全市商务工作所取得的成绩，不仅为去年全市经济平稳较快发展做出了重要贡献，而且为全面完成“十一五”规划目标提供了有力保证。数据显示，经过四年的努力，本市除外贸进出口以外，社会消费品零售总额、引进外资、对外经济合作等都提前完成了“十一五”规划的目标任务。

商务工作是受国际金融危机影响最直接的领域，在特殊困难面前能取得这样的成绩极为不易。这是全市商务战线的干部职工在市委、市政府领导下，团结一致，攻坚克难，扎实工作的结果，也是全市各有关部门、区县政府和社会各界大力支持的结果。借此机会，我谨代表市政府，向全市商务领域的干部职工，向所有关心和支持上海商务工作的同志们表示衷心的感谢！

二、认清形势，准确把握商务发展面临的机遇和挑战

温家宝总理在今年的政府工作报告中指出：“今年发展环境虽然有可能好于去年，但是面临的形势极为复杂。各种积极变化和不利影响此长彼消，短期问题和长期矛盾相互交织，国内因素和国际因素相互影响，经济社会发展中‘两难’问题增多”。因此，我们必须在这种极为复杂的形势下，紧紧围绕实现市委、市政府对今年工作提出的“五个确保”要求，全面分析和正确把握商务工作所面临的机遇和挑战。

从上海看，今年商务工作至少有三个方面的重要机遇：

一是举办世博会的机遇。上海世博会是继北京奥运会后我国举办的又一个世界盛会，对上海扩大内需、吸引外资、引进技术以及开展对外经济合作等，都将产生积极推动作用。同时，世博会也将有力地提高上海的国际影响和对全球商务人士的吸引力，从而极大地增强上海开放型经济的发展后劲。

二是抓住结构调整先发优势的机遇。进入新世纪以来，特别是“十一五”以来，上海按照中央“四个率先”要求，努力构建以服务经济为主的产业结构，呈现了良好的发展态势。目前，上海现代服务业门类齐全，增速加快。先进制造业发展迅速，新能源、新材料、海洋工程、大飞机制造等新兴产业蓬勃兴起。同时集聚了一批紧缺急需的领军人才和研发团队。总部经济发展方兴未艾，服务业占比逐年提高，城市综合竞争力进一步增强。为上海加快转变发展方式奠定了基础，也为上海商务发展创造了十分有利的条件。

三是加快“四个中心”建设的机遇。去年，国务院“两个中心”建设政策加快落实、上海国际贸易中心建设加快推进、本市高新技术产业化大力推进、迪斯尼等重大项目落地以及虹桥商务区加快建设等，为上海商务发展打开了新的空间，带来了前所未有的强劲动力。今年，市政府已经把推进上海国际贸易中心建设列入全年20项重点工作之一，将进行实质性启动。

我们要善于抓住这些发展机遇，同时增强忧患意识，保持清醒头脑，在今年工作中格外注重分析和应对以下四个方面的影响。

要密切关注金融危机的后续影响。当前

世界经济有望恢复性增长,但金融危机造成的危害依然存在。如发达国家债务负担上升,跨国公司全球化经营全面收缩,消费和投资的自主增长动力不足,主要发达国家失业率居高不下,各国普遍受产能过剩的困扰,国际需求难以恢复到危机前的水平。商务发展的外部环境不稳定、不确定因素依然很多,我们必须把困难估计得充分一些,应对工作做得更扎实一些。

要密切关注和应对贸易保护主义。今年和未来几年,预计仍将是贸易摩擦的高发期,我国更是首当其冲,已成为贸易摩擦的重灾区。当前,贸易保护主义手法不断翻新,方式更加隐蔽,新的"绿色保护主义"杀伤力远大于传统的贸易救济措施。必须加强研究,早作防范。

要密切关注汇率稳定和国内通胀预期。随着我国在世界率先实现经济回升向好,国际上逼人民币升值的压力不断加大。人民币升值将直接削弱出口产品的国际竞争力,对我们加快出口产品结构调整是重大挑战。与此同时,近期国际资源性产品价格上涨也有可能会向国内传导,增加国内通胀预期的压力,增加我们保障市场平稳运行的难度。

要密切关注商务领域竞争加剧的新动向。金融危机一方面导致全球消费和投资减少,另一方面导致各国对外资与出口的需求增加,由此造成吸引外资、承接产业转移和抢占海外市场的竞争日趋白热化。比如吸收外资,跨国公司流动性不足的局面没有根本改善,发达国家提出产业回归并调整政策,引导企业在本国投资、鼓励本国企业境外投资回流;许多国家和地区都纷纷制定更为优惠的政策吸引外资,国际引资竞争更加激烈。

我们必须审慎分析这些因素的影响,积极应对,努力保持上海商务发展的先发优势。

三、突出重点,全面推进商务领域的各项工作

2010年是上海世博会的举办年,也是实施"十一五"规划的最后一年,我们面临非常光荣而又十分艰巨的任务。全市商务领域要主动作为,不辱使命,圆满完成各项目标任务。重点要在以下四个方面多下功夫。

(一)要在服务世博、狠抓世博商机上下功夫

世博会即将精彩亮相,中华民族的百年梦想即将变为现实。我们要全力以赴,为实现世博会的成功、精彩、难忘,作出最大的努力。

一是要把办好世博会放在重中之重的位置。认真贯彻落实胡锦涛总书记关于做好世博会筹办工作的"六点要求",按照市委、市政府的统一部署,紧紧围绕办好世博这个中心任务,保持和发扬不退缩、不懈怠、不言败的工作作风,跨前一步、主动作为,做好份内事、做优补位事。特别需要强调的是,安全是世博会成功的关键,安全不只是公安部门的事,商务领域也有安全问题。全市商务领域各部门、各单位一定要落实好"六个不发生"的要求,我们绝不能在这个问题上给世博会添乱。

二是要切实做好世博会的服务保障工作。着力改善窗口服务质量。把提高窗口服务质量和水平与提升服务技能、便民利民、树立品牌相结合。继续完善窗口服务设施,强化窗口服务行业管理,加强监督检查,进一步提高服务质量和水平,努力为海内外宾客提供热情周到的服务。全力做好世博会期间的商品供应和食品药品安全工作。加强物资调度,做好物资储备,确保商品供应丰富和市场繁荣。加强主副食品供应链管理,健全食品药品可追溯系统和产品质量安全风险管理机制,确保餐饮和食品药品安全工作万无一失。在食品的供应和安全保障中,特别要做好清真食品的供应和安全保障。

三是要牢牢抓住世博会带来的重要商机。世博会带来了大量境内外客商,在促进消费、招商引资、发展服务贸易等多方面为商务发展带来了难得的机遇,我们要乘势而上,

加强市区联手,积极宣传上海的投资环境和发展前景,不仅要争取他们在上海多消费,还要争取他们在上海多投资。

(二)要在围绕调结构、促转型上下功夫

率先转变经济发展方式是关系上海经济当前和长远发展一项紧迫而重大的战略任务。全市商务领域必须把加快结构调整、转变发展方式放在更加突出的位置,实现“从规模速度型向质量效益型的转变”。从当前上海商务发展形势看,要努力做到调整结构与扩大规模“两手抓”,两手都不能放松。

一是要坚持在扩大开放中调结构。改革开放30多年的实践和成就证明,走开放之路,是上海经济实现又好又快发展的重要保证,是上海未来经济发展不变的主旋律。必须进一步扩大对内对外开放,利用好国际国内“两个市场、两种资源”。转变外贸发展方式,进一步优化出口产品结构,扩大自主品牌和机电产品、高新技术产品及高附加值产品出口比重。进一步推进加工贸易转型升级,鼓励企业开展研发、从制造环节向高端发展。扩大先进技术设备、关键零部件和国内紧缺物资进口。继续优化利用外资的结构,积极推进服务业对外开放,大力发展总部经济和服务外包。继续鼓励外资投向高端制造业、高新技术产业、现代服务业、新能源和节能环保产业。加大本市九大高新技术产业引资力度,重点引进对上海结构调整具有较大促进作用的高端制造业大项目,努力改变制造业外资过快下降趋势。

二是要坚持在加快发展中调结构。充分发挥内贸、外贸、外资、外经和服务业之间相互依存、相互促进的关系,进一步增强相互之间的联动和合力,促进各领域的协调共同发展。要加快发展服务贸易,深入推进部市服务贸易合作,支持企业加大国际市场开发力度,重点促进会展、物流、广告、文化、金融、保险、专业服务等新兴领域服务贸易发展。去年上海服务贸易进出口将超过800亿美元,今年要突破千亿美元。发展服务贸易对于促进上海的结构调整和可持续发展十分重要。要加快发展总部经济,大力吸引跨国公司地区总部、投资性公司、营运中心、研发中心和结算中心。进一步调整和完善总部经济政策,增强总部经济政策的吸引力。研究总部经济政策向国有、民营大企业拓展,进一步推进加速内外资总部向上海集聚。要推动建立国家级进口商品中心、设计中心、技术进出口交易中心、汽车及零部件交易中心。加快建立海外营销网络,实现生产与流通并举,提高贸易的增加值。要继续鼓励有条件、有实力的企业“走出去”,开展对外投资,开拓国际市场。

三是要坚持在稳定和扩大规模中调结构。上海在内贸、外贸、外资和外经规模方面均走在全国前面,这是我们的优势所在,也是结构调整扎实推进的基础。展望未来,我们在扩大规模方面仍然有较大的发展空间,关键是要把握好优化结构与稳定和扩大规模的关系,做到相互促进、相辅相成。

要继续做大做强上海商贸业。今年全市社会消费品零售总额的目标是,比上年增长16%,超过6000亿元,争取再超北京,夺回全国城市社会消费品零售总额第一的位置。要进一步贯彻落实中央和本市扩内需、促消费的支持政策,进一步做好家电下乡和家电、汽车以旧换新工作,努力扩大销售规模。抓住世博会的机遇,加大商业促销力度,拓展销售渠道,扩大世博特许产品销售,提升消费能级,扩大消费规模,进一步增强消费对经济增长的拉动作用。

要继续全力推动对外贸易发展。今年本市对外贸易进出口的增长目标是,比上年增长8%左右。因为去年上半年的基数比较低,前两个月的恢复性增长比例还是比较高的,估计上半年都会比较高,下半年难度会大一些。要充分利用好各类展会,抓好跨境贸易人民币结算试点的契机,大力发展离岸贸易,进一步加大海外市场开拓力度,稳定和扩大对传统市场出口,努力扩大对新兴市场出口规模。积极利用中国—东盟自由贸易区等多双边自由贸易协定和两岸四地经贸合作机制,着力提高市场开放度和贸易便利化水平,加强多双边经贸交流与合作,促进进出口贸易发展。

要继续保持和扩大利用外资规模。今年提的目标是,保持利用外资的适度规模。前不久,胡锦涛总书记在听取上海去年工作汇报时,他说,在去年十分困难的情况下,上海实到外资保持增长,来之不易。今年,我们要以总书记的鼓励和表扬为动力,努力实现利用外资新的增长。要加强产业链招商,加强世博招商,积极创新引资方式,鼓励外商参与本地企业、特别是国有企业兼并重组,鼓励外商创业投资和股权投资,支持具备条件的外资企业在境内资本市场上市。

要继续大力实施"走出去"战略。"走出去"是去年上海商务发展中的一大亮点,今年要争取做得更好。要鼓励企业对外投资,特别是向发达国家投资,鼓励有条件的企业收购、兼并境外知名品牌、营销网络和研发机构,鼓励国外市场有需求的行业产能向境外转移,鼓励企业开展境外资源合作开发,加快培育本土跨国公司和国际知名品牌。我们的境外工程承包异军突起,已经开始进入中等发达国家。要进一步发展境外工程总承包,特别是发达国家工程总承包,提高对外工程承包的质量和水平。要加大对"走出去"企业的帮扶力度,引导企业切实做到依法经营,防范风险,自觉维护上海企业的良好形象。

(三) 要在优化环境、加强服务上下功夫

不断优化上海的营商环境,形成各类企业良性竞争、共同发展的局面,是商务部门和全市商务领域的长期任务。

要进一步推进市场开放和贸易便利化。今年是浦东开发开放20周年。要发挥浦东先行先试效应,积极推进外高桥国际贸易示范区和"上海综合保税区"建设,加快离岸贸易和服务业对外开放试点工作。充分发挥贸易便利化联席会议机制的作用,深入推进"大通关"工程和商贸环境建设,提高营商服务水平。

要进一步推进外资审批制度改革。认真落实《上海市企业登记注册并联审批实施办法(试行)》,完善外资网上办事系统,进一步减少审批环节,简化审批手续,缩短审批时间。在促进外经济合作中,同样要简化各类审批手续,赋予企业更大的境外投资自主权,为支持企业境外发展提供优质服务。

要进一步做好为企业服务的工作。金融危机最困难的时候虽已过去,但经济彻底复苏尚需时日,目前有很多企业还没有缓过气来,困难还很多。商务部门要继续与企业同甘共苦,保持已经建立起来的服务机制,想企业之所想,急企业之所急,千方百计为企业解决困难,支持企业做大做强。

(四) 要在立足当前、着眼长远下功夫

立足当前、着眼长远是商务工作克难奋进的一条重要经验,今年我们更需要这样做。重点抓好两件事:

第一,加快推进国际贸易中心建设。上海国际贸易中心建设是"四个中心"建设的重要组成部分,是关系上海长远发展的国家战略。加快推进上海国际贸易中心建设是市政府今年的重点工作之一,不仅今年,在未来相当长的时间内,全市商务部门都要形成合力,全力推进。

一是要努力推动形成国家层面的指导性意见。市商务委已经在这方面做了大量卓有成效的工作,要继续加强与商务部以及国家部委的沟通联系,加快工作进程。各区县要根据各自的特点,主动思考在国际贸易中心建设中的自身优势和发展重点,加强条块结合,形成全市共同推进国际贸易中心建设的合力。

二是要努力推进虹桥商务区建设。虹桥商务区是推进上海国际贸易中心建设的重要平台。要充分利用国家商务部和市政府"部市合作”以及长三角地区的合作机制，在商务部的支持下，联合江浙两省，推动虹桥商务区国家大型会展设施等贸易标志性区域功能规划和建设，为上海经济增长提供新的动力。

三是要努力推动各种新型业态的发展。大力发展电子商务，大宗商品交易市场，完善市场流通和销售网络，促进有形市场与无形市场的共同繁荣。积极培育信息、旅游、文化、健身、培训、家政服务等消费热点，促进消费结构优化升级。大力发展金融、物流、保险等现代服务业和会计、审计、法律、咨询、评估、设计等专业服务业。重点开展离岸贸易、转口贸易、供应链贸易等政策研究，力求在这些问题上取得新突破。

第二，做好“十二五”规划的编制工作。编制好“十二五”规划，是今年市政府的一项重要工作。市区商务部门要按照市政府的统一部署和要求，集中商务领域精兵强将，广泛动员社会资源，深入研究上海商务发展转型中的重大问题，科学分析本市商务发展的潜力和优势，谋划新发展，探求新思路，切实把编制规划的过程作为集思广益、形成共识的过程，高质量、高水平完成“十二五”商务发展规划编制工作，使规划能够成为今后五年乃至较长时期指导本市商务发展的行动纲领。

四、要加强领导，不断增强商务发展的工作合力

今年商务工作的任务十分明确，关键是要抓好落实。我们要在市委、市政府的领导下，继续发扬拼搏精神，努力完成商务工作的各项任务。当前，首先是要深入贯彻最近召开的市政府工作会议精神，切实抓好商务领域的作风建设。韩正市长在市政府工作会议上强调，“好的工作局面要靠好的队伍作为保障。”要把带好队伍作为落实工作的第一抓手，各部门工作要在“及时”和“精细”上下工夫，不能大而化之，更不能只从部门自身的角度考虑问题。我们一定要把这些要求落实到商务领域的各项工作中去。

一是要加强对商务工作的领导。商务工作是全市经济工作的重要组成部分，做好商务工作是各级政府、各有关部门的共同责任。区县政府要切实加强对商务工作的领导，经常听取商务运行情况汇报，研究和解决商务工作的重大问题。

二是要加强商务工作的统筹协调。商务工作内容多，涵盖面广，与各部门的关系密切。市区商务部门要按照分工，切实承担起商务工作的牵头责任。要自觉地把商务工作放在本市和本地区经济社会发展的全局中考虑和谋划，既要认真履行职责，又要立足于服务经济发展，适时提出意见建议，发挥好“信息部”、“参谋部”的作用；既要主动争取领导的重视和支持，又要与各相关部门密切合作，相互支持，形成工作合力。同时，要充分发挥贸促会、商会、协会等各类中介组织和开发区的作用，共同为全市商务发展而努力。

三是要加强商务部门的自身建设。市区商务部门在这一轮机构调整改革中变化很大，去年是按照新机构、新体制运行的第一年，而且面临着严峻的挑战。面对新的任务、新的要求，我们要进一步加强学习型机关建设，不断提高和改进工作作风，全面提升商务部门的服务水平和工作能力，努力创造新的更好的工作业绩。

在2010年上海商务情况通报会上的讲话

上海市政府副秘书长、市商务委主任 沙海林

（2010年2月9日）

尊敬的各位来宾，

女士们、先生们，朋友们：

在新春佳节到来前夕，我们在这里召开2010年上海商务情况通报会。借此机会，我谨代表上海市商务委员会，向出席今天会议的各国驻沪总领馆官员，各国和港澳台地区外商代表机构、贸易投资促进机构、外商投资企业代表和跨国公司地区总部负责人，以及媒体记者，表示热烈的欢迎！

下面，我向大家介绍一下2009年上海经济社会发展总体情况和2010年发展展望。

一、2009年上海经济社会发展总体情况

2009年，面对国际金融危机冲击和自身发展转型的双重考验，上海经济发展遭遇了前所未有的困难。但是，全市人民在市委、市政府的领导下，坚决贯彻落实国家宏观调控政策，坚定不移地实施扩内需、调结构、促改革、惠民生、保稳定一揽子政策措施，坚定信心，顽强拼搏，较好地完成了经济社会发展和各项目标和任务。

（一）经济运行好于预期

2009年开局，上海经济下滑情势严重，一季度生产总值增幅3.1%，刚刚超过全国平均水平的一半，外贸出口、工业生产和财政收入等持续负增长。经过全市共同努力，上海经济持续向好，逐季回升，运行质量效益逐步改善。全市生产总值二季度同比增长8.7%，三季度同比增长10.9%，四季度同比增长率11.3%。全年实现生产总值14901亿元，比上年增长8.2%，其中，第三产业增加值8847亿元，占全市生产总值的比重达59.4%，比上年提高3.4个百分点。规模以上工业总产值23873亿元，比上年增长3.2%；利润总额达1405亿元，比上年增长43.8%。地方财政收入2540亿元，比上年增长7.7%；社会消费品零售总额5173亿元，比上年增长14%。人民生活持续得到改善。城市和农村居民家庭人均可支配收入分别达到28838元和12324元，比上年增长8.1%和8.2%。新增就业岗位60万个，城镇登记失业率为4.3%，连续五年控制在4.5%以内。

（二）经济结构调整深入推进

贯彻落实国务院关于上海国际金融和航运中心建设的意见，加快推进国际金融中心和国际航运中心建设；大力发展现代服务业和先进制造业，制定了加快发展九大高新技术产业实施意见，启动并实施了200多个重点项目建设；完成南汇并入浦东新区工作，加快推进浦东综合配套改革；积极推进虹桥商务区建设，推动迪斯尼项目落地；加大研发投入，全社会研究与试验发展经费支出占全市生产总值比重达到2.7%左右；加快推进技术改造，全年技术改造投入占工业投资比重超过50%；加大节能减排力度，环保投入占全市生产总值比重达到3%以上，调整淘汰了800多项落后产能，万元生产总值综合能耗超额完成年度计划。

（三）城市基础设施和服务功能进一步完善

一批枢纽型、功能性、网络化重大基础设施陆续建成，世博会园区主要场馆及配套基础

设施基本完工。轨道交通运营线路总长达355公里。上海港集装箱吞吐量达到2500万标箱,连续三年排名全球第二位。机场旅客吞吐量达到5708万人次,比上年增长11.7%,浦东国际机场货邮吞吐量排名全球第三。

(四) 对外经济贸易平稳发展

对外贸易企稳回升,进出口由1月下降29.6%逆转为12月增长35.4%;全市进出口总额2777亿美元,比上年下降13.8%,与全国基本持平,实现“保市场、保份额”目标。利用外资保持稳定,实到外资105亿美元,再创历史新高;吸收合同外资133亿美元,连续五年保持130亿美元以上规模;总部经济取得新进展,全年新增79家跨国公司地区总部、投资性公司和研发中心。“走出去”迈上新台阶,全年对外投资15.4亿美元,比上年增长117%;新签对外工程承包和劳务合作合同额124亿美元,比上年增长12.2%;完成营业额73.4亿美元,比上年增长31.8%。

过去一年的成绩来之不易。这些成绩的取得,是党中央、国务院正确领导的结果,是全市人民团结拼搏、共同努力的结果,是包括在座各位在内的所有海内外朋友大力支持的结果。借此机会,我代表上海市商务委,向在座各位并通过你们向所有关心和支持上海发展的各国朋友们表示衷心的感谢!

二、2010年上海经济社会发展展望

2010年是上海世博会举办年,是实施“十一五”规划最后一年,是应对国际金融危机、巩固扩大经济回升势头、加快经济发展方式转变的关键年。综合判断,2010年全市发展环境总体好于2009年,但外部环境不确定因素仍然较多。从国际看,预计2010年世界经济形势会好于2009年,但全球经济复苏仍将是一个缓慢曲折的过程。从国内看,经济总体持续回升向好,但回升的基础还不稳定、不巩固、不平衡,仍处在企稳回升的关键时期。从上海看,举办世博会、推进国际金融中心和国际航运中心建设、加快高新技术产业化等都将为经济发展注入新动力,但保持经济平稳较快发展、推动经济发展方式转变的任务依然繁重。

2010年上海经济社会发展的总体思路是:在党中央、国务院的坚强领导下,深入贯彻落实科学发展观,认真落实市委九届十次全会和市经济工作会议的部署,确保世博会成功举办,确保经济发展方式转变取得新进展,确保民生持续改善,确保社会和谐稳定,确保“十一五”规划目标全面实现和高质量谋划好“十二五”发展,努力开创改革开放和社会主义现代化建设新局面,力争当好推动科学发展、促进社会和谐的排头兵。

2010年,我们将重点做好以下几个方面工作:

(一) 全力办好中国2010年上海世博会

举办世博会是今年全市的头等大事。我们将认真贯彻落实胡锦涛总书记关于做好世博会筹办工作的“六点要求”,动员全市力量,加强各方协作,确保办成一届成功、精彩、难忘的世博会。主要工作有:一是认真推进世博园区各项筹备工作。高标准、高质量推进世博园区建设和布展任务。二是全面完成迎世博600天行动计划。强化窗口服务行业管理、倡导人人当好东道主。三是精心做好世博安全保障工作。全面加强社会管理,加强安全生产监管、食品药品安全保障,确保城市和谐稳定。四是着力提高世博服务水平。全力安排好国内外参展者服务保障,努力为海内外来宾提供热情周到的服务,向世界展示上海的良好形象。五是抓住世博商机开展贸易投资促进工作。加强对外经济交流,争取更多外商来上海投资发展,也支持更多本土优势企业走向世界。

(二) 加快推进经济发展方式转变

把推进结构调整、加快自主创新作为率先转变经济发展方式的主攻方向和中心环节,以贯彻落实国务院关于上海“两个中心”

建设意见为契机，加快发展现代服务业和高新技术产业，坚持以调整创新促科学发展、以改革开放增内生动力，推动形成服务经济为主的产业结构和创新驱动为主的发展模式。主要工作有：

一是坚持以发展现代服务业为引擎，带动产业结构优化升级。大力推进上海国际金融中心和国际航运中心建设。以金融市场体系、航运集疏运体系和现代航运服务体系为核心，加快建设金融集聚区，探索建立国际航运发展综合试验区，争取在重要领域和关键环节取得新的突破。大力推进国际贸易中心建设。加快制定实施国际贸易中心建设规划、意见和政策，积极推进虹桥商务区规划建设，加快外高桥国际贸易示范区建设，探索开展离岸国际贸易区试点，大力完善口岸管理体制，提高市场开放度和贸易便利化程度。加快发展会计、审计、法律、咨询、评估、设计等各类专业服务业和中介服务业，大力发展以软件、互联网服务、电信服务为重点的信息服务业。优化完善现代服务业集聚区、生产性服务业功能区、高技术服务产业园区和创意产业集聚区规划布局。进一步扩大服务业对外开放。积极争取国家支持，探索设立“服务业开放试验区”，在服务业对外开放政策方面先行先试。

二是坚持以发展先进制造业、特别是高新技术产业化为抓手，推动工业结构优化调整。积极对接国家战略性新兴产业规划，加快推进上海高新技术产业化九大重点领域发展。抓紧落实生物医药、新能源、新能源汽车等产业政策，研究制定高技术服务业促进政策，推进一批高新技术产业化重大项目加快开工，争取部分项目取得突破并形成产能。继续推进临港装备、长兴岛造船、上海化工区等重大产业基地建设，滚动实施技术改造三年行动计划，加快信息化与工业化融合发展。继续扩大制造业对外开放，争取引进更多先进制造业大项目、特别是高新技术产业项目。加快引进一批紧缺急需的领军人才和研发团队，提高自主创新能力。

（三）坚定不移地扩大对外开放

对外开放是上海经济发展永恒的主旋律。新的历史条件下，我们必须进一步扩大对外开放，坚持以开放促发展，以开放促转型。一是继续优化外贸结构。全力巩固传统市场，稳步开拓新兴市场，积极推动加工贸易转型升级，鼓励具有自主品牌和高附加值产品出口。扩大服务贸易规模，促进服务贸易与货物贸易协调发展。发挥口岸优势和保税港区政策效应，发展离岸金融和离岸贸易。继续优化口岸环境，提高通关效率，降低交易成本。二是继续坚持积极利用外资，优化吸收外资结构。抓住世博会外商云集的机会，创新引资方式，大力吸引跨国公司地区总部、投资性公司、营运中心、研发中心和结算中心，引导外资投向现代服务业和高新技术产业、发展离岸服务外包，充分发挥外资在推动产业升级和结构调整方面的积极作用。三是鼓励有条件的各种所有制企业“走出去”。加快培育本土跨国公司和国际知名品牌，加强风险防范。四是继续扩大与港澳台地区的经贸往来合作。

（四）继续推进政府职能转变

紧紧围绕“两高一少”（行政效率最高、透明度最高、收费最少）目标，着力加快政府管理创新，推进依法行政。继续深化行政审批制度改革，全方位推进行政审批标准化建设和网上审批系统建设，扩大告知承诺和并联审批实施范围，进一步减少审批事项、简化审批环节，提高政府行政效率。进一步加强干部队伍建设，增强干部行政执法能力，提高行政服务水平。进一步推进制度建设，完善解决投资纠纷协调机制，加强知识产权保护工作，依法保护外商的合法权益。

女士们、先生们、朋友们：

新的一年已经开始，上海人民正以饱满的精神和扎实的工作迎接世博会的到来。希望各位朋友一如继往地关心和支持上海的发展，关心和支持我们的工作，与我们共同创造上海新的辉煌。

二、总　　述

开拓奋进　加快转型
努力推动上海商务事业实现新跨越

一、商务发展概况

2009年，是上海商务事业经受严峻考验的一年。面对国际金融危机的冲击和上海自身结构转型的挑战，在市委、市政府的正确领导和有关各方的大力支持下，市商务委紧紧围绕“四个确保”，全力以赴“两手抓”，一手抓当前，应对危机保增长，一手抓长远，加大力度促转型，加快推进国际贸易中心建设，保持了上海商务事业的平稳健康发展。

（一）商务发展规模持续扩大

全市社零总额完成5173亿元，比上年增长14%，剔除价格因素，实际增幅为14.7%，高于上年2.7个百分点；实现商品销售总额3.2万亿元，比上年增长19.3%，保持了连续七年两位数增长势头。实到外资再创历史新高，达到105.38亿美元，比上年增长4.5%，高出全国7.1个百分点；合同利用外资133.01亿美元，仍处历史高位。对外投资总额15.36亿美元，比上年增长117%，新签对外工程承包和劳务合作合同额124亿美元，比上年增长12.2%，完成营业额73.4亿美元，比上年增长31.8%，规模和增幅均居全国前列。对外贸易企稳向好，全市进出口总额2777.3亿美元，比上年下降13.8%，好于全国0.1个百分点，在全国占比与2008年持平，实现保市场保份额。

（二）商务发展质量不断提升

流通现代化和消费便利化程度提高，连锁经营零售额989.46亿元，占全市零售总额19.1%，刷卡消费达4113亿元，比上年增长61.6%。对外贸易结构优化，高新技术产品出口达到636.16亿美元，占全市总额的44.83%，高于上年2.7个百分点。服务贸易逆势增长，进出口有望超过800亿美元，比上年增幅在10%以上，约占全国的1/4。利用外资质量提高，第三产业实到外资76.16亿美元，占全市总额的72.3%，比上年增长11.4%。总部经济势头良好，吸引外资总部经济机构79家，其中地区总部36家、投资性公司13家、研发中心30家。对外投资大项目增多，超过千万美元项目20个，占全市投资总额的70%。对外承包工程规模层次提高，合同金额过亿美元项目14个，过10亿美元项目3个，新项目中89.1%分布在科技含量较高的制造及加工业、电力工业、交通运输建设、电子通讯等领域,改变了上海长期以来以土建工程为主的对外承包工程格局。

(三) 商务发展贡献日益突出

商务领域已成为推动上海经济增长、增加税收收入、带动社会就业的重要力量。商业对全市经济增长的贡献率达到23.2%,比上年提高4.7个百分点。商业对上海新增税收的贡献率居全市行业第一,达到71.9%,拉动全市税收增长1.3个百分点,批发零售业在全市所有行业中税收规模保持第一。外资企业销售收入保持增长,纳税总额比上年增长30%以上,继续成为上海经济的重要支柱。商务领域吸纳就业不断增加,商业从业人员已占全市就业人员总数的22.5%,在2009年全市提供的60万个新增就业岗位中,商业占50%以上;外资企业吸纳就业人员接近300万人;对外经济合作派出劳务人员1.39万人次;服务外包从业人员超过10万,其中新增4万人,90%以上为大学以上学历,有效缓解了大学生就业压力。

二、六方面主要工作

(一) 着力加快国际贸易中心建设

借助国务院"两个中心"文件出台的东风,按照市委、市政府"破题"要求,组织全委力量,协调全市资源,吸取全国智慧,开展国际贸易中心建设课题研究。研究报告已经市委常委会通过,并转换成《关于加快推进上海国际贸易中心建设的意见》上报商务部,拟上报国务院转发。市政府与商务部重点围绕上海国际贸易中心建设,签署新的"部市合作"协议。市商务委也与长宁、闵行、卢湾、杨浦等区签订"委区合作"协议;与虹桥商务区管委会计划在虹桥商务区商务功能、引进外资、建设大型会展设施等方面加强合作;与市人大财经委共同开展的国际贸易中心立法调研,已取得初步成果。

(二) 着力引导和扩大消费

认真落实国家扩内需的部署要求,市政府出台《关于本市搞活流通扩大消费的若干意见》,以消费促繁荣、扩内需。

1. 抓住迎世博的契机,精心组织促销活动。坚持政府搭台与企业唱戏相结合,开展文化营销、服务营销、网络营销等各类主题营销活动,不断掀起新的消费热潮。"2009上海购物节",设计了509项活动,重要商圈联动促销,拉动消费作用明显。浦东新区、黄浦、普陀和徐汇的全年零售额都已超过300亿元。国际服装文化节、上海时装周影响力进一步扩大。

2. 落实消费惠民政策,努力促进消费升级。推进万村千乡和"双百"市场工程,大力开展消费惠民活动。截至2009年底,全市家电下乡实现销售7.5万台、1.8亿元;家电以旧换新实现销售75万台、30亿元,在全国9个试点省市中保持领先;受理汽车摩托车下乡2055辆,拉动新车消费3612万元;汽车以旧换新实现销售4358辆、8.28亿元。销售国家节能惠民工程补贴的节能空调32.8万台,占同期空调总销量的46%。

3. 围绕大市场大流通,切实加强市场调控。建立上海主副食品市场供应体系,完善储备机制,加强产销对接。组织各大批发市场和大型农产品流通企业,与全国千余家农副产品生产基地建立产销合作关系;完成120家标准化菜市场建设任务;在600家标准化菜市场建立食品安全信息查询系统,如期完成市政府实事工程项目;猪肉流通安全信息追溯系统建设走在全国前列。依法加强酒类、典当、拍卖等特殊行业管理,进一步规范了商业特许经营市场秩序。

4. 加强内外贸企业对接,拓展出口商品内销市场。搭建内外贸企业对接信息平台、订货平台和销售平台,举办外贸企业新产品、新材料、新包装内销订货会。组织商贸企业参加春秋两届广交会,开展加工贸易内销"先销后税、集中报税"试点,促进出口商品内销,稳定外贸企业,丰富内贸市场。

（三）着力推进现代服务业发展

积极妥善处理面上推进和重点推进的关系，加快上海现代服务业发展步伐。

1. 突出加强规划引导。根据国家有关服务业发展以及对上海“两个中心”建设的意见和要求，市政府发布《2009—2012年上海服务业发展规划》，明确了服务业发展的总体目标、重点领域、布局建设和推进措施，这是全面推进上海服务业发展的规范性文件。同时，出台《上海服务贸易发展中长期规划》、《上海市商业网点布局规划纲要(2009—2020)》等专项规划，《上海服务外包产业发展规划》也将很快发布。

2. 突出加强载体建设。加快推进现代服务业集聚区、服务外包示范区建设。全市20个服务业集聚区已全面启动，部分已成为上海服务业发展的标志性区域。新认定闸北服务外包示范区和3家专业园区以及44家服务外包重点企业。加快推进现代物流业、专业服务业和电子商务发展。制定上海《贯彻落实〈物流业调整和振兴规划〉的实施方案》，积极推进长三角地区现代物流联动发展和中国物流交易中心项目建设。中国物流资源交易中心项目第一阶段陆上货运交易中心建设取得明显成效，网上注册会员已达2.5万家，80%是外省市会员。调研专业服务业发展现状，拟定了发展目标和思路。推进早餐工程、家政服务等民生服务业发展。

3. 突出发展服务贸易。出台《促进上海服务贸易全面发展的实施意见》、《促进服务外包产业发展的实施意见》及技术先进型服务企业、服务外包示范园区认定管理办法。建立服务贸易和服务外包专项资金，形成“上海服务贸易统计和评估系统”内容框架。成功举办上海软件外包国际峰会，重点推进软件出口和软件外包、文化贸易、中医药、国际物流等行业发展。全市服务外包企业承接离岸服务外包合同金额16.83亿美元，比上年增长18.3%；承接离岸服务外包累计执行金额10.36亿美元，比上年增长20.3%。

（四）着力稳定对外经济特别是外贸出口

积极贯彻国家稳外需的政策部署，市政府出台《本市保持外贸稳定增长的若干措施》，政策效应日益显现。

1. 全力抓订单促成交，保市场保份额。积极抓展会促成交，成功举办第十九届华交会和华交会波兰展，华交会出口总成交22.4亿美元；跨采大会，采购清单金额180亿美元；工博会产品和技术成交17.44亿元，比上年增加42.8%。大力开拓海外市场，重点开拓了北非、东盟、拉美等新兴市场。首次采用部市合作方式举办阿尔及尔中国商品展，上海在突尼斯举办的投资贸易洽谈会，成为迄今我国在突尼斯规模最大的投资贸易活动。积极推进人民币跨境贸易结算试点，上海92家企业获得试点资格，第一单落户上海。截至2009年底，试点企业实现交易额21.35亿元，其中进口17.49亿元，出口2.19亿元，服务贸易1.67亿元。扩大出口信用保险支持范围，全年短期出口信用保险规模已达59亿美元，完成国家安排规模的103%。大型成套设备出口承保规模达到11.2亿美元，占全国的17%。稳步推进国家科技兴贸创新基地(生物医药)和国家汽车零部件出口基地建设。认真做好上海市经贸外事和进出口公平贸易工作。协助出口企业应对贸易摩擦案件24起，参与12个产业进口贸易救济调查，举办第六届中国产业国际竞争力论坛，合作开展了技术性贸易壁垒和知识产权应对工作。

2. 优化利用外资结构，发展总部经济。开展针对性招商，组织多个团组赴美、欧等地拜访跨国公司，落实重大项目联系制度，推进大项目好项目落地，做到有困难早帮助，有意向早促进，有合同早到位，有订单早出口，全年投资额千万美元以上的合同外资项目占到81.1%。高度重视利用跨国公司地区总部的贸易整合功能，提高上海贸易营运与控制中心地位，出台鼓励跨国公司地区总部发展专项资金使用和管理试行办法，进一步明确资助与奖励的申请程序、申请材料、拨付办法，取得了良好的促进效应。浦东新区、徐汇、嘉定、杨浦、虹口等引进外资总部机构成效明显。加强对开发区的指导和服务，推进上海化工区升级为国家级开发区以及莘庄工业园区、漕河泾开发区、闵行开发区、上海化工区、青浦开发区、张江开发区创建生态工业园区等工作。

3. 加快“走出去”步伐，拓展战略空间。抓住各国经济刺激计划带来的市场机遇，“走出去”成为上海商务发展的新亮点。积极引导企业对外投资，制定上海《境外投资核准工作的实施细则（试行）》，简化项目核准手续，促进对外投资便利化，通过促进银企对接和政策培训，为解决企业融资难提供有效路径。发挥对外承包工程优势，制定上海《对外承包工程资格管理实施细则（试行）》，加强对企业的管理和服务。依托上海在电站设备、港口机械、地铁建设、大型场馆建设等领域的产业优势，推动对外承包工程，带动国内设备、材料、技术出口和劳务输出。妥善处理多起劳务纠纷，开展清理整顿外派劳务市场秩序专项行动，建立健全外派劳务应急处置机制，解决各类外派劳务纠纷30起，涉及493名劳务人员，追讨各类拖欠劳务款1661.9万元，受到商务部好评。

（五）着力推进“窗口服务迎世博”

积极承担“窗口服务迎世博”牵头重任，紧紧围绕“四个一流”、“四个无障碍”、“四个标志”目标，全面落实《行动纲要》30项重点任务。提升服务规范先行，全市58个窗口服务行业的现有服务标准按迎世博要求全面修改完善，共制订98个服务标准规范，向社会公布。全员行动开展培训，402万从业人员累计完成培训420万人次。落实措施便民利民，58个窗口服务行业100%推出便民利民措施，81条服务热线100%进入服务状态。重点项目跟踪落实，“欢乐谷”等一批重大项目相继建成，新建改建无障碍设施14860个。商业服务业迎世博工作扎实，商业结构调整和功能开发加快推进，服务设施明显改善，诚信建设得到加强。

（六）着力优化上海商务发展环境

1. 积极推进贸易便利化。牵头成立上海贸易便利化联席会议，出台全国首创的《贸易便利化工作规程》和《上海市贸易便利化效率指标框架》，设立服务管理、效率、成本等三大类指标。外高桥国际贸易示范区以及外高桥国际医疗器械展示交易中心、工程机械进出口交易中心相继挂牌，成为推进贸易便利化的重要平台。

2. 稳步推进投资便利化。积极清理行政审批事项，取消10项，调整28项。完善“上海外资网上办事系统”，已覆盖到全市16个区，项目平均审批时间5.08天。外商投资总额1亿美元以下的鼓励类、允许类项目，以及外资并购领域和商业零售、人才中介、职业介绍、经营性租赁、会展等行业审批权全部下放到区县。

3. 全力为企业排忧解难。积极协调解决企业遇到的共性问题，建立出口百强企业跟踪服务责任制，为重点企业提供个性化服务。先后与税务、银行等建立税贸、银贸合作机制。全年帮助商贸企业解决融资贷款超过70亿元，信用销售超过275亿元。帮助国基电子、拜耳公司、普惠公司、英业达、上海巴斯夫、上海金源、上海电器、锦江集团等多个企业解决了特殊困难。

4. 进一步加强自身建设。稳妥推进市商务委机关“三定”工作，加强干部的选拔任用和考评；开展“讲党性、重品行、作表率、树形象”主题教育活动，加强反腐倡廉和政风建设；改进机关作风，特别是支持都江堰灾后重建，在产业转移、商业规划、外派劳务等多方面提供帮助，受到灾区政府和群众的赞扬。

（市商务委综合处（研究室））

三、专　　文

抵御金融危机　商业贡献突出

——2009年上海商业经济运行回眸

2009年是经济跌宕起伏、商业迎难而上的一年。在这一年里，上海商业在新成立的商务委员会的领导下，积极贯彻国务院和市政府"搞活流通、扩大消费"的要求，努力采取有力措施，提振消费信心，抵御国际金融危机对上海经济影响，保持了市场持续繁荣、销售快速增长的发展势头。主要反映在"六个凸现"：

一、商业对全市经济发展的拉动作用进一步凸现

（一）流通、消费规模和增速保持产业经济领先

上海商业全年分别实现商品销售总额、社会消费品零售总额31974.39亿元、5172.88亿元，比上年增长19.3%、14%。流通和消费规模创下上海历史新高，分别保持了2003年、2004年以来连续六年、七年两位数增长势头和全国中心城市商业发展的领先地位。

上海商业连续两年保持零售总额实际增速"两位数、双增长"的发展势头。全年上海社会消费品零售总额剔除商品零售物价指数，实际增长14.7%，增速比上年提高2.7个百分点。

由于受国际金融危机和上年零售价格上涨、零售额基数较高等因素影响，2009年上海商品销售总额、社会消费品零售总额增速比上年分别下降12.1个和3.9个百分点。

（二）拉动经济回升，"三驾马车"消费领先

在拉动经济增长的投资、出口、消费这三大主力中，消费连续两年保持领先增长。2009年社会消费品零售总额增速高于全社会固定资产投资总额增速4.8个百分点，高于出口增速30.2个百分点；消费实际增速（14.7%）高于全市和第三产业生产总值可比增速6.4个、2.1个百分点。

指　　标	单位	2009年实绩	比上年（±%）	2008年增幅（%）
商品销售总额	亿元	31974.39	19.30	31.40
社会消费品零售总额	亿元	5172.88	14.00	17.90

（续表）

指　　标	单位	2009 年实绩	比上年（±%）	2008 年增幅（%）
全社会固定资产投资总额	亿元	5273.33	9.20	8.30
上海市出口总额	亿美元	1419.14	-16.20	17.70
规模以上工业总产值	亿元	23873.08	3.20	8.00
上海市国内生产总值	亿元	14900.93	8.20	9.70
其中：第三产业	亿元	8847.15	12.60	11.30

（三）实现“五个第一”，产业发展速度商业领先

在全市产业经济指标中商业指标表现突出，拉动内需作用明显，流通规模和增速均超过工业、出口和投资总量指标。实现了连续两年保持“五个第一”：流通规模和增速（商品销售总额）保持全市主要经济指标第一、商业对全市国民经济增长的贡献率保持行业第一、商业对全市税收增长的贡献率保持行业第一、商业吸引外商投资项目数量保持行业第一、商业吸纳居民就业的贡献率保持行业第一。

上海商业对扩大消费、促进产品更新换代、支持工业生产和商品进口，建设和谐社会，减轻国际金融危机对本市经济影响，形成流通先导的服务经济做出了显著贡献。

（四）完成产业计划目标商业领先

2009 年上海社会消费品零售总额年度计划和力争计划的目标分别是 5060 亿元、5170 亿元，比上年增长 12%、14%。在全市商业干部职工的共同努力下，社会消费品零售总额均已超额完成年度和力争目标，并提前1—2年完成上海商业“十一五”发展规划中的主要指标。

指　　标	单位	“十一五”计划目标	2009 年实绩
商品销售总额	亿元	25000	31974.39
社会消费品零售总额	亿元	4800	5172.88
商业对全市 GDP 贡献率	%	10	21.50
商业对三产 GDP 贡献率	%	22	24.50
商业服务业从业人员占全市	%	26	32.00

二、商业对拉动内需的促进作用进一步凸现

（一）商业营销成效突出，拉动节庆消费快速上升

上海商业抓住节庆商机，全面开展营销活动，有力地遏制了销售下滑态势，积极营销与政策落实成为销售增长新动力。

元旦 3 天，全市 314 家企业实现销售 21.73 亿元，同比增长 35.6%；上海元旦销售增速高于全国 22.6 个百分点。春节 7 天389 家企业实现销售 42.72 亿元，同比增长 8.4%。“五一”节 3 天，全市 423 家企业实现零售额 23.44 亿元，同比增长 14.2%；高于春节黄金周增速 5.8 个百分点。国庆、中秋黄金周（10 月 1—8 日），全市 423 家企业、4000 多家网点实现零售额 51.8 亿元，同比增长 26.1%，增幅同比提高近 6 个百分点。

9 月、10 月上海商业以“2009 上海购物节”为抓手，动员 18 个区县 2000 家工商企业、2 万个营业网点，开展 509 项主题活动。购物节期间，参与活动单位实现零售总额 372 亿元，同比增长 21.6%，增幅高于 2008

年购物节销售增幅2.1个百分点。在购物节推动下,10月份创上海单月零售额历史次新高(460.14亿元),同比增长14.1%。

(单位:亿元)

年份		1月	2月	3月	4月	5月	6月	7月	8月	9月	10月	11月	12月
零售额	2009年	433.32	397.82	413.66	405.60	434.11	421.62	430.75	439.44	440.72	460.14	434.17	461.53
	2008年	360.71	361.03	369.52	356.31	386.22	369.39	376.95	383.36	385.54	403.16	381.52	403.56
同比(%)	2009年	20.10	17.10	11.90	13.80	12.40	14.10	14.30	14.60	14.30	14.10	13.80	14.40
	2008年	19.70	15.70	15.50	16.00	17.10	16.50	18.50	18.90	18.60	17.70	18.50	19.60

(二)积极放大政策效应,拉动耐用消费品销售上升

全市商业努力放大国家和上海扩内需政策的效应。6月份起,汽车、家电下乡和以旧换新政策,以及节能空调惠民工程等相继启动,汽车、家电等高价值商品销售快速增长,市场呈现淡季旺销喜人景象。呈现“五个增加”:

1. 家电下乡和以旧换新销量增加。至12月底,上海家电下乡和以旧换新累计分别实现销售7.5万台、73.9万台,零售额分别实现1.8亿元、29亿元,已分别拨付财政补贴907万元、1亿元。

2. 汽车以旧换新销量增加。6—12月份汽车以旧换新实现销售4358辆、8.28亿元。

3. 新车销售增加。据汽车销售行业协会对30家重点销售企业统计,2009年销售汽车20.47万辆,比上年增长33%,实现销售额385亿元,比上年增长27.9%。

4. 上牌数量增加。据公安局车管所统计,2009年机动车上牌22.70万辆,比上年增长17.8%,其中:进口小客车、国产轿车分别上牌1.64万辆、16.03万辆,比上年增长8.6%、20.9%。

5. 旧车交易增加。据二手车管理协会统计,2009年交易二手车25.6万辆,比上年增长18.5%;实现交易额158亿元,比上年增长29.5%。

(三)增强消费信心,推动各类销售全面上升

2009年上海社会消费品零售总额除2月份因春节和危机因素回落外,3—5月增速在11.9%—12.4%区间波动回升,6月份起消费信心增强,政策效应增加,零售增速加快,连续七个月增速保持在14%左右。呈现“两个好于”:

1. 非公混合经济成为销售主力,竞争力好于国有集体经济。国有、集体经济商业全年实现零售额318.72亿元,比上年增长9.2%,占全市零售总额6.2%。突出表现在:一是非公、混合经济各类商业销售全部实现两位数增长。全年实现零售额4854.16亿元,比上年增长14.3%,占全市零售总额比重93.8%。二是私营商业成为非公、混合经济发展主力。全年实现零售额2147.01亿元,比上年增长15%,占非公、混合经济商业零售总额的44.2%。三是港澳台商、外商投资商业销售快速增长,全年实现零售额782.83亿元,比上年增长14.4%,占全市零售总额的15.1%。

2. 吃、穿、用商品销售快速增长,下半年好于上半年。全年分别实现零售额2060.58亿元、639.90亿元、2296.21亿元,比上年分别增长14.5%、15%、14.9%;分别占全市零售总额39.8%、12.3%、44.4%;分别拉动全市零售额增长5.7个、1.8个、6.4个百分点。下半年在汽车、家电下乡和以旧换新政策实施的推动下,上海汽车、家电销售旺盛,直接推动用类商品零售额增长。

（四）市区商业繁荣繁华，郊区商业体系完善，销售快速上升

2009年，市区商业加快结构调整，发展社区商业和特色商业街；郊区商业通过购物中心建设，“万村千乡工程”，“双百市场工程”，汽车、家电下乡和以旧换新政策落实，新城和集镇的流通现代化发展加快，农家店突破2000家，基本适应了郊区居民消费需求。呈现“五个高于”：

1. 市区商业销售总量领先，郊区增速和贡献率均高于市区。9个中心区、8个郊县区和浦东新区全年分别实现零售额2113.17亿元、1748.68亿元、859.53亿元，比上年分别增长9.3%、13.9%、14.4%，分别占全市零售总额44.8%、37%、18.2%；对全市区县零售额增长的贡献率分别达到35.8%、42.6%、21.6%，拉动全市零售额增长4.2个、5.1个、2.5个百分点。郊区零售额增速高于中心区增速4.6个百分点。浦东、南汇两区合并后销售规模全市第一。

2. 郊区平均零售额已分别高于中心区6个区。全年郊区8个区县（不含浦东新区、包括崇明县）平均零售额为218.59亿元，均分别超过卢湾、长宁、静安、闸北、虹口、杨浦6个区的零售额。

3. 创收大户中心区领先，郊区商业奋起直追。浦东新区、黄浦（380亿元）、普陀（328.96亿元）、徐汇（317.33亿元）4个区零售额均超过300亿元，郊区零售额超过200亿元的区数高于中心区。闵行（372.82亿元）、宝山（272.49亿元）、松江（251.04亿元）、奉贤（213.17亿元）、嘉定（209.05亿元）、青浦（207.74亿元）6个区零售额超过200亿元，比中心区多2个。

4. 市、郊商业“比翼双飞”。66.7%的区实现销售两位数增长。全市18个区县中有12个区保持两位数增长，占总数的66.7%。中心区有杨浦（14.4%）、长宁（12.1%）、闸北（12.1%）、普陀（10.6%）、虹口（10.1%）5个区，郊区有青浦（17.9%）、崇明（15.9%）、奉贤（15.7%）、宝山（15.4%）、闵行（15.3%）、松江（15.1%）6个区县，浦东新区零售额增速领先全市。

5. 人均零售额静安区、金山区分别保持全市和郊区第一。全市和中心区人均零售额达到2.74万元、2.88万元。静安、黄浦、卢湾、徐汇、普陀5个区均突破3万元，分别达到7.12万元、7.05万元、6.09万元、3.23万元、3.03万元。郊区人均零售额达到2.12万元，高于浦东新区（2.09万元），金山、奉贤、青浦、松江4个区人均分别达到2.83万元、2.64万元、2.63万元、2.34万元，保持郊区领先。

三、商业对建设国际化“购物天堂”的推动作用进一步凸现

（一）流通现代化程度不断提高

据上海连锁经营协会统计，会员单位1.29万个市内网点，2009年实现市内零售额989.46亿元，由于金融危机影响、企业兼并重组和食品价格回落，连锁销售比上年下降6.4%，占全市零售总额的19.1%。

连锁超市业态实现市内零售额548.15亿元，比上年下降2.5%。其中：折扣店实现销售24.01亿元，比上年增长12.1%；标准超市、大型综合超市、便利店分别实现销售156.84亿元、748.31亿元、85.62亿元，比上年下降5.1%、2.3%、1.8%。连锁超市市内网点总数达到7807家，比上年增长0.7%。专业专卖店市内零售额完成380.39亿元，比上年增长5.3%；网点总数4402家，比上年增长2.5%。

（二）消费便利化程度不断提高

2009年上海商业会同金融部门全面推进银行卡世博会支付环境改善工作。在主要商圈、商业街开展“上海市窗口服务行业‘迎世博，银行卡刷卡无障碍’立功竞赛活动”，使刷卡消费更加便捷，成为居民消费习惯。呈现“三个增长”：

1. 全市刷卡消费规模快速增长。据上

海银联公司统计，上海全年刷卡消费达4067.50亿元，比上年增长63.3%。其中：商品、餐饮刷卡消费1942.71亿元，比上年增长32.6%，占全部刷卡消费的47.8%，占全市零售总额的37.2%。

2. 吃穿用烧商品的刷卡消费全面增长。自动售油、汽车零件、批发销售、汽车商店、成衣、超市、餐饮的刷卡消费分别比上年增长17.2倍、1.4倍、1.01倍、35.3%、30.4%、28.1%、19.3%，百货、家电的刷卡消费分别比上年增长10.7%、13.2%。

3. 旺季市场推动刷卡消费高速增长。12月份，上海刷卡消费达458.45亿元，同比增长99.9%，比11月份增长9.9%。其中：商品、餐饮刷卡消费210.66亿元，同比增长34.6%，占全部刷卡消费的46%，占全市零售总额的45.7%。自动售油、汽车零件、批发销售、汽车商店、家电、成衣、超市、餐饮的刷卡消费分别同比增长3.4倍、2.3倍、1.1倍、62.8%、58.3%、51%、38.1%、25.2%。

（三）国际化程度不断提高

2009年上海商业面对国际金融危机影响，加强招商引资、品牌引进、结构调整、服务优化工作，增强全市批发零售业、餐饮业的扩销作用，提升城市商业国际化水平。全年批发零售业、餐饮业分别完成零售额4395.65亿元、761.50亿元，比上年增长14.1%、13.7%，对全市零售额增长的贡献率分别达到85.5%和14.5%，分别拉动全市零售额增长12个、2个百分点。

1. 国际游客来沪人次回升，消费规模基本保持。2009年上海国际入境游客为628.92万人次，在国际金融危机情况下，比上年仅下降1.8%，且下半年游客人数逐渐回升。按照每人平均消费5360元、其中：餐饮、购物消费占总支出56%计算，可增加上海社会消费品零售总额188.77亿元，占全市零售总额的3.6%。

2. 百货业态营销精彩，吸引顾客近悦远来。据市商业信息中心公布的全年上海百货商厦（单体）销售排行前十强为：第一八佰伴（34.85亿元）、新世界城（26.53亿元）、东方商厦徐汇店（15.31亿元）、第一百货商店（12.91亿元）、汇金百货（9.98亿元）、置地广场（9.39亿元）、太平洋百货徐汇店（8.93亿元）、永安百货（7.04亿元）、东方商厦南东店（6.85亿元）、太平洋百货淮海店（6.51亿元）。

百联股份公司28家百货企业全年完成零售额128.71亿元，比上年增长13.1%，其中：9—12月份在强有力营销推动下，每月零售额均突破10亿元，同比分别增长21.6%、27.2%、12.4%、8.4%。从全年看，友谊百货南方店销售比上年增长94.5%，东方商厦南桥店、东方商厦中环店、第一百货、东方商厦淮海店、华联商厦张杨店、又一城百货、奥特莱斯增速领先，比上年分别增长53.4%、47.6%、45.5%、42.3%、35.7%、32.9%、29.2%。12家购物中心累计完成销售77.96亿元，比上年增长6.6%。

3. 家宴婚宴热闹，正餐看好。上海全年婚姻登记对数达到14.74万对、比上年增长6.1%。在婚宴价格持续上涨、吉祥日结婚登记对数创历史新高等有力推动下（9月9日结婚登记8852对，比奥运开幕当天登记对数增长23.1%），婚庆消费出现新高潮。国庆黄金周期间，全市抽样调查144家酒店、宾馆，合计举办婚宴3.6万桌，同比增长25.5%；实现营业收入8190万元，同比增长40%；每桌均价2244元，同比增长12.2%。其中：举办婚宴最多的是长宁区，营业收入236.70万元，同比增长1.4倍。

全市餐饮业正在冲出危机阴影，步入快速增长通道。在婚宴高峰、国庆60周年和消费信心增强等因素推动下，9—12月份，上海连锁经营协会会员单位的9家正餐、12家快餐连锁公司共实现市内营业收入6.41亿元、6.83亿元、5.37亿元、6.07亿元，同比增长22.9%、26%、11.9%、33.1%。2009年，红子鸡、杏花楼、鲜墙房的营业收入比上年分别增长39.1%、22.9%、14.9%，多旺快餐、振鼎鸡、必胜客、小绍兴营业收入分别比上年增长47.9%、21.3%、18.9%、16.3%。

四、商业对服务经济增长的支柱作用进一步凸现

（一）商业对全市GDP增长贡献明显

2009年，全市及第三产业分别完成增加值14900.93亿元、8847.15亿元，可比增长8.2%、12.6%。其中：商业（包括批发零售业、住宿餐饮业）完成增加值已达到2412.66亿元，可比增长11.2%，实现“四个提高一个领先”。

1. 批发零售业增速提高。全年实现增加值2183.86亿元，可比增长13.6%，增速比上年提高3个百分点。表明上海商业搞活流通、扩大消费工作取得明显成效。

2. 商业增加值占比提高。商业增加值占全市和第三产业比重分别达到16.2%、27.2%，所占全市比重比上年提高0.4个百分点；推动第三产业占全市GDP的比重达到59.4%，比上年提高3.4个百分点。

3. 商业贡献率提高。商业增加值比上年净增261.45亿元，商业对全市经济增长贡献率首次达到23.2%，比上年提高4.7个百分点。

4. 商业拉动作用提高。商业增加值分别高于交通运输和仓储、邮政业和房地产业、金融业的1770.53亿元、1191.74亿元、594.81亿元。

5. 商业增加值规模、增速保持第三产业行业领先。商业增加值规模首次成为全市行业第一，增速为第三产业行业第三。中心区商业实现增加值约占区域增加值的80%。

（二）商业税收成为上海财政收入的主要税源

1. 商业税收增速10月份全面回升。2009年，上海商业税收总额突破1200亿元，完成1219.15亿元，比上年增长7.4%，与上半年降幅（-3.7%）相比，提高11.1个百分点。商业税收从8月份起扭转下降局面，进入逐渐加快的上升通道。在建国60周年大庆和旅游、婚庆消费强劲推动下，四季度上海批发零售业、住宿餐饮业税收快速增长。

2. 商业对上海税收的贡献率居全市产业第一。全年上海商业的税收分别占全市和第三产业税收总额的18.3%、34.6%，与上年相比，占比分别提高1个、4.3个百分点。商业税收对上海税收的贡献率达71.9%，拉动全市税收增长1.3个百分点。商业税收增速分别高于全市和第三产业税收增速5.6个、13.4个百分点。

3. 批发零售业税收规模保持各行业第一。批发零售业全年完成税收1175.34亿元，比上年增长8%，在全市所有行业中税收规模保持第一，分别高出金融业税收356.08亿元，高出房地产业税收601.92亿元。批发业完成税收占全市税收总额的14.6%，表明上海流通现代化发达，贸易中心建设成效显著，流通先导经济的特征突出。

（三）商业固定资产投资稳步增长

世博会前夕，全市商业固定资产投资建设加大力度，一批商业设施建设竣工。2009年，上海商业固定资产投资总额完成276.55亿元，比上年增长8.7%，增速比上年提高1.8个百分点。

1. 世博相关行业投资快速增长。住宿业投资领先增长，比上年增长35.4%，房地产商业设施投资比上年增长7.2%。餐饮业、零售业、批发业完成投资分别比上年下降0.3%、0.4%、9.2%。

2. 外商港澳台商、私营经济投资增速领先。外商港澳台商、私营经济投资分别比上年增长17.3%、24.9%。国有经济、股份公司投资比上年下降34.8%、35.6%。

3. 外商港澳台商、私营经济投资建设积极。2009年私营经济施工项目及其中新开工项目分别为71个、48个，占全市商业施工项目及其中新开工项目的42.3%、46.2%。

外商港澳台商、私营经济新开工面积比上年增长4.8倍、37.8%;施工面积比上年增长60.3%、12.8%。外商港澳台商竣工面积比上年增长1.1倍。

五、商业对扩大开放、利用外资的引力作用进一步凸现

(一) 商业引进外资项目占全市一半

2009年,上海商业(含批发零售业、住宿餐饮业)利用外资合同项目1538项,比上年下降18.7%。分别占全市(3090项)和第三产业(2730项)利用外资合同项目总数的49.8%、56.3%。外商投资结构呈现"三二一"的产业发展趋势。

(二) 商业引进外资合同金额逆势增长

全年商业引进外资合同金额实现25.78亿美元,比上年增长7.6%,增幅分别高于全市(-22.3%)、第三产业(-14.6%)29.9个和22.2个百分点,占全市和第三产业引进外资合同金额的19.4%、24.1%,占全市和第三产业比重比上年分别提高5.4个、5个百分点。

(三) 批发零售业实到外资金额增速"一支独秀"

全年批发零售业引进外资实到金额实现12.94亿美元,比上年增长39.7%,增幅分别高于全市(4.5%)、第三产业(11.4%)35.2个和28.3个百分点,占全市和第三产业引进外资合同金额的12.8%、17%,占全市和第三产业比重比上年分别提高3.6个、3.5个百分点。在第三产业其他行业实到外资比上年下降情况下,批发零售业以高速增长支撑第三产业实到外资总体保持增势,为全市实到外资增长作出了新贡献。

(四) 12月份商业引进外资高速增长

12月份,商业引进外资合同项目193项,同比增长85.6%;合同金额实现4.79亿美元,同比增长4.4倍。其中:批发零售业、住宿餐饮业分别引进外资合同项目178项、15项,同比增长89.4%、50%;合同金额实现4.67亿美元、0.12亿美元,同比增长5.9倍、下降42.9%。

六、商业对居民就业、市场供应的稳定作用进一步凸现

(一) 商业吸收就业率居第三产业第一

2009年末,上海商业从业人员约239.30万人,比2000年增长55%,分别占全市(1058万人)和第三产业(598.22万人)从业人数的22.6%和40%,是第三产业中提供就业岗位最多的行业。在2009年全市提供的59.60万个新增就业岗位中,商业占50%以上。商业为增加城乡居民家庭收入,降低城镇居民失业率、保持社会和谐稳定作出了积极努力。

(二) 市场供应充足,居民消费和商品零售价格回落

2009年,上海商业职工努力克服雨雪、高温天气影响,采取多种措施,确保主副食品供应和价格稳定。全年上海居民消费价格比上年下降0.4%和商品零售价格指数比上年下降0.6%。8大类居民消费价格指数"5降3升"。其中:家庭设备用品及维修、烟酒及用品价格分别比上年上涨1.5%、0.8%,食品类价格比上年上涨2.1%,13种食品小类价格有11种比上年上涨,鲜菜、糕点、水产品、鲜蛋、粮食、茶及饮料涨幅明显,鲜菜比上年上涨16.5%,食油、肉禽及其制品消费价格比上年分别下降19.7%、4.5%。

(市商务委商贸行业管理处)

加快整合物流资源　构建物流服务体系　推进上海物流业全面发展

一、概述

2009 年是上海物流业发展非同寻常的一年。在贯彻落实国务院《物流业调整和振兴规划》和推进上海国际航运中心建设中，上海物流业努力克服国际金融危机的影响，按照《上海市现代物流“十一五”规划》和《上海贯彻〈物流业调整和振兴规划〉的实施方案》确定的目标和任务，加快整合物流资源，促进区域物流合作，构建物流服务体系，为上海建设“四个中心“和国际化大都市提供有力的支撑。

2009 年上海物流业发展的主要特点：

（一）物流业呈现结构性调整

因受金融危机影响，从物流规模看，2009 年上海货物运输总量 7.70 亿吨，比上年下降 8.8%；航空发送量 298.25 万吨，比上年下降 1.2%；港口吞吐量 5.92 亿吨，比上年增长 1.8%；集装箱吞吐量 2500.2 万标准箱，比上年下降 10.7%。从物流企业看，传统物流服务影响大，现代物流服务影响小；物流服务功能单一的影响大，物流服务功能综合的影响小；国际物流影响大，国内物流影响小；重化工领域物流影响大，消费领域物流影响小。

（二）物流园区功能显著增强

从保税功能看，经国务院批准，西北综合物流园区保税物流中心和浦东空港综合保税区先后设立，这标志上海海陆空港重点物流园区实现了保税物流功能全覆盖。从中转功能看，外高桥物流园区跨国配送和国际采购业务取得新突破，区内国际中转货值比重已达 65%。浦东空港物流园区依托机场第三跑道和西货运区建设，吸引 UPS 上海国际航空转运中心项目落地并建成启用；DHL 开始建设亚洲最大的转运枢纽。西北综合物流园区已建成陆上货运交易中心，开通了上海到全国 80 多个城市的回程专线，业务覆盖全国九大物流区域。从产业联动看，洋山保税港区已启动建设中国航空工业集团物流中心，积极探索制造、贸易与物流联动发展。外高桥物流中心也基本形成了汽车、钟表、医药、酒类等 10 个行业的进出口基地和物流运营中心。

（三）物流市场主体日趋多元

到 2009 年，上海已有 74 家企业达到国家 A 级物流企业标准，其中 4A 级及以上 41 家，内有 27 家企业获“上海服务名牌”称号。从规模看，上汽集团加快整合国内外汽车物流资源，组建综合性汽车物流公司，预计 2012 年业务收入可达百亿元。华谊天原物流与化工区物流公司强强联合，整合资源，培育具有百亿市值的专业化工物流企业。从行业看，上海世纪出版集团按照国际出版业集约化经营的模式，已建成现代化物流中心，率先对发行和物流业务进行整合和重组，大大提高了产品的市场营销和市场推广能力。从模式看，上海吉电电子技术有限公司通过外部网络平台，运用供应链管理技术，为客户提供订单管理和 VMI 备货服务，减少了三菱电梯公司的库存和运作成本。

（四）物流项目建设成效明显

已建的外高桥粮食物流中心,拥有中转、加工、储存等一体化服务能力的物流设施,成为国内粮食物流布局的重要节点。在建的陆交中心作为中国物流资源交易中心第一阶段的建设重点,运行至今每天发布物流交易信息40多万条,有效交易运价12000条;百联现代物流运用物联网技术,推进托盘共用系统建设,试点后已节约5000块托盘,提高托盘利用率达6倍。此外,已立项的西郊农产品交易中心将立足贸易与物流联动发展,提高农产品流通能力;亿通国际将拓展"大通关"平台功能,建设工商领域供应链外部协同公共服务平台,联通供应链上下游各个环节。

(五) 物流业财税支持政策力度大

物流产业政策不断深化、细化。已有47家物流企业享受差额征收营业税的政策试点,99家物流企业享受了洋山保税港区免征物流运输等环节的营业税政策。全市物流园区、现代化物流设施、城市公交货运、物联网技术应用等有几十个项目,得到国家国债专项资金和服务业引导资金,以及上海服务业引导资金、技术进步和信息化专项资金的重点支持,其中上海服务业引导资金总额的14%用于支持物流业发展。

二、主要做法

(一) 抓"物流调整和振兴规划"落实

研究制定并出台《上海贯彻〈物流业调整和振兴规划〉的实施方案》,明确了推动物流市场需求社会化、物流服务专业化,促进物流企业培育壮大、提升能级,推动物流重点领域发展,完善物流业发展区域布局等八项任务。提出了加强组织和协调、改革相关物流管理体制、完善物流政策法规体系、多渠道增加对物流业的资金投入等八项政策措施。积极落实国际航运中心建设的国家政策,并跟踪了解政策实施情况,充分利用保税港区的政策优势,推进上海国际航运中心政策的口岸软环境建设,引导和鼓励物流企业到洋山保税港区发展,积极拓展物流增值业务,提升国际航运中心综合竞争力。

(二) 抓物流布局优化

一是结合上海国际航运中心建设,成立上海综合保税区管委会,使洋山港、外高桥和浦东空港实现政策、资源、产业和功能的联动、互补,凸显"三区"作为海关特殊监管区域的整体优势。同时以"三区"联动带动"三港"联动,优化口岸物流资源配置。二是与市交通港口局联合开展调查,细化城市物流节点布局,形成物流园区、配送中心、社区配送点和小区服务点等四级网络,构建高效、便捷、安全、绿色的城市配送物流服务体系,实现上海城市配送物流"站到站"、"门到门"。

(三) 抓物流市场建设

一是召开"上海市推进现代物流业发展大会",就出台《上海贯彻〈物流业调整和振兴规划〉实施方案》提出要求,重点推动陆上货运交易中心暨56135. com物流交易平台。与中国移动、清华同方、交通银行三方签署战略合作协议,建设中国物流资源交易中心,形成"大物流、大流通、大市场"。二是实施"制造业物流专业化发展示范工程",培育第三方物流企业,促进产业转型升级,推动二三产业融合发展。三是申报流通领域现代物流示范城市,优先发展城市统一配送物流,以及医药、冷链、危化品、保税等专业物流配送,推进流通现代化建设。

(四) 抓区域物流合作

一是联合苏浙物流牵头部门,完成国家发改委下达的《关于长三角地区现代物流联动发展对策研究》的课题调研任务。针对长三角地区经济呈现"产业成链、企业成群"的特征,提出了区域物流联动发展的目标任务,以及对策措施。二是召开2009年长三角地区现代物流联动发展大会。重点推进长三角地区医药物流领域的合作与交流,签署《长三角地区推进医药物流标准化工作合作备忘录》,促进医药物流标准化工作深入开展。

年底前上海医药股份与苏州物流中心合资成立苏州上药供应链公司，进一步加强了上药集团在长三角地区的配送能力。此外，上海市物流协会、货代协会、交通运输协会、口岸协会都与长三角地区有关协会建立联席会议制度。发布《中国长三角地区物流行业行规公约的实施倡议》，建立行业诚信体系。

（五）抓标准和技术推广应用

市质监局所属上海市标准化研究院坚持“先行先试、服务全国”的原则，牵头制订《物流中心作业通用规范》、《物流园区分类与基本要求》等多项国家标准，累计研究各类现代物流标准达20项。全国物流标准化技术委员会第三方物流分技术委员会也已落户上海。长发集团总结10多年来业务运作经验，自主研发物流信息软件，推广应用GPS、RFID等先进技术，完成世博门票国内配送、家电以旧换新回收物流等项目。新世界商城率先运用物联网技术，在南京路开设了国内第一家未来商店。锦江冷链物流结合基础设施更新改造，建设具有－60℃深冷功能变温型（－60℃～－25℃）超低温冷库。

三、2010年展望

2010年是上海实施现代物流业“十一五”规划的关键年。按照“促转型、调结构”的总体思路，上海将围绕贯彻国务院《物流业调整和振兴规划》，抓紧落实《本市贯彻〈物流业调整和振兴规划〉的实施方案》，主动对接国际金融、贸易、航运中心建设，主动面向长三角同城化发展，紧密围绕经济发展方式转变，提升物流服务能级，加快创建全国物流示范城市。

（一）拓展口岸综合服务功能，加快国际航运中心建设

贯彻国务院“两个中心”文件精神，发挥洋山保税港的综合优势，推动海陆空港物流市场联动发展。先期开展进口汽车保税展示，启动国内沿海保税货物进行集装箱中转集拼的业务，推进具有期货交割功能的公共保税仓库建设，拓展洋山保税港区的物流增值业务。大力发展水水联运、水陆联运、公铁联运、空陆联运等多式联运方式，筹备建设上海首个水陆货运公共中转平台，推进多种运输方式的无缝连接，形成多式联运有效衔接和保税物流功能充分发挥的口岸集疏运网络。

（二）构建城市配送物流服务体系，迎接上海世博会召开

与市交通港口局、市公安局联合制定《上海城市物流配送体系建设实施意见》，深化上海城市配送物流体系建设，完善公共配送中心、中转分拨场站等设施的规划布局。推进城市智能交通管理平台建设，建立基于地理信息系统（GIS）的城市配送查询系统。抓住世博会召开和电子商务发展契机，大力推进社会公共配送，加快发展医药、危化品、冷链、保税物流等专业配送。新建和改造一批涉及城市公共安全和人民生活安全的危险化学品、农产品、医疗器械和药品等物流配送中心，提高城市配送物流服务水平。

（三）推动制造业与物流业联动发展，促进产业转型升级

推动制造业物流的专业化发展，鼓励大型制造企业集团整合剥离内部物流业务流程，扩大物流外包需求。重点发展为制造企业提供原材料采购、产品分拨配送、再制造回收物流等专业化服务的第三方物流企业。继续推动“制造业物流专业化发展示范工程”建设，用先进典型案例，引导制造业与物流业应对金融危机，立足产业链合作，寻求共同发展。加快电子标签、无线测控、移动物流信息服务技术等信息技术在制造业物流中的应用，扩大工业区物流信息平台联网范围。

（四）加强区域物流联动发展，培育现代物流市场

以上海电子口岸平台和上海陆上货运交易中心网络平台为载体，推进中国物流资源交易中心第二阶段项目建设。一是联接上海物流园区、工业园区、商品交易市场、工商企业，促进物流专业化、社会化发展；二是按照国务院《物流业调整和振兴规划》对全国物流区域和物流通道发展的要求，推进长三角、长江流域的物流规划衔接，加强跨区域企业物流合作。依托物流资源交易平台，联接长三角、珠三角、环渤海地区以及四川、重庆等地物流市场，实现区域物流资源的优化配置，培育规范有序的现代物流市场；三是联接国际市场，鼓励企业走出去，加强国际合作，增强物流竞争力和辐射力。

（五）推广物联网技术应用，提高物流信息化水平

开展物流业物联网技术应用示范工程，推广 RFID 技术在公共服务平台、危险化学品物流、医药物流、冷链物流、食品物流、应急物流等重点领域的研发与应用，提升物流领域货运集装箱追踪与管理、道路货运车辆的跟踪与管理、托盘等装载设备的跟踪管理、配送中心管理等的水平。

（市商务委市场体系建设处）

上海服务业健康快速发展

一、概述

上海服务业在上世纪80年代实现恢复性增长以来，服务业增加值逐年增长，抗波动性逐渐增强。2009年上海服务业在克服国际、国内各种不利因素的前提下，仍然保持健康快速发展的势头。服务业增加值达到8847.15亿元，比上年增长12.6%。以金融业、商贸业、物流业、仓储邮政业、信息服务业等为代表的传统行业比重较高、增长稳定。如餐饮业2009年实现零售额761.5亿元，比上年增长13.7%；营业额相当于1990年17.08亿元的44.6倍；19年来年均增长22%，高于社会消费品零售总额增长幅度。商务服务、专业服务业等新兴服务业所占比重虽小，但增长速度快、发展前景较好。如典当业典当金额达到272亿元，比上年增长25.4%，典当企业数量从2001年的12家，增加至2009年的137家。作为发展服务业突破口的现代服务业集聚区，其载体作用也日益突出。

二、现代服务业集聚区

上海市20个现代服务业集聚区可分为拓展提升、部分项目建成开展、加快在建、规划动迁四种类型，分述如下：

（一）处在拓展提升阶段的有4个集聚区

卢湾区淮海中路时尚商务区、静安区南京西路专业服务集聚区、黄浦区西藏路环人民广场现代商务区、长宁区虹桥涉外商务区是起步较早、集全区之力打造的现代服务业集聚区。通过业态升级换代和商旅文活动的开展，区域功能进一步得到拓展提升，已呈现产业集群、总部集聚、资源集约、效益集中的良好趋势。

（二）部分项目已建成开业的有9个集聚区

青浦区赵巷商业商务集聚区已建成上海第一个成功运行的奥特莱斯品牌直销广场。宝山区钢铁物流商务区，一期15万平方米商务楼、交易中心、信息系统等已竣工，已集聚17个省市的100多家供应商、批发代理商，吸引了首钢、包钢等企业以及中钢协、中金协等机构入驻。杨浦区江湾—五角场科教商务区，以新江湾城为核心区域，八号、十号两条轨道线交汇于小区，40万平方米的地下空间，建成后将形成便捷的立体交通网络。中部创智天地打造杨浦知识创新区的公共活动中心和创新服务中心，包括创智中心、创智坊、创智科技园、江湾体育中心等四大功能区，为创新创业者工作、生活、交流搭设良好的平台。虹口区大连路创意产业服务区（海上海），在加快建设中，加强产业规划和功能定位研究。随着德国西门子、大陆集团进驻，正在提升和完善功能。北外滩航运服务区内国际客运码头、茂悦酒店等部分项目建成投运，国际航运服务中心开工建设，形态和功能逐步展现，区域影响力逐渐扩大，航运服务业已占区级财政收入的15%。上海航运交易所、上海国际航运仲裁院以及中国海事仲裁委员会上海海事仲裁院已进驻落户。国际客运码头开业后，成为国际邮轮母港之一。徐汇区漕河泾高新科技产业服务区,努力建设成为功能集聚配套完善、建筑形态优美和谐、交通集散高效有序和体现上海科技服务业发展的综合服务功能示范区。W16 地块总部研发楼已投入运营,W19 地块已全面开工。普陀区长风商务区,核心区全面开工建设,沿苏州河绿带及游船码头已建成,部分总部楼宇已投入运营,并启动了苏州河民族工业文化遗址园的建设。奉贤区南桥中小企业总部商务区,一期南方国际金融大厦已结构封顶,百联南上海购物中心已开业,2009 年 10 月底成功举办了第三届中国中小企业节。松江区(欢乐谷)休闲旅游集聚区于 2009 年 8 月开园,为上海世博会提供一个生动活泼的文化交流平台及文化体验场所。

(三) 正在加快建设的有 5 个集聚区

浦东新区世博花木国际会展集聚区、外滩－陆家嘴金融贸易区(大都会)、张江、嘉定汽车城和闵行区七宝生态商务区等部分项目已开工,正在加快推进功能设施的建设。

(四) 正在做规划、动迁等前期工作的有 2 个集聚区

闸北区不夜城现代交通商务区和徐汇区徐家汇知识文化综合商务区两个区域正在抓紧前期规划和动迁工作,力争在贯彻落实集聚区规划理念的基础上,推进集聚区建设又好又快发展。

从全市汇总估算:“十一五”期间,20 个集聚区核心区新增建筑面积约 1000 万平方米,总投资额约 1000 亿元,将可创造约 50 万个就业岗位,全部建成后每天将集散约 800 万人次的交通出行量。

三、拍卖、典当业

(一) 拍卖业

到 2009 年底,全市拍卖企业 160 家(近 90% 是民营企业),共有国家注册拍卖师 231 名。1996 年《拍卖法》颁布后,拍卖业步入快速发展轨道,特别是 1999 年以来,企业数量和拍卖成交规模逐步扩大。

2009 年拍卖业仍然大踏步地走出全球金融危机对拍卖市场的影响,全年拍卖共成交 281.48 亿,比上年增加 87.6 亿元,增长 45%,成交场次 1817 场,与上年相比减少 309 场次,拍卖成交额呈 V 型反转。

上海拍卖行业发展情况表

年份	1999	2000	2001	2002	2003	2004	2005	2006	2007	2008	2009
拍卖成交额(亿元)	46.0	58.4	92.7	141.0	199.5	211.0	242.7	244.0	269.0	193.0	281.0
企业数(家)	36	44	55	66	77	92	123	131	140	143	160

(二) 典当业

2000 年起,典当企业由非银行金融机构改变为特殊工商企业,主管部门由人民银行转为国家经贸委。此后,上海典当业步入平稳发展轨道。2009 年,上海典当业呈三个特点:一是业务多元化。全年典当业务中,房地产 154.55 亿元,占 56.73%;生产资料 56.3 亿元,占 20.67%;财产权利 33.46 亿元,占 12.28%;金银珠宝 19.47 亿元,占 7.15%;生活资料 2.23 亿元,占 0.8%;机动车 3.48 亿元,占 1.27%;艺术品 1.28 亿元,占 0.47%;其他类 1.63 亿元,占 0.6%;二是业务短、小、灵、快。全年典当笔数近 42 万笔,平均资金周转次数 8.15 次,平均每笔典当额 6.48 万元;三是典当业在社会资金融通,帮助中小企业再发展,解决市民、中小企业资金急需,为群众提供燃眉之需上发挥重要作用。在完成的 272 亿元典当规模和 42 万笔业务中,60% 的服务群体为中小企业的小额短期融资借贷;30% 为城市居民消费型短期小额贷款;余下的 10% 为市民应急性小额贷款。

上海典当行业发展情况表

年　份	2001	2002	2003	2004	2005	2006	2007	2008	2009
典当金额(亿元)	7.4	10.3	29.8	57.0	64.4	94.7	130.0	217.0	272.0
企业数(家)	12	23	36	36	36	65	94	105	137

(三) 行业发展面临的瓶颈和困难

拍卖、典当两个行业各有特点,各自面临发展瓶颈和困难。

1. 拍卖业。主要面临:一是主要拍品来源减少。司法委托拍卖是拍卖企业拍品的主要来源。2005 年司法委托拍卖制度改革后,只有 15 家企业入围司法委托拍卖,大部分企业失去了主要拍品来源。二是政策支持不够。对艺术品拍卖中个人所得税的处理,机动车拍卖中产权过户等,都还缺乏政策支持。有的领域存在部门垄断情况,拍卖交易方式无法进入。三是行业发展不平衡。不到 20% 的龙头企业占据了 80% 以上的拍卖市场份额。部分企业已成“空壳企业”。到年底全市正常开展经营的拍卖企业不到 80 家,占行业总数不到 50%。

2. 典当业。主要面临:一是企业融资难。《典当管理办法》禁止典当企业从银行之外融资,而典当企业又不易从银行得到贷款,导致了企业经营发展缓慢。二是法律保障度低。对典当业的管理,主要依据部门规章《典当管理办法》。司法部门的很多判例,司法认定不够一致,造成企业困惑,影响行业发展。三是社会偏见影响。受旧社会典当行形象的影响,有关部门对典当业存在误解,过度关注典当综合费率,忽视典当企业对经济发展、社会稳定的作用,以及其所承担的风险。

四、融资租赁业

截至 2009 年底,上海从事融资租赁业务的租赁公司有 34 家。其中:内资的融资租赁试点企业 5 家,金融租赁公司 3 家,其他为外商投资的融资租赁公司。从业务分布范围看,绝大多数租赁客户为外地企业和民营企业;从租赁的标的物看,主要集中在工程机械、医疗器械、印刷机械、交通工具、电气设备等机械设备;从涉及的行业看,主要有航空航运、仓储物流、机器制造、市政基础建设、医疗、展览等行业;从租赁规模看,融资租赁业务稳步上升,5 家内资的融资租赁试点企业,凭借其雄厚的资产实力和生产制造专业背景,成为融资租赁市场的主力。2009 年,中航国际租赁公司融资租赁规模达 15.8 亿元;上海电气租赁公司资产新增融资项目 200 多个,新增租赁资产设备价值 10 亿元;安吉租赁公司全年签约合同 30 个,合同标的 4.2 亿元;融联租赁公司租赁资产规模达到 5.7 亿元。业务开展比较活跃的企业还有扬子江国际租赁公司、远东国际租赁公司、仲利国际租赁公司等。

上海的融资租赁企业,整体实力、单体规模都还偏小。全市 34 家融资租赁企业的租赁规模大约七八十亿元,这与上海市国内生产总值 13698 亿元、全社会固定资产投资总额 4829 亿元的规模相比,显得很不相称。分析上海融资租赁业发展缓慢的原因,除政府和社会对其认知度较低以外,主要还有法律、税收、监管、市场和社会环境等困扰因素。

五、餐饮业

2009 年上海餐饮业实现营业额 761.50 亿元,比上年增长 13.7%,再次呈现出快速发展的强劲势头。上世纪 90 年代以来,上海餐饮业一直保持两位数增长,2009 年营业额相当于 1990 年 17.08 亿元的 44.6 倍,19 年来年均增长 22%,高于社会消费品零售总额增长幅度。上海经济持续快速发展和人民生活水平提高，是推动餐饮市场规模快速扩大，结构档次不断提升的主要动力。

(一) 市场规模迅速增长

从消费需求层面看，首先，经济发展带来社会文化和城市各方面的进步，人均可支配收入增加，提升了市场消费信心，外出就餐逐步成为人们生活习惯。其次，上班族以及外来建设者数量增加，上海常住人口逐年递增，使餐饮市场需求量迅速扩大。再次，上海城市功能加强，公务、商务社交及国际性交流活动频繁，形成了餐饮市场增长点。第四，优良的城市环境，带动旅游消费增长，并推动会展业兴盛。总之，餐馆场所已逐渐成为经济及社会交流活动的载体。

从市场供给层面看，主要体现在企业总体数量增加，单体规模扩大，业态种类增多，档次和功能多元化。全市各类餐饮企业网点(包括主营和兼营)超过4万家，市场涌现了一批规模较大的品牌企业，据抽样分析统计，年营业额在亿元以上的企业已达到90家以上。民营企业快速成长，并创立了小南国、苏浙汇、丰收日、绿波廊等一批上海著名商标、上海名牌企业。同时，大批海内外餐饮投资经营者进入上海，使市场能级不断提升。据初步调查统计，全市法式、意式等欧洲风格，日韩风格，东南亚风格及美洲风格的餐馆超过3000家。这些各具特色的异国风情餐馆不断创造餐饮市场的时尚热潮，有力推动了餐饮消费的增长。

(二) 结构档次不断提升

上海人口结构改变，高素质高收入的常住人口比例在提升，使餐饮消费对中、高档次的需求增长，拉动餐饮市场消费结构从正三角形向橄榄型转变，提升了餐饮业的消费档次。

频繁的经济文化交流活动，以及公务、商务等社交活动对餐饮业附加值提出更高需求，对推动上海餐饮提升能级起到积极作用。据保守分析，公务、商务社交活动在餐饮上的人均消费已从三年前的约130元，提高到200元左右。

不断创新的管理技术、服务水平、文化理念，国际餐饮品牌不断登陆上海，本地高档餐馆在国际上也打响了知名度，加速了餐饮市场的升级换代。如外滩老建筑餐饮群中的Jean Georges、Sens & Bund、美国著名的连锁餐饮Hooters、国际著名专业杂志推崇的雍福会、T8、谭氏官府菜、采蝶轩等。同时，具有先进经营理念和管理技术的中国台湾、新加坡、中国香港等外来餐饮企业家进入上海餐饮市场，和本土的民营企业家一起组成了一支职业经理人队伍，成为餐饮市场舞台的主角，不断创造新的餐饮营销模式。

以目标顾客多元需求为导向，餐饮业与各领域各行业不断渗透融合，使服务产品呈现综合化趋势。其表现一是餐饮产品与保健、沐浴、美容等其他服务产品融为一体，形成了新的服务产品；二是各类购物场所、写字楼宇、俱乐部会所以及文化教育场所等也主动将餐饮服务纳入其中，综合消费正成为新一代餐饮产品发展的亮点。

餐饮业的快速发展，还带动了一批专业化供应商和相关行业的形成和发展，如食品加工企业餐饮设备(厨房)供应商、消耗物料供应商、卫生质量认证行业、餐饮会展业、专业媒体(电视、广播、网站、杂志)、专业物流配送、餐馆装潢等，餐饮业带动了相关产业的发展，创造了新的消费需求。

(三) 市场机制不断成熟

上海餐饮业能够如此快速的发展，得益于餐饮业放开较早，市场化程度高，市场运做机制成熟，从而创造了良好的市场环境，使得餐饮行业的产品、经营方式和功能都在不断丰富和创新，从而产生新的增长点，推动市场进步。

根据消费需求的多样化，上海餐饮市场形成了多种类型的餐饮业态和高、中、低等多重消费档次；餐饮市场也从经营方式、餐饮文化和菜肴特色上，形成了海纳百川、百花齐放的局面；从而成为上海餐饮市场快速增长的重要因素。

餐饮业在引进和创新发展过程中,更注重提供体验环境、文化、历史、异国情调和更具创造性的服务,不断丰富其附加值,追崇时尚、休闲,体现上海城市时代特征,如近年来不断涌现的创意餐厅、时尚菜肴,以及增长较快的酒吧、咖啡馆、茶馆等,使“流行餐饮”成为市场发展的推动力量,消费能级也因此得到提升,成为拉动消费的动力。又如在星级酒店、私人会所、景观地带以及原白崇禧官邸、原杜月笙公馆、原马勒别墅等老花园别墅历史保护建筑中不断开出高档餐饮场所,使餐饮业高层次的功能和内涵都能得到充分发挥。

(四)一些问题有待改善

首先,部分低端餐饮市场的经营管理和服务水平层次较低,部分中小企业缺乏核心技术,持续发展能力差,因此还引发了如食品卫生安全、环境污染、干扰周边居民生活、噪音污染、交通影响等问题和矛盾。其次,上海餐饮业快速发展与人力资源结构性短缺的矛盾日益尖锐,主要体现在餐饮业职业经理人的不足,专业技术人员短缺,具有与国际化大都市相适应的文化素质的服务人员大量短缺。第三,从观念、法制到体制,都没有形成对经营者权益的保障机制,尤其是在准入、税收、监管及各类法律法规执行等的行政过程的公开、公正、透明问题还需改进。

(市商务委服务业发展处)

坚定信心　迎难而上
上海货物进出口贸易止跌回升

一、概述

2009年是上海对外贸易最为困难的一年，上海市委、市政府统揽全局，积极应对。全市外贸企业坚定信心，迎难而上，面对全球金融风暴造成的巨大冲击，调结构、促转型、保份额、拓市场，经受住了严峻的考验，全市对外贸易取得了一定的成效。

据海关统计，至12月底，上海外贸进出口额累计2777.3亿美元，比上年下降13.8%，好于全国水平0.1个百分点。其中出口1419.1亿美元，比上年下降16.2%，高于全国水平0.2个百分点；进口1358.2亿美元，比上年下降11.1%，好于全国水平0.1个百分点。

全年上海外贸累计顺差为60.96亿美元，比上年下降63.2%，占全国顺差1960.7亿美元的3.1%。

二、主要特点

（一）月进出口规模逐月稳步扩大，累计同比降幅逐步收窄，全年“前低后高”特点显著，上海外贸摆脱困境取得明显成效

受美国次贷引发的全球性金融危机的延续影响，内、外需进入持续低迷，全市外贸进出口额年初跌至历史谷低，1、2月份的进、出口额仅为70.4亿美元和84.9亿美元，同比分别下降43.3%和27.5%，与2008年7月历史最高点（进出口额分别为160.8亿美元和149.9亿美元）相比，进出口额整整跌去了一半，规模分别降至上海2004年和2005年的水平。

3月，全市进出口额单边下滑势头被遏止，由谷底起步回升，但回升步履维艰，8月份之前月进出口额环比连续呈增“2”降“1”（连续2个月增长后1个月下降）的态势。9月份后，进、出口进入稳步上升通道。综观全年走势，座标曲线呈现出非常明显的前“低”后“高”的上行特点。

继11月进口额环比、同比年内首次实现双增长后，12月进出口额环比、同比全部实现正增长，当月规模再一次冲至年内新高，进出口额分别达到154.9亿美元和152.1亿美元，环比分别增长21.1%和13.1%；同比分别增长49.51%和23.5%；从而一举扭转自上年以来上海月进出口额同比连续13个月负增长局面。

由于全球市场仍有待于进一步的复苏，上海2009年进出口额还未恢复到危机前的水平，至12月底，上海外贸进口额累计1358.2亿美元，比上年下降11.1%；出口额累计1419.1亿美元，比上年下降16.2%，全年进出口额分别比上年减少169.7亿美元和274.4亿美元，但同比降幅已从2月份的25.4%和27.5%分别收窄了14.3个百分点和11.3个百分点；在全国进出口总额中的比重分别为13.5%和11.8%，与2008年基本持平，保持了上海在全国进出口规模中的份额。

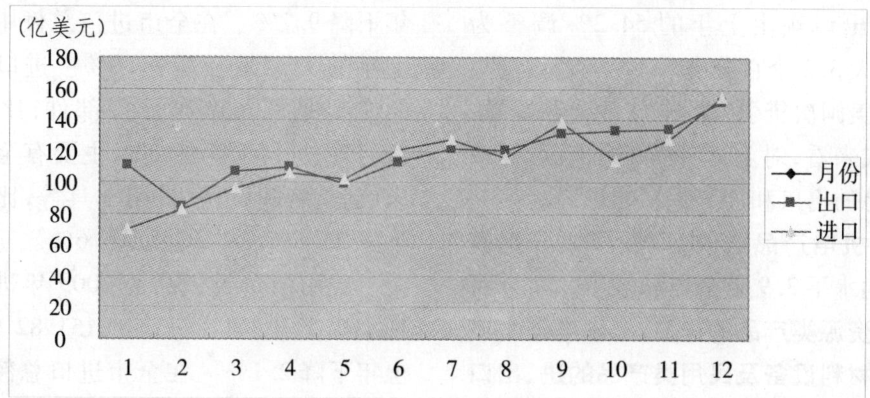

（二）各类企业占全市贸易比重有所调整，外商投资企业出口、国有企业和民营企业的进口在全市的比重分别扩大1.2、1和1.4个百分点

1. 外商投资企业出口降幅处于各类企业低位。受金融风暴冲击最大的外商投资企业2009年对全市进出口贸易产生较大的影响。全年外商投资企业进出口额分别为896.93亿美元和970.92亿美元，比上年分别下降14%和14.6%，进出口额比上年分别减少145.37美元和166.43亿美元，分别占本市进出口额减量的85.7%和60.7%。但出口额在全市出口总额中的比重仍有所扩大，从上年的67.2%增至68.4%，扩大1.2个百分点。而进口比重从上年的68.2%减至66%。

2. 国有企业出口降幅在各类企业中最高。2009年国有企业累计进出口额分别为306.22美元和264.59亿美元，比上年分别下降7.4%和21.2%，进出口额比上年分别减少24.38亿美元和71.12亿美元，分别占全市进出口总额减量的14.4%和25.9%。在全市外贸进出口总额中的比重，进口从上年的21.6%增至22.6%，扩大1个百分点；而出口比重从上年的19.8%减至18.6%，下降1.2个百分点。

3. 民营企业进口是各类企业中唯一增长的。2009年民营企业全年进、出口分别为144.06亿美元和174.04亿美元，比上年分别增长2.8%和下降16.3%，是各类企业中实现进口增长的唯一一类企业。进出口额分别比上年增加进口3.87亿美元和减少出口33.82亿美元。在全市外贸进出口总额中的比重，进口从上年的9.2%增至10.6%，扩大1.4个百分点；而出口比重仍为12.6%，保持了上年水平。

（三）一般贸易进口实现小幅增长，出口大幅下降；加工贸易进口降幅大大高于出口幅降

2009年，全市一般贸易累计进口额611.16亿美元，比上年小幅增长2.1%，优于全市水平14个百分点，实现进口额增量17.3亿美元；占全市一般贸易进口总额比重由上年的38.9%扩大至45%，增加了6.1个百分点。全年一般贸易累计出口额达488.62亿美元，比上年下降23.9%，高于全市水平7.7个百分点，减少出口额153.54亿美元，占全市减量的56%；占全市一般贸易出口总额的比重由上年的37.9%减至34.4%，减少3.5百分点。

同期加工贸易累计进出口额降幅分别高于、低于全市水平。至12月底，全市加工贸易进出口额分别达303.8亿美元和814.63亿美元，比上年分别下降23.9%和11.3%，进出口降幅对比全市水平分别落后12.8个百分点和好于4.9个百分点。进出口额分别减少95.63亿美元和103.26亿美元，分别占到全市加工贸易进出口额减量的56.3%和37.7%。由于加工贸易进口降幅大大高于出口幅降，在全市进出口总额中的比重，进口额从上年的26.1%减至22.4%，缩小3.7

个百分点；出口额由上年的 54.2% 调整为 57.4%，扩大 3.2 个百分点。

可见，美国次贷引发的全球性金融风暴，从贸易方式来看，对上海外贸的影响主要来自一般贸易的出口和加工贸易的进口。

（四）机电产品进、出口额降幅分别高于全市平均水平 3.9 百分点和低于 2.4 个百分点；矿产资源类产品的进口、电子电器类产品的出口、材料设备及民用类产品的进、出口比重比上年均有所扩大

2009 年，全市机电产品累计进口额 788.11 亿美元，比上年下降 15%，高于全市水平 3.9 个百分点，减少进口额 139.11 亿美元，占全市进口额减量的 82%。可见，影响全市进口的主要因素是机电产品进口的减少。机电产品在全市进口中的比重由上年的 60.7% 缩小至 58%，减少 2.7 个百分点。

2009 年进口减量较大机电产品主要有集成电路、自动数据处理设备、液晶显示器、飞机和印刷电路，分别进口额为 228.19 亿美元、91.52 亿美元、20.32 亿美元、14.54 亿美元和 10.14 亿美元，比上年分别下降 12.6%、20.5%、45.1%、33.9% 和 34.9%，分别减少进口额 32.95 亿美元、23.66 亿美元、16.7 亿美元、7.47 亿美元和 5.42 亿美元。如从进口产品的分类来看，由于上述产品属电子电器类产品，2009 年该类产品累计进口 404.66 亿美元，比上年下降 17.6%，在全市进口总额中的占比由上年的 32.1% 缩小至 29.8%。

矿产资源类产品 2009 年进口比重有所扩大，累计进口额 186.17 亿美元，比上年下降 8.5%。在全市进口总额中的占比由上年的 13.3% 扩大至 13.7%。进口增长的商品主要有液化石油气、铜材、铝材等，比上年分别增长 94.5%、34.9% 和 172%；进口下降的商品主要有成品油、钢材、铁矿砂等，比上年分别下降 46.7%、31.8% 和 25.2%。

材料设备类产品 2009 年进口比重同样有所扩大，累计进口额 157.23 亿美元，比上年下降 9.7%。在全市进口总额中的占比由上年的 11.4% 升至 11.6%。进口增长的商品主要是汽车整车及零部件，比上年增长 12.4%；进口下降的商品主要有金属加工机床、起重装卸设备、机用工具等，比上年分别下降 25.6%、19.2% 和 16.6%。

民用消费类产品类 2009 年进口比重出现小幅上升，累计进口额 151.82 亿美元，比上年下降 2.1%。在全市进口总额中的占比由上年的 10.1% 升至 11.2%。进口增长的商品主要有医疗器械、医药品、箱包和钻石，比上年分别增长 29.8%、21.4%、17.7% 和 14%；进口下降的商品主要有相机、电视机、酒类、服装纺织品等，比上年分别下降 22.27%、36.6%、14.1% 和 6.2%。

全市机电产品出口在 2009 年全市出口中的比重进一步上升，累计出口额 1025.96 亿美元，比上年下降 13.6%，好于全市水平 2.6 个百分点，减少出口额 161.12 亿美元，占全市出口总额减量的 58.7%。机电产品在全市出口总额中的比重由上年的 70% 扩大至 72.3%，增长 2.3 个百分点。2009 年出口减量最大机电产品主要有自动数据处理设备、汽车及零部件、半导体器件和液晶显示板，分别出口额为 407.65 亿美元、18.97 亿美元、13.66 亿美元和 12.58 亿美元，比上年分别下降 9.3%、30%、24.8% 和 21.9%，分别减少出口额 41.81 亿美、8 亿美元、4.49 亿美元和 3.53 亿美元。

从大类产品的分类来看：电子电器类产品 2009 年累计出口额 547.57 亿美元，比上年下降 9.7%，在全市出口总额中的占比由上年的 35.8% 扩大至 38.6%。

矿产资源类产品出口 2009 年有较大幅度萎缩，累计出口额 63.54 亿美元，比上年下降 46.8%，减少出口额 55.8 亿美元。在全市出口总额中的占比由上年的 7.4% 缩减至 4.5%。出口减少的商品主要有钢材、成品油、铝材、铜材、水泥等，比上年分别下降 59.3%、49%、51.3%、33% 和 46.3%。

材料设备类产品2009年出口比重有所扩大，累计出口额163.72亿美元，比上年下降13.3%。在全市出口总额中的占比由上年的11.2%上升至11.5%。出口增长的商品主要是船舶，比上年增长57.5%；进口下降的商品主要有集装箱、钢铜紧固件、导航雷达、检测分析仪器等，比上年分别下降71%、55%、32.3%和23.7%。

民用消费类产品2009年出口比重进一步扩大，累计出口额273.39亿美元，比上年下降11.1%。在全市出口总额中的占比由上年的18.2%扩大至19.3%。出口增长的商品主要有电视摄像机、医药品和录放像机，比上年分别增长10.1%、14.6%和43%；出口下降的商品主要有体育用品设备、家俱、箱包、玩具、和服装纺织品，比上年分别下降23.9%、18.4%、15.2%、14.9%和8.8%。

（五）上海对外贸易三大主要市场中，进口来源地减量最大的是日本，其次分别为欧盟和美国；出口销往地减量最大是美国，其次分别为欧盟和日本

比较三大主要市场，尽管受金融危机影响，欧盟第一大市场地位并未动摇。2009年上海对欧盟市场的进出口额分别为251.4亿美元和349.55亿美元，比上年分别下降11.3%和19.8%。进出口分别减少32亿美元和41.24亿美元，分别占全市进出口总额减量的18.9%和15%。占全市进出口总额中的比重，进口为18.5%，与上年持平；出口由上年的25.7%减小到24.6%，减少1.1个百分点。

上海对美国市场2009年进出口额分别为150.91亿美元和320.94亿美元，比上年分别下降7%和13.8%，降幅在三大市场中是最低的。进出口额分别减少11.4亿美元和51.16亿美元，分别占全市进出口总额减量的6.7%和18.6%。在全市进出口总额中的比重，进口由上年的10.6%增长到11.1%，扩大0.5个百分点；出口由上年的25.7%减少到24.6%，缩小1.1个百分点。

上海对日本市场2009年进出口额分别为225.96亿美元和160.84亿美元，比上年分别下降13.8%和19.7%。进出口额分别减少36.26亿美元和39.55亿美元，分别占全市进出口总额减量的21.4%和14.4%。在全市进出口总额中的比重，进口由上年的17.2%缩减至16.6%，缩减0.6个百分点；出口由上年的11.8%减少到11.3%，减小0.5个百分点。由此可见，日本是这次金融危机对上海外贸产生影响最大的市场，其次为欧盟，第三才是美国。

（市商务委外贸发展处）

前减 后增 尾翘
吸引外资上海成为全国新亮点

2009年是开发开放以来上海经济发展形势最复杂、困难最集中、挑战最严峻的一年。面对国际金融危机冲击和肩负筹办世博会的紧迫任务以及自身发展转型的多重考验,在党中央、国务院和上海市委、市府领导下,市商务委坚决贯彻落实科学发展观,按照市委“四个确保”要求,积极、合理、有效地利用外资,坚持“立足当前,着眼长远,坚定信心,奋力推进”的方针,围绕“抓大项目,抓跨国公司总部经济,确保外资规模”的目标,重点在“政策、协调、服务、环境、招商和队伍建设”六个方面下功夫,努力克服国际金融危机造成的严重困难,促进了全市商务对外开放各项指标逐季回升,较好地完成了全年预期目标。

一、2009年吸引外资呈现六大特点

(一) 总体走势先抑后扬,逐月好转

从全年来看,一季度形势最为严峻,全市外商投资企业出现大面积亏损,这是多年来没有的;新批项目、合同利用外资项目全面下降,并有放大的可能。针对这一严重情况,市商务委迅即采取措施,促使下半年各项指标逐月走好,到第四季度即呈现出实际利用外资单季同比增幅最大、新批项目数创单季度最高和合同利用外资连续6个月环比增长的良好势头。2009年1—10月新批项目2500个,同比下降19.4%,而岁尾上翘12月份新批项目365个,同比增长高达61.5%。全年新批准项目3090个,比上年下降17.6%,但比10月份收窄1.8个百分点。其中中外合资项目增长95%,外商独资项目增长58.8%。

全年实际到位外资比上年增长4.5%,但11月份同比增长6.3%,12月更是高达19.6%,增幅首次实现两位数,显示外商投资上海的信心进一步增强。

(二) 利用外资规模再创历史新高

2009年上海实际利用外资连续第二年突破百亿美元,再创历史新高,达到105.38亿美元,比上年增长4.5%,高出全国实际利用外资平均水平7.1个百分点,成为全国利用外资的新亮点;占全国全年实到外资900.3亿美元的11.7%。上海全年合同利用外资连续第五年保持在130亿美元以上,达到133.01亿美元,比上年有所下降,但降幅明显小于全国平均水平。全年新引进外资项目3090个,占全国23435个项目总数的13.2%,上海2009年利用外资取得的新进展得到了胡锦涛主席视察上海时的肯定和赞赏。

截至2009年底,上海累计实际利用外资953.05亿美元。累计批准外商投资企业项目55591个,吸收合同外资1598.17亿美元。

(三) 总部经济继续保持良好发展势头

这是上海近年来利用外资最为明显的特点之一。2009年认定跨国公司地区总部36家,认定英特尔等6家投资性公司为国家级跨国公司地区总部,批准设立陶氏化学等投资性公司13家和研发中心30家。

截至2009年年底,外商在沪累计地区总

部260家,投资性公司191家,研发中心304家,在中国内地省市居首位。其中浦东新区2009年认定地区总部17家,占当年全市总量的47.2%,地区总部历年累计132家,占全市总量一半以上。与单一的制造业企业相比,外资总部经济机构功能更为完善,具有较强的服务贸易发展潜力。

(四)服务外包示范区建设取得可喜进展

2009年上海市服务外包取得快速发展,服务外包示范区建设也取得可喜进展。年底前市商务委在闸北区市北高新技术服务园区举行授牌仪式,向新认定的闸北服务外包示范区,陆家嘴软件园,多媒体产业园,天地软件园3家专业园区以及44家服务外包重点企业授牌。截至2009年底,上海全市服务外包企业登记数共606家,从业人员10万多人,通过各种认证数量351个。2009年服务外包离岸合同金额16.83亿美元,比上年增长18.3%;离岸执行金额10.36亿美元,比上年增长20.3%。初步形成1个示范城市,5个服务外包示范区,8个服务外包专业园区,84家服务外包重点企业共同发展的格局。

(五)服务经济为主的产业结构进一步巩固

2009年,上海第三产业实际利用外资76.16亿美元,比上年增长11.4%,占全市实到外资总量比重超过70%;合同利用外资107.24亿美元,占比超过80%,扣除房地产业因素比上年下降仅为2.3%。以总部经济项目为主的科研、技术服务(主要是研发中心)、商务服务(主要是投资性公司)、商业和宾馆、餐饮继续保持增长。

2009年,服务业领域利用外资亮点迭出:金融领域有高银保理(中国)发展有限公司,投资总额与注册资本均为9967万美元;中银通支付商务有限公司,注册资本1.16亿元人民币。创投领域有星展资本创业投资企业,注册资本1亿美元;挚信创业投资企业,注册资本9900万美元;百仕通(中国)股权投资管理有限公司,注册资本2195万美元。物流领域有DHL空运服务(上海)有限公司,投资总部9850万美元,注册资本3300万美元;上海交运日红国际物流有限公司,投资总额6亿元人民币,注册资本2.4亿元人民币;上海远成实业有限公司,投资总额9000万美元,注册资本3006万美元;雅玛多(中国)运输有限公司,投资总额6亿元人民币,注册资本2亿元人民币。商业领域有摩根大通(中国)商贸有限公司,投资总额9000万美元,注册资本3000万美元;三菱汽车销售(中国)有限公司,投资总额9973万美元,注册资本3324万美元;上海高岛屋百货有限公司,投资总额4823万美元,注册资本1607万美元。其他服务业领域有上海波音航空飞行培训有限公司,投资总额9000万美元,注册资本3000万美元;东方明珠安舒茨文化体育发展(上海)有限公司,投资总额9980万美元,注册资本5700万美元;沪港机场管理(上海)有限公司,投资总额3亿元人民币,注册资本1亿元人民币。

(六)外商出资方式以独资为主,占比进一步提高

2009年,外商独资项目数2721个,占上海引进外商投资项目总数的88.1%,而中外合资、中外合作仅分别占比11.7%和0.2%。上海全年引进合同外资中,外商独资合同金额高达109.23亿美元,占比82.12%,而合资、合作分别仅占13.1%和2.8%。外商独资举办企业已成为当今外商投资的主要方式。

二、上海引进外资项目质量处全国领先地位

(一)外资项目营运状况明显好于全国

根据公布的《2009上海外商投资环境白皮书》显示,上海引进的外资企业运营率60.3%,高出全国平均水平约30个百分点。上海市外资企业的销售收入、纳税总额、盈利

总额、人员就业比例等指标都明显好于全国平均水平。其中投资回报率超过24%，高于全国2—3个百分点。

（二）外资对社会的贡献进一步提高

2009年，上海外商投资企业的各项经济指标普遍回暖，对上海经济的贡献进一步提高。以可比口径计算，全年外商投资企业实现销售（经营）收入比上年增长8%，就业增长1.6%，高出全市平均水平（0.5%）1个百分点，占全市就业的30%左右。外商投资企业全年进出口总额1867.85亿美元，其中出口970.92亿美元，比上年下降14.63%，降幅小于全市1.57个百分点；占全市出口总量68.42%，占幅较上年提高0.4个百分点。在上海高新技术产品出口中，外商投资企业占94.2%，比上年提高1个百分点。规模以上外商投资工业企业工业总产值14223.69亿元，比上年增长4.2%（高出全市平均水平1个百分点），占全市工业总产值的60%。外商投资企业完成固定资产投资617.9亿元，比上年下降17.4%，占全市11.7%。外商投资企业消费品零售额503.44亿元，比上年增长14.3%，占全市9.7%。

（三）利用外资领域有新发展

2009年，上海拓展利用外资新领域项目21个。其中浦东新区深入进行综合配套改革试点项目12个。新引进的有百仕通（中国）股权投资管理有限公司（总投资5488万美元）、挚信创业投资企业（总投资1亿美元）、从事机场服务的沪港机场管理（上海）有限公司（总投资4391万美元）、从事保理业务的高银保理公司、从事电子支付业务的中银通公司和DHI、交运日红等知名物流公司，劳氏船级社、挪威船级社等船舶检验公司，沙伯基础研发、阿海珐输配电技术等研发项目。先进制造业新项目有日本三菱瓦斯投资的菱优工程塑料（总投资3.03亿美元）、上海电气阿海珐临港变压器（总投资8022万美元）、英国BP公司投资的上海碧科清洁能项目等。

（四）跨国公司投资大项目继续保持主导地位

2009年，上海新批1000万美元以上大项目177个，合同外资107.92亿美元，占全市合同外资的81.1%，比上年提高1.7个百分点。其中新批制造业1000万美元以上项目46个，合同外资19.3亿美元，占制造业合同外资的79.3%。

（五）来自发达国家的投资者继续看好上海

2009年，日本来沪投资合同外资11.5亿美元，实到外资8.56亿美元，均列在沪投资各国地区前三位。欧盟国家来沪投资保持稳定，实现合同外资16.05亿美元，占比与上年持平。其中荷兰合同外资4.52亿美元，比上年增长72.1%，法国合同外资3.13亿美元，比上年增长29.9%。这些项目尤其是制造业项目一般均为技术先进、设备先进、工艺先进项目，为提升上海外资总体质量水平发挥了引领作用。

（市商务委外商投资促进处）

上海企业“走出去”再创高新

一、概述

2009年，面临持续低迷的国际经济形势，在上海市委、市政府的正确领导和有关部门的支持配合下，市商务委进一步贯彻落实国家“走出去”战略，振奋精神，迎接挑战，化“危”为“机”，上海市对外经济合作呈现良好发展势头，企业对外直接投资表现踊跃，对外承包工程快速增长，外派劳务市场清理整顿工作取得积极成效，援外工作稳步有序推进，为推动全市经济持续稳定快速发展作出了积极贡献。

（一）对外直接投资

2009年全年，上海共核准对外直接投资项目249个，其中新设项目144个，增资项目27个，并购项目22个，股权划转、投资主体和经营范围变更等项目28个，撤销项目3个，新设代表处25家。企业对外直接投资总额15.36亿美元，比上年增长117%；其中，中方投资额14.85亿美元，比上年增长143%。

截至2009年12月，上海累计核准新设对外投资项目828个，累计总投资541190万美元。其中，累计中方投资额492606万美元。对外投资所在地的国家与地区达到101个。

（二）对外承包工程和劳务合作

2009年，上海新签对外承包工程和劳务合作项目合同额达到124亿美元，比上年增长12.2%；完成营业额73.4亿美元，比上年增长31.8%。其中，新签对外承包工程项目合同额为119.4亿美元，比上年增长14.1%；完成营业额66.6亿美元，比上年增长35.7%。对外经济合作企业全年派出劳务人员13926人次，期末在外人数26250人。

截至2009年12月底，上海累计签订对外承包工程和对外劳务合作合同额496.08亿美元，冲击500亿美元大关，其中2009年占到累计总额的25%；累计完成对外承包工程和对外劳务合作营业额297.58亿美元，冲击300亿美元大关，其中2009年占到累计总额的24.6%；具有对外工程承包或对外设计咨询经营资格的企业有116家；对外劳务合作经营资格和境外就业资格的企业有43家，上海对外承包工程和劳务合作业务到达的国家和地区共177个。

（三）对外援助

2009年，上海共完成对外援助物资项目32个，合同金额2.94亿元，比上年增长3倍；完成援助成套项目13个，金额34.59亿元，其中利用优贷项目8个，金额30.05亿元，占援外成套项目的86%，成为对外援助工作的新增长点；完成援外培训班9个，培训共计约331名官员和技术人员。此外，报经商务部备案认定的援外专家共有30人。

二、主要特点

（一）非公企业是对外直接投资的生力军

2009年，民营企业继续保持上海市对外投资主体地位。对外投资的民营企业有139家，占境内投资主体构成的56%；外资企业有62家，占比25%；国有和集体企业有44

家，占比19%。

（二）亚洲继续保持为上海对外直接投资的热点地区

2009年，上海企业对亚洲地区的投资总额为73159万美元，占对外投资总额的48%；对南美洲投资总额为49217万美元，占比32%；对北美洲的投资总额为21727万美元，占比14%；其他地区为10780万美元，占比7%。

（三）制造业和商务服务业对外投资发展迅猛

2009年，上海企业对外投资主要集中在制造业和商务服务业，其中投资制造业60329万美元，占比39%；商务服务业34148万美元，占比22%；采矿业12472万美元，占比8%；批发和零售业12819万美元，占比8%；交通运输仓储业12285万美元，占比8%；房地产业10530万美元，占比7%；其他行业11061万美元，占比7%。

（四）对外直接投资中并购类项目一枝独秀

2009年，上海企业对外直接投资超过1000万美元的重点项目共有20个，投资总额10.82亿美元，占全市投资总额的70%。上海企业参股及并购境外企业项目日益增加，已成为对外直接投资的主要方式，全年对外直接投资并购类项目22个，投资总额为6.94亿美元，占全市投资总额的45%。

（五）对外直接投资独资化趋势日益明显

一般来说，企业境外投资在起步阶段为降低经营风险，大多会采用与东道国企业合资经营的投资方式。近年来，随着对境外投资环境和当地市场的逐步熟悉，以及东道国外商投资政策的不断放宽，越来越多的上海企业选择以独资的方式进行对外投资。2009年，境外新设项目中，95%的中方投资方选择了设立独资企业，相较上年的不到80%，提高了15个百分点。与此同时，从中方投资额占投资总额比来看，2009年，中方投资额占投资总额的97%，较上年提高了11个百分点，说明中方掌握了境外投资企业的绝大部分股权和决策权。

（六）对外承包工程项目规模不断扩大

2009年上海新签对外承包工程合同金额在5000万美元以上的大中型项目36个，这些项目的新签合同额达98.5亿美元，占全市新签合同总额的82.5%，其中合同额在1亿至10亿美元的项目有11个，10亿至20亿美元的项目有2个，超20亿美元的项目有1个。

（七）上海优势产业跨国承包呈现新亮点

上海对外承包工程项目的89.1%分布在科技含量较高的制造及加工业、电力工业、交通运输建设、电子通讯等优势产业领域。其中，电力工业项目合同额达45.4亿美元，制造及加工业项目合同额达39.18亿美元，分别占上海对外承包工程总量的38%和32.8%。值得一提的是，交通运输建设领域和电子通讯领域境外承包工程快速发展，电子通讯企业新签对外承包工程项目10.6亿美元，比上年增长152%；交通运输建设企业新签对外承包工程项目11.1亿美元，比上年增长200%，电站、电子通讯、地铁、隧道、高速公路、桥梁、港口建设和航道疏浚等领域已成为上海企业“走出去”的新亮点，充分反映了上海对外工程承包项目结构不断优化，以往土建工程为主的对外承包工程结构在近几年中得到了根本性的改变。同时也表明上海有比较优势、产业优势的行业“走出去”的竞争实力大幅提升。

（八）对外承包工程继续巩固国际工程的传统市场地位

2009年上海企业继续巩固传统的对外工程承包市场亚洲和非洲的份额，在亚洲新签境外工程项目合同额达74.9亿美元，占业务总额的62.8%；在非洲地区新签境外工程项目合同额达29.1亿美元，占业务总额的24.4%。同时，积极拓展准入壁垒顽固的欧美发达国家市场和其他新兴市场，初战告捷，在欧洲地区新签境外工程项目合同额达5.7亿美元，占业务总额的4.8%；在美洲地区新签境外工程项目合同额达7.6亿美元，占业务总额的6.4%；在大洋洲地区新签境外工程项目合同额达1.8亿美元，占业务总额的1.6%。

三、重点工作

（一）保增长抓关键，针对大中型项目和队伍建设主动作为

在投资方面，2009年以来，市商务委针对金融危机后跨国并购机会增多的背景，把鼓励跨国并购作为年度重点工作，提出"要实体经济，不沾虚拟经济；要营销网络，不染房产泡沫；要知名品牌，不搞假冒侵权"的指导思想，分别召开民营企业跨国并购座谈会和国有企业跨国并购座谈会，深入了解企业需求。针对企业的困惑和需求，举办并购专题交流会，邀请会计师事务所和律师事务所为企业提供辅导。同时，加大对跨境并购重点企业和项目的跟踪、协调和服务工作。

在承包工程方面，市商务委组织对外承包企业金融危机受影响情况的问卷调查。从企业境外项目是否受到影响，受影响项目数量、金额、原因、企业已采取的措施和希望政府给予的帮助等多个方面入手设计问卷。在掌握一手资料的情况下写出了调研报告，为帮助企业摆脱困境提供决策参考。并针对企业在调查问卷和调研中反映的种种困难，市商务委根据"抓重点、攻难点、突破关键点"的工作思路，举办银企合作研讨会、"走出去"政策培训班、讲座、交流会共8次。积极主动为银企合作牵线搭桥，分别邀请进出口行、中行、工行、中信保等相关金融机构与企业开展深入交流，帮助企业从中获得国家最新的金融支持政策信息，为解决危机下融资难的问题提供途径。党中央国务院为应对外需市场萎缩、外向型经济受到严重冲击的严峻形势，推出保持外经贸稳定增长的六条政策措施，其中一条是安排专项买方信贷和信保额度，支持中国企业承包境外项目。市商务委积极组织对上海工程承包企业、银行、信保公司开展大中型境外项目专项信贷、信保政策规定和操作程序的宣讲和培训，及时撮合已签约或正在投议标的大中型工程承包项目与银企一一配对，落实专人指导和督促企业开展项目融资申报工作，多次赴京向商务部、进出口银行、中信保汇报工作情况和澄清项目问题，争取上海的项目更多、更早地列入国家境外项目专项融资支持清单，并对申报遇到困难的企业提供帮助。上海申报工作取得良好效果，为确保2009年和2010年境外工程承包合同额和营业额的增长奠定了扎实的基础。

在援外方面，针对国家援外事业的发展趋势，市商务委重点加大援外政策的宣讲力度，分别联合外经协会和外贸协会，加强对外贸企业和对外承包工程和设计企业的政策宣讲力度，引导进入援外队伍，参与国家援外事业，推动上海企业通过援外"走出去"开拓国际市场。截至2009年底，已有9家企业和单位在参加宣讲会后，新提出申请援外资质，其中3家已获批准，1家事业单位已在商务部备案。

（二）促改革找突破，扫清束缚企业"走出去"的政策障碍

在投资方面，自5月1日商务部新的《境外投资管理办法》颁布实施以来，市商务委在吃透文件精神的同时，多次与企业和相关部门协调沟通，根据上海市的实际情况制定《关于境外投资核准工作的实施细则（试行）》。新的《实施细则》出台后，项目核准手续大大简化，在资料齐全情况下，3个工作日即可完成核准，效率大大提高，政策效应得以体现，提高了企业对外直接投资的积极性。2009年5—12月，共核准新设与并购项目140个，项目数与前年同期相比增长130%，可见政策效应显著。

在承包工程方面，商务部《对外承包工程资格管理办法》于11月1日正式实施。为更好的贯彻并落实资格管理办法，更符合上海的实际情况，借助此次制度改革的良机，市商务委制定《上海市对外承包工程资格管理实施细则（试行）》。在原有基础上积极寻求制度突破，从多个方面扫清束缚企业“走出去”的障碍，并从源头上加强管理。

在对外劳务方面，针对商务部即将出台《对外劳务合作管理条例》，市商务委积极组织行业协会、劳务行业专家和相关企业认真研究和讨论《条例》草案，提出针对项目审查时间、对日研修生派遣、劳务人员依法维权等18条规定的具体修改意见，为国家政策法规发挥更大的规范指导作用，提出切实有效的建议。

（三）争资金助发展，充分运用财政扶持政策帮助企业渡过难关

为进一步鼓励支持上海企业实施“走出去”战略，市商务委主动积极帮助企业申报国家2008年度对外经济技术合作专项资金。经过市商务委多次召开政策宣讲会，反复帮助企业修改申报材料以确保符合相关要求，共计向商务部上报17家企业的37个项目。同时，商务部将纺织企业“走出去”专项资金的决定权下放给各省市后，市商务委针对上海市实际情况，制定了相关的申报和管理办法。经过多方努力，2009年有2家重点企业已获得纺织企业“走出去”专项资金补贴。此外，在获悉商务部将要出台境外营销网络扶持政策的信息后，市商务委提前两个多月制订好上海市的《实施办法》，并报商务部备案同意，这样在商务部正式文件一下达后，马上组织培训宣讲，由于工作做的早，企业准备时间充分，上海共有49家外经企业顺利通过项目评审。

（四）保民生促和谐，清理整顿外派劳务市场秩序和构筑安全保障体系

2009年，为贯彻落实商务部等7部委联合开展清理整顿外派劳务市场秩序专项行动的要求，上海市成立清理整顿专项行动领导小组，办公室设在市商务委外经处。市商务委牵头在全市范围内开展清理整顿外派劳务市场秩序专项行动，累计排查各类外派劳务相关企业和机构2384家，依法查处无证无照经营企业12家，清理有经营资格外派企业2家，破获涉及外派劳务诈骗案件4起，对37家不够规范经营的企业提出限期整改意见。同时，借清理整顿的东风下大力气，解决各类外派劳务纠纷案件共30起，涉及493名劳务人员，追讨了上述劳工各类被拖欠劳务工资福利款1661.9万元，为中央制订的“保增长、保稳定、保民生”的大政方针作出贡献。中国对外工程承包商会在全国信访上访文件通报中以“事事有回音，件件有着落”来充分肯定上海市处置解决对外劳务纠纷的工作成绩，成为受通报表扬的唯一省市，维护了一方稳定。

此外，在全国清理整顿外派劳务市场秩序专项行动中，建立健全了由12个政府机关部门和18个区县政府及商务主管部门、外派劳务救援中心、各外派劳务企业、涉及工程项下派出劳务人员企业为成员单位的外派劳务应急处置机制，进一步确保妥善处置各类外派劳务纠纷，切实维护劳务人员和外经企业的合法权益，为确保上海社会和谐和平安迎接世博作出了贡献。

（五）维稳定化危机，为上海企业境外经营和生产营造安全环境

一是及时全面布控上海在海外人员的甲流防控工作。2009年初，在墨西哥等地发生甲型H1N1流感疫情并迅速蔓延后，市商务委第一时间采取行动，全面开展上海在境外的对外投资企业人员、外派劳务人员、在外工程项目中方人员、对外援助项目人员共3万多人的流感感染情况排查工作和现有海外人员防控教育措施的告知工作，检查措施落实情况，每天专报坚持达一个月之久，确保外派人员的生命安全。

二是及时化解多起境外突发事件。2009

年，由于金融危机的爆发，境外投资项目效益下滑，部分对外承包工程业主方由于资金紧缺而造成的合同推迟执行、工程款延期支付的风险因素加剧，导致境外突发事件时有发生，全年市商务委先后成功化解某境外项目人员遭遇绑架威胁、安哥拉体育场工程被欠巨款、迪拜红线地铁项目劳资纠纷、牙买加工程项目劳务纠纷、韩国双龙项目纠纷等一系列事件，有效维护了我在外企业、人员的合法权利和人身安全，消除隐患，把可能的损失减少到最低程度。

（市商务委对外经济合作处）

迎难而上　共克时艰
上海服务贸易仍呈良好发展势头

2009年，国际金融危机虽仍肆虐横行，外部经济环境险恶，但上海服务贸易借世博东风，迎难而上，共克时艰，仍呈现良好发展势头。全年服务贸易业吸收合同外资占全市吸收合同外资总额首超八成；服务业实际利用外资76.16亿美元，比上年增长11.4%，占上海实际利用外资总额的72.3%；上海服务业“走出去”对外直接投资额，占全市对外投资直接投资额一半以上。

一、服务贸易推进工作

2009年，上海服务贸易推进工作进一步切实有效地开展。在部市合作协议的框架下，上海市先后制订出台《关于促进上海市服务贸易全面发展的实施意见》和《上海服务贸易中长期发展规划纲要》；设立“上海市服务贸易发展专项资金”，主要用于软件、国际物流和文化等服务贸易重点领域，鼓励、支持和促进其扩大规模、提升能级。

上海服务贸易统计体系不断深化。在建立上海服务贸易统计和综合评估体系方面积极展开探索和研究，并形成初步方案，逐步实现服务贸易数据实时查询、分析、预测和信息共享等功能。

上海服务贸易调研工作进一步开展。结合上海发展服务贸易的特点，联合本市相关部门，就教育、国际物流和文化等服务贸易企业的发展现状、瓶颈问题和政策需求进行深入调研，相继完成多份调研报告，为进一步研究出台服务贸易促进政策提供了信息和依据。

此外，各类服务贸易促进活动也相继举办。2009上海软件外包国际峰会顺利举办；中医药“走出去”的推进工作全面启动，“沪港中医药服务贸易合作发展论坛”成功召开；全市服务贸易企业积极参加商务部主办的“中国香港服务贸易洽谈会”、深圳“文博会”和大连“软交会”等展会，加强了与海内外服务贸易企业的联系和交流。

二、服务贸易进出口业绩

2009年，全球金融危机的影响进一步加深，全球贸易总额下降12%，创下自1945年以来最严重的衰退。全球服务贸易规模也受到很大的影响，全球服务贸易进出口总额为64261亿美元，比上年下降12.4%。中国服务贸易进出口总额为2868亿美元，比上年下降5.8%。其中，出口总额为1286亿美元，比上年下降12.8%，进口额1582亿美元，比上年增长0.1%。面临全球经济不景的国际环境，上海服务贸易克难前行，下跌幅度小于同期货物贸易的下降幅度，服务贸易进出口总额占上海国际贸易进出口总额的比重上升到了21.2%，服务贸易对上海经济贸易发展的支撑日渐重要。据国家商务部公布的居民与非居民间服务贸易统计数据显示，2009年上海服务贸易进出口总额为747.32亿美元，比上年下降5.7%，低于同期全国以及全球服务贸易平均下降水平，也低于同期上海货物贸易的降幅，表现出了一定的抗跌性。其中:服务贸易出口299.26亿美元,比上年下降13.4%;服务贸易进口448.06,比上年增长0.3%。

2009年,上海服务贸易进出口占全国服务贸易进出口总额的比重达26.1%,位列全国各省市首位,领先北京的占比22.5%和广东的占比15%,对全国服务贸易的贡献程度不断提升。

上海服务贸易进出口规模与中国香港、新加坡等亚太服务贸易中心城市的差距不断缩小。2000年香港服务贸易进出口额是上海的8.2倍,新加坡是上海的7.2倍;2009年香港服务贸易进出口额是上海的1.75倍,新加坡是上海的1.97倍。

2009年全国部分省市服务贸易进出口情况表

单位:万美元

国别(地区)	服务贸易						
	出口		进口		进出口		
	出口额	比上年(±%)	进口额	比上年(±%)	总额	比上年(±%)	占全国(%)
上海	299.26	−13.4	448.06	0.3	747.32	−5.7	26.1
北京	311.61	−8.3	322.49	−4.7	644.10	−6.5	22.5
广东	255.68	−10.3	203.82	16.3	429.50	0.6	15.0
江苏	70.99	−1.8	96.85	−0.5	167.84	−1.0	5.8
浙江	65.43	−14.2	79.67	28.0	145.09	4.8	5.1

说明:部分省市服务贸易数据来源于商务部分布的2009年居民和非居民间服务贸易统计数据。

三、服务贸易吸引外资

2009年,上海服务贸易各领域在迎世博、办世博的大好机遇下,实际吸引外资呈现良好的发展势头,境内商业存在的规模进一步扩大。据统计,2009年上海服务业合同利用外资107.24亿美元,占上海合同利用外资的80.6%,比例首次超过80%;服务业实际利用外资76.16亿美元,比上年增长11.4%,占上海实际利用外资的72.3%。占比增幅比上年提高4.5个百分点。其中,批发零售业和商务服务业都保持了强劲的发展势头,实际利用外资金额比上年增幅均超过30%,科研和技术服务(主要是研发中心)大幅增长72.1%,商务服务(主要是投资性公司)和商业稳步增长,合同利用外资分别增长7.7%和5.9%。受到世博会的影响,宾馆和餐饮业合同利用外资增长29.9%。

此外,在沪外国服务业机构发展迅猛。2009年上海非金融类服务业外国附属机构境内服务营业收入达345.96亿美元,比上年增长58.6%。其中,非金融类服务业外国附属机构8629家,从业人员40万人。

四、服务业对外投资

2009年,上海服务业对外投资比重加大,全年对外直接投资8.08亿美元,占当年上海对外直接投资总额的52.6%。其中,商务服务业对外直接投资3.41亿美元,占当年对外直接投资比重的22%,批发和零售业对外直接投资1.28亿美元,占比8%,交通运输仓储业对外直接投资1.23亿美元,占比8%,房地产业对外直接投资1.05亿美元,占比7%。

五、上海服务贸易自然人移动

2009年，因受全球金融危机影响，上海对外经济合作企业派出劳务人员（含境外就业）13926人次，比上年降低13.7%，期末在外人数（含境外就业）26250人，比上年降低4.3%。但是人员结构层次有一定提高，海员、空乘人员、厨师等具有专有技术的人员比例提高了2个百分比。

六、2010年发展思路

1. 抓住“世博会”的创新契机，促进服务贸易的服务方式创新。利用“世博会”作为全球最大“体验经济”平台的契机，加强服务方式的创新；挖掘“世博会”的消费潜力，扩大服务贸易出口；加强货物贸易与服务贸易的有机结合，提升货物贸易发展的质量。

2. 加强部市合作联动、与区县联动和做好上海服务贸易发展“十二五”规划。

3. 发挥政策效应，完善服务贸易促进体系。将“上海服务贸易指南网”建成服务贸易企业交流合作的平台；利用“上海软件外包国际峰会”等国内各类展会为服务贸易企业提供服务；用好用足“上海市服务贸易发展专项资金”，发挥专项资金“四两拨千斤”的作用，帮助企业千方百计开拓国际市场。

4. 立足原有基础，扩大重点领域服务出口。利用上海举办“世博会”和建设国际贸易中心的契机，进一步加强国际货代行业管理，推动上海国际物流的发展；进一步发挥部门和区域联动，深入促进软件出口；进一步加强多方合作，合力推进文化服务出口再上新台阶；进一步加强政策调研，促进专业服务贸易发展。

5. 保持领先水平，不断完善和深化服务贸易统计体系，并加快建立上海服务贸易统计评估系统。

6. 发挥行业协会作用，鼓励企业培育自主品牌，鼓励服务贸易企业参与国际竞争，鼓励重点领域的企业优势互补，加强协作，做大做强。

（市商务委国际服务贸易处）

公平贸易纵深发展、商务法律深入推进

一、进出口公平贸易工作

2009年,中国出口产品面临的贸易摩擦大幅上升。一年间,共有18个国家(地区)对华启动119起贸易救济调查,比上年增加11起。其中,反倾销76起,比上年减少4起;反补贴13起,比上年增加2起;涉华保障措施23起,比上年增加9起;特别保障措施7起,比上年增加4起。上海因为产业转型相对较早,且出口企业以贸易公司居多,故2009年贸易摩擦涉案数量与金额较上年未出现大幅波动。119起贸易摩擦案件中,涉及上海的有68起,涉案金额6.67亿美元。

2002—2009年上海涉案数和涉案金额情况表

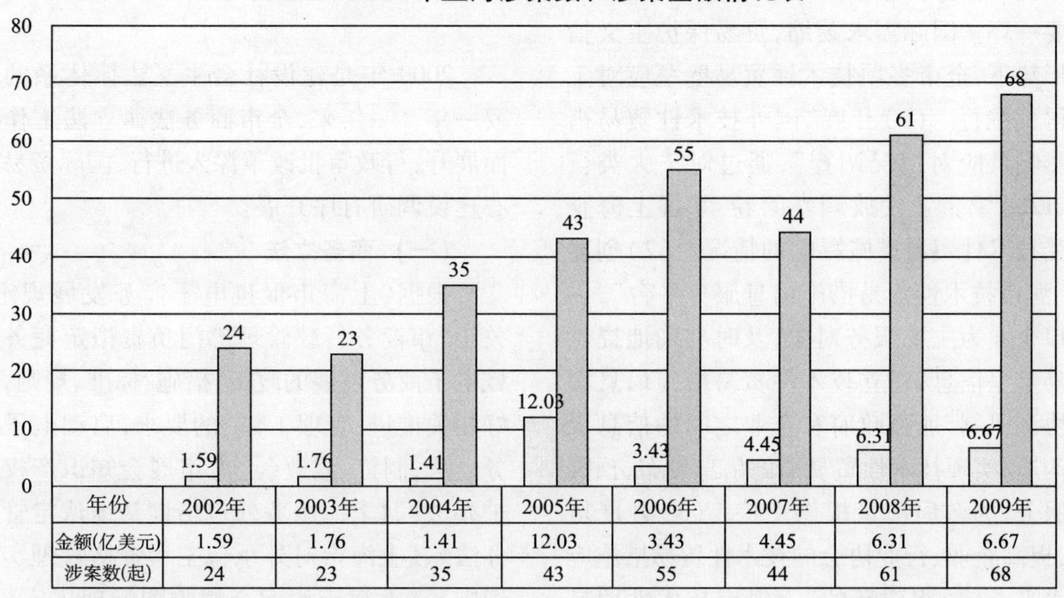

年份	2002年	2003年	2004年	2005年	2006年	2007年	2008年	2009年
金额(亿美元)	1.59	1.76	1.41	12.03	3.43	4.45	6.31	6.67
涉案数(起)	24	23	35	43	55	44	61	68

贸易救济领域,基于国际金融危机影响,国外对我国内产品的冲击不断加剧,案件数量激增。2009年,我国新立案8起,共有27起原审和复审案件。27起案件中涉及上海企业的有12起。

(一)出口贸易摩擦应对效果良好

2009年以来,市商务委与市外贸企业协会、相关行业协会合作,以"培训指导、组织协调与重点跟踪"三头并进方式协调美国油井管、印度SDH光传输设备、澳大利亚铝挤压材、美国钢格板、欧盟铝合金轮毂等20余起反倾销、反补贴案件。在各方共同努力下,上海企业在已裁决的美国对华钢制螺杆反倾销、巴西对华一次性注射器反倾销、加拿大对华床垫用弹簧组件反倾销、欧盟对华铝箔反倾销、印度对华轮胎反倾销等多起案件中都赢得了低税率,保住了海外市场。

(二)进口贸易救济调查运用得当

进口贸易救济调查是维护国家利益和产业利益的重要途径,也是金融危机形势下反击贸易保护主义的手段之一。2009 年,上海企业申请、参与紧固件、取向电工钢、甲醇、苯酚、聚氯乙烯等多起进口反倾销案件的立案、复审,有效抑制了进口低价产品对国内产业的冲击。此外,市商务委还承办了由商务部、工业和信息化部、上海市人民政府联合主办的第六届中国产业国际竞争力论坛。国务院有关部委、省市相关主管部门负责人,进出口商会、行业协会、中外企业界和研究机构等350 余名代表参加了论坛。论坛旨在为产业界提供一个充分交流经验、相互了解的平台,促进经济增长方式转变和产业结构优化。

(三) 技术性贸易壁垒应对工作逐步深入

技术性贸易壁垒应对是稳定外贸出口的重要一环。国际需求萎缩,贸易保护主义抬头形势下,全市多项技术性贸易壁垒应对工作得到推行。(1)开展“国外技术性贸易措施影响及应对情况调查”,通过对 7 大类行业、1288 家企业发放调查问卷,掌握上海企业受技术性贸易措施影响的情况。(2)创建“上海市技术性贸易措施信息服务平台”,以出口企业为主要服务对象,及时准确地提供贸易壁垒信息,建立技术性贸易措施信息沟通协调机制,加强政府和企业之间的信息双向沟通,实现技术性贸易措施信息发布、预警和服务,为政府决策提供支持。(3)开展培训,提高企业、行业协会的技术性贸易措施应对水平。(4)组建新的“上海市技术性贸易措施应对工作组”。

(四) 知识产权应对工作规范化

为落实市政府《关于本市实施〈国家知识产权战略纲要〉若干意见》、《关于保持上海对外贸易稳定增长的若干意见》等文件精神,推动上海外贸转型和升级,市商务委草拟了《关于促进本市与贸易相关的知识产权工作的若干意见》,并召开“技术性贸易壁垒与知识产权应对工作意见咨询会”,听取机关、协会、企业、院校各领域专家意见。

(五) 行业协会工作平台不断拓展

行业协会等中介机构是进出口公平贸易工作的中坚力量。从最初的 9 家到现在的20 家,上海进出口公平贸易行业工作站队伍不断壮大。除继续开展案件应对、预警调研、信息统计、标准制定、国际交流、培训宣传等工作外,2009 年上海相关行业协会还开展了江浙沪进出口企业国际贸易现状调查、国际化妆品公司对中国化妆品市场的垄断和我产业损失情况调查、钢管行业补贴扶持政策统计、纺织出口市场协调、集成电路产业扶持政策统计、重点行业后危机时代产业竞争力调研等多项活动,将公平贸易工作充分融入行业发展、企业经营活动中去。

二、商务法制建设与改革

2009 年是建设社会主义法律体系的重要一年。一年来,全市商务法律立法工作全面展开,行政审批改革深入进行,国际贸易中心建设调研有序开展。

(一) 商务立法

根据《上海市促进电子商务发展规定》关于“市商务行政管理部门负责拟定商务领域电子商务发展的政策、措施、标准、规则,做好相关推进、管理工作”的要求,启动电子商务立法;制订、修改《上海市展会知识产权保护办法》、《上海服务外包培训基地认定管理办法》、《上海市对外承包工程资格管理实施细则》、《上海市废旧金属收购管理规定》等规范性文件;参与制订《中华人民共和国食品安全法实施条例(草案)》、《中华人民共和国招标投标法实施条例》、《中华人民共和国个体工商户条例》、《中华人民共和国台湾同胞投资保护法》等法律法规。

(二) 行政审批制度清理改革

2009 年,根据市审改办对行政审批改革的工作要求,市商务委对商务行政审批事项进行梳理和分类,对原审批事项进行改革,取消10项,调整28项,并经市政府公布。

(三) 国际贸易中心建设立法

上海国际贸易中心建设是上海的一项重点工作,而保障、促进国际贸易中心建设发展的根本是法律制度的健全完善和良好法治环境的构造。2009年,市商务委通过借鉴世界著名贸易中心的先进法律体系,比较研究提出上海建设国际贸易中心的法律选择,起草完成了"国际贸易中心城市法律制度比较研究暨上海建设国际贸易中心的法律选择"课题,现正逐步推进相关立法工作。

三、反垄断经营者集中审查

2008年8月1日《反垄断法》实施以来,上海已有多家企业涉及反垄断经营者集中审查。根据商务部反垄断局的要求,市商务委共对新浪收购分众、阿海珐配电与上海电气设立合营、上海电气收购美国高斯公司、平安收购深发展银行、Renova公司收购瑞士Sulzer AG公司等5起案件的经营者集中问题开展调查,并向商务部提供了意见。在此基础上,市商务委还加大对反垄断的培训力度。一是配合商务部反垄断局与日本国际协力机构(JICA)联合举办"中日反垄断法研讨会",二是邀请市工商局、市发改委共同为在沪外资企业进行了《反垄断法》培训。

(市商务委公平贸易处)

寻求新理念　探索新途径
进一步推进商务外事工作

2009年,本着更好地为上海商务工作服务的精神,市商务委积极寻求新理念、探索新途径,进一步推进商务外事工作,为上海经济建设做出了新贡献。

一、工作概况

2009年商务外事工作主要有七个方面:

(一) 领导外事活动

全年共上报安排市领导参加经贸外事活动220批,实际出席185批207人次。其中安排市委书记俞正声出席21批、市长韩正出席25批。共安排商务委领导外事活动441批508人次。

(二) 外国政府经贸代表团接待

全年共接待26批次商务部邀请访沪的外国政府经贸代表团,包括1个二级团(副总理级),以及3个三级加强团(需加强警卫的正部级团组)。

(三) 外国人入境签证和在沪居留审核工作

2009年共办理入境签证邀请45865批、55353人(次),分别比上年减少37.26%和26.74%。共受理审核外国人2—5年在沪居留1780人,比2008年增长53.85%。2009年7月1日起,浦东新区先行先试实施"为在沪外国籍高层次人才和投资者提供居留措施"政策,该政策对外国人来沪居留吸引极大,故下半年来沪居留外国人快升至988人,与上年同比增幅为87.12%。

此外,审核上报在沪地区总部外籍高级管理人员在华永久居留3人。

(四) 常住代表机构审批工作

全年共受理外国非企业经济组织常驻代表机构各类申请128批次,其中8批设立、78批延期、37批变更、5批终止;新批21家涉外办公场所,累计总数663家;无偿援助管理工作,一家完成项目,另一家项目仍在进行之中;申报"白玉兰纪念奖"两名,并获奖。

(五) 经贸因公出访审批工作

市商务委系统出访团组经外事处报批总数为91批次,188人次。其中取消10批次、12人次,暂缓2批次、5人次,全年实际成行团组为70批次、147人次(包括钻石办及委内贸处室)。

(六) 外事文书工作

全年共编纂《外事动态》71篇,上报《专报》十余篇,撰写市委书记谈话要点近20篇,处理市领导、委领导外方信件近50份,代拟市领导、委领导中英文信函20余封,翻译各类演讲稿、经贸类文稿、外宣资料等近百篇。

(七) 重大活动组织筹划工作

1月,举办"2009年新春招待会";2月,组织"2009上海商务情况通报会";7月,举办"跨国公司地区总部第十六次颁证仪式";9月,举办"中国(上海)国际跨国采购大会";10月,组织"2009驻沪领馆答谢招待会";11月,组织"中国国际工业博览会";12月,举办"跨国公司地区总部第十七次颁证仪式"。另外,4月参与"陆家嘴论坛",7月参与"2009上海外商投资企业座谈会",10

月参与“中国软件外包国际峰会”和“中国国际产业竞争力论坛”,12 月参与“中日韩贸易投资协议谈判”。

二、主要成效

(一)认真做好日常商务外事工作,有效推动上海外向型经济发展

受全球性金融危机以及上海建设国际金融中心、世博会在沪举办等诸多方面的影响,外方来沪要求加强与市领导沟通的意愿强烈,市主要领导的外事活动量大。对此,市商务委及时合理地开展工作,通过安排市高层领导的商务外事活动,有效促进了上海商务外向型经济的发展。

上海建设国际金融中心的发展规划一经中央批准,就受到国际上的广泛关注。为更好地吸引国际金融机构来沪投资,2009 年安排了众多金融类公司高层与市领导的外事会见,如市委书记俞正声会见了美国硅谷金融集团、美国 CITIC 证券公司、美国百仕通集团、美国高盛集团等,市长韩正会见了英国巴克莱银行、日本三井住友银行、伦敦证券交易所等。为适应市商务委机构改革,彰显内外贸联动发展优势,2009 年安排了如英国马莎公司、瑞典宜家集团、法国欧莱雅集团等,国际知名贸易类公司的高层会见,为上海筹建国际贸易中心做出了积极努力。6 月,为加快法国奥克西兰集团(迪卡侬母公司)落实在上海发展的规划,通过安排市长韩正与其全球总裁的会见,推进了项目落地,该公司目前已着手在上海浦东新区购地建设中国总部基地,包含中国总部办公楼、中国最大的旗舰商场、免费且设施安全的大型运动体验场所等。

为更好地发挥市商务委在上海建设国际贸易中心中的关键作用,积极安排大量商务委领导的外事活动。市府副秘书长兼市商务委主任沙海林年内参加了一系列外事活动,如安排其出席拉美驻沪总领事工作午餐会等,在加强与新兴市场沟通的同时,有效地促进了上海外向性经济的发展。

(二)认真筹办重大商务外事活动,积极提升商务外事品牌

多年来,原外经贸委和改革后的商务委在承办重大会议及接待重要代表团方面一直得到业内人士和市领导的充分肯定。2009 年商务委继续发挥在重大活动筹办方面的优势,细致规划、认真工作,圆满完成了“上海商务情况通报会”、“驻沪领馆答谢会”的筹备工作,并承办各类大型活动,如“中国(上海)国际跨国采购大会”相关活动等。在代表团接待方面,年内接待了一个二级团(古巴部长会议副主席卡布里萨斯),三个三级加强团(英国首席大臣曼德尔森、美国商务部长骆家辉、土耳其国务部长恰拉扬)等重要代表团,接待时间紧、任务重、变化多,但均顺利完成了接待工作,得到了外方的充分肯定,不少代表团回国后还特意发来感谢信,对接待工作予以认可。这些活动的开展,很好地推动了商务委与各国驻沪领馆、驻沪外资企业、兄弟委办之间的沟通交流,提升了商务委的形象,进一步增强了相互之间的了解与友谊。

(三)加强对外国非企业经济组织常驻代表机构的管理工作,与之增进沟通交流,实现双方的良性互动

从 2009 年 4 月 1 日起,根据商务部的安排,对外国非企业经济组织常驻代表机构实行由地方商务主管部门进行审批并报送商务部备案;同时审批和报送备案的数据通过专网输入商务部的数据库。这样全国的对外国非企业经济组织常驻代表机构的涉密非公开审批工作实现了对外国非企业经济组织及其代表机构的基本数据的统一管理。这项工作对上海市商务委来说工作量很大,首先要将 6 批次设立、63 批次延期、35 批次变更中的部分和 2 批次终止的常驻代表机构的基本数据录入数据库,然后再次分别录入本次申请设立、延期、变更和终止的数据。但这样做的

结果是实现了快速高效和统一的管理。

为更好地发挥在沪非企业经济组织代表机构的积极作用,市商务委在加强双方的沟通交流方面做出了大量卓有成效的努力。在国家出台上海建设国际金融中心相关政策之时,及时组织了伦敦金融城的驻沪金融和专业服务机构的座谈会,相关机构为商务委可能涉及的领域、企业对政府支持和服务的需求等内容提出了很多有价值的意见,为下一步工作提供了重要参考。同时,还加强了与美中贸易全国委员会、欧盟商会等一批有影响力的代表机构之间的联系。为方便企业更好的在上海开展经营活动,商务委急企业之所急,想企业之所想,联合美中贸易委员会共同举办"营业税和高新技术企业认证程序研讨会",邀请税务机关等部门做相关政策解读,让更多的美资企业了解在沪获得高新技术企业认证资格的相关程序和具体政策,为美资企业在华运营提供卓有成效的沟通平台。事后,美中贸易委员会专门发来感谢信。另外,商务委还为欧盟商会的诸多机构、企业召开了上海市关于跨国地区总部政策的解读会。在这些活动的举办中,实现了既能服务企业,又能聆听企业良策这一"双赢"的良好结果。

与此同时,考虑到在沪外国商会长期存在的一系列历史问题,商务委通过发放调查问卷和当面沟通等方式,对在沪外国商会的情况开展深入调查,就外国在沪设立商会的现状、存在的困难和问题,以及有关政策建议进行了解,并据此以《商务专报》的形式向市委市府提出政策建议,为切实解决在华外国商会存在的相关问题做出了实质性努力。

(四)积极应对签证工作的新挑战,为提供更优质的签证服务积极献计献策

签证工作经常因外交部有关政策的调整而发生变动,对此,市商务委始终以积极的态度做好应对措施,确保签证工作稳步推进。2009年5月,根据外交部的统一安排,在"甲流"期间以技术性原因暂停向墨西哥来华人员签发签证。对此,市商务委及时从上海实际情况出发做好应对措施。一方面,严格遵照规定,仔细梳理受理中的墨西哥人员入境申请,逐一联系申请单位,做好劝说解释工作;另一方面,也考虑实际工作需要,与市外办、出入境管理局、人保局等单位保持密切联系,帮助在沪墨西哥人员解决签证和居留问题。这样既减少了人员出入境的感染概率,又方便企业尽快开展业务,确保疫情期间经贸活动顺利进行。为方便企业办事,商务委还与市人保局外国人就业中心、外商投资企业协会、欧盟商会等单位联合举办讲座,对外国人入境签证及长期居留的最新政策解读,更好地为企业提供服务。

为对外国人入境签证和在沪居留工作进一步优化服务,积极落实市府《关于鼓励跨国公司设立地区总部规定的若干实施意见》的文件精神,商务委与市出入境管理局提出进一步放宽对外资企业外方高级管理人员和个人投资者等在沪2—5年长期居留申请条件的建议,并获公安部同意,于7月1日在浦东新区先行先试。此举将使更多的外籍高层管理人员和其他人员在办理签证和居留手续方面获得进一步的便利。与此同时,在市政协、口岸办召开的世博会期间放宽境外来宾入境签证、签注的建议座谈会以及全国人大外事办主任李肇星调研会上,市商务委也积极献计献策,本着不断提高服务水平的精神,提出了一系列包括信息共享、加强沟通、增加过境免签停留时间、放宽F签证多次往返签证等建议。

(五)秉承厉行节约的文件精神,切实把好经贸因公出国审批关

根据中办发9号文、12号文和沪委办发14号等文件精神,市商务委切实在经贸因公出国审批上把好关。及时将文件精神向各处室进行传达、教育,并经反复协调、修改,按照上级下达的团组数和人数在近三年平均数基础上压缩20%的目标要求。将商务委2009年度因公出访计划压缩为71批次,139人次。计划的执行过程中,并切实将因公出国(境)经费管理全部纳入专项预算管理,实行经费先行审核。凡未经财务部门预算审核的团组,一律不予审批或申报。为提高出访实效,还要求每一个自行组团出访的团组都要提交较为详实的出访总结,用以评估出访的效果,以便各项后续工作的开展和落实。这些做法在提高出访效率,加强党风廉政建设、有效遏制"公费出国旅游"等方面都起到了积极作用,取得了明显的成效。

根据市外办要求,市商务委对自2008年3月份以来自行组团出访的团组开展了一次全面自查。自查发现:截至2009年10月底,在共计69批次出访团组中存在超时情况的团组为15批次。其中2008年13批次,2009年2批次。针对违规情况,商务委组织有关部门召开专题会议讨论,依据中央两办2008年9号文等一系列文件精神,提出一系列处理意见,加强了党风、政风建设。

三、2010年工作思考

2010年上海商务外事工作的总体思路是:

1. 积极组织实施"世博"期间涉外经贸交流活动,提前做好各项工作预案,有序做好接待工作,确保商务外事接待工作圆满完成,充分抓住世博商机促进经济社会发展。

2. 以继续做好大型商务外事活动筹办工作为核心,创新办会形式,扩大活动影响,突出活动亮点,争取更好成效。

3. 以进一步转变工作方式为抓手,一方面努力拓展工作思路,另一方面苦练内部基本功,努力提高干部队伍素质和能力,进一步发挥好商务外事方面的联络、协调和服务等各项综合职能。

4. 以继续加大信息化应用力度为着力点,充分利用已经建设起来的信息化管理系统,建立更加先进、科学、合理、高效的运作方式和管理手段,为进一步提升工作成效提供必要的条件。

(市商务委外事处)

积极应对金融危机 确保贸促事业稳步发展

2009年,上海市贸促会坚决贯彻中央和中共上海市委、市政府应对国际金融危机的重大决策部署,带领全会党员干部坚定信心,迎难而上,砥砺奋进,围绕我国外交外贸和服务上海“四个确保”的总体目标任务,着力抓了三大业务板块(国际联络、法律服务、国际展览)和一个服务平台(商会服务)的转方式、稳增长,在主动服务上海加快经济结构调整和转型,发展开放型经济等方面,做好做实国际贸促工作,继续保持贸促事业良好的发展势头。

年初,受国际金融危机的影响,来华来沪开展经贸活动的政府代表团、商协会代表团有不同程度下降;由于出口大幅下滑,也冲击了上海市贸促会出证认证业务;定单减少使企业出国参展锐减;更为重要的是,两年一度的上海国际车展能否如期举行,也成为汽车业和展览界关注的焦点。面对困难和挑战,上海市贸促会将干部职工思想统一到中央对国际形势的科学研判上来,即我国发展的重要战略机遇依然存在,我国经济发展的基本面和长期向好的趋势没有改变,危机给我国提出了前所未有的挑战,也带来了前所未有的机遇。全会干部和员工坚定信心,迎难而上,砥砺奋进,按照国家扩大内需、促进经济增长的十大政策措施,围绕我国外交外贸和上海“四个中心”的大局,切实把保增长、调结构、转方式,作为做好贸促工作中应对冲击的重中之重。

一、保增长、促消费,全力办好各类展会

年初,市贸促会首先动员上下齐心协力,办好2009上海国际车展,做精做强展览工作,为汽车产业的持续发展推波助澜。为了使上海国际车展不受金融危机影响如期顺利举行,会长岑富荣亲率代表团到国际著名汽车公司上门做工作,宣传中国汽车业的发展前景和广阔市场。4月如期成功举办2009上海国际汽车工业展,并将展览与会议结合起来,首次举办“2009上海车展高峰论坛”。本届车展实现了在总量、水平、理念上的三大新突破,在展览规模(超过17万平方米)、参展汽车数量(展车918辆)、观众人数(突破60万人次)、媒体报道(海内外38个国家和地区的1800多家新闻媒体7287名记者)和参展展品(各类活动精彩纷呈)等五方面实现了新跨越,创历届上海车展之最。通过车展,提振了汽车行业应对金融危机勇气和国外车商对中国车市的信心,刺激了汽车消费,也提升了市贸促会的社会影响力和展览品牌功能。为了扩内需,市贸促会主办的春秋两季国际婚纱展,面对市场不景气,组展人北上南下,扩大招展,实现了逆势增长,展览面积达14万平方米,展览规模跻身全球第一。还结合发展低碳经济,策划、进行商业化运作的国际海上风电和传输大会,为产业结构调整出力。市贸促会国展中心扩大营销,全年展馆出租率38.4%,接待各类展览会52个,其主办的国际乐器展规模达6.5万平米,来自24个国家和地区的1164家厂商参展,专业观众逾4.24万人,已成为亚洲第一、世界第三的乐器展览会。此外,市贸促会全年还完成来展项目17个,展出总面

积达68.5万平方米。

二、保出口、拓市场，增强贸促工作效能

面对年初日益下滑的出口市场，根据市政府工作部署，市贸促会出国展览采取强有力措施，通过境外办展，开拓市场，拉动对外贸易，扭转出口下滑局面。积极争取承办政府大型海外经贸展会和经贸交流活动，为企业出展争取开拓国际市场的补贴，加大开拓新兴市场和新兴产业项目的力度，巩固发展优势项目等措施，确保出国（境）展逆势而上。调整出展项目，千方百计为企业拓展市场，扩大出口服务。6月上旬，市贸促会组织的北非经贸活动是2009年上海规模最大的海外市场拓展，包括阿尔及尔国际博览会、埃及国际汽配展和中国（上海）突尼斯投资贸易洽谈会。展览大获成功，不仅获得政府部门的赞誉，也受到中外企业的好评。仅阿尔及尔国际博览会就有34家上海企业参展，共50个展位，占中国馆展位的1/3，上海成交达2200多万美元，还与当地企业达成了6个合作项目意向。市贸促会还乘势而上，开发了阿尔及利亚农化展、畜牧业饲料展等新项目。与此同时，市贸促会承办在澳大利亚布里斯班举办的"上海周"，通过对口洽谈会、贸易论坛等活动，推进和落实"走出去"战略，帮助上海企业拓展国际市场。市贸促会还善于从危机中寻找商机，根据海外市场需求，组织7个出国专业汽配展，展出面积1547平方米，比上年增长48%，参展企业137家，比上年增长23%。其中埃及汽配展、法国汽配展和美国拉斯维加斯汽配展规模都在300平方米以上，出展成功，为上海汽配行业扩大出口开辟了新路。

由于措施有力，市贸促会2009年出国（境）展览不降反升，完成63个展事，其中展览项目48个，展出净面积5568平方米，比上年增长86%。全年有491家企业共计1045人次参展，贸易成交额为3044.5万美元，意向成交8772万美元。与此同时，市贸促会全年签发原产地证133000余份，认证单据2400余份，代办使领馆认证26300余份，出具国际商事证明书23500余份，有力地促进了外贸出口。

三、保稳定、促和谐，创建良好的法律服务环境

贸促会的法律服务事关上海的投资环境，做好法律服务工作，有助于上海的招商、稳商，有助于外商在上海安居乐业。在注重质量的基础上，贸仲上海分会秘书处迎战危机，面对案件剧增，注重市场拓展，提高办案效率，确保仲裁业务可持续发展。2009年，共受理案件600余宗，比上年增长42%；争议标的人民币42亿元，比上年增长20%；结案500宗，比上年增长35%。受案涉及全球26个国家和地区，体现出案件领域多样、涉外争议高发、争议金额放大、办案难度增加等特点。面对案件快速增长，贸仲分会在创新推广方式上下功夫，契合上海建设国际金融中心、国际航运中心机遇，着力在金融、航运、贸易服务业新领域中寻找新突破，逐渐培养起一支既能办案又具业务拓展的员工队伍。

法律部（法律咨询公司）积极拓展业务，一年来担任企业法律顾问近20家，接受各项法律咨询90余次，代理诉讼和仲裁国内外经济纠纷案值达数亿元人民币。3月与市中院、高院就涉外商事案件委托中国贸促会上海调解中心进行调解事项达成初步一致，并已形成相关会议纪要，届时拟在全市加大宣传力度，扩大社会影响力。

四、服务世博、宣传世博，做好国际交流工作

市贸促会积极配合中国贸促会、市外办认真做好包括随外国政要来访高级经贸代表团在内的接待工作，始终把宣传世博会、宣传上海经济社会发展和开展国际经贸合作的前景当做重点工作。2009年共接待各类代表团67批次，其中国宾团1个（塞尔维亚总统），省部级团14个。市贸促会主动与各国驻沪领馆、政府经贸促进机构驻沪代表处联系，协助相关国家驻沪领馆举办13场经贸论坛、专题研讨会或对口洽谈会，近2000人次参会，其中境外与会400人次。在经贸论坛、专题研讨会或对口洽谈会上，市贸促会不失时机地介绍上海世博会的筹办情况，并邀请各国各地区的商界朋友组团前来参观，还与相关国家的商协会洽谈，探讨协助在世博会期间在上海举办各类经贸活动，以扩展世博会的成效。市贸促会认真做好ATA认证业务入驻世博物流中心的前期工作，在人力、物力等方面做好准备，把参与世博会、服务世博会作为一项政治任务，努力以高质量的服务为世博会在上海的成功举办作出应有的贡献。

五、做好服务工作，助力企业积极应对危机

上海国际商会深入企业了解需求，完善联系人制度，及时了解企业经营现状及困难，为企业提供有针对性的服务。全年共主办、协办各类经贸活动32场，2350多人次参加。精心打造上海贸促网、上海国际商会网品牌栏目，创建和逐步完善海外投资市场信息资料库和专栏，收集最新的国外贸易投资政策、行业、企业信息，为企业提供有用有效的信息资源，网站点击率不断上升。商会还邀请市政府决策顾问、发展研究中心主任张兆安等专家学者举办专题讲座，剖析国际金融危机的挑战和机遇，帮助企业找出应对措施，围绕上海建设国际金融中心、国际航运中心和加快发展现代服务业和先进制造业，调整产业结构，寻找商机等，在设计、组织这些活动中，由于紧贴企业需求，受到他们欢迎和积极参与。商会还与市建委等部门联合举办旧区改造座谈会，加强信息沟通，宣传政府政策措施。还根据部分会员企业前往江浙等地投资意向，组织30多家企业到海宁考察中国经编总部商城和尖山新区，了解相关投资政策，促成多家企业采购、物流合作意向。组织海宁、马鞍山、芜湖等地招商推介会，帮助企业寻觅合作商机。推荐6家在业界有实力、影响力的会员企业参加11月在新加坡举行的APEC工商领导人峰会。上海国际商会累计已与92家国外商协会结好。

市贸促会在韩国忠清南道投资研讨会上，专门邀请了上海建工集团海外事业部、复星集团海外投资部、锦江集团负责人和商会副会长单位负责人与忠清南道知事直接商谈，建立高层次的联系，增进上海企业与韩国相关政府部门的沟通与了解，为双方今后开展业务创造条件。在协助举办“莫斯科国际投资论坛”中，莫斯科第一副市长和莫斯科国际商业协会总经理对市贸促会到位的工作称赞有加，并表示今后仍要与上海保持联系与合作，还表示将安排市长卢日科夫2010年访问上海。2009年，市贸促会向1300人次的外国经贸界人士核发了近1100份的签证通知书。代理外商投资项目21项，代理外商驻上海代表机构咨询159项。全年代企业申请扶持中小企业国际市场开拓资金8000个项目达1.5亿元，有力地支持了中小企业开拓国际市场。

2009年上海市贸促会接待部分海外经贸代表团和重要外事活动一览表

序号	时间	名　　称
1	2月	会长岑富荣会见奥地利上海世博会主管穆娥
2	2月	会长岑富荣与波兰经济部副部长拉法尔·巴尼雅克亲切会面
3	3月	会长岑富荣与希腊新任驻沪总领事玛丽娅·赛兰提亲切交谈
4	4月	中共中央政治局委员、中共上海市委书记俞正声在市贸促会会长岑富荣陪同下视察第十三届上海国际汽车展
5	4月	全国政协副主席、科技部部长万刚视察上海国际汽车展
6	4月	工业和信息化部副部长苗圩参观第十三届上海国际汽车工业展览会
7	4月	上海市副市长唐登杰参观第十三届上海国际汽车展
8	4月	会长岑富荣在“2009上海国际车展高峰论坛”上发表演讲
9	4月	会长岑富荣会见韩国釜山商工会议所会长申正泽
10	4月	“韩国忠清南道经贸投资说明会”在沪举办，副会长李志刚与忠清南道知事李完九会谈。
11	6月	副会长李志刚在“中意生物技术与纳米技术合作发展论坛”上致辞
12	6月	副会长余晨会见美国商务部海外商业服务署亚太区总监塞迪罗
13	6月	副会长余晨会见美国佐治亚州格温莱特郡郡长
14	7月	会长岑富荣会见阿拉伯联合酋长国阿布扎比BJ集团董事会主席苏瓦蒂
15	7月	会长岑富荣会见日本商工会议所、东京商工会议所国际部部长铃木秀昭
16	7月	会长岑富荣会见大韩贸易振兴公社中国地区本部长金钟燮
17	8月	在市贸促会承办的“塞尔维亚经贸投资论坛”，上海市副市长唐登杰与塞尔维亚共和国总统鲍里斯·塔迪奇亲切会面
18	8月	会长岑富荣会见波兰参议院副议长奇奥科夫斯基
19	8月	秘书长赵建东会见比利时安特卫普—华斯兰德商会执行董事
20	9月	上海市市长韩正会见由市贸促会接待的美国威斯康辛州州长董杰睦
21	9月	上海市市长韩正会见由市贸促会接待的美中贸易全国委员会会长傅强恩
22	9月	会长岑富荣会见奥地利新任驻沪总领事海敏凯
23	9月	会长岑富荣会见美中贸易全国委员会会长傅强恩
24	9月	副会长王烈在“土耳其—中国工商论坛暨土耳其—中国企业双边研讨会”上致辞
25	9月	副会长王烈会见斯洛伐克交通、邮政和通信部长卢博米尔·瓦日尼
26	9月	秘书长赵建东会见加拿大大西洋地区商会会长比尔·丹亚
27	10月	上海市副市长唐登杰在市贸促会承办的“2009莫斯科国际投资论坛”上致辞
28	10月	会长岑富荣会见加拿大蒙特利尔市投资局副局长冯以立
29	10月	副会长王烈在“2009莫斯科国际投资论坛”上致辞
30	10月	副会长李志刚与新西兰达尼丁市市长陈永豪一起参加上海国际商会与新西兰奥塔哥商会续签合作协议仪式
31	11月	副会长余晨在“面向三千年，伊朗—中国工商会在伊中两国关系中的作用”研讨会暨伊朗中国工商会上海代表处开业仪式上致辞
32	11月	秘书长赵建东会见墨西哥米却肯州经济发展部部长阿盖兹

（市贸促会办公室）

做精做强做大 创建品牌学校

上海市对外经济贸易教育培训中心（简称“培训中心”）是上海市商务委员会下属的事业单位，是上海市外经贸行业唯一的教育培训机构，是全国成人教育协会培训教育机构工作委员会常务理事单位，是上海企业教育培训联盟发起单位之一，是全国商务领域教育培训中心联席会议发起单位之一。自1989年始，即被商务部（原对外贸易经济合作部）指定为外销员、国际商务师国家级考试上海唯一的培训考试点和口语考试组织机构。2002年始，又被商务部、中国国际货运代理协会指定为《全国国际货运代理岗位专业证书》上海唯一的培训点与考试点。2007年2月被上海市人事局、上海市职业能力考试院批准为上海市外经贸人才认证中心。

2009年是不平凡的一年。培训中心全体教职工团结协作，奋力拼搏，克服重重困难，抵御金融风暴所带来的不利影响，教育培训和管理工作取得较好成绩。2009年专项培训成绩凸显，常规性的培训人数、考试人数仍然都保持在万人以上，与2008年不相上下。

国际商务系列培训考试研讨会

一、加强与商务委和各协会的联系，进一步强化和发挥委办培训中心的职能，尽心优质承办好各项培训任务

（一）都江堰市商务系统干部培训班

为积极推进落实上海市商务委员会与都江堰市人民政府《关于进一步加强商务领域援助与合作的协议》，加强两地商务系统干部的交流和培训，培训中心组织班子，配合商务委人事干部处，具体策划落实都江堰市商务系统干部来上海培训的工作。都江堰市商务系统47名干部，来自都江堰市商务局职能部门和部分企业。分两期于11月8—13日和11月22—27日参加培训交流。

培训中心对每期六天的培训交流作了精心周到的安排。既有紧贴都江堰市商务发展实际需求、内容详实的讲座：标准化菜市场的建设与管理、再生资源回收利用、报废汽车等行业的管理、服务外包基础知识及实务、城市商业业态布局规划和社会消费品零售总额分析与应用等，又有针对性的实地考察：二手车交易市场、标准化菜市场、张江高科技园区、淮海路商业街、苏州工业园区、生猪屠宰厂、青浦奥特莱斯等。学员们通过培训，加深了对上海商务环境和商务工作的了解，对与上海市商务系统今后的对口支援合作和促进都江堰商务重建有了更深刻地认识。

（二）跨境贸易人民币结算政策专题培训

为了进一步扎实推进上海跨境贸易人民币结算试点工作，培训中心协助市商务委财务处、贸发处、市金融办会同相关部门，于8月12日举办跨境贸易人民币结算政策专题培训。

跨境贸易人民币结算政策专题培训

专题培训会上，就跨境贸易人民币结算试点工作推进情况做了介绍，并就《跨境贸易人民币结算试点管理办法》和跨境贸易人民币结算报关相关政策、跨境贸易人民币结

算出口退税政策进行解读。以求达到规范试点企业和商业银行的行为，防范相关业务风险。180 人的培训会场，实际到会有 200 多人。现场气氛活跃，互动踊跃，反响热烈。在现场答疑部分，大家对人民币资金的跨境结算和清算，对交易单证的真实性及其与人民币收支的一致性，试点企业的跨境贸易人民币结算不纳入外汇核销管理，办理报关和出口货物退（免）税时不需要提供外汇核销单，试点企业建立跨境贸易人民币结算台账，记录进出口报关信息和人民币资金收付信息等提出问题。讲课专家对此做了认真回答。大家普遍反映收获很大，对于系统完整地理解《跨境贸易人民币结算试点管理办法》，在工作中把握跨境贸易人民币结算试点的各项措施，进一步推动跨境贸易人民币结算试点工作，有了更深入的了解。

（三）国际货代企业中高级管理人员培训

在全球金融危机波及实体经济，上海国际物流（货代）行业面临业务量下降、效益下滑的背景下，为积极帮助企业度过难关，提高企业把握机遇寻求发展的能力，培训中心与上海市商务委员会服务贸易处、上海市国际货运代理行业协会三方合作，在 2 月、4 月、6 月各举办了一期“2009 年上海市国际货代企业中高级管理人员培训班”，引导企业转变观念，提升管理水平，渡过艰难时期。三期培训班共有 470 多名国际物流（货代）企业负责人与业务骨干参加了培训。

培训聘请多名专家学者，对宏观经济形势与金融危机下的国际物流（货代）企业业务开拓、当前航运形势分析及应对危机策略、国际物流发展趋势与企业转型、法律风险防范、企业信用管理制度建设、海关分类管理办法及实施中存在的问题、国际货代企业财税政策、上海经济社会发展与‘两个中心’建设、货代物流行业五项国家标准宣传贯彻等方面，进行了全面系统地分析讲解。由于培训内容紧扣形势，传授的专业知识开放、实用，较大程度地满足了企业的需求，使培训者得益匪浅，对帮助企业转变观念，加快转型，苦练内功具有很强的指导意义。

企业负责人都希望把“2009 年国际货代行业协会中高级管理人员培训班”继续举办下去。培训中心将以此为契机，建立行业中高级管理人员的培训制度和人才储备机制，提高企业中高级管理人员业务水平和理论素养，促进行业的健康可持续发展。

（四）进口调查和反垄断法培训和《行政复议行政诉讼》培训

近年来，中国对外贸易高速增长，随之而来的国际贸易摩擦不断出现，我国已经成为贸易摩擦的多发区。培训中心配合市商务委公平贸易处举办进口调查和反垄断法相关内容培训。解读反垄断法，介绍进口反倾销调查程序和进口反倾销调查案例，为提升行业协会应对国际贸易摩擦的操作能力和服务能级，充分发挥自律和协调作用，进一步指导业内企业按国际通行规则和市场经济规律行事。还配合市商务委公平贸易处，对区县商务干部举办《行政复议行政诉讼》培训，提高区县商务干部依法执政能力。

（五）《国际海运危险货物规则》培训

按照国际海事组织（IMO）及我国交通运输部的规定，自 2009 年 1 月 1 日起，所有岸上接触或有可能接触海运危险货物的人员，必须经过《国际海运危险货物规则》（IMDG Code）及我国相关的水运危险货物运输规则的培训合格后，才能从事危险货物运输或岸上的操作。培训中心与中国港口协会、北京 DGM 公司合作举办《国际海运危险货物规则》培训。学员全部来自航运公司、船舶代理、货运代理的一线职员和危险品货主。培训内容包括：正确使用 IMDG CODE《海运危险品规则》，区分托运人与承运人的责任，按照危险物品的分类标准准确识别各类危险物品及海洋污染物，了解并会使用“危险货物一览表”，学会并掌握限量和例外数量运输的规定，学会并掌握危险货物的包装和罐柜的规定，学会并掌握有关危险货物的标记、标志和标牌的相关规定和要求，学会正确填写有关危险货物运输单证并正确地进行申报，了解并掌握危险物品托运程序和运输作业的有关规定等。为期5天的培训圆满结束后，学员们反映课程安排科学合理、内容翔实，对本职工作具有极强的实践指导性。DGM China表示要和培训中心继续合作，又开设了国际航空运输危险货物规则培训课程。

二、做深、做细、做实常规培训，进一步巩固品牌项目市场领先地位

培训中心1989年最先进行国际商务系列（外销员、商务师）培训，最先研发国际商务单证、国际货运代理、外贸会计岗位资格培训。自1996年起，培训中心承担了上海市紧缺人才《国际贸易单证》岗位、《外贸会计》岗位、《外贸业务员》岗位、《WTO与贸易争端》等培训与考试。在教育培训形势严峻的情况下，培训中心充分利用好有限经费，使投入的广告宣传费用，采取集中投放，强势宣传。如点对点，针对不同企业的需求，介绍相对应的培训项目；面对面，通过对来中心参加考试报名、续证教育的学生进行面对面的宣传，来扩大招生。

（一）国际商务专业人员职业资格培训

国际商务专业人员职业资格分为执业资格（国际商务师）和从业资格（外销员）。由国家人事部、商务部每年组织一次全国统考。2009年国际商务师培训123人，占全市报考人数的44.4%；外销员培训346人，占全市报考人数的41%。培训中心拥有一支参加命题、阅卷和培训教学经验丰富的教师队伍。2009年，通过培训中心培训的国际商务师考试合格率远超全国水平，高达77.8%（上海合格率为60.29%）；外销员考生合格率高于全市平均水平，为53.9%（上海合格率为50.92%）。

（二）国际货运代理行业从业人员资格培训

随着上海国际金融、航运中心建设的国家战略地位的确立，国际航运中心建设提速，国际货代从业人员的需求日趋高涨。培训中心是国际货代从业人员培训项目的研发者，2009年中心继续抓住这个契机，针对学员需求，精心设计了各种类型的培训班。培训时间有长有短，培训侧重各有不同，有理论讲解为主的，也有模拟练习为主的，有单科突进的，也有双科齐头并进的。据统计，2009年上海货代考试的及格率高于全国的及格率10个百分点。上海考区的前五名考生，均出自培训中心。

FIATA国际货运代理资格证书是目前全球货运代理行业中权威性最高的资格证书，被全世界所有货代企业所承认，终身有效。培训中心是经中国国际货运代理协会认定的上海唯一的培训点，使用全英语的笔试和面试，体现获证者具备较高的英语水平和业务能力。2005年至今累计培训了116人，为上海货代行业提供了高端人才。

（三）紧缺人才培训

自1996年起，由培训中心研发的上海市紧缺人才《国际贸易单证》岗位、《外贸会计》岗位、《外贸业务员》岗位培训考试项目，10多年来，成绩骄人，交口赞誉。从2010年起，这些项目将由长江三角洲紧缺人才岗位培训考试来替代，培训中心将在更广阔的领域开展培训。由于证书更替，培训中心考试办公室在培训拓展部、国际贸易教研室、外语教研室等部门的配合支持下，做了大量工作，使该项目得以平稳转移，继续发展。2009年，组织《国际贸易单证》岗位资格考试45场，颁发证书2029张；组织《外贸会计》岗位资格考试10场，颁发证书80张；组织《外贸业务员》岗位资格考试3场，颁发证书35张。

三、提供个性化服务，为企业送教上门，做企业内训的好帮手

培训中心根据企业的需求，为企业量身定制各类讲座培训。宝钢是特大型国有钢铁企业，培训有自己的特别的要求。培训中心在2008年为他们开的系列讲座基础上，2009年再次接受委托，根据要求量身制定培训计划。开设《宝钢商务国际化和项目国际化》专题培训课程。课程设制打破常规，以模块组合的方式进行。讲实务，讲营销，讲贸易信用风险防范和管理，讲法律，讲WTO与国际贸易争端实务，讲对外贸易融资。既有理论，又有操作和案例。讲课宏观微观结合，深入浅出，学员普遍反映学有所获。此外，还为新浩艺工艺品进出口公司业务人员开办外贸知识系列讲座，金山联合贸易有限公司进行国际商务师培训，中国软件与技术股份有限公司上海分公司开设出口退税讲座，张家港市化工机械有限公司开设国际贸易专题培训课程。同时，还组织教师为上海电力物资有限公司编制《出口实务操作手册》，组织教师参与市商务委有关部门组织编写的《反倾销操作实务》等手册。

四、2010年培训工作思路

上海建设国际贸易中心和国际航运中心正在大力推进，外经贸专业人才将极其匮乏，这给培训中心发展带来了契机。作为外经贸人才的专业培训基地，培训中心为充分利用既有优势，在项目上做精、做强、做大，积极创建品牌学校。

2010年世博会在上海举行，培训中心要以世博会为契机，保持传统优势，转变培训方式，转变应试教学方式；加强项目建设和项目开发，加强服务意识；提高服务水平，提高培训增值服务；力求培养能适用市场不断变化的实用型人才，走具有培训中心优势和特色的发展道路。

2010年，培训中心将继续深入贯彻落实科学发展观，摆脱旧观念的束缚，解放思想，闯关开路，勇创佳绩，进一步做好培训工作。

（市对外经济贸易教育培训中心）

企　　业

集团企业·著名企业

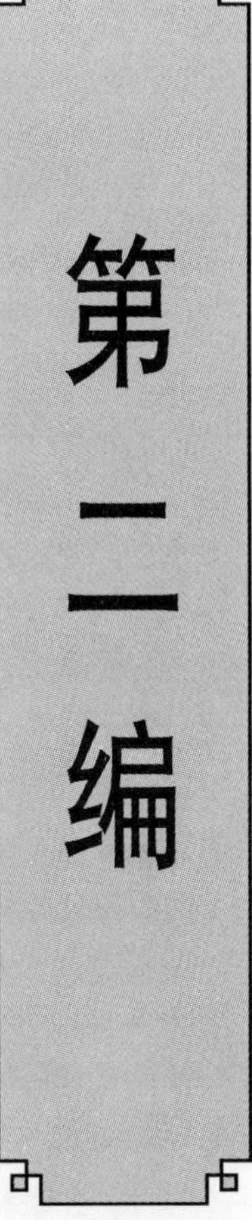

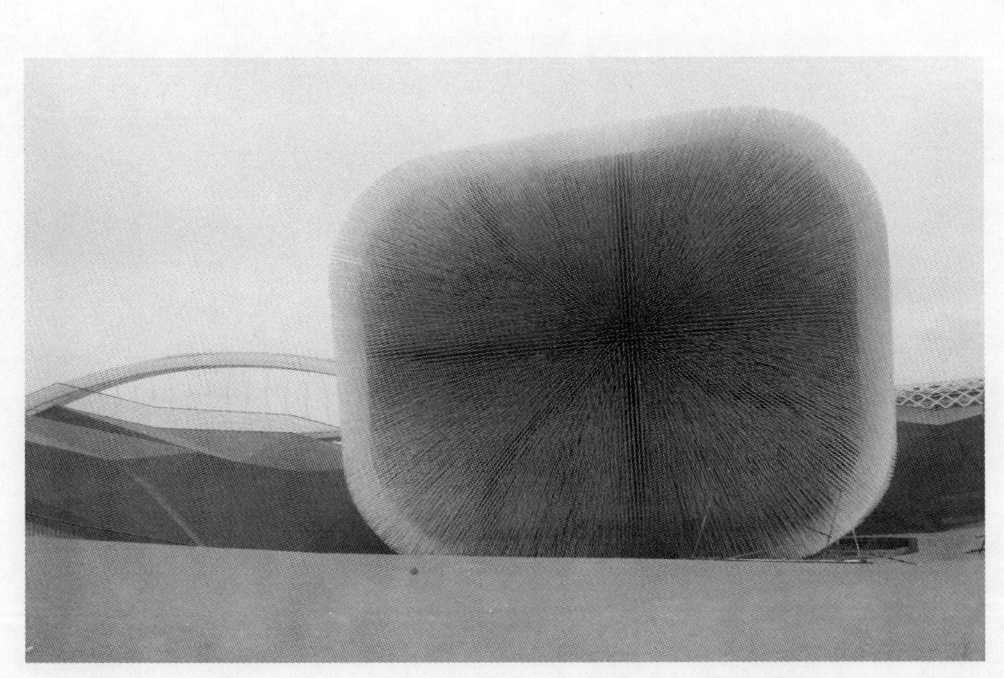

一、集团企业

光明食品(集团)有限公司

一、概述

光明食品集团坚持用科学发展观统领改革、发展、稳定全局,按照“发展、转型、整合、提升”的工作主基调,积极应对国际金融危机的影响,努力克服发展中遇到的困难,促进了集团经济平稳较快发展,基本实现集团三年战略规划提出的目标和任务。2009 年,集团系统实现主营业务收入 507.56 亿元,利润总额 22.03 亿元,国有净利润 8.02 亿元,分别位居市国资系统排名第五、第七和第六。集团在册员工 5.43 万人,从业人员 8.48 万人;年末总资产 637 亿元,净资产 238 亿元。

董事长王宗南在“绿色盛会一起来”启动仪式上致辞

二、2009 年经营举措

（一）大力发展核心主业，全力以赴保增长

乳业通过产品的研发创新、销售渠道扩大以及常温产品的快速发展，销售收入比上年增长 11%；糖业实现资源并购重大突破，抓住市场机遇加快规模扩张，食糖销量比上年增长 21.9%，再创历史新高；金枫酒业明确“石库门”、“和酒”的品牌定位，推动内部产业融合，开拓以江苏为主的全国市场，继续保持全国黄酒行业的龙头地位；品牌代理业加强新品牌、新网络的开发，营业收入比上年增长 8%；连锁零售业加大营销创新力度，完成了农工商超市信息系统整合和物流中心的建设、第一食品中环店的开张和捷强烟酒专卖店的转型；现代农业平稳较快发展，粮食高产丰收，农田基础设施不断改善，农场型子公司经济效益持续提高。

（二）以商业模式转型为抓手，提升企业竞争力

集团制订“商业模式转型指导意见”及“促进产业联动和商业模式转型、扶持企业发展的若干意见”，并将转型工作纳入业绩考核体系，初步形成促进商业模式转型的长效机制。科技创新取得新成果，集团“水稻高产高新技术集成创新”项目完成验收，跃进、长江农场荣获“上海市高产创建活动”一等奖；光明乳业成功研发国内唯一的巴氏常温酸奶莫斯利安，年新增销售额超亿元；农工商超市通过信息系统整合提高了运营管理效率。加强品牌建设，通过“光明食品节”，借助上海旅游节、机场窗口、世博会志愿者等活动，大力宣传推广集团母品牌；基层企业子品牌建设取得新成效，“玉棠”、“农工商房产”、“瀛丰五斗”、“华佗”、“好德”等 5 个商标新获上海市著名商标，光明乳制品、石库门黄酒、和酒、海丰大米、爱森肉制品、冠生园蜂蜜等 16 个产品品牌荣膺“2008 上海市场畅销品牌”。加强网络建设，集团与上海铁路局、东方明珠等单位达成战略合作协议；推进与百联集团、锦江集团的战略合作和业务对接；集团与西双版纳建立石斛生产基地，推进与新疆生产建设兵团、黑龙江省农垦的农产品购销合作，扩大了集团资源基地。

（三）加强资产整合，解决管理层级过长、行业分布过宽问题

采取“抽楼板”、“关、停、并、转、售”、“升级”等措施，基本实现了企业管理层级收缩到四级以内的年度目标。集团编制规范集团所属企业填报行业分类标准的指导意见，制订和实施集团非主业资产整合与中小企业调整退出行动计划，合计退出行业 12 个，退出企业 113 户。

（四）抓好重点投资项目建设，增强发展后劲。

全年完成投资 121.26 亿元，比上年增加 109.72%。其中：主业完成投资 46.53 亿元，支撑产业及非食品业务完成投资 74.73 亿元。农工商超市 118 店改扩建项目，预计 2010 年春节前可完成宾馆地下三层基础建造。西郊国际农产品蔬菜交易中心项目，台湾水果经营及海关报关、冷库等配套设施建设及肉类交易大厅改造基本完成，进口香蕉催熟、冷库制冷等设备已全部进场，预计 2010 年 3 月底试营业。海丰生态奶牛养殖示范基地一期工程已完成，进场奶牛 7500 头。长江高效生态现代农业基地有机肥项目全部完成，农机技术服务中心地基部分已完成，农业科技中心完成结构封顶。集团对所属 9 家企业 12 个投资项目进行后评估工作，强化投资项目监督管理。

（五）加大对外收购兼并力度，做强做大主营业务

集团确定核心主业的年度和中长期并购工作目标，加大对外收购兼并力度，主业并购投资金额近 25 亿元，并购工作实现了新的突破。烟糖集团东方先导糖酒有限公司收购海南白沙糖业 70% 股权，可新增甘蔗种植面积

8 万亩，年增食糖产量 5 万吨。光明食品集团与云南省最大的制糖企业中国英茂糖业有限公司签署战略合作协议，光明集团糖业控股英茂糖业 60% 股权，双方合作后，食糖总销售规模将排名全国同行业第一。集团通过资本市场以 15.5 亿元收购对价协议受让上实食品有限公司所持光明乳业的全部股份 3.14 亿股，光明食品集团与子公司牛奶集团合并持有光明乳业 6.819 亿股股份，占光明乳业总股本的 65.448%。完成了心族实业公司收购黄山市汪满田茶叶公司 50% 股权和海博出租汽车公司收购巴士宏通出租公司 60% 股权等一系列并购工作。

总裁曹树民(前排右一)在 2010 上海新春农副产品大联展上

(六) 加强食品安全管理，推出迎世博食品安全“组合拳”

光明食品集团积极开展“迎世博”食品安全管理年活动，初步建成集团食品安全监管平台，建立集团部分大米、猪肉、蔬菜生产企业产品质量全过程可追溯管理与消费者查询系统。8 月 7 日，集团在上海第一食品商店召开“迎世博”学习贯彻《食品安全法》现场会，聘请 4 名专家为食品安全、营养、法律顾问和消费督导员，与安信农业保险公司签订消费者食品安全保险合作协议，集团下属企业向社会作出保障食品安全承诺，做好对接世博市场营销工作等举措，推出迎世博食品安全“组合拳”。

(七) 加强人力资源建设，提升干部职工整体素质

完善法人治理结构，加强集团公司和子公司董事会建设；健全绩效评价和薪酬体系，把落实财务预算指标，确保实现销售收入、净利润、产业发展指标及收缩企业管理层级等内容列入考核项目；加强干部员工培训，集团完成 48 个培训项目，培训 5700 多人次。

监事会主席崔志仁(前排左一)启动农垦农产品质量追溯上海展示周活动

三、经营实绩

(一)集团系统经济发展总体良好 如表:

项 目 名 称	单　位	数　值	比上年(±%)
实现销售收入	亿元	521.00	7.96
完成规模销售(汇总口径)	亿元	770.00	10.00
利润总额	亿元	22.03	29.33
国有净利润	亿元	8.02	28.71
实现国有净资产收益率	(%)	5.53	提高0.7个百分点

(二)农业生产及销售平稳较快发展 如表:

项目名称	单位	数值	项目名称	单位	数值
农业总产值	亿元	16.88	生猪上市	万头	16.73
比上年	(±%)	8.65	比上年	(±%)	20.51
粮食与经济作物的产值比	—	1.56:1	肉鸭上市	万羽	6.60

(续表)

项目名称	单位	数值	项目名称	单位	数值
种植业和养殖业的产值比	—	1:1.01	奶牛存栏数	头	34991.00
粮食总产量	万吨	21.58	比上年	(±%)	13.90
比上年	(±%)	1.67	生奶总产量	万吨	11.10
蔬菜播种面积	公顷	4055.00	成乳牛平均单产	公斤	6922.00
造林面积	公顷	309.00	淡水品总产	吨	14755.00
生猪饲养量	万头	27.38	比上年	(±%)	10.00
比上年	(±%)	8.02			

(三)食品加工业和产品出口有较大发展 如表:

项目名称	单位	数值	项目名称	单位	数值
工业总产值	亿元	221.92	蜂　蜜	吨	10416
比上年	(±%)	3.13	糖　果	吨	16534
工业销售产值	亿元	218.28	乳制品	吨	360675
比上年	(±%)	2.93	罐　头	吨	46137
产品销售率	(%)	98.36	味　精	吨	14454
出口拨交额	亿元	17.69	黄　酒	千升	110110
比上年	(±%)	-18.36	软饮料	吨	1237060
大米加工	吨	43397.00	冷冻饮品	吨	16114
白砂糖	吨	185598.00			

(四)商贸连锁业持续发展 如表:

项目名称	单位	数值	项目名称	单位	数值
农工商超市	家	475.0	海博出租车辆	辆	7798.0
好德便利店	家	1105.0	大中型车辆	辆	555.0
五缘折扣店	家	506.0	营业收入	亿元	7.0
可的便利店	家	1251.0	房地产开发施工面积	万平方米	231.0
农工商超市集团销售收入	亿元	162.0	销售面积	万平方米	94.5
光明便利店	家	348.0	销售额	亿元	65.9
销售收入	亿元	3.6			

四、2010 年发展趋向

2010 年，集团经济工作的总体思路是：深入贯彻落实科学发展观，制定并实施集团新三年发展战略规划，继续按照“发展、转型、整合、提升”的工作主基调，更加注重聚焦主业，更加注重深化转型，更加注重加快整合，更加注重加强内控，更加注重保障民生，紧紧抓住世博商机，加快转变经济发展方式，大力拓展市场，努力实现集团经济又好又快发展。

集团努力实现净利润的增长要超过利润总额的增长，利润总额的增长要超过主营业务收入的增长。计划主营业务收入 565 亿元，利润总额 26.5 亿元，净利润 10 亿元，职工人均收入增长 6%—9%。重点抓好九项工作：

1. 抓住世博商机，开展好“绿色盛会一起来”主题活动，参与国内外交流，寻求国内外合作，提高市场占有率和影响力。

2. 对标国内行业龙头企业，编制好集团“十二五”及 2010—2012 年发展规划，谋求集团新发展。

3. 聚焦主业，集中力量发展乳业、酒业、糖业、连锁商贸业、品牌代理业和现代农业“5 +1”核心业务，加快做强做大核心主业的步伐，力争在三年内各主要业务销售上百亿或利润超过 3 亿元。

4. 持续深化转型，以构建网络为龙头，以科技创新为引领，以品牌建设为支撑，以资源控制为手段，深化商业模式转型，提高企业核心竞争力。

5. 深化内部整合，加强上市公司管理，打造资本运作良好平台，推进集团资产资源产业链等整合，进一步压缩企业层级，加大资本运作力度。

6. 抓好投资与并购，确保一批重大项目按期竣工并投入运营，加大围绕核心主业发展的收购兼并力度，提升企业发展后劲。

7. 加强人力资源建设，为实现战略目标提供人才支撑。以业绩增长为导向，进一步完善绩效考核制度和薪酬体系。以培养和引进并举，加强人才队伍建设。加强董事会建设，完善企业法人治理结构。

8. 加强和改善内部管理，启动企业全面风险管理工程。加强财务、资金、审计、土地使用等各项基础管理，进一步构筑和完善法律风险防范机制。

9. 加大改善民生力度，构建和谐劳动关系。坚持企业效益增长和职工收入提高的联动机制，解决农场职工住房困难等历史遗留问题，落实帮困长效机制，构建和谐企业。

上海水产(集团)总公司

一、概述

上海水产(集团)总公司由上海市国资委全资控股,是上海唯一一家开发利用国际渔业资源,以远洋渔业及水产品精深加工为主营业务的国有集团公司。拥有一流技术能级的大中型公海作业船25艘(其中13艘已纳入上市资产),有跨海小型作业船48艘。集团船队生产海域为太平洋、印度洋、大西洋。年捕捞远洋水产品15—16万吨,占全国远洋渔业产品10%以上,有海外企业及办事处18家,多次获得市政府"走出去"贡献奖和"走出去"领头羊企业称号,是上海跨国经营20强企业之一,2005年已通过ISO9001:2000质量管理体系认证。

二、2009年经济工作

2009年,面对渔业资源和市场的变化以及国际金融危机影响,水产集团以开展学习实践科学发展观活动为契机,以编制实施集团三年行动规划为抓手,以运作、壮大上市公司、推进远洋渔业优质资产整体上市为动力,明确发展思路,积极采取措施,努力克服困难,保持了集团生产经营总体平稳。

新建的大型金枪鱼围网船

（一）在学习实践活动中谋划制定集团发展三年行动规划

2009年上半年，水产集团围绕“学习实践科学发展观，增强核心竞争力，打造国际先进渔业集团”，组织研究制定集团（2009—2011）三年行动规划，明确打造国际先进渔业集团的发展总目标，确立集聚主业资源推进远洋渔业优质资产整体上市、调整结构推进主辅分离、健全保障机制的基本战略。7月，召开动员会议正式启动实施。

（二）在应对危机中继续保持公海捕捞全国领先

公海竹荚鱼、金枪鱼围网渔业是集团核心业务远洋渔业的支柱。虽然2009年下半年起竹荚鱼渔场资源遭受渔场海况条件变化、鱼群集群突显异常等困难，但由于采取各种有效的应对措施，单船捕捞产量达到了1万吨以上。其中开裕轮产量超过2万吨，使水产集团5艘大型拖网加工船以占中国船队13艘船38%的船只数，赢得了占13艘船捕捞总量约73%的产量，产能和效益继续保持在国内第一、国际前列的水平。金枪鱼围网渔业坚持抓好有效作业天数，整个船队提前超额完成了全年产量指标。7艘船捕捞产量占据了国内同渔场16艘船总产量的50%以上。

（三）在调整、优化中努力提高过洋及其它作业方式的经济效益

按照三年行动规划中加快做强和培育大型拖网加工、金枪鱼围网作业外的远洋渔业优质资产逐步上市的战略部署，集团2009年加快了毛塔、摩洛哥、超低温和冷海水金枪鱼延绳钓等捕捞项目的调整、优化，显现出良好的经济效果。毛塔、摩洛哥船队整合优化管理显成效，两项目全年共夺得利润305万美元。超低温金枪鱼延绳钓项目通过调整打了翻身仗，一季度实施项目由国内直接经营管理的模式，4月份将船队转入太平洋生产，产量比上年增长58%，产值近1000万美元。斐济冷海水金枪鱼延绳钓船队6船捕捞产量创历史新高，产量超过了2000吨，比上年增长35%，为项目建设以来最好成绩。

金枪鱼渔船在码头卸货

(四)在推进发展中海陆联动精心实施远洋渔业项目

大型金枪鱼围网船引进与新建齐头并进。从法国公司引进的一艘(二手)大型金枪鱼围网船3月投产后到年底超额完成了年捕捞产量指标。新建的4艘新船分别于年初和11月中旬开工,第一艘于12月3日下水,并直接参与被列为国家863项目金枪鱼围网首制船研究工作。毛塔自由捕捞许可证谈判继续推进,新船舶选型等前期准备工作已基本完成。南极磷虾探捕项目启动实施,开利号船将于2010年初完成我国首次南极海洋生物资源开发利用项目南极磷虾探捕任务。开发国内金枪鱼鲣鱼加工销售市场项目开展了一系列的市场调研、开发模式、合作伙伴选择等工作。分步实施打造集金枪鱼产加销功能于一体的中西太平洋"经济圈"战略,2008年投产的马绍尔食品加工厂,于2009年开始了金枪鱼鱼柳的规模化加工生产,马绍尔总统曾多次视察该厂,并给予较高的评价和相关的优惠政策。收购斐济当地金枪鱼加工厂股权已进入操作阶段,为配套水产集团在太平洋海域作业的5艘金枪鱼超低温延绳钓船队生产经营创造了机遇。同时制订集团远洋渔业人才规划(2009—2011年),首次实行了远洋渔业职务船员技能鉴定并纳入集团人才信息库管理。

三、2010年主要任务

(一)以增强远洋渔业核心竞争力为抓手,着力抓好远洋渔业生产经营

大型拖网加工作业要在产学研联盟的帮助下,悉心研究竹荚鱼渔场资源变化和鱼群集散的新特点、新规律,从提高有效作业天数入手,根据渔发情况灵活组织有效生产,千方百计提高单产水平;金枪鱼围网作业把握销售价格起伏波动规律,抓好船只的均衡生产,多方位拓展销售渠道;在建的4艘金枪鱼围网船,抓好建造进度和质量,确保按既定时间节点相继交付使用并投入生产;南极鳞虾探捕工作继续加强渔场资源、安全生产、捕捞技术方面的研究与培训,抓紧调研鳞虾加工环节和销售市场,了解和掌握一批目标客户;西非合作项目从规避风险、有利于新项目实施的角度,采取措施逐步转变合作方式;阿根廷线内及公海的鱿钓作业海陆结合拓宽销售加工渠道;太平洋超低温金枪鱼延绳钓和冷海水延绳钓作业千方百计用足配额,提高捕捞产品附加值。

(二)以推进远洋渔业优质资产整体上市为目标,大力谋发展,调结构,促进经济增长方式转变

大力推进上市资产的整合和培育工作,按照集团三年行动规划既定方针,以产权清晰、项目培养为抓手,推进远洋渔业优质资产整体上市工作,加快集团资产结构调整,基本完成远洋渔业产业链资产向远洋渔业公司的归并和注入,不断充实和壮大上市公司的资产规模和实力;充分发挥上市公司增发、配股等多形式的市场融资功能,进一步提高集团国资资本证券化水平;抓紧实施收购斐济金海渔业公司部分股权项目,积极开展基里巴斯项目的前期准备工作;继续推进中西太平洋远洋渔业经济圈的战略布局,认真研究在入渔国陆上投资收购或建设水产加工厂,相机取得金枪鱼延绳钓及围网捕捞许可证,积极拓展密克远洋渔业新项目,抓紧开展与毛里塔尼亚政府关于自由捕捞项目的谈判;大力拓展海内外金枪鱼加工营销,调整产品结构,积极与相关企业开展合作,启动鲣鱼国内加工营销项目;继续推进水产加工园区基础设施建设,完成配送、冷藏物流、食品加工的产业布局,逐步开发金枪鱼深冷储藏及精深加工项目。

(三)以贯彻国资"三十条"为指引,继续加快主辅分离步伐

加快清理非主业小企业和"壳企业",压缩企业层级;加快存量资产和闲置资产的盘活和变现,积极研究利用"打包平移、市场化开放式重组、土地变更”等政策，进行以变现为主要目的的置换或处置，为集团经济发展和职工保障提供财力支持；以贯彻《集团职工保障工作实施纲要》为契机，加快建设职工保障中心，加强职工保障工作的统一领导和组织协调，努力提高保障工作的制度化、组织化、规范化水平；多方筹措广开渠道建立和充实集团职工保障基金，建立专户，实行预算管理，接受职工监督。

（四）以风险防范和化解为重点，切实加强企业内部管理，提高集团对经济运行的掌控能力

结合集团外派董事的引入，按照市国资委有关文件的规定，进一步理清和界定集团决策层与执行层的权限和职责，继续完善董事会所属专业委员会和相关部室的建设，健全和落实董事会工作制度；建立风险预警防控机制，完善董事会专业委员会对投资行为进行法律审核并实施风险管理的办法；落实投资发展项目责任人的定期报告制度，加强投资决策环节、项目实施环节、项目管理环节的全过程监控。进一步规范集团和子公司的资金运作行为，防范资金运作的风险；实施集团重大法律纠纷案件的备案管理，积极创造条件推进以实施总法律顾问制度为重点的国有企业法律顾问制度建设；巩固执行新会计准则的基础，加强预算执行情况的动态监控和定期分析，建立超预算的预警机制和调控机制。以认真负责的姿态迎世博，为办好世博会作出努力。

东方国际(集团)有限公司

董事长
蔡鸿生

一、概述

2009年,东方国际集团在国际金融危机导致世界经济萎靡、外需不足、综合风险加大、新的贸易保护主义抬头的影响下,主营业务发展受到严重阻碍,集团董事会、党委会带领全体职工,结合深入学习实践科学发展观,戮力同心,共克时艰,加强了业务促销、结构调整、经营创新、风险管理、资产运作和战略发展等方面工作。同时,相应制定摊位补贴政策,加大出口促销力度;鼓励利用出口信保,保证货款回笼;改变营销策略,调整产品结构;调整贸易方式,重视服务和产品品牌建设;调整物流业务结构,加快综合物流业务发展;建设"三中心",完善生产基地建设;放弃部分有风险的业务,加大业务风险防范和管理力度等措施,将国际金融危机对主业发展的负面影响降到最低程度,取得了比预期要好的业绩,基本完成了全年经营预算目标。

二、对外贸易

2009年,集团进出口总额372326万美元,超额完成年度目标,完成全年进出口额33亿美元目标的112.83%。其中,完成出口目标25亿美元的91.39%,进口目标8亿美元的179.82%。

(一)出口贸易

2009年,集团主业全年出口总额228470万美元,比上年下降29.56%。

集团三大支柱产品的出口虽均出现下降,但由于产品的需求弹性不同,其中轻工、机电产品的下降幅度大于纺织服装,但轻工、机电产品下降幅度逐渐收窄。

集团纺织服装出口额155916万美元,比上年下降19.24%,占出口总额的68.24%。非纺产品的出口方面,轻工产品出口额41298万美元,比上年下降36.20%,占出口总额的18.08%;机电产品出口额31867万美元,比上年下降45.28%,占出口总额的13.95%。

2009年主要出口商品情况表

商品名称	2009年		2008年	
	金额(万美元)	占比(%)	金额(万美元)	占比(%)
年出口额	228470	100.00	324335	100.00
化 工 品	8417	3.68	13438	4.14
纺织原料及制品	155916	68.24	193061	59.53

（续表）

商品名称	2009 年		2008 年	
	金额 （万美元）	占比 （%）	金额 （万美元）	占比 （%）
贱金属制品	8204	3.59	36177	11.15
机电、音像设备	21270	9.31	34565	10.66
杂项制品	15023	6.58	17854	5.50

集团对 12 个主要出口市场的累计出口虽出现下降，但绝大多数的降幅逐步缩小。其中超亿美元的地区有 5 个，分别为欧盟、美国、日本、非洲和拉丁美洲。集团四大出口市场中，对传统市场的出口跌幅最小。

集团出口商品主要销往地为美国、欧盟、日本三大传统市场，出口额 158195 万美元，占集团出口总额的 69.24%，比上年下降 25.90%；对拉丁美洲、非洲、中东三大新兴市场出口额 28092 万美元，比上年下降 34.54%；对东盟、俄罗斯、韩国三大潜力市场的出口额 12781 万美元，比上年下降 52.68%；对加拿大、澳大利亚和中国香港三大其它主要市场的出口额 21615 万美元，比上年下降 27.21%。

2009 年出口商品销往地情况表

国别（地区）	2009 年		2008 年	
	金额 （万美元）	占比 （%）	金额 （万美元）	占比 （%）
年出口额	228470	100.00	324335	100.00
亚　洲	63072	27.61	92885	28.64
非　洲	10190	4.46	10879	3.35
欧　洲	67505	29.55	103553	31.93
拉丁美洲	10161	4.45	20064	6.19
北 美 洲	66847	29.26	83538	25.76
大 洋 洲	10696	4.68	13416	4.14

集团出口贸易方式中一般贸易累计出口为 200593 万美元，下降 28.58%；来料加工为 13217 万美元，下降 40.91%；进料加工为 13336 万美元，下降 32.70%。

（二）进口贸易

2009 年，集团进口总额为 143855 万美元，比上年下降 27.91%。

集团全年主要进口商品为电解铜、铁矿砂、不锈钢无缝锅炉钢管、感光多功能一体机、医疗用 X 射线设备、非合金铝等。

2009 年主要进口商品情况表

商品名称	2009 年		2008 年	
	金额 （万美元）	占比 （%）	金额 （万美元）	占比 （%）
年进口额	143855	100.00	199550	100.00
植物产品	329	0.23	23401	11.73

(续表)

商品名称	2009 年		2008 年	
	金额(万美元)	占比(%)	金额(万美元)	占比(%)
矿产品	16794	11.67	43396	21.75
化工品	6803	4.73	12052	6.04
纺织原料及制品	10473	7.28	18353	9.20
贱金属制品	45087	31.34	38826	19.46
机电、音像设备	24944	17.34	28134	14.10
光学、医疗仪器	21232	14.76	13189	6.61

集团领导视察2009年华交会集团展位

集团进口商品主要来源于亚洲、欧洲、北美洲、拉丁美洲等的国家和地区。

2009 年进口商品来源地情况表

国别(地区)	2009 年		2008 年	
	金额(万美元)	占比(%)	金额(万美元)	占比(%)
年进口额	143855	100.00	199550	100.00
亚洲	73323	50.97	109249	54.75
非洲	459	0.32	6092	3.05
欧洲	30547	21.23	33376	16.73

（续表）

国别(地区)	2009 年		2008 年	
	金额 (万美元)	占比 (%)	金额 (万美元)	占比 (%)
拉丁美洲	13483	9.37	11209	5.62
北 美 洲	16886	11.74	34781	17.43
大 洋 洲	9157	6.37	4783	2.40

集团进口贸易方式中，一般贸易为130182 万美元，下降 27.42%；来料加工为5585 万美元，下降 45.35%；进料加工为4647 万美元，下降 19.09%。

2009 年华交会集团展台

三、物流业务

2009 年，集团国际货代物流业务完成预算目标，业绩比较上年空运增长海运下降。海运进出口箱量为 528288TEU，比上年下降17.26%；空运进出口货量为 136785 吨，比上年增长 21.76%。物流业务全年共实现主营业务收入 25.14 亿元，较上年减少 12.91 亿元，减幅 33.9%。海运进出口、空运进出口及船代等业务降幅较大。

四、2010 年发展趋向

（一）总体工作要求

2010 年集团总体工作要求是：坚持以科学发展观为指导，巩固学习实践科学发展观活动的成果，积极投入上海国际贸易中心建设,巩固和加强集团在上海外贸领域龙头企业的地位;充分发挥集团整体优势,加快调整经营结构,实现发展方式转变,努力提高核心竞争能力,全力以赴在2010年实现集团主营业务稳步回升。

贯彻18字工作方针:保规模,调结构,促转型,抓管控,推改革,谋发展。

(二) 主要工作打算

1. 千方百计促进集团主营业务稳步回升和发展方式转型:加大市场开拓力度,力保规模和市场份额有所上升;创新贸易方式,加快外贸增长方式转变;坚持两头延伸和集成服务,加快供应链和服务贸易平台建设;加强大宗商品进口管理,完善进口运营模式;加快发展综合物流,培育和做强服务贸易自营业务;积极尝试进军内贸市场和推进电子商务,实现国内国外、线上线下贸易并举;加强形势、政策、汇率和商情研究,建立有关跟踪分析预警机制。

2. 加强集团资产运作和管理:加强资产运作力度,支持主业发展;积极探索新的投资项目,加强投资项目管理。

3. 有效提升集团综合管理与服务水平:加强人力资源建设与管理;加强财务内控管理;加强法律审计监督管理;强化安全管理保世博一方平安;改进信息化管理、档案管理和外事管理。

4. 认真开展战略规划和深化改革改制工作:抓紧完成集团“十二五”规划编制工作;稳妥推进非主业调整计划;积极推进企业体制机制的改革创新。

上海兰生(集团)有限公司

董事长
张黎明

2009年是不平凡的一年。兰生集团认真学习贯彻党的十七届四中全会,以科学发展观为指导,紧紧抓住上海建设国际贸易中心的契机,努力克服国际金融危机带来的影响,广大干部员工积极应对危机,创新发展,迎难而上,各项工作取得了来之不易的成绩。

一、出口贸易

2009年,兰生集团进出口贸易海关统计总值为17.34亿美元,比上年下降19.64%。

集团2009年出口商品按海关HS编码分类可分为21大类,共计2468个商品,比上年减少182个;出口额超过100万美元的商品有212个,比上年的273个减少61个;出口额超过1000万美元的商品有17个。

集团领导参加与客户商务谈判

2009年出口贸易方式统计表

(单位:万美元)

贸 易 方 式	2009年	2008年	比上年(±%)
合 计	108098	158187	-31.66
一般贸易	100530	145846	-31.07
来料加工	869	1872	-53.58
进料加工	6543	10381	-36.97
保税区仓储转口	156	88	77.27

2009年出口额1000万美元以上的商品情况表

(单位:万美元)

商品名称	2009年	2008年	比上年(±%)
纺织原料及制品	22534	23916	-5.78
钢铁制品	15846	35960	-55.93
机电设备及零附件	9354	12786	-26.84
鞋 类	9129	10153	-10.09
贵金属(未锻造银)	7604	4613	64.84
寝具及其类似用品	6766	7415	-8.75
塑料及其制品	3755	4905	-23.45
有机化学品	2806	3490	-19.60
钢 铁	2686	13664	-80.34
光学、医疗设备	2644	2756	-4.06
箱 包	2634	3027	-12.98
洗涤剂、润滑剂、人造蜡	1779	2864	-37.88
药 品	1719	2180	-21.15
玩 具	1459	2146	-32.01
保 温 瓶	1446	1991	-27.37
铝及其制品	1254	1971	-36.38
木 制 口	1040	1674	-37.87

集团2009年出口贸易往来的国家(地区)达185个,比上年的180个增加5个;出口超过百万美元的有83个,比上年的85个减少2个;出口超过千万美元的有18个,比上年的30个减少12个。列前10位的国家(地区)分别为美国22756万美元、日本16724万美元、

中国香港12982万美元、德国3989万美元、意大利3180万美元、韩国2847万美元、英国2660万美元、澳大利亚2550万美元、尼日利亚2190万美元、法国1925万美元。

出口贸易地区分布图

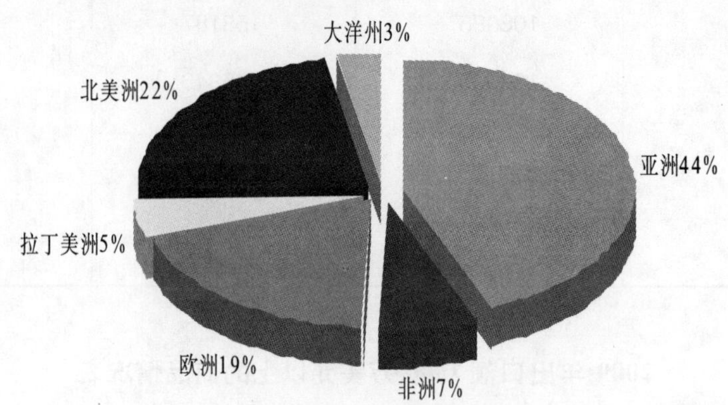

2009年出口商品主要输往地情况表

（单位：万美元）

国别（地区）	2009年	2008年	比上年（±%）
合　计	108098	158188	-31.66
亚　洲	47040	58419	-19.48
日　本	16724	20757	-19.43
东　盟	5259	11320	-53.54
新加坡	983	1652	-40.50
泰国	744	1609	-53.76
印度尼西亚	886	3962	-77.64
中国香港	12982	9303	39.55
阿联酋	836	2057	-59.36
韩　国	2847	3389	-15.99
印　度	1136	1628	-30.22
中国台湾	821	603	36.15
巴基斯坦	766	1230	-37.72
非　洲	7637	10770	-29.09
尼日利亚	2190	2823	-22.42
贝　宁	925	1791	-48.35
欧　洲	20625	29886	-30.99
德　国	3989	5070	-21.32

(续表)

国别(地区)	2009 年	2008 年	比上年(±%)
英　　国	2660	5496	-51.60
西 班 牙	1620	2240	-27.68
意 大 利	3180	4157	-23.50
比 利 时	927	1722	-46.17
法　　国	1925	2049	-6.05
荷　　兰	1603	2337	-31.41
拉丁美洲	5287	7818	-32.37
墨 西 哥	679	1417	-52.08
北 美 洲	24268	46251	-47.53
美　　国	22756	44208	-48.53
加 拿 大	1512	2043	-25.99
大 洋 洲	3242	5044	-35.73
澳大利亚	2550	4607	-44.65

集团领导考察祝桥空港园区

二、进口贸易

2009 年,兰生集团进口商品按海关 HS 编码分类可分为 20 大类,共计 1306 个商品,比上年 1411 个减少 105 个;进口额超过百万美元的商品有 74 个,超过千万美元的商品有 13 个。

2009年进口额1000万美元以上的商品情况表

（单位：万美元）

商品名称	2009年	2008年	比上年(±%)
钢　铁	22367	9703	130.52
铜及其制品	7959	665	1096.84
油 菜 子	8563	13983	-38.76
机电、音响设备	4203	2661	57.95
塑料及其制品	3986	3017	32.12
钢铁制品	3096	3971	-22.03
化学工业相关产品	2515	2931	-14.19
木 薯 干	1269	360	252.50

集团2009年进口贸易往来的国家(地区)达73个，比上年的62个增加11个。进口额超过百万美元的有36个，比上年的34个增加2个；超过1千万美元的有15个，比上年的11个增加4个。列前10位的国家分别为俄罗斯11804万美元，加拿大9562万美元，日本6221万美元，韩国5837万美元，德国4448万美元，美国3692万美元，智利2683万美元，阿根廷2140万美元，法国2000万美元，南非1936万美元。

进口贸易地区分布图

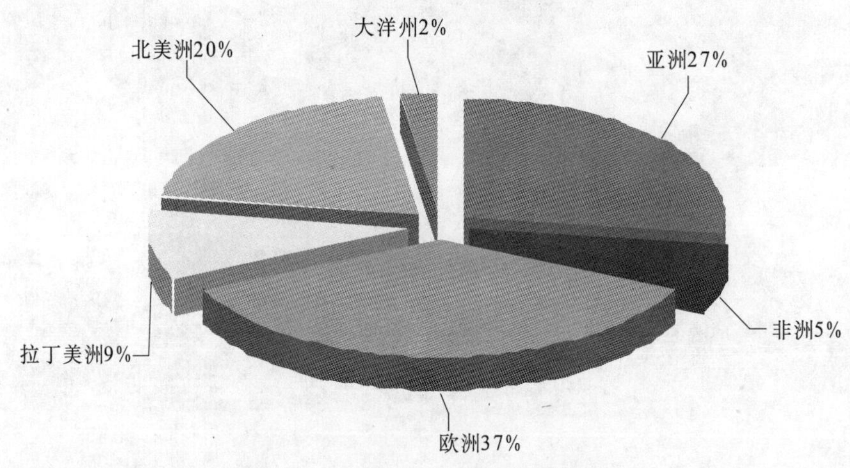

2009年进口商品主要来源地情况表

（单位：万美元）

国别(地区)	2009年	2008年	比上年(±%)
合　计	65252	57523	13.44
亚　洲	17863	19221	-7.07
日　本	6221	4640	34.07
韩　国	5837	5731	1.85
中国台湾	1209	870	38.97
东　盟	2410	6786	-64.49

(续表)

国别(地区)	2009 年	2008 年	比上年(±%)
印度尼西亚	217	698	-68.91
泰　国	1042	521	100.00
马来西亚	276	5047	-94.53
欧　洲	23609	12977	81.93
德　国	4448	4873	-8.72
法　国	2000	1658	20.63
拉丁美洲	6195	5469	13.27
巴　西	1042	2300	-54.70
阿根廷	2140	2994	-28.52
北美洲	13255	18286	-27.51
加拿大	9562	15507	-38.34
美　国	3692	2779	32.85
大洋洲	1369	999	37.04
澳大利亚	1127	529	113.04

三、集团主要工作

(一) 稳步推进贸易转型，优化调整贸易结构

2009 年，集团稳步推进贸易转型工作，项目式、重点商品类、品牌类等一批具有转型特点的业务发展态势良好。与此同时，集团还大力拓展新兴市场、发展进口业务并积极探索内外贸结合。

(二) 积极应对金融危机，制定出台扶持政策

为了保市场，保规模，集团在 2009 出台了一系列扶持成员企业发展的政策，对各企业的中信保保费以及参加国内及国外各类交易会给予补贴，鼓励企业积极拓展市场，加大营销力度。

(三) 大力培育新增长点，加强资产管理力度

集团 2009 年在物流板块方面继续加大投入，位于浦东川沙 C3－3 地块的物流基地项目建设正在稳步推进中，与大型物流企业的合作取得了阶段性的进展。集团还根据市国资委的有关要求加大了资产管理工作力度，加快解决历史遗留问题，大力推进主辅分离和辅业改制，并积极做好有关的后续稳定工作，保证了国有资产的权益。

(四) 着力加强基础建设，强化企业内部管理

2009 年，集团大力加强基础管理建设，一是继续完善风险防控机制建设，构建教育、制度、监督和信息“四位一体”的风险防控机制，妥善处理好业务发展与风险控制的对立统一关系，确保发展有质量的业务；二是稳步推进信息化建设工作，推动集团协同办公自动化系统在集团本部公文处理的全面应用，并推动外贸 ERP 系统风险控制模块设计应用。集团在 2009 年国家信息化测评中心组织的评审活动中荣获“中国 2008 年度企业信息化 500 强”称号。集团的财务结算系统也在 2009 年上海市企业管理现代化创新评选活动中获得二等奖；三是大力加强安全生产

工作，认真落实《上海市2009年安全生产工作责任书》的各项要求，紧紧围绕安全生产"三项行动"的主线，确保了整个集团安全生产工作基本处于平稳受控状态。

四、2010年发展趋向

2010年，兰生集团将学习贯彻中央经济工作会议和上海经济工作会议重要精神，抓住上海建设国际贸易中心和召开世博会的契机，以"巩固、转型、发展、提升"为主线，加快集团经营方式的转型与发展，进一步提升核心竞争力与可持续发展能力，推进集团向现代贸易企业的战略转型。

（一）大力推进贸易转型，着力重构商业模式和盈利模式

围绕《上海兰生集团主业发展与非主业调整3年行动规划》，大力推进贸易转型，加快重构商业模式与盈利模式，使集团由传统贸易企业向现代贸易企业进行战略转型。

（二）加大新增长点投资力度，盘活清理存量资产

积极开展兼并收购，做强做大主营业务。同时大力推进企业清理，解决历史遗留问题，并努力盘活存量资产，加快理顺资产关系 。

（三）完善基础管理，提升企业管理能级

集团将继续按照向现代贸易转型的要求，大力推进信息化建设，并加强财务基础管理，一是在集团范围内执行新会计准则；二是开展内控测试与评价的工作，建立一套有效的内部控制制度。同时，集团还将进一步加强风险防控力度，将与中信保达成全面合作框架，集团也将继续支持成员企业投中信保，并给予补贴。

（四）进一步加强安全生产工作

一是进一步强化企业领导干部安全生产主体责任推进；二是全面防范，安全办博；三是创新安全生产工作新机制，加大安全生产管理投入，建立集团安全生产工作信息平台，实现集团安全生产工作的动态管理。

中国上海外经(集团)有限公司

总 裁
童继生

一、概述

2009年是上海外经集团公司发展史上极其不平凡的一年。上海外经集团公司与上海建工集团总公司优势互补顺利实现了资产重组。一年来,在中共十七大四中全会和中央经济工作会议精神指引下,外经集团认真学习和贯彻科学发展观,齐心协力,顽强拼搏,全力应对全球金融危机对经济的影响,充分发挥企业新的体制机制优势和全体员工的积极性、主动性、创造性,抓住机遇,迎难而上,确立了“一种业务,五个产品,巩固和培育十大优势”的发展战略,集团总体经营健康平稳发展,基本完成了各项年度指标,再度入选中国对外经济贸易统计学会评选的“2008年度中国对外贸易500强企业排行榜”(排名372位),中国经济贸易促进会授予的“100家最具发展潜力品牌企业”,上海企业家联合会评选的上海企业100强(排名75位)。

外经集团2009年实现国内外业务合同额180.31亿元,业务营业额237.00亿元。其中,对外工程承包签订合同额27957.37万美元,营业额9059.77万美元。年境外就业、

集团公司海外承包工程项目—伊朗高速公路穿越群山的搭龙隧道

在外劳务新派人数1003人，进出口贸易总额55166.50万美元。

二、对外经济贸易

（一）对外工程承包

2009年，外经集团海外承包工程项目7个（伊朗德黑兰高速公路、越南山洞电站、蒙古电站、伯里兹电站、印度尼西亚电站、越南河静钢厂炼铁、马尔代夫民用住宅），累计合同金额近7亿美元，都是工期跨年度项目。其中，2009年内新开工项目2个，竣工项目1个。

外经集团十分强调核心业务运作的重要性，并在运行中千方百计化解大项目遗留问题，确保公司经营效益。伊朗德黑兰北部高速公路项目、越南山洞电站项目都是合同额超过上亿美元的大项目，这两个项目分别遇到了补价、融资、分包管理和主机调试性能等问题，为此经过多方共同努力，完成补价谈判、落实融资和攻克调试难题。年底前已解决了伊朗德黑兰北部高速公路项目补价协议问题；越南山洞电站项目经过专家分析原因，制定对策，合力攻关，主机调试达到9—9.5万千瓦的稳定发电状态，接近了设计标准。外经集团还对在建项目成本逐个进行审计，强化在建项目的管理，也为制定专业成本核算底线提供了参考意见。为提高对海外项目远程监管力度，在建立海外工程项目月报制度基础上，酝酿运用视频定期报送海外项目进度和施工情况的方案，不断提升对海外项目的管理水平。

外经集团在主营业务发展中重视调整核心业务重点市场和开发方式，“做专”聚焦于“电站、钢铁、水处理”专业，“开发”集中于“双优”项目以及商业性议标、BOT项目。2009年结合主业做专调整，运用政府扩大“双优”盘子等优势，集中开发蒙古、越南、伊朗、老挝、菲律宾等重点市场，项目“双优”转型收到了良好效果，分别签订了蒙古国30亿美元的基础建设合作意向书、越南2542万美元的河静钢厂炼铁二期项目合同、秘鲁2700万美元的电站项目合同、土耳其2970万美元钢厂预热电站项目合同等。

外经集团还注重其他主营板块运作和成效，在国内外招标咨询服务、房地产投资、国内外贸易、国际劳务合作、监理咨询、房屋租赁管理等主营业务方面注入了新的发展内涵，呈现了向上的发展优势，为集团整体经营平稳发展发挥了重要作用。

2009年对外工程承包签订合同主要市场情况表

国别（地区）	合同额（万美元）	占比（%）	国别（地区）	合同额（万美元）	占比（%）
合　　计	25749	100.00	越　南	2542	9.87
其中：伊　朗	16300	63.30	日　本	690	2.68
印度尼西亚	2970	11.53	伊拉克	247	0.96
秘　鲁	2775	10.78	中国香港	225	0.87

2009年对外工程承包营业额主要市场情况表

国别（地区）	营业额（万美元）	占比（%）	国别（地区）	营业额（万美元）	占比（%）
合　　计	3936	100.00	日　本	400	10.16
其中：印度尼西亚	1134	28.81	中国香港	225	5.71

(续表)

国别(地区)	营业额(万美元)	占比(%)	国别(地区)	营业额(万美元)	占比(%)
挪　威	972	24.69	伊拉克	24	0.61
伯利兹电	684	17.37	秘　鲁	8	0.20
越　南	490	12.45			

(二) 对外劳务和研修合作

2009年,外经集团重视巩固传统劳务合作市场,同时按照提高劳务技术含量和成套输出的思路,积极开发新的业务市场,不断调整业务结构,经济增长模式转向成建制劳务派遣和国内人力资源服务,尤其是在国内人力资源合作上,抓住上海世博会机遇,全力开发世博VIP接待业务,许多业务领域都有新的突破。

2009年对外劳务、研修合作在外人数市场分布情况表

国别(地区)	外派劳务人数	占比(%)	国别(地区)	外派劳务人数	占比(%)
全部人数	1003	100.00	挪　威	63	6.28
对外劳务	952	94.92	菲律宾	32	3.19
其中:日　本	422	42.07	莱索托	27	2.69
新加坡	267	26.62	越　南	14	1.40
中国香港	111	11.07	承包工程	51	5.08

2009年年末对外劳务、研修合作在外人数市场分布情况表

国别(地区)	年末在外人数	占比(%)	国别(地区)	年末在外人数	占比(%)
全部人数	4591	100.00	美　国	84	1.83
对外劳务	4207	91.64	菲律宾	59	1.29
其中:新加坡	2362	51.45	尼加拉瓜	57	1.24
日　本	1321	28.77	承包工程	384	8.36
中国香港	147	3.20			

2009年对外劳务、研修人员行业分布情况表

国别(地区)	年末在外人数	占比(%)	国别(地区)	年末在外人数	占比(%)
劳务在外人数合计	4591	100.00	交通运输业	354	7.71
制造业	1526	33.24	餐饮业	44	0.96
建筑业	2319	50.51	其　他	348	7.58

(三) 对外贸易

2009年,外经集团完成进出口贸易总额55166.50万美元,继续入选全国对外进出口贸易500强排行榜(排名372位),发展势头基本稳定。在进出口贸易结构上,进出口之比2.6∶1;在出口中,海外工程项下机电设备出口占相当比例。年内还开始探索进出口业务归口合并集中管理和向现代物流延伸,相关工作的推进力度不断加大。

2009 年出口商品主要输往地情况表

国别(地区)	出口额(万美元)	占比(%)	国别(地区)	出口额(万美元)	占比(%)
合　计	15408.51	100.00	荷　兰	1024.01	6.65
越　南	3218.90	20.89	德　国	806.26	5.23
日　本	1808.82	11.74	印度尼西亚	536.44	3.48
美　国	1740.90	11.30	丹　麦	520.08	3.38

2009 年商品进口主要来源地情况表

国别(地区)	进口额(万美元)	占比(%)	国别(地区)	进口额(万美元)	占比(%)
合　计	39757.99	100.00	俄罗斯	2142.90	5.39
德　国	6866.60	17.27	中国台湾	710.85	1.79
日　本	3646.07	9.17	瑞　典	539.14	1.36
美　国	2914.24	7.33			

(四) 国内外招标

2009 年,外经集团国内外招标业务持续发展。全年新签国内外招标合同 978 个,年招标总额 104 亿元。在外经集团所属两家招标公司全体职工共同努力下,招标业务继续保持上海市行业龙头地位,各项业务取得非常骄人的业绩。其中一家招标公司在中国采购与招标网举办的 2008 全国招投标领域年度评选暨第三届中国最具竞争力招标代理机构评选中,获得 2008 年度“中国招标代理机构十大顶级品牌”、“中国最具竞争力招标代理机构”和“区域最具竞争力招标代理机构”三项殊荣。另一家国际招标公司在经营托管咨询服务板块业务后,努力延伸业务领域,成功签署且开始执行总投资 18 亿元的天津滨海新区空港加工区 A 地块施工监理项目和总投资 1.28 亿元的文体中心项目管理,在拓宽地域和延伸业务上迈出创新步伐。

2009 年国际国内项目招标情况表

国际招标(万美元)		国内招标(万元)	
合同额	招标额	合同额	招标额
40148.5	50796.00	898211.60	1554313.40

三、伊朗德黑兰北部高速公路工程项目

德黑兰北部高速公路连接伊朗首都德黑兰和北部里海旅游城市查卢斯,全长约 120 公里。一期工程为其中一段,包含:整体式路线长 12.6 公里和分离式路线长 19.8 公里的公路;最长 362 米,最高桥墩高约 80 米的桥梁;长度分别为 2370 米、2415 米、4892 米和 4848 米的隧道。一期工程项目总长度约为 31.48 公里。该段线路地处伊朗北部山区,经过地区最高海拔 3250 米,沿线地形崎险,

地质复杂,被称之为“两多两少”的施工现场,即悬崖峭壁多,地震活动多;地表植被少,全年雨量少。此外,个别标段时常发生雪崩等自然灾害。

2002年8月17日,外经集团与中铁隧道集团、上海亚联公司组成STA联合体与伊朗德黑兰北部高速公路公司签署了德黑兰北部高速公路一期工程的设计—施工承包合同,合同金额2.2亿美元,施工工期三年。该项目利用出口买方信贷,由中国工商银行牵头组织银团提供出口买方信用贷款。

该项目从签署合同至今,由于受美元汇率变化、材料价格变化和银行贷款放款报批等多种因素影响,可谓一波三折,实施时间尤为漫长。外经集团上下始终以高昂的拼搏斗志和务实的开拓作风,充分发挥海外项目执行团队商务谈判、协同合作、管控风险等综合优势,化解种种难题,突破重重难关,使该项目不断朝着合作双赢的方向发展。

2003年8月20日,STA联合体与伊朗交通部和北方高速公路公司达成项目补充协议,约定工程合同金额变更为2.2亿美元+3062.5亿里亚尔(当地货币部分包括价格调整、永久设备关税、合同税和社会福利费、工程保险等5大费用)。伊朗交通部在2004年6月签署该协议,并报备伊朗政府。2004年9月—2005年7月,双方进行近一年的贷款协议谈判和签署。期间,在2005年5月30日,STA联合体与国内中铁股份以及中铁三局集团有限公司签署分包合同。

2005年7月27日,伊朗Tajarat银行与中国工商银行、法国巴黎巴银行和法国东方汇理银行组成的银团正式签署了融资协议。因为汇率问题,双方于2005年9月份又签署了货币转换协议。2006年3月,该补充贷款协议签署后进入中国政府审批程序。2006年12月,中国国务院批准该项目,同年12月31日对外开具2200万美元履约保函。2007年1月,伊朗业主开具项目2.2亿美元信用证;1月11日我方开具3300万美元预付款保函;2月17日,我方收到价值3300万美元的欧元预付款。2007年3月开始,施工与管理人员开始全面派遣赴伊,物资采购发运等前期工作也相继展开。2007年3—7月,STA联合体完成了项目的施工图设计文件。2007年4—8月,现场全面施工准备,包括建点、中转站建设、物资供应,接收部分土地等。

2007年9月,该项目中的一处隧道和公里路基施工。2007年末至2008年上半年度,因遭遇物价巨幅上涨,原合同价格不能覆盖项目成本,为此,2008年4月—2009年4月,STA联合体采取了边施工边调整的策略,并且与伊朗业主进行了项目谈判,外经集团主要领导会同项目组人员亲赴伊朗,经过1年时间的多次艰难谈判,终于在2009年5月11日与伊朗业主签署补价合同,打破原项目总价封顶,达成1.8亿美元的补价协议,从合约角度释放了原材料涨价等重大风险,避免了可能出现的政治风险和不可控的经济损失。最后,该项目总价调整为4亿美元,另设2000万美元的暂定金额,用于施工过程中的设计变更和标准变化,合同工期变更至2012年4月20日结束。

2009年12月23日,中国建设银行替代原先的两家法资银行成为银团新成员。由此,困扰该工程长达数年的一期融资可望得到彻底解决。目前,正在着手处理项目分包框架调整和人员配备等问题,为全面开工和加强项目管理打下坚实基础。

二、著名企业

上海新世界股份有限公司

一、概述

上海新世界股份有限公司，前身是创建于1914年的新世界游乐场、新世界百货商场。解放后直至1988年，仅为800平方米面积，销售细、杂、小商品的单一百货店。

董事长　顾振奋

总经理、党委书记　徐家平

1988年乘着改革的春风，新世界率先试行股份制，成为黄浦区第一家定向募集股份制企业。20多年间，经过大改制、大改造、大发展三次飞跃，成长为集购物、休闲、娱乐、餐饮、宾馆为一体，拥有21万平方米建筑的南京路上面积最大、功能最全、购物环境最佳的现代化综合消费圈。经营业务也从原来单一的百货逐渐向旅游业、广告业、房地产业、中

上海新世界商场

医药业进军，先后组建了丽笙大酒店、飞宇广告、蔡同德药业、世嘉游艺等近10家控股或全资子公司，成为一业为主、多业经营的综合型上市公司。

2009年末，新世界总资产为39.43亿元，净资产18.09亿元。1996年以来，连续13年位居全国商业企业单体销售10强之列，成为上海商业的领头羊。“十里南京路，一个新世界”早已家喻户晓。

2009年，新世界坚持以邓小平理论和三个代表重要思想为指导，以科学发展观为统领，坚定信心，逆市而为，抢抓机遇，抢先动作，及时调整经营策略，加大商旅文联动促销力度，率先点燃“冬天里的一把火”，有力地遏制了销售下滑态势，为上海百货零售市场走出低谷起到了积极的引领作用，也为公司全面完成年度主要经济指标奠定了扎实基础。是年，公司荣获全国商业质量奖、上海市学习型企业标兵单位等18项荣誉称号，取得了物质和精神文明双丰收。

二、经济工作

2009年公司经济发展总体良好。如表：

项目名称	单位	数值	比上年(±%)
主营业务收入	亿元	27.30	2.80
净利润	亿元	1.80	10.72

主要工作：

（一）抓住契机，启动概念营销新理念

2009年，新世界按照“天天是节假日，周周是黄金周，月月有主题，季季有创新”的工作要求，全面启动“新生活从新世界开始，新体验就在新世界”的营销理念，用好、用足包括企业节在内的中西方大大小小十几个节日，有节用节，无节造节，小节做大节，以节兴商，商旅文联动，为危机后疲软的消费市场不断注入新的活力。

年初，“真情巨献5000万”让利大行动首战告捷；“三八”妇女节，深度挖掘女性消费潜能，创造了连续营业38小时销售过亿的新纪录；端午节，联手城郊9个区县，融合现代都市文化和农村传统文化，倡导城市消费农家化、城郊消费时尚化，以节传文，以文促节，以销售同比增幅5倍的佳绩再次引领上海商界；上海购物节，新世界以一浪高过一浪的促销，排名国庆黄金周上海单体百货第一；岁末，又以"店庆爱心感恩回报慈善行动"再度刷新日销售纪录。新世界在上海商界的引领和带动效应，使新世界的概念营销、特色营销成为独创品牌，由此公司荣膺上海购物节营销大赛"银算盘"最佳销售奖。

（二）迎接世博，打造窗口服务新亮点

2009年，公司针对迎世博工作开展的各类培训和竞赛活动多达4300余人次。在迎世博期间以提高员工素质、提升窗口形象为重点，积极开展"礼仪迎世博·微笑新世界"活动。一年来，通过内抓管理、外树形象，多角度、全方位地提高了新世界对外窗口形象，新世界城被网友评为"服务最贴心的购物场所"和"选购最放心的购物场所"。

（三）提升品牌，塑造现代百货新地位

2009年是公司打造精品时尚新世界的关键年，也是公司品牌调整第二个三年规划的起步年。公司坚持"大众高端"的经营定位，积极引进"精品时尚"的国际知名品牌，重点引进"大牌"和"熟牌"，以"稳步调整、灵活应对，逐步提升"作为总体原则，着力打造"大众高端、精品时尚新世界"。全年新世界共引进核心品牌56个，超额完成年初制定的品牌招商目标任务，新世界城经营的品牌，品质、品味有了明显提升。

（四）注重质量，凸显综合管理新成效

新世界以"迎世博倒计时600天"为契机，以质量管理为重点，在ISO9001质量管理体系的基础上，在上海商业率先推行ISO14000环境质量管理体系和服务标准化体系（试点），将评审专家和业界同行请进来，通过全国商业质量奖和全国实施卓越绩效模式先进企业评比活动，自我加压、自找差距、自我改进，并结合迎世博"比环境、讲礼仪，赛服务、重质量"专项控治活动进一步提升公司内部质量管理水准，企业管理由粗放型向精细化转变，管理能级得到显著提高。

（五）环绕世博创和谐，提升企业新形象

新世界通过公司管理队伍的和谐，带动员工队伍的和谐；通过企业内部的和谐，唤起社会大家庭的和谐。2009年，公司荣获"上海市和谐劳动关系创建活动示范单位"、"上海市学习型企事业标兵单位"和"上海市五一劳动奖状"。

回报社会是企业的一种社会责任。10多年来，新世界共向社会捐款、捐物近2000万元，资助了近1000名失学、困难学生。年末岁初，新世界举行"新世界店庆十五周年感恩回报爱心慈善"和"千店献爱心，和谐迎世博——2010新年千店义卖"活动。在店庆感恩回报活动中，公司共评选出"新世界十大慈善之星"，活动现场公司向市慈善基金会共捐出512台电视机，公司中层以上党政干部每人献出一份爱心。新闻媒体纷纷报道，企业形象得到提升，企业文化得以升华。

三、2010年发展趋向

2010年上海新世界股份有限公司深入贯彻落实科学发展观，以中央和上海经济工作会议精神为指针，以黄浦区"创平安、保世博、调结构、稳增长、攻旧改、促民生"为主线，紧紧把握世博会契机，进一步灵活求变，把转变发展方式作为公司经济工作的第一要务，坚持在发展中促转变，在转变中谋发展，全力做到："转方式、保增长、调结构、树形象、重管理、求实效"，加速推进新世界新一轮的发展。

2010年新世界具体工作内容归纳为"6个坚持"：

1. 坚持联动营销抓文化。以文化营销为核心，以商旅文联动为抓手，主动对接世博,高举"畅游世博会,畅享新世界"的大旗,重点把握世博文化营销、商旅文联动营销、节假日文化营销、诚信文化营销、环境文化营销、社会公德文化营销、品牌消费文化营销、体验消费文化营销八个方面的文化营销。

2. 坚持服务世博争一流。紧紧围绕迎世博工作目标,继续深化礼仪服务,提升软实力,强化执行力,打造全市一流的服务示范窗口。具体提出三个要求:创平安、保底线、出亮点。

3. 坚持品牌调整上层次。继续围绕打造"精品时尚新世界"的发展目标,要求全年实现"保4争5"(即确保引进国际著名品牌40个,力争50个)的目标。在奠定品牌基础与积累调整经验的同时,要保持各楼层品牌发展速度间的平衡,商品大类结构的合理布局。进一步明确战略、明确责任、明确方向、明确品牌、明确结点、明确区域,在质和量上提出更高要求。

4. 坚持开源发展促增长。要广开资源,从六个方面不断挖掘企业的利润带。即开辟丽笙大酒店顾客资源,开辟蔡同德药业健康资源,开辟出租楼面的利润资源,开辟空置楼宇和广告阵地资源,开辟商场通道资源,开辟新世界对外拓展资源。

5. 坚持减支节能控成本。继续发扬勤俭节约的优良传统,把控制成本、减支节能、合理降耗作为一项重要任务。从一张纸、一滴水、一度电抓起,从自身观念开始转变,养成良好的减支节能习惯,为企业制造收益。

6. 坚持全面管理出实效。整合所有部门、所有人员、所有资源,加强安全、质量、细节、信息化、制度、队伍管理,提供效率。

上海东方电视购物有限公司

总经理
李岷纲

一、概述

上海东方电视购物有限公司(简称东方购物)自2004年开播以来稳步发展,销售额年均增长率65%,2004年1.54亿元,2005年3.83亿元,2006年5.25亿元,2007年10亿元,2008年16亿元,列上海市零售业排行第三。2009年实现销售额28亿元,拥有200万顾客数,占上海600万家庭的1/3。同时,东方购物节目现已在山东、福建、杭州、南京等地播出,面向山东省及长三角地区等3000万家庭。

2008年以来金融风暴席卷全球,传统实体零售店的销售受到不小的冲击,但东方购物面对金融危机,及时调整商品结构,经营业绩逆势上扬一路走高。2009年前三季度(1—9月)东方购物已实现销售额(含税)近20亿元。

东方购物已进入快速生长期,逐渐迈进多元经营阶段,2009年是快速发展和转型的关键一年。放眼长远,东方购物将尽快实现跨地区发展,跳出上海,成为国内电视购物的领跑者,并努力向着成为亚洲最大家庭购物公司的目标前进。

东方购物的家庭购物电视产业已成为上海广播电视系统新兴的盈利模式,创造了全新的经济增长点,改变了以往过分依赖广告收入的经营格局,成为广播电视业的第三大

2009年东方电视购物销售额已达28亿元

支柱产业。未来10年,东方购物将向年1000亿元销售额努力,成为亚洲第一的家庭购物企业。

二、商品销售与开发

(一)永远把顾客利益放在首位,不断提高自己的诚信度

东方购物所销售的商品均符合广电总局下发的《关于加强电视购物短片广告和居家购物节目管理的通知》的要求,对《通知》中禁播的药品、保健品、医疗器械等各类产品,一律坚决杜绝;对一些摸棱两可、存在可能对消费者不利的商品,也主动拒绝。东方购物总是把顾客的利益放在首位,所以在上海不断地提高了自己的诚信度和美誉度。

(二)拥有一支专业、敬业、乐业的商品采购团队

东方购物时刻把握市场脉络,努力发掘市场需求,积极与国内外知名品牌合作,适时开发符合百姓需要的质优价廉的商品。在采购的年度考评中,是否引进世界500强企业,是否维持了世界知名企业的销售业绩,成为重要的内容。对新商品的引进,东方购物内部有一整套严格的筛选过程,避免个人开发上的主观性。其次,东方购物拥有专业的质量检验管理部门,严把商品质量关,按照国际、国内、行业三个级别的标准,对商品进行检验、标示。对于像珠宝、裸钻、收藏品等贵重商品,在选择合作伙伴时,更特别注重对方的权威性、诚信度,从源头上把好商品的质量关。同时把新合作伙伴纳入"供应商评价体系",以决定是否播放、销售该商品。

(三)开发高端知名产品,销售商品覆盖整个百货领域

东方购物在销售商品结构上,包括数码电子、时尚美容、生活家电、厨房家居以及健康文化等五大类,覆盖整个百货领域。近年来,更强化高端产品开发力度,持续开发宝马汽车、老庙黄金、DP裸钻、兰蔻、碧欧泉等一线商品,加强了生活必需品及食品相关商品的开发,涵盖近4000种产品。通过高端知名商品的销售,进一步打造东方购物的品牌形象,树立广播电视的社会公信力。2009年1—9月东方购物的藏品销售额(摆件、挂件:如奥运金缶、建国60周年金条)为5000万元;黄金销售额(老庙黄金、金条)为7000万元;裸钻、天然宝石销售额为1.1亿元。4月1日东方购物第一次在直播节目中销售进口宝马轿车,45分钟的直播过程中,实现订购数19辆,开创了中国家庭电视购物的先河;9月东方购物在直播节目中再次销售通用汽车公司的新款雪佛兰乐风,引发火爆订购热潮,节目播出12个小时,顾客订购数额就达174辆。11月,又一次直播销售VOLVO高档轿车S40、S80L,当晚订购101辆,订购额3000多万元。

(四)以满足顾客需要、注重社会效益为己任

东方购物积极响应国家"扩大内需、促进增长"的政策,适时调整商品结构和营销策略,想消费者所想,加强了生活必需品及食品相关商品的开发,推出了一系列季节类、消费类商品,掀起购物热潮。如针对传统端午节开发五芳斋粽子,针对吃蟹季节开发阳澄湖大闸蟹等。在出现了H1N1的流感之后,还适时地推出PHILIPS的空气净化器,满足顾客的需求。东方购物一直将社会责任放在首位,努力树立电视购物行业规范形象。通过对优质品牌商品客观的介绍和优质的售后服务,彻底改变电视购物的负面影响;制订电视购物行业法律法规,树立标杆作用,并积极担负社会责任;在国际金融危机中,努力扶持中小企业,积极帮助出口导向型企业开拓国内市场;响应国家号召,参与"家电下乡"、"家电以旧换新"活动,为消费者提供真正的优惠和便利。

(五)致力于推广国产品牌,积极进行特色商品开发

东方购物联合上海市驻外地办事处广泛搜集信息,寻找当地质量好的商品,为消费者提供更多更好的商品。前不久东方购物参加第20届哈尔滨洽谈会,向黑龙江绿色食品企业介绍通过电视购物销售产品的方案后,已有数家公司达成合作意向,将通过东方购物直销黑龙江特色产品。地震灾区都江堰是上海的友好城市,东方购物积极支援灾区重建工作,与当地相关部门落实合作,引进四川特色商品,以实际行动来援助都江堰。东方购物还努力帮助国有外贸企业的产品出口转内销,推出“NUMEROPRIVE”、“OLMO”等过去一直是出口热销品的品牌羊绒衫,在电视销售中每每供不应求。

三、节目制作

东方购物坚决杜绝“内容虚假违法、格调庸俗低下”的产品节目以及“夸大、夸张宣传,误导消费”的主持风格,积极维护消费者合法权益。这已成为公司的职业道德和良好习惯。东方购物的节目强调“诚信化、平民化、娱乐化”,诚信化即东方购物一向坚持诚信经营,重视企业形象建设,坚决执行广电总局规定,不做夸张宣传,不做虚假内容;平民化即东方购物主持人以其平缓的语速、亲和力强的主持风格以及客观翔实的产品信息获得消费者认同,赢得顾客共鸣;娱乐化即东方购物注重节目的趣味性,风格时尚多元,商品展示方式丰富、真实,即使观众最终没有订购成功,也可以在节目中得到相关的产品信息和使用方法。

在节目人员方面,东方购物已拥有包括主持人、导演、技术、制片人等在内的224名专业人员,其中具备全国广播电视播音员主持人执业资格的主持人8名。东方购物对于主持人严格按照国家广电总局对出镜主持人的标准来要求。主持人对于自己所介绍的商品,本人都必须先试用,以便充分熟悉商品性能,了解观众需求。严禁主持人对所介绍的商品使用“最好”、“第一”等为商品排序的夸张宣传,避免以主持人的个人影响引导消费者。

在节目场地方面,东方购物演播大楼总建筑面积达20000平方米,可容纳约1000名员工同时开展工作。一楼演播中心拥有3个跨层演播室,面积分别为650平方米、400平方米、250平方米,同时配备有一流的灯光照明系统和国际领先的媒资管理系统,全新的节目制播设备,可充分满足24小时节目播出的需要。

在节目制播编审方面,东方购物按照广电总局要求,严格节目审查制度,依法履行审查义务,严格节目三审,坚持播前审查、重播重审等各项审查制度。每日制作9小时直播节目,15小时滚动播出,获得了观众的广泛认可。2008年,东方购物《菲得丽亚内衣》节目获得国家广播电影电视总局、中国广播电视协会年度优秀电视经济节目电视购物类一等奖,同时获奖的还有《夏普液晶电视机》、《DREAMSPARKLES 裸钻》等节目。2009年4月,东方购物的《宝马汽车直播销售节目》获得了集团的总裁奖,这一奖项是集团首次为购物节目颁奖,同时也是对东方购物这种全新销售模式的肯定。

四、售后服务与智能化管理

在售后服务方面,东方购物拥有近400人的智能化呼叫中心团队。新启用的自动订购服务系统,大大缓解电话满线给顾客带来的不便,提高了为顾客服务水平。

在仓储方面,东方购物新启用的昆山花桥物流园区20000平方米新仓库,面向长三角,提供高质量、强功能的仓储服务。

在智能化管理方面,东方购物自主研发的供应商软件 Trust Partner 平台系统有效提高了供应链管理水平;新上线的 ERP 系统,使公司的订购、出库、数据分析等业务处理效率有了明显的提升。

2008年,东方购物获ISO9001质量体系认证和高新技术企业认证,通过完善的家庭购物信息服务软件系统平台,依托一流的物流体系,实行科学化仓储管理,实现了72小时内送货到家。

东方购物以落实消费者100%满意度为目标,奉行"健康、快乐、便利"的顾客服务理念,按照"商品好、节目好、服务好"的标准,努力建造购物电视优质消费品质的新标准。短短几年中,东方购物的顾客满意率从2004年的75%增长为2008年的95%。

在信息管理方面,东方购物拥有严格的企业资料保密系统,严密保障顾客数据安全,切实杜绝信息泄露。

在退换货方面,东方购物拥有供应商系统(partner system),所有新加入的供应商,都要先进行专门的系统使用培训后,才能进行产品销售。一旦发生顾客投诉,所有投诉内容会自动上传至该系统,供应商可实时看到并联络顾客提供相应服务。同时系统也设定时间范围,对于超过时限还未处理的投诉,东方购物的客户服务部门会监督供应商解决问题的全过程,以确保投诉得到及时、准确的处理。

东方购物演播中心一角

五、跨地域市场拓展

2009年6月东方购物在山东开播,山东全省1000万有线电视用户可以通过山东少儿频道收看到东方购物与上海同步直播的晚间节目。7月东方购物在南京电视台信息频道开播,南京市民每天可以从中午12点至次日凌晨连续收看14.5小时东方购物的精彩节目,并享受东方购物72小时免费送货上门、移动刷卡消费、分期付款、免费退换货服务等与上海顾客完全一样的优质服务。这是东方购物突破传统模式、加快跨地域市场拓展的一个重要举措。东方购物将以更加专业化的形象面对上海、长三角地区乃至更大的市场,与南京电视台、杭州电视台、山东电视台强强联手,合力打造一个优质的新媒体平台。

上海城建(集团)公司

董事长
王志强

一、概述

上海城建(集团)公司于1996年10月经上海市委、市政府批准成立,经市国资委授权经营集团内国有资产,是一家以工程投资建设、设计施工和管理为一体的大型企业集团。在中国500强企业中,连续7年名列市政企业前茅。进入中国承包商60强、上海百强企业,并进入全球225家国际承包商行列。

上海城建(集团)公司具有市政公用工程施工总承包特级资质、公路工程、房屋建筑等施工总承包一级资质和房地产开发一级资质,目前集团拥有全资和控股子公司15家、事业部3家。其中2家特级、6家一级施工企业和5家甲级勘察和设计院,形成了以基础设施设计施工总承包为龙头、以基础设施投资和房地产开发经营为依托,集各类工程投资、设计、施工、管理、设备和材料供应为一体的大型企业集团。

集团公司及所辖成员单位均是上海城市建设的主力军,13年来,承建或参建的上海市重大工程达300多项,其中包括上海市高架道路、地铁和轨道交通工程,污水治理工程,越江隧道工程,高速公路工程,机场工程,浦江大桥、东海大桥、上海长江隧桥工程,外

2010年非洲国家杯主体育场——安哥拉罗安达体育场

滩和人民广场综合改造工程等。同时还积极参与了其他城市的建设,如广州、深圳、天津、南京等市的轨道交通工程,重庆、四川、哈尔滨、海口、浙江和江苏的大桥工程,以及20多个城市的基础设施建设。集团积极拓展海外工程,承建新加坡、安哥拉、印度、泰国等国家的基础设施建设,开创了众多工程与技术领域的多个第一。

二、2009年对外承包工程

(一) 持之以恒,巩固已有市场

集团自2005年和2006年分别进入安哥拉和印度市场后,遵循小步快跑的原则,工作首先从项目分包和技术咨询开始,在逐步熟悉当地市场的基础上,于2007年底分别以EPC方式中标安哥拉罗安达5万人体育场和印度德里地铁机场线C5标项目,从而使海外事业部在项目操作上进入了实质性的实施阶段。

在项目实施的近两年时间内,我们一方面努力抓好项目成本控制和质量进度控制,另一方面又致力于拓展其他项目,巩固已有市场,扩大市场份额,进一步树立城建集团品牌国际化的奋斗目标。

凭借认真的工作态度,较高的工作效率和在建工程优质的施工质量,上海城建(集团)公司得到了海外各方业主的广泛认可,并陆续承接了多个新项目。在安哥拉,集团在安哥拉国家体育场项目的履约过程中,克服工期紧,施工组织复杂,物流周期长等种种不利因素,按业主的要求于12月27日竣工交付,得到国际足联、非足联和安政府的高度评价。业主作为对集团项目履约的认可,安哥拉公共工程部将罗安达体育场外场工程于2009年直接授标于集团,集团还承接到当地多个公寓和办公楼施工项目。与此同时,在印度,德里地铁机场线C5标的业主也大大增加了集团公司盾构推进部分的工作量。此外,集团的子公司——上海隧道工程股份有限公司承建了新加坡金沙度假村MBS8402项目,合同金额1.67亿新币,实现了由联合总承包向独立总承包的突破。之后,新加坡地铁市区线一期C902标、新加坡地铁市区线二期C920标项目又迈进一大步,在子公司中率先开始在海外独立承接设计施工总承包项目。目前三项工程进展顺利,新加坡C902项目更获得由新加坡陆路交通管理局(LTA)举办的地铁市区线(DTL)项目安全竞赛第一名。而且,隧道工程股份有限公司新加坡分公司于近日通过了ISO9001审计,为公司进一步打开新加坡市场创造了条件。

(二) 勇于创新,经营方式多样化

到目前为止,集团对外承接工程类型主要为海外公开招投标项目,今年以来集团还尝试了在原有的经营方式上增加品种,主要为引进技术输出辅以中信保担保,优买优贷,买方信贷等多种方式。

以“印度孟买岩石隧道项目”为例,该项目以技术咨询辅以中信保担保形式实施,技术咨询费约为750万美元,为了降低收款风险,集团投保中国出口信用保险公司,随之采用“服务贸易”的新形式承保合同。此次成功申保,对海外事业部在对外高风险国家实施技术服务是一种新的经营模式的尝试,同时具有较深远的意义。

此外,集团还以买方信贷的方式承接了阿根廷布宜诺斯艾利斯市地铁H线延长线项目,预计总金额为5亿美元左右。该项目经过多方面协调,现已申报至商务部合作司进行审批,一经批准,便直接进入国家出口买方信贷申请审批流程。一旦申请成功,便为上海城建(集团)公司海外工程又开展了一个全新的平台。

(三) 未雨绸缪,努力开拓新市场

海外工程具有准备周期长,过程繁杂等特点,开拓一个新的市场,往往需要1到2年的时间准备。因此,集团在巩固已有市场的同时,也从未放松对新的市场进行评估,提前做好进入新市场的准备。

集团在对多个国家进行综合评估后,拟

新加坡金沙度假村 MBS8402 项目

定下一阶段着力开发的新市场为孟加拉国、斐济、波兰、阿根廷和越南。

三、2010 年发展趋向

（一）总体目标

战略定位：致力于建设一个实行投资建设一体化、设计施工一体化，具有建设工程项目总承包能力，国内一流、国际知名的现代化、专业型工程建设总承包企业集团。

战略目标：市政公用公路工程设计施工总承包、基础设施投资、房地产开发经营等核心业务保持 10% 以上的增长速度。保持全国市政行业第一和全国建筑业前 15 位的地位，努力保持上海企业 30 强和国际承包商 225 强地位。

（二）主要发展设想

宏观经济虽受到全球金融海啸影响放缓发展速度，但中国经济的增长态势不会改变，建筑业快速增长的趋势不会改变，国家和上海扩大内需加大基础设施投资的政策，加快国有企业改革措施 30 条的出台，都将为城建集团提供新的发展机遇。上海新一轮的轨道交通建设、环保工程建设、基础设施建设和世博会相关工程建设，西部大开发的实施以及长三角、珠江三角洲、环渤海经济带的深度开发，全国及上海城市化进程的加快及 30 座城市地铁与轨道交通建设高峰期的到来，将为城建集团的做强做大展示了极为有利的市场机遇。

对外承包工程方面，集团公司要实施“走出去”战略，拓展海外市场，保证海外工程营业额在集团总营业额中占一定的比例，力争保持全球最大 225 家国际承包商地位。

海外市场重点领域：技术含量高、具有发展前途、集团又有优势的项目，如地铁、跨海大桥、大型隧道、污水处理厂等；

重点拓展地域：（1）以安哥拉为主的非洲市场；

（2）以新加坡、印度为主的东南亚市场；

（3）以阿根廷为主的南美市场。

发展方向：以项目设计施工或 EPC 为主的工程总承包商。

东方国际集团上海市对外贸易有限公司

总经理
周　峻

一、概述

2009年伴随国际金融危机对我国外经贸行业带来的冲击,上海市对外贸易有限公司业务经受了前所未有的考验。面对外部诸多不利因素和自身发展中的瓶颈问题,公司结合学习实践科学发展观活动,坚决贯彻东方国际集团的战略部署和决策,以“保市场,保人才,保现金流”为中心,以调结构、抓改革、促发展、惠民生为主要目标,落实各项整改事项和有关业务以及管理措施,迎难而上,共克时艰,沉着应对。在全体员工和干部的共同努力下,经受住了严峻的考验,2009年度基本实现公司运营安全稳健和业务平稳发展两大目标。

2009年公司进出口额与上年相比,总体呈下降态势,其中出口跌幅大于进口跌幅,但是月进出口额却是环比逐月攀升的回暖状况。据海关统计:截至2009年年底,公司进出口总额为18.74亿美元,比上年下降35.99%,其中出口5.74亿美元,比上年下降48.72%;进口13亿美元,比上年下降28.12%。

2009年公司在经营中的主要举措是:

(一)积极应对金融危机,全力以赴保增长

公司业务员在广交会上接待客商询价

狠抓业务结构调整，提高进出口贸易质量，杜绝风险的再度发生。年初，在东方国际集团的指导下，公司对本部及子公司的进出口业务结构进行了全面梳理和调研，对各类业务进行总结和归纳，采取了不同的管理措施。公司还制定鼓励业务发展措施，保持主营业务的稳定发展。出台出口信保补助政策以及对参展的补助等，并采取临时措施，提高出口奖励。公司要求员工改变营销策略，加强促销力度。把营销重点放在开拓市场上，积极支持业务部门"走出去"开拓市场，先后组织业务部门参加了华交会、广交会、慕尼黑能源展、阿尔及利亚国际博览会、突尼斯投资洽谈会、约旦中国商品展等国内外展会以及各类专业展览会，获得了实际的效果。

（二）对大宗商品进行集中经营管理，进一步加强进口业务风险防范和管理

年初，公司在原有一般进口代理业务操作流程的基础上，拟定《大宗商品进口管理办法和实施细则》，明确大宗进口商品的审批权限、风险预警和各部门动态管理的职责，以实现事先充分审核、事中有效监督、事后及时救济的整个过程的全方位有效管理。

（三）完善和改进对三级子公司的管理方式

公司对本部和子公司的业务进行排摸和分类，将子公司的大宗商品一并归入公司本部的管理范畴，同时也对子公司提出的银行授信要求进行统一的会审，并首次实施了对三级子公司经营班子统一的考核方案。

（四）加强综合管理

首次举行管理论坛，就企业综合管理、人力资源管理在企业发展中的重要作用、业务链式管理、保持现金流畅通、法律业务等方面的内容作了交流。加强财务内控管理，首次出台了《客户业务授信额度管理办法》。加强人力资源管理和服务工作，制定《外贸公司全资及控股子公司主要岗位人员管理原则》和公司干部员工培训考核办法，加大干部员工培训工作力度。

（五）稳妥推进公司改革改制工作，积极探讨业务模式的改变

2009年下半年，结合科学发展观的学习活动，公司领导班子提出了对公司体制改革的初步设想，并成立改革改制领导小组，正式开始改革改制的调研工作和前期工作。

二、对外贸易

国际金融危机的冲击导致外需不足，国际主要商品价格大幅波动导致进口滑坡，国际贸易壁垒加剧导致出口受阻，加上公司主动控制风险从而放弃了部分高风险或风险超过自身承受能力的业务等等原因，严重影响了公司主业的经营。

（一）出口贸易

2009年外贸公司出口额5.74亿美元，比上年下降48.72％。出口商品主要是机电设备、纺织原料及纺织制品、化工品、金属产品等。据海关统计，按照2009年外贸公司出口的海关21类HS商品分析，外贸公司的出口商品绝大多数出现下降。

2009年主要出口商品情况表

商品名称	出口额（万美元）		占比（％）	
	2009年	2008年	2009年	2008年
机电、音像设备及其零配件	15574	25665	27.14	22.94
纺织原料及纺织制品	12690	19152	22.11	17.12
化学工业及其相关工业的	7940	12356	13.84	11.04
贱金属及其制品	6699	32810	11.67	29.32
其　　他	14484	21918	25.24	19.58

2009年由于国际金融危机的影响,外需不足,订单明显减少,公司对六大洲主要国家地区的累计出口均出现下降。

2009年出口商品主要输往地情况表

国别(地区)	出口额(万美元)	占比(%)	国别(地区)	出口额(万美元)	占比(%)
欧　洲	14452	25.18	东　盟	4657	8.11
日　本	13730	23.92	拉丁美洲	4207	7.33
美　国	10950	19.08	大洋洲	1733	3.02

(二)进口贸易

2009年公司进口13亿美元,比上年下降28.12%。进口商品主要是金属产品、机电、音像设备及其零配件、光学医疗等仪器、矿产品等。据海关统计,按照2009年公司进口的海关21类HS商品分析,公司进口商品有升有降,有8类商品进口比上年实现增长,13类商品进口比上年下降。

2009年主要进口商品情况表

商品名称	进口额(万美元)		占比(%)	
	2009年	2008年	2009年	2008年
贱金属及其制品	44831	38567	34.48	21.32
机电、音像设备及其零配件	22931	26322	17.64	14.55
光学、医疗等仪器;钟	20637	12701	15.87	7.02
矿产品	16791	43396	12.91	23.99
其　他	24826	59891	19.09	33.12

由于国家采取了扩大内需,促进经济增长的一系列积极的财政和货币政策,受此影响,公司从六大洲主要国家地区累计进口有升有降,以下降为主。

2009年进口商品主要来源地情况表

国别(地区)	进口额(万美元)	占比(%)	国别(地区)	进口额(万美元)	占比(%)
日　本	29995	23.07	智　利	10166	7.82
欧　洲	29111	22.39	大洋洲	8973	6.90
美　国	14618	11.24			

三、2010年发展趋向

2010年公司总体要求是:坚持"转方式、调结构、控风险、推改革、促发展、惠民生"的工作方针,深入贯彻落实科学发展观,坚持改革创新、坚守风险底线,保持业务发展和管控措施的连续性和稳定性,更加注重措施的针对性和灵活性,着力加快业务发展方式的转变,优化业务结构,提高业务质量,增强全面风险管理能力和可持续发展能力,为维护公司安全稳健运行和业务平稳较快发展作出积极贡献。

具体来说要抓好以下八项工作:

1. 继续推动供应链和服务贸易大平台建设，进一步提升公司的软实力。

2. 努力提高业务发展的质量和效益，进一步增强发展后劲。

3. 强化风险管控和风险底线，进一步增强可持续发展能力。

4. 加快推进人才队伍建设，进一步提升科学发展水平。

5. 着力加大资源整合及业务发展支持力度，进一步提高核心竞争力。

6. 进一步规范管理、规范流程，强化内控机制建设。

7. 努力探索客户管理系统的建立和完善，保障业务安全运行。

8. 大力推动改革创新，进一步完善体制机制。

上海三凯进出口有限公司

总　裁
蒋琪民

一、概述

2009年是上海三凯进出口有限公司面临重大考验的一年，也是考核公司整合成果的一年。公司继续贯彻"以营销为龙头，以人力资源为核心，以信息化和财务管理为两翼"的指导思想，实施创新发展与控制风险相结合，物流与贸易相结合，整合与完善服务链相结合的发展战略，把经济危机作为公司完善自我建设，扩大市场份额，深化服务和培育新业务的重要机遇，团结协作、努力拼搏，在经营工作各方面取得了较好的成绩，全年共完成出口额10.17亿美元，比上年下降12.78%；进口额8.00亿美元，比上年增长2.96%。

二、主要经营措施

市场开发和创新经营是营销工作的重中之重，稳定的经营对公司抵御经济危机冲击，保持公司健康发展极为重要。2009年公司积极抓住市场变化，坚持向全程物流转型，强化优势经营项目，拓展新型业务，加深服务的力度和广度，实现了经营工作的创新。

（一）大力加强大客户的营销和服务

大客户是公司宝贵的经营资源，加强大客户的维护和管理，是实现经营目标的内在要求。公司各部门坚持把服务放在工作的重要位置，加强了对大客户的了解和分析，掌握有效需求，以"满足客户需求的服务是最好的服务"为标准，做好针对性的服务和营销，切实帮助大客户解决经营中遇到的难点。一是修订完善原有的大客户管理办法，调整公司和部门的二级考核机制，将激励的重点转移到服务维护好大客户，特别是新业务的开拓上，提高了部门和员工的积极性。二是安排和配置服务意识强、业务能力好的青年经理承担部门的大客户服务团队和责任人，落实责任目标；三是组织好政策推介、高层拜访、业务交流及商会活动，及时将政府主管部门的扶持措施和优惠政策传递给客户，建立经常性的联系沟通机制；四是积极挖掘大客户需求，通过经营创新，用创新服务满足大客

公司一角

户对全程物流和降低成本的需要，提高服务能力和客户满意度。

（二）积极开发全程物流，扩大市场份额

积极参与全程物流的大项目招标，增强高端物流的营销能力、服务能力和竞争能力，有效地改善客户的组成结构，提高了公司的盈利能力。同时，充分利用经济危机引发的行业重组、部分同业退出市场的机遇，争取新的客户，有效扩大公司的市场份额和服务面。

（三）积极拓展经营功能，完善服务链，支持全程物流的发展

不断加强与海关等主管部门的沟通，持续做好“5 + 2”等新业务，同时在“空运直通式”、“分拨型保税仓库”、“归类中心”等新型功能性物流服务的运营权方面有新的突破，扩大了公司的服务能力，完善了公司的全程物流服务链。海关分类通关试点工作中，公司与符合条件的优质客户积极协商、密切配合，在完成相关产品的预归类工作后，向海关推荐7家企业进行试点工作，有效提高了通关速度，得到广大客户较好反响。

（四）积极探索新型业务，培育新的盈利模式

公司坚持立足经营创新，在稳健经营、确保主营的前提下，加强对贸易物流、物流金融等新型业务的探索与研究，与银行建立伙伴合作关系，在严格控制风险的条件下，逐步拓展信用证抵押、第三方监管业务等，创造了经营的新盈利模式。

（五）加强市场会员企业的服务和指导力度，稳商留商，共渡难关

及时组织各类优惠政策的宣传和介绍活动，配合主管部门将政策优惠落实到位；同时，加强与会员企业的沟通，积极帮助解决会员企业在经营中遇到的困难和问题，积极稳商留商，共渡危机。

（六）有效推动信息管理系统的开发应用

2009 年公司在信息化发展方面，完成仓储系统和结算系统的升级，提升了系统对仓储专业化和精细化操作的支持；物流管理系统的客户端服务开发应用，提高了服务实时控制能力和信息透明化，加强了客户与公司合作的依存度；财务通过新的结算系统使每个业务环节实现无缝连接；新开发的报关预归类子系统投入运行后，大大提高了报关制单效率和准确性。

（七）努力完善企业制度化建设，为公司健康发展提供制度保障

完善企业制度化建设是贯彻落实科学发展观，处理发展与稳定关系的切实需要。ISO9001:2000 年审的顺利通过、公司 OA 自动化办公系统以及业务操作系统的不断升级和功能完善，规范了公司各项业务的操作流程，从而大大提高了公司整体的工作效率以及各部门之间的配合默契程度。

公司风险控制领导小组的成立以及各模块风险控制管理办法的出台，为实行客户分类管理、规避企业经营风险提供了组织和制度保障。

（八）积极履行企业社会责任，经济效益与社会效益并重

2009 年公司继续传承履行企业社会责任的优良传统，在丰富公司员工业余文化生活，创建和谐健康的企业文化的同时，积极投身社会公益事业，经浦东新区企业社会责任评估小组的综合测评，成为“浦东新区企业社会责任达标企业”。

三、2010 年发展趋向

为适应上海市四个中心建设的战略布局和外高桥保税区打造国际贸易示范区的战略任务，外高桥集团对系统内的各大交易市场、进出口和物流公司实施整合。2010 年三凯进出口公司将以实际行动积极拥护集团战略，进一步解放思想，创新机制和体制，以功能突破形成新的竞争力，为降低企业运营成本，打造国际贸易示范区建设贡献力量。

上海汽车进出口有限公司

总经理
张峥嵘

一、概述

上海汽车进出口有限公司成立于1985年3月。注册资本2亿元,由上海汽车工业(集团)总公司全额投资,是上汽集团国际商贸板块的专业外贸公司。公司主要从事汽车、零部件、原材料、辅料业务,业务门类齐全,拥有多种资质,贸易经验丰富,专业队伍稳定,贸易规模始终处于全国汽车外贸行业领先地位之一。

在改革开放的历史潮流中,公司始终在创新中求突破,在突破中求发展,为上汽集团的合资企业、骨干企业成功走上滚动发展的道路做出了成绩。公司与全球80多个国家和地区建立了贸易关系,SAIC/SACO品牌在国内外客户中享有一定的声誉,具有较高的市场影响力。

2009年,公司按照上汽集团提出的"以全面贯彻落实科学发展观,紧紧围绕'三突'主题,抓思想、强斗志、抓机遇、保增长、抓作风、促和谐,团结带领广大员工坚定信心、乘势而上"的要求,一方面积极应对国际金融

总经理张峥嵘会见美国政要

危机所带来的挑战；另一方面抓住国内汽车市场快速变化带来的机遇，紧紧围绕年初制定的目标任务，全面、稳步、有序地推进各项经济工作。全体干部员工在公司党委、行政的领导下，圆满地完成了2009年的经济工作任务。

公司全年完成销售收入114.78亿元。完成进出口总额7.14亿美元，其中进口61797.70万美元，出口9592.66万美元。

2009年进出口商品主要来源地、输往地情况表

地区	进口额（万美元）	占比（%）	地区	出口额（万美元）	占比（%）
年进口额	61797.70	100.00	年出口额	9592.66	100.00
亚　洲	39398.30	63.75	亚　洲	2974.81	31.01
非　洲	6.77	0.01	非　洲	0.07	—
欧　洲	20209.25	32.70	欧　洲	1337.11	13.94
拉丁美洲	135.30	0.22	拉丁美洲	2164.15	22.56
北美洲	2048.02	3.31	北美洲	2563.87	26.73
大洋洲	0.02	—	大洋洲	552.65	5.76

2009年主要进出口商品分类情况表

商品名称	进口额（万美元）	占比（%）	商品名称	出口额（万美元）	占比（%）
年进口额	61797.7	100.00	年出口额	9592.66	100.00
汽　车	21578.1	34.92	汽车及其它机动车	831.58	8.67
汽车零部件	21708.1	35.13	汽车零部件	3039.27	31.68
仪器仪表	2147.62	3.48	机电设备及其零件	3421.65	35.67
机电设备及其零件	5936.1	9.60	钢铁制品	1392.23	14.51
金属及其制品	8562.85	13.86	化工产品	301.92	3.15
橡胶及其制品	1453.36	2.35	铜及其制品	138.03	1.44
纺织原料及其制品	229.61	0.37	其　他	468.00	4.88
其　他	181.98	0.29			

二、主要工作

根据2009年经济形势和汽车市场发展的特点，结合国际商贸整合工作，公司主要有针对性地开展了以下工作：

1. 把握整车市场井喷机遇，加快网络建设，加强市场推广，提升服务质量，努力构建进口车服务能力。2. 强化团队建设，激发员工热情，形成良好氛围，努力打造采购供应链服务产品。3. 注重规避风险、提高效益、大力开拓市场，努力遏制国际金融危机带来出口业务下滑的负面影响。4. 加强钢材贸易的有效管控，加快钢材贸易服务模式转变，探索钢材贸易融资新渠道。5. 大力拓展辅料贸易渠道,加快建立板块运行模式,力求创新与突破。6. 市场拓展取得成效,业务发展取得突破,发展信心普遍增强。7. 企业整合工作有序推进,国际商贸板块架构初步形成。8. 明晰国际商贸未来发展规划,着力服务链增值与产品能力构建,努力打造差异化的核心竞争能力。9. 夯实企业管理基础,完善公司制度管理,推进管理工作落实。

在上汽集团的领导下,经过全体干部职工的努力拼搏,公司经国家评选再次列入"中国进出口企业500强",2009年排名第339位。2009年被选为中国机电产品进出口商会副会长、上海进出口商会副会长单位。公司在全国外贸行业中已具有相当的影响。

总经理张峥嵘会见客户

三、2010年发展趋向

2010年公司经济工作的指导思想是"全面贯彻中共十七届四中全会精神和中央经济工作会议精神,深入实践科学发展观。在新的一年里,聚力发展上水平——跨越新台阶;聚焦转变调结构——争取新突破;聚首世博促和谐——把握新机遇。着眼商贸整合调结构,着意制度完善强管理,着力模式创新谋发展,着重市场开拓促增长。不断提升经济效益和运营质量,加快转变经济增长方式,提升公司核心竞争能力,确保全面完成年度各项任务。"

主要工作计划和措施为:

1. 结合企业战略规划调整,紧紧抓住有利发展时机,进一步强化市场开发意识,加大市场开拓力度,努力做大市场规模,形成业务可持续发展的新格局。2. 进一步完善公司五年发展规划,着力服务产品建设和服务模式转变,努力打造服务产品的核心竞争能力,构建企业可持续发展的新蓝图。3. 积极稳妥推进国际商贸板块的整合工作,加强公司主营业务核心能力建设,确保集团服务贸易战略规划的顺利推进和稳步实施。4. 大力加强和完善公司财务管理,切实提高公司经济效益和经济运行质量,更好奠定企业未来发展基础。5. 建立健全公司及投资子公司的运营管控体系,通过管人、管资产、管制度、管流程,大力强化母公司的管控职能,努力转变当前的运行管控方式。6. 切实有效推进公司 IT 系统建设,构建一个科学、合理并符合企业未来业务发展的简洁、高效的信息管理系统。7. 合理有效运用各类金融工具,不断提高企业融资能力并持续降低财务费用。8. 积极推进企业 ISO9001:2008 贯标和换证工作,不断健全体系管理,大力推进用户满意工程。9. 完善公司的制度建设,努力构建一个务实、高效的国际商贸公司。10. 牢固树立成本意识,形成良好降本氛围,深入推进降本工作,拓展公司降本空间。11. 继续推进企业文化建设,构建良好文化氛围,创造企业、员工协同发展空间,逐步形成开拓创新、锐意进取、奋力拼搏、永攀高峰的工作新理念。12. 强化员工培训,加快队伍建设,努力造就一批符合企业发展要求的高素质员工队伍。

2010 年,机遇与风险并存、挑战与困难同在。我们将始终怀着发展的使命感和事业的责任感,始终保持危机感和紧迫感,始终保持昂扬的斗志、踏实的作风,在整合中调结构、在完善中强管理、在创新中谋发展、在开拓中促增长,确保全面完全 2010 年的各项工作任务。圆满完成并实现集团服务贸易战略整合规划目标,为努力造就一流的国际商贸公司奠定扎实基础!

上海丝绸集团股份有限公司

董事长
徐伟民

一、概述

2009年是全球金融危机对出口行业影响进一步加剧的一年,也是公司所经历过的最为困难的一年。在全球金融危机的影响下,外部需求萎缩成为2009年纺织服装出口企业面临的最大挑战。大幅下降的订单数量、急剧上升的经营风险、低位徘徊的出口规模,使公司承受了前所未有的压力和考验。严峻的外部环境对公司的竞争力提出了更高的要求。

在这异常困难的一年里,公司以"十一五"发展规划精神为指导,牢固树立科学发展观,以"四个创新"为核心,积极转变贸易发展方式,大力贯彻执行"安全、效益、规模"六字方针,确保公司持续、健康和稳定的发展态势。公司全年完成进出口总额达5.07亿美元,比上年下降25.44%。其中出口创汇4.76亿美元,比上年下降24.57%;进口总额0.31亿美元,比上年下降37.71%。公司主营业务收入37.18亿美元,比上年下降16.54%;实现净利润9847万元,比上年增

董事长徐伟民陪同商务部副部长钟山和上海市副市长唐登杰参观华交会

长0.61%。

经过全年与全球金融危机影响的拼搏，公司体会到，虽然从外部来讲外需持续低迷、经营风险上升、低价竞争加剧，但也反映了公司的核心竞争力需进一步加强、专业化程度需进一步提高。

二、集团本部对外贸易

（一）出口贸易

2009年公司出口商品以服装、纺织品和丝绸制品为主，其中三分之二以上为中高档商品。出口商品销往美国、日本等100个国家和地区，比上年减少了10个。

2009年集团本部主要出口商品情况表

商品名称	出口额（万美元）		占比（%）		比上年（±%）
	2009年	2008年	2009年	2008年	
年出口总额	44760	58661	100.00	100.00	-23.70
服　装	35099	46231	78.42	78.81	-24.08
其中:丝绸服装	2818	3611	6.30	6.16	-21.98
纺织品	7142	8099	15.96	13.81	-11.82
其中:丝制品	2019	2852	4.51	4.86	-29.20
其　他	2519	4331	5.63	7.38	-41.84

2009年集团本部出口商品主要输往地情况表

国别（地区）	出口额（万美元）	占比（%）	比上年（±%）
年出口总额	44760	100.00	-23.70
北　美	17803	39.77	-17.48
欧　盟	12725	28.43	-33.04
日　本	4274	9.55	-10.39
中　东	3687	8.24	-2.37
中南美	1274	2.85	-48.54
大洋洲	1857	4.15	-17.93
非　洲	950	2.12	-35.20
俄罗斯	538	1.20	-32.16
东　盟	326	0.73	-48.15
港澳台	287	0.64	-48.97
其　他	774	1.73	-29.80

2009 年集团本部出口贸易方式情况表

（单位：万美元）

贸易方式	本年出口额（万美元）	占比（%）	上年出口额（万美元）	占比（%）	实际增长	增长率（±%）
合　计	44760	100	58661	100	-13901	-23.70
一般贸易	36949	82.55	45637	77.80	-8688	-19.04
来料加工	3372	7.53	6437	10.97	-3065	-47.62
进料加工	4439	9.92	6588	11.23	-2148	-32.61

（二）进口贸易

2009 年，公司进口总额 0.29 亿美元，比上年下降 36.59%。

2009 年，公司进口商品主要有服装面料、辅料、塑料制品、家用小商品、机器仪器零件等产品。

2009 年公司进口商品主要来自中国台湾、日本、韩国等数 10 个国家和地区，与上年持平。

（三）货源基地

2009 年，公司出口商品货源收购总额 28.32 亿元，比上年增长 7.15%。合格供应方数量近 2000 家。

2009 年，公司发展的货源基地，继续以上海市和江浙两省货源基地为主，同时发展山东、安徽等其货源基地。在发展合作工厂的同时，公司大力建设自有生产基地，充分利用和发挥生产优势支持并促进公司自营业务的发展。截至年底，公司拥有上海江镇丝绸时装有限公司、上海王德服饰有限公司、安徽宣城尚时制衣有限公司和山东临沂丝绸时装厂等 4 家直接和间接控股工厂，并有上海八木高级时装公司、平湖市诺华时装有限公司、上海丝绸进出口淀山湖真丝针织厂等 3 家参股工厂。

公司参加华交会展览

三、品牌建设

在“品牌创新”精神的指导下，2009年公司仍以“确保业绩和利润达成，大力提升单店业绩，围绕2012年的目标策略系统提升运营管理水平”作为LILY品牌工作指导思想，着重质量增长和代理发展，保持规模增长和直营建设。

2009年底全国范围内直营或代理LILY品牌的店铺或商家达到210余家。虽店铺数量与上年持平，但通过单店经营面积的扩大和业绩的提升，LILY女装的销售收入取得大幅增长。2009年，LILY品牌实现销售收入1.36亿元，净利润506万元，较上年均有大幅增长。

LILY品牌的飞速发展得益于在产品、市场、形象和管理等方面的不断改进和完善。产品方面，LILY持续对设计、工艺、生产加工等环节的流程进行梳理和改进，缩短设计开发周期，将每年两季的设计开发变为一年四季的设计开发，加快了市场周转和运作。市场方面，LILY以不断提升产品单位质量为中心来提升业绩规模、拓宽市场通路，合理规划市场和销售网点的建设，为完善LILY未来市场网络打下坚实基础。形象方面，LILY不断规范完善品牌整体的视觉营销体系，提高品牌形象，树立LILY国际化品牌印象。管理方面，LILY落实人才培育和规划，加强管理人员的培训和部门的梯队培养及人才培养，从而在各个方面提升了LILY品牌的运营质量和效率。

LILY品牌计划要进一步重点强化产品的设计研发，持续加强生产采购的保障；直营城市通路重点化建设，兼顾大代理客户的市场拓展；完善终端管理，加强店长队伍建设，实施门店服务标准化，落实vip管理；继续加强商品管理，显著提升商品效能；全面落实3.0形象方案，建立可靠的终端形象保障系统；大力建设信息系统，继续完善人力资源建设，优化组织架构和人员结构；系统筹划品牌推广工作，继续围绕四年目标策略，建立策略的执行保障系统。

东方国际集团上海利泰进出口有限公司

总经理
蒋明明

一、概述

2009年是外贸经营的寒冬年。面对全球性的金融危机、外部需求大幅度减少和市场竞争更趋激烈等不利因素的影响，公司认真贯彻落实三年发展规划的有关要求，坚持“效益和规模相协调”的经营方针，采取多种措施努力保持业务稳定。

在业务方面，针对客户单量小、款式多、时间紧、要求高的特点，公司及时调整工作思路和工作节奏，与客户共进退；积极调整产品结构，降低产品成本，加强质量监控，以加倍的努力稳定老客户。同时，加大市场开拓力度，积极参加中东欧和东盟等新兴地区的纺织服装展，主动出击了解相关市场情况和变化趋势，寻找新的贸易机会，取得了较好的参展效果。公司运用信保这一工具降低出口收汇风险，开拓业务。公司的三家海外企业也加强与公司的合作，调整产品结构，力保经营稳定。在公司各部门艰苦努力下，2009年公司的核心自营业务在整个出口规模减少较多

第107届中国进出口商品交易会公司展位

的情况下，仍然保持了较高的水平。

在管理方面，公司董事会和经营班子对公司重大经营管理问题保持了经常和有效的沟通协调。通过事前评审、事中沟通、严控生产质量、交货时间等一系列措施，切实防范业务风险。公司继续推动 ERP 系统管理模块开发和电脑系统安全保障工作，增强系统管理功能，提升公司整体管理水平。公司还加强人员调配和培养，支持业务团队的发展；调整人员工资结构，出台相关薪酬福利激励计划，吸引和留住人才。

为继续加强供应链建设促进贸易方式转变，2009 年公司积极筹措建设技术设计中心棉针织分中心，使技术设计中心的服务功能进一步覆盖到棉针织产品，从而更好地满足业务需要。公司进一步加强设计工作小组人员配备与人才培养，努力提升公司设计开发能力，在配合相关部门开拓业务、协助做好部分展会筹备和制作公司新的宣传册、网站改版等方面都发挥了较好的作用。

由于公司一贯重视企业文化和精神文明创建工作，2009 年公司第七次被评为上海市文明单位。

2009 年，公司进出口总额 3.09 亿美元，比上年减少 24.82%。出口商品以公司主营的服装和纺织制品为主，进口商品以机电产品、纺织和服装原料为主。

二、对外贸易

（一）出口贸易

2009 年公司出口业务受外部需求减少和 2008 年基数较高的影响，比上年减少较多，全年出口额为 29646 万美元，比上年减少 25.74%。出口商品 220 余种（2009 年国家海关商品分类有调整），其中纺织类商品占出口总额的 86.83%，比上年减少 23.31%；非纺织类商品占出口总额的 13.17%，公司主营业务所占比重进一步增加。出口商品结构与上年相仿，主要有针织及非针织服装、机电设备、鞋帽、化学纤维、其他纺织制品、箱包、金属制品等。

2009 年公司出口商品主要销往欧盟、美国、日本等 89 个国家或地区，比上年减少 14 个。

2009 年主要商品出口情况表

商品名称	出口额（万美元）		占比（%）		比上年（±%）
	2009 年	2008 年	2009 年	2008 年	
年出口总额	29646	39921	100.00	100.00	-25.74
针织及钩编服装	19290	26144	65.07	65.49	-26.22
非针织及非钩编服装	3479	4600	11.74	11.52	-24.37
机电音像设备	1197	2242	4.04	5.62	-46.61
鞋　帽	1146	1719	3.87	4.31	-33.33
化学纤维短纤	963	797	3.25	2.00	20.83
化学纤维长丝	592	548	2.00	1.37	8.03
其他纺织制品	589	484	1.99	1.21	21.69
箱　包	402	505	1.36	1.26	-20.40
金属制品	339	628	1.14	1.57	-46.02
其　他	1649	2254	5.56	5.65	-26.84

2009 年出口商品主要输往地情况表

国别(地区)	出口额(万美元)	占比(%)	比上年(±%)
年出口总额	29646	100.00	-25.74
欧　　盟	10688	36.05	-24.41
美　　国	6303	21.26	-29.27
日　　本	4469	15.07	-26.07
大 洋 洲	1925	6.49	-23.12
俄 罗 斯	904	3.05	-43.61
非　　洲	870	2.93	30.43
加 拿 大	815	2.75	-24.75
东　　盟	507	1.71	-20.66
拉丁美洲	496	1.67	-72.46
中　　东	409	1.38	-1.45
挪　　威	394	1.33	-39.38
韩　　国	385	1.30	18.10
中国香港	313	1.06	40.99
其　　他	1168	3.94	27.65

2009 年公司出口贸易方式仍以一般贸易为主,来料和进料加工贸易比重略有下降。

(二) 进口贸易

2009 年,公司进口额为 1224 万美元,比上年上升 2.43%。进口商品结构与上年相仿,主要为机电设备、纺织原料及纺织制品、光学照相医疗设备、金属制品、塑料制品等。

2009 年公司进口商品主要来自日本、美国、拉丁美洲、欧盟、中国台湾、韩国和中国香港等 22 个国家或地区,较上年减少 8 个。

2009 年主要进口商品情况表

商品名称	进口额(万美元)	占进口总额(%)	比上年(±%)
年进口总额	1224	100.00	2.43%
机电设备	591	48.28	82.41
纺织原料及纺织制品	385	31.45	-42.62
光学照相医疗设备	183	14.95	83.00
金属制品	23	1.88	-52.08
塑料制品	22	1.80	175.00
其　　他	20	1.63	-54.55

2009 年进口商品主要来源地情况表

国别(地区)	进口额(万美元)	占比(%)	比上年(±%)
年进口总额	1224	100.00	2.43
美　国	467	38.15	69.82
日　本	270	22.06	-33.82
欧　盟	124	10.13	-19.48
拉丁美洲	103	8.42	-36.02
中国台湾	95	7.76	41.79
中国香港	58	4.74	11.54
东　盟	30	2.45	1400.00
韩　国	24	1.96	-55.56
巴基斯坦	19	1.55	—
其　他	34	2.78	54.55

(三) 货源基地和国内营销

2009 年公司出口商品收购总额为 17.1 亿元,较上年减少 7.07%。公司下属 3 家工厂通过不断提升管理水平提高产能,加强与业务部门的结合力度,积极承接公司定单,共计完成产值约 8600 万元。

在做好外销业务的同时,公司还抓住近年来部分客户拓展国内业务的机会,积极争取客户的国内订单,发掘新的增长点。在过去几年努力的基础上,2009 年公司这方面的业务取得了较大的突破,年内实现国内销售 1200 多万元。公司还配备人员与设备尝试开展网络销售,探索内销新模式。

三、品牌建设

2009 年,公司确定了以创建"利泰"整体服务品牌作为今后品牌建设的重点,制订了品牌建设初步工作计划。积极推动"利泰"商标注册工作,准备建立公司统一的视觉识别系统,广泛应用于公司吊牌、面料卡、袜卡、宣传提袋、宣传手册、内部文档等,集中突出"利泰"形象,塑造利泰品牌。年内公司对网站进行了升级改版,充实网页内容和版式,持续进行更新维护,充分发挥网站作为宣传公司整体形象的"窗口"作用。

东方国际创业股份有限公司

总经理
瞿元庆

一、概述

2009年是中国和世界经济最为困难的一年。为应对全球金融海啸带给世界各国经济发展的冲击，我国政府强有力地实施积极的财政政策和宽松的货币政策，使国内经济得以率先走出经济危机的谷底。然而，我国面临的国际市场需求却持续疲软、回暖乏力，进入下半年以来经济的缓慢复苏伴随着贸易保护主义有所抬头，贸易环境趋于紧张。在不利的形势和环境面前，东方国际创业股份有限公司在董事会和总经理室的正确领导下，按照年初既定的战略部署，以勤勉、务实、团结、高效的辛勤工作，为平稳渡过金融危机实现中长期持续发展作出了不懈的努力。

二、对外贸易

（一）出口贸易

2009年公司主营业务收入425639万元，其中进出口贸易171314万元，比上年下

总经理瞿元庆深入下属工厂指导工作

降6.8%；出口创汇25533万美元，完成出口指标的106.3%，税后净利润9263万元，比上年增长8.6%。

2009年主要出口商品情况表

商品名称	出口额（万美元）		占比（%）	
	2009年	2008年	2009年	2008年
年出口总额	25533	29222	100.00	100.00
衬　衫	2960	2389	11.59	8.18
裤　子	3705	4214	14.51	14.42
夹　克	1200	2150	4.70	7.36
女装（套装）	265	714	1.04	2.44
西装（西上衣）	1681	2068	6.58	7.08
化学工业及相关工业	28	122	0.11	0.42
纺织原料及纺织制品	12506	12571	48.98	43.02
贱金属及其制品	429	1468	1.68	5.02
革、毛皮及其制品	776	990	3.04	3.39
其　他	1983	2536	7.77	8.68

2009年出口商品主要销往美国、欧洲和日本等82个国家和地区。

2009年出口商品主要输往地情况表

国别（地区）	出口额（万美元）	占比（%）	国别（地区）	出口额（万美元）	占比（%）
年出口总额	25533	100.00	中南美	290	1.14
美　国	14093	55.20	南太平洋	687	2.69
欧　洲	4408	17.26	非　洲	104	0.41
日　本	3026	11.85	其他国家	2599	10.18
中　东	326	1.28			

（二）进口贸易

2009年，公司进口总额为4792万美元，比上年下降23%。进口商品主要有纺织原料及纺织制品、化工原料及相关工业制品、机电、音响设备及零件等。

2009年主要进口商品情况表

商品名称	进口额（万美元）	占比（%）	商品名称	进口额（万美元）	占比（%）
年进口总额	4792	100.00	塑料及其制品	149	3.11
纺织原料及纺织制品	2672	55.76	机电，音响设备及零件	576	12.02
服　装	690	14.40	木浆，纸张	413	8.62
化学工业及相关工业制品	36	0.81	辅　料	29	0.61
贱金属及其制品	55	1.15	革、毛皮及其制品、箱包	113	2.36
光学，医疗等仪器	7	0.15	其　他	49	1.02

2009年进口商品主要来自美国、欧洲、日本等49个国家和地区。

2009年进口商品主要来源地情况表

国别（地区）	进口额（万美元）	占比（%）	国别（地区）	进口额（万美元）	占比（%）
年进口总额	4792	100.00	中南美	12	0.25
美　国	54	1.13	南太平洋	5	0.10
欧　洲	692	14.44	非　洲	2	0.04
日　本	439	9.16	其他国家	3588	74.87

（三）物流板块

金融危机对货代物流行业的冲击远甚于外贸，物流集团受累于经营规模下降和新海航业租船价格降低的影响，对公司整体净利润的贡献度大大降低，物流板块的营业收入较上年大幅下降逾12.7亿元，降幅达33.7%。

（四）货源基地

2009年，公司商品收购总额8707万元，合格供方为45家，比上年减少56.7%。收购总额和合格供方数量上的减少是由于在当年公司内部4家工厂承接的生产任务增长，从而减少了外部合格供方的收购量。

三、品牌建设

品牌的培育和发展需要一个循序渐进的过程，寻找适宜的市场切入点和推广模式也尤为重要。伴随着新一轮的信息革命，新的市场渠道及其影响力正在日益壮大，人们的消费方式正在逐步发生潜移默化的变化。对此，公司将认真研究电子商务与网络营销对于公司业务的适用性，探索与启动内销经营、实施品牌战略相结合，以有效发挥公司跟踪国际市场上设计流行信息，合理开发利用工厂产能资源的优势。

四、2010年发展趋向

稳定业务，优化业务支持平台，整合工厂生产基地资源。有选择地发展公司自营业务，形成客户结构和来源的多样化。维护好战略性客户，同时培育和巩固好核心客户。要将自营服务的供应链提升成价值链，向客户推广打样、面辅材料采购、跟单方面的系列化服务，打造服务特色，提高服务附加值，巩固市场地位。代理业务要充分利用好公司的平台和通道资源，用好公司的资金，提高单据质量、服务效率和服务水平，以“高效、服务、资信、资金、平台”为特色来提炼公司的竞争能力，吸引代理大客户，发展规模化的代理，并做到风险可控。有效整合现有4家工厂的资源，探索新型的工贸结合方式，贸易和工厂要既能够相互支持，又能够适应市场、独自生存；发展每家工厂各自的核心能力，促进厂与厂之间协同效应的形成。

资产互动，发挥上市公司平台作用。公司作为东方国际集团旗下唯一的上市公司资源，要能够在集团新一轮国资重组和深化改革中发挥重要作用，要争取与大股东互动，吸引集团范围内其他优质经营性资产和核心业务进一步注入上市公司，在重组整合中各取其长，优势互补，进一步优化资源的配置，壮大上市公司的发展规模和综合实力。

东方国际集团上海市纺织品进出口有限公司

总经理
龚培德

一、概述

2009年，面对全球经济严重衰退，国外需求急骤萎缩，外贸企业经营业绩普遍下滑的严峻形势，公司以学习实践科学发展观活动为契机，大力营造共克时艰的企业氛围；以遏制出口规模下滑为目标，科学制定适应环境变化的经营举措；以转变发展方式为目标，不断拓宽经营思想和渠道；以控制经营风险为重点，切实避免企业资产缩水，努力打好遏制出口业绩下滑的组合拳，使经营业绩逐步回升向好。

公司把控制出口规模深度下滑作为全年工作的重点。一是下大气力抓好出口成交，全年出口成交总额28767万美元。二是下大气力调整市场开拓方向，实现了稳住欧美市场，拓展新兴市场，回升传统市场的市场开拓目标。三是下大气力拓宽出口创汇渠道，推进代理业务拓展，全年公司代理出口总额达到13426万美元，占企业出口总额50.23%。四是下大气力优化商品结构，全年公司非传统出口商品出口总额达到14329万美元，超过了传统商品的出口量。2009年公司进出口总额达到28489万美元，比上年减少7%。

总经理龚培德在广交会上与客户进行业务洽谈

二、对外贸易

（一）出口贸易

2009 年，公司出口总额 27470 万美元，比上年减少 7%；出口收汇 26989 万美元，比上年减少 15%。

主要出口商品有化纤布、服装、非纺织类和全棉布商品四大类。

2009 年主要出口商品情况表

商品名称	出口额(万美元)		占比(%)		比上年(±%)
	2009 年	2008 年	2009 年	2008 年	
年出口总额	27470	29581	100.00	100.00	-7.14
化纤布	9507	10541	34.61	35.63	-9.81
服装	7541	7838	27.45	26.50	-3.79
非纺织类	5969	5325	21.73	18.00	12.09
全棉布	2120	2723	7.72	9.21	-22.14

出口商品销往 123 个国家和地区，比上年减少 2 个。出口贸易的主要方式为自营出口、代理出口和来进料加工复出口等。

2009 年出口商品主要输往地情况表

国别(地区)	出口额(万美元)	占比(%)	比上年(±%)
年出口总额	27470	100.00	-7.14
欧洲	2491	27.27	-4.97
美国	2609	9.50	-28.70
日本	2162	7.87	-18.75
中国香港	1362	4.96	178.53

（二）进口贸易

2009 年，公司进口总额 1019 万美元，比上年减少 13%。进口商品主要有小五金、纺织面料、纺织品。公司进口商品来自 10 个国家和地区，比上年增加 1 个。

2009 年主要进口商品情况表

商品名称	进口额(万美元)	占比(%)	比上年(±%)
年进口总额	1019	100.00	-13.28
小五金	405	39.74	490.38
纺织原料	293	28.75	188.67
纺织品	169	16.58	-26.84

（三）货源基地

2009 年，公司出口商品货源累计收购 184914 万元，比上年减少 13%。其中上海市收购 42850 万元，比上年增加 24%，占收购总额 23%；向其他省市收购 142064 万元，比上年减少 20%，占收购总额 77%。公司生产基地绍兴海神印染厂在原材料和环保成本压力不断增大的情况下，通过节能降耗、深加工产品的开发和科学管理实现了盈利经营。

三、品牌建设

2009年,公司认真实施品牌建设三年规划,继续做好银河牌商标的宣传推介和打假维权工作,使银河牌棉涤纶商标美誉度和知名度进一步提升,增强了在困难条件下的出口竞争力。为此,2009年公司银河牌棉涤纶商标第五次荣获上海市著名商标称号。

银河牌棉涤伦商标五次被评为上海市著名商标

四、2010年发展趋向

2010年企业发展的主要任务和目标:一要在稳定出口规模上下功夫,务必完成年度出口指标;二要在转变贸易方式上下功夫,务必把出口代理业务做大;三要在发展主营商品上下功夫,务必巩固传统商品自营出口;四要在转变贸易增长方式上下功夫,务必使商品结构更加优化;五要在用好境外资源上下功夫,务必把加工贸易出口做大;六要在巩固生产基地上下功夫,务必把生产实体的利润做大;七要在强化企业管理上下功夫,务必控制企业各类经营风险。

上海兰生股份有限公司

总经理
张　宏

一、概述

上海兰生股份有限公司是在1983年1月成立的上海市文教体育用品进出口公司的基础上，于1993年8月更名改制成为全国首家外贸股份制企业。1994年2月4日，兰生股票在上海证券交易所挂牌上市，兰生股份成为全国外经贸系统第一家股票上市公司，公司注册资本2.8亿元。

公司业务范围包括：自营和代理各类商品及技术的进出口业务，主要包括鞋帽产品、文教用品、体育用品、旅游用品、运动服装、箱包、玩具、乐器、轻纺五金等20多个大类产品的进出口贸易，实业投资和资产管理，仓储，贸易专业领域内的技术服务，商务咨询等。

2009年，全球金融危机影响继续深化，市场需求急剧萎缩，外贸行业面临着前所未有的困境。尽管环境极为艰难，但公司广大员工团结一致，奋力拼搏，扎实工作，保住了基本客户、基本市场、基本商品，较好地推进了公司各项工作。

公司业务员在交易会上与客户洽淡

一年中，公司积极采取各项措施，在危机中不断调整着前进的方向。抓大客户管理，推行贸易转型；与工厂密切合作，在危机中争得商机；发挥外贸优势，尝试参与内贸市场；完善 ERP 模块开发应用，防范业务风险；建立薪酬考核办法，推进公司激励机制；对工厂问题进行有效处置。这些，都对公司顺利完成2.7 亿美元的进出口规模起到了坚实的保障作用。

2009 年公司进出口贸易海关统计总值为27017 万美元。其中出口 22280 万美元，比上年减少 17.94%；进口 4737 万美元，比上年增长 167.33%。

二、对外贸易

（一）出口贸易

2009 年，公司完成出口额 22280 万美元。其中，对韩国、德国的出口增幅较大，主要原因是：机电产品对韩出口比上年增加 348 万美元，增长 638.16%；医疗仪器对德出口比上年增加 351 万美元，增长 221.60%。受外部环境影响，对美国出口下跌的绝对值较大，主要涉及商品为鞋子、塑料制品、纺织原料及制品。

2009 年，公司出口商品中，出口额超过 1000 万美元的商品有 4 个，分别为鞋类产品 6404 万美元、机电产品 4825 万美元、纺织原料及制品 3420 万美元、塑料及其制品 1331 万美元，分别占出口额的 28.74%、21.66%、15.35% 和 5.97%。家具及化学制品虽未超过千万大关，但出口增幅较大。

2009 年主要商品出口情况表

商品名称	出口额（万美元）	占比（%）	商品名称	出口额（万美元）	占比（%）
年出口额	22280	100.00	纺织原料及制品	3420	15.35
鞋类产品	6404	28.74	塑料及其制品	1331	5.97
机电产品	4825	21.66	家　具	716	3.21

2009 年，公司贸易往来的国家和地区达 123 个，出口商品超过 100 万美元的输往地有 24 个，其中超过 1000 万美元的有 2 个，分别为美国 8078 万美元、日本 4740 万美元。公司出口商品主要销往美国和日本，占出口总额的 57.53%。德国有较大幅度增长，增幅达 50.80%。

2009 年出口商品主要输往地情况表

国别（地区）	出口额（万美元）	占比（%）	国别（地区）	出口额（万美元）	占比（%）
美　国	8078	36.26	中国香港	835	3.75
日　本	4740	21.27	意大利	789	3.54
德　国	989	4.44	英　国	735	3.30

2009 年公司贸易方式主要为一般贸易 19220 万美元、进料加工 2861 万美元和来料加工 42 万美元。

（二）进口贸易

2009 年，公司在进口贸易方面投入更多的精力，用进口和出口两条腿走路，取得了一定的成效。公司全年进口额4737万美元,比上年的1772万美元增加2965万美元,增长167.26%。其主要原因是机电产品、贱金属及其制品等主要进口商品出现了较大幅度增长。

2009年,公司进口商品主要有机电产品、塑料及其制品、贱金属及其制品等,进口额超过100万美元的商品有7个。主要进口商品出现了较大的增长,其中机电产品的增幅为686.62%。

2009年主要进口商品情况表

商品名称	进口额(万美元)	占比(%)	比上年(±%)
机电产品	3078	64.98	686.62
塑料及其制品	788	16.64	6.13
贱金属及其制品	267	5.64	369.45
有机化学品	234	4.94	100.00

2009年,公司进口商品主要来自40个国家和地区,从各个国家和地区的进口均有不同程度的增长,欧洲是公司进口商品的主要来源地,意大利、德国、美国和日本占比较大,其中意大利占进口总额的24.66%。

2009年进口商品主要来源地情况表

国别(地区)	进口额(万美元)	占比(%)	比上年(±%)
意大利	1168	24.66	330.89
德国	880	18.58	2817.15
美国	786	16.59	234.42
日本	714	15.07	174.68
中国台湾	265	5.59	13.55

(三)货源基地

2009年公司累计收购货源132913万元,比上年下降5.52%。其中上海收购87537万元,外省市收购45376万元。2009年公司主营业务收入14.58亿元,取得贸易利润1277万元。

三、品牌建设

公司拥有坚实的产品生产加工基础,还拥有各类著名商标十几个,如“前进”、“HISPO”、“NIEER”、“KOFA”、“ETERNA”、“先锋”、“雪花”、“帆船”、“长城”、“百灵”等。其中,“前进FORWARD”品牌被评为“2005-2006年度上海市出口名牌”。

公司高度重视企业质量管理,打造值得信赖的企业形象。公司被上海市政府命名为2002年“上海市质量金奖入围企业”。公司于2004年12月通过ISO9001认证,旗下的多家全资、控股企业也先后通过ISO9001和TQA等国际认证。在外汇管理方面,公司被列为海关“A类企业”,被外汇管理局评定为第一批“外汇服务绿色通道”企业。公司经过不断地努力,加上具有上市公司的信誉优势,上海兰生股份公司将在探索转型中谋取商机,为未来发展打好坚实的基础。

东方国际集团上海家纺有限公司

总经理
答朝宗

一、概述

2009年世界经济仍然处在金融危机的影响下，国际市场需求萎缩，国内外原料价格不断上涨和劳动力成本提高，在多重压力下，外贸出口的赢利空间变得越来越小。面对2009年诸多不利因素，家纺公司全体员工齐心协力，千方百计克服困难，“危”中求“机”。

在严峻的外部形势面前，公司苦练内功，从以下几个方面入手，增强实力，迎接挑战。一是加大扶持自营业务的力度，促进自营业务发展。2009年，公司在南通设立了服装生产基地并已步入正常运行。自营基地的建立，为以后扩大生产和提高接单能力打下了良好的基础，也为家纺公司扩大服装出口提供了一个平台。公司还完善激励政策，通过提供自营业务打样补贴、调整来料加工出口提奖办法等，扶持和鼓励自营业务的发展。二是细化管理，促进业务健康发展。2009年公司修订和完善一系列管理制度，并对快递业务等进行归口管理，进一步细化管理，向管

公司业务员在法兰克福家纺展上与外商洽谈

理要效益。公司还出台统一的《验货报告》制度,通过控制产品质量,来提高企业的竞争力。三是规范操作,提高风险防范水平。2009 年,公司对放账业务进行了更严格的控制,并确保放账业务出口信用保险全覆盖。

2009 年,公司进出口贸易总额 23609 万美元,比上年下降 17.8%。出口商品以纺织、服装类商品为主,进口商品以纺织原料为主。

二、对外贸易

(一) 出口贸易

2009 年公司出口额 22335 万美元,比上年下降 17.38%。

公司出口贸易的主要方式为一般贸易,来料加工和进料加工的比例也逐年提高。

2009 年主要出口商品情况表

商品名称	出口额(万美元)		占比(%)		比上年(±%)
	2009 年	2008 年	2009 年	2008 年	
年出口总额	22335	27034	22335	100.00	-17.38
服　装	6127	6812	27.43	25.20	-10.06
床上用品	4928	6462	22.06	23.90	-23.74
餐桌用品	2814	1916	12.60	7.09	46.87
窗　帘	570	542	2.55	2.00	5.17
毛巾盥洗	344	770	1.54	2.85	-55.32
线　带	232	268	1.04	0.99	-13.43

2009 年出口商品主要输往地情况表

国别(地区)	出口额(万美元)	占比(%)	比上年(±%)
年出口总额	22335	100.00	-17.38
美　国	7892	35.33	-17.35
欧　盟	3984	17.84	-24.10
日　本	6039	27.04	-43.17
中南美	843	3.77	-30.56
东　盟	273	1.22	-39.87
大洋洲	1433	6.42	27.75
非　洲	395	1.77	8.49

2009 年公司商品出口到世界 100 多个国家和地区,美国、日本和欧盟仍是公司主要出口目的国。

(二) 进口贸易

2009 年公司进口总额为 1274 万美元,比上年下降 23.75%。

2009 年进口商品主要来自日本、韩国、东南亚等国家和地区,约占进口 80% 左右。

2009 年主要进口商品情况表

商品名称	进口额(万美元)	占比(%)	比上年(±%)
年进口总额	1274	100.00	-23.75
纺织原料、纺织制品	912.56	71.54	-21.78
机　　电	5.58	0.44	5.28
金属、贱金属及其制品	86.07	6.76	284.24
其　　他	271.02	21.27	-10.76

(三) 货源基地

2009 年公司出口商品收购额为 9.70 亿元,其中市内收购 4.24 亿元,市外收购 5.46 亿元。

公司样品陈列室一角

三、品牌建设

家纺公司持有的“333 麻雀”品牌为上海市著名商标。根据品牌特点,2010 年公司将把中东和非洲作为“333 麻雀”品牌的重点拓展市场,配置一定的人才队伍和资金支持,以此扶持“333 麻雀”品牌自营业务。

上海轻工国际发展有限公司

一、概述

上海轻工国际发展有限公司是一家国有外贸企业。2009年受国际金融危机的严重影响,国际市场发生了巨大变化,外部市场需求急剧萎缩,出口订单锐减,公司经营面临重大压力和挑战。公司努力践行科学发展观,及时果断地采取应对非常时期的三项举措:1. 实施非常时期 非常对策:适当提高资产负债率,低息低成本扩大业务;适当减缓资金周转率,保住和发展自营业务;适当放宽信用额度,挑选优质客户放大业务量;适当放低单笔业务利润的门槛。2. 实行非常时期 非常管理:设计并运用逆境管理和预案管理;坚持资质管理的力度;完善规章制度,加大执行力度;业务、财务、总务、党务 四务管理,朝品牌化管理发展。3. 实现非常时期 非常运作:充分发挥班子和党员的先锋模范作用;增加对事业的奉献度和对职业的贡献度的考核;廉政、勤政、善政,不失时机抓好工作;认真开展学习实践科学发展观活动,争创党建标杆。由于公司充分发扬了艰苦奋斗的精神,克服种种困难,千方百计保市场、保客户、保重点产品,全年进出口业务比上年仅有小幅回落。

二、对外贸易

2009年公司进出口贸易总额达12349万美元,比上年下降10.13%,出口12011万美元,比上年下降8.62%

2009年主要商品出口情况表

商品名称	出口额(万美元)		占比(%)	
	2009年	2008年	2009年	2008年
纺织服装	4817	3507	40	27
沙滩车	971	2373	8	18
日用五金	1190	1471	10	11

2009年出口商品主要输往地情况表

国别(地区)	出口额(万美元)	占比(%)	国别(地区)	出口额(万美元)	占比(%)
美国	3178	26	日本	1486	12
中国香港	2505	21			

三、品牌建设

公司自有品牌10余个,其中"三五"牌不锈钢器皿已连续10年被评为上海市名牌产品,2005—2006年被评为商务部重点培育和发展的出口名牌。公司获ISO9000、ISO14000、OHSAS18000认证的企业、商检一类绿色通道和海关A类管理资质认证企业称号。公司坚持创新理念,追求创新成果,自营出口商品不断向深加工、高附加值方向发展,努力培育一批品牌商品。公司严格管理,追求标准化、系统化、精细化的管理理念和管理模式,积极探索建立新型的考核体系,努力打造一套新型外贸企业的品牌管理模式。公司还十分重视企业文化建设,努力创建学习型企业。抓紧公司的"品牌商品"、"品牌管理"、"品牌队伍"建设,使之成为公司在市场经济大风大浪中的重要核心竞争力。

中化上海有限公司

总经理
刘建平

一、概述

中化上海有限公司成立于1949年7月,是中国中化股份有限公司的全资控股企业,是中化集团的农药出口营销平台。公司主要经营农药(除草剂、杀虫剂、杀菌剂、生物农药)、农药中间体及其它精细化工品的贸易分销和研发生产,并拥有工厂、仓库、储罐、物产等为主营业务服务的机构和设施。作为一个专业化、国际化的农药经营企业,公司致力于打造以农药业务为核心竞争优势和可持续发展能力的优秀企业,为全球农业的发展提供更加安全、更加环保的农作物保护产品,为人类创造更加美好的幸福生活不断贡献力量。

2008—2009年,中化上海草甘膦、双甘膦出口名列全国前茅。2009年,公司荣获中国农药工业协会新中国60年农药市场拓展奖和上海市百强企业、上海市服务业50强等荣誉称号。同时,公司是上海市化工行业协会第三届副会长,并在2010年当选为中国五矿化工进出口商会草甘膦协调小组副理事长

总经理刘建平(右二)陪同中化集团王引平副总裁(右一)视察CAC展会

单位。

“凝聚力量创造价值，加强合作共创双赢”，2009年公司克服后危机时期种种不利经济环境因素，通过上下同心协力，抓机遇、强管理、促发展，实现了经营内涵的稳步提升。

二、聚焦农药 创新发展

自2002年以来，中化上海一直是中国五矿进出口商会草甘膦协调小组理事会成员，公司于2008年参加了巴西草甘膦反倾销的日落复审并代表中国公司发言，能够享受到五矿商会对参与反倾销应诉企业的补偿措施。公司是中国最大的草甘膦生产商浙江新安化工股份有限公司的股东之一。

依托中化集团强大的资源组织能力，先进的生产技术，优质的客户服务，公司在草甘膦、双甘膦等系列产品的生产、销售领域有着得天独厚的优势，业务覆盖中南美、北美、印度市场，并已涉足东欧、中东、非洲等区域，并积极开拓西欧等市场。

2009年5月，中化集团着力进行国内经营中心相关企业的农药业务整合，中化上海成为中化集团农药经营平台。为了努力将企业打造成以农药为核心业务的具有竞争能力和可持续发展能力的优秀企业，公司不断改善营销模式和科研能力，业务呈现快速发展势头。与多家国际知名企业的长约合作战略，进一步增强了中化上海在全球农药市场中的地位，经营业绩得到了质的飞跃。

为了加强与集团内兄弟单位的合作，在生产、研发及海外市场销售方面产生互补协同效应，公司与沈阳化工研究院投资成立沈阳化工研究院（南通）化工科技发展有限公司，该项目旨在建造现代化的生产基地，与集团内生产资源形成互补，保障货源稳定供应，维持与客户长期稳定的合作关系。为进一步明确农药业务整合后的战略发展方向，中化上海多次邀请农药领域内的专家来公司开展农药专业知识培训，共同交流农药领域内的最新信息。

为打造国际化的专业营销团队，公司加大人才引进力度，组建了一支由外籍员工、海外留学人员及化工、植保、农药专业人员组成的员工队伍，形成了优势互补，具备英语、法语、日语、阿拉伯语、西班牙语、葡萄牙语、俄语等多语种能力的国际化工作团队。

2010年是中化上海聚焦农药业务、推进新的三阶段发展战略的起始年。公司将紧随中化集团“第三次创业”的坚实步伐，朝着“比国内企业更加国际化、比生产企业更加市场化、比跨国公司更加本土化、比一般贸易公司更加专业化”的发展方向前进，在农药业务的经营平台上发挥更大的作用。

三、服务客户 追求卓越

中化上海秉承“站在客户的角度审视产品和服务”的理念，坚持为广大客户提供更健康、更环保的农用化学品及更优质的增值服务，不断提升客户满意度。

公司积极参加农用化学品及植保展会，总经理刘建平在CAC峰会上作演讲，并陪同集团公司领导与客户深入交流，全方位拓展潜在业务。展会期间，为答谢客户及所有关心和支持中化上海发展的政府相关部门、社会各界朋友，公司在上海音乐厅举办“中化上海之夜”新春音乐会，用艺术回馈客户。

在营销环节，公司遵循ISO9001:2000质量管理体系，运用精益管理工具，不断优化客户服务流程，确保货物在采购、仓储、物流、出运各环节的规范操作，保证了产品质量的优质、安全、环保、稳定。运用先进的色彩管理工具，对所有客户进行分类管理，使公司资源向优质客户倾斜，提高了运营效率。

在风险管理方面，公司在2009年通过了集团公司贸易风险体系认证，建立多角度、多方位、不间断的监督控制体系，提升了经营质量和经营安全。在物流管理方面，实现了对货代和仓库的统一管理，为客户提供一体化的物流方案，保障货物安全及时送达客户。在客户管理方面，对重点商品的商情进行每日跟踪，提炼内容详实、覆盖面广的"商情信息"供业务经营参考决策。及时了解客户需求，千方百计为客户提供更多的资源支持。

总经理刘建平在第四届中国农药工业发展国际论坛上作题为《中小农药企业如何利用外部资源开拓国际市场》的演讲

四、2010年发展趋向

2010年是中化上海聚焦农药业务、推进公司新的三阶段发展战略、进行第三次创业的起始年。更是公司立足集团以出口为主的农药营销平台，推进公司农药业务做强做大的关键年。面临刚刚经受过金融危机洗礼的世界经济，公司将夯实农药经营的基础，强化协同，以营销为先导，以研发、生产为支撑，通过内涵式发展与外延式扩张，平衡统一发展道路，积极开拓全球农药市场，强化登记注册，稳步推进全球农药营销网络的建设。

面对后危机时代的新问题，新挑战，中化上海将以更积极的思维、更快速的行动、更旺盛的斗志、更真诚的希望与社会各界朋友携手共进，实现多赢发展。

上海市对外服务有限公司

一、概述

上海市对外服务有限公司隶属于上海世博(集团)有限公司。25年来,公司始终专注于人力资源服务领域,恪守着“专业、严谨、创新、和谐”的企业精神,以领先的服务模式,先进的技术平台,遍布全国的服务网络,完善的质量管理流程以及专业的服务团队,奠定了国内第一的业内领先地位。目前,在中国的全球500强企业中已有85%选择上海外服作为人力资源合作伙伴。

2009年,在严峻的金融危机形势下,上海外服以学习实践科学发展观活动为契机,全力以赴保增长,聚精会神谋发展,全年实现营业收入和净利润同比增长。

二、2009年主要工作

(一) 战略引领,制定公司发展规划

1. 以“学实”为契机,明确公司的发展方向和实现途径。公司在形成共识的基础上,编制了做大做强人力资源服务主业的发展规划,努力打造以传统优势业务为核心的产业链,利用产业链的上下游关系,使新兴产业与主业相互支撑、互动发展,从而推动和实

2009年12月17日,国资委系统召开“党建标杆”创建活动总结表彰大会。上海市对外服务有限公司党委等10个“红旗党组织”受到表彰。图中为外服公司董事长郭丽娟

现上海外服的战略发展规划。

2. 积极推进“外服中国”战略。2009年公司拟定了全国发展战略的实施方案稿，提出了全国服务的标准化意见。同时创建了全国总包服务平台的“速应”管理系统，实现异地委托业务的全流程实时受控，通过互联网将客户、员工和全国供应商紧密联系在一起。

2009年上海外服及时发布了《全国社会保险和法定福利政策解读》，提升了公司全国服务能力。

（二）品牌建设，体现公司社会责任

1. 实施品牌战略，打造公司品牌优势和专业形象。公司在25周年司庆时提出了“专业、严谨、创新、和谐”的企业精神和核心价值观，明确了“以人为本，全心为你”的品牌理念，使上海外服的品牌建设更具有时代性，更贴近客户需求，更体现出公司发展的传承与创新。

公司外企党建经验和外企党员学实活动引起中央领导高度重视，中央和上海主要媒体做了重点报道，再次提升了上海外服的企业形象和影响力。

2. 加强政府沟通汇报，争取更多指导帮助。实施新的《劳动合同法》以后，上海外服积极向政府部门沟通汇报，先后接待了国家人力资源和社会保障部、上海市人力资源和社会保障局、上海市商务委等领导到公司指导调研，协助政府了解情况，改善人才服务环境，推进国家服务外包等政策的实施。

3. 促进大学生就业，主动承担社会责任。充分利用外企客户丰富的人力资源专家资源，通过校企合作、择业辅导、职业培训、校园招聘、岗位实习等多种渠道和切实有效的措施，帮助大学生提高就业能力。推出了“上海外服4×1000促进就业接力行动”，共有4400名应届大学生实现就业，被评为“静安区和上海市优秀职业见习基地”。与世博局签订见习生协议，承担世博见习生的招聘管理工作。正式出版发行了《2008中国人力资源服务业白皮书》，为建设人力资源强国、实施“人才强国”战略发挥积极的推动作用。

（三）持续创新，提升公司产业能级

1. 以客户服务为导向，整合资源，加大营销力度。实施全员营销，整体营销、深度营销，千方百计利用一切有效渠道和方法，开发新客户（特别是国企和民企的优质客户），扩大市场份额。集中力量推介重点发展的业务和产品，最大限度盘活潜在需求，提高客户对各类产品的采购率。建立资源整合机制，集成公司整体优势应对市场和客户的需求，为客户提供完整的解决方案，努力实现资源效益最大化。实施大客户战略，成立日企菁英会，用好的产品、好的服务、好的客户维护手段，留住原有客户。2009年，公司大项目竞标成功率、客户满意度比上年都得到了提高。

2. 优化管理流程，加强制度建设，提高企业管理水平。加强管理的精细化和决策的扁平化，构筑高效、流畅、可控的管理流程，从而在危机中更快速地响应客户、响应市场。梳理修订原有规章制度，完善相关业务流程；形成以绩效为导向和以重要工作目标为考核重点的新方案；推进财务制度建设，加强制度执行力度，提出更加有效可行的风险防控方案，从提升组织绩效进而提高公司的企业管理水平。

3. 不断加强信息系统建设。根据业务发展战略，整体研究IT建设规划，为业务发展和管理提升提供技术保障。引入经过二次开发的商品化软件系统，同公司定制开发的系统共同支持业务发展。

4. 以人为本，关注员工职业生涯发展。制定了《2009—2012年人才队伍建设规划（框架草案）》；以“民主、公开、竞争、择优”原则，构建开放式选人用人机制。通过开展集中性的干部民主推荐和组织考察，为公司的可持续发展提供强有力的人力资源保障。公司修订完善《员工教育培训管理办法》等规章，加强对员工的专业技能培训，鼓励员工多岗位锻炼，健康发展个人的职业生涯。

三、2010年发展趋势

2010年,国家经济形势总体回升向好、国家鼓励和支持现代服务业政策的出台也为人力资源服务业的发展提供了机遇。作为上海世博(集团)有限公司的隶属企业,上海外服2010年的重点工作是确保完成承担的世博项目,确保完成公司全年经济任务。

(一)确保完成世博项目任务

上海世博会开幕前夕,上海外服与20家参展的国家、地区和城市场馆签约,向这些参展场馆提供人力资源服务,共派出40多名项目主管和600多名场馆的服务工作人员。

公司成立了世博项目部,专门设计参观接待方案,形成上海外服专属的世博接待服务措施和工作流程。世博会开幕首月,公司将安排接待80多名全球500强企业的高层重要管理人员,体现了专业优势和服务能力,给这批客户留下了深刻的印象。

公司将继续努力,做好世博场馆项目的运营和重要客户的接待工作,使公司人力资源业务与服务世博后的效应平稳有序地衔接。

(二)确保完成全年的经济任务

2010年上海外服要做强做大中国市场。保持人事外包主业优势,加快发展职能外包业务;加快招聘能力建设;梳理服务产品,加强客户关系管理,提升客户价值。快速发展其他产业链业务;全面实施“外服中国”战略。

全面推进信息系统建设,提升信息化竞争优势。围绕需求,抓好落实,对公司的产业创新和管理创新进行固化和落实,努力不懈地推进和完善。

以卓越绩效管理为标准,突出创新和整合,全面提升管理水平。优化管理,完善监控机制和激励机制。

以品牌化建设为契机,加强企业文化建设。完善品牌治理结构,整合公司品牌资源,全面提升公司的整体形象。

建设高素质的干部队伍和敬业、有胜任能力的员工队伍,为公司的发展提供坚实的人力资源保障。

上海建工(集团)总公司

总经理
徐　征

一、业绩概述

上海建工集团2009年综合营业额和新签合同额双双突破750亿元,利润总额突破10亿元;其中境外完成综合营业额80115万美元,境外完成新签合同额101527万美元。在全球225家最大承包商排名中名列第29位。

二、对外工程承包

2009年,上海建工在境外共有27个在建项目,分布在亚(9)、非(5)、美(7)、欧(3)、大洋洲(3)等五大洲共15个国家和地区,在建工程合同造价约81亿元人民币。在新形势下,呈现以下特点:

(一)加强国际承包工程合同管理、减小金融危机的负面影响

全球性的金融危机对海外业务的重大影响主要体现在国际承包工程项目上,特别是私营部门的国际承包项目。针对卡塔尔珍珠岛项目、科威特水晶宫项目、圣彼得堡波罗的海明珠项目、澳门娱乐城等项目,上海建工集团上下加大合同管理力度,积极采取退出、索赔、催款等各种主要手段规避风险,减小损失。

(二)市场布局由项目为中心的点式布局向区域化市场发展

上海建工经过近些年来的探索及重点项目的建设,逐步形成以路桥项目为重点、以柬埔寨为中心的东南亚区域市场;以特多为中心的加勒比海区域市场;以赞比亚、马拉维为中心的中非区域市场和以澳门为中心的港澳区域市场。

(三)加大力度开拓国际基础设施市场领域

上海建工2009年重点加强对国际基础设施领域的市场拓展力度,跟踪波兰华沙地铁2号线工程,由海外部牵头,二公司、机施公司、安装公司协同参与投标报价。

3月,上海建工外经处牵头组织下属各公司共30人赴新加坡陆路交通学院进行地铁项目管理培训,并取得良好效果。培训结束后即参与新加坡陆路交通局(LTA)地铁项目C156标的资格预审工作并顺利通过,但由于时间紧张放弃了投标,8月,又参加LTA的C922纯施工地铁项目标的资格预审,评审结果尚未公布。此外,上海建工还积极跟踪了菲律宾及阿根廷地铁项目及美国西线的磁悬浮项目。

三、对外劳务合作

2009年,上海建工共外派劳务人员1882人,年末在外人员3949人。外派人员主要分布在20个国家和地区。

2009 年对外工程承包主要市场情况表

国别(地区)		合同额		营业额	
		金额(万美元)	占比(%)	金额(万美元)	占比(%)
合计		101527	100.0	80115	100.0
非洲	加蓬	6181	6.1	2228	2.8
	马拉维	9224	9.1	—	
	埃塞俄比亚	—	—	242	0.3
	埃及	7000	6.9	4384	5.5
	几内亚	—	—	2459	3.1
	赞比亚	2784	2.7	—	—
美洲	多米尼克	4110	4.0	—	—
	美国	—	—	768	1.0
	特立尼达和多巴哥	6691	6.6	15730	19.6
	牙买加	—	—	22	_
大洋洲	萨摩亚	3514	3.5	2056	2.6
亚洲	新加坡	5141	5.1	5932	7.4
	中国澳门	30170	29.7	12474	15.6
	斯里兰卡	—	—	850	1.1
	柬埔寨	22310	22.0	13793	17.2
	巴基斯坦	—	—	1482	1.8
	蒙古	18	—	757	0.9
欧洲	俄罗斯	—	—	15632	19.5
	波兰	4384	4.3	1306	1.6

2009 年外派劳务人员情况表

国别(地区)		外派劳务人员		年末在外人员	
		人数	占比(%)	人数	占比(%)
合计		1882	100.0	3949	100.0
1	柬埔寨	561	29.8	632	16.0
2	中国香港	—	—	9	0.2
3	中国澳门	—	—	71	1.8
4	马尔代夫	—	—	19	0.5
5	巴基斯坦	90	4.8	228	5.8
6	新加坡	—	—	486	12.3
7	斯里兰卡	151	8.0	186	4.7
8	蒙古	210	11.2	135	3.4

(续表)

国别(地区)		外派劳务人员		年末在外人员	
		人数	占比(%)	人数	占比(%)
9	越　南	—	—	157	4.0
10	加　蓬	—	—	53	1.3
11	加　纳	—	—	56	1.4
12	苏　丹	—	—	2	0.1
13	埃塞俄比亚	—	—	111	2.8
14	几内亚	145	7.7	172	4.4
15	美　国	—	—	100	2.5
16	特立尼达和多巴哥	416	22.1	838	21.2
17	萨摩亚	121	6.4	114	2.9
18	安提瓜和巴布达	—	—	1	—
19	俄罗斯	—	—	468	11.9
20	波　兰	188	10.0	111	2.8

2009年6月,集团董事长蒋志权会见来访的罗马尼亚参议长杰瓦纳

四、进出口贸易

上海建工工业品出口主要集中在华建厂的混凝土搅拌设备、材料公司的商品混凝土、构件公司的预制构件。2009年受国内投资拉动与国际金融危机双重影响,国内销售旺盛,出口大幅下降。2009年华建厂出口3474万元,比上年的6600万元下降47%;构件公司预制构件基本没有出口。虽然如此,以上

各家单位都因为出口产品的利润率高于国内，均表示不放弃“走出去”，并且各单位都对各自的重点目标市场采取有针对性的措施，为今后更好的走出去积蓄力量。为开辟东欧建筑机械市场，华建厂选择搅拌站三种型号申请通过欧盟国家市场的 CE 认证；构件公司一直把日本作为重点的目标市场，积极开展同日本交通省下辖的建筑构件协会的 PC 阳台板预制构件的认证工作，该项申请已通过初步预审。

五、其他

根据上海市国有资产监督管理委员会《关于调整中国上海外经（集团）有限公司股权的通知》，上海建工持有上海外经集团 42.55%的股份，为其第一大股东。为发挥重组后企业发展的优势，上海建工逐步探索与上海外经在各方面的合作，实现优势互补。

2009 年 5 月 14 日—6 月 24 日，上海建工承办了“阿拉伯联盟成员国建筑工程技术培训班”，这是上海建工第四次承办由商务部主办的援外培训班。

年中，上海建工参加了中国建筑业协会组织评选的“建国 60 年境外工程鲁班奖”的评选，由上海建工与中建联合参建的中国驻美大使馆新馆，上海建工与中港联合承包的巴基斯坦瓜达尔港口两个项目分别获奖。

中国建材国际工程有限公司

董事长兼总经理
彭　寿

中国建材国际工程有限公司（简称中国建材工程），是中国建材集团下属的核心企业，公司总部位于中国上海市。公司是由1953年成立的中央重工业部建材工业管理局设计公司经过发展而成的，集工程咨询与设计、科研开发、产品加工与制造、设备集成与销售、工程总承包为一体的科技型企业。中国建材工程是国际建材行业服务业中拥有核心技术和业务能力最全（玻璃、水泥、建筑）、竞争力强、国际建材行业中著名的国际工程公司。公司设有联合国工发组织和中国政府合建的中国玻璃发展中心等7个行业性机构，并通过了ISO9001:2000质量管理体系认证。中国建材工程连续多年跻身中国工程项目管理企业和勘查设计企业50强，并于2003—2005年连续进入美国权威杂志《工程新闻杂志》（ENR）评选的国际工程设计咨询企业200强。

截至2009年底，公司已承担了90多条浮法玻璃生产线，数十条平拉、压延、器皿、加工玻璃生产线、80多条水泥生产线的设计和交钥匙总承包业务。公司在印度尼西亚、越南、孟加拉国已完成建设浮法玻璃生产线5

公司建设的印尼900吨/日浮法项目，是目前中国对外出口规模最大、技术水平最高的超大型玻璃项目

条，其中印尼900吨/日浮法项目是目前中国对外出口规模最大、技术水平最高的超大型玻璃项目。现在公司正在执行的大型海外项目有印度600吨/日浮法、埃及600吨/日浮法、土耳其6000吨/日水泥、沙特5000吨/日水泥、哈萨克斯坦3000吨/日水泥等。

2009年，中国建材工程完成主营收入39亿元，完成年度目标的100%，比上年增长19%；蚌埠院实现主营业务收入11.23亿元，完成年度目标的100.58%，比上年增长11.74%。中国建材工程、蚌埠院合并主营业务收入首次突破50亿元，实现了历史性的跨越。一年来，中国建材工程加大工程化发展力度，全年签订合同额65亿元。玻璃，水泥两大事业部齐头并进，有力组织了工厂项目的经营与实施。玻璃工程抢抓国家拉动内需的机遇，用新技术引领市场，通过抓大客户、大项目、大订单，在工程设计、工程总承包的经营上再获突破，占领了90%左右的高端玻璃工程市场份额。

近年来，公司与国内外同行展开广泛的合作，与美国TECO、意大利Bottero公司成立了合资企业，与德国西门子、日本三菱等著名公司结成了战略合作伙伴。中国建材工程正不断以企业化推进国际化，竭力打造国际知名品牌，进一步推动中国建材工业技术和装备走向世界。

公司地址：上海市中山北路2000号中期大厦27层
邮　　编：200063
电　　话：+86 21 62030071/52916280
传　　真：+86 21 52906280
网　　址：www.ctiec.net
E-mail：shanghai@ctiec.net

上海对外劳务经贸合作有限公司

总经理
吴镒樑

一、概述

公司成立至今,已累计向60多个国家和地区派遣各类劳务人员2.6万余人(次)。历年来,在外派劳务的数量上始终排在上海市同类企业的前列。公司为中国对外承包工程商会理事单位,中日研修生协力机构理事单位,中国外派海员协力机构成员单位。公司从2001年至2008年连续8年被上海市政府部门评为“走出去”先进企业,成为上海市对外劳务(研修)合作经营诚信等级A级企业,被中国对外承包工程商会评为AAA级信用企业。

在22年的对外经济技术合作实践工作中,公司培养锻炼了一批业务骨干,积累了不少市场开拓、人力招聘、培训和境外管理等经验,建立并不断完善质量管理体系和与之相适应的一系列规章制度。

2009年,国际金融危机进入“后危机时期”,全球性经济衰退深刻影响并冲击到对外劳务合作。公司本年度实际完成营业额、新派劳务人员、在外劳务人数比上年度虽有下降,但下降幅度远小于行业平均水平。面对严峻态势,公司坚定不移贯彻实施中央确

外派空乘人员在培训

立的“走出去”战略，变压力为动力，注重整合架构，防范系统性风险，保持稳健发展。根据市场环境变化和公司发展的整体需求，围绕“打造核心竞争力 推动主业稳定持续发展”的经营策略，坚持“强化质量管理，提升经营效能；培育核心市场，优化产品结构”的经营方针，积极探索同世界各国政府、公司、民间企业进行更广泛的合作，提供诚信、优质的服务，对外劳务合作方式与国际市场接轨，想方设法开发一些市场秩序稳定，技术含量和服务收入高的外派劳务合作项目。

二、对外劳务合作

保持特色、亮点业务，规避风险，稳固中求拓展，主营市场持续健康发展。

（一）高标准、严掌控，创一流空乘品牌

把握客户满意度，从“高标准、严掌控”入手，精心组织、精心安排招聘和培训，尽最大可能争取提高空乘人员的应聘待遇，并推行人性化管理，受到航空公司和外派空乘人员的好评。公司累计向境外多家航空公司派出空乘和机务人员逾千人次。在国外某航空公司进入破产保护、大量裁减本国员工的不利情况下，截至年底在外国航空公司履行合同仍有296名，比上年下降7%，保持了外派空乘业务基本稳定。

（二）外派海员新兴业务增势强劲

公司持续加大了对海员特别是欧美地区豪华邮轮服务人员市场的开拓力度，注重加强海员基础培训质量，重视招聘海员素质。公司规范操作程序，为客户提供优质服务，坚持“想客户所想，急客户所急”的服务宗旨，赢得客户和劳务人员的信赖，与欧美地区等船东有着长期良好合作关系，外派海员比例逐年上升，同时又进一步拓展特色业务。外派豪华邮轮服务人员，在日益激烈的国际船务劳务市场竞争中挖掘了更多的市场份额。该业务在国际旅游业受金融危机冲击下仍取得稳定的业绩，2009年度外派海员人数比上年增长7.69%。

（三）日本研修业务逐步回暖

随着日本政府对研修生政策不断规范，要做到既维护研修生权益又谋求公司外派研修生业务发展成为主要考量。为了谋求派遣研修生业务的整体发展，同时也为了维护研修生的正当权益，公司对有违反“研修生制度”的企业，采取郑重交涉直至停止派遣的措施。在做好清理、整顿工作的同时，巩固传统业务，积极发展新客户。

（四）澳门劳务各项工作稳定发展

遵从政府发布输澳劳务管理体制改革规定，公司严格贯彻上级有关输澳劳务的管理政策和澳门地区有关劳资关系的法律法规，认真贯彻落实“中资（澳门）职介所协会”关于《完善内地在澳劳务管理网络工作指引》的通知，实施标准化管理。并在强化服务意识，切实维护在澳劳务人员合法权益下功夫。经过几年的磨合、调整，使公司港澳部与澳门职介所之间，职介所与雇主之间，雇主与劳务人员之间逐步沟通顺畅，操作上也进入规范程序。诸如雇主欠薪交涉、住宿安全检查、工作意外伤害和医疗保险一一予以落到实处，促进了澳门市场和社会的和谐与稳定。

（五）劳务人员培训工作严格有序

在严格按照流程的基础上，确保政审的“快速、准确”。确立保质量、服务好的宗旨，做好培训和学员生活的后勤保障工作，为学员安心学习创造更多条件，也为劳务人员派出后尽快适应新的环境打好基础，2009年培训继续保持100%合格率。

三、2010年发展趋向

2010年，公司将重点放在控制“后危机时期”系统性风险上面，把市场压力转化为竞争动力，稳定与开发并举，在强化“全方位质量管理、夯实自身发展基础、增强核心市场竞争力”的前提上，继续培育空乘、海员、研修生三大核心业务，围绕商务部办公厅《对外劳务合作管理条例(征求意见稿)》展开市场适应性和可持续发展的专题调研和课题研究,完善各项应对措施。着重抓好以下两点工作:

1. 强化管理,规范运作。对公司建立的质量管理体系,继续加以强化和控制,持续改进其有效性。实行客户满意度的质量追踪,严格按照制度、流程操作,全面提升公司各项经营管理工作的质量和水准。

2. 突出主业,增强核心竞争力。在围绕主体发展要求的前提条件下,继续把"强化质量管理,提升经营效能;培育核心市场,优化产品结构"作为公司发展的经营方针,坚持业务扩展和内涵提高相结合,形成有质量、有特色、有竞争力的外派劳务规模,不断提升公司核心竞争力,从而推动主业持续向更高层次健康发展。

东方国际物流(集团)有限公司

总经理
边　杰

一、主要业绩

2009年，世界经济大幅下滑，国际市场需求严重萎缩，我国对外贸易乃至整个国际物流行业都遇到前所未有的困难。面对严峻的外部环境，东方国际物流(集团)有限公司领导班子带领广大干部职工超前谋划，齐心协力，顽强拼搏，积极调整落实工作计划，稳步推进各项工作，努力将国际金融危机的负面影响减少到最小程度，取得了预期的成绩。

2009年物流集团业务结构特点是：全年各业务板块呈现前低后高的趋势，下半年业务回升势头良好，尤以空运快速增长为标志；传统业务淡旺季周期不明显，业务结构调整在货主、货代和承运人各个层面都在展开；仓储业务相对受影响较小，航运板块受冲击最大。

2009年，主营业务收入25.02亿元，主营业务毛利达到2.57亿元，毛利率10.28%，实现净利润580万元。

2009年，空运进出口货量达到13.68万吨，比上年增长14.93%。其中：空运出口6.63万吨，比上年增长13.41%；空运进口

2009年7月6日，东方国际(集团)有限公司领导来公司调研

7.05万吨,比上年增长30.83%。海运进出口箱量达到52.83万TEU,比上年减少17.26%。其中:海运出口为49.95万TEU,比上年减少17.41%;海运进口为2.88万TEU,比上年减少14.6%。控股企业海运进出口箱量达到38.56万TEU,比上年减少13.94%。其中海运出口为35.83万TEU,比上年减少14.02%;海运进口为2.73万TEU,比上年减少12.95%。航运业务代理集装箱数达到13.17万TEU,比上年减少12.19%;代理船舶净吨数达到362.1万吨,比上年增长28.24%。

二、主要工作

(一)推动各类资源整合

在董事会领导下,适时对物流集团的战略规划作出调整和修订,于7月份完成《东方国际物流集团战略规划的调整和修订(2008—2010年)》,重新全面审视物流业务组合的特点,反思在既往战略制定、战略执行、资源整合、经营和管理等各领域的经验得失,以谋划好、准备好、调整好的姿态迎接经济和行业复苏的来临。

完善组织架构,调整集团公司机构设置。各职能部门按规划要求定岗定编,精简机构人员,有效发挥功能。重新定位商务部功能,做好对四个事业部的业务归并工作。建立健全信息管理部,在物流信息系统构建中发挥规划、管理、协调等重要作用。增强全体员工的忧患意识,共克时艰。

(二)推进物流基础运营设施建设

1. *优化船型改善船队结构*。根据对航运市场的现状和发展趋势的分析,把握机遇,加快调整公司船队结构的思路。

2. *以信息化建设推动业务整合和标准化流程的建立*。2009年上半年完成仓储系统第一阶段的开发,在洋山仓库部署和试运行。海运分公司业务系统的升级改造,并形成集团统一的海运货代业务软件。基础信息平台验收工作完成。基础信息平台在2008年根据新需求,定制开发了新的报表系统,在基础数据标准化方面制定了较为详细的规范。

3. *开拓海外网点,拓展业务发展空间*。2009年集团首次加入HTFN HTFN(HI-TECH FORWARDER NETWORK)并在6月份参加了全球业务会。物流集团在会议上作了业务推介,与各个成员代理当面沟通,扩大物流集团在世界性货运联盟中的影响力,结交和扩大物流集团现有的国际代理网络,发掘潜在的商机,依此扩大公司现行的业务覆盖面和国际代理群。6月中旬,物流集团参加在香港举办的第六届中国国际货运代理协会年度会议。在为期4天的会议中,向海内外的货运代理推介东方物流品牌,希冀能够赢得更多的合作机会。物流和集团专业贸易公司联合组团,参加约旦会展,首次主动介入国际市场,体现东方国际集团“物贸联动”的战略,作用和效应良好。一方面,以较小的成本,在国际市场上作了一次集团形象和业务的推介;另一方面,在国际客商和参展商中,发现了新的商机和潜在的合作伙伴。

(三)加快业务结构调整步伐

1. *发挥海运订舱平台业务优势,海运集装箱电子订舱平台影响力不断扩大*。服务功能进一步提升,通过信息化手段理顺各业务环节,建立标准化操作流程,服务水平不断提升。2009年,通过平台订舱的箱量达到25.99万TEU,比上年增长7.94%。其中集团内部通过平台订舱量为2.47万TEU,占订舱总量的9.52%。规模化、集约化优势初步显现。

2. *充分利用进口分拨重要资源*。利用海关监管仓库的独特优势,积极拓展进口分拨业务,2009年,完成进口分拨箱量12258TEU,在外部大环境不利条件下,比上年同期仅下降3%。

3. *开拓船舶委托经营管理业务*。2009年9月新海航业公司接受委托,经营管理集装箱船的业务，合作期限自2009年9月—2012年9月（共3年），代为管理船舶的机务、海务及船员管理等业务，这项业务是新的利润增长点，同时也可积累经验，为今后业务拓展打下基础。

（四）加强基础管理工作

1. *完善法人治理结构*。规范公司总经理的工作内容和工作程序，依照有关法律、法规以及《公司章程》的规定，制订并下发《总经理管理规则》。检查、完善企业相关规章制度和流程，根据企业现实经营状况和相关财税政策，开展多项薪酬福利政策的调查研究和调整，下发薪酬考核方案等文件。

2. *做好风险防范、管理工作*。针对下属企业存在的应收账款，进一步规范催讨流程，并及时介入，积极协助，提供专业性的法律意见，协助下属公司建立规范的应收账款催收机制。

3. *将安全工作作为重中之重*。与下属公司签订安全责任书，并始终将安全工作贯穿于经营活动之中加以落实。组织安全培训和讲座，解读安全工作的要点，提高员工安全工作意识；采取定期检查和随机抽查等方式加强安全检查，协助各公司消除生产中的隐患；加强安全台账管理，促进安全工作的制度建设。

4. *完成ISO体系变更的审核换证工作*。组织相关部门和人员，明确工作目标和任务，组织一批关键岗位的员工参与新版本的内审员培训，扩大物流集团的内审员力量，以求更好地做好日常质量管理工作。

5. *加强财务管理*。积极筹措调配资金，减少财务支出，在确保业务正常运行的同时，与银行进行人民币质押美元的操作，减少利息支出；积极研究国家和行业扶持物流行业发展的政策，尤其是税收政策方面的变化；做好2009年物流资信评级工作，中诚信资信评估事务所对物流集团的资信评级为A－，比2008年的BBB＋提高了一个等级，提升了物流集团的品牌价值。

三、2010年发展趋向

2010年物流集团的指导思想是：以科学发展观为公司发展的行动指南，认真落实物流集团规划修订稿的工作要求和要点，努力完成年度经营和管理的预算目标，巩固已取得的业务发展规模和成绩，逐步培育物流企业的核心竞争力，实现向综合物流方向转变。

为实现这些目标，物流集团的工作方针是：固基础，调结构，促转变。工作主要有：一是以搞活子公司的经营活力，推进企业实现良性循环，通过差异化经营，做精做深传统货代和仓储物流，拓展综合物流，稳步转变航运物流的经营困境，通过转变业务发展模式，培育核心竞争力。二是加强集团管控力度，健全管理制度，加强人力资源、财务管理，完善集团信息化管理，推进集团内部管理水平上台阶。

2010物流集团正处于抢抓机遇，攻坚克难，转变方式的关键时期，物流集团将在"一心、一体、一流"的企业精神引导下，深入贯彻落实科学发展观，创造性的执行物流发展规划修订稿，坚定信心，振奋精神，开拓创新，锐意进取，力争全面完成各项经营和管理目标。

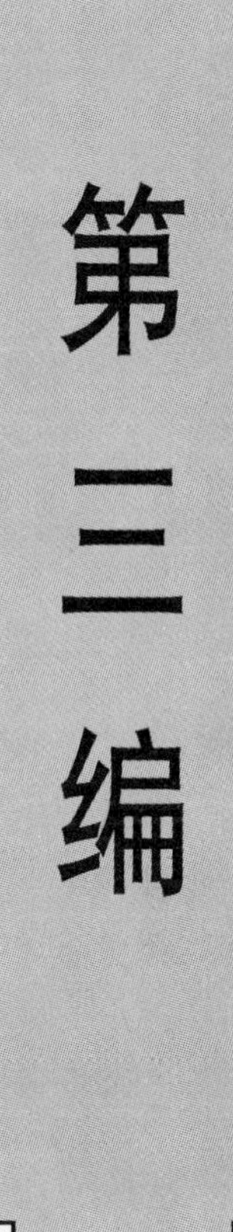

专　栏

开发区·展览会
庆世博，创造更美好企业

一、开 发 区

（一）保税区、开发区、工业区

上海金桥出口加工区

管委会主任
朱嘉骏

一、概述

2009 年，面对国际经济危机的冲击和影响，金桥出口加工区（以下简称“开发区”）在中央关于“扩内需，保增长，调结构，促发展”的一系列方针指引下，团结一致，积极应对，坚定信心，迎难而上，使开发区的经济逐步走出低谷，进而企稳回升向上，取得了预期未料的好成绩。除外贸出口仍呈现负增长外，其他各项经济指标都取得较好业绩。

全年工业生产呈现 V 字形的发展态势，部分经济效益指标超常发展。全年工业总产值完成 1673 亿元，按可比价格计算，比上年增长 12.2%，其中，高新技术企业产值完成 717 亿元，占总量的 42.9%；以汽车及零部件、电子信息、家用电器和生物医药行业为主导的产业产值完成 1519 亿元，占总量的 90.8%，比上年提升 2.6%，特别是汽车产业的产值比上年增长 63%，占到整个主导产业总量的 46%；工业产品销售收入完成 2324 亿元，比上年增长 14.7%；工业利润总额完成 163 亿元，比上年增长 93.3%。工业上缴税金完成 158 亿元，比上年增长 79.4%。

全区实现销售总收入 2594 亿元，比上年增长 14.4%。实现利润总额 187 亿元，比上年增长 82.6%。上交税金总额 169.7 亿元，比上年增长 84.2%。截至 2009 年底，开发区共引进内外资项目 1113 个，累计吸收投资 176.91 亿美元，其中合同外资 70.13 亿美元。有 10% 的全球 500 强企业在金桥投资了 81 个项目。与此同时，开发区的开发建设和社会管理等工作也取得了新的进展和新的突破。

金桥出口加工区南区功能拓展政策推介会

2009年主要经济指标完成情况表

指标名称	单　位	2009年	2008年	比上年(±%)
地区生产总值	万　元	4409775	4000251	10.2
工业总产值	万　元	16729080	16082324	12.2
实际利用外资	万美元	15748	23507	-33.0
出口总额	万美元	386122	491249	-21.4

说明：工业总产值增长比重按可比价计算。

二、招商引资

尽管招商引资工作形势十分严峻，然而开发区始终把招商引资放在重中之重的地位。一年来在重大项目引进、增资项目落地、培育新的亮点、产业结构调整等方面取得了新的进展和突破。2009年招商引资的主要特点：

（一）大项目引进取得突破

通过艰苦努力，投资总额达12亿美元的日月光封装测试项目已上报国家发改委审批，不久将落户金桥南区，这将是金桥10年来引进的投资总额最大的项目。此外，LG、大族激光、西泰克、美国Cintas、联芯科技等一批重点项目洽谈引进情况良好。

（二）功能性项目落户步伐加快

2009年，大唐产业园、中国移动通讯视频基地、中国电信视讯运营中心、上海贝尔全球信息技术服务中心、hengsoft等一批新的功能性项目相继落户开发区，形成新的亮点，为金桥通信产业从设备制造向研发设计、应用服务和视频网络文化延伸，为进一步完善通信产业链和系统大集成奠定了很好的基础。

（三）项目结构调整再上新台阶

2009年，新批项目中，开发区生产性服务业项目，新引进44个，占项目总数88%；

增资21个，占增资项目60%；共吸收投资总额4.45亿美元。其中，惠而浦（中国）投资公司、柯达（中国）投资公司、通用（中国）投资公司以及拜耳材料科技公司等总部机构项目的增资就达1.81亿美元。生产性服务业项目增资首次超过制造业。与此同时，怡亚通公司华东总部、斯巴鲁华东销售培训服务中心、三星电子技术服务公司等一批项目也相继投入运营，从而有力促进了金桥开发区生产性服务业的发展和产业结构的调整。

（四）独资项目仍是外商投资项目的主体

2009年新批准的外商投资项目共有50项，比上年减少7项。吸引投资总额47832万美元，吸引合同外资37337万美元，超额完成全年预定目标。其中独资项目批准44项，吸引合同外资34078万美元，分别占其总数的88%和91.3%。

2009年吸引外资情况表

吸引外资方式	批准外资企业			合同外资		实到外资	
	项目数（个）	总投资额（万美元）	比上年（±%）	外资金额（万美元）	比上年（±%）	外资金额（万美元）	比上年（±%）
合　计	50	47832	-3.8	37337	33.3	15748	-48.5
外商直接投资	50	47832	-3.8	37337	33.3	—	—
其中:独资	44	40016	0.3	34078	46.2	—	—
合资	6	7816	-20.3	3259	-30.6	—	—

2009年开发区吸收的外资项目（含增资项目）中，第二产业以高新技术产业领域项目居多；第三产业以生产性服务领域项目为主，且其投资总额及合同外资比重远远超过第二产业。

2009年外商投资产业分布情况表

行业（或产业）	项目数		投资总额（万美元）		合同外资（万美元）		实到外资（万美元）	
	个数	占比（%）	金额	占比（%）	金额	占比（%）	金额	占比（%）
合　计	50	100.0	47832	100.0	37337	100.0	15748	100.0
第二产业	6	12.0	3555	7.4	3506	9.4	4586	29.1
第三产业	44	88.0	44277	92.6	33831	90.6	11162	70.9

2009年项目投资领域分布情况表

投资领域	项目数		投资总额（万美元）		合同外资（万美元）	
	个数	占比（%）	金额	占比（%）	金额	占比（%）
合　计	50	100.0	47832	100.0	37337	100.0
电子信息	2	4.0	111	0.2	-117	-0.3
机械制造	—	—	20	—	22	0.1
机　电	1	2.0	64	0.1	22	0.1

（续表）

投资领域	项目数		投资总额(万美元)		合同外资(万美元)	
	个数	占比(%)	金额	占比(%)	金额	占比(%)
交运设备	1	2.0	828	1.7	480	1.3
纺　织	1	2.0	15	—	15	0.0
仪器仪表	1	2.0	259	0.5	183	0.5
家用电器	—	—	—	—	1703	4.6
环　保	—	—	1645	3.4	902	2.4
生物医药	—	—	585	1.2	293	0.8
金属制品	—	—	20	—	20	0.1
食　品	—	—	8	—	6	—
化学制品	—	—	—	—	-23	-0.1
服务贸易	36	72.0	21554	45.1	17832	47.8
投资机构	—	—	10720	22.4	10460	28.0
科技开发	8	16.0	10003	20.9	3076	8.2
房地产	—	—	2000	4.2	2500	6.7
物业管理	—	—	—	—	-37	—0.1

2009年外商直接投资来自29个国家和地区，引进项目最多的是来自中国香港，占总数的34%，吸引投资额最多的也是香港，占总数的48%。其次是美国，分别占总量的12.5%和20.8%。

2009年外商直接投资主要来源地情况表

国别(地区)	项目数(个)	投资金额(万美元)	国别(地区)	项目数(个)	投资金额(万美元)
中国香港	17	23012	毛里求斯	0	600
美　国	4	9972	德　国	2	386
巴巴多斯	0	2000	法　国	1	68
新加坡	3	696	荷　兰	2	61
瑞　典	1	1208	意大利	1	27
维尔京群岛	3	3922			

截至2009年底，金桥开发区累计设立三资企业682家，累计吸引投资总额162.25亿美元，合同外资70.13亿美元，其中独资企业的项目数和合同外资额均占绝大多数，分别占到总量的77.3%和66.2%。

性　质	企业数(家)	总投资额(万美元)	总合同金额(万美元)
合　计	682	1622539	701285
独资企业	527	755185	464469
合资企业	148	852226	230536
合作企业	7	15128	6280

三、对外贸易

2009年,开发区外贸进出口处于负增长态势,主要出口商品有较大降幅。全年完成进出口总额88.66亿美元,比上年下降18.1%。其中外贸出口完成386093万美元,比上年下降21.4%。其中:一般贸易完成124065万美元,比上年下降13.6%,占总量的32.1%;进料加工完成240047万美元,比上年下降26.4%,占总量的62.2%;来料加工完成21459万美元,比上年下降0.6%,占总量的5.6%。

全年外贸进口完成500500万美元,比上年下降15.3%。其中:一般贸易完成387771万美元,比上年下降8.6%,占总量的77.6%;进料加工完成83681万美元,比上年下降34%,占总量的16.7%;来料加工完成10631万美元,比上年下降15.4%,占总量的2.1%。

就出口大类产品而言,主要是占比重较大的机电产品有较大下降。2009年,全区机电产品出口358590万美元,占全部出口总量的92.9%,比上年下降22.7%,超过全区平均降幅。其中,机械产品出口下降16.5%,占总量比重40.5%;电子产品出口下降24%,占总量比重53.6%;运输设备下降71.8%;仪器仪表下降38.4%。

2009年主要出口商品情况表

商品名称	出口额(万美元)	占比(%)	比上年(±%)
机械设备	145090	40.5	-16.5
电器及电子产品	192201	53.6	-24.0
仪器仪表	18707	5.2	-38.4
运输工具	1610	0.5	-71.8

部分主要出口企业下降幅度较大。2009年,金桥开发区前10位出口大户(占出口总量的三分之二)中,较上年增长的有3家,其中上海日立家用电器增幅较大,增长11.7%。较上年下滑的有7家,其中松下等离子、乐金广电、京瓷电子下降幅度较大,分别下降26.7%、51.9%、51.5%,特别是松下等离子从7月增长7%,一下变成负增长26.7%。上述企业出口下降较大的原因除全球经济危机冲击,母公司业务布局转移外,还有自身产品结构调整跟不上,从而导致市场订单急剧减少。

2009年出口额排名前10位企业情况表

序号	企业名称	出口额(万美元)	比上年(±%)
1	上海贝尔股份有限公司	70368	-6.4
2	上海夏普电器有限公司	51053	6.9
3	上海松下等离子显示器有限公司	38037	-26.7
4	上海理光数码设备有限公司	21309	-12.8
5	上海京瓷电子有限公司	14363	-51.5
6	上海乐金广电电子有限公司	13458	-51.9
7	上海日立家用电器有限公司	12610	11.7
8	克丽丝汀.迪奥(上海)香水化妆品有限公司	10484	4.3
9	上海惠普有限公司	10236	-10.9
10	欧姆龙(上海)有限公司	10221	-17.4

不少出口商品的主要输往地业务明显萎缩。2009 年,除对大洋洲和非洲的出口较上年有一定增长(分别增长 6.7% 和 41.8%)外,对其他几个地区都有不同程度下滑。其中北美洲、南美洲和欧洲下滑较深,分别下降 31.3%、34.3% 和 33.4 %,均超过全区的平均下滑水平。从出口具体国别来讲,除对印度和澳大利亚的出口较上年分别增长 82.6% 和 11.2% 外,对加拿大、美国、日本、欧盟和中国香港等国家地区都较上年有不同程度下滑,其中,对加拿大、捷克、欧盟、墨西哥、巴西、新加坡的降幅都超过全区的平均下滑水平。

2009 年出口商品主要输往地情况表

国别(地区)	出口额(万美元)	占比(%)	比上年(±%)
日　本	91962	23.9	-12.7
美　国	63862	16.6	-16.8
澳大利亚	26837	7.0	11.2
荷　兰	18971	4.9	-17.5
中国香港	16162	4.2	-15.6
印　度	13655	3.5	82.6
韩　国	13251	3.4	-15.8
法　国	12498	3.2	-30.2
墨西哥	11193	2.9	-26.7
比利时	9744	2.5	2.5

四、区域开发与建设

根据中央"扩大投资,拉动内需"的精神,开发区及时调整有关区域规划,加快在建工程建设步伐,使开发区资源进一步得到充分利用和有效开发,投资环境日趋完善。2009 年,金桥开发区以规划编制和调整为重点,主要开展南区关内和关外的环评、南区阳光公寓项目土地权属和规划调整、北区 2 平方公里控制详规等 3 个规划的编制调整工作。在张江专项资金的资助下,首次完成开发区生态雕塑、街景总体规划的编制,为开发区环境和形象提升打下规划基础。与此同时,开发区通过加强协调,狠抓项目的开工,使工程项目有序推进。开发区在建的南五、T28 等 9 个项目均按计划节点顺利开展,其中 T17 - B1 项目已于年底竣工,为开发区进一步扩大招商拓展了有效的空间。

(一)自主创新取得实效

开发区自 2008 年相继成立科技协会和被命名为上海市知识产权试点园区以来,始终坚持以科学发展观为统领,以服务企业为宗旨,利用各种场合积极宣传自主创新在促进产业结构调整,抵御各种风险,保持企业持续发展方面的重要作用。还分别召开各种不同类型的座谈会和交流会,多次举办申报高新技术企业和知识产权的培训班,以推进整个开发区的科技创新水平。2009 年全区新认定高新企业 15 家,专利申请 1271 件,专利授权 715 件,取得了十分令人欣慰的成绩。同时,区内不少产业龙头企业正抓住当前全球节能减排、能源革命带来的第四波发展机遇,积极推出自己的创新产品和解决方案,在整个行业中起到了引领和示范作用。

(二)生态工业示范园区创建进入攻坚

阶段

2009年,开发区紧紧围绕“创建国家生态工业示范园区”这个目标,狠抓落实,使开发区的各项创建工作得到有序推进和不断深化,为2010年最终建成《国家生态工业示范园》打下了扎实的基础。

1. *形成一个亮点*。2009年,开发区组织编制《金桥出口加工区节水规划》并通过了专家评审;相继召开节水型园区的工作会议和交流会议;拍摄《金桥创建节水型工业园区》的专题宣传片,进一步动员开发区企业重视节水工作和落实节水目标。经过全区上下的努力,年内,金桥出口加工区终于成功创建成上海市节水型工业园区,成为创建国家生态工业示范园区的又一亮点。

2. *夯实三项基础*。为使创建工作有序推进,开发区狠抓三项基础工作。一是通过表彰ISO14000新认证企业和清洁生产新认证企业,进一步引导和鼓励开发区企业积极参与节能减排工作;二是通过ISO14000环境管理体系的第三方监督审核,全面提升开发区环境管理水平,使开发区的环境目标、环境指标、环境管理方案落到实处;三是通过编制《2008年金桥出口加工区创建国家生态工业示范园区建设年报》,总结经验,找出差距,进一步明确创建目标和任务,使企业自觉地将创建工作变成推动自身发展和履行社会责任的强劲动力。

3. *启动四大项目*。在创建过程中,开发区以项目为载体,全面落实创建任务。一是通过对《金桥出口加工区企业中水梯级利用可行性方案》的调研,使中水资源的配套建设、水质标准、价格以及中水资源的有效利用得到落实;二是继续推进上海市循环经济试点单位的工作,年内开发区管委会、上海通用汽车公司、上海新金桥工业废弃物管理公司以及上海平和双语学校的试点方案已上报市发改委,正待审批。三是金桥出口加工区生态园区的信息平台已完成一期建设并投入试运行。四是金桥出口加工区空气监测站建设已完成站房装修和设备安装等工作。各项创建工作的成果得到了上级有关部门肯定,认为金桥开发区在创建工作中“领导有方、思路清晰、亮点突出、进展有序”,并要求开发区在生态产业链、环保理念和创建宣传上自我加压,争取2010年在创建工作上能水到渠成。

(三)金桥(南区)保税物流功能拓展优势日益显现

为使保税物流拓展功能在开发区顺利实施,开发区管委会先后组织召开各种类型的推广会和工作研讨会,多次邀请浦东新区有关各部门到关内宣讲政策,并使宣讲范围从金桥北区60多家企业延伸至全市外贸、物流公司以及大型制造业企业等140多家单位。使此项举措家喻户晓,落到实处。

开发区管委会还在浦东海关等部门的支持下,策划召开张江高科园区内10多家IT、IC产业龙头企业的《半导体行业企业座谈会》以及惠普公司亚太区域备件中心项目的专题讨论会,重点探讨项目落户金桥南区的海关通关、检验检疫及其操作模式。通过努力,张江高科技产业园区的中芯国际、环旭、日月光、展讯等知名公司已在南区开展保税物流业务,国内知名的全球专业供应链服务商怡亚通公司也正式进入南区开展保税物流业务。保税物流功能的拓展,使得企业就近开展集约化物流配送分拨业务模式得以实现,在时间及空间上能合理调配资源,有效降低企业运营成本,缩短生产周期,提高交货时效,增强了产品的国际竞争力。2009年,功能拓展的优势日益显现,保税物流业务顺利开展,第三方物流经济效益明显增长。自2月底实质性启动以来,保税物流业务量高速增长。截至年底,金桥南区办理即进即出业务1937批,进出口量已突破1亿美元,达到1.6亿美元。

上海张江高科技园区

一、概述

2009年是实施“聚焦张江”战略的第十年，同时也是张江加速“保增长、调结构”的关键年。张江园区各层面坚持“创新＋转化”双轮驱动，通过政策、投融资、孵化、人才等集成服务创新，优化发展环境；通过鼓励技术创新、产品创新和商业模式创新，调结构、增动力，实现了“危机中创新，逆市中增长”。

（一）总体经济保持平稳较快增长

在国家系列调控政策、产业振兴规划的正确引导下，园区经济经受了外部环境的严峻考验，呈现先抑后扬发展态势，保持平稳较快增长。2009年，实现工业总产值444.98亿元，比上年增长9.7%；营业收入预计970亿元，比上年增长15.5%；实现税收总额89.8亿元，比上年增长14.01%。

（二）效益、创新等体现创新特征和核心价值的关键指标优势明显

全市来看，张江在R&D经费比重、R&D人员比重等可比创新投入指标遥遥领先，尤其是R&D经费比重达5.97%，是全市开发区其他开发区的3倍以上。新产品产值率、高新技术产值率等可比创新产出指标分列居全市开发区第三、第二位。作为企业/产业核心价值和竞争优势的最深刻体现，在利润指标上，张江规模以上工业企业单位产值利润率位居首位，达14.37%；利润的绝对贡献额位居全市第二（见附表）。进一步印证和凸显了张江园区“以自主创新为特征、以高新技术为内核”的产业特征和创新价值。

2009年1—10月上海市主要开发区规模以上工业企业利润率情况表

上海市主要开发区	单位产值利润率		规模以上工业企业利润		规模以上企业工业总产值	
	（%）	排名	金额（亿元）	排名	金额（亿元）	排名
张江高科技园区	14.37	1	53.27	2	359.04	10
闵行经济技术开发区	11.18	2	36.72	4	328.51	11
金桥出口加工区	9.34	3	127.86	1	1369.26	2
莘庄工业区	6.98	4	29.39	6	421.23	8
嘉定工业区	5.82	5	30.25	5	520.12	5
长兴海洋装备产业基地	5.14	6	19.60	12	381.49	9
外高桥保税区	4.83	7	21.67	10	448.38	7
青浦工业园区	4.59	8	21.06	11	459.23	6
康桥工业区	4.59	8	25.83	6	562.24	4
漕河泾新兴技术开发区	2.22	10	21.96	9	987.13	3
松江工业园区	2.00	11	38.15	3	1906.94	1

数据来源：上海市开发区协会开发区简报

二、产业发展

（一）集成电路产业

2009年，张江集成电路产业实现全年销售收入201.19亿元，占上海50%，占全国19.3%。其中IC设计业实现销售收入42.38亿元，比上年增长37.59%，占园区IC产业比重从2008年13.4%上升到21%，在全国IC设计业的比重由上年的13.1%提升至16.3%。一批全球首发的自主创新终端产品成为园区新的亮点和增长点。

（二）生物医药产业

2009年生物医药营业收入增速超过35%。化学药品制剂制造企业，占全市1/3；生物制药企业，占全市40%份额。园区企业已申报药品注册414件，其中，申报新药临床研究的共208件，已获批136件，获批率65%；申报新药生产批件109件，已获批92件，获批率84%。获得一类新药证书50多个。已报、将报国际临床研究的药物41个，已进入临床Ⅱ、Ⅲ期的药物9个。承担重大新药创制国家科技重大专项项目99项，占上海58%，占全国10.2%。创新成果产业化提速，行政联动、资本联动打开“张江/周康”生物医药核心区融合发展新格局。

（三）软件与信息服务业

2009年，浦东软件园总营业收入比上年增长20.6%。已集聚中国银联、中国人民银行、汇丰银行等17个金融服务后台项目，与陆家嘴金融CBD形成呼应；万得资讯已建成国内最完整、最准确的大型金融工程和财经数据仓库，在机构投资者中占有率超过80%；大智慧证券软件已占有全国证券营业部85%的份额。互联网服务再添亮点。群硕软件凭借嵌入式、移动通讯、企业级软件、软件即服务模型、用户体验等软件开发的经验积累，成功实现从接包——发包、从软件外包——自主开发的转型，完成央视国际“CCTV网络电视奥运台”项目的软件开发和总体集成，帮助国家图书馆实现了国内首家非接触式“3D虚拟数字图书馆”。软件园三期作为2009年度浦东新区重大工程项目，上海国家软件出口基地（浦东软件园三期工程）正式投入运营。

（四）文化创意产业

全年实现经营收入54.89亿元。网络游戏、动漫、数字出版等三大产业呈现不同发展特征。盛大文学平台——已占据国内原创文学版权市场份额的80%以上，覆盖全球70%的中文用户。数字出版发展势头强劲，张江与出版业巨头方正集团达成合作，共同打造国内最大数字出版技术公司。

三、招商引资

张江坚持标准化引资，实行“抓内资、引高端、调结构”方针，着力引进和培育：拥有产业高端核心技术、拥有高附加值核心产品、拥有产业链整体控制权、能够整合终端解决方案、拥有内资和海外智力资本为股权结构、拥有低碳清洁产业特征等的六大类企业。

园区全年招商引资工作成效显著。2009年，园区共新设内资企业538家，全年吸引内资注册资本总额37.13亿元人民币，创历史最高水平；批准外资项目90个，吸引合同外资9.48亿美元（其中增资5.01亿美元），实到外资9.31亿美元。引资中呈现的特点：一是跨国领军企业入驻势头不减，雅培中国研发中心、阿斯利康（中国）张江园区、凯杰亚洲总部、PwC全球软件服务中心等一批行业领先项目落户园区；二是新能源与节能环保成新亮点；三是股权投资机构加速集聚，为园区成为科技风险投资中心和科技金融创新中心提供重大支撑。

四、区域创新体系

（一）创新环境建设

作为张江园区功能开发主体，张江集团

围绕产业发展和企业需求，坚持不懈深化集成服务，努力营造与国际通行规则相接轨的、与高科技产业发展规律相适宜的创新性气候。实行政策破冰，释放创新活力：有效解决了《新增值税暂行条列》给园区外资研发中心带来的进口设备征税问题；推进集成电路产业链保税监管模式改革；进一步完善入境特殊生物材料检验检疫改革试点，审批时间从20天缩短为7天；推进生物医药研发外包(CRO)企业便捷通关试点；有效推进降低外国人居留许可政策门槛。

(二) 建立标杆，提升孵化服务和孵化效率

提供全配置、集约化的孵化空间，整合政府扶持、专业机构、公共平台、专家顾问等各类资源，提供针对性的阶梯式“贴身”服务，形成从项目预孵化到产业化的完整孵化服务链。截至年底，张江各类在孵企业已达616家。标杆孵化器仅用一年的时间，就成功培育了深迪、锐合通信、安维尔、灿芯半导体、舜宇海逸光、同想文化等一批自主创新企业。

(三) 着力打造十大产业平台

围绕建设具有世界竞争力的科技城的战略目标，2010年张江园区要着力打造十大产业平台：①集成电路制造与装备战略平台。②主流终端系统解决方案集成平台。③多元化、多模式显示终端技术平台。④以无线射频识别(RFID)为核心的物联网基础设施技术平台。⑤生物医药研发、销售与产业控股平台。⑥打造大飞机研发设计与技术贸易平台。⑦基于互联网的数字内容和交易平台。⑧低碳技术、高端价值链平台。⑨金融后台服务平台。⑩现代农业示范、推广平台。

(四) 人才服务，增强创新活力

主要措施：①贯彻落实千人计划。作为全国首批“海外高层次人才创新创业基地”之一，张江园区已有6人获中组部认可，作为创业型人才入选国家“千人计划”。②实现人才培训规模化。以张江创新学院作为主要载体，构建多元化、多层次的高技术创新人才培训体系，推动职业培训产业化。2009年张江创新学院培训量达2.5万人次。③人才公寓建设取得新进展。2009年，园区新推出1702套、面积达14.05万平方米公寓房，有效缓解了企业员工的居住配套。

(五) 聚焦企业，加速科技金融创新

针对中小企业融资瓶颈，深化科技金融创新实践，开展“小额贷款”、“再担保”等非监管类金融业务试点。“小额贷款”自2008年11月27日开业，截至2009年底，累计发放109笔，支持中小企业103家，放款2.97亿元，并为智若愚公司发放浦东新区首笔基于图书版权的知识产权质押贷款；同时与“再担保”试点形成有效联动，进一步放大金融杆杠效应。

(六) 借助世博，提供展示平台

2009年，张江园区与世博局签订2010年上海世博会主题馆(未来馆)展示项目合作协议。世博“未来馆”这个窗口，将成为激情展示张江自主创新成果，提高自主品牌及产业影响力，推动高科技企业走向世界舞台的重要平台。

上海外高桥保税区

一、概述

2009年,外高桥保税区积极贯彻落实"保增长、促发展"的各项政策措施,努力克服国际金融危机造成的外需减少等不利影响,通过提升功能定位、强化财政扶持、完善企业服务、加快贸易便利化进程等措施,帮助投资企业克服困难、寻找发展机遇,取得了明显成效,促使区域经济发展在逆势中实现增长。全年外高桥保税区投资企业实现增加值993亿元,比上年增长4.2%。从产业上分析:以国际贸易和现代物流为主体的第三产业实现增加值868亿元,比上年增长5.8%,所占比重从上年的86.0%提高到87.4%;以出口加工型先进制造业为主体的第二产业实现增加值125亿元,比上年下降6.0%,占12.6%。

2009年上海外高桥保税区主要经济指标完成情况表

指标名称	单位	2009年	2008年	比上年(±%)
生产总值(增加值)	亿元	993.00	953.17	4.2
其中:第二产业	亿元	125.00	133.00	-6.0
第三产业	亿元	868.00	820.17	5.8
其中:物流企业	亿元	330.00	313.00	5.4
销售(经营)收入	亿元	6631.09	6511.21	1.8
其中:营运中心	亿元	2567.12	2503.95	2.5
商品销售额	亿元	5601.03	5508.04	1.7
其中:限额以上	亿元	5450.90	5338.18	2.1
物流企业营业收入	亿元	2327.94	2337.24	-0.4
其中:分拨企业	亿元	2194.85	2181.87	0.6
第三方物流企业	亿元	133.09	155.37	-14.3
工业总产值(现行价)	亿元	576.07	555.63	9.5
其中:高新技术产业	亿元	82.26	102.02	-14.7
其中:电子信息产业	亿元	384.00	331.79	22.4
进出口贸易额	亿美元	551.12	626.37	-12.0
其中:进口额	亿美元	422.85	468.27	-9.7
出口额	亿美元	128.27	158.10	-18.9
当年批准项目	个	256	292	-12.3

（续表）

指　标　名　称	单　位	2009 年	2008 年	比上年(±%)
其中:外资企业	个	90	166	-45.8
其中:贸易类项目	个	155	185	-16.2
物流类项目	个	46	52	-11.5
加工类项目	个	11	13	-15.4
当年批准投资额	亿美元	18.90	14.10	34.0
其中:外资企业	亿美元	17.43	13.08	33.3
合同外资	亿美元	8.99	7.40	21.5
实际利用外资	亿美元	4.64	5.74	-19.2
保税市场交易额	亿美元	638.53	627.07	1.8
外高桥港区货物吞吐量	万　吨	12308.90	13122.80	-6.2
外高桥港区集装箱吞吐量	万标箱	1353.80	1538.70	-12.0
货物流量	万　吨	3911.70	4237.80	-7.7
其中:货运总量	万　吨	589.40	626.70	-6.0
货物进出仓量	万　吨	1314.90	1257.00	4.6
期末货物存放量	万　吨	84.70	64.70	30.9
固定资产投资额	亿　元	14.34	18.52	-22.6
其中:基础设施投资	亿　元	3.18	3.80	-16.3
施工房屋建筑面积	万平方米	73.62	69.05	6.6
竣工房屋建筑面积	万平方米	38.60	15.02	157.0
企业从业人员	万　人	21.59	19.49	10.8
其中:中方人员	万　人	20.60	18.57	10.9
各种税收收入总额	亿　元	560.36	517.98	8.2
其中:海关部门税收	亿　元	325.66	300.35	8.4
税务部门税收	亿　元	234.70	217.63	7.8
投资企业利润总额	亿　元	284.07	300.17	-5.4

二、国际贸易

国际贸易是保税区经济发展最核心的功能，也是产业联动发展的结合点。一年来，面对欧、美经济滑坡对我国出口导向型经济带来的冲击，保税区积极依托自身的功能、政策及产业优势，加快贸易便利化水平的提升和多元化贸易功能的拓展，深入推进对外贸易增长方式的转变和进出口商品结构的调整，充分发挥对外窗口和对内辐射的作用，推动外高桥国际贸易示范园区建设取得阶段性成果，为上海国际贸易中心建设做出了积极贡献。据上海海关统计，2009 年外高桥保税区投资企业完成进出口贸易总额 551.12 亿美元，比上年减少 12.0%，占全市进出口总额的比重从上年的 19.4% 提升至 19.8%，为拉动全市进出口额止跌回升发挥了重要作用。

在较为严峻的外贸环境下，保税区投资企业充分发挥先进贸易模式的优势，顺应经济全球化过程中新一轮的产业梯度转移，加快商品结构和市场重心的调整，充分发挥保税区综合优势，促使从事进出口贸易业务的企业数量持续增加。2009 年保税区直接开展进出口贸易活动的投资企业达到3220家，比上年增长0.9%，净增28家。其中以一般贸易方式从事进出口业务的企业增长较快，达到1979家，比上年增长12.5%，净增220家，占进出口贸易企业61.5%，比重比上年提高6.4个百分点；以保税区仓储转口货物方式从事进出口业务的企业数量仍然最多，达到2005家，占进出口贸易企业62.3%。保税区内开展进口贸易的企业2930家，比上年增长1.3%，净增39家；开展出口贸易的企业2100家，比上年增长2.3%，净增47家。2009年保税区与195个国家和地区发生了进出口贸易往来，比上年新增3个国家和地区，不仅与欧美、东亚等传统贸易伙伴的经贸关系进一步巩固，而且市场格局更趋多元化，与亚、非、拉等区域的发展中国家经贸往来也有较快发展。全年进出口贸易额超过10亿美元的国家和地区达到13个，这些国家和地区合计完成进出口贸易额429.56亿美元，占保税区进出口总额77.9%。

2009年保税区完成进口额422.85亿美元，比上年减少9.7%，占全市进口额的比重从上年的30.7%提升至31.1%。保税区国际贸易继续保持“进大于出”的格局，全年实现进出口逆差294.58亿美元。保税区从事一般贸易进口业务的企业数量呈现逐年递增的态势，全年达到1660家，比上年增长14.2%，净增207家；一般贸易进口额逆势飞扬，完成59.45亿美元，比上年增长39.9%，占保税区进口额比重从上年的9.1%跃升至14.1%。保税区仓储转口进口方式在保税区进口贸易中占据主导地位，也是投资企业最常用的进口贸易方式，全年采用该方式开展进口贸易活动的企业数量达到1892家；全年保税区仓储转口进口额完成331.32亿美元，比上年减少10.6%，占保税区进口额78.4%，比上年下降0.8个百分点。加工贸易进口近年来随着保税区产业结构的调整，呈现持续下滑的趋势，全年完成30.45亿美元，比上年减少42.0%，所占比重从上年的11.2%进一步下调至7.2%。

2009年保税区进口贸易情况表

单位：万美元

贸易方式	2009年	2008年	占比(%)	比上年(±%)
保税区合计	4228538	4682676	100.0	-9.7
一般贸易	594514	424851	14.1	39.9
加工贸易	304505	525224	7.2	-42.0
其中：来料加工装配贸易	66630	201787	1.6	-67.0
进料加工贸易	237875	323437	5.6	-26.5
外商投资企业作为投资进口的设备等	12119	21348	0.3	-43.2
保税区仓储转口货物	3313245	3707101	78.4	-10.6

2009年保税区进口额前30位来源地排名表

单位：万美元

序号	国别(地区)	2009年	比上年(±%)	占比(%)
	合计	4228538	-9.7	100.00
1	日本	696313	-16.0	16.47
2	美国	422182	-16.0	9.98
3	中国台湾	324649	-5.5	7.68

（续表）

序号	国别(地区)	2009年	比上年(±%)	占比(%)
4	韩　国	262732	-22.2	6.21
5	德　国	220968	-10.6	5.23
6	泰　国	219054	-21.9	5.18
7	马来西亚	210136	—0.1	4.97
8	法　国	130291	3.6	3.08
9	菲律宾	125396	-60.3	2.97
10	新加坡	95576	5.9	2.26
11	瑞　士	92560	14.5	2.19
12	俄罗斯	81824	38.9	1.94
13	智　利	77890	-6.4	1.84
14	比利时	66583	223.3	1.57
15	巴　西	60911	35.7	1.44
16	意大利	54206	-19.3	1.28
17	瑞　典	47436	41.8	1.12
18	英　国	47214	-22.9	1.12
19	澳大利亚	43200	221.6	1.02
20	爱尔兰	39393	-53.9	0.93
21	荷　兰	32134	-1.9	0.76
22	加拿大	31522	-39.4	0.75
23	印　度	28427	-7.4	0.67
24	哥斯达黎加	27845	89.6	0.66
25	西班牙	26088	4.6	0.62
26	印度尼西亚	24281	-32.0	0.57
27	挪　威	17913	250.4	0.42
28	以色列	17795	-34.1	0.42
29	奥地利	16657	25.7	0.39
30	伊　朗	15171	159.8	0.36

2009年保税区完成出口额128.27亿美元，比上年减少18.9%，占保税区进出口额23.3%，占全市出口额的9.0%。其中外资企业出口额107.30亿美元，比上年减少21.6%，占保税区出口额83.7%；内资企业出口额20.97亿美元，比上年减少1.4%，占保税区出口额16.3%。保税区仓储转口货物出口额占主要比重，全年完成73.28亿美元，比上年减少11.1%，占保税区出口额比重由上年的52.1%提高至57.1%。从事一般贸易出口业务的企业数量持续增加，由上年的825家增至954家，净增129家。在企业数量不断增加的支撑下，一般贸易出口额降幅也低于保税区平均水平，全年完成

15.36亿美元,比上年减少9.6%,占保税区出口额12.0%,所占比重比上年提高1.3个百分点。加工业产业结构的调整和企业生产业务的外迁,直接影响到保税区加工贸易出口额的完成。全年保税区完成加工贸易出口额39.62亿美元,比上年减少32.4%,占保税区出口额30.9%,比重比上年下滑6.2个百分点。其中进料加工贸易和来料加工贸易出口额均完成19.81亿美元,比上年分别减少19.1%和41.9%。

2009年保税区出口贸易情况表

单位:万美元

贸易方式	2009年	2008年	占比(%)	比上年(±%)
保税区合计	1282691	1580999	100.0	-18.9
一般贸易	153595	169830	12.0	-9.6
加工贸易	396232	585928	30.9	-32.4
其中:来料加工装配贸易	198087	341037	15.4	-41.9
进料加工贸易	198145	244891	15.4	-19.1
保税区仓储转口货物	732780	824123	57.1	-11.1

二、产业经济

一年来,区域内投资企业积极依托保税区的政策扶持和功能创新,紧紧抓住我国“扩内需”战略下的发展机遇,加快产业升级和市场结构调整,推动保税区经济总量稳中有升。区内投资企业全年完成营业(销售)收入6631.09亿元,比上年增长1.8%;实现利税总额844.43亿元,比上年增长3.2%。企业资产规模进一步扩大,期末资产总额达到3714.72亿元,比上年增长12.9%,其中流动资产3010.96亿元,占资产总额81.0%,资产质量保持较高水平。投资企业共吸纳从业人员21.59万人,比上年增长10.8%,全员劳动生产率达到46万元/人。

贸易业是保税区经济贡献最大的核心产业。面对严峻的国际国内形势,保税区贸易企业积极依托保税区贸易便利化和先行先试的综合优势,加快业务功能的优化整合和企业的转型升级,拓展多元化的业务模式和市场结构,扩大对国内特别是对中西部市场的覆盖范围,促使贸易业商品销售额在上半年出现下滑的情况下,全年仍在逆势中实现企稳增长。2009年保税区实现商品销售总额5601.03亿元,比上年增长1.7%。其中外资贸易企业完成商品销售额5293.33亿元,比上年增长3.5%,占保税区商品销售总额的比重从上年的92.8%提升至94.5%。排名保税区贸易企业商品销售额前10位的均为外资贸易企业。保税区继续坚持以营运中心政策积极引导跨国企业战略整合,先后出台营运中心向跨国公司地区总部升级相关衔接政策、营运中心高管扶持政策等具体措施,进一步加快跨国公司集聚,扩大营运中心规模。截至2009年底,经保税区管委会认定的跨国公司营运中心累计达到139家,其中2009年新认定45家。在这些营运中心中:贸易型111家,占79.9%;物流型15家,占10.8%;加工型13家,占9.4%。经市政府批准,保税区已有10家跨国公司升级或新设为中国区地区总部。这些跨国公司营运中心充分利用保税区扶持政策,积极推进综合业务的区域性整合,逐渐体现出业务集中、产出效益高、经济贡献大等特点。2009年保税区139家跨国公司营运中心合计完成营业(销售)

收入2567.12亿元,占保税区投资企业营业收入38.5%,比上年增长2.5%,增幅高出保税区投资企业平均水平0.7个百分点,成为拉动保税区投资企业营业收入走出下降区间、实现增长的中坚力量。

依托“长三角”地区交通基础设施的不断完善和长江流域物流业务联动发展水平的提升,外高桥保税区紧紧抓住跨国公司全球战略布局和产业转移的机遇,拓展业务功能、加强产业联动、提升物流效率、扩大辐射范围,已经成为众多中外企业发展国际贸易、加工贸易的国际物流基地和上海服务长三角、服务长江流域、服务全国、面向世界的重要物流平台。据统计,2009年保税区从事物流业务的1000余家企业共拥有仓储面积293.32万平方米,比上年增长0.9%。全年保税区物流企业营业(销售)收入达到2327.94亿元,与上年基本持平,实现增加值330亿元,比上年增长5.4%,占保税区增加值比重从上年的32.8%提升至33.2%。保税区的分拨企业是保税区特有的具有集贸易、物流等多种功能于一体的一种特殊的物流企业,成为保税区现代物流产业的主体。2009年保税区680家物流分拨企业(包括分拨已核和分拨未核)共完成营业(销售)收入2194.85亿元,比上年增长0.6%,占保税区物流企业营业收入94.3%。保税物流功能是保税区最具竞争优势的功能,2009年外高桥保税区的保税物流业务仍然在所占比重上呈现出持续上升的势头,全年完成仓储转口货物进出口额404.60亿美元,比上年减少10.7%,占保税区进出口额的比重从上年的72.3%提升至73.4%;占上海市保税物流业务的比重从上年的75.9%提升至76.9%;占全国保税区保税物流业务的比重从上年的52.1%提升至55.8%。外高桥港区货物吞吐功能继续发挥,充分依托通江达海的区位优势,一方面通过完善功能、增强服务来扩大对长江流域的辐射作用,另一方面通过减免费用、降低成本来吸引东北亚、亚太地区的航线资源入驻。外高桥港区已成为上海发展口岸功能和国际航运中心的重要组成部分。2009年外高桥港区合计停靠各类船舶30287艘次,比上年减少7.4%,其中外籍货轮逆势上扬,达到7514艘次,比上年增长2.1%;完成货物吞吐量12308.9万吨,比上年减少6.2%,占上海港59205万吨的20.8%;集装箱吞吐量1353.8万标箱,比上年减少12.0%,占上海港2500.2万标箱的54.1%。

2009年,外高桥保税区正式投产出口加工企业223家,其中当年新增投产企业16家,筹建及试生产企业2家。工业厂房占地面积159.94万平方米,厂房建筑总面积183.15万平方米。全年保税区出口加工企业完成工业总产值576.07亿元,比上年增长9.5%,工业产品销售率达到100%。外高桥保税区通过加大对重点企业的扶持力度和产业结构的优化调整,重点生产企业的产值集聚度逐年提高,成为推进保税区工业产值增长的主引擎。据统计,2009年保税区产值超亿元的工业企业已有68家,合计完成工业产值530.53亿元,比上年增长12%,占保税区工业产值92.1%。随着政府各项刺激经济政策效应的释放,带动了国内消费市场复苏和投资需求扩大,为保税区的先进制造企业扩大国内市场销售份额创造了条件。2009年保税区加工企业对国内市场的销售产值完成383亿元,比上年增长64%,所占比重从上年的42%上升到66.5%。

保税区投资企业经营规模的持续扩大和国内营销网络的不断完善,为社会提供了更多的就业岗位,同时跨国公司产业转移战略和人才本土化战略的实施,也促使更多的高素质人才向保税区投资企业集聚,为保税区的发展奠定了人力资源基础。据统计,2009年末保税区投资企业从业人员达到21.59万人,比上年增长10.8%,其中女性从业人员9.86万人,占保税区从业人员45.7%。从业人员中:中方人员20.60万人,比上年增长10.9%,占保税区从业人员95.4%;外籍从业人员持续增加，为 9900 人，比上年增加 700 人。同时外资企业经过多年的发展，也已经培养出一大批精通国际贸易、国际物流业务的复合型人才，从而推动了保税区人才素质的提高。2009 年末保税区从业人员中具有大学专科以上学历的人员达到 12.51 万人，比上年增长 4.5%，占保税区从业人员 57.9%。

外高桥保税区产业经济的不断发展，为国家和地方的财力增长发挥了积极的作用。2009 年外高桥保税区共实现各种税收总额达到 560.36 亿元，比上年增长 8.2%，其中形成的中央税收 474.66 亿元，占 84.7%。代表经济产出的税务部门税收再创历史新高。2009 年外高桥保税区税务部门税收（直接征收口径）完成 234.70 亿元，比上年增长 7.8%。保税区 139 家营运中心合计税收达到 93.42 亿元，比上年增长 15.8%，增幅超过税务部门税收平均水平 8.0 个百分点，净增税额 12.72 亿元，占税务部门税收绝对额 39.8%、税收增量 74.5%。保税区 38 家税收超亿元企业中有 27 家为营运中心，引领了税务部门税收的增长。2009 年外高桥保税区海关部门税收完成 325.66 亿元，比上年增长 8.4%，完成情况不仅远远好于进出口贸易，增幅也高于税务部门税收 0.6 个百分点，已占外高桥保税区各种税收总额 58.1%，占上海关区海关部门税收 16.7%。

三、招商引资

2009 年保税区努力加大招商引资工作力度，进一步完善功能创新和企业服务体系，推进国际贸易示范园区建设，紧贴企业现代化经营需求，营造招商引资、稳商留商的良好氛围，促使吸引投资额呈现较快增长的态势。全年保税区新批投资项目 256 个，比上年减少 12.3%，吸引投资总额达到 18.90 亿美元，再创历史新高，比上年增长 34.0%。增资项目达到 345 个，比上年增长 3.9%；实现增资额 15.94 亿美元，比上年增长 21.2%，占保税区投资总额 84.4%；其中合同外资增资额达到 8.27 亿美元，比上年增长 18.6%，占保税区合同外资 92.0%，是推动保税区投资额和合同外资实现增长的主要力量。吸引外商投资额则在企业增资势头强劲的支撑下出现快速增长，达到 17.43 亿美元，比上年增长 33.3%，占保税区投资额 92.2%，其中外商独资项目 15.79 亿美元，比上年增长 26.8%。合同外资“水涨船高”，达到 8.99 亿美元，比上年增长 21.5%，占外商投资额 51.6%；实际利用外资高位回落，完成 4.64 亿美元，比上年减少 19.2%。内资项目数和投资额双双增长，全年保税区新批内资项目 166 个，比上年增长 31.7%，首次出现超过外资项目的现象，吸引投资额 1.47 亿美元，比上年增长 43.6%。

截至 2009 年底，保税区累计批准投资企业项目达到 10497 个，吸引投资总额接近 180 亿美元，达到 179.53 亿美元。外资企业项目累计达到 7941 个，占投资项目总数 75.7%，吸引投资额达到 150.83 亿美元，占投资总额 84.0%，无论是项目数量还是投资额均占据保税区招商引资绝对比重。内资项目达到 2556 个，占投资项目总数 24.3%，吸引投资额 28.70 亿美元，占投资总额 16.0%。截至 2009 年底，保税区合同外资达到 83.05 亿美元，占外商投资额 55.1%，实际利用外资已达到 54.95 亿美元，占合同外资 74.6%。按投资国别和地区来看：已有来自 94 个国家和地区的外商企业前来保税区投资注册。按投资额进行排名，居前五位的分别是中国香港 40.20 亿美元、美国 23.94 亿美元、日本 19.42 亿美元、新加坡 10.76 亿美元、荷兰 10.55 亿美元。按投资项目进行排名，居前五位的分别是中国香港 1953 个、日本 1562 个、美国 867 个、中国台湾 473 个、新加坡 462 个。

四、开发与建设

外高桥保税区经过19年的开发建设，产业规划布局基本完成，固定资产投资已经渡过了高峰时期。2009年外高桥保税区紧紧围绕“完善投资环境”和“推进产业升级”两条主线，积极推进重点配套项目的开工建设和企业生产设备的更新改造，全年固定资产投资额达到14.34亿元，比上年下降22.6%。2009年在外高桥保税区开展投资建设的企业单位共有13家，施工项目为41个，比上年减少21个；新开工项目10个，比上年减少23个；竣工项目25个，比上年减少3个。全年房屋施工面积73.62万平方米，比上年增加4.57万平方米，增长6.6%，其中新开工面积30.61万平方米，比上年增长2.25倍，占41.6%。全年完成房屋竣工面积38.60万平方米，比上年增长1.57倍，房屋竣工率为52.4%。

上海外高桥保税物流园区作为我国首个实施“区港联动”试点的区域，经过5年多的开发建设，形态开发已经基本完成，功能拓展深入推进，产业培育具备一定规模。上海外高桥保税物流园区整体开发面积1.2平方公里，封关面积1.03平方公里，可经营性土地77万平方米，其中已开发土地57万平方米。园区基础设施建设完成，建设道路总长度9公里，隔离围网总长6公里，拥有14万平方米集装箱转运区，1万平方米海关通关大厅和办公用房，三座卡口和查验场地等配套设施。园区一期、二期仓库均已建成并投入使用，其中一期单层仓库10万平方米租赁率100%，二期双层仓库28万平方米已经出售24万平方米，租赁率超过85%。保税物流园区在与外高桥码头建立“海运直通”的基础上，成功实现了与洋山码头“海运直通”的陆路运输，园区“海运直通”业务已经覆盖至上海各关区。2009年保税物流园区共监管进出区货物40.41万票，比上年增长3.2%，货值达到507.91亿美元，比上年下降7.1%。截至2009年底，保税物流园区已引进各类专业的国际物流，国际采购配送企业单位87家，其中独立法人单位35家，分公司52家。

微电子园区规划面积1.67平方公里，将主要引进技术尖端的移动通讯、互联网项目以及配套功能和持续发展能力强的信息产业项目、研发中心项目及高端物流项目，将为全面提升保税区先进制造业的发展创造条件。2009年微电子园区“1.67整体开发项目”完成固定资产投资额2.19亿元。

上海国际文化服务贸易平台（简称“文化服务平台”）是为国内外文化企业提供商贸咨询、产品展示、进出口贸易、设备租赁、版权交易、演艺经纪、创意制作等全方位、高效率、标准化、国际化公共服务的专业平台。2009年，文化服务平台筹划组织国内文化企业参加2009香港国际影视展、第60届法兰克福国际书展等一批重要展览展会；策划主办“首届国际音乐创意产业高峰论坛”以及“2009年香港书展巡回展”等宣传推广活动；帮助推动多媒体梦幻剧《ERA时空之旅》、《华夏之春》国际文化艺术节等文化产品进入欧美市场；正式成为上海世博会组织方和参展者的文化演艺活动舞美技术设备租赁和服务的集成商。截至2009年底，文化服务平台累计吸引31家企业加入市场会员，其中2009年新增15家，全年实现商品交易额1.78亿元。

上海国际酒类展示交易中心（简称“酒类交易中心”）是一个集国际酒类展示、交易和贸易服务等为一体的综合性贸易服务平台，主要为入驻酒商提供保税展示、产品推广、专业培训、产品发布、贸易洽谈、进口代理、物流配送、商务咨询等“一条龙”全程服务。2009年，酒类交易中心展示面积已扩展到6000多平方米，吸引国内外30余家酒商入驻，已经为来自法国、意大利、智利、西班牙、葡萄牙、阿根廷、墨西哥、德国、美国、捷克、以色列、加拿大、秘鲁、南非、日本等近20

个国家的2000多款进口酒类产品提供服务,辐射范围包括上海、北京、浙江、江苏、广东、四川、辽宁、吉林等省市。酒类交易中心仅公共展厅内展示的外国酒类产品就达600多种,并有法国酒类中心、智利酒类中心、葡萄牙酒类中心等5个独立展厅。

2009年12月22日,上海保税区国际医疗器械展示交易中心(简称"医疗器械中心")正式挂牌成立,作为外高桥国际贸易示范园区重点推进的专业化贸易平台之一,医疗器械中心将努力打造成为中国医疗器械国际贸易便利化通道、中国国际医疗器械新技术交流平台、国际医疗器械和新技术的交易场所、国际新医疗器械政府定点采购平台。2009年,医疗器械中心已经聚焦了强生、西门子、奥林巴斯、GE等30多家世界医疗器械行业的龙头企业,另有很多企业正在积极申请加入,2000平方米的展厅中展示了大到磁共振设备、小到简易针筒等数百种医疗器械产品。

上海闵行经济技术开发区

董事长、总经理
薛 宏

一、概述

上海闵行经济技术开发区(简称闵行开发区)是1986年8月经国务院批准设立的首批国家级经济技术开发区之一。由上海闵行联合发展有限公司以企业化、市场化的方式开发、建设和经营管理。2006年2月,经国务院批准,闵行开发区扩区浦东临港地区,扩区面积13.3平方公里。

经过20多年的发展,闵行开发区已建设成为具有良好投资环境、较强综合竞争力和相当影响力的外向型工业园区。至2009年底,闵行开发区累计引进项目171个,投资总额超过30亿美元,平均单项投资超过1832万美元。累计销售收入3922亿元,企业利润419亿元,上缴税收344亿元。截至2009年底,开发区已逐步形成以轨道交通、电站设备为代表的机电产业为主,以血制品、常用药品为代表的医药医疗产业和以食品、饮料为代表的轻工产业为辅的产业格局。世界500强企业投资的项目占园区企业总数的40%。开发区单位面积土地的年销售收入、企业利润、上缴税收在全国各工业开发区中已连续多年名列前茅。

2009年,闵行开发区认真贯彻落实科学发展观,积极应对国际金融危机的影响和冲击,按照"优化闵行,开拓临港,发展闵联"的

上海三菱电梯自动扶梯新厂示意图

总体战略，积极开拓，攻坚克难，各项工作顺利推进。全年完成销售收入391.04亿元，较2008年略有下降；实现利润43.77亿元，比上年增长8.95%；实缴税金38.26亿元，与上年同口径比较增长3.81%，总体保持了开发区平稳发展。

2009年经济指标数据表

单位：亿元

指标名称	2009年	2008年	比上年(±%)
一、销售收入	391.04	415.47	-5.88
二、利　润	43.77	40.18	8.95
三、实缴税收	38.26	36.86	3.81

二、区域开发与建设

（一）优势项目继续增资扩建

2009年闵行园区企业投资总额增加2735万美元，合同外资增加3560.55万美元，实到外资5006万美元。规划、审批三菱、强生、博朗等11个建设项目方案及设计，工程总投资额超过1亿元，工程建筑面积为3.6万平方米，优势企业得到进一步扩张发展。

（二）招商引资和资源储备有新进展

2009年闵行园区有7个招商项目完成阶段性工作，11万平方米的场地得到启用。三菱自动扶梯、博朗扩张等优势项目又有新突破，已经正式开工建设、ABB电机厂房交接、ABB高压扩建、亨斯迈研发、ABB高压维修中心场地划分等定制厂房项目进展顺利。继续加强土地集约节约利用，回收土地和厂房7.2万平方米。截至2009年底，闵行开发区累计回购厂房28.64万平方米，累计回购土地94.78万平方米，土地利用率达到139%。土地资源的高利用率，为开发区产业结构优化、调整创造了良好条件。

（三）节能降耗减排和环保工作继续推进

完成21个建设项目的环境影响评价及审批，环保投资1826万元。编制并向社会发布《2009年闵行开发区环境公报》。发展6家企业加入开发区环境共建组织，使共建组织总数达到63家，占园区企业总数的72%。通过ISO14000认证企业新增2家，认证的企业达到园区企业总数的50%。加强能源调查和宣传培训，推进企业节能技术改造，在严峻的形势下，保持了能耗总量的持续下降。启动节水型园区创建工作，积极推进创建国家生态示范园工作，并于2009年通过上海市级评审。

（四）综合管理和服务工作进一步加强

积极宣传有关产业政策，推动35家企业申报取得“先进技术型企业”，17家申报取得“产品出口企业”。落实市区有关政策，为园区企业争取重大技改项目、新增固定资产专项退税等财政扶持政策和专项资金补贴。进一步完善园区基础设施建设，对因暴雨受灾企业进行资金补贴。开展对开发区数十家优势企业的重点走访，为企业送服务、送政策，帮助企业解决实际困难，并在走访中落实企业专项扶持资金，受到企业欢迎。

（五）加强和谐园区建设

2009年闵行开发区扎实推进文明园区创建。组织首届开发区文明单位评比表彰工作，对7家首届开发区文明单位进行命名表彰并授牌，并通过组织开发区文明单位经验交流会，对文明创建工作进一步深化，推动了创建工作的深入开展。闵联公司也连续第二年被评为上海市文明单位。

同时，闵行开发区切实加强园区平安建

设。按照“平安世博”要求，组织多项社会广泛参与的活动，取得良好成效。此外，加强园区综合治理基础工作，配合完成园区内的“天眼”工程。落实具体措施，严格监控园区生产生活安全。积极宣传贯彻新《消防法》，加强安全生产管理，开展安全生产培训、安全生产隐患排查治理活动，强化特种设备安全保障工作。

三、2010 年发展思路

2010 年是闵行开发区发展的重要一年。开发区要认真学习贯彻党的十七大、十七届四中全会、中央经济工作会议和市委九届十次全会精神，以科学发展观为指导，按照“优化闵行、开拓临港、发展闵联”的战略，进一步解放思想，扎实工作，调结构，促增长，增效益，保稳定，实现闵行园区优化发展，临港园区积极发展。

（一）闵行园区的优化重在布局

一是谋划战略发展版图。闵行园区要以园区核心企业和企业集群为龙头，着力培养一批分别达到 100 亿、50 亿、20 亿能级的核心企业或企业集群，并以此为依托，力争为在“十二五”期间闵行园区销售收入、企业利润、上缴税收的总体规模再上台阶奠定比较好的基础，进一步提升产业能级，进一步壮大经济规模。

二是以重大项目为抓手。重大项目是园区发展的重要机遇。要以轨道交通产业为抓手，密切联系、沟通政府部门，做好协调工作，切实解决项目在土地、政策等方面的问题。精心准备商务谈判，配合企业的发展战略，不遗余力争取重大项目尽快落地，以期成为开发区未来发展的重要支撑力量。

三是积极推动与马桥的联动发展。要以轨道交通产业基地建设为契机，谋划、推进与园区毗邻马桥镇的战略合作。认真研究和思考利用马桥镇的土地资源，以及合作方式、运营模式和赢利模式，使开发区企业发展有空间，实现区域之间的良性互动、合作共赢、协同发展。

四是进一步构建高效的服务平台。开发区管理办在服务园区和企业、加强与企业的沟通联系等方面发挥至关重要的作用。要在新时期，适应当前的形势变化，不断加强和完善开发区管理办的组成和职能。尤其是争取政府部门的支持与合作，以更好地为企业发展争取资源，不断提升服务能力和水平。

（二）临港园区的开拓重在招商

一是立足高端招商，继续“走出去”招商。不断促进招商项目的高端化，积极引进具有较高产品附加值和产业带动力的项目；不断促进招商方式的多样化，大力开展区域联动招商和合作招商，加大项目储备。

二是重视产业集聚和配套功能，加强产业链招商和产业培育。充分利用装备产业区业已形成的产业基础，结合园区产业发展规划，围绕主导产业，利用产业链开展招商，做好产业对接。同时，积极引进或培育新兴主导产业，增强产业带动力。不断做大产业集聚规模，做长产业发展链条。

三是加强招商队伍建设，形成有利于招商的各种机制。不断强化培训机制，逐步形成压力和动力机制，大力推进全员招商的机制。

上海漕河泾新兴技术开发区

总经理
刘家平

一、概述

2009年，面对国际金融危机蔓延加深、产业结构调整压力加大等一系列严峻挑战，漕河泾开发区认真开展学习实践科学发展观活动，不断提升服务水平，优化投资环境，大力推动高新技术产业和高附加值现代服务业发展，实现了年初提出的“总体平稳、稳中有增”的经济目标。全年开发区实现销售收入1862.6亿元，比上年增长16.17%（其中第三产业收入564.9亿元，比上年增长33.32%），第三产业占开发区销售收入比例首次突破30%。；工业总产值1253.2亿元，比上年增长9.27%；区域生产总值562.1亿元，比上年增长18.6%；工业增加值350亿元，比上年增长10.85%；第三产业增加值211.8亿元，比上年增长34.06%；税收44.8亿元，比上年增长34.65%；利润79.3亿元，比上年增长42.97%；进出口总额176.8亿美元，比上年下降2.04%。

总公司办公大楼

2009 年主要经济指标完成情况表

指标名称	计量单位	2009 年	比上年(±%)
地区生产总值	亿元	562.1	18.6
其中:工业增加值	亿元	350.0	10.9
销售收入	亿元	1862.6	16.2
工业总产值(现价)	亿元	1253.3	9.3
税收收入	亿元	60.8	55.6
利润总额	亿元	79.3	43.0
出口总额	亿美元	137.0	-0.8
进口总额	亿美元	39.9	-6.0
新批准设立外商投资企业数	家	17.0	—
新增合同外资金额	亿美元	2.6	—
历年累计合同外资金额	亿美元	27.9	—
历年累计实际使用外资金额	亿美元	15.7	—

二、吸引外资

2009 年,漕河泾开发区招商引资走势向好,“一五一”格局初步形成。全年新引进中外企业 230 家,其中新批准设立外商投资企业 17 家,新增合同外资 2.6 亿美元。新进项目绝大部分为研发、总部、商贸类高附加值企业和机构。本部区域以“一部三中心”(地区总部、研发设计中心、运营结算中心、管理服务中心)项目为重点,如:安吉安星汽车服务、爱普拜斯医药仪器、宏碁信息技术研发、日华化学技术、德和威工程咨询、索爱斯汽车系统、三星机电、合富医疗、中石油上海销售公司、上海市软件评测中心等。现代服务业集聚区总部经济区迎来以首创“从低等级煤矿中提取高品质乙二醇”重大科技成果而闻名全国的金煤集团总部及技术中心入驻,集聚区首期与凯德的合作也初见成效,吸引了汇付网络、爱默生电气、雅马哈建设摩托车销售、麦当劳中国总部等知名企业入驻。除新进项目外,标志雪铁龙技术中心、中国中原工程、麦考林邮购等企业逆势飞扬,扩延发展。浦江园区以成功获批国家生物医药产业基地、上海市高新技术(新能源)产业基地和上海市生产性服务业功能区为契机,加速项目集聚。全球核能龙头企业法国阿海珐输配电中国技术中心项目奠基动工,尚德电力迎来首块薄膜太阳能组件出产,博太科电气、御能动力科技、豪泽涂层技术、惠家电器、魏德曼电力、卫利净化、嘉里物流、行者赛能光电池、南安机电、众志安防等一批内外资项目纷纷入驻园区;之江生物、拜特医疗、贝奥路生物材料进一步充实了园区的生物医药产业。截至 2009 年底,浦江高科技园已累计引进内外资企业 54 家,总投资额 12.02 亿美元,合同外资 4.82 亿美元。此外,泰科电子、华东光电分别与本部及浦江园区签订预约合同和合作意向书,为 2010 年的招商工作开了好头。

开发区根据产业和技术发展趋势,依托现有产业基础,扩展延伸产业链,大力发展电子信息支柱产业和新材料、航天航空、生物医药、汽车研发配套和环保新能源五大重点产业以及现代服务业支撑产业,二、三产业进一步融合发展,“一五一”产业格局初步形成。

2009年各高新技术产业门类主要经济指标完成情况表

产业分类	企业数（家）	销售收入（亿元）	利润总额（亿元）	出口总额（亿美元）	期末人数（人）
总　　计	1381	1862.64	79.32	136.96	133567
集成电路	81	91.79	2.59	8.83	10140
光通信及网络设备	143	83.65	5.16	0.72	7405
计算机软硬件	213	1136.65	21.92	122.86	56339
生物医药技术	56	29.30	5.76	0.23	2647
新材料能源及化工	65	66.48	5.09	1.13	3715
电子器件及数字电子	129	66.43	11.55	2.25	8766
仪表仪器及专用设备	165	69.91	3.28	0.44	8438
航天航空	14	32.11	1.50	—	6114
汽　　车	18	132.52	5.43	—	7069
其　　他	497	153.80	17.04	0.50	22934

2009年吸引外商投资情况表

国别（地区）（包括性质和类型）		2009年			累　计		
		企业数（家）	总投资（万美元）	占总额（%）	企业数（家）	总投资（亿美元）	占总数（%）
总　计		17	13920		708	55.81	—
美　国		1	57	0.41	158	12.11	21.70
中国香港		4	876	6.29	133	6.52	11.68
日　本		1	15	0.11	83	2.09	3.74
中国台湾		—	—	—	60	2.70	4.84
英国（包括英属地）		2	3200	22.99	72	6.10	10.93
新加坡		1	41	0.29	25	1.07	1.92
欧洲其他地区		5	6669	47.91	57	18.58	33.29
北美其他地区		1	3000	21.55	11	2.03	3.64
东南亚其他地区		—	—	—	17	0.18	0.32
澳　洲		—	—	—	4	0.05	0.09
其　他		2	62	0.45	88	4.38	7.85
类型	合资企业	1	41	0.29	98	13.77	24.67
	合作企业	—	—	—	4	0.24	0.43
	独资企业	16	13879	99.71	606	40.46	72.50
	生产型项目	4	12350	88.72	468	43.81	78.50
	非生产型项目	13	1570	11.28	240	10.66	19.10

开发区鸟瞰图

三、区域开发与建设

（一）规划建设扎实推进，储地动迁取得突破

2009年本部区域总建设面积约64.5万平方米。其中已竣工项目3个，面积5.4万平方米；续建项目4个，面积46.2万平方米；新开工项目两个，面积12.9万平方米。浦江园区2009年有两个项目开工，建筑面积16万平方米。此外，还上报科技绿洲三期项目方案设计；配合“大学生创业创新园”开园，对新联技贸大楼进行内外整修；配合“腾笼换鸟”工作，完成了对新芝地块厂房的全面清理整修。

2009年，开发区多个建设项目获得有关部门肯定，如：西区三期厂房A标工程（宝石园20号楼）获颁上海市优质工程“白玉兰”奖，国际商务中心（超高层）工程A标项目被市质监总站列为迎世博文明施工专项整治观摩工地。

在土地储备和动迁工作方面，积极争取闵行区支持，发挥与虹桥镇“区镇合作”机制效应。年内基本完成8个居民宅基地动迁工作，完成签约611户，签约率达到94%；协同新桥村对336家集体、租赁企业启动解约拆迁工作，已签订搬迁协议327家，完成搬迁308家，完成“万源”三、四期规划调整后土地出让手续工作；取得河南队地块储备土地批文，完成中环线3户居民的协议动迁。此外，还成立万川物业公司配合完成动迁居民的进户工作，确保征地动迁中的稳定局面。

浦江公司年完成C地块1900亩土地的征地农转用手续，累计完成6700亩土地农转用，占总规划面积的75%。协调闵行区和浦江镇两级政府，以定期联席会议方式推进动迁工作：年内共启动动迁量2247亩，涉及720户农民动迁；已完成625户动迁；实现拆平1562亩，确保了地铁广场、嘉里物流等项目的用地需求。

（二）双创体系继续健全，自主创新能力提升

2009年，漕河泾开发区进一步加大扶持自主创新和完善“双创”环境的力度，加快创新型科技产业园区建设，为大家做好服务。

1. 以大学生创业创新园为载体，建设就业、见习、实习“三位一体”基地，结合孵化器、留学生园建设，打造产、学、研合作交流平台。2009年4月开园的大学生创业创新园入驻率达到100%，吸引77家大学生企业的项目及配套服务机构入驻，提供就业岗位255个。孵化器建设方面，由区内7家孵化器、科技园组成的“孵化联盟”总孵化面积约27万平方米，在孵企业401家。

2. 打造中小企业融资平台，积极扶持企业上市。由漕河泾开发区与徐汇区共同出资并和交通银行徐汇支行合作成立运作了首期5000万元的科技型中小企业融资平台，已实际下发贷款39家次4100万元；与建行、工行、招行、上行、民生银行、浦发银行等建立战略合作，推出符合科技企业特性的金融创新产品；与专业机构合作，对拟上市企业开展上市个性化辅导服务。截至年底，全区已有在国内上市企业30余家，最近又提出拟帮助上市的39家中小科技企业名单。

3. 双创品牌服务做出特色，持续改善创新创业环境。召开政策咨询会、企业沙龙及培训讲座等各项活动；发布区产业帮困扶持资金项目、区导向型企业认定、浦江人才计划、小巨人企业认定等项目申报信息，推动孵化器企业入选小巨人企业；进一步推广双创培训品牌——“漕河泾双创大讲堂”，先后引进10多家知名培训机构，开展培训58次，培训3477人次，并将培训服务拓展至临港、浦江园区。

4. 启动“企业加速器”试点建设，接力后“孵化器”企业。率先在浦江双创园启动“企业加速器”试点建设，满足高成长性企业对资金、管理、人力资源等方面的个性化服务需求。已拥有高成长性企业26家，年销售额超过10亿元，销售和利润增长率30%以上。

5. 探索孵化器品牌建设。以开发区创新创业服务20周年为载体，举办“孵化器品牌建设研讨会”，形成双创服务品牌手册，与中国高新区协会合作出版《中国孵化器——品牌漕河泾》专刊，提升开发区“品牌园区”和“上海市著名商标”在全国的影响力。

6. 依托大张江资金，加强开发区自主创新能力和环境建设。2009年获批大张江发展专项资金4880万元支持(不包括徐汇、闵行区按1∶1匹配的资金)。专项资金重点支持高科技产业和高附加值服务业项目引进、生态工业园建设、创新创业培训服务、中介咨询服务、中小企业融资平台及大学生创业园建设。

7. 大力推动高新技术企业认定和技术先进型服务企业认定工作。至年末，区内经认定的高新技术企业共有206家，占全市总数的8.08%；经认定的技术先进型服务企业9家，占全市总数的8.6%。

8. 建设知识产权试点园区，加快知识产权产业化进程。举办知识产权宣传周、研讨会；组织专利工作者培训班，共43人参加并获上海市专利工作者称号；推荐10多家企业申报区自主知识产权资助申请、上海自主创新产品认定、区信息化资金项目和国家创新基金的创业计划，提高了开发区和企业知识产权创造、运用、保护和管理水平。先选择30家企业为重点关心和跟踪企业，将逐步扩大范围。

9. 整合区内外企业资源，推进公共设备和技术共享服务平台建设。汇集中国上海测试中心、微特检测、中国航空无线电电子研究所、上海大唐等14家企业205台仪器形成仪器共享服务平台，全年为区内企业提供服务1126次，服务金额750万元。

10. 继续深化服务外包示范园区建设。继续做好“千百十工程”服务外包人才培训工作，先后培训嵌入式软件工程师、软件测试工程师、网络工程师等服务外包人才814人次；推荐启明、PFU、文思创新、理光图像等16家企业申请商务部、上海市服务外包专项资金，获批591万元；开发区创业中心软件园职业培训中心被授予“上海服务外包人才培训基地”。

(三)服务功能日益完善，投资环境不断优化

面对2008年遭受金融危机冲击的严峻形势，漕河泾开发区上下热情帮扶企业，采取一系列具有漕河泾特色、体现差异性和前瞻性的服务措施。公司坚持“以企业为本”的服务宗旨，践行对企业“无事不插手，有事不撒手，好事不伸手，难事伸援手”的“四手理念”，遵循“对企业发展中需要解决的事，凡

能在开发区内办到的，及时解决；凡不能在开发区内办到的，协调有关部门关心解决”的“两项工作原则”。全年先后举办有针对性、有明确主题的现场会、座谈会、专题会、政策宣讲会等逾百次，走访企业、上门服务超过500人次。举办各种形式的银企对话活动11次，缓解企业融资难的问题。协调解决了区内不少企业在增资扩建、人才引进、集体户口、劳资纠纷、设备通关、商检质检等方面的困难。

2009年，开发区按照“一带、三圈、五点”开发区商业布局规划，进一步加强园区配套服务。引进一批金融机构、健康饮品、交通导航、便利商店、中西式快餐和咖啡馆等设施，完善商务服务布局；实施“一卡通”整合31家餐饮及商业服务资源，为企业员工提供便利；开通客户服务热线，成立统一的客户服务呼叫中心，为企业服务。

在人才建设方面，以企业需求为导向，“漕河泾人才网”为载体，为企业提供人力资源多元服务，内容涵盖人事代理、人员派遣、猎头服务和企业登记代理等，并将人力资源服务功能延伸到浦江高科技园和大学生创业创新园。此外，开发区企业协会人力资源专业委员会建立并举办企业人事经理沙龙，共同为创新型人才高地建设献计献策；人才培训方面，徐汇区——漕河泾开发区职业教育集团在开发区揭牌成立，建立了校企合作、“职前职后一体化”的人才培训新格局。

继续加强“三大园区”建设。双优园区建设方面，ISO9001质量管理体系和ISO14001环境管理体系持续改进，ISO14000国家示范区深化完善，以“环境改进两年行动计划”为抓手，结合“迎世博600天”活动，全力抓好“三网”（道路网、公交网、绿化景观网）优化建设，推广集中供热、冰蓄冷、共同沟、地源热泵、太阳能、雨水收集等绿色节能环保技术的应用，同时积极开展国家生态产业示范园的创建。数字园区建设方面，持续做好ERP维护工作，进一步完善招商模块、资产模块、物业公司设备管理系统，完成档案管理系统开发，完成地理信息系统首期，继续加强园区网络基础设施建设等。国际园区建设方面，在加强与原有国际姐妹园区交流联系基础上，2009年和加拿大渥太华研究与创新中心、意大利米兰工业家联合会、博洛尼亚工业家联合会、世界500强的联合圣保罗银行签订友好合作协议，谋求共赢发展。物业公司与英国莱坊的战略合作进入新阶段，双方签订《浦江高科技园地铁广场物业前期服务顾问协议》，为开发区高端物业管理打开新局面。华美达兴园酒店再次高分通过华美达集团年度质量评估，新漕河泾大厦酒店项目的改造及后续管理准备抓紧进行，保华万丽五星级酒店建设项目进展顺利，为国际园区提供高端服务配套。

（四）“走出去”战略有序推进，辐射“长三角”实质启动

为响应市委、市政府号召，进一步服从服务于上海产业合理布局和产业结构优化升级，推动长三角地区协调发展，2009年开发区在区域协调发展、产业梯度转移、“引进来”和“走出去”等方面进行了积极探索。

1. *缔结友好园区，谋求共赢发展。*与上海金山工业区、江苏吴江汾湖经济开发区、滁州经济技术开发区、杭州余杭创新基地、安庆经济技术开发区、四川都江堰科技产业园、成都青羊区绿洲产业园新结为姐妹园区，将国内友好园区的数量扩大到21个。加强与兄弟园区的干部交流，推动人员互访，互相交流开发、建设、经营、管理、服务经验。

2. *坚持牵线搭桥，推动区域合作。*以项目对接型为主要合作方式，以产业转移促进中心为平台，组织入驻平台的来自中西部16个省、区、市的人员参加一系列活动，推动产业项目对接，年底前已有20个项目明确意向，4个项目正式落地；知识产品集散中心年内征集并登记整理科技成果项目18项，新征节能环保领域项目100余项，并组织参加了“第三届中国（上海）中小创业项目展示会”

和“绿色世博节能减排技术洽谈会”。

3. 融入长三角，探索“一区多园”发展模式。在上海，与康桥工业区合力打造“漕河泾科技绿洲康桥园区”，将“科技绿洲”品牌效应拓展到浦东。同时，立足上海，融入长三角，与浙江省海宁市政府及海宁经济开发区于12月17日举行全面合作协议签约仪式，启动建设占地15平方公里的漕河泾开发区海宁分区。此外，与江苏盐城经济开发区合作共建漕河泾开发区盐城分区的合作也签约启动。

（五）增进企业交流，共建和谐文化

漕河泾开发区坚持以企业为本，努力创造快乐、人本、和谐的园区环境。“工商银行杯”篮球赛、浦江高科技园足球邀请赛、“农行杯”电子竞技大赛、迎世博“物业杯”棋牌赛等体育赛事的召开，充分展示各参赛企业的精神风貌和文化风采，加强了参赛企业之间的交流，增进了相互间的友谊，增强了开发区凝聚力。开发区传统文化项目——“相约漕河泾”走入第五个年头，全年组织5次活动，共有580名男女青年报名、245人次参与，并有8对青年喜结良缘。《庆国庆 迎世博 漕河泾开发区文艺演出》在徐汇、闵行区政府的大力支持下，获得了区内企业的倾情参与，13家企业奉献了一台精彩的节目向国庆献礼，为世博喝彩，1300余人应邀观看了演出。此外，开展了“再生电脑公益行”活动，组织区内企业先后捐赠500多台废弃电脑，“再生电脑公益行”漕河泾分中心已解决了39人就业，其中吸纳大学生13人。

上海化学工业区

管委会主任、
发展有限公司总经理
张耀伦

一、概述

2009年，是上海化学工业区自开发建设以来形势最为严峻的一年。面对国际金融危机的严重冲击，上海化学工业区深入学习实践科学发展观，坚决贯彻国家战略部署，全面把握宏观政策取向，按照市委、市政府“四个确保”的工作要求，自我加压，攻坚克难，全力以赴保增长、抓稳定、促发展，大力推进“两个基地”建设，实行金山、奉贤分区纳入上海化工区一体化管理，推进化工产业集聚，提升化工产业竞争力，为上海经济持续平稳较快发展做出了贡献。

2009年共批准项目31个，涉及投资总额10.9亿美元；完成固定资产投资94亿元，完成工业总产值434.3亿元，实现销售收入448.7亿元，完成各类税收收入26.6亿元；平均万元产值能耗为1.14吨标煤，同比继续下降。截至2009年底，化工区共注册成立企业53家，累计批准项目总投资148.77亿美元，累计完成固定资产投资792.1亿元，合同外资超过29.1亿美元。

2009年5月8日布登海姆开业典礼

2009 年主要经济指标完成情况表

指标名称	单　位	2009 年	2008 年	比上年(±%)
销售收入	亿　元	448.7	515.40	-12.90
工业总产值	亿　元	434.3	500.30	-13.20
实到外资	亿美元	1.2	0.93	29.00
(区内企业)进出口总值	亿美元	19.4	16.00	21.30

二、吸引外资

2009 年,化工区群策群力,细化各项对策举措,围绕"两个基地"建设目标和国家化工产业政策导向,严格依照《国家石化产业调整和振兴规划》,积极推进符合化工区发展规划的项目落户和实施。全年完成招商项目批准投资总额 10.89 亿美元,合同外资 2.42 亿美元,超额完成年初目标。

(一) 迎难而上,把招商工作放在更突出的位置

招商引资一直是上海化工区全部工作的重中之重,是化工区得以持续健康发展的关键。2009 年,持续蔓延的对国际金融危机也严重影响了化工企业的投资、生产和经营,这对做好招商引资服务工作提出了更高的要求。2009 年,化工区认真分析国内外宏观经济形势,积极研究应对措施,攻坚克难,全力以赴促进项目顺利落户、建设、投产。根据年初制定的招商计划,重点推进陶氏化学环氧氯丙烷和液体环氧树脂一体化项目(4.9 亿美元)、赢创德固赛甲基丙烯酸甲酯调整项目(1.12 亿美元)和西萨化工苯酚丙酮项目(2.06 亿美元),明确项目申报审批进度时间节点,落实专人跟踪进度和信息反馈,及时发现和解决项目审批进程中出现的问题。6 月底,陶氏化学环氧一体化项目和赢创德固赛 MMA 增资项目相继获国家发改委核准。11 月,西萨化工苯酚丙酮项目申请报告已完成评估,正式进入国家发改委核准程序。

2009 年 12 月 29 日华谊 ABS 开工典礼

（二）加强协调，建立一流审批服务环境

2009年，化工区抓住国内石化产业调整和振兴的机遇，按照区产业规划要求，对项目进行产业关联度、固定资产投资强度、产出能力、能耗水平、环境保护、经济和社会效益等因素的综合评价，力推项目的申报和审核。为此，化工区制定《上海化学工业区拟投资项目情况征询表》，在申报前期着手介入项目原料消耗、能耗水平、三废排放以及用地情况等内容调查，对不符合化工区产业导向、规划、土地、环保等要求的项目，要求项目单位予以调整，为有效提高化工区整体投资效能把好第一道关。同时，根据上海市出台的有关内资项目核准（备案）、外资项目核准管理办法及程序性文件，结合企业项目申报，仔细研究梳理政策调整程序与实际操作执行之间的矛盾和问题，制定相应的化工区内外资企业投资项目办理程序告知单，并适时地申请将化工区外资企业设立及章程的审批权配套地调整为1亿美元以下，获得市商务委核准同意。年内，化工区自行核准或协助核准外商投资项目10个，核准或备案内资项目11个，出具项目复函6个，办理外商投资企业章程（合同）调整事项8次，办理外商鼓励类项目确认3次。

（三）主动出击，积极拓展后续招商项目和途径

为实现可持续发展，延续持续向好的招商形势，化工区进一步推进项目储备工作。2009年，在仔细梳理已掌握的项目信息基础上，调研区内产业链和国内外化工企业状况，分析筛选潜在招商对象，制定年度“走出去”招商计划。然后分批分次走访金融危机受灾最重的欧、美化工企业，拜访了美国陶氏化学、英威达化学、亨斯迈化学等企业总部以及香港陶氏化学、巴斯夫化工亚太区总部，对其介绍中国经济复苏和市场恢复情况，坚定其后续投资信心，同时为某些项目公司积极接洽有实力的国内骨干化工企业，寻找新的强强合作。截至年底，化工区储备项目比较丰富，有些项目已进入项目申报程序。

（四）狠抓落实，推进已批项目落地开工

金融危机爆发后，众多跨国化工企业的投资计划实施变得举棋不定。为努力使历经千辛万苦才获得批准的三菱瓦斯PC等项目早日落地动工，重树投资者的开发信心，化工区及时上门宣传中国政府应对危机的各项措施，坚定其对化工区的投资信心。在三菱瓦斯看好中国市场未来走向作出项目投资不变的决定后，我们立即介入其项目公司成立审批申报准备工作，主动与市商务委、工商局协商其公司设立审批权限及程序事宜，并积极协助其办理成立手续，最终，三菱瓦斯项目公司的设立顺利在上海完成审批，为项目开工建设争取了时间。

2009年，化工区获批准外商投资项目9个，涉及投资7.67亿美元，合同外资2.42亿美元。其中，外商直接投资生产型项目9个，非生产型项目0个。

2009年吸引外资情况表

投资方式		批准外商投资项目		实到外资金额（万美元）
		项目数（个）	总投资额（万美元）	
合　计		9	7.67	11972
外商直接投资		9	7.67	11972
其中	合　资	—	—	170
	独　资	9	7.67	11802

2009 年外商直接投资产业类型分布情况表

行业(或产业)	项目数		投资总额(万美元)		实到外资(万美元)	
	个数	占比(%)	金额	占比(%)	金额	占比(%)
合　计	9	100	7.67	100	11972	100
生产型项目	9	100	7.67	100	11972	100
非生产型项目	—	—	—	—	—	—

2009 年,上海化工区外商直接投资来自比利时、德国、美国、日本、印度、中国澳门等 6 个国家和地区。

2009 年外商投资主要来源地情况表

国别(地区)	项目数(个)	投资金额(万美元)	国别(地区)	项目数(个)	投资金额(万美元)
美　国	2	50661	印　度	1	840
德　国	3	12758	比利时	1	498
日　本	1	6186	中国澳门	1	5758

历年累计外商投资情况表

性质	企业数(个)	总投资额(万美元)	总合同额(万美元)
合　计	31	1056686	291815
合资企业	12	592911	104544
独资企业	19	463775	187271

三、对外贸易

2009 年出口额排名前 3 位企业情况表

企业名称	出口额(万美元)	占比(%)	比上年(±%)
拜耳(上海)聚合物有限公司	13623	31.6	45.31
拜耳(上海)聚氨酯有限公司	6964	16.2	—
拜耳涂料系统上海有限公司	6621	15.4	-18.76

上海嘉定工业区

党工委书记、管委会常务副主任、开发(集团)有限公司董事长郁建华

一、概述

上海嘉定工业区是经上海市人民政府批准的市级工业园区,地处上海西北部,园区分南区和北区两大重点区域,总面积为78平方公里,常住人口10.5万。南区区域内先后创立了国家级高科技园区、国家留学人员嘉定创业园区、中科高科技园区等。北区以高科技、高效益、环保型的现代制造业为产业导向,包括以汽车零部件、光电子信息、精密机械制造、工业设计、生产性服务业为主。区域内还成立了面积有3平方公里的国家级嘉定出口加工区。产业创新中心区位于嘉定工业区北区的核心地块,以工业设计为核心,兼备产业科技研发、示范和总部经济等配套服务业,满足区内汽车零部件、光电子、精密机械制造、出口加工等产业发展的要求,在形成产业互动的同时,整合产业链,完善产业结构,实现产业新高地的集聚效应。中心区根据功能主要划分为产业板块、总部经济板块、公共服务板块和政务

上海大众动力总成有限公司总成第五十万台发动机下线

管理板块等。中心区包括上海大学科技园嘉定产业化基地和复旦大学复华科技创新园区。

嘉定工业区于2004年初通过了ISO9001质量认证体系和ISO14000环境国际认证。园区内道路、上水、电力、燃气、污水、雨水、通讯、场平等“七通一平”基础设施齐全，至2009年底，已吸引了来自世界20多个国家和地区1000多家投资商落户，项目总投资超过98亿美元。

2009年，嘉定工业区共实现国内生产总值95.6亿元，比上年增长17.6%；完成工业总产值450亿元，比上年增长30.2%，其中规模以上企业完成产值390亿元，比上年增长3%；实现税收总额26.04亿元，比上年增长13.96%；实现地方财政收入5.45亿元，比上年增长10.5%（不包括市级企业分成部分）；其他各项经济指标均取得较大幅度增长，超额完成了全年制定的经济目标。

2009年，嘉定工业区共完成引进外商投资总额8.4亿美元，合同外资2.39亿美元，外资到位1.5亿美元，实现外贸直接出口13.96亿美元。从招商引资完成情况来看，外资较上年增长15.8%。引进项目的投资规模、质量有较大提高，产业优势特点比较明显。

上海中科深江电动车辆有限公司
与中国科学院电动汽车研发中心外景

二、区域开发与建设

（一）园区各项建设顺利推进

全年完成开工项目51个，项目总投资85亿元。年初确定的52个重点工业项目，已有46个正式开工建设。围绕重点项目的建设落地，规划建设部和招商部门以及各相关部门全力协调，相互配合，确保一批重大项目顺利建设和投产，同时还加快了南区一批动迁企业的开工建设。南门商务圈内嘉创国际商务大楼、金宇豪五星级酒店、南北周动迁基地等项目建设工作，以及高科技园区总部基地的动迁规划等各项工作加速推进。北区的各项基础设施建设进一步完善，完成了嘉朱公路一期，以及园区内8条道路的建设和水、电等配套设施建设，北区核心区内污水纳管率达到100%。完成了产业园区内道路及市政配套等工作。动迁工作顺利推进，累计完成动迁基地5块，拆除农居户361户，企业188家，拆除各类违章建筑158处，总拆除面积达12万平方米。重点建设项目加速推进。胜辛路菜场地块的动迁和改造工程已正式启动，朱桥学校、幼儿园、社区卫生服务中心也已正式开工，社区文化活动中心以及企业培训中心、广告总部一期工程即将开工建设。

（二）社会各项事业协调发展

围绕保民生、保稳定的总体工作要求，社会各项事业进一步协调发展。就业和社会保障体系不断完善。全年新增就业岗位6500多个，推荐就业1500多人。全年除了缴纳各类社保资金1.2亿元以外，发放征地养老生活费9000多万元，镇保劳动力生活补贴4000多万元，实施了第二批1154名农村居民土地换保障工作。不断加大对各类重点优抚对象的救助力度。全年共有1.7万多人次获得社会救助金共计2000多万元。社会稳定和综合治理进一步加强，平安建设十二项实事工程全面完成，完成了北区图形监控设施和小区技防建设全覆盖。“两个实有”试点工作通过市内验收，来沪人员管理进一步加强。积极完善信访维稳机制，强化了对信访工作责任制的落实，一批历史遗留问题得到有效化解。社区创建和管理工作进一步深化。全面推进和谐创建和市级文明社区建设，小区综合管理和实事工程有序进行，结合迎世博600天行动计划，完成了10万平方米旧小区综合改造工程。社会各项事业稳步推进，社区卫生服务的综合改革进一步深入，科技、教育、计划生育等方面也取得了较好的成绩。全年用于民生方面投入3亿多元。

（三）迎世博工作深入推进

按照迎世博工作的总体要求，各项整治工作和文明创建工作取得了较好成绩。坚持完善机制，形成合力，确保行动计划落到实处。坚持把迎世博工作与提升园区形象、改善民生工作和加强文明创建紧密结合起来，着力提高辖区环境文明、秩序文明和服务文明指数。进一步加强了对客运站、主要商业街、集贸市场、北部集镇等重点区域环境综合整治力度，累计拆除违章搭建3.3万多平方米。坚持突击和长效相结合，加强督促检查，加大整治力度，完善管理措施。同时广泛社会动员，积极开展“文明快递行动”、“文明承诺”、“志愿者服务我奉献”等主题实践活动，努力提升居民文明素质。

三、对外经济贸易

（一）吸引外资

2009年嘉定工业区共引进合同外资2.39亿美元，新批准外商投资企业46家，增资企业17家。

2009年吸引外资情况表

吸引外资方式	批准外资项目数（个）	合同外资（万美元）
合　　计	63	23940.7
外商直接投资		
其中:合资	7	1825.2
独资	56	22115.5
其中:增资	17	6710.0

（二）对外贸易

嘉定工业区2009年完成外贸出口额13.96亿美元。

四、2010年发展趋向

（一）坚持以二三产融合发展为重点，加快产业结构调整优化

嘉定工业区要按照区委、区政府提出的坚持“两个融合”的发展要求，把促进二三产融合发展作为当前调结构、促转型的重要举措，着力推进三个“转变”。一是注重由依靠二产发展向二三产并重发展转变。二是注重由规模扩张向能级提升转变。三是注重由要素驱动向科技创新转变。同时，结合工业区特点，加快农业产业结构调整。加强农村流转土地的经营管理，着力推进农业产业化、合作化经营模式，扶持农业品牌建设，加大对特色农业，品牌农业的扶持力度，提高农业规模化经营水平，促进农业增效，农民增收。

（二）坚持以产城融合发展为重点，加快推进园区城市化建设

紧紧围绕嘉定区城市化快速发展的契机，按照产城融合发展的要求，在加快推进产业化进程中，加速园区城市化建设，以产业化推进城市化建设，以城市化建设带动促进产业化发展，提升园区城市化发展水平。一是进一步加快南门商务圈建设。二是进一步加快北区城市化建设进程。三是进一步加大动迁工作力度。四是进一步加快项目建设速度。

（三）坚持以创新招商思路为重点，进一步加大招商引资力度

招商引资是工业区重中之重的一项工作，是当前调结构、促转型的重要保证，嘉定工业区将切实创新招商思路，加大招商引资力度。一是进一步转变招商观念和招商方式。工业区将按照内、外资并举，先进制造业、现代服务业并举，实地型和注册型并举的原则，实现招商引资与招商选资结合，招商引资与集约利用土地、转变发展方式结合，招商数量与质量结合。开展多形式、多领域的招商活动。二是进一步提高招商质量。结合产业发展要求，加大对重点项目、功能性项目、高新技术产业项目，先进制造业以及总部型、研发型、销售型、创意产业、软件信息和电子商务等行业的招商力度。三是进一步强化招商服务。切实加强招商队伍建设，落实招商目标责任制，提高招商引资的能力和水平。创新服务理念，拓展服务平台，完善服务体系，争创服务品牌，以优质服务增强区域竞争力。

上海松江工业区

管委会主任
吴建明

一、概述

2009年,松江工业区紧紧围绕"班子团结、实力增强、面貌改变、水平提高、贡献增大"的工作要求,深入贯彻落实科学发展观,全力以赴,积极推动"保增长,促发展"各项政策的落实;强化企业服务工作,携手企业共克时艰,积极应对国际金融危机,确保经济社会的平稳发展。

2009年,在国际金融危机的严重影响下,松江工业区经济呈现了先抑后扬的走势。

一是工业产能恢复明显,利润趋于平稳,工业增加值回升。全年完成工业总产值2139亿元,比上年下降13.9%;增加值161亿元,比上年上升4.4%;销售收入2133亿元,比上年下降12.4%;利润总额30.3亿元,比上年下降2.1%;出口创汇258.6亿美元,比上年下降13.8%。

二是税收、地方财政收入继续较快增长。全年完成税收30.25亿元,其中地方财政收入6.5亿元,按可比口径分别上升11.5%、7%。从税收结构看,增值税、营业税、企业所得税、个人所得税分别为14.53、1.31、9.87、4.12亿元,分别比上年上升25.4%、12.3%、3%、3.4%。

三是固定资产投资大幅下降。共完成固

上海松江出口加工区A区一角

定资产投资17.3亿元,比上年下降46.2%。

四是就业形势逐季好转。经济形势好转带动就业形势逐季好转,1—4季度末从业人员分别净增-1.26、1.07、1.04、0.66万人。年末,列入统计的工业企业在岗职工16.5万人,同比增长10%。

2009年主要经济指标完成情况表

指标名称	单 位	2009年	2008年	比上年(±%)
工业总产值	万 元	21392173	24850135	-13.9
增 加 值	万 元	1611023	1543628	4.4
销售收入	万 元	21330589	24338526	-12.4
出口创汇	万美元	2586122	3000250	-13.8
利 润	万 元	302689	309084	-2.1
税 收	万 元	302486	271380	11.5
固定资产投资	万 元	173482	322749	-46.2

二、吸引外资

2009年,工业区引进外商投资总额5.27亿美元,合同外资2.15亿美元。新批项目22个,总投资3.3亿美元,比上年增加111%;合同外资1.28亿美元,比上年增加67.4%;实到外资2.17亿美元,比上年减少50.6%。增资项目24个,总投资1.96亿美元,比上年减少55.7%;合同外资0.87亿美元,比上年减少60.2%。

新批项目均为外商独资项目;增资项目中合资项目2个,独资项目22个;投资方涵盖了18个国家和地区。

2009年吸引外资情况表

吸引外资方式	项目数(个)	批准外资企业		合同外资	
		总投资额(万美元)	比上年(±%)	外资金额(万美元)	比上年(±%)
新批准	22	33115	111.0	12799	67.4
其中:合资	—	—	—	—	—
合作	—	—	—	—	—
独资	22	33115	143.6	12799	85.8
增资	24	19634	-55.7	8702	-60.2
其中:合资	2	1004	204.2	535	167.5
合作	—	—	—	—	—
独资	22	18630	-57.6	8167	-62.3
实到外资	79	—	—	21673	-50.6

22个新批项目中,生产型项目14个,投资额2.37亿美元,占投资总额的71.6%;实到资本0.93亿美元,占实到总额的72.4%。非生产型项目8个,投资额0.94亿美元,占投资总额的28.4%;实到资本0.35亿美元,占实到总额的27.6%。

2009年引进外资行业(或产业)分布情况表

行业(或产业)	项目数		投资总额(万美元)		注册资本(万美元)		实到外资(万美元)	
	个数	占比(%)	金额	占比(%)	金额	占比(%)	金额	占比(%)
合计	22	100.0	33115	100.0	12799	100.0	12799	100.0
生产型项目	14	63.6	23694	71.6	9263	72.4	9263	72.4
非生产型项目	8	36.4	9421	28.4	3536	27.6	3536	27.6

2009年新批外资项目情况表

单位:万美元

序号	企业名称	来源地	总投资	合同外资
1	庄信万丰雅佶隆(上海)环保技术有限公司	中国香港	9000.0	3000
2	高迪环保科技(上海)有限公司	美国	9000.0	3000
3	东良仓储设备(上海)有限公司	日本	7500.0	2500
4	领鲜食品(上海)有限公司	维尔京群岛	2500.0	1500
5	莘字丰(上海)有机硅科技有限公司	中国香港	1500.0	600
6	上海智广投资管理有限公司	英国	1000.0	500
7	普欧(上海)投资管理有限公司	澳大利亚	600.0	300
8	万代半导体元件(上海)有限公司	中国香港	492.0	350
9	松下电工电动工具(上海)有限公司	日本	420.0	210
10	上海爱森思压缩机有限公司	中国香港	300.0	248
11	上海灿裕贸易有限公司	中国台湾	200.0	150
12	捷光精密电子(上海)有限公司	萨摩亚	143.0	100
13	锦邑纺织品(上海)有限公司	文莱	140.0	100
14	法雷肖马特电气保护系统(上海)有限公司	日本	110.0	85
15	庆霖贸易(上海)有限公司	中国香港	50.0	35
16	梯伦豪斯机械(上海)有限公司	美国	42.8	30
17	纽申澳贸易(上海)有限公司	新西兰	28.0	20
18	丰佑贸易(上海)有限公司	中国香港	22.0	16
19	普硕商贸(上海)有限公司	英国	21.0	15
20	惠登光电科技(上海)有限公司	文莱	20.0	20
21	佼佼意人食品(上海)有限公司	意大利	20.0	14
22	上海菲欧电子有限公司	法国	6.0	6

2009 年外资增资项目情况表

单位:万美元

序号	企业名称	来源地	总投资	合同外资
1	道康宁(上海)有限公司	美国	6000	2000
2	上海凸版有限公司	日本	2900	1175
3	富士达电梯配件(上海)有限公司	日本	2415	966
4	上海东培企业有限公司	中国台湾	2000	657
5	星科金朋集成电路(上海)有限公司	新加坡	1000	990
6	上海阿海法配电互感器有限公司	德国	840	420
7	上海昭和汽车配件有限公司	日本	800	400
8	阿克苏诺贝尔特种化学(上海)有限公司	荷兰	705	353
9	大立光电复合材料(上海)有限公司	中国香港	620	310
10	跃群电脑(上海)有限公司	维尔京群岛	500	250
11	小川香料(上海)有限公司	日本	420	210
12	碧彩(上海)衡器技术有限公司	德国	420	210
13	安士能电器(上海)有限公司	德国	174	122
14	上海星南包装有限公司	新加坡	164	115
15	美细耐斯(上海)有限公司	韩国	140	100
16	新考思莫施电子(上海)有限公司	日本	140	100
17	伟本机电(上海)有限公司	中国香港	111	111
18	上海捷科工具有限公司	中国香港	100	70
19	三晟化工(上海)有限公司	中国香港	50	40
20	佼佼意人食品(上海)有限公司	意大利	50	36
21	创值精密机械(上海)有限公司	新加坡	35	25
22	格临达机械(上海)有限公司	德国	20	15
23	奥森太珂半导体(上海)有限公司	美国	20	20
24	安际联(上海)贸易有限公司	丹麦	10	7

截至 2009 年底,松江工业区共引进外商投资企业 426 家,总投资额 85.87 亿美元,注册资本 39.06 亿美元。其中,合资企业 49 家、合作企业 9 家、独资企业 368 家。

历年累计外商投资情况表

性质	企业数(家)	总投资额(万美元)	注册资本(万美元)
合计	426	858728	390663
合资企业	49	100452	53419
合作企业	9	14264	6766
独资企业	368	744011	330478

上海松江出口加工区B区一角

三、区域开发与建设

2009年,松江工业区根据自身发展现状,把促进产业转型作为重要发展思路,在坚持发展先进制造业的前提下,由单纯的土地出让向土地经营转变,把工业区发展的着力点放到加快产业结构优化升级上来,放到产业发展质量和效益上来,努力推动产业结构的优化升级。

一是先进制造业加速升级。引导企业内涵式发展,增强核心竞争力。全年培育“上海市科技小巨人培育企业”1家,创建区级技术中心2家,成功申报区“产学研创新项目”5个,成功申报市、区节能技术改造项目13个,51家企业成功申请专利62项。

二是现代服务业加速发展。着力提升园区产业能级,做好“优二进三”的文章,发展以总部经济区为代表的现代服务业,由工业区控股与成都置信合作开发的总部经济区项目、与中国纺织工业协会合作开发的时尚硅谷项目已初步形成合作框架。

三是动拆迁工作稳步实施。围绕“沪杭客运专线、金山客运专线、绿色通道项目”等重大项目动迁及非项目动迁两个中心推进动迁工作,共计完成231户农户动迁。在动迁逐步深入的基础上,全面完成西部5个村的撤村撤队工作,涉及80个生产队,4469户,21973人,土地总面积26072.62亩,总补偿资金8.8174亿元,兑现资金5.4396亿元。

四是基础设施建设加速推进。盘活闲置土地137.56亩;批准企业基建项目34个,建筑面积574821平方米,总投资8.77亿元;正式启动加工区A区功能拓展工程;新增绿化面积17万平方米。

五是党群建设取得新的突破。深入开展学习实践科学发展观活动,工业区1866名党员参加活动,接受教育,取得了实效。全年发展新党员29名,转正党员67名。新建企业党组织8家,企业工会35家。

2010年,松江工业区将在松江区委、区政府的正确领导下,把握经济企稳回升的良好态势,以科学发展观为指导,转变发展理念,坚定信心,振奋精神,迎难而上,努力拼搏,为松江的经济建设和社会发展做出新的更大贡献。

上海市莘庄工业区

党工委书记、董事长
王备军

一、概述

2009年，国际金融海啸的影响全面显现，园区实体经济受冲击较大，特别是以出口为主的外资企业生产滑坡较严重。按照闵行区委、区政府的要求，在工业区党工委的正确领导下，园区上下团结协作，积极应对，勤奋务实，开拓创新，基本完成了年初制定的各项目标任务，实现了“保增长”的目标，出色完成了“迎世博，促和谐”等任务，园区经济逆势上扬，税收依旧取得两位数增长，园区建设和社会管理各项工作也取得了较好成绩。

至2009年底，园区共吸引投资总额60亿美元，合同外资26亿美元，到位外资17亿美元，落户园区的外资企业324家，其中世界500强投资的企业44家，投资额1000万美元以上企业86家；研发企业33家，占落户企业总数的10%左右。

工业区党工委书记、董事长王备军(中)参加商会年会，与外企领导亲切交流

2008 年主要经济指标完成情况表

指标名称	单位	2009 年	比上年(±%)
财政总收入	亿元	50.8	20.0
地方财政收入	亿元	11.7	17.5
增 加 值	亿元	127.6	6.0

二、吸引外资和出口贸易

席卷全球的金融危机对世界各国的经济产生持续影响，招商引资工作面临了前所未有的困难。园区充分利用金融危机下西方国家制造业加速向亚太新兴市场转移和全球制造业重新布局的契机，结合工业区成熟的配套优势及三大支柱产业优势，以大项目为切入点，积极开展工作，努力实施重大项目带动战略。年内成功引进了西门子摩根和施耐德等大项目。

（一）招商引资主要举措

创新招商模式，积极培育新能源产业集群。新能源产业是上海高新技术产业发展的九大重点领域之一，闵行区是市新能源产业基地之一，工业区规划 500 亩土地用于发展新能源。招商工作也及时调整了方向，年内接待并洽谈的新能源项目近 10 个，并正在推进中。

深化服务，推进总部经济实质性发展。本着“成就他人就是成就自己”的精神，从服务意识、架构、方式、效率、质量等方面全面提升服务质量，以适应和推进当前新形势下的招商工作，有效引导部分有实力、有潜力的外资企业设立研发中心、营运中心和各类总部机构，以带动园区产业结构的升级和整体经济实力的提升。

适时适度调整项目准入门槛，提升产业集约水平。鼓励一批附加值高、投资规模大、经济效益好、污染程度低的项目落户。同时，实行供地量与投资额、产出效益以及建筑密度、容积率等指标挂钩，并加强闲置土地的清理整顿，年内已成功收回了一些地块，并已重新招商出让，充分盘活了闲置土地，提高了土地利用率。

2009 年共计成功引进合同外资 1.11 亿美元，引进新项目 15 个，增资项目 20 个，实到外资 1.12 亿美元。新引进或追加总投资 1000 万美元以上项目共计 5 个，世界 500 强项目 1 个，新设生产企业 4 家，工贸企业 3 家，贸易企业 3 家，服务企业 5 家。新引进外资批租项目的平均投资密度（注册资本）为 205 万美元/亩；租赁厂房项目的平均投资密度（注册资本）为 59 万美元/亩。

（二）招商引资的主要特点

引进的项目仍以三产为主。引进的 15 个新项目中，仅有 4 个为生产性项目，其余 11 个均为贸易、工贸、服务等各类现代生产服务业项目。

新能源产业特色招商初见成效。年内有日本睿光、美国亚申通 4—5 个新能源项目正在推进中。

总部经济掀起小高潮。年初，上海市及闵行区纷纷出台鼓励跨国公司设立总部的政策，经过多渠道的宣传，工业区内有一批企业正在设立或有意向设立投资性地区总部或管理性总部。

新投资项目信息少。全球经济尚未走出低谷，外商投资谨慎，新投资项目信息非常少，工业区内增资项目数量及金额较往年大幅下降。

（三）出口贸易

2009 年，园区企业共实现出口 115.3 亿元人民币，占工业总产值的 25.4%，比上年下降 36.9%。

2009年出口额排名前10位企业情况表

单位:万元(人民币)

序号	企业名称	出口金额	比上年(±%)
1	上海电气电站设备有限公司	174872	-26.4
2	奥特斯(中国)有限公司	159371	-9.2
3	上海广电NEC液晶显示器有限公司	65054	-84.6
4	上海安费诺永亿通讯电子有限公司	54792	40.2
5	电气硝子玻璃(上海)有限公司	41877	-31.8
6	芯发威达电子(上海)有限公司	36035	139.6
7	上海大金空调有限公司	35119	-41.6
8	上海赛博电器有限公司	33982	-29.6
9	上海莘威运动品有限公司	30722	3.1
10	喜利得(上海)有限公司	30386	-10.9

工业区管委会主任、总经理金慧明(左)走访慰问上海赛博电器有限公司,与赛博公司总经理范建力亲切交谈

三、区域开发与建设

(一)高起点规划生产性服务业集聚区

抓住建设高铁、城际高速、空港等综合交通枢纽这一机遇,在竞争中抢先一步,规划建设一个具有集聚效应和辐射效应的生产性服务业集聚区。集聚区定位于高科技、高生态、高人文的现代生产性服务业,营造人与自然和谐共生的环境,将生产场所与交流场所融为一体,将工作场所交融于自然之中。充分利用已落户的企业资源,依托三大支柱产业和两大产业高地,将市场消费对象主要确定为商务服务业、跨国公司与民营企业总部、保

税营销中心、研发中心、高科技产业项目等。主要建筑物满足高科技产业使用的工业厂房、研发或总部基地、创业园基地、服务性公建配套。

（二）稳步推进生态园区创建和节能降耗工作

工业区创建国家生态工业示范园区顺利通过市级验收，达到了国家《综合类生态工业园标准》。年内园区正全力冲刺，做好生态园区国家级验收准备工作，确保莘庄工业区生态工业示范区国家级验收工作顺利进行。全年抓好重点用能企业的节能减排工作。园区制定了具体的行动方案，确定46家企业作为节能降耗工作的重点对象，35家重点企业与园区签订《2009年节能减排责任书》，这些企业的能耗水平下降对完成整个园区的全年节能减排工作目标起到了决定性的作用。

（三）基本完成村级集体经济改革工作

莘庄工业区村级集体经济产权改革工作从2007年5月准备工作开始，2008年2月工作正式启动，2009年6月成立上海莘庄工业区社区股份合作社，积极自愿入社的村民有7057人，社员入社资金1.12亿元。集体经济产权改革工作的成功完成，为集体经济的发展迎来了新的机遇，也为失地农民分享改革开放成果建立了长期稳定的机制。

（四）有序推进城市管理大联动机制试点工作

按照闵行区委、区政府关于开展“大联动”试点工作的相关文件及会议精神，成立以党政主要领导为负责人的试点工作领导小组，并着手建立闵行区“大联动”中心莘庄工业区分中心。对街面（区域）及住宅小区进行网格化管理规划，整合社保队、城管等所有相关队伍力量，各司其责，实现全天候、全方位管理。同时加强各支队伍的信息沟通，实现无缝化衔接，完善配合机制，保证执法工作的有效开展，进一步提高城市管理的效率和水平。通过一系列强化保障、加大支持的措施，试点工作有序推进。

（二）园区重大项目介绍

中国电信视讯运营中心

2009年11月12日，中国电信视讯运营中心在上海浦东金桥出口加工区正式挂牌成立。“天翼视讯”客户端产品也同时向中国电信全国用户提供服务。用户不仅可以通过WAP方式来收看电视直播节目、点播节目，更可以通过客户端方式来更清晰有效地观看各类视频信息和内容。这一系列的动作标志着中国电信基于TV屏、PC屏、手机屏的三屏内容共享和互动的融合视频产品正式展现于公众眼前。通过电视、电脑、手机就可实现三屏同看、精彩推荐、视频分享、三屏监控、三屏通信等强大的三屏互动功能，用户可以随时随地不间断地享受宽频通信带来的超酷体验。

中国电信视讯运营中心正式挂牌运营，是全面落实中国电信和上海市政府签署信息化战略合作协议的重大举措。该中心的成立，标志着中国电信在全业务经营时代，将发挥综合信息服务提供商优势，整合全国资源，打造手机、电视和个人电脑三屏互动的融合视讯产品，也标志着广大居民从这天起将真正可以体验3G与有线宽带结合所带来的生活视听方式的改变。视讯中心将立足当前，着眼长远，制定中国电信视讯业务的发展规划、合作策略、商业模式；实现视讯业务的统一开发、深度运营和规模推广。构建一个标准统一、完全开放的平台架构，让广大用户、CP/SP、媒体公司、第三方机构等共同参与，从而形成一个产品丰富、交易活跃的内容交易平台。最终，构建一个蓬勃发展、和谐共赢的视讯产业生态链。

中国电信视讯运营中心项目，选址新金桥大厦27层作为初期阶段的办公楼，2010年下半年会进驻金桥 Office Park I 期，选择整幢7000平方米研发楼作为未来中心的运营办公大楼。

通用（中国）投资有限公司

通用汽车（中国）投资有限公司是通用汽车公司在上海建立的独资企业，也是通用汽车公司在中国的合资企业的投资方。通用汽车中国园区位于上海浦东新区金桥出口加工区，国际运营部及中国总部等在华运营和业务机构座落于此。

通用汽车在华建立10家合资企业和2家全资子公司，分别进口、生产和销售别克、雪佛兰、凯迪拉克、欧宝、五菱、解放等品牌的系列产品。所提供的产品系列之丰富位居所有在华跨国汽车企业之首，涵盖中高档轿车、多功能旅行车、紧凑型轿车、微型车和轻型卡车等。2009年通用汽车销售创历史新高，销售量共计1826424辆，比上年增长66.9%，连续5年在中国市场领先于其他跨国汽车制造商。通用汽车公司及其在华合作伙伴上汽集团是中国2010年上海世博会全球汽车联合合作伙伴。

通用汽车通过不断推出高品质、前瞻性设计、燃油经济性更佳的新产品，积极履行以消费者为核心的全新公司战略。通用汽车在华的发展愿景是：携手战略合作伙伴，致力于成为中国汽车工业的最佳参与者和支持者。通用汽车一直秉持着：立足中国、携手中国、用心中国的理念，希望能成为中国汽车产业前进和发展的推动者和积极力量，能为中国的发展做出力所能及的贡献，合作双赢，共同发展。

通用汽车始终将自己视为本地社会的一员企业公民，积极履行企业公民的社会责任，致力于与中国人民共建更安全、更清洁、更健康的家园。

现代服务业集聚区总部

漕河泾现代服务业集聚区总部园区，位于漕河泾新兴技术开发区古美路西侧，占地面积5.38万平方米。项目总建筑面积15.5万平方米，其中地上面积11万平方米，地下面积4.5万平方米。项目针对跨国公司、国内高端客户的地区总部进行设计，由6幢8—16层的小高层写字楼及1幢2层的服务中心组成。总部园委托国外著名设计事务所“日本设计”进行设计，园区各项规划功能将合理进行布局。该项目将于2010年一季度落成并投入使用。该园区主要定位于总部经济，目标引进跨国公司及国内外著名企业设置企业总部或研发中心，目前已有多家跨国公司和国内知名企业有意向入驻。

新漕河泾国际商务中心

新漕河泾国际商务中心位于上海漕河泾新兴技术开发区漕宝路与桂平路路口，总建筑面积为18.8万平方米，共38层，分A、B两个分区，按甲级写字楼标准装修，为漕河泾开发区内地标性建筑。A区和B区的标准层面积约为1700平方米，可供办公招商建筑面积约为12万平方米。大厦裙房面积为1.2万平方米，定位为商务配套服务，内设餐饮、银行、咖啡座、便利店及商务中心等服务设施。新漕河泾国际商务中心将于2010年年底前交付使用。

科技绿洲园区

位于上海漕河泾新兴技术开发区的科技绿洲，三期规划用地面积约11万平方米。建筑面积约为24万平方米，北邻宜山路，南侧为田林路，东靠已经建成的一期、二期园区，西侧为合川路。三期园区主体为5000—8000平方米独幢办公楼，地下室配备停车位。2009年底前已完成施工前各项准备工作，将按计划于2010年开工建设，2012年竣工。

上海三菱自动扶梯新厂开工建设

2009年12月15日，全国最大的电梯制造企业——上海三菱电梯有限公司举行新的自动扶梯工厂奠基仪式。新工厂位于上海闵行开发区，占地面积5.3万平方米。设计产能为年产5000台各类自动扶梯和自动人行道，整个工程预计2010年9月份竣工。届时，上海三菱的自动扶梯产销量有望跻身行业前三名。上海三菱作为全球电梯产量最高的单体企业，也是中国最大的电梯制造和销售企业，已连续16年经济和效益指标在全国电梯行业名列前茅。

上海华谊聚合物有限公司20万吨/年本体ABS工厂一期工程

上海华谊聚合物有限公司20万吨/年本体ABS工厂Ⅰ期，2009年12月开工建设。厂址位于上海市化学工业园区D4地块，基地东至楚华路，西至涂料公司顺酐项目，南至北银河路，北至普工路。总投资49739万元，资本金14922万元。项目建设规模：总用地面积150810平方米，总建筑面积19828平方米，其中：地上面积19828平方米。本项目拟建设20万吨本体法ABS工厂，一期工程生产规模为3.8万吨/年，二期工程生产规模为16.2万吨/年。项目投产（投入使用）后年耗能为15558吨标准煤。

菱优工程塑料（上海）有限公司聚碳酸酯项目

2009年12月8日，菱优工程塑料（上

海)有限公司聚碳酸酯项目举行奠基仪式。该项目于2008年3月获批,位于上海市化学工业园区E3-3地块,占地面积20.687公顷。总投资174546万元(折合21429万美元)。菱优工程塑料(上海)有限公司由日本三菱瓦斯化学株式会社和三菱工程塑料株式会社合资组建,预计2012年春建成投产。

二、展 览 会

（一）著名展览企业

上海市国际展览有限公司(SIEC)

总　裁
陆　韧

一、概述

上海市国际展览有限公司(SIEC www.siec－ccpit.com)是中国国际贸易促进委员会上海市分会的直属企业。公司成立于1984年7月,属上海成立最早的专业从事国际展览的国有公司,也是上海首家国际展览联盟(UFI)正式会员。25年来,公司已逐步形成了“大型化、国际化、专业化、定期化”的办展风格,拥有一批具有较高知名度和影响力的品牌展览会。至今举办各类展览近500个,展览面积620多万平方米,模具展、汽车展、染料展均为UFI认证的展览项目,婚纱展为同类展会全球规模之最。

二、主要展会业务

(一)上海国际汽车工业展览会(UFI认证展览项目)

展览规模达17万平方米,来自25个国家和地区的近1500家国际知名企业齐聚亮相,共吸引了60万人次的观众和7200多名中外媒体记者。展会同期首次成功举办车展CEO高峰论坛成为全球汽车业的关注热点。上海国际汽车展跻身世界顶级车展之列,也成为上海城市现代服务业推动先进制造业的成功典范。

(二)中国国际模具技术和设备展览会(UFI认证展览项目)

以70000平方米的展览面积继续保持同类展览会中展览规模亚洲第一、世界第二的领先水平。展会吸引全球17个国家和地区的1500家企业参展,共接待了55个国家和地区的10万人次专业观众。展会重要活动

上海国际汽车工业展览会(UFI 认证展览会)

之一“精模奖”的评选在模具行业具有权威性,得到了模具企业的广泛认可。

(三)中国国际染料工业暨有机颜料、纺织化学品展览会(UFI 认证展览项目)

展览面积达 20000 平方米,吸引来自 14 个国家和地区、约 400 家海内外知名企业参展,成为全球染化行业最大的专业展。

(四)中国上海国际婚纱摄影器材展览会暨国际儿童摄影、主题摄影展览会

中国国际模具技术和设备展览会(UFI 认证展览会)

春季婚纱展规模达70000平方米，共吸引500余家展商参展和超过12万人次的专业观众参观，成为全球规模最大的婚纱摄影展，极具影响力。

（五）中国上海国际汽车零部件展览会

展览面积达12000平方米，吸引了来自11个国家和地区的300多家海内外知名企业参展。2009上海车展的零部件展区吸引了来自25个国家和地区的1418家展商参展，展商人数达19768人。

（六）上海国际海上风电及风电产业链大会暨展览会

亚洲首个聚焦海上风电的权威盛会。展出面积9000平方米，吸引来自海内外135家企业参展和18个国家和地区6582名专业观众参观。中国国际海上风电和传输大会共吸引来自10个国家和地区的44名演讲嘉宾和420名参会代表。

（七）上海国际智能交通论坛暨技术和应用展览会

展出面积6000平方米，吸引来自海内外73家企业参展和12个国家和地区6836名专业观众参观。展会同期举办的上海国际智能交通论坛共吸引来自海内外18名演讲嘉宾和350名参会代表。

（八）中国国际物联网大会

国内首次物联网全产业链大会。由上海市通信管理局和中国国际贸易促进委员会上海市分会主办，并得到中国自动识别技术协会、中科院上海微系统所、中国电信、中国移动、中国联通、AUTO－ID LABS CHINA等鼎力支持。

中国国际染料工业暨有机颜料、纺织化学品展览会（UFI认证展览会）

上海市国际展览有限公司2010年在华国际展览

2010年在华国际展览 International Exhibitions in 2010				
序号	日期	展览会名称	地点	网址
1	1月20—23日	第十七届中国·上海国际婚纱摄影器材展览会暨国际儿童摄影、主题摄影展览会(春季)	上海国际展览中心 上海世贸商城 上海光大会展中心	www. chinaweddingexpo. com. cn
2	4月14—16日	第十届中国国际染料工业暨有机颜料、纺织化学品展览会	上海国际展览中心 上海世贸商城	www. chinainterdye. com
3	4月27—30日	第二十届中国自行车展览会 2010中国国际电动车及零配件展览会	上海新国际博览中心	www. chinacycle. com. cn
4	5月11－15日	第十三届中国国际模具技术和设备展览会	上海新国际博览中心	www. dmcexpo. com
5	6月7—9日	上海国际海上风电和产业链大会暨展览会	上海国际展览中心 虹桥喜莱登太平洋大饭店	www. offshorewindchina. com
6	6月21－23日	2010中国上海国际汽车零部件展览会	上海国际展览中心	www. autoshanghai. net
7	6月22—23日	2010中国国际物联网大会	上海环球金融中心(会议中心)	www. iotconference. com
8	7月1—4日	第十八届中国·上海国际婚纱摄影器材展览会暨国际儿童摄影、主题摄影展览会(秋季)	上海国际展览中心 上海世贸商城 上海光大会展中心	www. chinaweddingexpo. com. cn
9	7月1—4日	第十二届中国(上海)国际摄影器材和数码影像展览会	上海光大会展中心	www. interphoto. com. cn
10	9月1日—3日	2010上海国际智能交通论坛暨技术和应用展览会 2010上海国际停车设备和智能系统展览会	上海展览中心	www. itsshanghai. org
11	10月19—21日	第十二届中国上海国际食品加工及包装机械展览会	上海国际展览中心	www. interfood. com. cn

上海新国际博览中心

总经理
董汉友

一、概述

上海新国际博览中心（SNIEC）由上海陆家嘴展览发展有限公司与德国汉诺威展览公司、德国杜塞尔多夫展览公司、德国慕尼黑展览有限公司共同投资建设、中国第一个合资建造和运营的国际展览中心项目，注册资本为12150万美元。SNIEC已拥有11个展厅，面积达126500平方米，室外展览面积100000平方米。自2001年11月2日正式投入运营后，业务取得了快速稳定的增长，每年举办70余场知名展览会，吸引近300万名海内外观众和5万余名国内外展商。位于上海——中国的金融、贸易和商业中心，SNIEC凭借其方便的交通地理位置、单层无柱式为特点的展馆设施以及多种多样的现场服务，已博得世界的广泛关注。

上海新国际博览中心的主要产品及服务范围：利用本公司展览场馆主办、合作主办和承办境内外来展；推广展览所需活动；提供与本展览中心所举办展览相关的广告设计、制

上海国际汽车工业展览会

作，利用自有媒体发布广告；出租展览馆、会议室、办公室及为进场参展商提供展览设备租赁服务；经营商务中心、餐饮、附设商品部等相关配套设施及提供展览咨询等相关服务。

“以客户为中心”是SNIEC高度重视的管理理念。为了能够充分聆听顾客的声音，强化服务质量和服务意识，SNIEC长期以来实行周期性的客户满意度调查，及时了解参展商、观众和主办者的需求以及对当前服务的评价，并推行多层次、多种类、多规格的服务培训，不断提高服务人员的专业技能，增强服务技巧和效率。持续的服务创新有效地驱动了SNIEC服务品质的提升，使其能够不断强化和培植新的竞争力，为客户创造更多的价值。

二、2009年展览业务

2009年SNIEC展览业务继续保持着稳定的发展态势。全年展览场地合同销售面积达3599540平方米。随着场馆规模不断扩大，使用率增长幅度有所放缓，2009年展馆使用率为65%（按300天计算）。

全年承接78个展览会，共吸引约61753名海内外展商和2838170名海内外观众。其中5万平方米以上的大型展览会约占1/3。具有重要影响的展览包括：华东商品交易会、上海国际汽车工业展览会、建筑材料及贸易博览会、中国国际家具展览会、中国国际工业博览会、五金焊接博览会、中国国际自行车展、中国国际家用纺织品及辅料博览会等展会。展览题材涉及的行业分布广泛，包括汽车、纺织、建材、家具、电子、食品饮料、包装机械、生物制药、轨道交通、美容珠宝、机械工程、印刷、酒店、文化、广播影视等众多领域。其中展示汽车魅力与汽车产业动力，以“科技·艺术·新境界”为主题的第十三届上海国际汽车工业展览会共吸引了来自25个国家和地区，1500余家参展商，展出规模17万平方米，吸引超过60万人次的观众和7200多名中外媒体记者。以上数据均创历届上海车展之最。

2002—2009年业务发展情况一览表

年份	展会数量	销售面积（平方米）	展商数（人）	观众数（人）
2002	43	887000	17746	1503769
2003	45	1010000	22328	1640540
2004	66	1930000	35965	2358359
2005	67	2330000	46787	2546787
2006	72	2840000	52012	2668824
2007	78	3200000	58478	3086343
2008	80	3860500	67607	2666188
2009	78	3599540	61753	2838170

三、展馆扩建工程

SNIEC总体规划为17个展厅，包括室外场地在内，展览面积总共达330000平方米。中德股东于2009年7月9日签署增资协议，启动了上海新国际博览中心项目全面扩建计划。博览中心剩余工程项目计划于2010年底全面扩建完成，届时室内展览面积达200000平方米，室外展览面积达130000平方米。

世博集团上海外经贸商务展览有限公司

总经理
孙建安

一、概述

在经受全球金融危机的冲击和考验之后，商展公司在艰难多变的2009年中积极确保稳定、寻求发展。一年来，商展公司在各级领导和社会各界的关心和支持下，公司领导班子带领全体员工团结一心，全力以赴，创新和深化传统项目，积极参与世博项目，并在开发和拓展自办展项目上有了新的进展和进步，展会配套业务也都呈现出稳健发展的态势。

2009年公司实现营业收入约5.49亿元，比上年增长17.31%，全年完成展览项目24个，其中，政府展6个，来华展13个，出国展5个。进出口公司完成进出口额约4900万美元，运输公司完成海运箱量约11900个。

二、2009年主要会展

（一）出国展览

2009年公司举办出国展5个，展会总面积7163平方米。出国展主要项目及其特点：

1. 巴西展。由于受美元汇率变化及法航和流感事件的影响，给招展工作带来了一定难度，但通过公司有效策划和开辟新的途径，还是成功完成了各项目标。此次参展的

第19届中国华东进出口商品交易会

企业有32家,展览面积达450平方米。通过此次展会,公司对以巴西为主的南美洲市场有了进一步的了解,为企业下一步进入南美洲市场打下了基础。

2. 华交会波兰展。是华交会海外展在欧洲的首次尝试。由于华交会海外展已停办一年,再加上金融危机的影响,加大了各项筹备工作的难度,但公司积极克服各种困难,及时制定了出展方案并完成了上海展位的招展工作。同时,积极配合好大会办与各省市交易团的协调组织工作。此次波兰展既加大了华交会的宣传和影响,同时对华交会知名度和品牌的海外拓展具有积极的意义。

3. 印尼展。虽然受自然灾害、市场环境、各方人员变动及国内主要合作方退出的影响,但公司采取了一系列紧急措施,最终保证了展会的如期举办。开展3天,观众达5000多人,共达成各类成交2700万美元。同时,展会的公关活动和接待工作得到了市府和商务委领导的肯定。市府领导通过本次展览及与印方政府官员、工商界领袖等各界人士的接触,对印尼市场有了更深入的了解。而2010年又是中印建交60周年,印尼展有望得到更好的机遇。

(二)来华来沪展览

2009年举办来华政府展6个,展会面积23.7万平方米;来华市场展项目13个,展会总面积11万平方米。来华展主要项目及特点:

1. 传统项目好于预期。第19届华交会在其他展会的客商数急剧下滑的情况下,境外客商仍达到18229人,同比略有增长,增强了华交会各省市企业继续参与华交会的信心和决心,做好了历史上“最难”的一届华交会。

2. 第7届韩纺展。韩方之前担心金融危机会影响买家的组织,但经过公司多方拓展招商渠道,新开辟沈阳、厦门等高档服装市场的客源,保证了展会专业观众的数量和质量,得到韩方的肯定。同时,展会的品质和面积比以往都有所提高,公司与韩方的配合更为默契和顺畅,韩方评价是历届最成功的一次。

3. 葡萄酒展。公司首次参与招展,深化了合作,并成功邀请到美国行业内的专业团来访参观,对扩大展会的国际影响有很大的作用。

4. “会”“展”联动,开拓公司业务发展新领域。除了做好公司重大展会的相关配套活动,公司与上海市环境保护工业行业协会再度合作,举办了第三届国际节能环保论坛,并突破原有框架和模式,同多家协会和机构进行合作,最终保证了专业听众的数量,论坛达到了预期的效果。

2009年主要来沪展览情况表

展览会名称	举办形式	展览日期	展会面积
2009上海国际葡萄酒博览会	协办	3月12—14日	8000
2009上海酿酒设备展览会	协办	3月12—14日	8000
2009中国(上海)国际太阳能光伏展览会	合办	4月13—15日	11000
2009韩国时装纺织品博览会	协办	4月22—24日	8000
2009中国(上海)国际给排水水处理展览会	合办	4月27—29日	10000
第十届中国(上海)国际环保、废弃物及资源利用展览会	合办	4月28—30日	12000
2009上海国际流体机械展览会	合办	4月28—30日	8000

（续表）

展览会名称	举办形式	展览日期	展会面积
2009 日本东京秋冬新款鞋类展示会	协办	5 月 13—14 日	200
2009 中国（上海）国际古典家具展示会	协办	5 月 15—18 日	12000
2009 上海国际鞋类皮革展览会	协办	5 日 18—20 日	8000
2009 中国（上海）国际箱包皮具及饰品展览会	协办	5 月 18—20 日	8000
2009 中国（上海）国际家具展示会暨家居饰品展览会	协办	5 月 19—21 日	30000
2009 上海国际疫苗大会暨展览会	协办	5 月 28—30 日	5000

（三）展览配套服务贸易

2009 年，进出口公司虽受到外贸出口形势严峻的影响，但通过加强内部管理，调整业务员承包指标和采取一系列控制成本、压缩费用等措施，盈利实绩仍比上年翻倍增长。

运输公司受金融危机的影响较大，业务收入大幅下降，但公司扬长避短，积极采取应对措施，通过一系列开源节流、增收节支的措施，使公司盈利比去年有所增加。

鸿达公司除了继续做好公司重大项目的配套服务外，2009 年在成功完成阿尔及利亚和突尼斯出展项目的现场搭建工作中成绩显著。

（四）世博会项目

2009 年，公司成立世博项目部，积极参与世博项目的竞标工作，先后成功竞标 6 个项目，尤其是世博会主题馆的主场服务项目，受到世博局有关主管部门的高度赞扬。

世博集团上海现代国际展览有限公司

总经理
张定国

一、概述

上海现代国际展览有限公司成立于1993年，是上海世博(集团)有限公司旗下专业的展览公司，全国首家通过ISO9000国际质量体系认证的展览主办企业，并于2004年成为UFI(国际展览业协会)的正式会员。公司每年在中国上海、广州、北京举办逾15场权威的行业展览会。每年组织约350人赴海外近15个国家参与国外展会。公司常年为各级政府、社会组织主办的展览展示活动提供专业策划、设计和制作。上海现代国际展览有限公司是国内最早关注和参与世博的展览企业，是2010年上海世博会的推荐服务供应商，以及“走进世博会—世博会图片展”巡展的展览总包企业；是上海世博会展示中心、访问者中心的设计制作单位。

公司的业务划分为两块：

一是策划主办国际国内展览，组织国际会议和技术交流会，组织客商赴海外参加商业展览。近年来，公司在展览主办方面成绩

第十七届上海国际广告、印刷、包装、纸业展览会开幕式在新国际博览中心举行

斐然。在2009年经济形势严峻的情况下仍然保持规模,并且在新主题的拓展方面取得重大突破。全年共完成展览主办项目18个,其中广告展、建材及建筑节能展等已形成一定品牌效应(UFI认证展会)。公司还依托中国上海广告设备器材供应商协会组织会员企业赴海外参展。

二是展览展示的策划设计,致力于为世博会提供展示服务。公司以策划、设计为专长,长期为各类展示项目服务,曾多次受到国家部委和上海市人民政府的委托,承办各类大中型展示厅、展区的策划、设计工作,并屡获殊荣。如:申办2010年上海世博会展台、一切始于世博——世博会150年历史回顾展、中法互办文化年——巴黎上海周、国庆50周年、55周年上海展区、爱知世博会中国馆“上海周”、建设节约型社会展览会上海展区、第三届中国——东盟博览会上海展区、2008年中国国际循环经济成果交易博览会上海展区、改革开放30周年上海政协回顾展展厅等。2009年公司再度荣获“世博会公益宣传贡献奖”以及“迎世博宣传教育贡献奖”,这是继2007、2008年之后连续第三年获此殊荣。

2009年,公司获上海五一劳动奖状、中国会展经济2008年度大奖、中国2010年上海世博会公益宣传贡献奖、迎世博宣传教育贡献奖、中国最佳会展组织者奖;企业被评为2009年度诚信企业、中国会展产业十大展览企业、百强组展商;公司主办的上海国际广告技术设备展被评为中国十大企业展览会,广印展被列为“建国60周年60个品牌”之一。

二、2009年服务贸易

(一) 展示策划、设计、制作

世博会类:2009年,公司继续以“做好世博巡展,推进中标项目,提供优质配套服务”为抓手,在上海世博会事务协调局的指导下,全力配合、积极参与。

1. 中国2010年上海世博会系列宣传周暨“走进世博会”展览(以下简称世博会巡展)以及推介活动。作为世博会系列宣传周暨“走进世博会”展览总包方,公司配合世博会事务协调局(以下简称“世博局”)从2007年8月起开展了总时长2年的巡回展览。2009年,先后在安徽、湖南、辽宁、河南、北京、内蒙古、山东、以及F1方程式比赛上海站和大师杯网球赛上海站进行巡展展出。其中,7月份的北京站是2009年世博巡展最重要的一站,公司配合世博局全程参与。其承载意义之重大,观展领导级别之高,动用人力物力之多,使展览成功开幕,受到了中央领导和上海市委市府的赞扬。巡展在海外以及港澳台地区也频频亮相,2009年先后前往伦敦、荷兰、比利时、澳门特别行政区和台湾地区进行展示。

此外,公司还为参展国和国内地方省市提供展览展示服务,承办多场推介活动,包括:新加坡推广周、杭州推广周、西班牙推广周、瑞士推广周、香港双周展、贵州推广周、非洲馆推广周、瑞典推广周、世博倒计时200天等活动。

2. 中标项目:参展国的有非洲联合馆外立面以及馆内7个国家(加纳、科特迪瓦、塞拉利昂、利比利亚、贝宁、刚果金、几内亚)展区的展览展示服务总包工作,朝鲜馆展览总包,意大利馆联合中标;国内省市馆有贵州馆展览总包和河南馆展览工程总包;其他还包括世博会城市最佳实践区的主场运营总包单位,负责实践区总体运营管理、展示搭建、日常维护等工作。

3. 政府大型展示类:2009年,公司在继续开拓和服务好大型政府展示项目的经营方针指引下,相继完成通信兵史馆、化工区安全警示教育厅、广西省厅、政协60周年回顾展等政府项目,受到有关部门的高度评价,为公司树立了良好的服务政府展的形象。

(二) 商业展览

2009年公司共完成展览主办项目18

个，涵盖：广告技术设备、印刷包装纸业、建材及节能建筑、生物技术、汽车及汽车材料等五大领域。其中有：

1. 上海国际广告印刷包装纸业展（简称广印展）：7月7—10日在上海新国际博览中心举办。广印展已连续举办十七届。2009年广印展涵盖了新国际博览中心10个场馆。其中上海国际LED照明展展出面积扩大至3万平方米。广印展期间共吸引来自20多个国家和地区的1209家顶尖供应商，共吸引了来自全球80余个国家和地区95775人次的专业观众，其中海外买家16920人次。广印展仍然延续全球广告第一展的规模，并且不断扩大影响力。开幕当天众多中外嘉宾出席开幕式，盛况空前。广印展还在已有基础上开拓子项目，公司与上海市科学技术委员会、上海半导体照明工程技术研究中心和深圳电子商会开展合作，共同主办中国（上海）国际LED产业技术展览会暨论坛、LED发光体及城市照明展览会。此外，继续与上海市新闻出版局携手共同主办上海国际印刷周暨2009上海国际印刷包装产品交易会，均取得圆满成功。

2. 上海国际建材及室内装饰展览会、上海国际建筑节能及新型建材展览会：8月18—21日在上海新国际博览中心举办。2009年展览会围绕“节能、节水、节地、节材、环保”的主题，顺应环保、生态、健康、舒适建材发展趋势，专门开辟了自保温专题展区，成为本届展会一大亮点。在世博集团鼎力支持下，现场举行多场高水平的研讨和论坛以及项目对接、沙龙活动和采暖领域的“诚信/信得过”颁奖仪式、“建筑节能的发展与创新”主题演讲等活动。本届展会规模达到30000平方米，吸引了536家参展企业和27856名观众，在往届的基础上有所发展，进一步巩固了国内节能建材第一展的地位。

3. 上海国际生物技术和仪器设备博览会：6月1—3日在上海国际展览中心举办。在全球经济形势不利的背景下，本届展会仍然凭借其在业内的权威性和专业性，邀请到比利时AWEX组团前来参展，也邀请到日本、韩国、印度等国家的专业人士前来与会，得到展商的广泛认可。展会3天共吸引了来自11个国家和地区128家参展商，以及来自20个国家和地区的5586名专业观众。展览期间多场创新论坛与专业学术研讨会获得了好评，主办方还特地组织国外展团的10多位展商代表前往张江园区基地考察参观，为展商间搭建畅通的沟通平台。

4. 广州国际广告展：11月25—27日在广州琶洲展览中心举办。广州展已成功举办三届，通过前两届的培育，广州展已在当地站稳脚跟，拥有一定的市场号召力。为了项目可持续的发展，为了提供展商和观众一个良好的参展观展环境，2009年广州展移师到条件更好的琶洲展览馆，展览面积比2008年增长10%。这一战略的实施将进一步巩固和提升广告展品牌在业界的地位，为实现广告展全国战略做好铺垫。

5. 航空航天技术展：航空航天技术展作为2009年工博会中新增设的一个专业展，首届即取得巨大的成功，成为工博会中的亮点之一。其成功之处在于，在2009年金融风暴席卷全球之际，国内其他航展形成竞争的情况下，依然吸引中国商用飞机有限责任公司和中航商用飞机发动机有限责任公司参展，并展示了国产大客机C919样机以及三款实物发动机，成为引人注目的焦点。航展的成功为公司开拓了一个新的项目，也是一个新的利润增长点，这个项目从长远看具有相当的发展潜力。

6. 其他展会：2009年还举办上海国际汽车材料及装配技术展览会、上海别墅展览会、上海国际集成电路展览会等具有发展潜力的展会，从培育的一开始就把它们视作未来的广告展、建材展来用心打造。

三、协会工作

上海广告设备器材供应商协会成立三年

来，始终致力于为会员提供全方位的服务，以为政府部门与企业间搭建沟通平台为己任。截至年底，已吸纳会员600余家，创办专业媒体杂志《广告·标识》，已出版47期，并建立了理事会，还出版2008年广告设备器材行业年鉴。2009年协会组织近350人的团组赴海外参展。此外，在广印展现场还举办2009年上海广告设备器材供应商协会年会暨行业颁奖典礼。

9月，公司还与上海市科委半导体照明中心共同发起成立上海半导体照明协会。

四、2010年发展趋向

2010年公司要继续以自办展项目为中心，以参与服务世博会为契机，开创现代国际的品牌时代。所有员工将同舟共济，齐心协力，力争在保持平稳发展的前提下有所突破，使公司在新的一年中更上一层楼！

上海博华国际展览有限公司

一、概述

上海博华国际展览有限公司是亚洲博闻的成员之一，是由中国最早展览民营企业上海华展国际展览有限公司和隶属于亚洲博闻负责中国大陆业务的博闻中国有限公司联合组建的中外合作展览企业。上海博华国际展览有限公司成立10多年以来，秉承“追求卓越”的公司使命，与相关行业协会通力合作，致力于打造自己的展览品牌。经过长期精心培育，现已拥有七大系列26个专题展览，专业涵盖家具，制药原料，食品配料，酒店用品，建材，酒店照明，游艇，清洁技术等。其中中国国际家具展览会和世界制药原料中国展被上海市会展行业协会评为首批上海市国际展览会品牌展。上海国际酒店用品博览会、中国国际建筑装饰展览会、中国（上海）国际游艇展、上海国际清洁技术与设备博览会暨上海国际室内环境技术与产品博览会，被评为上海市国际展览会优秀展。上述展览均已成为亚洲地区乃至全世界同行业中最具影响力的重要展事，深受海内外参展商、专业观众以及买家的青睐。上海博华每年举办展览的总面积超过40万平方米，吸引国内外参展厂商近6000家，海内外观众20万，不失为上海会展行业的一大领军企业。作为上海市会展行业协会的副会长单位和中国展览馆协会的常

中国国际建筑装饰展览会被评为上海市国际展览会优秀展

务理事单位，上海博华为上海乃至全国展览事业的繁荣、发展作出了应有的贡献。

二、2009 年面对挑战业绩斐然

2009 年全球遭遇金融危机的挑战，经济低迷、下滑，严重影响会展产业的发展。面临十分不利的经济环境，上海博华国际展览有限公司全体员工团结一致，迎难而上，平稳度过了经济危机，实现了结构性调整，严格控制成本，展览业绩持续上升，主要展会均有所增长。2009 年全年全公司展会销售总面积比上年增长 1.9%；营业收入比上年增长 7.32%，营业利润比上年增长 19.57%；场地使用率创历史新高，达 55.4%，其中家具展场地使用率高达 69%，凸显骄人的经济效益和成本控制。

国际精品设计展及家居设计展深受专业观众青睐

三、2010 年发展趋向

2010 年面临世界经济逐渐转暖，中国有望实现低通胀、高增长的有利形势，上海博华国际展览有限公司全体员工将继续秉承“追求卓越（BE THE BEST）”的公司使命，在紧抓销售不松懈的同时，将进一步加强对观众组织的投入，使 2010 年展会观众的数量和质量更上一层楼。2010 年全公司预计销售面积近 24 万平方米，比上年预计增长 5%。与此同时，挖掘新的经济增长点，做好新项目的开发和并购。

上海博华的发展方向将是以展览为核心业务，大力拓展与展览项目配套的 B2B 互联网商业平台和呼叫中心业务，以展会支撑 B2B 和呼叫中心的发展，以 B2B 和呼叫中心促进展会做大、做强，再创新的辉煌。

2010 年上海博华国际展览有限公司将在上海、北京等地主办七大系列展览会，举办的日期及地点计划安排见下表。

2010上海博华展览会一览表 UBM Sinoexpo Trade Fair Calendar 2010

展会	Exhibition / Website	Date & Venue
第十八届中国国际建筑装饰展览会 第十一届中国国际建筑陶瓷及卫浴科技精品展览会 2010中国国际马赛克、装饰艺术砖进出口展览会 2010中国国际建筑陶瓷色釉料及原辅材料展览会 2010中国(上海)国际石材进出口及工程设计展览会 2010中国国际精品建材及室内装饰展览会 2010中国(上海)国际建筑涂料展览会 中国国际门窗、幕墙、结构与遮阳产品展览会 W3国际精品设计展 中国可持续建筑木制品设计应用展览 中国(上海)国际酒店与建筑照明展览会 2010家居设计展	Expo Build China 2010 www.expobuild.com Ceramics, Tile & Sanitary Ware China 2010 www.ceramics-china.cn Expo Mosaic China 2010 Building Ceramic Glaze & Pigment China 2010 Expo Stone China 2010 Expo Build Premium & Interior 2010 Expo Coat 2010 Doors,Windows, Structures & Sunshades China 2010 EXPO DECO 2010 China Sustainable Building Wood Products Design & Application Expo Light 2010 www.expolight.cn Home Fashion & Design Shanghai 2010 www.ubmsinoexpo.com/design	March 29 - April 1 Shanghai New International Expo Center - SNIEC 上海新国际博览中心
第十一届上海国际清洁技术与设备博览会 暨上海国际室内环境技术与产品展览会 2010上海国际商业和工业清洁设备展览会 2010上海中央空调风管清洁技术与设备展览会 2010上海国际清洁工具、卫生系统用品及配件展览会 2010上海国际专用清洁药剂展览会 2010上海国际固体废弃物处理技术设备展 2010上海抗菌消毒技术产品展览会 2010中国国际洗涤设备展览会	The 11th China Clean Expo 2010 www.chinacleanexpo.com www.clean-china.com Cleaning Equipment 2010 Indoor Air Quality 2010 Janitorial Hygienic 2010 Cleaning Chemicals 2010 Solid Waste Disposal Technology & Equipment 2010 Antimicrobial Disinfection Technology & Supply 2010 Laundry China 2010	March 29 - 31 SNIEC 上海新国际博览中心
第十九届上海国际酒店用品博览会 2010餐饮设备及供应展 2010烘焙展 2010桌面用品展 2010咖啡与茶用品展 2010食品及饮料展 2010康体健身与休闲娱乐展 2010酒店家具及纺织品展 2010客房电器及用品展 2010酒店智能产品及安全防卫设备展	Hotelex Shanghai 2010 www.hotelex.cn Catering Equipment & Supple China 2010 www.hotelexchina.com Bakery China 2010 Tableware China 2010 Coffee & Tea China 2010 Food & Beverage China 2010 Fitness & Leisure China 2010 Furniture & Textile China 2010 Appliance & Amenities 2010 IT & Security China 2010	March 29 - April 1 SNIEC 上海新国际博览中心
2010 中国(上海)国际游艇展 第十五届中国国际船艇及其技术设备展览会	China (Shanghai) International Boat Show 2010 www.boatshowchina.com	April 8 - 11 SEC 上海展览中心
第十届世界制药原料中国展 2010世界制药机械、包装设备与材料中国展 2010世界生化、分析仪器与实验室装备中国展	CPhI & ICSE China 2010 www.cphi-china.cn P-MEC China 2010 www.p-mec.cn	June 2 - 4 SNIEC 上海新国际博览中心
第十二届亚洲食品配料展览会 第十二届亚洲健康原料、天然原料展览会	Food Ingredients Asia - China 2010 www.fia-china.com Health Ingredients and Natural Ingredients China 2010	June 2 - 4 SNIEC 上海新国际博览中心
2010北京国际酒店用品展览会	www.hotelex.cn Hotelex Beijing 2010 www.hotelexchina.com	August 25 - 27 CNCC, Beijing 北京国家会议中心
第十六届中国国际家具展览会 第十六届中国国际办公家具展览会 2010中国国际家居饰品、布艺及灯饰展览会 2010中国国际橱柜展览会 第十六届中国国际家具生产设备及原辅材料展览会 2010中国国际家具配件及材料精品展览会	Furniture China 2010 www.furnitureinchina.com Office Furniture China 2010 Furnishings, Fabrics & Lightings China 2010 Kitchen & Cabinet China 2010 Furniture Manufacturing & Supply China 2010 (FMC 2010) www.fmcchina.com.cn FMC Premium 2010 www.fmcchina.com.cn/premium	September 7 - 10 SNIEC 上海新国际博览中心

Tel: +86-21-64371178 Fax: +86-21-64370982 / 61154988 Email: info@ubmsinoexpo.com www.ubmsinoexpo.com

上海国际广告展览有限公司

总经理
潘建军

一、概述

上海国际广告展览有限公司是隶属于大型国有商社东方国际集团、米奥兰特国际集团的企业成员，同时也是上海国际商会、上海世界贸易中心协会、上海市展览协会会员和上海市服务贸易协会理事。公司自1994年成立以来，一直致力于从事国际现代服务贸易业务，每年组织赴境外参展和在境内外自主办展的项目涉及全球。由于公司实施“走出去”战略中成绩突出，2003、2004年分别荣获上海市人民政府对外经济贸易委员会颁发的上海市外经贸工作“服务贸易专项奖”和“市场拓展专项奖”。公司主要经营范围涉及组织出国展览、国内自主办展、传媒与咨询服务和广告设计运作业务。也是具备境外自主办展能力的专业展览公司，业务遍及全球。

作为国内最为专业的出国展览组织企业，2009年为配合商务委推动外贸出口的工作，上海国际广告展览有限公司加大组织企业赴国外参加各类商品贸易展览的力度，共

中国及约旦相关领导出席“2009年第六届中国(约旦)商品展”开幕式

组织23个行业，数千家企业，近200个团组，赴28个国家参展，为推动上海企业拓展国际市场搭建了最专业的海外营销平台。

二、2009年主要品牌展会

（一）第六届中国（约旦）商品展

由上海市商务委员会、上海市经济和信息化委员会和上海市国有资产监督管理委员会邀请安徽省商务厅、宁波市对外贸易经济合作局、青岛市对外贸易经济合作局、厦门市贸易发展局共同主办，上海国际广告展览有限公司承办的第六届中国（约旦）商品展，于2009年11月17—20日，在约旦安曼国际汽车展览中心隆重举行并取得圆满成功。该展会是我国在境外自行组织的规模最大的展会之一，也是约旦和周边国家中规模最大的展会，影响已拓展至黎巴嫩、伊拉克、埃及、叙利亚、以色列、沙特阿拉伯等地，被当地誉为“中近东的广交会”。

本届展会是为贯彻落实《国务院办公厅关于保持对外贸易稳定增长的意见》以及上海市人民政府《关于保持上海对外贸易稳定增长的若干意见》的精神，以科学发展观为指导，采取积极措施，应对国际金融危机的一项重要工作，也是实施国家“走出去”战略，努力拓展中近东市场的一次重要行动。该展会在约旦安曼引起轰动效应，并以约旦为中心，辐射到了周边地区，达到了展示中国产品形象，促进经贸合作的目的。

该展会的举行在当地引起充分关注，约旦多家电视台、广播电台，通讯社等10多家主流媒体详细介绍了中国商品展的规模、展区特色、时间和地点，扩大了中国商品展的影响。

第六届中国（约旦）商品展具有以下新特点：

1. *规模增长，专业分区，商品适销。*本届商品展在上海及其他邀请主办单位的合作下，展会规模历史性地达到参展企业数266家，展位数347个，总面积10000平方米。比较上一届展会，参展企业数增长77%，展位数增长92.78%，规模扩大233%。在规模增长的同时，本届商品展进一步完善和丰富了专业展区的设置。除继续保留上一届展会的工业机械设备、建筑与材料、汽车与配件专区外，根据前几届适销产品的特点，增设了电力与能源、广告印刷包装、日用消费品及工程承包四大专区，使得本届展会专业展区设置增加到7个，中国（约旦）商品展已经成为目前国内在海外自主举办展会中专业展区设置最多、分类最清晰和最具规模的展会。

2. *参会买家数量增长，来源区域扩大，展会辐射中近东区域市场格局形成。*与上一届展会相比，本届到会客商十分踊跃，除往届主要的约旦、伊拉克客商外，周边国家的客商明显增多，共有来自约旦、伊拉克、黎巴嫩、叙利亚、沙特阿拉伯、叙利亚、巴勒斯坦和埃及等33个国家的9378名专业观众前来参观、洽谈和采购。

由于第六届中国（约旦）商品展展览规模和与会买家数量实现了双增长，参展企业的成交也得到显著增长。据统计，本届展会现场成交额为1980万美元，比上届的480万美元增长313.00%；意向成交额为6380万美元，比上届的4000万美元增长59.50%，累计成交总额为8360万美元（此统计不包含工程承包展区）。

（二）第一届（上海）国际综合减灾与应急管理设备技术展览会暨上海国际减灾与公共安全论坛

2009年11月13—15日，由上海市商务委与四川省都江堰市共同主办，上海市对口支援都江堰市灾后重建指挥部支持，民政部国家减灾中心、中国地震应急搜救中心、上海市民防办公室、上海市地震局、上海市卫生局、美国驻沪总领馆、日本气象厅地震学会等部门协助，上海国际广告展览有限公司承办的“2009第一届（上海）国际综合减灾与应急管理设备技术展览会暨上海国际减灾与公共安全论坛”(简称“上海减灾展”),在上海光大会展中心东馆成功召开。

上海减灾展以展示国内外先进的应急管理技术与减灾设备、都江堰市重建图片展示、上海社工援建都江堰图片展示、现场逃生演习活动与专家论坛相结合的形式开展。三天展期,共有来自我国及美国、德国、荷兰、日本、印度等国家的近40家企业参展,室内外展示面积1500平方米,纯海外背景的参展企业占50%,累计达成成交意向2965万元,接待专业参观观众1692人,其中国内专业观众1670人(来自23个省市62个城市)、海外专业观众14人(来自6个国家和地区),展会填补了上海国际展会在该行业内的空白。

本届上海减灾展因其深刻而意义深远的主题,即都江堰灾后重建与上海世博城市安全,成为海内外媒体关注的焦点。

本届上海减灾展会期间举行的上海国际减灾与公共安全论坛,主要邀请国内知名的政府官员和国际上的专家学者作为演讲嘉宾,为来自各地的专业观众,以中国政府面对自然灾害所要进行的减灾行动及城市公共安全的各方面进行了一整天的演讲。与会的民政部国家减灾中心领导表示,希望减灾中心在2010年加入上海减灾展的主办单位,并希望将上海减灾展展期放置在每年国际减灾日举行,使上海减灾展能更好地代表中国减灾品牌展吸引更多的国际企业参展参观,共同将上海国际减灾展培育成为中国减灾行业的品牌展会。

上海市人民政府副秘书长沙海林在“上海减灾展”现场参观

三、2010年发展趋向

2010年上海国际广告展览有限公司将秉承“服务报国——让1000万中国企业走出去”这一企业愿景,抓住世博会举办的历史机遇,围绕上海国际贸易中心的建设,不断提高服务水平,打造服务品牌;整合资源,加大服务力度,培育增值商务产品,创造新的辉煌。

上海协升展览有限公司

总经理
霍晓云

一、概述

上海协升展览有限公司（简称协升展览）成立于2003年，是中国自行车协会领导下的专业展览公司。其前身是中国自行车协会展览办。协升展览用专业实力打造一流展会，连续成功承办了20届次中国国际自行车展览会（简称CHINA CYCLE）。

中国国际自行车展览会随着中国自行车行业的发展而快速成长，展览面积从1.2万平方米扩大到12万平方米，摊位数从450余只增加到5000余只，参展商从200家增至1100多家。2010年，有来自90多个国家和地区以及全国各地近10万人的采购商、专业人士及消费观众光临了第二十届中国国际自行车展览会。一个集展示、发布、交易、设计、交流为一体的创意展会在国内外赢得了较高的知名度和良好的声誉，成为国际同行业最大规模和最具人气的国际知名品牌专业展览会。

中国国际自行车展览会何以能在短短几

第二十届中国国际自行车展览会

年内迅速发展成为当今世界上颇有影响的自行车专业大展之一，主要在于上海协升展览有限公司精心的运作和深厚的专业背景。公司确立了办好一个国际化、品牌化展会的思路和措施：一是以质量保证展会最大规模效应；二是把代表行业发展方向作为展会既定目标；三是积极提供专业的展览服务，确保展会的国际化和品牌化。在每年展会的整个筹划运作过程中，公司从市场调研、展会立项，营销手段、观众组织、会议安排等方方面面的工作内容，到与展馆、运输、搭建、宾馆、餐饮等众多相关单位的洽谈与磨合中，既总结发扬多年办展之成功经验，又借鉴当今国际展览业新理念，围绕“一切以展商为中心”的宗旨，尤其强调对参展企业和专业观众的服务项目和服务质量，使展会的各类服务方便周到，迅速高效，为每年一届的中国国际自行车展览会的成功举办打下了良好基础。

“低碳行动，骑行中国”新闻发布会

海兰基国际展览（北京）有限公司（简称海兰基）是上海协升展览有限公司的控股子公司，专门从事大型国际自行车展览会、会议商务考察及相关服务的专业公司。自成立以来，一直以特有的敏锐目光，吸纳国内致力于开拓国际市场的企业，因地制宜地为企业提供最新资讯和优质服务。历年来，海兰基通过与地方经贸委的紧密合作，组织企业参加了俄罗斯国际自行车展、欧洲自行车展、美国拉斯维加斯自行车展等一系列国际知名展（博）览会，为众多的国内自行车企业走向国际市场，提供全方位、多角度、高标准的专业服务，为促进中国自行车企业与世界各国同行间的经济、文化领域的交流合作发挥重要的作用。

二、20 岁华诞

中国国际自行车展览会（CHINA CYCLE）2010 年迎来 20 岁华诞。20 年来，中国国际自行车展览会不断在往届的基础上推陈出新、开拓进取，力求在内容形式和组织方式上不断有新的突破。自行车展的成长得到了社会各界的大力支持，它的发展历程也见证了我国自行车行业在改革开放的历史新形势下所取得的辉煌成就。

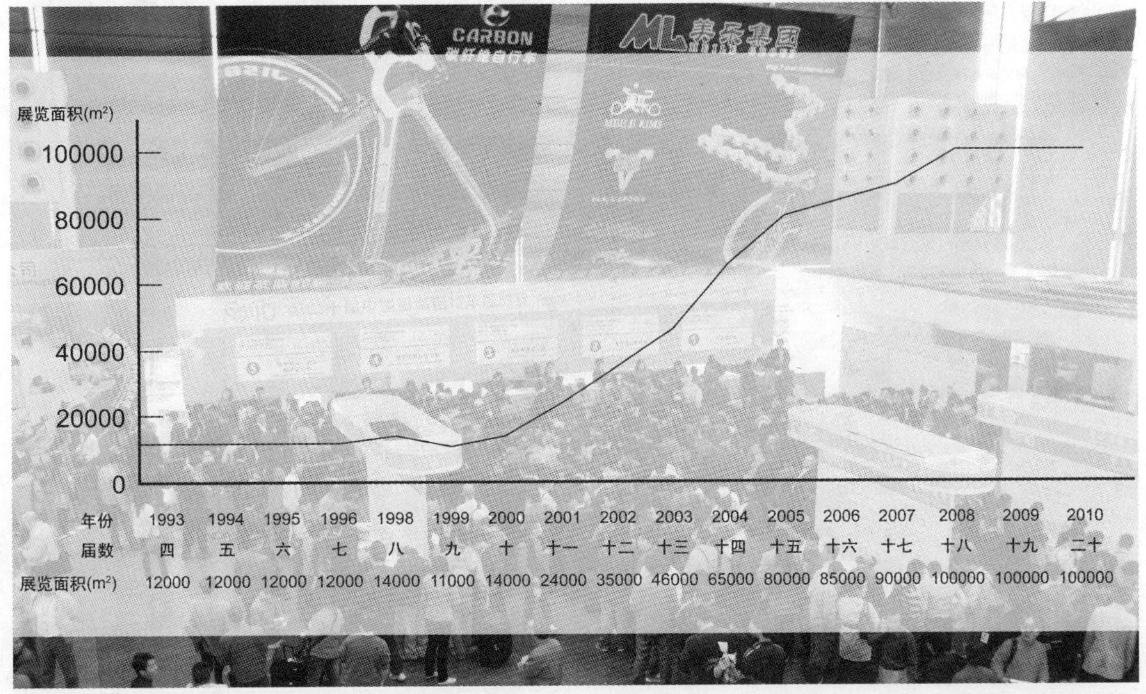

年份	1993	1994	1995	1996	1998	1999	2000	2001	2002	2003	2004	2005	2006	2007	2008	2009	2010
届数	四	五	六	七	八	九	十	十一	十二	十三	十四	十五	十六	十七	十八	十九	二十
展览面积(m^2)	12000	12000	12000	12000	14000	11000	14000	24000	35000	46000	65000	80000	85000	90000	100000	100000	100000

1990 年，首次亮相江苏省无锡市的中国自行车展仅数百平米，向全国展示了当年的零部件新品。2000 年，已在国际大都会上海立足的中国国际自行车展览会（CHINA CYCLE）以 14000 平米的展览面积，向全球昭示了中国自行车行业的辉煌和成就。2010 年，走过二十年的中国国际自行车展览会，以 10 万平米的展览规模，以百多个国家、万千客商的云集，见证了当今中国自行车产业的卓越及世界自行车发展的潮流。

作为行业性的盛会，中国国际自行车展览会不以追求展场的规模效应为目的，而是实实在在从自行车的生产、市场、乃至整个中国自行车行业长远的发展考虑，提倡自主品牌的研发设计和自行车市场的拓展提升，为自行车产品的研发、生产、销售、市场、服务搭建平台，使自行车行业内部保持信息对称、互通有无，从而使企业之间寻求到差异化并建立准确的市场定位。除了在展示方面尽可能为企业提供便利之外，同时也为企业设身处地的周全考虑，提供更加贴心的服务，组织策划丰富多彩的活动，从而为企业带来更多的订单。

风华二十年，我们携手走过。值此二十年华诞，回首二十届以来的风风雨雨。我们有理由相信，随着科技的进步和文明的发展，中国国际自行车展览会将为中国自行车行业贡献更多能量，并永不落幕！

2010 自行车展计划表

上海协升展览有限公司　地址：上海市真北路915号903室（绿洲中环中心）　邮编：200333　电话：021－32513000　传真：021－32513220　网址：www. e－chinacycle. com　邮箱：web@ e－chinacycle. com

海兰基国际展览（北京）有限公司　地址：北京市东长安街6号213室　邮编：100740　电话：010－67755126　传真：010－67750064　网址：www. hi－lighting. com　邮箱：zhaokewang2@ 163. com

（二）国内外有影响的展览会

中国华东进出口商品交易会

第19届中国华东进出口商品交易会于2009年3月1—5日在上海新国际博览中心举行。展览面积10.35万平方米，展位5312个，参展企业3351家，共有14个交易团参展。

本届华交会是在国际金融危机、外贸出口形势相当严峻的情况下举办的中国外贸“开春第一展”，本届华交会在国家商务部的具体指导下，在9个主办省市、3个组团城市和全体参展企业的共同努力下，认真贯彻中央经济工作会议精神，树立信心，应对挑战，化危为机，寻找对策，转变贸易增长方式，提升国际化水平，取得了比预期要好的效果。

第19届中国华东进出口商品交易会

由于千方百计加大招商力度，尽管金融海啸迅速蔓延，本届华交会境外客商到会仍然比较踊跃，达18229人，比上届略有下降。到会境外客商来自140个国家和地区，亚洲到会客商仍高居首位。展会5天内共接待来自21个国家的78个团组。

本届华交会遇到了前所未有的困难，出口总成交为22.4亿美元。一是成交全面下降。其中，纺织服装类成交12.45亿美元，轻工工艺类成交8.98亿美元，其他类商品成交9786万美元，各类商品成交同比均有不同程度的下降。二是市场格局仍以传统市场为主。成交额最高的是日本，成交65689万美元；欧盟位居第二，成交52436万美元；美国第三，成交31057万美元。新兴市场中，东盟成交5451万美元，海湾六国成交4118万美元，中南美洲成交5334万美元。三是生产企业成为华交会的成交主体。共成交124329万美元，占总成交的比例由上届的38.65%上升到55.47%，超过半壁江山。民营企业成交继续增长，占总成交比例由上届的42.52%上升到46.09%。

为进一步扩大进口，减少贸易顺差，本届华交会打破原有的展览格局，将国内参展企业与境外参展企业划分开来，单独设立境外参展企业专区，进一步强化华交会双向贸易功能，使境外参展企业既可将产品进口到中国，也可借助华交会这个国际化的平台从事转口贸易活动。本届华交会境外参展企业交易团有120家企业，分别来自美国、英国、意大利、日本、韩国等11个国家和地区。总成交435万美元，比上届增长3.72倍。

本届华交会呈现以下特点：

1. *迎难而上，企业参展热情不减。*面对前所未有的困难，各地商务主管部门加大工作力度，动员企业参展，使大家认识到，越是遇到困境，越要迎难而上，越要注重拓展，这样才能在危机中找到机遇。因此企业参展热情不减，展览面积维持在前几届水平。

2. 调整结构，不断优化展览格局。本届华交会在保持原有的服装、家用纺织品、装饰礼品、日用消费品四个展区的前提下，针对产品范围较杂的日用消费品展区进行梳理，将原展区中较有规模的家居展品集中展示，形成日用消费品展区细分为家居用品、电子消费品和其他消费品三个专区的模式。

3. 开发新品，品牌效应彰显魅力。本届华交会继续实施品牌战略，各交易团高度重视参展企业和参展商品的质量，在展位分配上向品牌企业倾斜，在布展上突出品牌企业和品牌产品。参展商品中，品牌产品占了较大比例。其中获商务部重点培育和支持的中国名牌出口商品有60多个，属省市出口名牌的企业、品牌商品有近700个，参展的商品中新产品、新款式和采取新技术、新工艺的商品2万多个。

4. 调查研究，共商应对危机良策。华交会是国际市场的“晴雨表”，是世界经济走势的“风向标”。展会期间，举办“积极应对金融危机，增强企业信心，保持外经贸稳定增长”高级研讨会，商务部领导和各省市领导同台研讨，共商对策。还举办“当前我国外经贸形势及政策走向”专题报告会，邀请商务部专家李健作专题报告。各级领导和企业家，都试图把华交会作为化危为机的信息窗口，到会调查研究，探索应对困境的新招。

5. 振奋精神，重塑保增长信心。本届华交会上上下下都形成一个共识：“信心比成交更重要”。只要振奋精神、增强信心，就没有过不去的坎，就一定能战胜危机，夺取新的胜利。企业认为，虽然本次交易会成交不太理想，但是结交了不少新的客户，为今后发展打下基础。有的企业通过本届华交会更深入地了解到国际市场的走势，从而明确了今后调整结构的方向。

6. 精心布展，提升形象展示风采。越是遇到危机，越要注重形象，成为所有交易团和参展企业的共识。本届华交会特装展位超过任何一届，布展形成“整体布展统一化、展区布展专业化、省市布展个性化、企业布展品牌化”的特色。各交易团精心设计，统一施工，突出地区形象、企业形象、品牌形象，体现了华交会的新形象和新水平。

中国国际工业博览会

由国家发展改革委、商务部、工信部、科技部、教育部、中科院、中国工程院、中国贸促会和上海市政府共同主办的2009中国国际工业博览会（简称“工博会”）于2009年11月3—7日在上海新国际博览中心隆重举行，并取得圆满成功。

本届工博会坚持以科学发展观为指导，在面临部分外国政府取消海外参展补贴，许多企业缩减市场推广费用等严峻局面下，克服了金融危机的负面影响，在展览规模、专业化水平、国际化程度和服务全国等方面都取得了较好成绩。据上海会展协会对展览现场1245名参展商和1219名观众调查的数据分析：参展商总体评价为84.27分，高于上届的83.28分；观众评价分89.36分，接近上届的89.75分。有42%的企业表示明年再来参展。

2009年中国国际工业博览会开幕式

本届工博会的特点，主要体现在10个方面：

1. 展览规模、中外客商到会和现场成交均创新高，显示工博会强大的生命力。本届工博会展览面积126500平方米，参展展位5302个，比上届增长5.7%。参展企业共1869家，比上届增长2.92%。境外有18个国家和地区参展，境内有30个省市和计划单列市参展。共有11.83万观众前来参观、洽谈，比上届增长1.37%。其中专业观众9.82万人，比上届增长2.07%；境外观众来自73个国家和地区。本届工博会产品和技术成交17.44亿元，比上届增加42.8%。

2. 各专业展亮点纷呈，凸现当今国内外装备制造业和高新技术领域的最新发展方向。本届工博会设置世博科技展、数控机床与金属加工展、工业自动化展、环保技术与设备展、信息与通信技术应用展、新能源与电力电工展、航空航天技术展、科技创新展等八个展区。

3. 新增世博科技展和航空航天展，推动国家重大项目和新产业发展。世博科技展总面积11500平方米，围绕科技、城市、生活三要素，针对科技创新在建设、能源、环境、运营、展示及安全等领域的研发和应用成果而设展。世博科技展贴近资源节约、低碳排放、环境友好等国际热点，精选了180多个参展项目。5天共接待观众超过6.5万人次，观众对该展区好评率达98%。

4. 科研成果参展、成交踊跃，进一步发挥了工博会作为科研成果产业化的平台作用。全国高校分展区共有55所高校参展，全国综合科技实力排名前60位的高校有50%以上参展。香港理工大学和韩国汉阳大学两所境外高校首次参展。该分展区展出重大技术突破项目30项，重点推介的应用技术成果项目458项。其中荣获金奖的香港理工大学“大型结构诊断与预测系统”，是高校参展“工博会”以来第4次获金奖。中科院分展区以“科技创新，引领先进装备制造业”为主线，全国有30余个研究机构和企业的118项关键技术和设备参展，涉及航天、能源、电子和装备等领域。其中，中国科学院高等研究院、上海微小卫星工程中心的“SZ-7飞船伴随卫星”和中国科学院上海药物所的“盐酸安妥沙星”等受到专家的高度关注。SAiNA超细纳米对撞机填补了当今世界粉碎领域纳米超细机械粉碎的空白。

5. 境外企业寻找金融危机期的商机，进一步发挥了工博会作为引进国外先进技术设备的平台作用。境外企业来自18个国家和地区，展位占30.1%，比上届增加3.97%。如工业自动化展境外企业展位占55.6%，环保技术与设备展境外企业展位占比也高达44.4%。西门子、ABB、发那科、富士电机、菲尼克斯、威图、霍尼韦尔等自动化领域的著名企业都来参展。

6. 国内企业展示新中国建国60年来我国工业发展的巨大成就，进一步发挥了工博会服务全国的平台作用。境内有30个省市和计划单列市参展。上海以外省市企业展位占40.5%。展示了具备国际先进水平的3兆瓦海上风力发电机组、C919干线飞机、ARJ21支线飞机和涡扇喷气发动机等展品。安徽、河北、贵州等9省市还在本届工博会期间开展经济技术交流活动。

7. 获奖产品优惠政策有突破性进展，进一步提升了展会奖项的含金量。国家发展改革委牵头，会同商务部、工信部、科技部办公厅于11月2日联合发文，对获得“中国工博会”金奖产品，给予重点扶持。上海市有关部门也于9月24日联合发文，对获得“中国工博会”奖项产品，给予优惠。本届共评出金奖4项、银奖9项、铜奖14项、创新奖12项。

8. 论坛选题贴近国内外经济发展热点，进一步扩大了展会的影响力。共安排74项。其中发展论坛2项，科技论坛21项，行业与企业论坛51项。共有10000余人听取了来自国内外专家、企业家的演讲，取得了较好效果。

9. 加强新闻宣传工作，境内外媒体高度关注本届工博会。围绕“科技创新与装备制造业”的主题，组织国内外媒体进行及时、深入和全面的宣传报道。共有120家中外媒体、220多名中外记者报名参加采访工作。截至11月6日，国内媒体（包括滚动播放、互相转载）累计发表文字新闻1620条、广播新闻80余条、网络新闻90300条（篇）、网络图片4370幅。东方网对本届工博会进行全程网络直播，现场举办嘉宾访谈网络直播15场。上海电视台、东方卫视、第一财经电视、ICS、上海教育电视台在本届工博会前三天累计新闻报道达60余条（次）。海外媒体相关报道达16320余条（篇）。

10. 重视展会安全、保护国家机密和企业知识产权，展会秩序良好。本届工博会把提高管理与服务水平放在突出位置，在展区规划、现场管理、环境整治等方面充分体现合理、有效和人性化，为中外客商创造良好的环境和秩序。展会期间知识产权零投诉，没有发生安全、泄密事件，基本杜绝现场零售现象。观众对展览秩序的评价很高，得分达90.48分。

中国（上海）国际跨国采购大会

由国家商务部和上海市人民政府主办的“2009中国（上海）国际跨国采购大会”于9月22—26日在上海世贸商城举办。9月25—26日，汽车零部件分会在上海汽车会展中心举办。主题为“后危机时代的中国制造”的高峰论坛也在同期举办。

“2009年中国（上海）国际跨国采购大会”开幕典礼

在开幕式上，国家商务部副部长易小准和上海市副市长唐登杰、联合国助理秘书长Warren Sach分别为“上海进口产品展贸中心”和“联合国（上海）采购物流中心”揭牌。这两个中心是上海跨国采购平台和国际贸易中心建设的重要组成部分，它们的成立将积极推动上海进出口贸易的持续发展。

本次大会共吸引来自32个国家和地区的253家国际采购商、20家供应链参展商。现场设立“消费品采购商专区”、“工业品采购商专区”、“联合国及国际机构采购专区”、“全球中小企业采购专区”、“服务贸易专区”和汽车零部件采购分会。总计所采购工业品、消费品13大类，计1200多个品种。2009—

2010年度在华采购金额达200亿美元。

本次大会主要呈现出两个新的特点:一是境外国际采购商设展规模扩大,占到设展企业总数的55%。除历届参加跨采大会的德国、美国、日本、中美洲采购代表团外,新增加瑞典、日本大阪、美国费城、中美总商会、俄罗斯、荷兰等采购代表团,以及8个联合国及国际组织的采购机构参会。二是专业化水平进一步提高。设立汽车零部件分会是跨采大会从综合型洽谈会向专业化采购会发展的重要举措,分会场吸引了美国通用、德国大众、菲亚特、上汽集团等42家中外著名汽车巨头设摊采购。另外,建设永不落幕的在线跨采平台和优化配对洽谈模式等措施也大大提高了跨采大会的专业化水平。

本次大会无论在规模上还是在质量内容方面都比以往有较大进步,为广大客商提供了一个良好的洽谈交易的平台。

上海国际汽车工业展览会

上海国际汽车工业展览会(AUTO Shanghai www.autoshanghai.org)创办于1985年。是中国最早的专业国际汽车展览会之一,同时也是中国第一个被UFI认可的汽车展。经过20多年发展,上海国际汽车展已成长为中国最具权威、国际上最具影响力的汽车大展之一。

上海国际汽车展于2009年4月22—28日在浦东新国际博览中心成功举办。展会以“科技·艺术·新境界”为主题,展览规模达17万平方米,来自25个国家和地区的近1500家国际知名企业齐聚亮相,大众、丰田、奥迪、梅赛德斯—奔驰、沃尔沃、劳斯莱斯、保时捷、通用、福特、雪铁龙标致、现代、日产、本田等车界巨头均以国际A级车展标准参展。国内一汽、上汽、东风、长安、广汽、北汽六大汽车集团首次齐聚上海,吉利、奇瑞、长城、力帆、海马、比亚迪、华晨等其他国内自主品牌也全线出击,成为历届车展中参展品牌最为齐整、展出水平最高的一次。展会共展示

2009上海国际汽车展

918 辆整车，包括 316 辆进口车和 602 辆国产车，全球首发车 13 款，均创历届之最。为期 9 天的展期（含 2 天媒体日）共吸引 60 万人次的观众和 7200 多名中外媒体人员，4 月 25 日更创下单日接待观众逾 13.6 万人次的记录。上海国际汽车展已成为上海城市现代服务业推动先进制造业的成功典范。展会同期还成功举办了以"国际金融危机下的汽车工业发展机遇与挑战"为主题的 CEO 高峰论坛。国内六大汽企集团和美国底特律电动车控股有限公司领导均在会上作了主题演讲。本次论坛全面展示了中国汽车市场全球独秀的魅力以及广阔的发展前景。中外汽车业和媒体代表近 400 人出席会议，认真贯彻落实国家汽车产业振兴计划，并就推动中国汽车工业的可持续发展等多方面达成共识，强调把应对危机与谋划先机有机结合，切实加强新能源汽车研发和市场拓展，培育自主品牌、扩大汽车消费。

上海国际汽车工业展览会在汽车产业结构调整的背景下逆势飞扬。美国有线新闻网（CNN）、英国广播公司（BBC）、日本广播协会（NHK）、美联社、路透社、法新社、《华尔街日报》、《英国金融时报》等国际主流媒体纷纷以"上海车展被全球汽车巨头视为救命稻草"、"中国驱动全球汽车业希望"等醒目标题竞相报道。上海国际汽车展不仅有力提振了全球车市信心，促进中国市场迅速回暖，更涌现出大批节能环保和新能源类产品，将环境能源问题与科技、艺术完美结合，真正体现了人车和谐发展的内涵，成为引领世界汽车制造业的风向标。

2010 年 4 月上海国际汽车展将再次呈现汽车工业先进的发展理念、汽车技术前瞻的研发成果、汽车设计时尚的视觉兴奋、汽车操控完美的舒适体验，以及未来汽车带有给人类社会的美好生活方式成为"创新 · 未来"的舞台。

上海国际广告印刷包装纸业展览会

2009 年 7 月 7 日，第十七届上海国际广告技术设备展览会、2009 中国（上海）国际 LED 产业技术展览会暨论坛、LED 发光体及城市照明展览会、上海国际印刷周暨 2009 上海国际印刷包装产品交易会（以下简称"展会"）开幕式在上海新国际博览中心隆重举行。本届展览会的前两项展事由上海现代国际展览有限公司与上海市科学技术委员会、上海半导体照明工程技术研究中心和深圳电子商会合作主办。后者由上海现代国际展览有限公司与上海市新闻出版局共同举办。虽然受全球金融危机的影响，展会在前期招商进程中遇到了一些阻力，但是凭借出色的专业观众组织和展会营销策划，还是取得了圆满成功。展出面积涵括上海新国际博览中心的 10 个展馆，吸引 1000 多家国内外知名广

上海国际广告印刷包装纸业展览会

告设备及耗材供应商汇聚一堂，集中展示当今全球最为领先的设备和技术，新技术、新产品以及一站式创新解决方案。展会吸引了来自全球80多个国家和地区的95775人次的专业观众，其中海外买家16920人次。

本届展会的主办方首次与上海市科委、上海半导体照明工程技术研究中心和深圳电子商会合作，举办"中国(上海)国际LED产业技术展暨LED发光体及城市照明展"，面积达3万平方米。深圳市电子商会(SECC)组团参展，多家深圳LED企业在上海集体亮相，以统一鲜明的形象示人，吸引海内外买家。活动期间举办"中国(上海)国际半导体照明应用技术论坛"，邀请国际知名学者和产业精英深度研讨半导体照明应用技术及产业发展。

同期举行的上海国际印交会共吸引了300多家印刷包装企业参与，规模超过1万平方米，展会现场特设"数码印刷体验区"。国内外著名的数字印刷设备供应商佳能、柯尼卡美能达、奥西、理光、经纶、方正等齐聚一堂，展开最新设备的现场互动演示。各类高品质的印刷制品、精美绝伦的包装制品、新颖独特的设计作品都让参观者感觉耳目一新。

展会主办方之一的中国上海广告设备器材供应商协会(CSA)，会员已达500多家，其中大多数会员都是上海广印展的展商。协会在本届广印展现场特设展位，为展商提供热情周到的服务，还邀请到包括美国标识协会(ISA)、欧盟广告影像协会(FESPA)、欧洲标协会(ESF)、亚洲标牌协会(ISA)以及西班牙、南非、印度、巴基斯坦、迪拜等地的广告标识协会等海外展团莅临现场。4天展期，CSA与各国协会负责人进行了广泛的交流，各协会纷纷表达了对中国市场的强烈兴趣以及与CSA进一步合作的愿望。

"2009广州国际广告展"(CSF 2009)于金秋11月在琶洲展览馆成功落下帷幕。凭借"国际化、品牌化、专业化"的办展理念，本届广州广告展吸引了400多家展商全面展示广告业发布、制作所需的各种新技术、新设备和新媒体，展出面积达2万平方米。20367名专业观众的数量基本与2008年持平，其中海外观众占12%，为第十三届广州国际广告展览会划上了圆满的句号。

上海国际酒店用品博览会

第十九届上海国际酒店用品博览会(Hotelex Shanghai)于2010年4月1日在上海新国际博览中心圆满落幕。作为酒店餐饮业的第一大展，本届展会联手建筑、清洁、照明三大主题展会，共拥有150000平方米展示面积，全球2000余家知名厂商、1200个中外品牌和80000多名海内外专业观众。从展示面积、参展企业、专业观众、品牌数等几个主要数据方面考量，本次展会都呈现空前良好势头，成为一场全球酒店用品展示及采购的盛会。

第十九届上海国际酒店用品博览会

展会中汇聚的近2000种酒店及公共餐饮类的设备和用品，将为世博各国家馆和公共场馆提供大量的产品选择和优质服务。

随着Hotelex展会规模的扩大和品牌影响力的提升，许多海外展商及买家慕名而来。据统计，参展国家和地区除历年参展的中国、意大利、德国、西班牙、韩国、美国、法国、阿联酋、马来西亚、新加坡、澳大利亚、中国香港和中国台湾地区外，今年新增加来自埃塞俄比亚，印度，厄瓜多尔和中国澳门地区的参展商。中国台湾地区和埃塞俄比亚还首次以展团形式参与，展品包括专供豪华酒店客房及公共空间使用的精美皮制品等。另外，展会还吸引到来自荷兰、新加坡、越南、巴西、中国台湾等国家和地区的参观团，以及各国驻沪领事馆的商务参赞到现场洽谈、采购。

同期举办的以餐饮大师为主的一系列精彩活动，博得了广大业内人士的高度关注和评价。中国唯一授权举办的“第八届中国国际百瑞斯塔（咖啡师）竞赛”，与香港调酒师协会首度合作的“Hotelex杯国际调酒师大赛”，色与器的结合——中日菜品展示，“天裁&魔法”酒店制服发布会等活动场面相当火爆，成为引领中国酒店行业新时尚和新潮流的方向标，为酒店业所涉及的各行各业提供了展示缤纷创意和才能的品牌舞台。

除此之外，秉承为专业观众提供有价值的商贸信息的原则，展会充分发挥自身优势，在中国旅游饭店协会和中国旅游报社的支持下，历经数月的专业调查，高星级酒店用品供应商“500强”榜单也在博览会现场的“中国酒店工程改造论坛”中发布，为参展人员尤其是海内外专业买家提供了最新、最权威的采购资讯参考。

由于2010年现场的盛况，2011年展会7个室内馆近70%的展位，已被参展商预订。2011年又恰逢上海国际酒店用品博览会的二十周年庆典，Hotelex将携手“第十九届中国国际建筑装饰展览会”、“第十二届中国清洁博览会”、“2011中国（上海）酒店与建筑照明展览会”等酒店相关产业的三大专题展，以16万平方米、2200家供应商、10万名观众的规模，构建酒店、餐饮、酒吧一站式的采购平台，提供酒店建材、清洁、照明整体的解决方案。

第二十届中国国际自行车展览会

在上海世博会开幕前夕，由中国自行车协会主办、上海协升展览有限公司和上海市国际展览有限公司承办的第二十届中国国际自行车展览会（CHINA CYCLE），于2010年4月27－30日在上海新国际博览中心如期举行。

CHINA CYCLE 2010恰逢20周年大庆。CHINA CYCLE创办于1990年，是国内最早的以自行车为主题、以展示和商贸为依托的专业自行车品牌展。伴随中国自行车产业发展，走过了20年的CHINA CYCLE给中国自行车品牌提供了最集中的展示空间，构筑了国内外企业了解开拓市场的最佳推广平台，塑造了最具品牌价值展，保持着亚洲及世界最具规模与影响力的重要展会的地位，为中国自行车产业的蓬勃发展起到了促进与推动作用。

以“触动时尚，变革生活”为主题的本届

展会吸引了来自意大利、荷兰、瑞士、法国、德国、美国、印度、日本、韩国、巴基斯坦、孟加拉国、中国及香港特别行政区和台湾省的等14个国家和地区的1132家知名厂商，预订了4628个展位，分布于自行车及零配件、电动自行车及零配件、摩托车及零配件、童车及零配件、机械设备、自行车旅游休闲用品及海外展团等十余个专业展区，展出面积达10万平方米。

第二十届中国国际自行车展览会

2009年，中国自行车产业经受了金融危机的洗礼，在国家"扩内需、保增长、调结构、重民生"一系列经济政策的推动下，在行业加快结构调整、转变增长方式的内生驱动力作用下，产业开始呈现企稳回升、逐渐向好的良好局面。在此次CHINA CYCLE 2010上，主办方以"创新、创意、引领"为主线，在推广自行车原创设计上下功夫，搭造将创意转化为生产力的桥梁，展示行业在调整结构、转型升级、创造价值过程中的新进展，新成果。

在自行车馆汇集了中国自行车市场上表现卓越的一批实力品牌，众多企业在大面积展出推广其品牌群体，彰显其集团实力的同时，也纷纷推出许多适合市场需求和消费走向的新品车。天津金轮自行车集团有限公司，在CHINA CYCLE 2010上选择了近800平米的展位，在推出了多种全新品牌的同时，请国外专业骑手现场演绎自行车极限运动的魅力。浙江力霸皇集团专研自行车技术，专注自行车文化，大力提倡低碳环保理念，与中国自行车协会、全国自行车工业信息中心一起，在展会期间举行"2010年自行车碳纤维技术与应用论坛"，以自身的研究和实践，推广新材料在自行车领域的应用，推动自行车科学技术的进步。

在中国与国际之间搭起沟通合作桥梁的CHINA CYCLE一直受到国际品牌和海外展团的关注，CHINA CYCLE也坚持把提升国际化水平，提高海外展商到会率作为重要工作。本届海外展位面积较上年增加了10%。来自意大利、美国、日本……等12个国家和地区的知名品牌把登陆CHINA CYCLE作为开拓中国市场的一个重要途径。他们带着的最新款式及与中国伙伴合作的热望，以最新的战略眼光和理念，莅临CHINA CYCLE，将其在市场上表现突出产品的完美品质尽情呈现。这些众多海外品牌的加盟成为为CHINA CYCLE 2010品牌价值的最好体现。

三、“庆世博，创造更美好企业”

上海海鼎信息工程股份有限公司 国家863软件专业孵化器（上海）基地

HEADING®

法人代表：丁玉章
职　　务：董事长
企业地址：上海闵行区浦江镇联航路1588号
邮　　编：201112
电　　话：86－21－54325000＊6892
传　　真：86－21－54325916
邮　　箱：wangyixin@ hd123. com

企业简介　上海海鼎信息工程股份有限公司自1992年起就致力于，并始终专注于流通信息化，是国内一流的商业流通、电子商务和现代物流解决方案的管理咨询与软件研发公司，是推动和引领中国流通业信息化的重要力量。

海鼎公司作为国家863产业化研发基地，国家“九五”、“十五”重点项目承担者，及上海市高新技术企业、上海市科技型骨干企业，专注并研发具有自主知识版权、适合中国国情的商业信息化管理系统，极大推动中国商业企业的信息化建设。

海鼎公司现有员工中80%以上为咨询和技术力量。总部位于上海，在全国各地设有相应的技术服务机构。2003年，海鼎公司作为第一家高科技公司，入驻国家863软件孵化器（上海）基地，购地10000平方米，自主投资数千万元，建设海鼎大楼，并于2005年7月正式启用。

海鼎公司的软件产品和解决方案在全国25个省市地区的300多家不同业态的大中型流通企业中得到成功运用，包括上海可的便利公司、杭州联华华商集团、百联集团、上海九百集团、上海久百城市广场（久光SOGO）、世茂集团、无锡一百集团、东莞美宜佳便利公司、上海华联超市物流公司、烟台振华百货集团、上海联合产权交易所等。

上海巨亮服饰有限公司

法人代表：谢兆丰
职　　务：董事长
企业地址：上海市闵行区联明路389号2楼
电　　话：021－64596348
传　　真：021－64596141
邮　　编：201100
网　　址：www. shiny－star. com. cn
邮　　箱：jason@ shiny－star. com. cn

企业简介　上海巨亮服饰有限公司为台湾精典泰迪国际有限公司转投资企业，在台湾有30年的童装经验，并与国际接轨取得了英国精典泰迪（Classic Teddy）、美国哈帝（Hearty）、法国三宝贝（Triples）品牌总代理。在知名百货商场，设有专柜并拥有PAPAMAMA童装连锁，超过100个营销网点，是集合通路、品牌、商业优势的一流公司。

主力商品为1—18岁儿童服饰、配件，并有亲子装及周边商品。为维护品牌形象，发挥品牌整体效益，设有品牌授权部门。在取得品牌总代理权后，结合优质厂商资源，授权各类品项，让顾客能享受到品牌全系列的特色商品。

上海巨亮服饰秉承“质量、服务、责任、创新”的经营理念，为顾客提供最优质的商品及最用心的服务，让天下所有的父母亲们，都能把最好的带给孩子，让孩子们在幸福快乐中茁壮成长。

中信泰富(中国)投资有限公司

企业地址：上海市南京西路1168号中信泰富广场45层楼
电话：021－62156215　传真：021－52984330　邮编：200041
网址：www. citicpacific. com

东工物产贸易有限公司

企业地址：上海市淮海中路755号新华联大厦东楼12A
电话：021－64725999　传真：021－64720873　邮编：200020

上海欧雅恩企家居有限公司

企业地址：上海市宜山路399号
电话：021－64874881　传真：021－64874881　邮编：200030

上海蔡同德药业有限公司

企业地址：上海市金陵东路396号4F
电话：021－63285087　传真：021－63283424　邮编：200021

上海捷强烟草糖酒(集团)连锁有限公司

企业地址：上海市虹口区天水路76号
电话：021－65221919　传真：021－65750359　邮编：200086

上海西郊国际农产品交易有限公司

企业地址：上海市青浦区华新镇华徐公路3833号
电话：021－69798888 传真：021－69798111 邮编：201708
邮箱：xzrs@ xjgj. com 网址：http://www. xjgj. com

上海兰生国泰进出口有限公司

企业地址：上海市四川北路1666号22楼
电话：021－63241133　传真：021－63832844　邮编：200280

上海崇明华联超市有限公司

企业地址：上海市崇明堡镇南路76号
电话：021－59421297　传真：021－59421629　邮编：202157

上海商业储运有限公司

企业地址:上海市四川中路 133 号 7 楼

电话:021 －63219880　　传真:021 －63219880　　邮编:200002

上海嘉定商城有限公司

企业地址:上海市嘉定区清河路 48 号

电话:021 －59910666　　传真:021 －59928366　　邮编:201800

沛丰建筑工程(上海)有限公司

企业地址:上海市江场三路 301 号 4 楼

电话:021 －51060128　　传真:021 －51060118　　邮编:200436

上海江杨农产品批发市场经营管理有限公司

企业地址:上海市江杨北路 98 号

电话:021 －66221861　　传真:021 －66221862　　邮编:201901

上海莘松房地产有限公司

企业地址:上海市闵行区颛兴东路 1675 号

电话:021 －33585899　　传真:021 －33585877　　邮编:201108

上海浦东商业股份有限公司

企业地址:上海市浦东大道 2330 号 3 号楼 6 楼

电话:021 － 58216525　　传真:021 －58211292　　邮编:200136

上海尊贵电器有限公司

企业地址:上海市宝山区南大路 19 号

电话:021 －66509379　　传真:021 －56689322 ×815　　邮编:200436

统一企业(中国)投资有限公司

企业地址:上海市长宁区临虹路 131 号

电话:021 －22158888　　传真:021 －22158866　　邮编:200335

上海飞马进出口有限公司

企业地址:上海市溧阳路257号

电话:021-65351427　传真:021-65844239　邮编:200080

亿万豪健桥商业经营管理(上海)有限公司

企业地址:上海市浦东陆家嘴富城路99号震旦国际大楼901室

电话:021-58826999　传真:021-58828878　邮编:200120

上海理想信息产业(集团)有限公司

企业地址:上海市江苏路500号13F

电话:021-52383388　传真:021-58876666　邮编:200050

震旦有限公司

企业地址:上海市浦东新区陆家嘴富城路99号震旦国际大厦36F

电话:021-58408888　传真:021-58798889　邮编:200120

上海试四赫维化工有限公司

企业地址:上海市泰和路1004号

电话:021-56674081　传真:021-56840850　邮编:200940

双钱集团股份有限公司

企业地址:上海市四川中路63号

电话:021-33024666　传真:021-63298643　邮编:200002

邮箱:company@ doublecoinholdings. com　网址:http://www. doublecoinholdings. com

中国检验认证集团上海有限公司

企业地址:上海市北苏州路1040号8楼

电话:021-63255018　传真:021-63647785　邮编:200085

上海老凤祥钻石加工中心有限公司

企业地址:上海市漕溪路270号

电话:021-64515800　传真:021-64826966　邮编:200235

托伦斯精密机械(上海)有限公司

企业地址:上海市张江高科技园区法拉第路 249 号
电话:021 - 58955197　传真:021 - 58955297　邮编:201203

多美滋婴幼儿食品有限公司

企业地址:上海市浦东新金桥路 27 号金桥科技园 12 号楼
电话:021 - 38608888　传真:021 - 38608892　邮编:201206

嘉麒房地产开发(上海)有限公司

企业地址:上海市古北路 666 号 1903B
电话:021 - 62958188　传真:021 - 62786619　邮编:200336

上海国际家用纺织品产业园

企业地址:上海市平凉路 1398 号
电话:021 - 55804128　传真:021 - 55804128　邮编:200090

上海东方明珠进出口有限公司

企业地址:上海市南京东路 627 号 6A
电话:021 - 63216222　传真:021 - 53085588　邮编:200001

四川快益点电器服务连锁有限公司上海分公司

企业地址:上海市中山北路 835 号
电话:021 - 56623678　传真:021 - 56308130　邮编:200070
公司服务理念:一切以用户为中心:让用户非常满意;绝不耽误一分钟

国基电子(上海)有限公司

企业地址:上海市松江工业区南乐路 1925 号
电话:021 - 61206688　传真:021 - 61206688　邮编:201611

锐港商业(上海)有限公司

企业地址:上海市南京东路 233 号
电话:021 - 33313322　传真:021 - 33313322　邮编:200002

上海奥克斯电气销售有限公司

企业地址：上海市闵行区罗阳路168号B座501室
电话：021－54303880　传真：021－54303898　邮编：201104

亚玛芬体育用品贸易（上海）有限公司

企业地址：上海市浦东新区花园石桥路66号东亚银行大厦602室
电话：021－51165292　传真：021－51165299　邮编：200120

上海赞英时装有限公司

企业地址：上海市长宁区遵义路100号虹桥上海城A幢290室—2910室
电话：021－62371122　传真：021－62370133　邮编：200051

四川长虹电器股份有限公司上海分公司

企业地址：上海市中山北路835号长虹大厦
电话：021－51008382　传真：021－51008381　邮编：200070

电气硝子玻璃（上海）广电有限公司

企业地址：上海市闵行区莘庄工业区颛兴路2009号
电话：021－64427707　传真：021－61313506　邮编：201108

上海仲义建设实业有限公司

企业地址：上海市闵行区水清路500弄38号
电话：021－64129992　传真：021－64129992　邮编：201100

上海豫园（集团）有限公司

企业地址：上海市中华路1461号6楼
电话：021－33050864　传真：021－63762905　邮编：200010

苏特恩斯国际货运代理（上海）有限公司

企业地址：上海市延安西路1566号龙峰大厦9楼D座
电话：021－52586708　传真：021－52586709　邮编：200052

德益齐租赁(中国)有限公司

企业地址:上海市浦东新区陆家嘴东路166号2002室

电话:021-50624255 传真:021-50624258 邮编:200120

尤妮佳生活用品(中国)有限公司

企业地址:上海市延安东路618号东海商业中心22楼

电话:021-53854166 传真:021-53854799 邮编:200001

上海企德货展设备有限公司

企业地址:上海市闵行区青杉路200弄1号319室

电话:021-54760460 传真:021-54760632 邮编:201103

好能机械系统(上海)有限公司

企业地址:上海市浦东金豫路216号

电话:021-58346011 传真:021-50320477 邮编:201206

上海嘉定万达投资有限公司

企业地址:上海市华江路988号

电话:021-39565555 传真:021-39566180 邮编:201803

杰劳瑞森国际货运(上海)有限公司

企业地址:上海市南京西路288号创兴金融中心2306室

电话:021-63580066 传真:021-63580077 邮编:200003

上海新境界食品贸易有限公司

企业地址:上海市吴中东路501号

电话:021-64383926 传真:021-64644846 邮编:200235

上海香港三联书店有限公司

企业地址:上海市淮海中路624号

电话:021-53064393×24 传真:021-53060336 邮编:200020

上海海尔工贸有限公司

企业地址:上海市浦东区新区陆家嘴环路958号华能联合大厦29楼
电话:4006999999　传真:021-68865008　邮编:200120
邮箱:slshzhb@haier.com　网址:http://www.haier.cn

沃特世科技(上海)有限公司

企业地址:上海市浦东新区张东路1387号41栋
电话:021-68795888　传真:021-68794588　邮编:201203

汉诺威再保险股份公司上海分公司

企业地址:上海市浦东世纪大道1568号中建大厦3307室
电话:021-50819585　传真:021-58209396　邮编:200122

阿姆斯壮世界工业(中国)有限公司

企业地址:上海市福州路318号22楼
电话:021-63913366　传真:021-63912021　邮编:200001

上海梯西爱尔电器贸易有限公司

企业地址:上海市肇嘉浜路359号5楼
电话:021-64183315　传真:021-64186216　邮编:200032

上海爱丽丝制衣有限公司

企业地址:上海市金豫路215号
电话:021-58992572　传真:021-58992571　邮编:201206

康佳集团多媒体上海分公司

企业地址:上海市邯郸路159号上蒙大厦11楼D(中国2010年世博会上海馆指定产品)
电话:021-65535277　传真:021-65535277　邮编:200437

长谷川香料(上海)有限公司

企业地址:上海市浦东新区新金桥路2365号
电话:021-58997000　传真:021-58996555　邮编:201206

宜佳(上海)香料有限公司

企业地址:上海市肇嘉浜路366号7楼B座

电话:021－64734300　传真:021－64734418　邮编:200031

上海化学工业区进出口有限公司

企业地址:上海四川中路33号808室

电话:021－63230229　传真:021－63231977　邮编:200002

联太担保(上海)有限公司

企业地址:上海市南京西路1366号恒隆广场2座4501

电话:021－62888841　传真:021－62889272　邮编:200040

永安百货有限公司

企业地址:上海市南京东路635号

电话:021－63224466　传真:021－63511122　邮编:200001

上海凯宝药业股份有限公司

企业地址:上海市工业综合开发区程普路88号

电话:021－37572030　传真:021－37572050　邮编:201401

邮箱:kaibao@ xykb. com　网址:www. xykb. com

上海文峰电器销售有限公司

企业地址:上海市浦东张杨北路801号三楼家电

电话:021－58718888　传真:021－58718888×7070　邮编:200129

锦江国际(集团)有限公司
Jin Jiang International Holdings Co. ,Ltd

企业地址:上海市延安东路100号联谊大厦23楼

电话:＋86－21－63264000　传真:＋86－21－63293462　邮编:200002

网址:http://www. jinjiang. com

必能信超声(上海)有限公司

企业地址:上海市松江工业区荣乐东路528号

电话:021－37810588　传真:021－57743128　邮编:201613

上海华林工业气体有限公司

企业地址:上海市化学工业区目华路82号

电话:021-67121177　传真:021-67121579　邮编:201507

上海桃丰商贸有限公司

企业地址:上海市大渡河路1558号

电话:021-62624775　传真:021-62650611　邮编:200333

必和必拓国际贸易(上海)有限公司

企业地址:上海市湖滨路222号企业天地1号楼12层

电话:021-61227000　传真:021-61229888　邮编:200021

网址:http://www.bhpbilliton.com

东电化(中国)投资有限公司

企业地址:上海市延安西路2201号1907室

电话:021-62962345　传真:021-62709970　邮编:200336

中国储备粮管理总公司上海分公司

企业地址:上海市南京西路818号14楼

电话:021-62677622　传真:021-62677656　邮编:200041

伟翔环保科技发展(上海)有限公司

企业地址:上海市嘉定工业区回城南路2358号

电话:021-69526622×8077　传真:021-69526611　邮编:201821

大中里物业有限公司

企业地址:上海市威海路567号23楼

电话:021-22083500　传真:021-62888780　邮编:200041

上海经贸国际货运实业有限公司

企业地址:上海市虹口区东大名路359号15楼

电话:021-65591600　传真:021-65591208　邮编:200080

上海海虹出租汽车有限公司

企业地址:上海市高逸路 130 号
电话:021 - 55043978　　传真:021 - 55032715　　邮编:200439

上海朋杨科技有限公司

企业地址:上海市漕溪北路 41 号汇嘉大厦 9 楼 G 座
电话:021 - 54901878　　传真:021 - 54904497　　邮编:200030

上海古岛实业有限公司

企业地址:上海市金山区漕泾镇亭卫公路展业路 108 号
电话:021 - 67256506　　传真:021 - 65491215　　邮编:201507

霍尼韦尔航空电子(上海)有限公司

企业地址:上海市李冰路 430 号
电话:021 - 28943360　　传真:58555856 × 3360　　邮编:201203

上海桂林实业有限公司

企业地址:上海市虹漕南路杨家桥 31 号
电话:021 - 64708353　　传真:021 - 64518762　　邮编:200233

上海黄色小鸭贸易有限公司

企业地址:上海市闵行区虹桥镇万源路 2728 号
电话:021 - 64466810　　传真:021 - 64061163　　邮编:201103

上海中安商业发展有限公司

企业地址:上海市石门一路 251 弄 6 号
电话:021 - 52289357　　传真:021 - 52289951　　邮编:200041

中怡保险经纪有限责任公司

企业地址:上海市浦东新区世纪大道 88 号金茂大厦 4105 室
电话:021 - 38658199　　传真:021 - 50498331　　邮编:200121

上海亨斯迈聚氨酯有限公司

企业地址:上海化学工业区目华路 201 号 12 楼
电话:021 - 37506000　　传真:021 - 67121106　　邮编:201507

上海百联西郊购物中心有限公司

企业地址：上海市仙霞西路 88 号

电话：021－52160896　传真：021－52160896　邮编：200335

上海宗巍科技发展有限公司

企业地址：上海市中山北路 3663 号理科大楼 B 座 1202 室

电话：021－62233506　传真：021－62233506　邮编：200062

上海团结普瑞玛激光设备有限公司

企业地址：上海市闵行区昆阳路 2019 号

电话：021－64093793　传真：021－64093347　邮编：201111

上海高鸿恒昌电子科技有限公司

企业地址：上海市徐汇区斜土路 2669 号 1602 室

电话：021－64866677×145　传真：021－64866677×111　邮编：200030

第一兴商（上海）电子有限公司

企业地址：上海市淮海中路 887 号永新大厦 7008 室

电话：021－64748108×205　传真：021－64333389　邮编：200020

上海李特实业有限公司

企业地址：上海市闵行区顾戴路 3100 弄 39 号

电话：021－54888513　传真：021－54888515　邮编：201100

上海山景集成电路技术有限公司

企业地址：上海市浦东新区民生路 1518 号金鹰大厦 A 座 4B

电话：021－68549851　传真：021－68549859　邮编：200135

葵和精密电子（上海）有限公司（Agape Package Manufacturing（Shanghai）Ltd.）

企业地址：上海市松江出口加工区 B 区东开置业园 B1 栋

电话：021－57856600　传真：021－57856181　邮编：201614

公司主营业务：半导体器件封装测试，集成电路等

上海友谊百货有限公司上海友谊商店

企业地址:上海市长寿路1188号
电话:021-62525252 传真:021-62520519 邮编:200042

卡西欧(上海)贸易有限公司

企业地址:中国上海市长宁区遵义路100号 虹桥上海城A幢10楼
英文地址:Tower A 10/F,Shanghai City Center,100 Zunyi Road,Changning District, Shanghai 200051,CHINA.
电话:021-61974898 传真:021-61974890(经营管理部) 邮编:200051

上海亚俊国际贸易有限公司

企业地址:上海市徐汇区零陵路899号608室
电话:021-54892772 传真:021-54892773 邮编:200030

昌硕科技(上海)有限公司

企业地址:上海市康桥镇秀沿路3668号
电话:021-38113768 传真:021-58132250 邮编:201315

上海每日通贩商业有限公司

企业地址:上海市长宁区定西路988号银统大厦1804
电话:021-32120366×815 传真:021-62110717 邮编:200050

上海新华联大厦有限公司

企业地址:上海市淮海中路755号东楼7楼
电话:021-64451678 传真:021-64455000 邮编:200020

爱普科斯(中国)投资有限公司

企业地址:上海市延安西路2201号国贸中心2315室
电话:021-22191500 传真:021-22191599 邮编:200336

上海塔汇针织厂

企业地址:上海市松江区石湖荡镇塔汇路351号
电话:021-57846145 传真:021-57841618 邮编:201617

向2010年中国上海世博会献礼
倾情加盟世博美好企业

（排列不分先后）

恩智浦半导体（上海）有限公司
施华洛世奇（上海）贸易有限公司
利澜服饰制品（上海）有限公司
百家好（上海）时装有限公司
上海东海制药股份有限公司
上海隧道工程股份有限公司
锐港商业（上海）有限公司
上海林内有限公司
联合基因生物医药有限公司
中铁快运股份有限公司上海分公司
上海大宗钢铁电子交易中心有限公司
上海苏宁电器有限公司
雅马哈乐器音响（中国）投资有限公司
泰为信息科技（上海）有限公司
联华超市股份有限公司
上海市静安区商业联合会
赫比（上海）通讯科技有限公司
上海鼎荣房地产开发有限公司
上海灿星商贸有限公司
亚什兰（中国）投资有限公司
上海新世界（集团）有限公司
惠生控股（集团）有限公司
上海大润发有限公司
上海电气集团股份有限公司
百联集团有限公司
上海百联集团股份有限公司
上海徐家汇商城股份有限公司六百分公司
上海张小泉刀剪总店有限公司
佳通轮胎（中国）投资有限公司
上海豫园旅游商城股份有限公司
上海梅龙镇广场有限公司
上海益民食品一厂有限公司
三星（中国）投资有限公司上海分公司
上海老凤祥有限公司
宜家（中国）投资有限公司
上海绍兴饭店管理有限公司
上海三洋电梯有限公司
上海华庆房地产开发有限公司
佳能（中国）有限公司上海分公司
上海汇金担保有限公司
上海福乐斯特房地产发展有限公司
上海市浦东新区周浦镇人民政府
上海柯斯软件有限公司
上海化学工业区发展有限公司
上海迪美广场有限公司
上海燕龙基企业集团有限公司
复盛实业（上海）有限公司
格罗贝尔轮椅车（上海）有限公司

优秀企业风采

（排列不分先后）

上海青浦工业园区发展（集团）有限公司
吉尔生化（上海）有限公司
上海物资贸易股份有限公司
上海京大国际贸易有限公司
保乐力加（中国）贸易有限公司
创维集团上海分公司
上海新丽装饰工程有限公司
上海牧冠企业发展有限公司
上海松耳照明工程有限公司
上海商学院
上海通饰宁豪斯时装贸易有限公司
麒麟鲲鹏（中国）生物药业有限公司
上海柯斯软件有限公司
上海安兴汇东纸业有限公司
金桥国际商业广场
上海恒邦房地产开发有限公司
上海美设国际货运有限公司
上海题桥纺织染纱有限公司
安东尼技术玻璃（上海）有限公司
上海密特印制有限公司
上海青浦出口加工区
上海嘉定出口加工区
和运国际租赁有限公司
上海龙阳精密复合铜管有限公司

升逸豪环保工程科技（上海）有限公司
上海证大房地产有限公司
瑞果食品（上海）有限公司
金佰利（中国）有限公司
上海市浦东商场股份有限公司
威可楷（中国）投资有限公司
能率（中国）投资有限公司
上海加华置业有限公司
裕群自动化机械（上海）有限公司
上海冠龙阀门机械有限公司
3M中国有限公司总办事处
上海盘石数码信息技术有限公司
上海罗克空调系统工程有限公司
上海汽车信息产业投资有限公司
上海港汇房地产开发有限公司
通用汽车（中国）投资有限公司
汉胜工业设备（上海）有限公司
交通银行上海市分行
上海亚一金店有限公司
上海斯迪尔电子交易市场
百联集团置业有限公司
上海环迅电子商务有限公司
上海银晨智能识别科技有限公司
上海浦东汉威阀门有限公司

（排列不分先后）

东方钢铁电子商务有限公司
上海宏达文教用品有限公司
上海中期期货经纪有限公司
艺康（中国）投资有限公司
上海海亮铜业有限公司
上海钢之源电子交易中心
上海意仓工贸有限公司
新雅粤菜馆
上海亿通国际股份有限公司
江苏环球通讯电缆集团
东方先导糖酒有限公司
上海小南国餐饮有限公司
上海冈三华大计算机系统有限公司
中钢集团上海有限公司
上海苏食肉品配供有限公司
上海正欧化工有限公司
上海捷瑞家居有限公司
上海安祺科技有限公司
上海周浦万千百货有限公司
上海商业对外经济咨询服务公司
上海功德林素食有限公司
上海福朋喜来登由由酒店
上海宝隆国际贸易有限公司
上海百脑汇电子信息有限公司

青岛海信电器股份有限公司
新蛋贸易（中国）有限公司
崇邦新基（上海）企业管理咨询有限公司
上海神开石油化工装备股份有限公司
上海爱知锻造有限公司
上海百联南桥购物中心有限公司
上海市第一百货商店
上海深喜企业（集团）有限公司
玉川卫生用品（上海）有限公司
上海新大洲物流有限公司
上海宝山经济发展区
养乐多（中国）投资有限公司
上海翔茂企业（集团）有限公司
上海华盛建设集团贸易有限公司
上海百联电器科技服务有限公司
东方国际商业（集团）有限公司
欧尚（中国）投资有限公司
葆德电气（上海）有限公司
上海宝鹿车业有限公司
威宏电子（上海）有限公司
上海文聪信息科技有限公司
黑崎播磨（上海）企业管理有限公司
上海开腾信号设备有限公司
上海汇金担保有限公司

优秀企业风采

EXPO 2010 SHANGHAI CHINA

（排列不分先后）

上海力拓针织有限公司
上海海烟物流发展有限公司
上海柴油机股份有限公司
夏普商贸（中国）有限公司
上海中软资源技术服务有限公司
达能依云食品营销（上海）有限公司
白特荣塑胶（上海）有限公司
上海万达广场商业管理有限公司
上海东竞自动化系统有限公司
上海迈伊兹咨询有限公司
上海甬龙工贸有限公司
上海太同弹簧有限公司
中美上海施贵宝制药有限公司
上海天华信息科技园
上海科海豪斯信息技术有限公司
上海凯捷时装有限公司
上海双鹿电器有限公司
上海银星汽车维修有限公司
上海山富数码喷绘复合材料有限公司
梅塞尔格里斯海姆（中国）投资有限公司
上海坚明办公用品有限公司
上海国际展览中心有限公司
中海国际船舶管理有限公司
永和食品（中国）有限公司
红坊国际公共文化艺术社区
上海太阳岛国际俱乐部有限公司
远纺工业（上海）有限公司
上海龙华工业有限公司
上海锦辉工业供销有限公司
上海市纺织科学研究院
红宝石食品有限公司
纮华电子科技（上海）有限公司
圣诺盟聚氨脂（上海）有限公司
上海臣星实业投资有限公司
上海市奉贤区供销合作总社
上海范氏自动化控制设备有限公司
上海成华重工有限公司
上海盖世网络技术有限公司
青山控股集团上海国际贸易有限公司

www.nxp.com

施华洛世奇2010手表系列

继成功推出手表系列，以及在2009年底推出一系列限量单品后，施华洛世奇在2010年以全新的手表系列，再次进军巴塞尔世界钟表珠宝博览会（Baselworld）和全球制表市场。

施华洛世奇在上一个系列中推出了45款手表，今季则新增16款手表与一款限量单品。

ROCK 'N'LIGHT

施华洛世奇延续"Avant　Time"的概念与"D:Light"的成功元素，创造出能传达品牌对时间之独特观点，以及设计前卫的独特单品。

堪称时尚典范的"Rock 'n'Light"，兼具时计与设计精品的角色，并以其大胆设计表达对仿水晶的崇高敬意。凭借115年以上的切割经验，施华洛世奇把品牌独有的专业技术，完美地注入了这款革命性手表中。

这款全新手表融入施华洛世奇一贯的创意和传统元素，乍看之下犹如一颗耀眼仿水晶。展现至少32个直线对称切割面的仿水晶镶框，以前所未有的独特造型，围绕整个表盘与方形金属表圈。

这款手表设计大胆且光彩夺目，既是技术上的一大突破，也表现出独一无二的美态。与别不同的尺寸比例，结合耀眼的折射特质与型格的线条，同时保留了手表的所有传统特色。

DRESSTIME

"Dresstime"手表揉合优雅风格、女性魅力与精确雕琢，犹如首饰般独特美丽，也是这个全新系列的耀眼新星之一。

这款手表以都市建筑为灵感，呈现出由水平与斜线或平面组成的设计风格。不锈钢表带以线形动态，搭配H形设计元素与12颗瑰丽雅致的黑矿色多面切割仿水晶。侧边设有开关的不锈钢表带，提供舒适灵活的佩戴体验。

施华洛世奇2010手表系列

继成功推出手表系列，以及在2009年底推出一系列限量单品后，施华洛世奇在2010年以全新的手表系列，再次进军巴塞尔世界钟表珠宝博览会（Baselworld）和全球制表市场。

施华洛世奇在上一个系列中推出了45款手表，今季则新增16款手表与一款限量单品。

ELIS

这款方形设计的手表，为施华洛世奇工艺与瑞士制表技术的出色结合立下了新典范。这系列现加入两款新设计，并一如以往提供皮革、橡胶和仿水晶网布表带以供选择。

D:LIGHT

首款AVANT TIME作品：由艾利克·纪荷（ERIC GIROUD）设计的D:LIGHT。"Avant Time"概念于2009年，在巴塞尔世界钟表珠宝博览会的施华洛世奇手表系列全球发布会上首次面世后，随即引起巨大回响。"D:Light"以精致的设计和品牌独有的专利机芯吸引顾客。

施华洛世奇在2010年推出白色"D:Light"手表，作为旗下"D:Light"系列的延伸，并保留了首款"D:Light"手表的所有制作和设计特色。

这款手表采用先进技术，以171颗施亮切割仿水晶构成长方形表盘，展现婉美手链的出众外形。几乎难以察觉的仿水晶包边以优质的不锈钢制成，赋予这款兼具首饰和时计功能的创作，随意表现不同定位的自由。

PIAZZA

"Piazza"系列在2010年新增了三款设计。这款经典优雅、直径36毫米的手表，把诗意与设计细致融合，将继续深受广大女性顾客欢迎。

除了原有的皮革表带与仿水晶网布表带（施华洛世奇独有物料）外，"Piazza"现加入紫红色皮革表带和两种不锈钢表带以供选择，为这个经典系列注入更多活力。

利澜服饰制品（上海）有限公司

利澜服饰制品（上海）有限公司是专业从事精品及高档产品的研发、制造及营销的企业，并通过ISO9000:2000质量体系认证，达到企业信用资质等级评定AAA级。经过近30余年的积累和发展，在款式设计、产品质量、企业管理等各方面享有较高的声誉。生产的服装、披肩、围巾、帽子、手套、袜子、儿童用品、床上用品及各类服饰品，赢得了海内外客户的青睐。主营产品：各类冬夏披肩，围巾。

公司位于上海外环线（A20）沪太路出口处，地处上海北大门的交通要道，毗邻轨道交通7号线几百米，位于上海市郊最大的生态公园，顾村公园仅200米，交通十分便捷。公司现有员工300余名，其中包括技术研发人员、业务贸易人员、专职检验人员、管理人员，营销人员等。公司还拥有国际先进的针织设备，可满足客户对各种产品的需求。

通过公司全体员工几十年的辛苦努力和各级政府政策的扶持，还有各界同仁的关心支持，使企业在生产和经营上奠定了一定的基础，在海内外客商中赢得了较高的声誉，建立了稳定的贸易关系，并与国内一些知名企业建立了良好的业务往来。

本公司还在2009年英国伯明翰中国品牌出口商品欧洲展，受到了中英两国政府领导和各界人士的注目，在本次展会上的声誉名列前茅。2009年6月“兰州经贸洽谈会”，2009年7月“上海外贸产品内销订货会”，本司的产品也受到了上海市各级政府领导的关注，并在客商中对产品的赞美声滔滔不绝，争先抢购，爱不释手。2009年8月15日公司在中环百联设立了新的品牌专柜，开张当日就引起了各界人士的大力关注，人们纷纷把目光投注到利澜的产品，反响很大。每次展会的气氛都深深地影响了各界女性及男同胞，也激发了他们内心对美丽的欲望和追求，围上利澜的披肩和围巾，人们会得到一种快乐，美丽，幸福的感觉，利澜是缔造美丽的使者。

公司的品牌策略是：“研发新产品，开拓新市场，满足新需要，搭建新平台”。公司全体员工感谢社会各界同仁对利澜的关心和支持。公司在“锐意进取”的企业精神鼓舞下，定将使美丽更加精彩。

产品型号：P11309
产品名称：竹纤维中国福披肩
颜色：红色
规格：40*180cm
材质：再生纤维素纤维（竹纤维）
零售价：299元
条形码：6949047871874

Company Introduction

Lian Fashion Accessories Manufactures (Shanghai) Co.,Ltd is a professional enterprise engaged in developing and manufacturing medium & high level garments, scarves, shawls, hats, gloves, socks, belts, bags, kids items & beddings. With about 30 years' accumulation and developing, with our quality system been authenticated by ISO9000:2000, we have won good reputation and favor from customers home and abroad for the design, quality of the products and the management of our company.

Our company is located in north Shanghai, near the exit of outer ring, where transportation is very convenient. We have more than 300 staff, including managers, technicians, trading operaters and inspectors.

With all th staff's arduous endeavor in past decades,together with the caring and support from the government, we has lain a solid fundation in business,Moreover ,we have gained high reputation from over sea and domestic customers by establishing stable business relationship with them.

Our brand strategy is to develop novel products exploint new market, meet new demand,upbuild to visit us and give instruction,to help build a more promising and homonious company.We have been pushing the development of our company on the basis of strict management,appreciating the caring and support from all walks of life,we are sure,with our great effort,we will build a more prosporous future

BASIC HOUSE

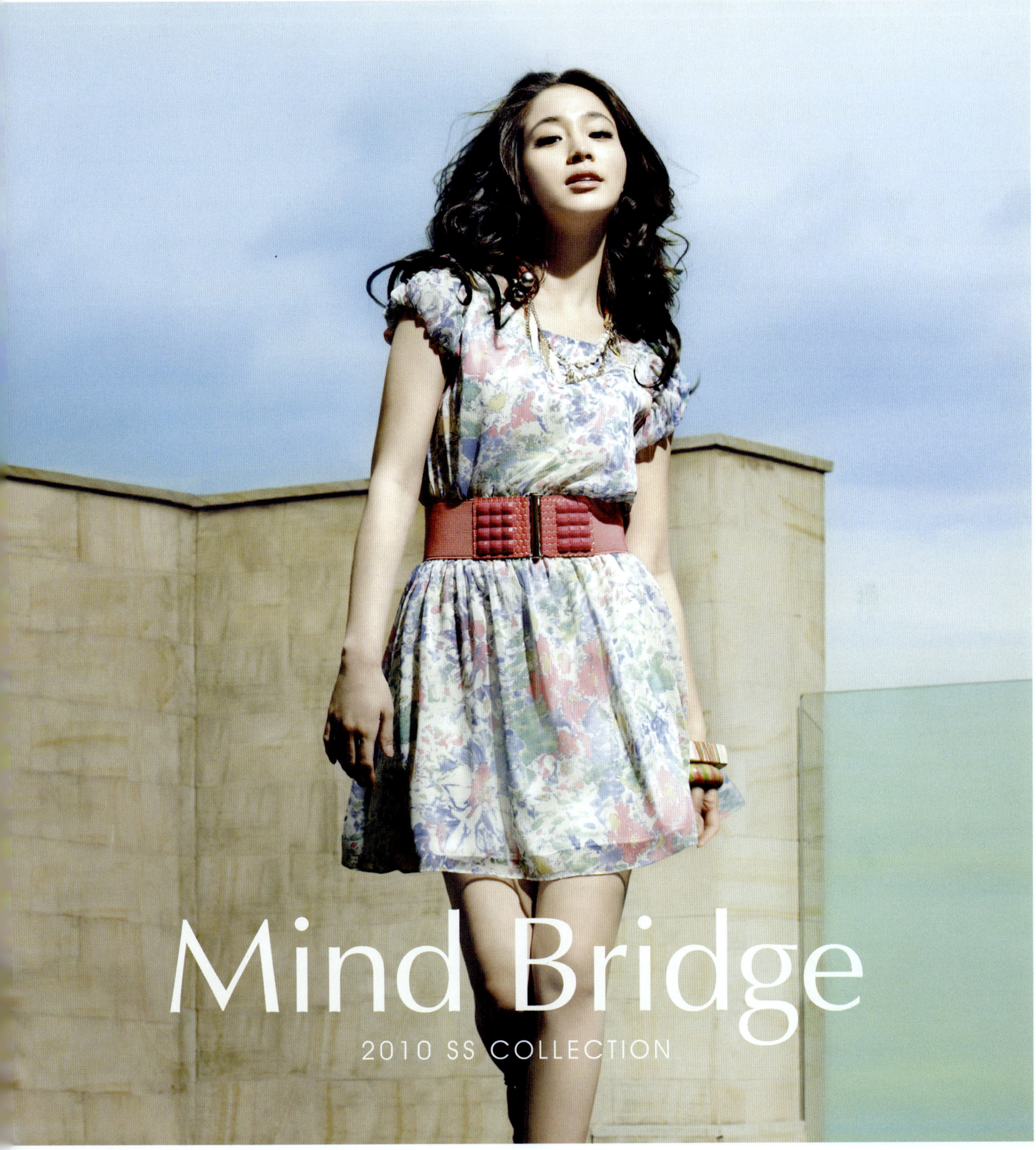
Mind Bridge
2010 SS COLLECTION

62上海东海制药股份有限公司 年品牌和质量的保证

上海东海制药股份有限公司，原上海中洋海洋生物工程股份有限公司，经中华人民共和国商务部批准的外商投资股份制企业，始创于1948年，是国内最早的鱼肝油制药企业、上海市高新技术企业。

上海东海制药股份有限公司，是一家集药品和保健品研发、生产、销售于一体的集团公司，下属有东海制药厂、中洋海洋保健品厂、上海东海医药有限公司三家企业。其位于上海市杨浦区共青路486号，环境优美，拥有符合GMP标准的软胶囊剂、口服溶液剂、口服乳剂、片剂、小容量注射剂等生产剂型和车间。其主导剂型为软胶囊，年生产各类软胶囊30亿粒，其中出口软胶囊15亿粒，是目前国内产销量最大的软胶囊生产企业之一。

62

年品牌和质量的保证

上海东海制药股份有限公司

总经理 孙媿虎(医学博士)

【企业文化】

我们的愿景：中国最强的、世界知名的软胶囊维生素类制药企业。

我们的使命：健康营养专家。通过技术先进的产品、科学的管理体系和诚恳的服务，促进人类的健康和营养。

我们的核心价值观：像对待亲人一样对待我们服务的人(医生、病人等)，追求高质量。

我们必须时刻牢记：我们所做的一切都是为了我们的亲人，为了满足亲人的需求，必须追求高质量。做事情一定要正直，相信、尊重员工，努力为员工提供发展空间和实现个人价值的机会。

我们强调沟通，理解并充分信任员工，尊重员工的选择；我们营造振奋人心的工作环境和互助、友爱的工作氛围；我们创造学习与培训的机会，持续培育专业技术人才和管理人才；我们提供合理且有竞争力的薪酬，以及其它与公司的成功相联系的福利。相信不断的创新，追求最高的成就。

我们相信通过技术创新，开发出质量更优、疗效更好的新产品；我们相信通过管理创新，建立更加科学的管理体系，保障产品的质量；我们相信通过向用户提供优质的产品和服务，获得合理的利润，回报股东的投资，满足员工的需求，回馈社会的关爱。我们相信不断的创新，将使我们能够做到与众不同，成为中国最强的、世界知名的软胶囊维生素类制药企业。

【荣誉证书】

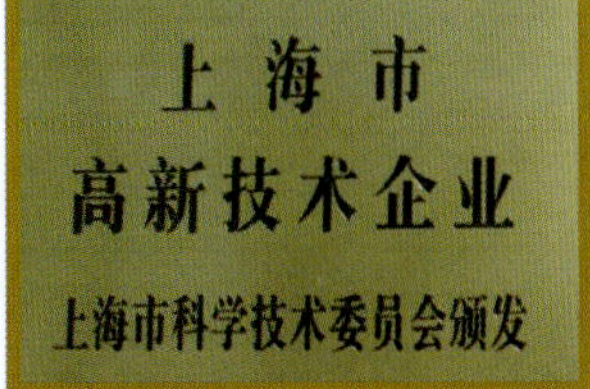

上海市
高新技术企业
上海市科学技术委员会颁发

证书

上海东海制药股份有限公司

荣誉参加中华人民共和国建国60周年大型经典文献活动，入刊登载《上海商务年鉴2009年(创刊号)》优秀企业风采栏目，特颁发此证。

《上海商务年鉴》编辑部
2009年9月

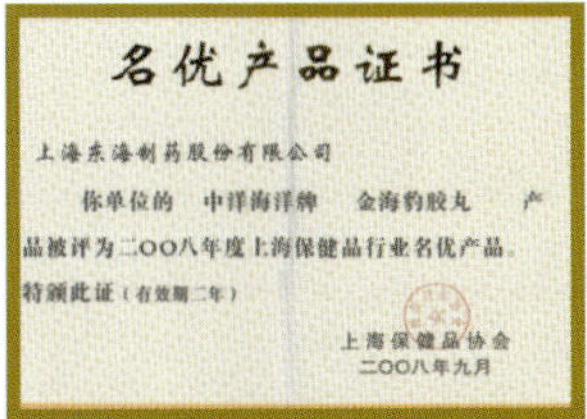

名优产品证书

上海东海制药股份有限公司

你单位的 中洋海洋牌 金海豹胶丸 产品被评为二〇〇八年度上海保健品行业名优产品。

特颁此证（有效期二年）

上海保健品协会
二〇〇八年九月

上海中洋海洋生物工程股份有限公司东海制药厂
东海牌 维生素E胶丸
上海名牌产品
THE BRAND NAME PRODUCTS OF SHANGHAI

上海市著名商标证书

上海东海制药股份有限公司东海制药厂：

经审定，你厂注册并使用在维生素类制品商品上的“ ”商标被认定为上海市著名商标，有效期自2008年起至2010年止。

上海市工商行政管理局
二〇〇八年一月

荣誉证书

上海东海制药股份有限公司：

荣获 劳动关系和谐企业 荣誉称号。

特颁此证，以资鼓励。

上海隧道工程股份有限公司

Shanghai Tunnel Engineering Co.,Ltd.

上海隧道工程股份有限公司是中国软土隧道事业的开拓者，创始于1965年，1993年改制以后成为中国施工行业第一家上市的股份制企业。

公司具有“市政公用工程总承包特级”、“公路和桥梁工程总承包”、“房屋建筑工程总承包一级”、“机电安装工程施工总承包一级”、“机场场道工程专业承包一级”、“城市轨道交通工程专业承包”等资质，并具有“对外国际经济技术合作经营”、“援外工程项目A级”资质以及新加坡“A1施工”资质。

四十年来，公司的隧道施工水平始终处于国内领先地位，享有较高国际声誉。公司承建了上海黄浦江大部分越江隧道和50%以上地铁区间隧道，建成了世界最大直径和单次掘进最长距离隧道——上海长江隧道，而且在全国各地承建了许多越江隧道、地铁隧道、引水隧道、污水隧道和电厂取排水隧道。公司在新加坡接连承建地铁隧道和污水隧道，提升了企业在国际市场中的竞争力。

公司拥有国内一流的盾构制造工厂，生产各类盾构和顶管，研制完成国内第一台完全自主知识产权土压平衡和泥水平衡盾构——“先行号”、“进越号”，为盾构国产化首开先河。

利用上市公司的融资优势，公司投资建设了宁波常洪隧道、上海大连路隧道、常州高速公路、昆明三环闭合工程等项目，改善和优化了公司利润产出的结构。

公司将继续以“为民造福”为己任，努力实践“缩短距离，拓展空间——隧道连接未来”的企业发展理念！

1. 在被喻为“心脏搭桥手术”的外滩通道工地，隧道股份建设者顺利完成百年老桥“外白渡桥”修缮，并驾驭直径14. 27米的土压平衡盾构“通泰号”，在外滩历史文化风貌保护区和黄浦江的夹缝下“精确”穿越众多保护建筑。

2. 在世博园内，公司自主研发的国内首台大直径泥水平衡盾构“进越号”大放异彩，为中国首条越江隧道打浦路隧道成功续写“姐妹篇”——上海打浦路隧道复线。

3. 承建世界最大直径上海长江隧道，提前完成了两条7.5公里长的隧道掘进，保证上海长江隧桥工程直接为2010年世博服务。

4. 在长江畔，与市民生活密切相关的“生命”工程——青草沙原水工程正在加紧建设。公司承建了被称为工程“主动脉”的过江引水

隧道和被称为工程“心脏”的五好沟泵站。世博会期间，上海中心城区的部分市民就有望喝到长江口的优质水。

5. 成功举办第四届中国国际隧道年会，来自15个国家和国内20个地区的450多名地下及隧道工程界高层代表出席会议，进一步确立了隧道股份在国内外隧道界的地位。

6. 隧道股份积极推进总承包与投资并举，走出上海投资建设重点工程，同时把上海“立功竞赛”精神和活力带到了市外。钱江之畔，世界最大直径隧道之一的杭州钱江隧道已开始掘进；云南春城，昆明三环闭合工程正稳步推进。

新加坡地铁市区延长线二期C920

公司秉持着实施的“走出去”战略，先后顺利地完成了在新加坡、香港等海外市场的开拓工作，其中，新加坡滨海湾金沙综合度假胜地p8402实现了由联合总承包向独立总承包的突破，新加坡地铁市区线C902、新加坡地铁市区延长线二期C902随后又向前迈进了一大步，是独立承接的设计施工总承包项目。

南京大楼 —— 璀璨明珠 点靓黄浦

南京大楼由业内知名的商业管理公司——锐港商业管理有限公司投资经营管理，是新港物业旗下全资子公司。

南京大楼于2009年9月29日完成改造，地处南京路步行街，地理位置优越，交通便捷。商场营业面积10,000余平方米，大楼保留了原有建筑的欧式外墙面，内部装修则尽显奢华本色。南京大楼，旨在为沪上精英倾力打造一个时尚、精致的SHOPPING MALL。在通过近1年以来的多元化商业定位调整，已逐渐成为南京东路商圈又一热点。

今年，南京大楼为丰富商场业态分布及满足众多顾客的购物需求，将对现有品牌布局作重新规划和调整。拟将在商场内引进一二线国内外知名时尚品牌，同时将在一楼增加中高档化妆品的引入，以及饰品、美容会所等业种。期待以这样的业种分布满足众多顾客的一站式购物需求。此外，将更完善现有餐饮业种，将增加韩式烧烤、意式皮萨、港式餐厅、日本寿司、泰式咖啡馆等业种。通过合理的品牌、业态布局营造一个便捷、轻松的购物、用餐环境。

南京大楼在顾客服务上将更精益求精，秉承“比承诺做得更好”的服务理念，为顾客提供一站式退换货、异地退换货、积分卡全国连锁店通用、免费包装，外币兑换等数项更细腻、更周到的个性化服务。

掌握时代动脉和消费潮流，不断注入新的活力元素，我们立志将南京大楼打造成综合性服务业的领航者，成为南京路上又一时尚地标。

新港物业顾问(上海）有限公司
Chinaland Proprty Consultants(Shanghai)CO.,Ltd
锐港商业(上海)有限公司
Luxbrands Commercial (shanghai)CO.,Ltd.

项目地址:中国上海市南京东路233号
Project Address: 233# Nanjing Road East Shanghai, China
咨询电话/Tel:86 21 3331 3015 Fax:86 21 3331 3322-8027
经营管理 Retail Management
项目管理 Project Management
网站 www.bundplaza.com

UG 联合基因集团
UNITED GENE GROUP
一次基因检测
一生健康服务...
地址：上海市国泰路11号复旦科技园大厦9楼 电话：021-61406788 传真：021-61406789 邮编：200433 www.unitedgene.cor

上海分公司

地址：秣陵路355号上海铁路大厦20-21楼

邮编：200070

全国统一客服电话：95105366

费 荣

中铁快运上海分公司是铁道部直属专业运输公司中铁快运股份有限公司的下属18个分公司之一，经营区域涵盖长三角地区上海、江苏、浙江和安徽三省一市。下设39个车站、市区、分拨配送、快运专列、物流基地、列车乘务等不同类型的营业部，326个自营、专营及代理经营网点。分公司目前拥有沃尔沃、依维柯、五十铃等各类运输车辆430多辆，全国各方向铁路始发车167列，行包、行邮专列8对，公路干支线17对，初步形成了以华东地区东陇海、京沪、沪杭、浙赣、皖赣等5730公里铁路干支线为支撑，以多条公路干支线为补充，以上海、南京、杭州、合肥等中大城市为节点，向全国扩张渗透的综合运输网络、经营网络和配送网络。2006年通过ISO9001：2000标准质量体系认证。

分公司始终秉承“安全、准时、快捷、经济”的经营宗旨和“为客户创造价值”的服务理念，不断提升经营能力和服务水平，热诚为广大企业和客户提供运输、配送、仓储、包装和运费到收等一体化物流服务，努力打造中国物流企业优秀品牌。2009年，分公司共完成经营收入12.7亿元，完成铁路发送量201.5万吨，完成发送、到达、中转货物3808.3万件，

分公司先后被评为公司“先进单位”、“先进基层党组织”，被铁道部直属机关党委授予“十一五建功立业先进集体”、“信访稳定先进单位”、“党风廉政建设先进单位”等荣誉称号。同时，公司继获中国5A级物流企业称号后，2008年列中国500强企业第478位，500强服务企业第134位，获“年度最佳信息管理物流企业”、“最佳服务质量物流企业”等称号，并成为中国交通运输协会快运分会会长单位。2008年、2009年连续列百强物流企业第2位，2009年取得国家级“高新技术企业”资质。

上海大宗钢铁电子交易中心有限公司

上海大宗钢铁电子交易中心有限公司是2004年由浙江物产金属集团、马鞍山钢铁股份有限公司、江西萍钢、中储物流等特大型国有企业投资组建的专业从事钢铁产品网上电子交易服务的龙头企业，是我国大宗商品电子交易行业的领先者。

公司以“实践科学的发展观”为指导，以“增值服务”和“理念创新”为核心，以新型的“使命”加“责任”的国有文化为底蕴，以尽责专业的管理团队和现代企业管理制度为保障，以先进的科技力量为支撑，通过公正、透明、高效的经营服务为钢铁行业带来了一场全新的变革，通过切实贯彻落实科学的发展观为大宗商品电子交易行业突出的树立了“业态创新”、“服务创新”、“模式创新”等多功能集成叠加的现代服务平台的典范。

公司作为国内规模最大、最具权威性的钢铁电子交易平台，始终坚持“三公”和“规范经营”的原则，尤其从2007年起就做到了目前“国六条”所规定的全部要求，并在2008年全球金融风暴等冲击中，经受了实践的考验，也正由于“规范”，公司发展强劲稳健，得到了各及政府部门和业内广大企业的普遍认可和海外市场的高度关注。截止目前，会员企业已超过7500家；仅最近4年来已累计上缴税收1.41亿元。公司多次荣获上海市名牌企业、上海市信息行业优秀企业、上海市品牌服务企业、上海市守合同重信用企业、上海市诚信建设奖、上海市虹口区重点企业纳税突出贡献奖等诸多荣誉，更是业内唯一取得ISO9001质量体系认证、上海市高新技术成果转化项目企业、上海市高新技术认证的企业，尤其在2009年2月被国家发改委授予业内唯一一家“国家信息化试点单位”。

公司现正按照上海市“十二、五规划”中构建新型商品市场体系的要求，积极稳妥有序地与现代金融服务业、现代物流服务业和其他先进的科技服务手段逐一链接，以更高的起点和标准，实现“国际和国内”、“虚拟和现实”的有效融合，以期在国家经济发展和上海的“四个中心”建设中发挥更大的作用。

上海大宗钢铁电子交易中心

SHANGHAI STEEL EXCHANGE CENTER

来苏宁，把幸福搬回家

上海苏宁电器有限公司

苏宁电器集团董事长 张近东

苏宁电器上海大区总经理 凌国胜

苏宁电器于2002年正式进军上海家电市场，首店落户四川北路商圈，历经8年飞速发展，截至2010年6月在全市拥有超过65家连锁店，两座大型物流基地，60余个售后服务网点，员工1万余名，是沪上家电连锁龙头品牌。公司经营的商品包括空调、冰洗、彩电、音像、小家电、通讯、电脑、数码八个品类，近千个品牌，数万个规格型号。

上海苏宁电器拥有行业内独树一帜的旗舰群，其中位于上海第一家电商圈中山公园商圈的——亚洲第一3C购物天堂长宁路旗舰店于2005年10月1日盛大开业，是苏宁电器重磅打造的上海家电市场3C旗舰店，其经营定位“数字生活 梦想 家”的核心内容是：“展现完美数字生活，实现个性数字梦想，为消费者打造一个数字化时代的家。”位于浦东新上海商业城内的浦东第一店，是苏宁斥6亿巨资自购，打破常规、全新拓展产品线经营的新型旗舰店。结合城市发展，在核心商圈建设超级旗舰店成为苏宁连锁发展的主旋律和经营特色。两大超级家电旗舰店坐镇浦东浦西，作为最新产品发布阵地、前沿科技展示中心，成为上海家电市场的风向标。

2009年，集团两次出手国际化并购，先后收购了拥有70多年历史的日本老牌家电连锁LAOX和香港家电连锁前三甲镭射电器，在国际化征程中，集团给予上海“国际化主战场”的定位，目前上海苏宁以租、建、并、购四种开店模式稳健发展。2010年开始，上海苏宁将重点推进两大开店模式。旗舰店战略——采取“先购后租”的原则，通过直购、定制、自建、租赁四种方式，建设第五代3C+旗舰店。精品店战略——SUNING ELITE苏宁精品店，超级城市商圈内的“店中店”模式。

服务是苏宁的唯一产品，提供最优质的服务，赢得顾客、员工、社会满意是苏宁前进的动力源泉。苏宁将朝着“打造中国最优秀的连锁服务品牌”的目标而不懈努力。

2009年，上海苏宁先后和市商务委、市消保委、虹口区政府、长宁区政府、家电行业协会，节能行业协会等相关部门多方共话，组织召开“消费与发展研讨会”、“家用空调节能减排研讨会”、“绿色电器进万家”，“中山家电节”等活动，采取各种有力措施，撬动消费市场。在政府的大力支持和帮助下，上海苏宁对家电板块的整体复苏起到了至关重要的作用。除了得到市政府的鼎力支持外，上海苏宁还与各大厂商保持着密切的合作，09年让上海近两千万市民看到苏宁与伙伴们一起缔造的“大手笔”，诸如“家电消费券”、“三零信贷消费”、“百万房款”、“手机以旧换新”、“2010桌年夜饭”，无一不是一石激起千层浪的经典营销案例。从行业消费趋势分析报告的发布，到把握3G手机热点、开拓LED彩电市场……等等，都是上海苏宁在瞬息万变的市场，用敏感的神经解读市场走势。

雅马哈乐器音响（中国）投资有限公司

雅马哈乐器是一个全世界著名的品牌，自1887年在日本滨松成立以来，已经走过了120多年的历程，以无懈可击的产品质量、最先进的生产技术以及一流的创作、发明、设计、制作能力而闻名于世。产品从钢琴、电子琴、合成器等键盘乐器、铜管、木管等管乐器、小提琴、大提琴等弦乐器，以及所有的打击乐器，直至最高级的专业音响设备都有涉及。同时雅马哈还是一个经营音乐普及事业、体育用品、厨房卫浴用品、发动机等其他各种产品的综合性国际集团。

自20世纪80年代进入中国以来，雅马哈已经在中国市场成为家喻户晓的音乐品牌。为了更好的服务于中国消费者，雅马哈乐器音响（中国）投资有限公司于2003年在中国成立，逐步将雅马哈的所有产品引入中国市场，除此之外雅马哈还致力于中国的音乐教育及普及事业。2009年7月雅马哈在在上海成立了首个以音乐为主题的，集体验、教学、交流、服务、购买为一体综合性多设社区——雅马哈音乐广场，为所有热爱音乐的人士提供了与世界顶尖乐器接触的机会。

秉承共同创造感动的理念，雅马哈（公司）将不断地提供高科技的、专业的、值得信赖以及充满活力的产品和服务以满足客户的需要。

泰为信息科技（上海）有限公司

移动互联网时代才刚刚开启，未来十年挑战和机遇并存，
泰为将坚持以创新和发展为己任，
成为位置服务领域的世界一流企业。

——李龙学　董事总经理

TeleNav，Inc.公司（www.telenav.com）是美国纳斯达克上市企业，作为基于手机的无线定位/实时导航应用领域的先驱，它已成功与世界各地众多无线运营商合作，提供多样性的GPS（全球定位系统）增值服务。作为全球首批提出网络手机导航服务概念的公司，TeleNav一直专注于位置服务的产品开发与服务运营，产品和服务覆盖全球众多国家和地区，在国际上屡获奖项，发展态势强劲。截至二零零九年，泰为已拥有超过一千四百万的导航用户，并于二零一零年五月十三日成功在美国纳斯达克上市。

总裁及首席执行官金海平博士是泰为的创始人之一，他拥有斯坦福大学的航空导航和电子工程的双博士学位，是无线导航和定位技术的专家，同时亦具备商务管理和企业战略的丰富知识和经验，金海平博士曾任硅谷著名的HYSTA协会（HYSTA协会为硅谷高科技华人企业家组织）主席，并担任董事会成员。

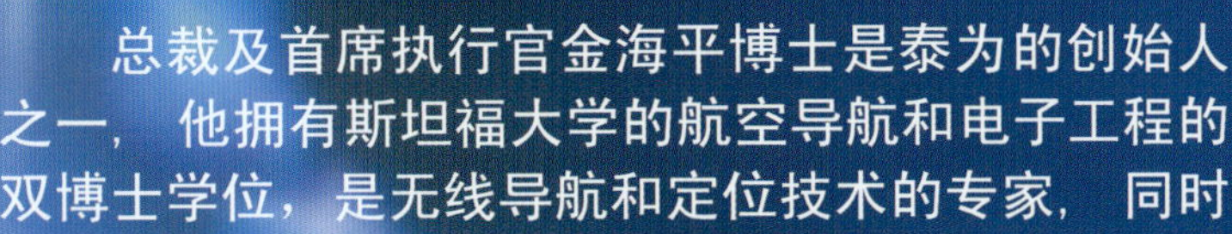

近十年来，中国在世界之林迅速崛起，泰为亦伴随着中国的崛起在稳步健康成长，不仅企业规模越来越壮大，企业利润亦大幅度增长。二零零九年，泰为成功成为中国移动手机导航业务的独家合作伙伴，同年九月，拥有泰为知识产权的新业务在中国移动集团正式上线。

地址：上海市长宁区仙霞路333号东方维京大厦10楼　邮编：200336
Tel：8621-32522288　Fax:8621-32522305

联华超市股份有限公司

联华超市股份有限公司成立于1991年5月，是中国本土化超级市场创建最早的企业，也是首家以连锁零售业为概念在香港主板市场上市的内地企业。19年来，顺应市场发展需求，成功构建了三大零售业态+电子商务的多元组合、联动互补的零售模式，分别通过“世纪联华”、“联华超市”、“华联超市”、“快客便利”四大品牌之连锁网络，兼顾并满足了消费者不同的购物习惯及需要。2009年，拥有大型综合超市、超级市场和便利店三大业态零售网点5599家，网点遍布全国22个省及直辖市，拥有会员逾600万人，销售规模671.69亿元，营业收入240.18亿元，经营盈利6.48亿元，销售规模连续13年跻身中国快速消费品连锁零售企业百强第一。

长期以来，联华股份恪守“顾客第一,唯一的第一”的经营理念，秉持“为民、便民、利民”的经营宗旨，将战略创新、经营创新、管理创新和技术创新贯穿始终，铸就了中国连锁零售业第一品牌，成为民族零售业的一面旗帜。

上海市名牌区域“梅泰恒商圈”祝贺2010年上海世博会成功举办！

祝贺单位

“梅泰恒商圈”专业管理委员会

上海市静安区商业联合会

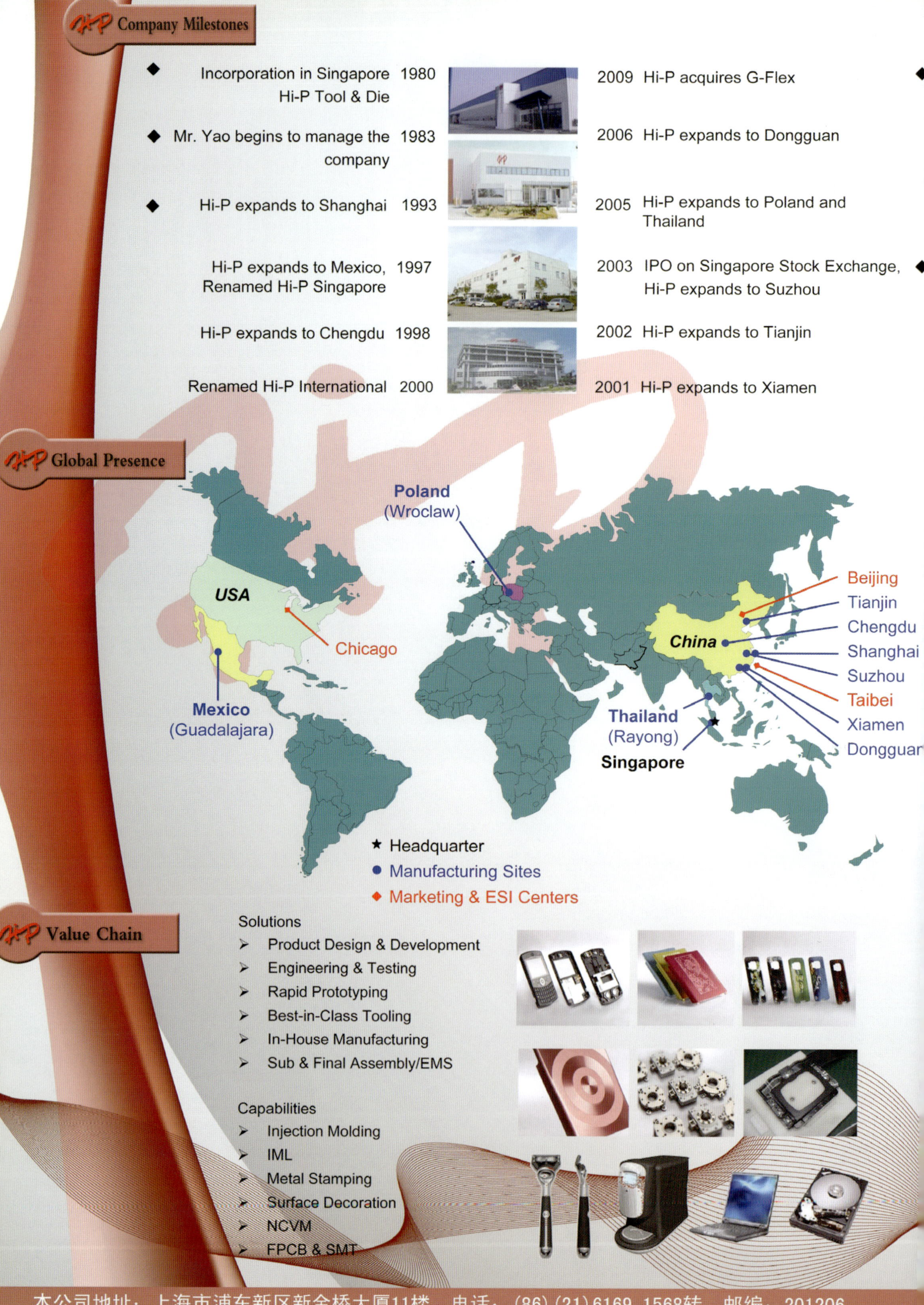
Company Milestones
Incorporation in Singapore 1980
Hi-P Tool & Die
Mr. Yao begins to manage the company 1983
Hi-P expands to Shanghai 1993
Hi-P expands to Mexico, Renamed Hi-P Singapore 1997
Hi-P expands to Chengdu 1998
Renamed Hi-P International 2000
2009 Hi-P acquires G-Flex
2006 Hi-P expands to Dongguan
2005 Hi-P expands to Poland and Thailand
2003 IPO on Singapore Stock Exchange, Hi-P expands to Suzhou
2002 Hi-P expands to Tianjin
2001 Hi-P expands to Xiamen
Global Presence
Poland
(Wroclaw)
USA
Chicago
Mexico
(Guadalajara)
China
Beijing
Tianjin
Chengdu
Shanghai
Suzhou
Taibei
Xiamen
Dongguan
Thailand
(Rayong)
Singapore
★ Headquarter
● Manufacturing Sites
◆ Marketing & ESI Centers
Value Chain
Solutions
Product Design & Development
Engineering & Testing
Rapid Prototyping
Best-in-Class Tooling
In-House Manufacturing
Sub & Final Assembly/EMS
Capabilities
Injection Molding
IML
Metal Stamping
Surface Decoration
NCVM
FPCB & SMT
本公司地址：上海市浦东新区新金桥大厦11楼 电话：（86）（21）6169 1568转 邮编：201206

上海日月光中心·城市商业旗舰

开创垂直型商业形态分布　挑战传统商圈

“第三类商圈”的活力前景

“第三类商圈”或将迎来叫板传统商圈、新兴商圈的最佳时机。作为离世博区域距离最近的商圈——卢湾世博效应辐射商圈，世博、淮海路、交通枢纽、时尚地标等多重标签，成为“第三类商圈”教科书般的黄金起始点，大有盖过“徐家汇”之势，而其驱动核心正是五一开业的卢湾区有史以来规模最大的商业航母——总建筑面积达30万平方米的商业综合体日月光中心。

日月光中心诠释财富“磁场效应”

上海作为全国商业发源地，淮海路，南京路，四川路等一些带状商业地带一度成为购物天堂，随着城市建设的提升，带状模式走向没落，淮海路等高级商圈也逐渐改造成块状商业模块，以东段奢侈品高地为核心辐射大范围。

由商业地标辐射形成的块状商业模块成就了城市新商圈时代的到来，恒隆广场铸就了南京西路奢华精彩，浦东正大广场造就了陆家嘴的人声鼎沸，港汇广场熏染了徐家汇的灿烂星空，而在卢湾世博效应辐射商圈，日月光中心将成为新商业黄金格局起始点，演绎卢湾继淮海路，新天地之后的又一个都会传奇。

日月光中心的商业广场总建筑面积为14.8万平米，营业面积7万平方米，作为卢湾区有史以来最大的商业项目，商业广场共分地下2层、地上5层7个楼面。据介绍，日月光中心不会引进购物中心常见的主力百货店、大卖场、电影院等，主要由时尚服饰、流行餐饮、数码电子三大主力业种组成，其中40%的面积为服饰百货，30%为餐饮食品，30%为数码电子。在日月光中心的规划中，我们可以清晰看到不同品类的产品混搭在同一楼层，按专业布置经营面积，一切的目的只为抓住消费者的随意性需求。日月光中心，开创垂直型商业形态分布，每一层面都会同时具备数码电子、时尚服饰、餐饮等功能区，多元化业态组合，打造一站式、吃、喝、玩乐、购、消费天堂，完美结合百货商场高效布局以及购物中心舒适环境。

率先把地铁站点直接引入内部　保守估计带动日均6～8万人次

轨道交通9号线将从广场的中心穿过，9号线打浦桥站的站台就设在项目的中心部位。乘客通过自动扶梯可以直达商业广场地下二层的站厅，出了站厅就是商业广场的商场。据介绍，这样的设计在上海尚属首例，在全国也属罕见。保守估计每天经过日月光中心的人流就在6～8万人次。在9号线沿途站点分别可与1、3、4、7、8、11、12、13号线等8条轨交线路换乘，连通徐家汇商圈、世博会址及陆家嘴金融CBD。

日月光中心是卢湾区目前全力打造的首个大型购物中心，政府部门将在日月光中心周围进行配套规划，在日月光中心的东面开设一条限时步行街形成环流。另外，徐家汇路与泰康路之间的瑞金二路由于马路拓宽，有望实行局部双向交通。

时尚服饰、餐饮娱乐和数码通讯三大主题完美组合

鼎好电子商城是鼎荣集团旗下的IT卖场，是全国占地面积最大、集中厂家最多、服务项目最全，集合IT产品展示、销售、服务的超大一站式电子主题商城之一。3.2万平米的面积已成为沪上单体面积最大的电子商城，首创“最全，最好，最专业”三大主题。

鼎地下二层以手机、游戏机、小数码及维修城为主。1层是品牌旗舰店也是大型体验中心，49个精品铺位，确保联想、惠普、戴尔等知名品牌都能开设旗舰展示中心。2层是摄影器材城，数码单反等专业器材一应俱全。三层为各类配件、电脑耗材等零售基地，是DIY发烧迷的构件天堂，全上海最大家庭影院方案解决中心也在此。

日月光中心将引进近300家服装专卖店，档次定位为二、三线品牌。还将引进日本政府培养本土设计师的创意孵化基地“109元素”中50家左右的品牌门店。另外，巨鹿路、陕西路等时尚“买手店”原创服饰也将被引入。

据介绍，日月光中心内的餐饮品牌将多达140家左右。其中自营的美食广场面积约2000平方米，有30至40家小吃品牌；“世博”美食区有简餐＋饮料＋酒的搭配，24小时营业。广场内4至5层为正餐品牌。

亚什兰（中国）投资有限公司
Ashland （China）Holding Co., Ltd.

上海市中山南二路1089号徐汇苑大厦18楼，200030
18th floor, Xuhuiyuan Building,
No. 1089 Zhongshan No. 2 Rd. (S.),
200030, Shanghai, China
Tel: +86 21 2402 4888, Fax: + 86 21 2402 4850

www.ashland.com

亚什兰集团

亚什兰集团是一家在纽约证券交易所上市（NYSE证券代码:ASH），名列财富500强的特种化学品公司，2009年销售总额达到83亿美元，集团总部位于美国肯塔基州科温顿市。目前，亚什兰在中国经营集团的所有业务，具体包括亚什兰亚跨龙功能性材料、亚什兰赫克力士水技术、亚什兰高性能材料、亚什兰化工原料分销和亚什兰消费品市场：

➢ **亚什兰亚跨龙功能性材料**部门提供特种添加剂和功能性材料，这些材料可以管理水系统和非水系统的物理性能。大多数亚跨龙产品来自于可再生能源和天然原材料。

➢ **亚什兰赫克力士水技术**部门是一家领先的特种化学品供应商，所服务的行业及领域为制浆、造纸、工业、机构、采矿、市政和船舶。我们的水处理化学品旨在提高客户的运营效率，改善产品质量，保护工厂资产，确保符合环保规范的要求。

➢ **亚什兰高性能材料**部门是一个全球性的生产商，制造不饱和聚酯树脂、乙烯基酯树脂、胶衣、压敏胶和结构性粘合剂及金属铸造易耗品，同时还提供设计服务。

➢ **亚什兰化工原料分销**部门负责在北美地区销售化学品、塑料和复合材料的分销，以及欧洲和中国地区塑料制品的分销。亚什兰化工原料分销也在北美地区提供环境服务，包括危险废物和非危险废物收集、废物利用和处理服务。

➢ **亚什兰消费品市场**，包括胜牌(Valvoline)系列产品，是一家领先的高性能汽车润滑油和化学品领域的创新者、营销商和供应商。胜牌在美国的汽车发动机油领域排名第三，快速换油连锁中排名第三。

2008年2月，亚什兰（中国）投资有限公司正式在上海成立，作为集团的区域性服务提供者和管理协调者，旨在为集团在中国设立的企业以及集团在中国所开展的业务提供包括财税、法律、采购、企业传播、产品管理、环境健康和安全、人力资源和信息技术服务和支持等在内的各项服务和管理支持。亚什兰集团在北京、天津、上海、南京、常州、昆山、江门建有独资生产基地，在张家港、泸州建有合资生产基地；在上海和南京共拥有3个研发中心，中国员工人数达1300多名。

上海新世界(集团)有限公司

SHANGHAI NEW WORLD HOLDING CO., LTD.

New World

上海新世界(集团)有限公司是由国有资产管理部门授权的国有独资公司。按现代企业制度对其所属25个全资及控股、参股子公司进行经营管理。集团拥有总资产136.32亿元，共有163个独立核算单位，10471名在编员工。集团以商业主业突出、品牌优势集聚、资产实力雄厚而称雄沪上。集团拥有一大批上海市名特企业、“中华老字号”商店和国内著名商标；拥有一支较高专业水平的经营团队和一批技术精湛的劳动模范、服务明星；拥有70多万平方米网点，其中50多万平方米网点集中分布在上海黄浦商业中心的南京路、西藏路、北京路、福州路、金陵路等著名商业街上，占有独特的商业综合优势。集团是上海商界著名上市公司“上海新世界股份有限公司”的授权管理方，属下和控股的“杏花楼”、“得强”、“培罗蒙”、“宝大祥”等子公司也是上海商业的著名企业，拥有较强的经济实力。

在改革开放的春风沐浴下，集团的经济发展取得了骄人的业绩。一座集购物、娱乐、休闲、餐饮、展示、文化、宾馆、商务等多功能于一体的新世界综合消费圈已成为目前南京路上面积最大、功能最全、环境最佳、销售最高的大型现代化购物中心，被誉为上海现代商业标志性企业；南新雅大酒店作为区属企业首批五星级酒店为集团经济创新发展注入了新的活力；南京路上众多商厦构成的商业集群和一批品牌旗舰店的开设为中华商业第一街增光添彩；新世界休闲港湾的涌现、世纪广场火热的商旅文活动，展示了国际化大都市的新形象；大光明电影院作为“远东第一影院”的风貌得到重塑，和平影都提升为“五星级电影院，”黄浦剧场爱国主义教育基地、“上海笑天地”、上海笔墨博物馆建成对外开放，形成了商旅文联动发展的良好局面；一批民族品牌得到了较快的拓展，其连锁网点幅射上海辅商业中心及长三角地区，并向全国推进；一批国际知名品牌落户集团各大商厦，经营能级得到有效提升，综合竞争力进一步增强，经营业绩稳步提高。年均销售总额达100多亿元，2009年税利总额超10亿元，再创历史最好水平，在全市大型商业企业集团中名列前茅。

在上海新一轮的发展中，集团正乘新一轮改革开放的强劲东风，坚持以科学发展观为统领，以优化市场经营、深化品牌经营、实践资本经营为着力点，加快改革发展步伐。一批商旅文联动发展项目正在建设，一批品牌产业集群正在形成……。集团将继续向国内外著名企业敞开合作大门，愿与各方友人精诚合作、携手发展，共创国有企业新的辉煌。

WISON
循环经济典范
惠生采用洁净煤生产技术，通过循环经济的模式，努力减小对环境的影响，为人类创造健康安全的生活空间
1吨>1吨
■ 1吨原料煤所生产的产品量大于1吨
■ 原煤中的碳元素被充分利用
■ 与同规模甲醇厂相比较，CO_2减排65万吨/年
■ 煤气化工艺低温余热回收发电，供应装置总用电量的55%
■ 水的重复利用率达到95%以上
■ 灰渣用于提取SiO_2、Al_2O_3和生产建筑材料

康成投资（中国）有限公司

☺购物大润发，满意笑哈哈☺

康成投资(中国)有限公司是大陆地区“大润发”的总控股公司，也是大陆地区的总部。大润发自1998年在上海闸北开设第一家大型超市以来，经过12年的努力耕耘，大润发的门店已遍布全国。北至齐齐哈尔、佳木斯，南至海口，西至兰州。2009年全国连锁零售企业排名第六，外资零售业排名第一。至2009年底，已开设门店121家，营业额达人民币404亿元。

大润发是台湾润泰集团投资设立的零售企业，一向秉承“以人为本”以及“照顾员工、服务顾客、精益求精”的理念，细心规划、刻苦经营，才能在国际级同业环伺的经营环境中争得一席之地。除了创造巨额税收以外，还雇佣了五万多名员工，提供了超过11万个就业机会，对大陆的经济发展贡献了一份心力。

大润发将继续关注国际及国内商业零售业的发展趋势，发掘顾客需求，追求顾客满意，以不断创新的做法，把愈来愈多的优良商品，以愈来愈低的价格卖给愈来愈多的顾客。希望经由大润发人的不断探索和努力，来提升及改善顾客的生活水平，并为公司创造更傲人的成绩，在国人面前展现日新月异的风貌！

百联集团有限公司

百联集团有限公司（以下简称百联集团）于2003年4月组建成立，拥有超商、综合百货、生产资料贸易三大核心业务和物流配送、商业房产、电子商务三大培育业务，形成了百货、标准超市、大卖场、便利店、购物中心、奥特莱斯、专业专卖、电子商务、物流等多业态发展格局。截止2009年底，7000余家营业网点遍布全国20多个省市，经营面积500多万平方米，从业员工17万人。全年实现经营规模1738亿元，营业收入966亿元，位列中国企业500强26位和商业零售业首位。

2009年，百联集团面对金融危机的挑战，坚持"外延拓展、内涵提升"两轮驱动，重点推进了四方面工作：一是坚持多业态发展，拓展市场保增长。注重发挥集团零售业态比较齐备的优势，加强业态联动，快速布局，新增网点600余家，进一步巩固了集团在上海以及华东地区的市场份额。二是坚持多渠道对接，转变经营保增长。形成了农超对接、内外贸对接、工商对接、商旅文对接等有效举措，在山东、江西、福建、陕西等地新建30多个商品直采基地；成功举办了"中国百联·欧洲零供贸易对接会"；集团下属第一八佰伴2009年12月31日跨年促销实现销售3.5亿，再次蝉联全国单店单日销售第一。三是坚持多层面整合，做强主业保增长。积极推进资产、业务、组织层面的整合，提高了集团对联华超市持股比例，完成联华超市与华联超市合并，形成了超商、百货、生产资料三大核心业务分别由联华股份、百联股份、物贸股份三家上市公司专业化经营的格局。四是坚持多形式合作，强强联手保增长。形成了政企之间、同行业之间和跨行业的合作模式，与上海市郊区（县）和安徽、江苏等地政府签署了战略合作协议；与上海绿地、陆家嘴、现代建筑设计等大集团建立了战略联盟；与加拿大亿万豪剑桥公司组建合资公司；与中国银行合作，共同设立上海首家消费金融公司。

上海六百

位于上海徐家汇商圈中心的上海徐家汇商城股份有限公司六百分公司（以下简称上海六百），凭借着“赤诚奉献，追求领先”的企业精神，已从五十年代的“上海市第六百货商店”发展成为一家主营男女服装、鞋类、黄金首饰、皮件配饰、化妆品等大类，荟萃高知名度、品质优良商品的现代化服饰主题商厦。

作为沪上为数不多的知名老字号商业零售企业，上海六百始终坚持定位于大众化工薪阶层，坚持物美价廉，便民利民的经营特色，创出了“实实在在，惠在六百”的企业品牌和社会声誉。本着“为顾客着想，让顾客满意”的服务理念，上海六百独树一帜地推出“一迎二看三主动”的自然式服务模式，切实让顾客体验舒适轻松的购物过程。为更好满足顾客多方位的需求，公司先后引进“一针一线”改衣坊，提供个性化服装修改；推出免费童车租借，为年轻父母“卸担”；堪比星级的公共厕所内设置“婴儿操作台”，为方便母亲锦上添花；提供贵宾临时卡服务，解决顾客购物时忘带的尴尬……

经六百人多年努力，六百净资产收益率、单位面积创利、人均销售额等指标连续多次位居全国商业行业前列，单店零售连年跻身全国零售百强和上海百货零售前十五名，还先后获得“全国精神文明建设工作先进单位”、“全国商业信誉企业”、“全国百城万店无假货示范店”、“中华老字号传承创新优秀企业”、“上海市文明单位”、“上海市用户满意企业”、“上海市诚信经营示范店”等多项荣誉称号。

商场早训

现场导购

上海张小泉刀剪总店有限公司
上海张小泉刀剪制造有限公司

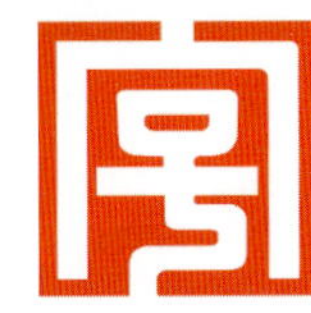

中华老字号
China Time-honored Brand

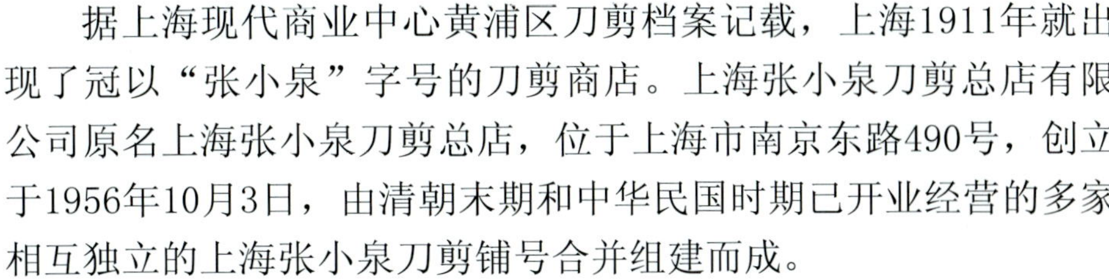

据上海现代商业中心黄浦区刀剪档案记载，上海1911年就出现了冠以“张小泉”字号的刀剪商店。上海张小泉刀剪总店有限公司原名上海张小泉刀剪总店，位于上海市南京东路490号，创立于1956年10月3日，由清朝末期和中华民国时期已开业经营的多家相互独立的上海张小泉刀剪铺号合并组建而成。

上海张小泉刀剪总店有限公司成立于1982年，经营产品涵盖工业与民用刀剪、服装、园林、美容、工艺礼品刀剪等数千个品种，以品种全、规格多、 质量优闻名全国，多年来一直被上海市政府和黄浦区政府连续授予“上海市文明单位”、“上海名特商店”、“百货杯金奖”等荣誉称号，“泉字牌”也被连续认定为上海市著名商标；连获黄浦区先进单位和市、区文明单位；持续通过IS09001国际质量管理体系认证，还数次荣膺南京路单位营业面积销售第一的称号。

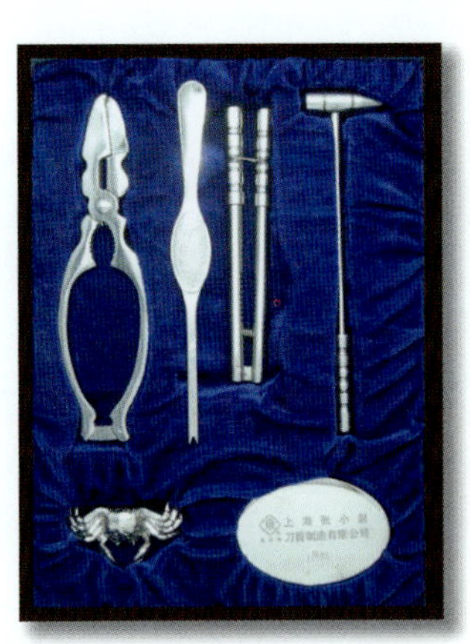

在被国家商务部认定为“中华老字号”企业以来，企业更加注重品牌经营，注重科技创新，1998年5月，上海张小泉刀剪制造有限公司成立，主要承担产品研发设计、生产制造、全国市场开发等经营目标任务。目前，已拥有自主知识产权的专利共计12项，开发出了龙凤剪、礼仪剪、大马士革钢系列厨刀、山特维克钢系列刀、陶瓷系列刀等几百个高档新品。

上海张小泉刀剪已成为一家具有优秀历史文化传承、兼具现代化经营理念的知名品牌企业，同时，也是一家集特色刀剪制造与销售于一体的老字号名牌企业。

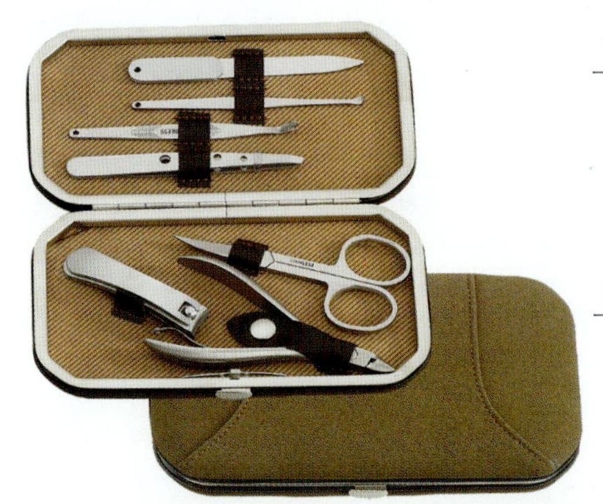

上海张小泉刀剪总店有限公司
上海市黄浦区南京东路490号
联系电话：021-63223858
邮编：200001

上海张小泉刀剪制造有限公司
上海市殷高路23弄20号3楼
联系电话：021-65915105
邮编：200439

豫园商城 传承经典的上海城市名片

豫园商城，源于150多年前清朝同治年间的老城隍庙市场，身处聚文气、人气、财气之精髓的上海城市腹地，不仅是海派商贾的根、沪上金字招牌的脉、更成为时代风潮的引领者！

作为中国最早上市的商业股份制公司，凝聚百年经典的豫园商城已发展成为集黄金珠宝、餐饮、医药、百货、工艺礼品、食品、房地产、进出口贸易、金融投资等产业为一体，商业经营、商业投资和战略投资相结合的一流上市公司（600655），拥有商业设施近13万平方米，全年客流超过3700万人次。旗下有3个中国驰名商标、1个中国名牌产品、15个上海市著名商标以及众多中华老字号和百年老店等为核心的产业品牌资源，经营业绩连续十二年名列全国大型零售企业（单体）第一位，跻身中国500最具价值品牌第85位。

承袭着上海700年的历史文脉，豫园商城与四邻的豫园、老城隍庙、沉香阁等名胜古迹和人文景观完美地融为一体，丰厚的文化底蕴、浓郁的民俗风情、鲜明的经营特色使豫园商业旅游区成为传承经典的上海城市名片而享誉海内外。

天生福地，天下共享。一个独领风骚、魅力四射的豫园商城正以打造"上海第一旅游品牌"的气魄，蓄势待发迎接2010年上海世博会，向世界奉献一个最具民族风情又充满商业和文化氛围的精致豫园。

上海梅龙镇广场有限公司是由实力雄厚、信誉超著的香港和记黄埔地产有限公司、长江实业（集团）有限公司与上海梅龙镇（集团）有限公司共同发展的综合性商业楼宇。

坐落于上海繁华的南京西路江宁路口，与中信泰富和恒隆形成静安“金三角”。大厦总建筑面积约12万平方米，主楼从十二至三十七楼为涉外甲级写字楼，众多知名跨国公司入驻其中。裙楼从地下一层至十层为大型购物商场，其建筑面积约7万平方米。

良好的商业信誉及完善的配套服务为顾客和驻户带来最大的满意和无限商机。梅龙镇广场作为国际流行趋势发布的重要阵地，已成为沪上时尚人士购物休闲的首选地之一。

Located at the busiest hub of Najing Road West and Jiangning Road, Westgate Mall is a joint venture commercial complex of renowned Hutchison Whampoa Properties Limited and Cheung Kong (Holdings) Limited from Hong Kong as well as Meilongzhen (Group) Company Limited from Shanghai.

Covering a site area of 120,000m², the complex comprises of 22-storey Grade A office area, Westgate Tower on 12th to 37th floor and the 70,000m² shopping centre, Westgate Mall is located on basement 1 to the 10th floor.

地址：南京西路1038号　No. 1038 Nanjing Rd We
电话（Tel）：(021)62187878　传真（Fax）：(021)621869
www.westgatemall.com.

经典口味 创新味蕾 尽在光明冰淇淋

上海益民食品一厂有限公司是光明食品集团下属上海益民食品一厂（集团）有限公司的核心企业，生产“光明牌”冷饮为主，是国内最大的冰淇淋生产企业之一。80年代至今，“光明牌”始终蝉联上海市名牌产品称号，并被评为市著名商标，在上海市场的占有率一直位居同行前列。

上海益民食品一厂有限公司的前身是1913年成立的美商海宁洋行。新中国成立后，在时任常务副厂长的江泽民同志倡导和组织下，更名为上海益民食品一厂，并创建了中国冷饮自己的品牌——光明牌，其取形“火炬”，并由56根射线组成，代表了中国56个民族；立名“光明”，寓意“解放了，天亮了，新中国一片光明了”。1951年6月“光明牌”商标正式注册成功。

“光明牌”不但开创了中国冷饮民族品牌的先河，还开创了一个“光明”食品工业的新时代。从冷饮开始，“光明牌”逐步扩展到罐头、奶粉、糖果、巧克力、饮料等，成为国内第一家具有较大生产规模的综合性食品工业企业。如今在食品领域中使用的“光明”商标，几乎都是从当年上海益民食品一厂的“光明牌”中衍生而来。

2004年4月，企业乔迁至上海奉贤区食品工业加工园区（占地面积41280平方米，建筑面积16027平方米）。

2006年4月20日，江泽民主席重回益民食品一厂视察后高兴地说：“来到了新厂，我看到了流线型的、漂亮的、现代化的花园工厂，我看到了企业发展的希望。”

“经典口味，创新味蕾，尽在光明冰淇淋。”2010年，公司新推二款冷饮新品，一款是光明海苔冰淇淋，这是冰淇淋工艺的一次全新大胆的探索，带着大海的浪漫、都市的风情，有点甜，还有点咸，等您品尝。

另一款是上海创冰，老上海的味道。甜味冰沙加上蜜制赤豆，完美组合，极致诱惑。轻轻一口，使人回忆起儿时的童梦，更给你的夏日带来了丝丝的清凉和甜蜜。

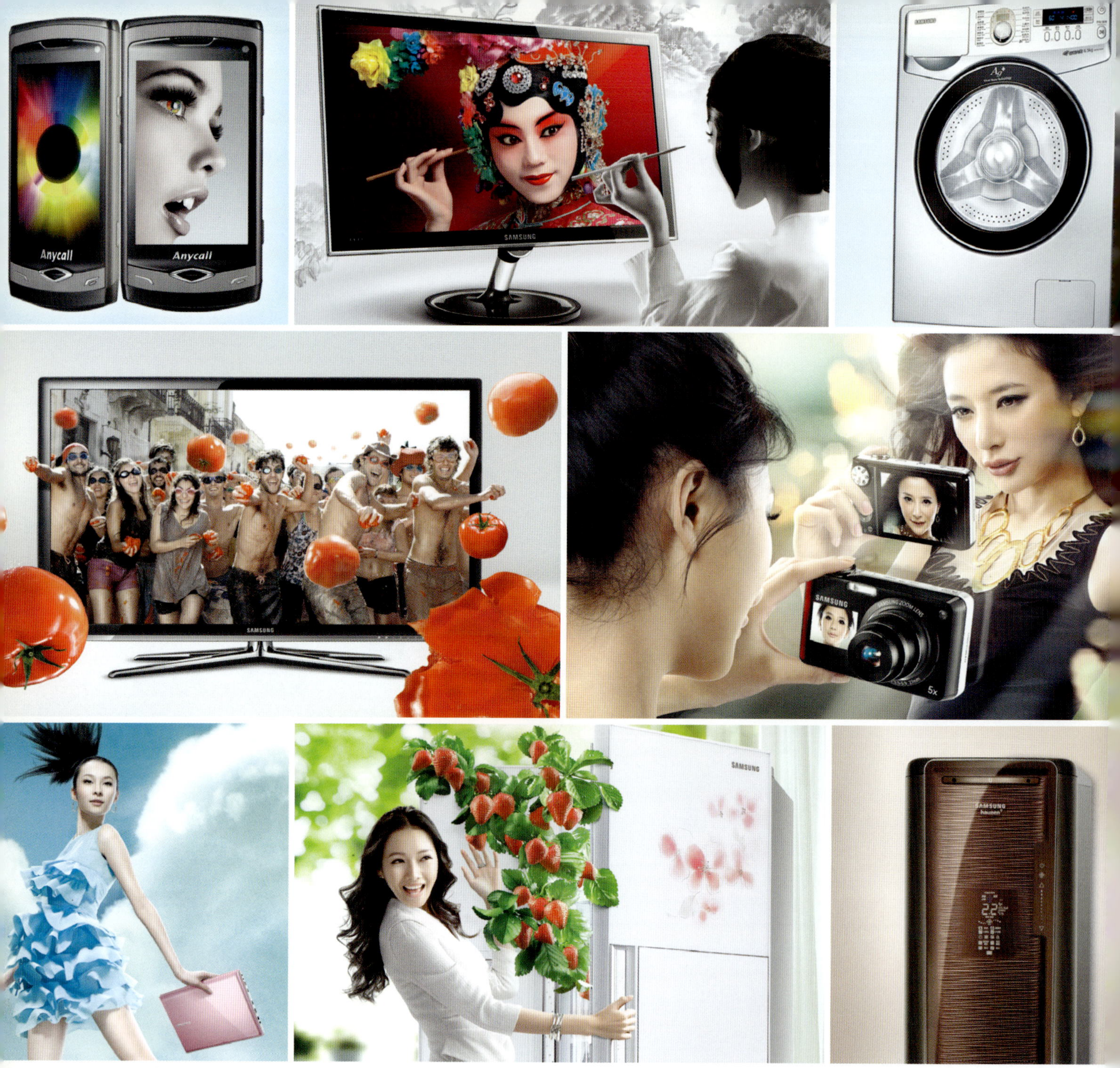

老鳳祥
老凤祥珠宝让生活更璀璨
Better Jewel, Better Life
老凤祥形象代言人：赵雅芝
上海老鳳祥有限公司
上海市漕溪路260号　电话：021-64833388
http://www.laofengxiang.com
中国驰名商标
CHINA FAMOUS BRAND
中华老字号
China Time-honored Brand

宜家公司的基本情况

宜家集团于1943年创建于瑞典，创始人英格瓦.坎普拉德当时只有17岁。历经半个多世纪的发展，宜家集团已经发展成为了一家在全球范围内经营家具和家居用品的集团公司，是当今世界上最大的家居用品零售商。经营业务涵盖零售、采购、物流中心和产品配送中心等。遍及50多个国家和地区。目前拥有123000名员工。至今在全世界38个国家和地区建立了311家宜家家居商场，2009年销售额为215亿欧元。宜家自行设计及销售的北欧风格的家具及家居用品在全球获得了顾客的普遍欢迎。

宜家在中国发展的历程

1998年来，宜家在上海、北京和广州分别开设了宜家商场，宜家提供的设计简洁明快、质量优良、具有北欧风格的产品不断得到当地顾客的赞誉与眷顾。目前在中国的上海、北京、广州、成都、深圳、南京、大连、沈阳等8个城市都开设了宜家家居商场为广大的中国消费者提供物美价廉的宜家产品。十二年来，宜家在中国的销售业绩增长骄人，不仅满足了当地消费者、特别是年轻人追求时尚的需求，同时也繁荣了当地市场，为上述地区商业建设及经济发展作出了贡献。

另一方面，中国不仅是宜家倍受关注的产品销售市场，同时也是宜家集团最主要的产品采购市场。在过去的三年中，宜家在中国的采购以每年超过10%的速度增长，截至2009年8月底，宜家集团在中国采购的产品已经占到其全球采购量的20%，中国已成为宜家最大的产品采购国。

2007年7月宜家亚太区物流服务将总公司从新加坡迁至中国。亚太区物流服务经历了快速的成长。今天，宜家亚太区物流服务在4家物流分拨中心的运作下一起支持着亚太区29家门店的供货。宜家松江物流分拨中心是宜家亚太区的高速流转分拨中心之一，奉贤物流分拨中心是低速流转分拨中心，目前的总仓储量超过310，000立方米。

基于宜家对产品质量的重视，宜家集团在瑞典阿姆霍特以外设立了第一家自己拥有的集产品测试及供应商和员工培训为一体的实验室，即宜家中国测试及培训中心。该项目开始于2007 年，其中包括员工培训和设备调试，并且于2009年12月获得中国合格评定国家认可委员会颁发的实验室资质认可证书。在2010年1月4日正式对宜家的所有供应商开放。

宜家家具配件开发、采购、包装并销售范围广泛的配件给宜家亚洲供应商。在过去的四年，宜家家具配件的销售额增长了400%，其中09财年超过10亿人民币。我们坚持提供有竞争力的“最佳采购”方案，同时持续关注产品质量、交货和可持续性。

由宜家集团和英特宜家集团共同投资组建的英特宜家购物中心集团已于2008年正式进入中国市场，这是一家致力于开发并管理以宜家商场为重要主力商户之一的区域性大型购物中心的集团公司，迄今为止已投资约25亿美元，拥有28家购物中心，覆盖欧洲13个国家，并正在规划和建设28个新的区域性大型购物中心。未来5年内，英特宜家购物中心集团计划在中国投资12亿美元，规划中的区域性大型购物中心商业面积达到48万平方米。目前已启动的项目包括北京和无锡英特宜家购物中心。

宜家致力于在全球和中国，成为家居行业的领头者，让更多的人能够享受和使用品种繁多，美观实用，老百姓买得起的家居用品；为大众创造更美好的日常生活。

上海世博会主题馆内

绍兴饭店世博店是开设在世博会B区主题馆内的一家永久性餐馆，面积3000多平米，有24间VIP商务包间和一个能容纳250人同时就餐的豪华大厅，成为世博餐饮航空母舰。

装修文化：整个酒店犹如一幅动态的江南水墨画。当你走进绍兴饭店，就犹如感觉踏着乌蓬船，穿过八字桥、访问兰亭。。。。最后驶向黄浦江，融入中国世博会。用高科技与人文相结合的方式把绍兴饭店的“源于绍兴，兴于上海，走向世界”的发展历程淋漓尽致地表达了出来。

菜肴特色：发扬传统，时尚创新，中西合璧。

经营亮点：除了VIP商务接待和大型团队接待外，为满足游客的需要，还推出59元/套的世博商务快餐。特别推出独一无二的世博版结婚喜宴、宝宝喜宴、寿宴、生日宴等，并赠送世博门票。

口号：世博办喜宴，生活更美好

祝愿：祝中国世博圆满成功，祝餐饮界的朋友在世博会中大显身手。

世博店预订电话

+86-21-20225479

+86-21-20225480

地址

中国上海世博会

B片区主题馆内

公 司 简 介

公司汇金担保有限公司是经上海市工商局批准设立的专业综合性担保公司，于2003年1月6日在上海市浦东新区正式成立，现注册资本2.16亿元。公司执行董事兼总经理虞晓东女士是上海市静安区人大代表、上海市浙江商会执行副会长。

上海汇金担保有限公司董事长兼总经理虞晓东女士是上海市静安区现任人大代表、上海市浙江商会常务副会长。公司成立于2003年1月，现注册资本2.16亿元。

公司股东是浙商在沪著名企业：上海永丽房地产（集团）有限公司、上海永润投资管理有限公司。这二家股东均为浙江商会常务领导成员，其公司或法定代表人都具有著名声誉。

公司坚持依法经营、规范运作、稳健发展的原则，坚持把风险控制放在第一位的业务经营理念，制定出专业、科学、规范的业务操作流程和内控制度，大力开展为中小企业和个人提供担保业务。

公司开展的业务：企业融资担保、个人融资担保、非融资担保业务等各类投资业务。**1、担保业务：(1)个人消费贷款担保；(2)企业融资担保；(3)企业兼并及收购中的临时贷款担保、管理层持股及收购担保；(4)租赁业务担保；(5)经济合同履约担保；(6)诉讼财产保全担保等。2、咨询业务：投资、融资、企业管理业务咨询等。3、其他业务：融资租赁 、经营租赁等。**

2004年，公司取得国家发改委、国家税务总局认可的三年免征营业税优惠的首批担保企业。2007年，上海市经委、人民银行、银监局对上海市担保机构进行统一的信用评级，汇金公司被评为信用最高等级“A”级信用企业。

虞晓东董事长主持上海市浙江商会女企业家联谊会成立大会

“2008年金洽会”上，工商银行与合作的十二家担保公司签订担保合作协议书

虞晓东董事长参加上海市浙江商会第六届理事会第11次会长议事会议

截至2009年7月，汇金担保公司已与工商银行、建设银行、国家开发银行、浦东发展银行、杭州银行、上海交通银行、民生银行、宁波银行、农村商业银行、华夏银行等多家金融机构建立了良好的合作关系，累计担保38亿多元，代偿率、坏帐率均为0。这些出色的成绩，让汇金公司的信用等级再上一个台阶，2009年获得“A+”级信用企业称号，并于9月份荣获“应对金融危机中支持中小企业表现突出的担保机构”称号，同时还获得了国家无偿资助中小企业信用担保服务补贴项目资金440万元的奖励，提高了社会对我公司的公信度和支持力度。

作为上海市担保行业协会理事单位，公司实行现代企业管理制度，实行董事会领导下的总经理负责制及扁平化管理模式。公司拥有一支高素质、专业化、能开拓求实、创新、进取的团队，90%以上均受过财经、法律等高等专业教育，有具较为丰富的经济、金融、税务、财会等多种行业的实际工作经历、专业知识和工作经验，对业务运作及风险控制的防范有着较为全面的认识和掌控能力。汇金担保公司拥有一支较为善经营、善管理的专业化管理团队，直接影响了公司整体业绩的发展，为公司的稳步前进打下了坚实的基础。

公司成立至今，一直保持着拼搏进取、开拓创新的良好势态，秉承了“诚信是金”的理念，与各大合作银行及企业建立了良好稳定的合作关系，并以科学严谨的风险控制手段和优质的服务，赢得业界的一致好评。目前在金融危机的大背景下，汇金公司全体员工以更踏实、更矫健的步伐走好每一层发展的台阶，做好每一项工作。

汇金公司将坚定“携手合作、共铸辉煌”的信心，与合作伙伴共同开创更广阔、更远大的前景与未来。

大宁国际商业广场

一、 概况

大宁国际商业广场占地面积约5.5万平方米，总建筑面积约25万平方米，为一综合性、多功能的商业房地产开发项目。

项目位于上海浦西南北中轴线—共和新路(南北高架)—与大宁路交界。25万平方米的总建筑面积由地面20万平方米和地下5万平方米组成。共有15栋错落有致的建筑、11个大小广场和庭院、约2公里步行街和1，300个停车位。商业广场具有8大功能：商务酒店、办公楼、零售、餐饮、文化、娱乐、教育和城市生活配套设施等。

二、 配套和交通

大宁国际商业广场地处大宁路和浦西中轴线——共和新路(南北高架)的交界处，离地铁一号线延长路站仅约80米；离人民广场仅5个地铁站10分钟路程；邻近上海交通枢纽的内环立交(位于本项目南面)和中环立交(位于本项目北面)。

三、 商务酒店

大宁福朋喜来登集团酒店由国际知名的喜达屋(Starwood)酒店管理公司以其品牌“福朋喜来登（Four PoInts by Shoraton）”来经营。拥有326间客房、中西餐、咖啡厅、酒吧、大型宴会厅、室内泳池和健身房等服务设施。

四、 办公楼

为满足不同行业、不同从业人士对于办公环境的需求，本项目的办公楼备有三款不同建筑规格：全中央空调的办公楼，实用型分体式空调办公楼和每个单元均有独立厨房和卫生间的SOHO型办公楼。

五、 商业

●超级市场 ●娱乐 ●餐饮 ●时尚服饰 ●儿童/青少年购物

●电子数码/教育问话 ●艺术廊 ●配套服务

六、 周边景点

大宁灵石公园 上海马戏城

LIFE HUB @ DANING

周浦镇人民政府

周浦地处新浦东地理位置的中心，西接闵行区，北邻康桥工业区，南连航头镇，东与六灶镇接壤，共有常住人口12.7万，其中户籍人口7万，总面积42.3平方公里，下辖行政村13个、社区13个。周浦镇素有“小上海”的美誉，商业贸易、人文艺术底蕴深厚。近年来，周浦镇坚持“优二、快三、保一”的发展战略，大力推动现代商贸业发展，吸引了万达广场、玺莲美世界等大型商业项目纷纷落户。同时，加速推进现代工业转型，着力发展现代生产服务业、总部经济和先进制造业。随着南汇区划入浦东新区，周浦镇的发展更是进入了新的历史发展机遇期，迎来了“二次跨越”的登高年。

2009年周浦镇实现了三业经济总收入153.33亿元。全年完成增加值35.73亿元，财政总收入9.59亿元，地方财政收入3.88亿元，分别同比增长18.5%、35.4%、57.5%，镇可用财力净增1.20亿元，农民人均纯收入12201元，同比增长8.3%。连续两年在原南汇区各街镇考核中名列第一。

2009年周浦镇成功创建了全国社区教育示范镇、上海市文明镇、上海市市容环境责任区管理达标镇、上海市学习型社区、上海市平安社区以及浦东新区食品安全示范镇。

镇政府地址：上海市浦东新区年家浜路365号

联系电话：58113017　　传真：58114876

上海柯斯软件有限公司

上海柯斯软件有限公司(简称：上海柯斯)成立于2002年，是一家专业从事自有知识产权的智能卡操作系统(COS)及个人化软件的开发、智能卡产品的生产和服务、智能卡应用系统的策划、设计和实施的高新企业。

公司由上海市国资委所属的上海联和投资公司控股，是上海联和投资公司投资半导体技术产业链中的重要一环，一直为发展国产软件，提供全国产化的智能卡以及移动增值服务而努力。

上海柯斯拥有完整的16K至1G的智能卡产品线，包括2.4G RFID—SIM系列、SWP NFC—SIM移动支付系列、电信SIM/UIM/PIM系列、3G系列，OTA系列、大容量SIM系列、金融系列、社保系列、税控系列等多种领域智能卡产品和30多项知识产权局受理的发明专利。成立以来，公司相继成为中国移动、中国联通和中国电信的SIM/UIM/PIM/RFSIM卡供应商，至今已供应超过2.8亿张智能卡，拥有国内外(包括运营商省级公司在内)超过三十家客户。2006年公司成功进入海外电信市场并得到迅速发展，高品质的智能卡产品和服务赢得了当地客户的一致好评。

2007年公司明确发展非电信业务的战略方针，组建了富有经验的平台研究队伍开始从单纯的智能卡供应商向以智能卡技术(尤其是SIM卡技术)为核心技术平台的增值业务供应商转型。非电信产品在公交、安全、小额支付等领域的成功商用，肯定了上海柯斯非电信市场不断探索的成功。

2009年公司将业务重心放在2.4G RFID—SIM产品上，参与了中国移动全国手机支付应用、2010上海世博会手机票应用等相关规范的编写和产品开发工作，大力配合了中国移动手机支付业务的全国拓展。

上海柯斯将始终关注国内外智能卡与移动增值服务市场的需求，通过不断创新获取领先的技术优势，完善企业的自主创新能力，为促进整个行业的蓬勃发展贡献一份自己的力量。

上海总公司：
地址：上海市徐汇区虹漕路39号B座3层
电话：021-51028722
传真：021-53082700
邮编：200233
网址：www.cosw.com
E-MAIL：contact@cosw.com

北京办事处：
地址：北京市西城区华远北街2号
通港大厦1025室
电话：010-66515288
传真：010-66518188
邮编：100032

上海燕龙基集团

燕龙基集团创立于1992年，是一家跨区域、跨行业经营的综合性企业集团，主要从事废旧物资经营业务（五废三旧综合回收），兼营成品玻璃销售、纯碱贸易、港口物流运输、房地产开发等业务，今后集团业务范围还将向投资、进出口贸易及工程建设施工等领域拓展。

集团总资产达10亿多元，年营业额将近20亿元，业务遍及华东、华南和华中各省市。

废旧物资回收方面，2002年集团在上海市闵行区和青浦区获得政府批准的2个（上海市共5个）政府指定的分拣中心的建设经营权，专业从事废旧物资经营；集团是上海市指定的17家废旧金属物资处理企业之一，同时拥有生产性废旧的金属和市政公用废旧金属经营资质；集团年收购碎玻璃50多万吨，与国内大型浮法玻璃生产厂家保持良好的合作关系。集团被上海市废旧物资回收行业协会认定为废旧物资回收经营甲类A级资质企业，2009年又成为了上海市废旧家电回收经营的中标企业。

港口物流方面，公司在上海市松江区、青浦区、闵行区、浦东新区拥有4个码头，货物年吞吐量达200万吨，同时在山东省巨野县设立了物流公司，拥有专业汽车运输队。

成品玻璃销售方面，公司是江苏华尔润集团等大型浮法玻璃厂家的特许经销商，在上海及周边地区占有70%以上的成品玻璃销售市场份额。

房地产开发方面，公司在安徽省阜阳市投资了易景国际花园项目，总占地338亩，建筑面积50多万平方米，共投资15多亿元，是阜阳市的重点招商引资项目。

燕龙基集团经过近二十年的经营，在人才、资金、市场、企业文化等方面都打下了坚实的基础。目前正处于快速发展时期，计划用三年的时间将碎玻璃回收、成品玻璃销售和废旧电子回收等业务IPO上市，用五年时间发展成国内废旧物资回收经营龙头企业，用十年时间跻身国内一流民营企业行列。

燕龙基人将以绿色环保的事业为使命，秉承“绿色的事业，任重而道远，燕龙基人持之以恒”的经营理念，坚守“变废为宝，促进循环经济发展”的经营宗旨，朝着更高更远的目标发展。

复盛实业（上海）有限公司

FU SHENG INDUSTRIAL(SHANGHAI)CO.,LTD.

复盛实业(上海)有限公司系台湾复盛集团在大陆投资的独资企业之一，坐落于上海市松江区松江出口加工区。

复盛集团自 1953 年创立以来，历经半个世纪的风雨，成为台湾地区最大的压缩机制造厂商。他拥有50多年专业制造经验，世界一流的自动化设备。

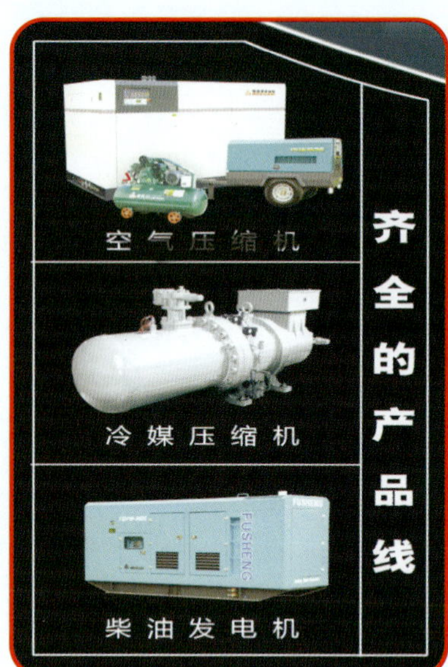

自1993年起，复盛集团先后在北京、上海、中山、越南、德国、美国建立压缩机制造基地。现成为东亚、东南亚最大的空压机生产基地，并与世界上其他著名厂家的产品齐头并进。

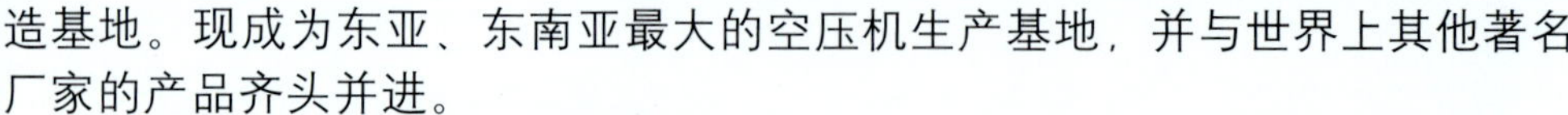

复盛公司是国内唯一拥有螺旋式压缩机转子齿形世界专利的技术者，已经在美国、英国、日本申请了专利。复盛产品行销世界60余国，为顾客提供最高的满意度，深受顾客的赞誉与信赖。

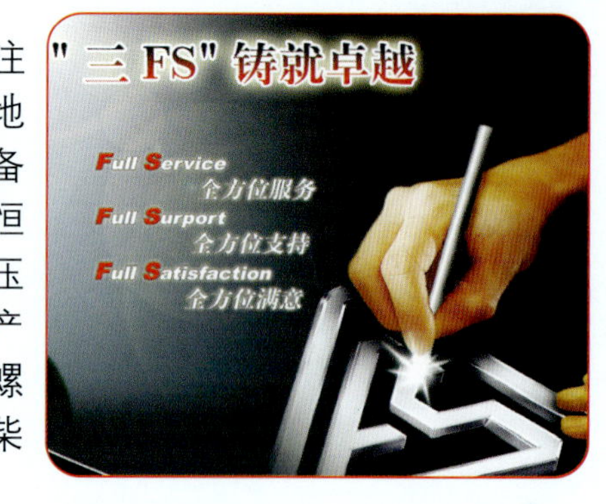

复盛实业(上海)有限公司1995年1月注册成立，1995年10月正式投产。公司占地面积14万m^2，投资超过2900万美金，配备具有国际先进水平的计算机控制高精度恒温加工中心，生产能力和规模堪称中国压缩机生产基地之最。目前，公司主要生产双螺杆空气压缩机，无油式单螺杆空气压缩机，螺杆式冷媒压缩机、小型往复活塞式空气压缩机、柴油发电机。

许多国内外知名企业选用复盛品牌压缩机，如：加德士石油、美标陶瓷、康明斯发动机、冠军活花塞、柯达相机、达能食品、松下、富士、三洋、本田、三菱、LG电子、正大集团、美的空调、TCL电子、创维电子、北大方正集团、伊利牛奶、云南红塔山集团、福建恒安集团、四川五粮液酒业集团、上海宝钢、首钢、大庆油田、胜利油田、中国海洋石油、秦山核电、一汽集团、二汽集团、沈阳飞机制造厂等。

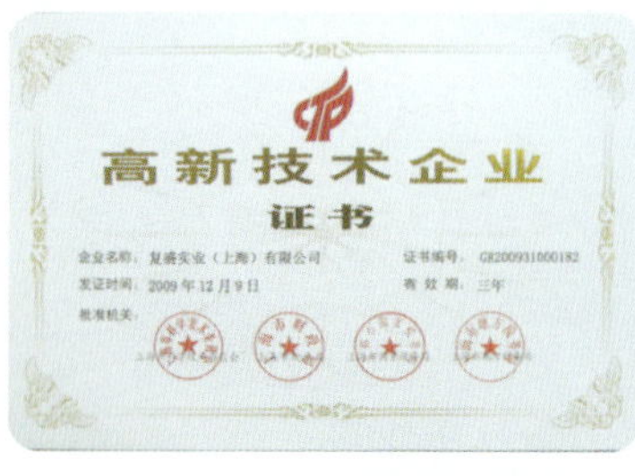

公司本着“精益求精、遵纪守法、污染预防、不断进取；为用户提供优质、安全、可靠、环保的产品和满意的服务。”这一宗旨，不断苦练内功，加强品质管理，建立品质保证体系。1998年，公司在同行业中率先获英国AOQC摩迪公司颁发的“ISO9001质量体系认证”证书。2000年12月，公司在国内同行中率先取得中国机械安全认证中心颁发的“机械安全认证”证书。2006年2月螺杆式冷媒压缩机又取得“CRAA产品认证”证书，2006年12月公司获得国家质量监督检验检疫总局颁发的“产品质量免检证书”。2007年、2009年公司新开发节能产品，并取得合肥通用机械产品认证中心颁发的“GC节能产品认证”证书，2008年5月公司通过中联认证中心颁发的“ISO14001环境管理体系认证”证书，12月评为“上海名牌”。2009年评为上海市高新技术企业。公司自成立以来，数次评为“上海市外商投资先进技术企业”、“松江区重点骨干企业”、“松江纳税标兵”等多项荣誉。

工厂地址：上海市松江区新桥镇民益路28号
电　　话：(021)57686868
传　　真：(021)57686688
邮　　编：201612

销售部地址：上海市古北路686号4楼
电　　话：(021)62704880
传　　真：(021)62704878
邮　　编：200336

格罗贝尔轮椅车（上海）有限公司

格罗贝尔轮椅车（上海）有限公司是一家美商独资企业，成立于1998年5月，注册资金100万美元。公司面积10000m^2,生产占地18000m^2。

公司主要经营：电动轮椅车类整车及零配件、体育器材等。格罗贝尔一直以来为欧美客户提供OEM、ODM的服务，是世界著名轮椅车和代步车销售商PRIDE公司和SUNRISE公司的OEM工厂，拥有丰富的加工制造经验，产品质量安全可靠,公司拥有自主品牌Zip’r系列产品。格罗贝尔轮椅车（上海）有限公司是注册于美国FDA专业生产医疗器械的公司，所设计并生产的轮椅车已获FDA 510（k）批准，在美国市场上销售。公司曾两次成功通过美国FDA的工厂现场审核。

本着“立足质量，发展特色，开拓创新，客户至上”的方针，公司不断发展壮大。随着2002年公司引入ERP管理系统，2003年起又推行ISO9001：2000、ISO13485质量管理体系，管理水平不断提高，此外2006年PDM产品数据管理系统的应用使得我们在产品开发、过程控制、质量管理等方面更加高效和规范。格罗贝尔愿与海内外新老客户建立良好的贸易伙伴关系，热诚欢迎阁惠顾垂询。

上海青浦工业园区

上海青浦工业园区成立于1995年11月25日，2003年规划面积由原来的16.16平方公里扩大到56.2平方公里，是市政府重点扶持发展的市级工业开发区。十四年来，在区委、区府的正确领导下，青浦工业园区认真落实市委、市政府加快推进“三个集中”和优先发展先进制造业的战略部署，凭借着得天独厚的区位优势和功能配套，基本建设有序推进，产业结构更趋优化，经济质量明显提高，区域功能更加凸现，产业集聚和业态集中日益明显。

目前，园区已基本形成“四纵四横”主干道路网架，20.01平方公里建成区基本实现了“九通一平”的综合配套能力，为各类企业的投资落户创造了良好的发展平台。截止到2009年底，园区已累计引进外资600家，吸引外资注册资本33亿美元，合同外资30亿美元，实到外资22亿美元；引进世界500强企业23家，64家行业著名企业落户，并有15家地区总部、研发中心、销售技术服务中心企业相继落户园区，形成了以日立电梯、普惠航空发动机、海德堡印刷机械等项目为代表的先进制造业新格局，园区的集聚效应得到进一步体现。目前，园区经济运行整体呈现“8651”的发展态势，一年中每8天有一家企业投产，每6天有一家企业开工建设，每5天引进一家企业，每天可产生1000万元税收收入。从2005年起，连续3年被评为“上海市外资工作一等奖”。2007、2008年，园区集团公司分别成功入围上海企业集团百强，同时被列为“市委党校研究型教学基地”，而且还获得了“上海市企务公开民主管理先进单位”荣誉称号，呈现出蒸蒸日上、蓬勃发展的良好态势。

在金融风暴席卷全球的2009年，园区继续坚持以科学发展观为统领，紧紧围绕区委、区政府提出的“四个确保”的发展要求，进一步坚定信心、解放思想、危中寻机，克时艰、保增长、优环境，各项工作有质、有序、有效推进，园区经济社会继续保持健康良好的发展态势。全年实现引进合同外资3.2亿美元，到位外资2.1亿美元；完成税收收入36.2亿元，同比增长15%，地方收入15.65亿元，同比增长12.34%；实现工业产值582亿元，同比增长10%，并有57家落户企业开工建设，为全区的经济发展提供了良好的动力，日益成为青浦区最具活力的经济增长极，成为上海打造先进制造业的重要基地，成为世界了解中国、了解上海、了解青浦的一个重要窗口。

吉尔生化（上海）有限公司
GL Biochem (Shanghai) Ltd.

总经理周敏女士

吉尔生化（上海）有限公司是一家由一批海内外博士专家团队领衔的创办于上海张江高科技园区的生物医药类型企业，并由上海市科委认定为生产氨基酸和多肽类产品的上海市高新技术企业。公司自创办至今已有11年时间，建筑面积35000平方米，拥有近1000名员工并通过了ISO 9001:2000认证。公司配备了国际最先进的多肽科研及生产仪器设备，拥有一批专利技术和一支经验丰富的科研生产队伍，已经成为国际规模最大的研究级多肽的制造商和供应商。

公司秉承诚信经营，规范管理和不断创新的理念，锐意开拓国内外市场，年出口创汇达千万美元以上，开创了中国制造的多肽品牌，公司以骄人的外销业绩连续三年荣获全国外商投资双优企业称号。吉尔品牌的多肽类产品在国内外生物技术和医药领域制药企业享有极高的知名度。我司多年来依法、合规、诚信经营，树立了良好的企业形象，凭借良好的企业信誉和技术领先优势，先后承担了10余项国家、上海市以及各部门重点科研攻关项目，自行开发了各类多肽合成技术，先后申报国家专利19件，并获得已经授权的国家发明专利2件。2003年在SARS肆虐的关口我司为中科院上海药物所研究开发SARS新药提供了大力技术支持，因突出贡献荣获上海市领导表扬。2009年“上海市科技奖励大会”吉尔再次荣获上海市科技进步奖，并受到市领导表彰。公司总经理，归国留学生创业企业家周敏同志因高度的责任意识和对社会的杰出贡献，先后荣获 “全国三八红旗手”、“全国归侨侨眷先进个人”、“上海市优秀留学回国人才”等国家级和上海市的荣誉称号，并曾先后受到中央领导胡锦涛、江泽民、朱镕基、吴邦国等同志的亲切接见。

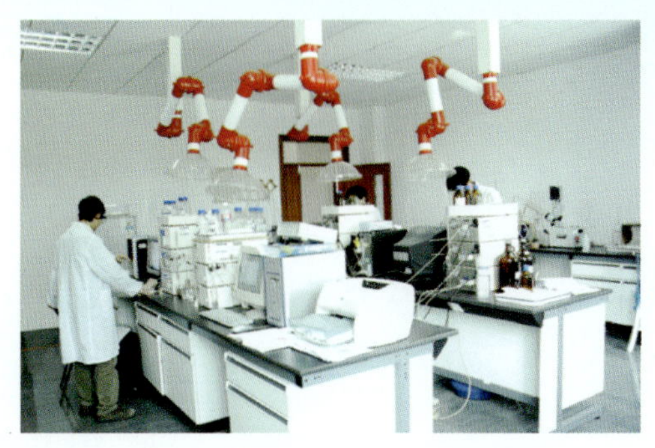

吉尔生化已经成为全球客户定制多肽合成领域的领先者和世界主要多肽产品供应商之一。吉尔的远景保持中国多肽合成的领先优势，成为世界级优质多肽试剂和客户定制多肽供应商。

上海物资贸易股份有限公司

SHANGHAI MATERIAL TRADING CO.,LTD

上海物资贸易股份有限公司由中国最大商贸流通集团——百联集团有限公司控股的股份制公司，1993年10月在上海证券交易所上市（股票代码：600822），1994年3月发行B股（股票代码：900927），并经2005年6月进行重大资产重组后，把原上海物资集团从事生产资料业务的主要企业置换进入物贸股份，同年12月又成功地进行了股权分置改革。

物贸股份现有百联汽车服务贸易有限公司、上海燃料有限公司、晶通化学品有限公司、物资集团进出口有限公司、森大木业有限公司、利德木业有限公司、乾通投资发展有限公司、爱姆意机电连锁、有色金属分公司和黑色金属分公司等全资、控股、参股企业。公司现有各类仓库、营业、办公场所占用土地面积1040336.3平方米，建筑面积469902.6平方米。

公司经营业务基本上涵盖了生产资料流通业务，主要有金属（含有色金属）、燃料（含煤炭、燃料油）、木材及木制品加工、汽车及配件（含二手车）、机电设备、化轻原料、进出口业务和建筑材料，以及物流、信息咨询、技术服务等。公司拥有二手车交易市场、有色金属交易市场、危险化学品交易市场等大宗商品专业市场，建成"爱姆意在线"机电产品电子商务平台和物贸有色金属网上交易平台；公司有色金属的销售量占全国60家重点生产资料流通企业第一位；二手车交易居上海市第一；工业用燃料油居上海市场的60%左右，基本建成了为生产资料流通业务服务的燃料油和成品油、金属材料、木材等专业物流、加工、配送基地。

上海物资贸易股份有限公司作为百联集团的三大核心业务之一，近几年保持了较快发展，2009年公司主营业务收入达470多亿，对百联集团的贡献率达48%以上；经营规模、主营收入名列全国省市物资集团前列，2008年被中国物流与采购联合会授予"中国生产资料流通改革开放30年杰出企业"称号。

上海京大国际贸易有限公司

上海京大国际贸易有限公司位于上海市闸北区、虹口区交界处，属于上海市特种行业单位——（上海铁路公安处治安科发证机关）。京大国贸在沪太路市场占地10万平方米，江桥市场占地6万平方米，专营再生利用资源，旧机床、洗床立车龙门刨床、二手电器、电子销售；在虬江路占地面积2000平方米，营业面积近1500平方米，商铺租赁125间，主要经营二手家用电器、机电、电子产品、五金水暖、电线电缆、机床大型设备、各种大小变压器、电脑配件、小型家具用电器开关、大到工帮年用的大型机械设备。

京大国贸在浙江省台州市有来自

美国、加拿大、日本、韩国、澳大利亚、

欧洲等国家和地区再生利用资源国际贸易业务。

京大国贸从2001年底组建发展至今，公司已经从当初经营低潮，发展到现在的成熟和繁荣，为上海虬江路地区经营电器电子产品树立了榜样，也给社会带来了一定的经济和社会效益。公司是电器电子专业性经营批零消费为一体的较大中型企业，业务从2002年的几百万到今天的千万元上亿元。继续努力搞好各项管理工作，进一步优化经营环境，为构建和谐社会做出更大贡献是公司未来发展目标和方向。

上海京大国际贸易有限公司现任董事长施会初先生创业历程及荣誉：1954年4月14日出生在浙江省台州地区黄岩县清陶公社下陶村第八生产队。1961年至1967年在黄岩县清陶中学就读；1969年在家务农；1971年在家开办小加工厂，时间4年；1978年来上海虬江路商场联合经营机电、电器、电子、五金、电线电缆、有色金属回收产品。2001年底至2002年组建上海薪迈鹏电器有限公司，任公司董事长总经理。2003年加入上海市贸易信托商业协会任副会长。2005年加入上海法制日报，上海市公安局东方剑杂志社，上海市检察风云杂志社任常务理事，理事会顾问。2005年加入中国民营企业国际发展合作促进会（中国民促会）任秘书长。2006年全国市场质量放心服务满意示范单位，中国最具发展潜力企业，中国诚信示范单位，中国民营企业家风云人物。2006年5月份在中央党校民营党建班学习。上海市2006年至2007年度重合同守信用企业，中国民营企业诚信经营万里行全国共铸诚信宣传示范单位。2007年获中国百名创业英才金像奖。2007年中国专家评定联合会聘请任副会长，2007年和谐中国十大影响力企业家。时代先锋第四届全国改革创新十大新闻人物。2007年情系特奥爱心企业。2008年担任上海京大国际贸易有限公司董事长、总经理。2008年至2009年商务部国际贸易经济合作研究院评价AAA诚信综合等级单位。2008中国年度公益人物奖，2009年第三届国际慈善优秀企业公民奖，2009年庆祝新中国成立六十周年时代功勋第六届感动中国十大风云人物，庆祝中华人民共和国成立60周年共和之子，中国公益事业发展联合会、中国集邮总公司联合全球发行纪念邮票。第二十一届国际科学与和平周和平使者，中国中小企业品牌500强企业单位。CHC全国科监委行业发展战略专业委员会任副理事长。

京大国贸把“关注公益，传递爱心”视为企业自身的社会责任，公司曾先后参与上海宋庆龄基金会、上海市残疾人福利基金会、上海市慈善基金会、上海市老龄事业发展中心、心连心，手拉手、世界环境日平安中国、中国慈善总会、中国红十字总会等社会公益活动，并奉献爱心。

品牌实力与社会责任并重
保乐力加领跑中国洋酒市场

自1975年由Pernod和Ricard两家公司合并成立以来，总部设在巴黎的保乐力加集团通过快速的有机增长和收购保持了长期而稳定的发展。2008年对V&S的收购使保乐力加成为全球第二大葡萄酒和烈酒集团，并在高档、超高档酒类中名列全球第一。集团2008/2009财年的销售额为72.03亿欧元。

保乐力加拥有一系列最知名的品牌，覆盖了丰富的产品门类，包括：绝对伏特加、力加（茴香酒）、百龄坛、芝华士和格兰威特（苏格兰威士忌）、尊美醇（爱尔兰威士忌）、马爹利（干邑）、哈瓦纳俱乐部（朗姆）、必富达（金酒）、甘露和马利宝（力娇酒）、玛姆、巴黎之花（香槟）以及杰卡斯与蒙太纳（葡萄酒）。

在中国市场，保乐力加在进口酒类国际集团中独占鳌头。早在二十多年前，一些主要品牌如芝华士、马爹利、皇家礼炮等就已进入中国市场，并逐步成长为中国进口烈酒市场的领导品牌。近几年对联合多美和V&S的成功收购，进一步巩固了保乐力加在中国的领导地位。

目前保乐力加在中国拥有一家独资贸易公司——保乐力加（中国）贸易有限公司，总部位于上海，分销网络遍布全国100多个城市。此外，集团下属的合资企业——保乐力加贺兰山（宁夏）葡萄酿酒管理有限公司则负责指导贺兰山葡萄酒的生产，以及对品牌的管理和销售推广。

集团业务和旗下核心品牌在中国市场迅猛发展的同时，保乐力加也积极着眼于中国社会的可持续发展。2005年，保乐力加中国在业内率先发起全国范围的“向酒后驾车说‘不’”公益活动，在教育公众远离酒后驾车、推动社会和谐发展方面取得了显著的成效。与此同时，公司在推动中国国际化艺术人才的教育培养、加强中外文化的国际交流工作方面也做出了积极的贡献。此外，公司还与全球领先的地毯制造商开展合作，为大规模回收的洋酒空瓶寻求突破传统的环保再生利用方案，将其用作地毯生产的再生材料，从而为致力于社会可持续发展的长期承诺再添妙笔。

保乐力加为推动中国进口酒事业所做的积极贡献以及其稳步开拓中国市场的优势与实力得到了业界肯定，并因此而屡获殊荣。2009年，在由中国酒类流通协会和香港国际名酒文化研究会共同主办的“国际酒业TOP 100中国竞争力——全球评选”中，保乐力加荣获“中国市场进口酒事业特别成就奖”。作为唯一入选的进口酒类国际集团，保乐力加中国还被《华夏酒报》推选为“推动中国酒业发展的60企”之一。同时，在第9届中国饭店论坛暨2009中国饭店业年会上，保乐力加中国荣膺“2008—2009年度中国最佳洋酒供应商”称号。此外，2010年1月，在北京举办的“2009年跨国公司论坛”上，保乐力加中国从1500余家公司中脱颖而出，荣获“跨国公司中国贡献奖”；在“第五届中国企业公民论坛暨中国优秀企业公民表彰大会”上，保乐力加还荣膺“2009年中国优秀企业公民”称号。

创维集团上海分公司简介

创维集团是以香港创维数码控股有限公司为龙头，跨越粤港两地，生产消费类电子、网络及通讯产品的大型高科技上市公司。

创维成立于1988年，经过二十年的奋斗，创维已成长为蜚声国际的中国家电巨子，2009财年集团年销售额达200亿元，出口额持续10年居全国领先行列，成功挺进世界彩电十大品牌之列，成为中国电子百强名列第16位的优秀企业。累计向社会各界捐助9100多万元，扶持500多家配套企业，解决约10万人就业。

围绕数码显示技术核心，创维组建了深圳创维-RGB电子有限公司、海外发展公司、移动通信公司、数字技术公司、显示技术公司等十多家产业公司，并在全球拥有美国硅谷研究室、香港研发中心、深圳数字研究中心等六大科研机构，在墨西哥、俄罗斯设立了控股生产基地，逐步形成了“前瞻开发在美国、应用开发及生产在深圳、销售在全世界”的国际化经营模式。研制的主要产品有：等离子、液晶电视、各类纯平电视、数字电视机顶盒、手机、汽车电子、安防产品以及与数字电视产业链相关的产品。

创维在产品、技术、营销、资源以及管理等方面全方位提升企业竞争力。创维不断推出的数字电视、高清电视、等离子电视、液晶电视、背投电视、大屏幕纯平电视等新型全系列健康高清电视，先后获得“三年质量免检产品”、“中国名牌”、“驰名商标”等称号。席卷中国大地的彩电“数码潮”、“健康风”以及“纯平风暴”、“逐行风暴”、“高清风暴”、“平板风暴”，一浪接一浪地续写着创维引领显示技术潮流的优势。创维率先在国内市场推出六基色技术、屏变技术、屏稳技术产品，多项技术荣膺多次广东省和深圳市科技进步奖。A12、V12影音双引擎技术成就了平板彩电市场领先地位。成功研制出的“中国第一台高清电视”、“中国第一台机卡分离一体机电视”、“中国第一台可录电视”、“屏变电视”、“屏稳电视”、“全球首台RM格式液晶电视——酷开TV”等等成果奠定了创维在业界值得关注的地位。2007年，创维以其优质的产品，顺利成为中国航天事业合作伙伴，创维电视、创维手机、创维安防监视器成为中国航天专用产品。“第三营销模式”以及“服务营销”的提出和实践，加强了创维产品的市场竞争力。优秀的资源整合能力和管理制度化建设为创维打造了一支世界一流的国际化团队。

创维集团上海分公司为集团旗下40个分公司之一，位于上海浦东新区，销售网点380多个，服务网点遍布上海各个区域，年销售额4.5个亿，专门设立有市场部，财务部，服务部，团购直销等部门，在职员工500多人。其优秀的人才队伍，国际化管理团队，杰出的资源整合能力，制度化管理建设，艰苦奋斗、不断创新、追求卓越的企业文化造就了创维卓尔不群的核心竞争力，成就了创维在上海的行业领头羊地位！

创维正在努力实现着她的美好愿景：令创维视听产品进入亿万家庭，在不同国家，让不同民族的人们享受数字视听生活的美妙和乐趣。

上海新丽装饰工程有限公司

上海新丽装饰工程有限公司由香港新丽装饰工程有限公司与上海建工（集团）总公司于1993年5月18日合资组建，投资金额为2400万元人民币，注册资本金为2060万元人民币。公司具有国家建设部批准的建筑装修装饰工程专业承包壹级资质，建筑装饰专项工程设计甲级资质，建筑幕墙工程专业承包壹级资质，房屋建筑工程施工总承包贰级资质，机电设备安装工程专业承包贰级资质，并已通过ISO9001：2008质量管理体系和ISO14001：2004环境管理体系和GB/T28001-2001职业健康安全管理体系认证。

世博会博物馆

公司主要从事星级宾馆、高档商务楼、大型会议中心、剧院、别墅、历史保护建筑等室内外配套装饰工程。公司具有一整套完善的设计、施工管理体系，设立了十一个项目经营管理部，一个设计事务所，还设立了北京、济南、青岛、江苏和浙江分公司，拥有一大批优秀的设计人员及工程技术人员。

公司开业以来，已经承揽了一大批施工项目，年产值逐年大幅增长。在已竣工的工程中，其中18项工程荣获国家建筑工程“鲁班”奖； 63项工程荣获上海市“白玉兰”奖； 6项工程荣获上海市“浦江杯”奖； 87项工程荣获上海建工装饰精品工程奖； 15项工程荣获全国建筑工程装饰奖。公司还连续五年荣获中国建筑装饰行业百强企业，连续五年荣获上海市重大工程立功竞赛优秀公司称号，并连续十五年被评为“上海市信得过建筑装饰企业”。

世博文化中心

多年来，公司把“新在其表，丽在其中”的思想镌刻在公司的旗帜上，始终坚持“树立精品意识，创立新丽品牌”的质量方针，发扬“和睦和谐、齐心协力”的团队精神。为上海乃至全国奉献出一个又一个绿色环保的装饰精品。

世博洲际酒店

中国船舶馆

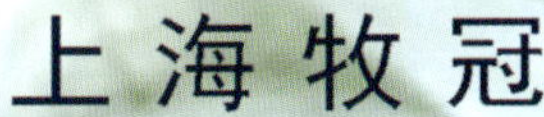
上海牧冠

Naseco

上海市经济党校 上海商学院

六十周年校庆公告

六十年春花秋实　六十载薪火传承

2010年5月，在以“城市，让生活更美好”为主题的上海世博会拉开帷幕之时，5月18日，上海市经济党校、上海商学院将迎来六十年华诞。值此，我们谨向长期以来关心、支持学校建设与发展的各级领导、各界人士和广大校友致以诚挚的感谢和崇高的敬意。

上海市经济党校、上海商学院溯源于1950年在上海创建的中央税务学校华东分校。建校以来，数十万计的学子从菁菁校园走向社会，为国家经济发展和社会进步作出了重要贡献。目前正朝着具有鲜明特色的办学方向目标不断迈进。

六十年砥砺奋进，六十载薪火相传。届时学校将通过举行系列校庆活动（相关信息将通过校园网发布），梳理总结六十年的精神文脉，发掘继承学校的历史传统，承先启后，继往开来，以科学发展观为统领，促进学校各项事业健康发展。我们热切期盼历届校友重返母校，畅叙情谊，共襄盛举，同铸辉煌。

特此公告，敬祈周知

联系电话：（021）67102976　　传　真：（021）67102977

电子邮箱：sjjdx_sbsxq@sbs.edu.cn　　学校网址：http://www.sbs.edu.cn

上海商学院
60周年校庆题
吴启迪

上海通饰宁豪斯时装贸易有限公司 NTS Ltd.

德国总公司介绍

MIRO RADICI AG 是一家国际化的纺织品公司，位于德国北莱茵---威斯特伐利亚的Bergkamen，是德国最大的服装和家纺集团之一。公司以服装设计、品牌建设和发展零售市场为核心，为欧洲连锁零售商店提供开发、推广、生产和销售的一体化服务。公司拥有不少知名的服装品牌，如stones、Steilmann、Apanage等等，并与M&S, Strenesse等著名服装品牌开展业务合作。公司在全球18个国家拥有400多家直营店，7000多名员工。

上海公司介绍

上海通饰宁豪斯时装贸易有限公司位于上海市静安区南苏州路，英文名称为NTS Ltd.，是一家一体化的服装经营公司，MIRO RADICI和安徽华茂集团（上市公司华茂股份是其子公司）是其两大股东。除了作为MIRO RADICI在亚洲的采购中心，具有完备、高效的采购系统，而且拥有多年的产品开发、设计及生产经验。目前，公司正计划在中国开展零售业务。公司愿以专业、优质的服务及良好的信誉诚挚地与全球广大客户开展业务合作。

安庆工厂介绍

安徽华茂恩逖艾世时装有限公司是上海通饰宁豪斯时装贸易有限公司与华茂股份合资的服装加工厂，位于安徽省安庆市经济技术开发区内，项目计划共建立4个车间，共2000多人，目前有一个车间已经投产。该车间拥有包括自动裁床和CAD系统、自动开袋机等目前市场上最先近的服装生产设备，每月可生产各类梭织服装7多万件。

麒麟鲲鹏（中国）生物药业有限公司

麒麟鲲鹏（中国）生物药业有限公司于1997年6月在上海浦东张江高科技园区成立，由日本协和发酵麒麟株式会社和上海鲲鹏投资发展有限公司共同投资组建，是中国国内技术最先进，规模最大的高科技生物制药企业之一。

公司以“生物科技、造福人类”为经营理念，引进了日本协和发酵麒麟株式会社先进的生产技术、管理手段和学术营业方式，拥有着一批高素质的产品生产、质量管理、药品流通和学术销售方面的专业人员，并以严格的GMP管理和高效的运营体制保证医药产品与学术服务的优质有效。

公司生产销售的药品是拥有世界范围专利权的白细胞减少症治疗制剂（通用名：惠尔血）、肾性贫血治疗制剂（通用名：利血宝）和造血干细胞移植前预处理制剂（通用名：白舒非），这些药品为中国的患者带来了福音，为中国的医护工作者提供了新的较有效的医疗手段。同时公司还将不断引进最新专利药品，为中国医疗事业的发展继续作贡献。

由于经营效益及回馈社会的业绩卓著，公司相继获得上海市政府相关部门颁发的“上海市高新技术企业”“上海市外商投资先进企业”“星级诚信企业”“企业科技创新奖”“经济贡献奖”“社会责任奖”等荣誉称号及麒麟集团颁发的“经营大奖”“经营特别奖”等，2009年，在现任总经理小川宽树先生的领导下，公司又荣获麒麟控股集团颁发的“经营优秀奖”，荣获协和发酵麒麟集团颁发的“经营大奖”。

跨入2010年，面临许多新的挑战和机遇，公司将在新任总经理小野寺利浩先生的领导下不断改革、迎头奋进。本着“与疾病作斗争的人们分享希望和感动”的宗旨，通过“高质量药品的提供”活动，一如既往地为人们丰裕而健康的生活作贡献。

上海柯斯软件有限公司
SHANGHAI COS SOFTWARE CO.,LTD.

Solution

创新　让我们离您更

上海柯斯软件有限公司（简称：上海柯斯）成立于2002年，是一家专业从事自有知识产权的智能卡操作系统（COS）及个人化软件的开发、智能卡产品的生产和服务、智能卡应用系统的策划、设计和实施的高新企业。

公司由上海市国资委所属的上海联和投资公司控股，是上海联和投资公司投资半导体技术产业链中的重要一环，一直为发展国产软件，提供全国产化的智能卡以及移动增值服务而努力。

上海柯斯拥有完整的16K至1G的智能卡产品线，包括2.4G RFID-SIM系列、SWP NFC-SIM移动支付系列、电信SIM/UIM/PIM系列、3G系列，OTA系列、大容量SIM系列、金融系列、社保系列、税控系列等多种领域智能卡产品和30多项知识产权局受理的发明专利。成立以来，公司相继成为中国移动、中国联通和中国电信的SIM/UIM/PIM/RFSIM卡供应商，至今已供应超过3亿张智能卡，拥有国内外（包括运营商省级公司在内）超过三十家客户。2006年公司成功进入海外电信市场并得到迅速发展，高品质的智能卡产品和服务赢得了当地客户的一致好评。

2007年公司明确发展非电信业务的战略方针，组建了富有经验的平台研究队伍开始从单纯的智能卡供应商向以智能卡技术（尤其是SIM卡技术）为核心技术平台的增值业务供应商转型。非电信产品在公交、安全、小额支付等领域的成功商用，肯定了上海柯斯非电信市场不断探索的成功。

2009年公司将业务重心放在2.4G　RFID-SIM产品上，参与了中国移动全国手机支付应用、2010上海世博会手机票应用等相关规范的编写和产品开发工作，大力配合了中国移动手机支付业务的全国拓展。

上海柯斯将始终关注国内外智能卡与移动增值服务市场的需求，通过不断创新获取领先的技术优势，完善企业的自主创新能力，为促进整个行业的蓬勃发展贡献一份自己的力量。

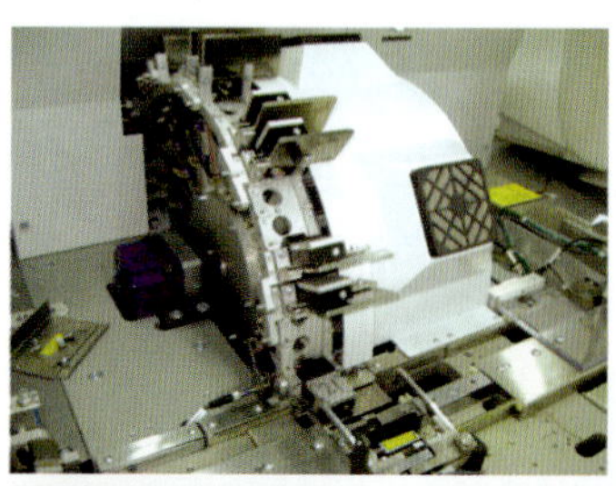

上海总公司：中国上海市徐汇区虹漕路39号B座3层
电话：021-51028722
传真：021-53082700
邮编：200233
网址：www.cosw.com
E-MAIL：contact@cosw.com

北京办事处：北京市西城区华远北街2号通港大厦1025室
电话：010-66515288
传真：010-66518188
邮编：100032

金桥国际商业广场

金桥国际商业广场为一综合性、多功能的商办房地产开发项目。项目开发商为上海爱梦敦置业有限公司，为港澳台法人独资企业。

该广场地处浦东金桥地区，张杨路以北，金桥路以西，枣庄路以东，博山路以南，基地西临黄山新区A块（张杨路3611弄）。整个项目由11栋2－4楼之商场及1栋13层甲级涉外写字楼构成，以零售、餐饮、娱乐、超市、教育、服务、办公为主要业态。项目占地面积约60,000平方米，总建筑面积约为180,000平方米，其中商场面积约100,000平方米，地下两层车库面积约64,000平方米，办公楼面积约16,000平方米。

金桥国际商业广场自2009年12月中正式开业以来，已陆续有150多家租户正式营业，包括大型购物中心－易买得超市，娱乐休闲场所－高点台球、保龄球馆，量贩KTV等，儿童游乐及教育－卡通尼、动感天地、迪斯尼英文等，各式时尚餐饮－小南国、天虹海鲜、望湘园、釜山料理、萨莉亚、豆捞坊、伊秀寿司、迈泰等，吸引了周边20公里范围内大量居民、高科技园区、出口加工区、保税区的顾客。金桥国际商业广场以其独特的设计风格，带顾客进入一个花园式的广场，令顾客在购物、休闲的同时感受到舒适，惬意，时尚的氛围。

作为金桥国际的营运及管理方，在广场开业至今已多次推出各类活动，包括北欧艺术展、圣诞化妆舞会、新年倒计时活动、新年许愿方、风筝音乐季等等丰富多彩的活动，吸引了不同层次的人流前来参与及体验。金桥国际商业广场自11月份试营业以来已接待顾客数量达2200万余人。

AMASS 上海美设国际货运有限公司
Shanghai AMASS International Fraight Co.,LTD.

董事长兼总经理
葛善根

公司介绍

信誉为本　服务取胜　志在必得　市场在我

事业使命——“服务客户、服务员工、服务社会”，美设致力于培养货运行业的高素质实用专业人才，在公司发展的前提下，逐步实现员工福利最大化；凭借专业、敬业、高效的团队，向客户提供迅捷可靠的一站式服务，服务做到：“有求必应，有问必答，日事日毕，热情周到”，促成客户、员工与公司的共同发展与三赢。为推动中国国际运输及物流事业的发展不遗余力，为促进社会经济发展、改善人民生活尽义务。

客户导向——顾客需求是我们不断提高的动力、顾客满意是我们始终追求的目标。

美设美设，帮助您实现美好的设想！

公司发展

2004年9月

上海美设国际货运有限公司注册成立，发展定位为一家以拼箱业务为核心、服务产品多样化、具有无船承运人NVOCC资质的一级货运代理企业(中国交通部Reg.No.：MOC-NV01893，美国联邦海事委员会Reg.No.：FMC-OTI No.021262NF)，员工168人，注册资金人民币550万元。

2005年1月1日

上海美设国际货运有限公司正式对外营业。短短几年间，美设已发展成为国内拼箱和进口分拨业务的龙头企业，分别在国内重要港口城市及长三角地区——香港、深圳、厦门、宁波、嘉兴、南京、扬州、青岛、天津、大连等市，设立了7个子公司、7个办事处，总注册资本人民币4100万元，员工总数逾1000人。围绕服务全球化的长期战略目标，公司在加拿大、美国和澳大利亚设立了全资子公司，把始终如一的优质放心服务延展至世界各地。

组织架构

美设公司以上海为管理中心，分支机构遍布中国境内各大港口城市、多个内陆点和香港特区，并延伸至美国洛杉矶和加拿大安大略。

上海总部组织机构由以下部门组成：出口拼箱部、出口整箱部、客服部、进口部、空运部、报关部、单证部、仓储部、销售部、市场部、商务部和海外部等部门，在吴淞、外高桥、洋山等港区设有现场办公室。

业务介绍

据统计，美设主营产品——海运出口拼箱、进口分拨业务，凭借周到优质的服务和完整的沿海网络优势，经上海、厦门、大连的进出口货量名列前茅，全国总体货量更是独占鳌头，业务辐射全球五大洲76个国家地区、150多个港口、近千个目的地。

本着“人无我有，人有我强”的经营理念，美设在海运出口业务迅速腾飞的同时，保持了进口整箱和散杂货业务的传统特色，先后拓展了空运、仓储和保税物流业务。

美设旗下另设贸易公司与物流公司：美设贸易公司竭诚为顾客代理洽谈外贸业务、签订贸易合同、安排装运及购汇核销等业务；美设物流公司向客户提供保税仓储报关以及专业的供应链和3P物流方案咨询服务。

2010美设国际迎春联欢会

荣誉资质

上海美设公司先后加入了上海市报关协会和上海出入境检验检疫协会，通过积极参加协会交流活动、资料学习，密切掌握海关与商检等主管部门最新法律政策规定，为不断提高实际业务操作规范性、专业性提供了保证。在过去的两年间，公司分别获得如下荣誉：

安东尼技术玻璃（上海）有限公司

安东尼技术玻璃（上海）有限公司，成立于2007年11月，位于上海市普陀区，是一家生产中空玻璃门、岛柜玻璃盖、夜幕帘、塑料型材及各类展示柜配套部件的专业工厂，公司多年来始终以市场需求为最大原则，开发并生产了多种展示柜专用玻璃及其它部件，公司在展示柜玻璃方面，拥有多项专利。

公司采用先进的质量管理和技术管理，以质量求生存，以科技发展为方针，本公司的宗旨以一流产品，一流质量，一流服务为广大新老客户提供满意的售前和售后服务。

公司成立多年来长期为三洋，富士，双鹿中野，哈斯曼等多家国内外知名公司提供配套服务，并深得客户好评。

Anthony Technical Glass（Shanghai）Go..Ltd. No.221, Lane635. Zhennan Road Shanghai, P.R. China 200331
Tel:+86 21 62502497 Fax:+86 21 62849513 Website:www.anthonydoors.com

Company Brief Introduction

Anthony Technical Glass（Shanghai）Co.,Ltd was founded in2007,locates in Putuo District of Shanghai.

With specialized in producing glass,showcases night curtains,plastic templates,and other parts of showcases. Anthony Shanghai has rapidly established itself reliable to customer' s satisfaction.

With the principle of meeting the need of the market, Anthony Shanghai has developed and produced many professional showcases' glass & parts,and successfully achieved many patented showcase glass.

At Anthony Shanghai,everyone is committed to total quality,and idea creation. Constantly aware of the main company activities,we provide all customers with quality products, and efficient pre & after sales service. With experience of years, we have been an approved supplier for SANYO, Fuji, Nakano,
and Hussmann both in China and overseas.

上海密特印制有限公司

上海密特印制有限公司是由上海印钞有限公司与德国联邦印刷公司合资建立，是全国唯一一家护照生产企业，主要从事各类护照、精密防伪印刷品、银行电脑印刷品和有价证券、证券印刷品，以及其它印刷新品种的开发印制。至今密特公司已为国家公安部、外交部、国务院港澳办、全国人大等机关部门研制生产了公民因私护照、公务护照、因公普通护照、外交护照、因公往来港澳通行证、人大代表证等几十种证件。

密特公司已通过由英国BSI公司认证的ISO9001：2008质量管理体系，BM TRADA公司认证的ISO14001：2004环境管理体系和OHSAS18001：2007职业健康安全管理体系。同时，密特公司荣获国家保密局颁发的《国家秘密载体复制许可证》，中国产品质量协会颁发的《质量信用AAA等级企业》，以及《上海市科技企业资质证书》等。

密特公司拥有印制特种防伪印刷品所需的精准凹印机、胶印机、多色异型印码机等专业设备、技术和专用电脑及设计软件，并有多位担纲人民币设计的高级工艺美术师，实力雄厚，设计独到。

密特公司具有较强的研发能力，在护照证件产品及其相关技术研究领域不断推陈出新。密特公司拥有DOCUFOILTM证件防伪膜、电子护照用电子元件层、高级防伪本式证件用装订线，以及电子护照用芯片操作系统等多项具有自主知识产权的研发成果。

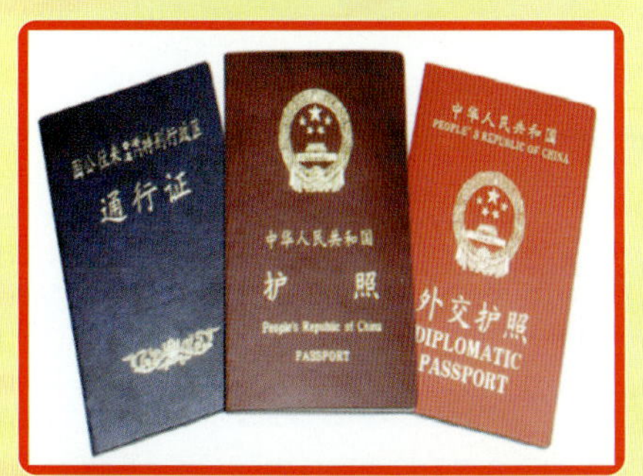

密特公司在采用货币生产的管理方法，环环相扣的工艺纪律的基础上，建立符合国际民航组织标准的电子护照检测实验室，可以对电子护照元件层和护照本进行电子、机械等性能的测试，对产品实行严格质量把关。

2009年10月，密特公司与上海印钞公司组成联合体，参加外交部领事司电子护照项目因公电子护照空白本制作(招标编号：TC093J57)、公安部出入境管理局电子护照项目护照印刷、装订(招标编号：0701-094150100198)招投标，最终以超群的印制工艺、强大的研发实力、合理的报价策略以及完善的投标资料脱颖而出，夺取双标，为公司日后的发展奠定了基础。

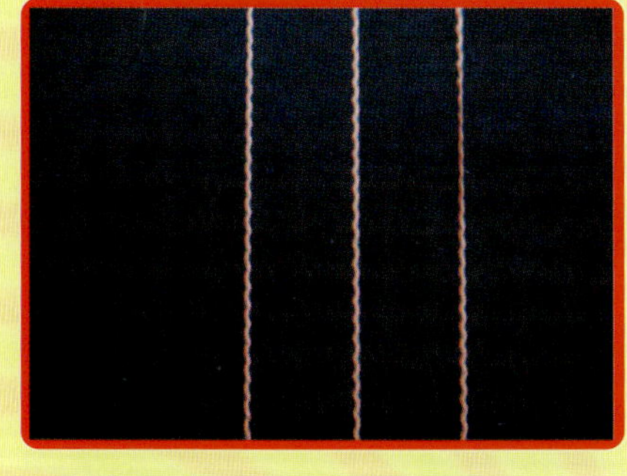

密特公司坚持以“友好协作、稳定发展”为经营方针，以安全、质量、服务、效益为宗旨，时刻追踪着国际护照印制的发展轨迹，以领先的技术，卓越的质量，安全的承诺，竭诚为国内外各界提供优质的服务。

地址：上海市绥德路887号　　邮编：200331
电话：86-21-69113567　69113522　　传真：86-21-69113522　69113316
电子邮箱：shanghaimite@yahoo.com.cn　　网址：www.mite.com.cn

上海青浦出口加工区

【综　　述】

上海青浦出口加工区2003年3月10日经国务院批准设立，同年11月23日正式封关运行，总规划面积3平方公里，一期开发1.6平方公里。

区内海关、检验检疫、报关、物流、银行等一应俱全，落户企业可一站式办理所有进出口手续。

【招商引资】

目前加工区内共有落户企业17家，已投产企业15家，其中世界500强企业有4家。

至2009年底，加工区内17家落户企业累计总投资4.57亿美元，合同外资1.45亿美元，注册资本1.76亿美元；2009年进出口总额59193.14万美元；出口创汇28489.01万美元，同期增长142.44%。

【企业发展】

2009年9月24日，亚太最大规模的飞机发动机维修中心——上海普惠飞机发动机维修有限公司正式开业。公司总投资规模达9，900万美元。预计年翻修飞机发动机将达到300台，年销售额将逾4.5亿美元。

2009年12月23日，世界500强企业–斯伦贝谢油田设备（上海）有限公司进行了项目落户以来的第四次增资，再次投资1.2亿美元在青浦出口加工区建立亚太地区最大的工程研发和加工中心，增资后整个项目总投资已超过1.7亿美元。

【企业服务】

为提升落户企业服务工作实效和水平，青浦出口加工区管委会建立并完善联席会议制度、工作联系制度、督促检查制度和情况通报制度等各项工作机制，注重加强对企业、政府职能部门和各派驻单位的服务、配合和协调，同各职能部门保持良好的互动关系。

"庆世博,创造更美好企业"(续)

上海核工蝶形弹簧制造有限公司

企业地址:上海市松江区九亭镇松江高科技园区涞坊路 2039 号
电话:021 - 67697261、67697263、67697265、67697267　传真:021 - 67697260
邮编:201615　邮箱:hegongsh@ sina. com　网址:http://www. hegong. com

佛吉亚(上海)管理有限公司

企业地址:上海市钦州北路 1122 号 91 号楼 3 楼
电话:021 - 34014588　传真:021 - 64959007　邮编:200233

上海丽洲生产性服务业功能区有限公司

企业地址:上海市奉贤区环城东路 383 号 27 楼
电话:021 - 67103301　传真:021 - 67103301　邮编:201400

上海杜氏实业有限公司

企业地址:上海市金山区新农镇亭枫公路 2318 号
电话:021 - 57343333　传真:021 - 57342277　邮编:201503

上海虹桥友谊商城有限公司

企业地址:上海市长宁区遵义南路 6 号
电话:021 - 62700000　传真:021 - 62704688　邮编:200336

上海奉贤西渡工业区管理委员会

企业地址:上海市奉贤区秦金路 88 号
电话:021 - 57434196　传真:021 - 57433840　邮编:201401

盛美半导体设备(上海)有限公司

企业地址:上海市张江高科蔡伦路 1690 号第 4 幢
电话:021 - 50808868　传真:021 - 50808860　邮编:201203

百鸿国际机械(上海)有限公司

企业地址:上海市松江区新浜工业区上麂路 106 号
电话:021 - 57898100　传真:021 - 57899276　邮编:201605

上海中智库玛市场研究有限公司

企业地址:上海市南丹东路238号金轩大厦24楼A座
电话:021-54248291 传真:021-54247599 邮编:200030

上海市奉贤区南桥镇杨王工业园区

企业地址:上海市奉贤区金海公路2588号
电话:021- 33617067 传真:021-33617476 邮编:201406

富来(上海)压铸机有限公司

企业地址:上海市奉贤区钱桥工业区钱桥路333号10号厂房
电话:021-57590098 传真:021-57590287 邮编:201407

上海华联商厦

企业地址:上海市南京东路340号
电话:021-63517139 传真:021-63514892 邮编:200001

上海周虎成曹素功笔墨有限公司

企业地址:上海市金陵东路422号4-5楼
电话:021-51698918 传真:021-63284319 邮编:200021

光大期货有限公司

企业地址:上海市新闸路1508号2楼
电话:021-22169415 传真:021-22169061 邮编:200040

上海中隆纸业有限公司

企业地址:上海市秀浦路489号
电话:021-58129798 传真:021-58128986 邮编:201315

上海亚龙烟草机械有限公司

企业地址:上海市黄浦区金陵东路500号809室
电话:021-63283019 传真:021-63283110 邮编:200021

上海雅马哈建设摩托车销售有限公司

企业地址:上海市虹梅路1801号凯科国际大厦21楼
电话:021-33970088 传真:021-33970000 邮编:200233
网址:http://www.yamaha-motor.com.cn

开成兴业(上海)礼品有限公司

企业地址:上海市浦东南路855号32楼H座
电话:021-58825010 传真:021-58825025 邮编:200120

第四编

区县商务

浦东新区商务

商务委员会主任
贺毅群

一、概述

2009年，浦东商务系统全面贯彻中共十七大和十七届四中全会精神，努力实践科学发展观，以开拓创新的精神面貌，积极应对金融危机的影响，加快推进产业升级，着力保障社会民生，推进各项商务工作稳步前进。

2009年，浦东新区商务发展实绩：全年完成国内生产总值4001.39亿元，比上年增长10.5%，占全市总量的26.9%。新设外资项目780个，引进合同外资55.29亿美元，比上年增长0.3%，占全市总量的41.6%；实际到位资金39.08亿美元，比上年增长0.9%，占全市总量的37.1%。新增内资企业共11013家，注册资本298.05亿元，创历史新高。进出口总额1389.89亿美元，比上年下降12.9%，占全市总量的50%。其中，出口576.5亿美元，比上年下降16.9%；进口813.39亿美元，比上年下降9.8%。实现社会消费品零售总额859.63亿元，比上年增长14.4%，零售规模保持全市各区县之首；实现商品销售总额5905.2亿元，比上年增长13.7%，占全市总量的18.5%。

2009年9月12日，上海购物节开幕式在浦东八佰伴举行

主要工作措施：

（一）做好招商引资整体推进工作

召开招商引资工作会议，组团参加“98厦洽会”并召开“浦东新区战略发展推介会”，举办外资企业早餐会、德国企业浦东日等活动。推进迪士尼、大飞机、上海大唐产业园等一批重大项目落户浦东，上海迪士尼乐园项目已于10月获国家有关部门正式核准；推进大飞机项目总体规划即一总部、三个中心（研发设计中心、总装制造中心、客服中心）和建设。持续推动总部经济和服务外包发展，全年新入驻17家总部机构。帮助59家企业、3家培训机构服务外包企业申请商务部服务外包扶持资金。

（二）转变外贸增长方式，完善外贸服务平台

在质检十四条、海关改革、生物医药监管等方面推出监管新模式并试点推广。做好各类展会的管理与组织工作，组织浦东企业参加第105届广交会、第106届广交会、第19届华交会、第六届中国—东盟博览会等展会。推进“走出去”战略实施，积极组织企业参加中小企业国际博览会等有关展会。

（三）优化金融城商业配套，制订《关于完善陆家嘴金融城商业配套的财政扶持办法》，推进消费金融公司试点工作，促进商业企业开展消费金融业务

着力推进重点项目建设，加快城市高端商业、商务圈建设，在中心城区，围绕金融城和会展配套建设，协调推进国金中心、上海中心、嘉里中心、证大喜马拉雅艺术中心等项目建设。在地区中心，重点推进32万平方米的周浦万达广场开业、川沙绿地东海岸项目建设。在居住区，继续推进金桥埃蒙顿、三林上海城等社区商业中心建设。

二、吸引外资

（一）企业增资占主要地位

虽受国际FDI投资大幅收缩影响稍有下降，但企业增资依然是吸引外资的重中之重。2009年浦东新区共有846家企业增资，新增合同外资37.65亿美元，占当年合同外资总额的68.1%，分别比上年减少12.2%和10.1%；增资金额超过1000万美元的项目有106个，共增加合同外资28.75亿美元，占当年合同外资的52%。增资行业以三产为主，约占新区外资企业增资额的81.7%，主要集中在房地产经营、软件服务、仓储运输、商业、贸易、商务服务、专业咨询、企业管理机构、金融租赁等行业。

（二）跨国公司地区总部占全市半壁江山

2009年浦东新区新认定的跨国公司地区总部17家，占全市（36家）47.2%。至此，浦东新区历年累计获认定的跨国公司地区总部达到132家，占全市（共260家）50.8%。

（三）外资大项目仍起支撑作用

2009年浦东新区新批投资总额超过1000万美元以上的大项目有65个，占项目数的8.3%，比上年减少8.5%；合同外资16.07亿美元，占当年合同外资的29.1%，比上年增长43.5%。全年新设立投资性公司6家，为卡万塔能源（中国）投资有限公司、百发（中国）投资有限公司、华通（上海）投资有限公司、陶氏化学（中国）投资有限公司、通用磨坊（中国）投资有限公司和艺康（中国）投资有限公司。至此，浦东新区历年累计设立投资性公司达到67家，占全市（共191家）35.1%。

（四）投资来源地

截至2009年12月，来浦东投资的国家（地区）总数达到110个。投资前五位国家/地区（以合同外资为依据）依次为：中国香港、开曼群岛、维尔京群岛、美国、日本。

2009 年浦东新区吸引外资情况表

利用外资方式	批准项目数（个）	合同外资（亿美元）	利用外资方式	批准项目数（个）	合同外资（亿美元）
总　计	780	55.29	合　作	4	1.22
合　资	100	4.80	独　资	676	47.13

三、对外贸易

（一）出口商品结构

重点工业品占总出口额的近60%，比上年上升0.5个百分点。其中，集成电路产品出口恢复较快，全年出口下降12.4%，占比8.7%，较上年上升0.5个百分点；船舶等成套设备产品由于订单周期长，受金融危机影响较小，全年出口增长2.5%，占比为20%，比上年上升4个百分点；汽车及零部件产品出口受金融危机影响较为严重，比上年下降33.8%，占比为1.8%，比上年下降0.4个百分点。受益于出口退税率提高、国内竞争优势明显等因素，纺织服装等劳动密集型产品出口下滑程度较轻，全年出口下降12.4%，占比为15.1%，比上年上升0.9个百分点。

（二）出口市场情况

2009年，出口商品销往223个国家和地区，比上年增加1个。主要出口市场仍为亚洲、欧洲和北美洲，占比分别为47.3%、25.7%和17.4%。与上年相比，亚洲和欧洲市场的份额进一步提高，北美则略有下降。

（三）境外投资

2009年，浦东共申报43个境外投资项目，投资总额1.61亿美元。投向地涉及国家和地区主要为中国香港、美国、英国、荷兰、印度、毛里求斯等。

2009 年主要出口商品情况表

商　品　名　称	出口额（万美元）	占比（%）	比上年（±%）
一、工业重点行业产品	2948747	58.97	-17.75
1. 电子信息产品	1201121	24.02	-17.17
其中：集成电路产品	434353	8.69	-12.40
2. 汽车及零部件	88010	1.76	-33.84
3. 石油及精细化工产品	410808	8.22	-38.16
4. 钢材	173243	3.46	-41.98
5. 成套设备	1000793	20.01	2.50
6. 生物医药	74772	1.50	19.33
二、其他			
其中：纺织服装	754104	15.08	-12.36
粮油及土产	49224	0.98	-8.47

注：因原南汇区无此对应分类，此表数据为原浦东数据。

2009 年出口商品主要输往地情况表

国别(地区)	出口额(万美元)	占比(%)
亚　洲	2695061	47.26
其中:中国香港	595720	10.45
日　本	661083	11.59
韩　国	210604	3.69
中国台湾	207594	3.64
东盟合计	632821	11.10
其中:马来西亚	160221	2.81
菲律宾	63781	1.12
新加坡	243211	4.27
欧　洲	1464862	25.69
其中:比利时	72660	1.27
英　国	145968	2.56
德　国	294060	5.16
法　国	119772	2.10
意大利	120474	2.11
荷　兰	161370	2.83
北美洲	991516	17.39
其中:加拿大	73958	1.30
美　国	917552	16.09
拉丁美洲	242638	4.26
其中:墨西哥	52970	0.93
非　洲	147814	2.59
大洋洲	159139	2.79
其中:澳大利亚	132863	2.33

四、国内贸易

(一) 消费市场

受整体经济形势变化影响,各商业业态发展呈现不同态势,百货、汽车和建材专卖成为市场增长主力,餐饮和连锁超市平稳增长。

1. 百货业保持恢复性增长。11 家百货全年实现零售额 47.34 亿元,比上年增长 13%,增幅较上年提高 2 个百分点,占新区社零总额的 5.5%。

2. 政策利好推动汽车专卖实现高增长。2009 年年初,在小排量车购置税减免和养路费取消等各项利好因素影响下,新区汽车零售二月份开始呈现出明显好转态势,月度增幅一直保持在两位数。汽车“以旧换新”补贴等系列利好政策推动新区全年实现汽车零售额 131.23 亿元,比上年增长 17.5%,占新区社零总额的 15.3%,对社零增长的贡献率为 18%

3. 建筑及装潢材料零售实现高增长。自 2009 年二季度以来房地产交易市场持续升温,加上为迎接世博大量基础设施改造工程的投入,拉动新区建筑及装潢材料零售大幅上升,全年实现零售额37.26亿元,比上年增长32%。

4. 餐饮业小幅增长,高端楼宇餐饮和宾馆餐饮有所下滑。受经济危机、外来商务消费减少等影响,新区餐饮业2009年仍实现零售额72.36亿元,占新区社零总额的8.4%,比上年增长7.2%。但其中定位相对高端的楼宇餐饮和宾馆餐饮受影响较大,比上年分别下降23%和4%。

5. 大型连锁超市消费平稳。16家连锁超市企业2009年全年实现零售额96.38亿元,比上年增长3%,占新区社零总额的11.2%。从商品大类看,全年吃类商品实现零售额180.41亿元,比上年增长9.3%。

(二) 商业设施建设

1. 新建大型商业设施陆续开业。全年新区新开业的大型商业设施包括有周浦万达广场、金桥国际商业广场、黄金坊生活广场、浦东商场南汇店、好饰家北蔡店等大型商业企业,新增商业面积超过25万平方米,确保了商业供给的有效增长。截至2009年底,浦东商业面积已超过650万平方米。

2. 在建商业营业用房投资大幅增长。全年新区商业营业用房建设投资预计达63亿元,比上年增长13%。商业项目投资保持两位数增长主要受益于以下几方面因素:一是世博游客的消费预期,激发大量有条件的商业建设项目集中在世博前抓紧建设施工,争取世博期前开业迎客。二是居民大量导入和商务集聚,浦东商业消费市场规模不断扩大,消费能级不断提升,商业投资环境规划布局日渐完善。

(三) 招商引资

外商投资商业保持积极态势。全年外商直接投资浦东的批发零售业项目达到377个(含增资项目),累计吸收外商投资合同金额9.66亿美元。

黄浦区商务

商务委员会主任
朱登和

一、概述

2009年，面对复杂多变的国内外经济形势，黄浦区商务委抓住世博发展机遇，采取系列针对性措施。进一步探索营销创新，不断加大招商力度，认真抓好政策落实，加快转变经济发展方式，努力提升黄浦商业能级，取得了显著成效。不仅圆满完成全年的各项工作目标和艰巨任务，并提前一年完成了社会消费品零售总额、商品销售总额、引进外资以及节能减排等主要经济指标的“十一五”计划目标。

全年实现社会消费品零售额380亿元，比上年增长6.6%。实现商品销售1905.7亿元，比上年增长16.6%。完成工业总产值184.4亿元，比上年增长7%。完成区级商业税收11.3亿元，比上年增长13.6%，实现外税54.2亿元，比上年增长3%。全年累计完成外贸进出口总额21.6亿美元。合同外资4.7亿美元，实到外资3亿美元。

2009年9月21日，区政府举行“迎接世博、共谋发展”万千商机在黄浦中秋恳谈会

二、商业经济

面对2009年特殊的经济形势,黄浦区商务工作主要采取以下系列措施:

(一)坚持以整体营销和系列营销作为促消费保增长的主要举措

紧紧抓住元旦、春节、五一等重大节庆假日,成功组织策划了两次"百日营销活动"。又在上海黄浦购物节期间,牵头策划系列营销活动,举办老字号博览会、珠宝节、啤酒节和国庆黄金周等整体活动,有效拉动市场消费。黄浦五大单体百货零售额稳居全市前10位,全年累计实现零售额61.9亿元,比上年增长11.6%,为保增长作出应有贡献。

(二)坚持以结构调整、引进品牌作为转变经济发展方式,提升黄浦商业整体能级的重要举措

全年调整商业结构面积达到3.1万平方米,累计引进销售总部3家,开设旗舰店5家,引进国际品牌79个。

(三)坚持将招商引资工作作为区商务委的核心工作

进一步加大招商引资力度,研究制定黄浦区地区总部扶持政策,做好重点项目的跟踪服务和外资企业的招商引税,招商引资质量进一步提高。全年共新批准外商投资项目168个,全年引进世界500强企业、跨国公司地区总部、行业领先企业共11家,其中经市商务委认定的地区总部3家。

(四)坚持实施品牌发展三年行动计划

加强国家级和国际级品牌的政策扶持力度,充分运用优势品牌资源,加强品牌建设,提升品牌价值,强化自主创新,实现组团发展,加快连锁网络建设。全年新增连锁网点663家,55家品牌企业实现销售273亿元,比上年增长13.3%。

三、吸引外资

2009年,黄浦区新批准的外商投资项目共168个,总投资额39786万美元,比上年增长38%;合同外资金额46875万美元,比上年下降39%。主要原因是:尽管外商直接投资比上年增长34%,但增资项目金额大幅减少,比上年下降达58%。

2009年吸引外资情况表

吸引外资方式	批准外资企业			合同外资	
	项目数(个)	总投资额(万美元)	比上年(±%)	金额(万美元)	比上年(±%)
合计	168	39786	38	46875	-39
外商直接投资	168	39786	38	21210	34
其中:合资	11	286	—	135	—
合作	0	0	—	0	—
独资	157	39500	—	21075	—
外方其他投资	—	—	—	增资25665	-58

2009年吸引外资的主要领域是咨询服务业、商贸业、餐饮业,独资占绝大多数。其主要特点:新设项目数保持稳定,但大项目少,小型服务业项目多。外资商贸企业新设和增资项目较多,呈发展势头。新设项目投资国别继续保持多样化,以中国香港(69个)、美国(16个)、日本(16个)、欧洲(法国、德国、英国共17个)为主,中国台湾(7个)、维尔京群岛(6个)亦有投资项目。

截至2009年底,已批准建立的三资企业总数达1149家,总合同外资66.64亿美元。

2009年外商投资行业(或产业)分布情况表

行业(或产业)	项　目　数		投资总额(万美元)		合同外资(万美元)	
	个数	占比(%)	金额	占比(%)	金额	占比(%)
合　计	168	100	39786	100	46875	100
生产型项目	—	—	—	—	—	—
非生产型项目	168	100	39786	100	46875	100

四、对外贸易

2009年黄浦区全年完成外贸进出口215838万美元,比上年下降4.3%,其中完成外贸出口88147万美元,比上年下降23%;完成外贸进口127691万美元,比上年增长14.8%。下降原因是受世界金融危机影响,致使黄浦区在外贸历史上第一次出现业绩负增长。

面对严峻复杂的形势,黄浦区商务采取的主要措施:

(一) 组织企业参与各类展会

如广交会、工博会、东盟博览会等,通过参展使企业更多结交贸易伙伴,拓展新的贸易渠道。

(二) 认真用好政策

如商务部的"中小企业国际市场2开拓资金",通过资金扶植,使中小企业经营中减少开支,降低成本,顺利度过困难期。

(三) 开拓新兴市场

支持企业加快外贸产品结构调整,增强产品对新市场的适应性与竞争力。措施到位、有力,很好的帮助企业走出困境,也使区外贸进出口业绩降幅小于全市降幅13.8%的水平,降幅在全市中心城区列为最小(降幅4.3%),进口业绩还达到了增长(增幅14%)。

2009年黄浦区出口产品种类基本未减,仍有几十个大类上百种品种远销世界各地。但出口产品输往地的前五位排序发生新的变化。2009年区出口贸易前五位伙伴国分别是:日本、美国、中国香港、南非、阿联酋。其中中东地区国家是第一次进入前五位排序,并取代了原来的英国和德国。

2009年出口商品主要输往地情况表

国别(地区)	出　口　额		占比(%)
	金额(万美元)	比上年(±%)	
日　本	16165	-18	18.3
美　国	13364	-27	15.2
中国香港	11058	-32	12.5
南　非	4788	82	0.5
阿联酋	3017	91	0.3

2009年主要出口商品情况表

商品名称	出口金额(万美元)	比上年(±%)	占比(%)
纺织原料及制品	24688	-13.5	28.0
机电设备	18061	-35.7	20.5
杂项制品	10828	-20.8	12.3
贱金属及制品	9120	-20.3	10.3
化学工业及产品	5969	-23.0	6.8

五、对外经济合作

上海黄浦对外经济技术合作有限公司2009年外派劳务15人,均为派往日本的服装制衣工,比上年下降37%。新签定合同金额51万美元,完成营业额123万美元,年末在外人数134人。2009年因受金融危机影响,国外中小企业人员紧缩,需求减少,故劳务业务受到影响。

上海豫园旅游商城股份有限公司在德国汉堡投资的上海欧洲旅游中心项目,占地约3400平方米,总投资1188万美元,建设有豫园特色的九曲桥、湖心亭和绿波廊酒楼。2008年9月25日正式投入运营,经营涉及茶馆、中餐和文化活动等。2009年营业收入53.22万欧元。另外豫园拥有的“南翔馒头”品牌,自2003年4月开始,以特许加盟、收取加盟费等方式在东南亚各国先后开设分店,覆盖日本、韩国、印尼、新加坡等地。分店总数已达14家。此外,正在积极拓展开设澳大利亚的第一家分店。2009年营业收入10280万元。

静安区商务

商务委员会主任
叶坚华

一、概述

2009 年，静安区商务工作按照“高起点、外向型、国际化”的发展思路，积极应对国际金融危机带来的影响，提升产业能级，优化引资结构，大力推进现代服务业，促进区域经济又好又快发展。2009 年实现全区社会消费品零售总额 214.17 亿元，比上年增长 10.14%；新批外商投资项目 202 个，总投资 11.13 亿美元；外商直接投资资金到位额达 5.88 亿美元，比上年增长 10.02%；全区出口额 9.63 亿美元；服务贸易额 5.1 亿美元，比上年增长 17.54%。

二、商业经济

全区社会消费品零售总额 214.17 亿元，比上年增长 10.14%。商品销售总额全年完成 938.57 亿元，比上年增长 6.62%。

（一）商贸流通业保持平稳发展，区域经济贡献度不断提高

受全球金融危机影响，2009 年静安区

静安区举行“2009 福布斯 · 静安南京路论坛”

商贸流通业受到一定的冲击,但从第三季度起市场销售逐步好转,商品销售总额逐月扩大,增幅也由下降转为上升,全年商品销售总额比上年增长6.62%。商贸流通业完成增加值48.17亿元,比上年增长12.55%,占全区增加值比重为31.04%;商贸流通业完成税收42.43亿元,占全区比重为27.38%。

(二) 市场促销及推广带动销售上升

2009年,区域各商业企业积极行动,紧紧抓住节庆假日大力开展市场营销推广活动,创造市场消费热点,推动区域消费市场走高。元旦、春节、五一、十一等重要节庆的营销推广活动销售额同比分别增长28.7%、22.08%、31.1%和41.5%,增幅均超过全市平均水平,在全市名列前茅。

(三) 高端消费持续走高

受金融危机的影响,全球奢侈品消费持续走低,而中国大陆奢侈品市场却不断发展,已成为仅次于日本的全球第二大奢侈品消费大国。恒隆广场作为顶级奢侈品集聚地,销售不断创新高,月均销售超过2亿元。跟踪的主要国际品牌销售大都保持上升趋势。

(四) 餐饮业整体保持稳定增长

从区域餐饮消费市场来看,随着经济的企稳回升,高档餐饮出现回升,中低档的餐饮消费仍旧红火,全年全区餐饮业营业收入比上年上升8.21%。

三、吸引外资

2009年,静安区共引进外商直接投资合同项目共202个,协议引进外资11.13亿美元。外商直接投资实到外资额为5.88亿美元,比上年增长10.02%。

(一) 商贸流通业集聚度不断增强

外资商贸流通业全年引进项目104个,占比51.49%,合同外资2.35亿美元,与上年相比,项目数虽然减少14.05%,但合同外资却增长21.31%。在金融危机和全球消费萎缩的背景下,外资商贸流通业发展出现逆势上扬的喜人局面,如美润贸易、完美珠宝、媛碧知商贸、百郦嘉贸易等不少知名外资品牌都来投资。静安区外资商贸流通业企业已逐渐涵盖世界著名品牌、知名跨国公司和高端企业,且具有较完整服务体系的产业链。

(二) 世界500强企业和跨国公司总部经济增长快速

2009年,共引进卡朋罗兰(中国)投资有限公司、雅马哈中国(投资)有限公司两家跨国公司地区总部入驻静安。截至年底,静安区共有跨国公司地区总部、投资性公司16家。

(三) 外商投资来源地多样化

近几年来,尽管来自中国香港、日本和美国的直接投资仍占很大的比重,但随着中国台湾、韩国、新加坡、其他欧美国家和离岸群岛投资的增加,静安区外资来源地已呈日趋多元化的趋势。2009年,在静安区设立外资企业数排名前五位的国家(地区)分别是:中国香港、日本、美国、新加坡、法国,合同外资额排名前五位的国家(地区)分别为:中国香港、日本、美国、法国、意大利。中国香港均位列首位的一个重要原因是,许多欧美公司纷纷通过其早期成立的香港分公司(或亚太地区总部)对大陆进行投资,从而直接增加了香港公司对静安的投资额。

(四) 增资已逐步成为合同外资增长的主要力量

尽管国内外总体形势尚存在许多不确定因素,但已在国内设立公司的外资企业仍然看好国内市场,外商增资已逐步成为合同外资增长的主导力量。全年,共有外商增资项目103个,合同外资36140.9万美元,占全部新增合同外资的64.77%。

2009 年吸引外资情况表

利用外资方式	批准外资企业		合同利用
	项目数(个)	总投资额(万美元)	外资金额(万美元)
外商直接投资	202	111290.46	55799.75
合资企业	11	13751.47	8804.46
独资企业	191	97538.99	46995.29

2009 年外商直接投资主要来源地情况表

国别(地区)	项目数(个)	投资总额(万美元)	合同外资(万美元)
中国香港	104	57495.11	29600.02
日　本	23	14576.93	5909.05
维尔京群岛	5	13794.05	7030.04
美　国	9	11337.82	4522.77
意大利	4	2675.25	1132.25
法　国	8	1547.75	1431.22

四、对外贸易

2009 年，静安区完成出口额达 9.63 亿美元，比上年微增 0.69%。2009 年进出口贸易的主要特点：

（一）进出口贸易走势前低后高

上半年，受外部市场极度低迷的影响，静安区外贸出口形势异常严峻。进入下半年，受外部部分市场下跌幅度收缩及西方圣诞等节日消费需求等利好刺激，区域对外贸易出现了回升。由于受我国率先启动内需，特别是上海世博会重大项目相继开工，及进口商品关税的进一步下调等因素的直接刺激，进口贸易全年保持平稳增长势头，其中 9 月份单月进口完成 1.16 亿美元，创下了区域进口贸易单月最大值。

（二）美欧日三大市场持续疲软

世界金融危机对实体经济及消费市场的影响见底尚需时日，由此导致对美欧日三大传统出口市场贸易依然不振，外需的严重不足直接影响静安区企业的出口贸易。

（三）新兴市场成为亮点

通过组织企业参加华交会、广交会、跨国采购会、境外参展会，积极寻求新的贸易伙伴和市场。2009 年静安区对新兴市场的开拓有了新发展，其中出口东盟、南亚、非洲市场的商品呈现出强劲的增长。

（四）加工贸易出现恢复性增长

2009 年国家先后出台了多项支持劳动密集型产业发展的扶持政策，提升了企业开展加工贸易信心，区域加工贸易出现了恢复性增长。

2009 年主要出口商品情况表

商品名称	出口额(亿美元)	占比(%)	比上年(±%)
年出口总额	9.63	100.00	0.69
纺 织 品	2.97	30.84	42.30
机电产品	2.21	22.95	24.95
化工制品	1.09	11.32	168.81
其他产品(家具、玩具等)	1.04	10.80	63.81

2009 年出口商品主要输往地情况表

国别(地区)	出口额(亿美元)	占比(%)	比上年(±%)
年出口总额	9.63	100.00	0.69
美 国	2.66	27.93	-12.63
日 本	1.49	15.47	2.01
中国香港	0.50	5.20	266.86
澳大利亚	0.43	4.47	35.22
德 国	0.31	3.22	94.96

长宁区商务

商务委员会主任
马以宏

一、概述

2009年，长宁区商务委按照"拓展虹桥、提升功能、数字长宁、国际城区"的发展方针，以科学发展观为指导，着眼于搞活流通，扩大消费；着眼于总部集聚和服务外包发展，通过加强规划、完善政策、强化服务，促进产业结构调整优化，不断增强全区经济发展的竞争力和活力。

2009年，全区实现消费品零售总额185.76亿元，比上年增长12.1%；引进外资项目184个，引进合同外资5.30亿美元，比上年增长1.26%；外贸进出口总额34.74亿美元，比上年下降27.27%。

二、商业经济

2009年，长宁区商业消费市场继续保持活跃，主要经济指标完成全年目标。全年实现消费品零售总额185.76亿元，比上年增长12.1%。其中吃的商品零售额56.81亿元，占30.58%；穿的商品零售额34.18亿元，占

2009年8月3日举行上海市商务委员会、长宁区人民政府推进长宁商务工作全面发展合作框架协议签字仪式

18.40%；用的商品零售额 88.55 亿元，占47.67%。

长宁区 2009 年发展商业经济的主要做法：

（一）做好商业调研与规划

提出对虹桥、中山等重点区域商业发展的设想和意见，起草《关于长宁区搞活流通扩大消费的实施细则》，研究制定《北渔路民俗文化特色街业态调整方案》，对全区商务商业、酒店宾馆设施空间分布情况、招商定位及入住公司类型、租金以及出租率等情况开展摸底调查。

（二）组织开展迎世博商业窗口培训

从2月起对区内中山，虹桥商圈，九华集团，上海得一大药房连锁公司以及虹桥路沿线3000平方米以上大型零售、餐饮企业负责人和商场培训部经理进行"世博知识"、"礼仪服务规范"、"商务礼仪英语"、"交往礼仪手语"和"普通话"等五个专题培训；从9月起集中精力与街道（镇）联手，对全区10个街道（镇）主要路段沿街商铺进行培训。2009年共培训职工43688人，其中重点大型企业24690人，社区商业18998人。

（三）服务重点商业项目建设

服务虹桥综合交通枢纽商业项目招商；推进重点商业项目建设，完善尚嘉中心、金虹桥国际中心、高岛屋等商业项目的功能定位与业态布局初步方案；配合财富控股、东方海外做好上海城三期、东方海外商业项目功能定位方案。

（四）推进存量商业项目调整优化

推进龙之梦购物中心调整优化，推进天山路存量商业网点形态改造和业态调整，引导虹桥地区商业企业调整错位。

（五）推进区域商业整体营销和专业促销

举办"时尚荟萃国际虹桥"——迎世博2009"时尚长宁"活动月，举办"魅力长宁多彩购物"——2009上海购物节长宁活动，积极推进"家电下乡"和"家电以旧换新"工作。截止12月31日，长宁区备案的"家电下乡"销售企业（网点）已达27家，共实现销售额724万元，在全市中心城区名列前茅，"家电以旧换新"销售额已达2.3亿元。

（六）推进社区商业和特色商业街建设

推进古北国际社区和新泾社区等全国示范社区商业中心能级的提升；打造以卜蜂莲花天山店为核心的天山西路社区商业中心，并推荐天山西路社区商业中心申报2009年度上海市社区商业示范社区；推进上海城风味坊中西美食步行街和仙霞路美食特色街建设，上海城风味坊中西美食步行街和仙霞路美食特色街被市商务委命名为2009年度上海特色商业街。

三、吸引外资

2009年，全区引进外资项目184个，比上年减少48.17%；投资总额9.44亿美元，比上年增长19.61%；注册资本5.33亿美元，比上年增长0.23%；引进合同外资5.30亿美元，比上年增长1.26%。

2009年吸引外资的主要特点：

（一）服务贸易企业成为引进大头

全年吸引商业企业110家，合同外资数6851.32万美元，其中包括上海高岛屋百货有限公司、正官庄六年根商业（上海）有限公司、上海迈思强医疗器械有限公司等行业著名企业。另依托长宁服务外包示范区的优势，外商投资长宁的重点也集中在现代服务业和服务外包领域，其中2009年新引进拉法基博罗（上海）管理服务有限公司、王子制纸管理（上海）有限公司和挪威船级社（中国）有限公司，形成长宁总部集聚效应。

（二）地区总部增资活跃

全年审批增资项目59个，增加合同外资4.12亿美元，比上年增长35.33%。区内投资性公司都在进行结构整合，导致很多重点企业或行业著名企业尤其是地区总部都在

2009年申请增加资本金投入，如：统一企业（中国）投资有限公司、米其林（中国）投资有限公司、横滨橡胶（中国）有限公司等相继办理了增资手续。全区增资项目的比重已高于新批项目，可见增资项目在长宁区吸引外资工作中有着十分重要的地位。

2009年吸引外资情况表

吸引外资方式	批准外资企业			合同利用外资	
	项目数（个）	总投资额（万美元）	比上年（±%）	金　额（万美元）	比上年（±%）
合　计	184	94425.74	19.61	53023.76	1.26
外方直接投资	184	21836.90	-29.40	11766.03	-46.22
其中：合资企业	13	1374.09	574.72	561.90	443.53
独资企业	171	20493.22	-29.90	11201.07	-45.16
增　资	—	72588.83	51.19	41257.73	35.33

2009年外商投资主要来源地情况表

国别（地区）	项目数（个）	投资总额（万美元）	注册资本（万美元）	合同外资（万美元）
合　计	184	21836.89	12080.80	11766.03
日　本	49	8238.14	3978.86	3901.43
中国香港	48	4446.80	2765.29	2764.25
欧洲国家	23	3438.90	1773.04	1704.80
韩　国	10	1523.00	917.53	917.53
美　国	18	1453.24	931.43	870.43
离岸群岛	6	888.00	497.10	399.60
中国台湾	13	403.20	310.40	310.40
其　他	17	1445.62	907.15	897.59

四、对外贸易

2009年，长宁区进出口总额34.74亿美元，比上年下降27.27%。其中，进口额21.15亿美元，比上年下降26.18%；出口额13.59亿美元，比上年下降28.90%。

2009年受全球金融危机的影响，西方发达国家消费需求大幅下降，对进出口造成了较大冲击，特别是上半年，进出口额大幅下降，部分企业生存困难，但从下半年开始，随着国家稳定外需各项措施逐步见效和国际市场趋稳，进出口开始回暖，降幅有所收窄。从长宁的情况来看，2009年全区进出口总额虽然依旧列上海市中心城区第一，但是进出口总额、进口额和出口额的降幅都高于上海市平均降幅。2009年区内进出口额超过1000万美元的企业有30家。其中上海东方航空进出口有限公司依旧是长宁进出口的主力军，进出口额为12.82亿美元，占长宁的进出口总额的36.90%。全区进出口商品除了航空器材以外，主要以机电产品、纺织品、化学医学仪器、塑料制品和贱金属及其制品为主。

与长宁区进出口贸易往来国别（地区），还是以美国、欧洲和日本市场为主。

2009 年主要进出口商品情况表

商品名称	进出口总额(亿美元)	比上年(±%)
机电、音像设备及其零件	10.44	-15.76
纺织原料及纺织制品	5.64	-10.26
塑料及其制品;橡胶及其制品	2.31	21.87
化学医学仪器	2.30	-31.12
光学、医疗等仪器	1.39	5.74

2009 年贸易往来的主要国家(地区)情况表

国别(地区)	进出口额(亿美元)	比上年(±%)
美国	11.38	24.90
欧洲	9.54	-55.75
日本	4.98	7.5

四、2010 年发展趋向

2010 年长宁商务工作将以重点商圈和特色商业街建设为抓手,优化现代商贸业态与挡次,加强商业整体营销,扩大长宁商业影响。具体为:1. 着力打造虹桥商圈。推进遵义路顶尖高端商业集聚,推进天山路商业调整,加快古北特色商业板块建设。2. 进一步优化提升中山公园商圈,凸显“时尚、体验、休闲、数字”特征,增强数码特色引领。3. 培育打造三条商业特色街。进一步放大仙霞路美食特色街和上海风味坊中西美食步行街两条市级商业特色街为特色效应。4. 聚焦亮点开展整体营销。

长宁区对外经济贸易工作目标为:实现合同外资 5 亿美元;实现外经贸进出口总额 26.8 亿美元。主要工作重点是:利用世博机遇,大力宣传长宁良好投资环境;加强企业跟踪服务,增强服务企业实效性,帮助企业走出困境,扶持企业做大做强;以发展总部经济为抓手,推动总部机构的功能整合,加大区域重点项目跟踪力度,促进地区总部集聚;深入推进服务外包工作,广泛宣传服务外包企业扶持政策,扩大政策的知晓面和惠及面,促进服务外包企业的引进和培育;以数字媒体服务外包专业园为载体,大力引进相关产业的企业,力争把长宁数字媒体服务外包做大做强。

卢湾区商务

商务委员会主任
张 杰

一、概述

2009年，卢湾区商务系统全面贯彻落实科学发展观，坚持保增长和促转型，提升产业能级，商务工作质量和效益进一步提高。全区商务运行呈现先抑后扬、稳步回升的良好态势，整体运行情况明显好于年初预期，下半年多项指标明显好于上半年。全年实现区增加值110.8亿元，比上年增长10.3%；完成区级财政收入46.6亿元，比上年增长8.0%；实现社会消费品零售总额167.2亿元，比上年增长6.1%；全年新引进外商投资项目102个，引进合同外资6.53亿美元，实际利用外资6.85亿美元，比上年增长4.9%；实现外贸进出口总额12.4亿美元，比上年下降11.9%，其中进口比上年下降1.2%，好于全市10个百分点。

二、商业经济

2009年全区商业运行呈探底企稳、逐步回升态势，全年实现社会消费品零售总额167.2亿元，比上年增长6.1%，顺利完成年度目标。纵观全年，年初受宏观经济尚待企稳，经济前景尚未明朗，居民收入增幅放缓等因素影响，社会消费品零售总额增长乏力，一季度比上年同期增长3.5%，为全年最低；二季度以后，随着一系列经济刺激政策的效应

2009年9月17—18日，卢湾区举行重点外商投资企业统计培训

显现,居民的消费信心和消费能力得到增强和提升,社会消费品零售总额开始较快增长,二、三、四季度社会消费品零售总额分别比上年同期增长5.6%、8.2%和7.1%。

三、吸引外资

2009年,受国际金融危机影响,全区新批准外商投资项目102个,比上年下降42%;增资项目93个;引进合同外资6.53亿美元,比上年下降37.75%;实际利用外资6.85亿美元,比上年增长4.9%。

2009年引进的项目中,服务业项目占绝大多数,独资形式仍是主流。招大引强成效明显,新增9家世界500强及领袖级企业,引进的500万美元以上大项目共9家,大项目占比较上年上升2.75个百分点。现代服务业项目的数量和能级较往年有很大提高,引进项目中包括船级社、广告、人才中介和知名品牌的商业零售等。

2009年到卢湾投资的国家和地区共22个,比2008年减少5个。中国香港、德国、日本是卢湾引进外资的主要来源地,三地投资项目合计60个,占项目总数的58.82%;三地投资项目(含增资)在投资总额中的占比为85.11%,在合同外资中的占比为87.72%。2009年来自香港地区的新批、增资项目共计81个,占全部195个新批增资项目数的41.5%;来自香港地区的合同外资金额共计38113万美元,占比58.35%。

截至2009年底,全区三资企业总数为1376家,其中独资企业912家,合资企业239家,合作企业225家。累计总投资额110.65亿美元,合同外资54.48亿美元,实到外资48.39亿美元。

2009年吸引外资项目情况表

单位:万美元

项目类型	投资总额	合同外资					
		合同外资	比上年(±%)	其中			
				新批项目		增资项目	
				项目数	合同外资	项目数	合同外资
合计	117969.38	65989.29	-36.72	102	9363.22	93	56626.07
合资	48995.36	21883.11	-46.98	7	93.18	11	21789.93
合作	500.00	266.00	-59.57	0	0	2	266.00
独资	68474.02	43840.18	-29.69	95	9270.04	80	34570.14

2009年外商投资来源地情况表

序号	国别(地区)	项目数	投资总额(万美元)	合同外资(万美元)
合计		102	16056.97	9363.22
1	中国香港	39	7857.90	4765.14
2	日本	18	1368.54	863.85
3	美国	7	394.04	286.71
4	新加坡	5	92.20	65.00
5	德国	3	2332.34	1034.74

（续表）

序号	国别（地区）	项目数	投资总额（万美元）	合同外资（万美元）
6	维尔京群岛	3	222.00	160.00
7	英国	3	139.31	99.24
8	法国	3	1958.31	824.09
9	荷兰	3	61.37	50.94
10	澳大利亚	2	35.40	14.63
11	奥地利	1	20.00	15.00
12	萨摩亚	2	160.00	122.00
13	韩国	2	61.00	58.00
14	开曼群岛	1	14.00	10.00
15	中国台湾	2	168.00	120.00
16	意大利	2	33.95	24.05
17	新西兰	1	658.62	512.26
18	黎巴嫩	1	280.00	200.00
19	塞舌尔	1	141.00	100.00
20	加拿大	1	42.85	30.00
21	马来西亚	1	14.00	6.00
22	比利时	1	2.14	1.57

注：表内各项不含增资和转股项目。

四、出口贸易

2009年，卢湾区加强外贸监管与服务，促进对外贸易持续、健康发展，但外贸进出口受国际金融危机影响明显。全年实现外贸进出口总额12.4亿美元，比上年下降11.9%。其中出口3.6亿美元，比上年下降30.4%；进口8.8亿美元，比上年下降1.2%。从进出口结构上看，进口贸易恢复较快，而出口贸易仍在低位运行。进口方面受国内经济企稳回升、居民消费强劲增长等积极因素影响，以及天万仓、劳力士等一批进口龙头企业的稳定表现，卢湾区全年进口额小幅下降，远小于全国同期11.2%和全市同期11.1%的降幅。纺织服装、贱金属及其制品、鞋帽、塑料及其制品、化工等继续在外贸进出口商品总额中排名前列。在全年外贸环境急剧恶化的大背景下，食品饮料进出口逆势大增，增幅达到144.19%，显示此类商品良好的抗周期性。出口商品从传统的纺织品服装、玩具等拓展到纺织品服装、机电电子产品、建材化工、钢材和轻工产品等数十大类的上百种商品，出口商品输往地也从日本、欧洲、美洲及东南亚等地发展到中东、非洲、南美等地，覆盖五大洲八十多个国家和地区。

2009 年出口商品主要输往地情况表

国别(地区)	出口额(万美元)	占比(%)	国家和地区	出口额(万美元)	占比(%)
合　计	35892	100.00	欧　洲	3189	8.88
日　本	7806	21.75	澳大利亚	1470	4.10
美　国	4864	13.55	非　洲	1428	3.98
韩　国	4770	13.29	中　东	1378	3.84
中国香港	4237	11.80	南　美	1204	3.36
南　亚	3202	8.92	其　他	2344	6.53

2009 年主要出口商品情况表

商品名称	出口额(万美元)	占比(%)	比上年(±%)
合　计	35892	100.00	72.34
化学工业及其相关工业的制成品	7808	21.75	16.25
纺织原料及纺织制品	6734	18.76	6.60
机电及其零配件	5909	16.46	15.04
电子产品	5103	14.22	—
贱金属及其制品	4729	13.18	28.32
其　他	5609	15.63	6.13

注：主要出口商品按照海关 HS 编码分类列出，与往年不同。

五、对外经济合作

卢湾区加强宣传，加大指导，改进服务，提高境外投资审批效率，切实帮助企业“走出去”，通过在境外投资创业来做大做强。2009 年受理两家企业在境外投资，上海卡固电器有限公司在韩国设立分公司，威士机械公司在日本设立分公司。这两家企业的投资额均为 10 万美元。

徐汇区商务

商务委员会主任
陈志奇

一、概述

2009 年，徐汇区商务委认真将学习实践科学发展观活动贯穿于区域经济工作实践全过程。积极应对国际金融危机带来的不利影响，加快转变经济增长方式，立足扩大内需，调整产业结构，着力引大引强，强化政策聚焦，全力帮扶企业，确保区域经济实现平稳较快发展。

2009 年，全区新批准外商投资企业 273 家；批准外商投资企业增资 110 家，与上年持平；引进合同外资 86312 万美元，比上年增长 11.2%；实际利用外资 55507 万美元，比上年增长 10.29%；完成外贸进出口总额 115869 万美元，比上年减少 16.13%。

二、吸引外资

2009 年，全区新批准外商投资企业 273 家，引进合同外资 25548 万美元，实际利用外资 55507 万美元，比上年增长 10.29%。

2009 年徐汇区跨国公司国家级地区总部颁奖仪式

2009 年吸引外资情况表

吸引外资方式	批准外资企业			合同外资	
	项目数（个）	投资总额（万美元）	比上年（±%）	金额（万美元）	比上年（±%）
合　计	273	107524	-1.64	86312	11.20
外商直接投资	273	107524	-1.64	86312	11.20
其中：合资	20	8308	-65.98	7111	-51.04
合作	0	0	—	0	—
独资	253	99216	16.90	79201	25.55

在新批准的外商投资企业中，第二产业3家，第三产业270家。以咨询、软件、投资、研发为代表的现代服务型企业97家，占新设企业总数的35.53%，引进合同外资16887万美元，占全年新设企业引资总额的66.1%，比上年增长51.34%。批发及零售的商贸企业以60%的占比显示了其行业的普遍性。

2009 年引进外资分行业情况表

行　业	新设合同外资（万美元）	增资合同外资（万美元）	合　计	
			万美元	占比（%）
合　计	25548	60764	86312	100.00
第一产业	—	—	—	—
第二产业	150	895	1045	1.21
第三产业	25398	59869	85267	98.79
其中：餐　饮	836	0	836	0.97
房　产	0	18902	18902	21.90
软　件	3224	2832	6056	7.02
商　贸	6139	18115	24254	28.10
咨　询	2227	4060	6287	7.28
投资性公司	10000	15650	25650	29.72
总　部	600	310	910	1.05
其　他	2372	0	2372	2.75

中国香港、中国台湾、日本和美国是2009年徐汇区引进外资的主要来源地。中国香港和中国台湾两地投资项目合计137个，占项目总数的50.18%，合同外资42947万美元，占全区引资额的49.76%（含增资）。

2009 年外商投资来源地情况表

国别(地区)	项目数(个)	投资总额(万美元)	注册资本(万美元)	合同外资(万美元)
合　　计	273	107524	86826	86312
中国香港	107	48744	36675	36590
日　　本	41	27673	14555	14414
中国台湾	30	11031	6415	6357
美　　国	27	5461	12046	12011
韩　　国	10	2905	1724	1724
意 大 利	8	318	4239	4239
新 加 坡	7	1443	862	882
法　　国	5	313	285	241
澳大利亚	5	167	119	119
德　　国	5	527	3313	3313
英　　国	3	247	183	109
加 拿 大	3	37	32	28
荷　　兰	3	621	319	319
爱 尔 兰	3	201	145	111
新 西 兰	3	1462	1112	1112
其　　他	13	6374	4802	4743

在273个新批准的外资项目中,注册资本在1000万美元及以上的项目有5个,分别是陆逊梯卡(中国)投资有限公司、天合亚太有限公司、美德维实伟克(中国)投资有限公司、英特宜家购物中心(中国)管理有限公司、亿添视频技术(上海)有限公司。在110家增资企业中,注册资本增资1000万美元及以上的企业有16家,分别是:上海嘉兆房地产开发经营有限公司、嘉华(中国)投资有限公司、上海盈旺房地产开发有限公司、远翔投资(中国)有限公司、上海贝塔斯曼文化实业有限公司、奥林巴斯(上海)映像销售有限公司、神旺大酒店(上海)有限公司、电通东派广告有限公司、麒麟(中国)投资有限公司、横河电机(中国)商贸有限公司、上海外高桥徐汇俱乐部有限公司、篱信软件科技(上海)有限公司、北美枫情(上海)商贸有限公司、上海宜家家居房地产开发有限公司、迅销(中国)商贸有限公司、中兴投资(中国)有限公司。

2009年徐汇区吸引外资工作的主要特点:

(一) 总部经济发展持续性良好

2009年成功引进雷勃企业管理(上海)有限公司、美标亚太(上海)管理有限公司、达邦(上海)管理有限公司等3家跨国公司管理型地区总部;新设天合亚太有限公司、陆逊梯卡(中国)投资有限公司、美德维实伟克(中国)投资有限公司3家投资性公司,引进美标(中国)有限公司、艾默生电气(中国)投资有限公司2家投资性公司,其中艾默生电气(中国)投资有限公司是一家国家级地区总部;另外原有的捷普投资(中国)有限公司、百胜(中国)投资有限公司2家投资性公司2009年被认定为国家级地区总部。目前,全区共有投资性公司24家,跨国公司地区总部26家,其中国家级地区总部4家,总部经济机构数量在中心城区位列第一。

(二)引进世界著名企业令人瞩目

年内,世界财富五百强企业,世界最大的底盘系统供应商之一,在全球有22个独资或合资企业、60800名员工的美国密歇根州利弗尼亚大型综合汽车零件供应商美国天合(TRW)公司在区内设立天合亚太有限公司,其用户主要为美国三大汽车公司(福特汽车公司,通用汽车公司,戴姆勒克莱斯勒公司);全球最大的开发和生产卫浴、厨房设备的美国标准公司,在区内设立美标(中国)有限公司,美标全球设计中心以及亚太区及中国区总部美标亚太(上海)管理有限公司也落户徐汇区。

(三)老项目增资势头依旧强劲

2009年全年吸引合同外资86312万美元,其中增资为60764万美元,占合同外资总数的70.4%。以投资公司项目和房产项目增资最多,分别为15650万美元和18902万美元,仅这两行业增资就达34552万美元,占全年引资的40%,占增资总数的56.86%。

三、对外贸易

2009年,徐汇区完成外贸进出口总额115869万美元,比上年减少16.13%。其中,出口额61380万美元,比上年减少24.12%;进口额54489万美元,比上年减少4.85%。

按企业性质分,专业外贸公司出口完成18545万美元,比上年减少26.16%;三资企业出口完成8944万美元,比上年减少31.5%;自营进出口企业出口完成33891美元,比上年减少20.67%。

按贸易类型分,一般贸易出口完成57108万美元,比上年下降24.27%;加工贸易出口完成3897万美元,比上年减少28.02%。

2009年徐汇区外贸出口的主要特点:

(一)各类出口企业呈现普降

由于受到国际金融危机的持续影响,国际需求疲软,外贸出口呈现明显下降,各类型出口企业比上年都出现20%以上的降幅,三资企业中由于部分外资企业的海外订单锐减,降幅达到了30%以上。

(二)一般贸易出口继续保持主要地位,加工贸易出口下降

全年一般贸易出口占出口总量的93.04%,仍然占绝对比重。受金融危机影响,加工贸易呈现出口量下降。

(三)主要出口市场所占份额保持稳定

亚洲、北美洲仍然是出口的主要市场,向该地区的出口量占全区出口总额的65.67%。向非洲、拉丁美洲的出口出现了较明显的下降。

2009年出口商品主要输往地情况表

国别(地区)	出口额(万美元)	占比(%)	比上年(±%)
美　国	15590	25.40	-12.49
日　本	11250	18.33	-24.65
德　国	2641	4.30	-26.60
中国香港	1905	3.10	-32.40
中国台湾	1709	2.78	-30.72
澳大利亚	1142	1.86	-40.49

2009年主要出口商品情况表

商品名称	出口额(万美元)	占比(%)	比上年(±%)
机电产品	15232	24.82	-20.41
纺 织 品	11678	19.03	-39.31
贱 金 属	10276	16.74	-20.30
化学工业品	6540	10.65	-31.64
杂项制品	4106	6.69	-8.30
光学、医疗仪器	1279	2.08	-57.27

四、2010年发展趋势

2010年,徐汇区商务委将继续以科学发展观指导经济工作实践,以世博会为契机推进产业能级提升,从区域经济持续健康发展的大局出发,努力破解工作难题,力争取得工作实效,为全面完成“十一五”规划各项工作目标而努力。

杨浦区商务

商务委员会主任
吴伟国

一、概述

2009年，面对国际金融危机和杨浦城区转型的挑战，杨浦区紧紧围绕“知识杨浦”建设，抓住世博会和创建国家创新型试点城区契机，扎实推进结构调整和经济发展方式的转变，商业发展规模持续扩大，吸引外资质量进一步提升，对外贸易逐步企稳。

2009年，全区实现商品销售总额1254.02亿元，比上年增长8.3%；社会消费品零售额212.2亿元，比上年增长14.4%；外贸进出口总额6.6亿美元，比上年下降39.9%；合同吸引外资6.26亿美元，比上年下降13.7%。

2009年，杨浦商务开展的主要工作，一是结合世博契机，将迎世博与日常工作有机结合，助推窗口服务水平和商业能级提升，促进消费增加和民生改善。二是聚焦重点行业和企业，坚持招大引强，创新体制机制，深化服务内涵，推进吸引外资质量进一步提升。三是深入排摸调研，加强政策扶持和引导力

五角场商圈

度，推动企业拓展国际市场，促进对外贸易逐步企稳回升。

二、商业经济

2009年，杨浦区结合世博契机，助推商业能级提升，促进消费、改善民生的做法是，以五角场商圈为重点，推进五角场市级副中心标准化示范区建设，强化窗口服务行业管理，带动区域商业服务水平和环境的不断提升；组织商业企业，践行“迎世博”练兵，将世博理念融入节日联动营销主题，举办元旦“心系世博、放情消费”、春节“迎世博诚信兴商，促消费真情馈客”等系列促销活动；加大特色商业街建设，国定东路金储休闲广场被授牌为上海市特色商业街；强化民生服务行业管理，完成国京、城达、长岭、杨家浜等4家标准化菜市场的改建，积极创建“星级标准化菜市场”，经市区联合验收评定，确定三星标准化菜市场6户、二星标准化菜市场10户，一星标准化菜市场9户。

（一）2009年全区实现商品销售总额1254.02亿元，比上年增长8.3%；社会消费品零售额212.2亿元，比上年增长14.4%

其主要因素是：

1. *节日营销名列全市前茅。*据抽样调查，元旦“情系世博缘，新年倒计时”跨年营销活动中，节日期间同比增幅达63%；春节黄金周实现销售同比增长19%；“五一”小长假销售同比增长29.16%，增幅位于中心城区第二位。

2. *汽车销售开始呈现上升态势。*国家小排量汽车购置税减半政策的出台，在一定程度上刺激了汽车消费。自3月份开始，杨浦区汽车销售逐月走高，9月份汽车销售额达到2.03亿元，创本年单月销售之最。9家重点样本单位的全年销售额达到16.1亿元，比上年增长34.55%。全年汽车类销售收入达到19.51亿元，占全区社会消费品零售总额的9.1%。

3. *新型销售方式得到快速发展。*以互联网、信息化为基础的电子商务、网上购物、电视购物等新型销售方式正在快速发展。以东方CJ为典型，其东方CJ电视购物成为2009年区社会消费品零售总额增长的亮点，全年销售额为25.86亿元，比上年增长70.9%，占全区总量的12%。

（二）2009年全区新引进各类企业2617户，吸引注册资金76.7亿元

其中，商业企业749户，占引进企业总数的28.6%。2009年竣工及在建主要商业项目如下表。

2009年竣工及在建主要商业项目情况

名　　称	商业面积（万平方米）	总投资（亿元）	（拟）竣工时间	说　　明
绿地汇创国际广场	0.72	8.90	2009.10	目前招商情况完成80%，引进企业以餐饮类企业居多
小南国花园大酒店	4.80	4.80	2011.05	规划建设五星级酒店
五角场镇社区商业中心	4.00	1.80	2011.08	规划建设以大型超市为主的社区商业中心
渔人码头一期工程	10.00	26.00	2012.04	规划建设为文化型商贸旅游休闲服务中心
渔人码头二期工程	3.00	23.00	2012.06	规划建设为休闲旅游、商务办公和文化活动的聚集区
宝地国际商贸广场	3.50	10.00	2012.06	拟建造以大型超市为主的社区商业中心

（续表）

名　　称	商业面积（万平方米）	总投资（亿元）	（拟）竣工时间	说　　明
海上硕和城二期	3.80	18.00	2012.12	拟建造SOHO购物中心、休闲中心和商务中心
东方蓝海项目	2.00	20.00	2013.01	规划建设甲级办公楼、商业设施和公共服务配套设施等
合生地块商业项目	18.00	50.00	2014.03	规划建设五星级酒店以及配套商业设施

（三）2009年杨浦商业发展及特点：

一是活动创意新颖、特色明显，创出叠加效应。层次分为广场中心活动、节庆重点活动、商家主题营销三类，内容上突出“喜迎世博、扩大消费、便民惠民”等主题。二是活动缤纷多彩、高潮迭起，形成规模效应。营销活动高潮一波连一波，有十几项活动已成为市级特色活动，由此构成体验购物、品味餐饮、畅享时尚、度假休闲的购、吃、玩、乐系列，集商旅文于一体。三是注重诚信、便民惠民，显现社会效应。杨浦商业的营销活动突出“办成大众的节日、服务社区消费，惠及民生服务”的理念，在民生服务行业开展“便民利民、服务到家”活动，成为今年营销活动的亮点之一，让市民感受到购物的快乐体验，领悟到都市生活的无限魅力。2009年杨浦商业发展各类主题营销活动得到广大市民认可，促进了五角场商业中心的繁荣繁华，推动了社区商业的便民惠民，践行了商业“迎世博”实演练兵的宗旨，为区域内扩大内需、拉动经济、提升能级、推动经济平稳较快发展作出了积极的贡献。

三、吸引外资

2009年，杨浦区提升吸引外资质量，主要是聚焦行业和企业，聚焦总部型、龙头型、领军型优质项目，成功引进世界500强大陆集团投资的大陆汽车亚太管理（上海）有限公司、全球最大的家居零售巨头丹麦JYSK集团投资的居事佳（上海）商贸有限公司以及安莉芳亚洲总部等重大项目；创新体制机制，正式开通杨浦外资网上办事系统，实现网上审批和市、区联动，提高外资审批效率，并探索建立杨浦外国投资海外联络处等工作机制，深化服务内涵；加强部门联动，共同推动美国湾区委员会相关机构、美国硅谷银行有限公司上海代表处以及联合国南南全球环境能源交易所等项目落地工作。

2009年杨浦区合同引进外资6.26亿美元，比上年下降13.7%；引进项目79个，比上年增长2.59%。受国际金融危机影响，主要外资企业全球战略布局出现调整，纷纷缩减对外投资，故合同外资项目数虽然得到增长，但金额有所下降，降幅低于市平均水平，在中心城区中排名上升到第三位。

2009年吸引外资情况表

吸引外资方式	批准项目数（个）	合同外资（亿美元）	比上年（±%）	实到外资（亿美元）
合　　计	79	6.26	−13.67	1.42
其中：合资	17	0.28	−76.14	1.09
合作	0	0	0	—
独资	62	5.98	−1.42	0.33

2009年外商来杨浦直接投资生产型项目4个，合同外资267.2万美元；非生产型项目75个，合同外资62342.57万美元。实到外资全部为外商直接投资，其中生产型项目金额295万美元，非生产型项目金额13905万美元。

2009年外商投资行业（或产业）分布情况表

行业（或产业）	合同外资			实到外资	
	个数	金额（万美元）	占比（%）	金额（万美元）	占比（%）
合计	79	62609.77	100.00	14200.00	100.00
生产型项目	4	267.20	0.42	295.00	2.10
非生产型项目	75	62342.57	99.58	13905.00	97.90

2009年吸引外资项目主要涉及高新技术业、咨询服务业、房地业、计算机软件业、环保科技业等领域，方式以设立独资企业为主，特点是：1. 外资结构继续优化，高新科技类和现代服务类项目为75个，占引进项目数的95%；2. 企业增资势头良好，全年共有22家企业增资扩股，增资额占全年引进合同外资的41.21%；3. 引资质量较高，新批注册资金500万元人民币以上的项目达到21个。

2009年外商直接投资主要来自美国、日本和中国香港地区。

2009年外商投资主要来源地情况表

国别（地区）	项目数（个）	合同外资（万美元）
中国香港	37	23646.33
美国	10	264.28
日本	6	103.33

截至2009年底，杨浦区累计批准三资企业996家，合同外资总额达36.41亿美元。其中合资企业330家，合作企业107家，独资企业559家。

四、对外贸易

2009年，在企业生产成本上涨、产品结构调整转型、国际金融危机、贸易保护主义抬头等多重负面因素影响下，杨浦区通过上门走访和召开座谈会等形式，对全区外贸企业、加工贸易禁止类和限制类企业进行梳理；加强政策扶持和引导力度，做好2009年度"中小企业国际市场开拓资金"、"国家及上海市支持承接国际服务外包业务发展专项资金"及市商务委"保外贸、稳增长专项资金"等申报推进工作，组织外贸企业参加外贸内销订货会和2009年跨国采购大会；推动企业拓展国际市场，上海光和光学制造有限公司赴香港设立公司；探索以电子信息和软件出口为重点的服务外包产业发展模式，复旦软件园、创智天地两家园区成功申报为上海市软件出口（创新）园区，易安信信息技术研发（上海）有限公司、普迪飞半导体技术有限公司被认定为上海市重点软件服务外包企业。

全区外贸进出口总额6.6亿美元，比上年下降39.9%，其中：海关直接出口3.85亿美元，比上年下降49.79%。由于主要出口目标市场—欧美等国家受金融危机影响，消费市场萎缩，订单大幅下降，致使杨浦区纺织制品、机电类产品出口减少。2009年全区纺织制品出口13842万美元，比上年下降35.13%，占出口总额比例35.99%；机电类产品出口20031万美元，比上年下降51.14%，占出口总额比例52.07%。

2009 年主要出口商品情况表

商品名称	出口额(万美元)	占比(%)	比上年(±%)
合计	38466	100.00	-49.79
纺织制品	13842	35.99	-35.13
机电、音响制品及其零部件	16869	43.85	-45.56
贱金属及其制品	2553	6.64	-81.62
车辆、航空器、船舶等	1431	3.72	-70.59
塑料、橡胶及其制品	1083	2.82	-22.89
化学工业及其相关工业产品	581	1.51	-18.73
其他	2107	5.47	-38.28

杨浦区出口市场主要是亚洲、欧洲和北美洲。因受国际金融危机、贸易壁垒加剧等因素的影响，销往美国的商品占出口总额比例虽有所上升，由 2008 年的 13.86% 上升至 17.84%，但出口总额仅为 6863 万美元，比上年下降 35.36%。销往欧洲的商品占比由 2008 年的 34.29% 下降至 22.05%。销往东盟和日本市场的比重有所增加，出口总额占比各上升 3.92 和 2.7 个百分点，分别为 11.7% 和 12.2%。

2009 年出口商品主要输往地情况表

国别(地区)	出口额(万美元)	占比(%)
合计	38466	100.00
亚洲	18858	49.03
其中:日本	4696	12.20
韩国	516	1.34
东盟	4511	11.72
欧洲	8480	22.05
北美洲	7258	18.87
其中:美国	6863	17.84
其他	3870	10.05

五、对外经济合作

2003—2009 年，为避免贸易摩擦、降低成本、开拓海外市场、增强企业国际竞争力，杨浦区经批准的"走出去"企业累计 6 家。2003 年，复旦科技园股份有限公司在英国设立复旦科技园(英国)有限公司；2005 年，上海五角场(集团)有限公司在智利的依基克自由贸易区设立上海(智利)商贸中心进出口有限公司，复旦光华信息科技股份有限公司在香港设立复旦光华(香港)有限公司；2007 年上海洵疆国际贸易有限公司在越南河内独资设立洵疆国际(越南)有限公司；2008 年上海神工环保股份有限公司在巴基斯坦卡拉奇市与 Dallah Al - Baraka Co. , Ltd 公司合资设立巴基斯坦 S. S. K. 环境能源开发有限公司；2009 年上海光和光学制造有限公司在香港地区设立贸易公司即香港和鸿国际贸易有限公司。

虹口区商务

商务委员会主任
刘波英

一、概述

2009年，虹口区政府机构改革，原区经委、区外经委合并组建虹口区商务委员会。区商务委面对国际金融危机的冲击，坚定地实施国家“扩内需、调结构、促改革、惠民生”，“保增长，促发展”等一系列方针政策。围绕区域经济发展，积极组织全区商业经济运行，开展招商引资，拓展对外贸易，全区商业消费市场增速平稳增长，吸引外资和进出口贸易依然取得很好的业绩。

2009年，虹口区全年完成社会消费品零售总额183.06亿元，比上年增长10.1%；进出口总额21.66亿美元，比上年增长29.06%；外商投资实到资金4.17亿美元，比上年增长58.1%。

二、商业经济

2009年，虹口区商业消费市场增速平稳。全年完成社会消费品零售总额183.06亿元，比上年增长10.1%。其中吃的商品72.28亿元，穿的商品26.58亿元，用的商品79.36亿元。完成商贸业区级税收6.05亿元，比上年增长2%。区内连锁超市、专卖店、仓储式商场等商业业态销售有所下降，全年连锁商业零

2009年9月18日，第五届上海酒节开幕式在虹口区举行

售额26.26亿元，比上年减少12.6%。

（一）推进迎世博600天窗口服务工作

以商业窗口行业为重点，开展微笑服务、规范服务、诚信服务，9万人次参加培训，涌现出一批优质服务示范窗口和优质服务示范员。聚焦四川北路，完善公共设施标识功能，优化橱窗设置，加强无障碍设施建设，组织区内标准化菜场开展“迎世博、讲文明、树新风”活动，对全区50家重点餐饮单位上门指导，做好迎世博的各项工作。服务环境不断改善，群众满意度不断提高，在全市第三、第四次文明指数测评中，虹口区超市服务窗口行业和商业零售服务窗口文明指数，均名列全市中心城区前三名之内。

（二）落实商业业态结构调整

重点落实《四川北路商贸旅游文化休闲街发展规划》，明确“三段五组团”模式，将四川北路扩展为2.48平方公里街区，新增商业面积近7万平方米，H&M、天梭等一批国际知名品牌相继入驻四川北路，四川北路82家网点改善或调整，引进知名品牌28个，置换老建筑，初显国际化、时尚化特色商业街雏形。开通四川北路商贸信息平台。四川北路中段形成以巴黎春天、嘉杰国际广场、东宝百货、宝大祥（凯鸿广场）为主的时尚、休闲、餐饮、购物区。仅在国庆、中秋黄金周，虹口区定点的28家商业企业总销售额就达1.8亿元。

（三）组织商家连点组合拳促销让利

在元旦、春节、“五一”、“十一”等重大节日，区商务委组织四川北路众商家促销让利连出组合拳，精心组织上海购物节虹口系列活动，包括第五届上海酒节、第十一届家电节、第十三届彩电节、苏宁金九银十家装节、悦色秋尚北外滩——乐购分享四川路、瑞虹生活节等重点活动，以及多达30项的主题活动和6条购物专线游活动。有效拉动百货、零售、餐饮等相关行业消费，同期实现四川北路商业街25%的社会消费品零售额增幅。“五一”期间，区内定点的34家商业企业总销售额达1.05亿元，同比上升25%。其中家电销售总额6211万元，同比增长34.23%。

（四）加强社区商业和社区服务

虹口区商务委完善社区商业布局，加强对区内瑞虹生活广场和曲阳生活广场的业态提升、完善功能，发挥全国社区商业示范区和上海市示范商业社区的辐射作用，推进曲阳社区商业申报全国社区商业示范社区；推进凉城社区商业申报市级社区商业示范社区，完成广中社区大紫金广场大型购物中心项目的审批。同时，规范区内废旧物资回收秩序，实施废旧物资回收企业备案制度，改善废旧物资回收企业形象，促进社会安定。

（五）做好“家电下乡”和家电“以旧换新”工作

2009年，区商务委积极贯彻国家“家电下乡”政策，扩大销售网点的布局，加大申请网点的备案力度。至年底，全区共备案家电下乡销售企业51家，家电下乡产品销售7876台（件），销售金额2230万元。区商务委积极组织家电“以旧换新”落实相关政策，区内苏宁电器、家电城、好美家、易买得等4家企业中标上海市首批销售企业，华联吉买盛中标上海市首批回收企业。至2009年底，共审核家电以旧换新产品19万件，补贴金额5900万元。

（六）提升餐饮业服务水平

2009年，经区食药监认证的饮食类企业有1649家（含奶茶铺、咖啡店等），正餐类有856家。有苏浙汇海宁店、大宴楼酒店、西湖饭店、领康家园、致真酒店、73家房客、新港悦海鲜大酒店7家企业获得“文明餐厅”称号。区商务委要求餐饮业积极参与上海迎世博600天行动“文明餐厅”专项创建活动，以健康绿色的餐饮理念，规范系统的培训体系，科学创新的管理模式，自成一格的餐饮特色，提升餐饮业服务水平。还即时跟踪大宴楼、领康家园、西湖饭店等30家重点企业经营和发展情况。

三、吸引外资

2009年，虹口区新批准外商投资项目100个；合同外资3.05亿美元（含增资）。其中知识服务业的合同项目有36个，比上年增长12.5%，合同金额0.52亿美元，比上年增长135.8%。

2009年，外商直接投资生产型项目1个，合同外资15万美元；非生产型项目99个，合同外资30523.216万美元。

2009年虹口区吸引外资的主要特点：一是商贸类外资企业项目仍占绝对优势，新批商贸类外资项目45个，占新批项目总数的45%；二是房地产功能性项目推进取得较大进展，上海汇港房地产开发有限公司、上海银汇房地产有限公司、上海利通置业有限公司等大项目增资均按计划节点完成；三是外资知识服务业发展迅速，全年吸引合同外资计5182.266万美元，比上年增加135.8%。

2009年虹口区外商直接投资来源地主要集中在中国香港，其新批项目数为45个，合同外资共计2806.91万美元，占全区合同外资总数的52.47%。

截至2009年底，虹口区已批准设立的三资企业共计1294家，吸收合同外资445594.06万美元。

2009年吸引外资情况表

利用外资方式	批准外资企业			合同外资	
	项目数（个）	投资总额（万美元）	比上年（±%）	金额（万美元）	比上年（±%）
合　　计		83165.69	10.97	30538.22	-50.17
外方直接投资	100	8054.95	-78.05	5349.53	-82.39
合资企业	14	664.96	-58.77	389.30	-6.92
独资企业	86	7389.99	-78.95	4960.23	-83.35
增　　资	—	75110.74	96.42	25188.69	-18.43

2009年外商投资行业分布情况表

行　　业	项目数		投资总额（万美元）		合同外资（万美元）	
	个数	占比（%）	金额	占比（%）	金额	占比（%）
合　　计	100	100.00	83165.69	100.00	30538.22	100.00
生产型项目	1	1.00	20.00	0.02	15.00	0.05
服务型项目	99	99.00	83145.69	99.98	30523.22	99.95

历年批准外商投资企业情况表（至2009年12月31日止）

类　　型	批准的外商投资企业		合同外资（含增资）	
	项目数（个）	占比（%）	金额（万美元）	占比（%）
批 准 数	1294	100.0	445594.06	100.00
合资企业	361	27.90	164470.32	36.91
合作企业	130	10.05	88729.91	19.91
独资企业	803	62.05	97504.03	21.88

（续表）

类　型	批准的外商投资企业		合同外资（含增资）	
	项目数（个）	占比（%）	金额（万美元）	占比（%）
第二产业	412	31.84	27652.99	6.21
第三产业	882	68.16	362781.85	93.79
土地批租（包括旧区改造）	31	2.40	160272.47	35.97
500 万美元以上项目	89	6.88	312125.88	70.05
增 资 额	—	—	97281.23	21.83

2009 年外商投资主要来源地情况表

国别（地区）	项目数（个）	投资总额（万美元）	合同外资（万美元）
澳大利亚	1	21.00	15.00
中国澳门	1	20.78	14.64
巴 拿 马	1	10.00	7.00
巴　西	1	11.00	8.00
比 利 时	1	10.00	10.00
德　国	2	28.24	21.04
俄 罗 斯	1	20.00	14.00
韩　国	2	67.24	57.69
荷　兰	1	20.79	9.81
加 拿 大	1	71.00	50.00
马来西亚	1	20.00	14.00
日　本	8	178.30	134.72
瑞　典	1	20.00	14.00
瑞　士	2	353.53	236.60
中国台湾	6	359.95	282.06
西 班 牙	2	92.95	32.62
中国香港	45	3591.97	2806.91
新 加 坡	5	155.03	135.23
新 西 兰	1	658.62	512.26
伊　朗	1	21.00	15.00
意 大 利	5	169.69	108.60
印　度	2	145.53	109.53
英　国	3	96.12	68.17
维尔京群岛	3	160.51	154.65
毛里求斯	1	40.00	28.00
开曼群岛	1	428.00	300.00

四、对外贸易

2009年,虹口区进出口总额居中心城区第二,累计达到21.66亿美元,比上年增长29.06%。其中,出口额11.48亿美元,比上年增长9.37%;进口额10.18亿美元,比上年增长61.93%。主要原因是:一是国际市场逐步回暖促使区外贸企业出口回稳。二是全国外贸出口退税积极调整,为区外贸出口企业出口业务"加码"。三是"土豆效应"显现,以日用必需品为主营出口产品的企业回到出口企业前十位置,拉升了区总出口额。出口贸易中,外商投资企业17158.57万美元,外贸企业63522.39万美元,自营企业34119.1万美元。一般贸易69120.37万美元,占比60.20%,加工贸易13847万美元,占比11.13%。年出口额在1500万美元以上的企业有:上海中燃船舶燃料有限公司(保)、上海亚东盛进出口有限公司、上海兰生文体进出口有限公司、上海外轮供应有限公司、上海尼赛拉传感器有限公司、美钻石油钻采系统(上海)有限公司、上海申虹对外经济贸易有限公司、上海裕金实业有限公司、上海贞之浩国际贸易有限公司、上海市工艺品珠宝首饰进出口有限公司、上海家化进出口有限公司、上海爱思旅行用品有限公司、上海兰生体育用品有限公司。2009年出口商品结构与上年比较:按出口额排列的前五大类商品其类别和排列的位置较有改变。矿产品的出口额仍占第一位,贱金属从第二位降至第六位,机电、纺织、化学品分列第二、三、四位。出口额居前五位的出口商品中,矿产品占27.72%,机电产品占19.81%,纺织制品占17.7%,化学品占8.35,其他各类出口商品所占份额均小于7%。

2009年主要出口商品结构情况表

商品名称	出口额(万美元)	占比(%)
矿产品	31827	27.72
机电	22742	19.81
纺织制品	20319	17.70
化学品	9586	8.35
杂项	7546	6.57
贱金属	6896	6.00
仪器	5021	4.37
塑料制品	3646	3.18
箱包	3624	3.16
车辆船舶	3351	2.92

2009年出口商品主要输往地情况表

国别(地区)	出口额(万美元)	占比(%)
亚洲	43838	38.19
拉丁美洲	37803	32.93
巴拿马	31470	27.41
欧洲	22372	19.49
日本	18220	15.87
欧盟	17416	15.17
北美洲	12177	10.61

五、2010 年发展趋向

2010 年,是虹口区“十一五”规划的收关之年,也是“后危机”时期市场回稳的关键之年。为进一步参与建设上海国际贸易中心,推动内外贸一体化发展,虹口的外贸工作将重点利用内外贸两个市场,推进加快贸易产业转型、加强外贸类国际商业品牌引进和提升服务贸易地位等三方面。力争形成内外贸联动发展、货物贸易与服务贸易相互促进的良性循环模式。研究和探索贸易与航运联动发展,进一步集聚航运要素,逐步完善航运融资、保险、国际仲裁等贸易产业链上下游的关联业务,为贸易企业提供优质便捷的综合口岸服务。

闸北区商务

商务委员会主任
洪　流

一、概述

2009年，闸北区商务工作面对金融危机对全球经济和对上海整体经济造成的影响，按照“调结构、保增长、促发展”的总体目标，努力挖掘区域内商务载体资源，积极推进产业结构调整，全力引强引优引外，促进了全区商务经济平稳较快发展，进一步提升了商务经济对区域经济的贡献度。全年社会消费品零售总额实现153.89亿元，比上年增长12.1%；引进合同外资53113万美元，比上年增长6.1%；出口总额40359万美元，比上年下降28.1%。

二、商业经济

（一）总体运行概况

1—12月份，区域第三产业生产总值实现329.30亿元，比上年增长12.9%。其中，批发零售业生产总值实现65.81亿元，比上年增长11.2%；住宿和餐饮业实现7.18亿元，比上年增长3.4%。区属第三产业营业收入实现488.30亿元，比上年增长12%。社会消费品零售总额实现153.89亿元，比上年增长12.1%。第三产业区级税收实现21.36亿元，占全区比重58.9%。其中，批发

上海市服务外包园区及重点企业授牌仪式在闸北区举行

零售业实现区级税收5.99亿元,比上年增长10.2%,占全区比重16.5%;住宿餐饮业实现区税4.15亿元,比上年下降5.2%,占全区比重1.9%;租赁和商务服务业实现区级税收4.82亿元,比上年下降3.8%,占全区比重13.3%。

(二)商业运行特点

1. 全区社会消费品零售呈现企稳上升趋势。一季度,区社会消费品零售总额受全球金融风暴影响仍处于低位徘徊。从4月份开始,随着总体经济形势止跌企稳迹象逐步显现,区社会消费品零售数据呈明显上升,12月份比3月份增加2.43亿元。

2. 百货零售营收略有回升。太平洋百货站前店2009年1—11月完成零售额3.53亿元,同比上升6.52个百分点,2008年四季度销售同比下降27%,2009年一季度销售同比下降14.77%,二季度同比上升7.76%,12月太平洋站前店当月完成销售额2921万元。

(三)主要工作举措

1. 编制政策规划引导结构调整。《闸北区现代商业商务发展战略研究》提出"3+X"的全区商业总体布局设想和功能定位;开展《苏州河现代服务业集聚带发展"十二五"规划》编制工作;起草《闸北区关于加快发展生产性服务业的实施意见》和《闸北区促进生产性服务业发展的若干政策》,提出发展商务金融、研发创意、现代物流和人才咨询服务业四大重点行业;成功创建国家服务外包基地城市上海示范区,上海市服务外包园区及重点企业授牌仪式在闸北举行。

2. 主要商业服务业项目建设加快推进。苏州河现代服务业集聚区建成"大悦成"商业广场(总面积6.5万平方米),正在招商;不夜城南部建成宝矿商务中心(总面积20.65万平方米);不夜城北部"五月花"商业广场(总面积148万平方米)正在建设。中部地区"嘉利商业广场(总面积3.2万平方米)已建成使用投入;跟踪协调列入区的重点工程"上海汽车广场"项目建设,一期和二期项目已完成基桩夯打任务。

3. 注重"四商"帮扶企业。上海国际茶文化节期间举办全区企业展示展销活动,免费提供展位,为区内企业搭建展示展销平台;帮助企业争取各类扶持资金,帮助企业通过增加经营范围和吸收合并等方式,推动企业做大做强。

4. 全面推进"迎世博"窗口服务工作。建立区"迎世博"车站窗口服务工作联席会议;统筹组织每月5日的全区"窗口服务日"活动,印制发放11000份窗口服务规范宣传品,增强全区商业企业迎世博窗口服务意识;组织全区商业服务业企业员工17613人次培训;推进协调推进窗口硬件建设,5000平方米以上大型零售商业和超市大部分已完成无障碍设施建设。

5. 举办2009上海购物节闸北主题活动。构建"世界风、中华情、闸北韵"三大板块,以"美食节"、"眼镜节"、"服装节"为主要项目载体,组织开展12项各类商业促销主题活动,全区近百家商业企业参与活动。

6. 开展社区商业发展调研。与有关单位协商酝酿闻喜路商业街进一步改造工作,申报七浦路服装市场为市级特色商业街。

7. 以推进"迎世博"窗口服务为契机,加强菜市场、废品回收站"五乱"顽症治理。

三、吸引外资

2009年,全区共新批外资项目131个,吸引合同外资35641.97万美元;增资项目34个,吸引合同外资17470.918万美元,共计引进合同外资53112.888万美元,比上年增长6.1%,完成全年目标的196.7%,创历史新高。全年共批准100万美元以上项目44家,涉及合同外资超过5亿美元,占全部引进外资95%。引进外资特点:

(一)引进跨国公司地区总部取得重大突破

引进跨国公司地区总部3家,全区跨国

公司地区总部总数达到8家。由英国TESCO集团(500强排名56)投资设立的特易购企业管理(上海)有限公司,为中国区各商业网点的管理、经营和物流配送为一体的外资企业;由全球第一的被动元器件制造商日本株式会社村田制作所投资设立的村田(中国)投资有限公司,注册资本1.2亿美元,主要从事新型被动元器件的研发、投资和管理;由全球知名半导体制造商美国威世集团投资设立的威世(中国)投资有限公司,注册资本3000万美元,主要从事该领域的研发、投资和管理。

(二)外商投资现代服务业趋于多元化

投资领域涉及技术研发、质量检测、专业咨询、物流运输、商业贸易、服务外包等众多新兴业态。包括由世界500强企业日本丸红株式会社和上海交运股份合资设立的上海交运日红国际物流有限公司,投资总额6亿元人民币,专业从事高端物流服务;全球食品检测领域领先的法国欧陆集团首次进入中国,在闸北区成立欧陆检测技术服务(上海)有限公司,专业从事食品领域的质量分析和技术检测。

(三)外商投资企业科技含量增加

引进高科技研发企业23家,合同外资11477.84万美元,占全部新批项目合同外资56.1%(除地区总部)。项目涉及能源科技、生物科技等高端技术研发等,包括由上海电力集团与比利时比阳公司共同投资设立的比阳(上海)能源科技有限公司,投资总额4500万元人民币,主要从事电站、能源设备、电力设备的研发和系统集成;由香港泛亚集团投资设立的泛亚环保(中国)有限公司,注册资本1亿港元,主要从事净化处理系统工程的技术服务。

(四)外区迁入项目比例上升

1—12月,外区迁入闸北区的企业有19家,涉及合同外资15106.28万美元,主要为科技类企业。如,麻辣马计算机软件(上海)有限公司(注册资本300万美元)、阿克塞斯软件(上海)有限公司(注册资本3亿日元)等。

2009年吸引外资情况表

吸引外资方式	批准外资企业			合同外资	
	项目数(个)	投资总额(万美元)	比上年(±%)	金额(万美元)	比上年(±%)
外方直接投资	131	51139.40	-22.00	35641.97	-9.70
其中:合资企业	11	9901.15	-18.10	1520.33	-44.20
独资企业	120	41238.25	7.10	34121.64	26.40
合作企业	—	—	—	—	—
增资企业(不计入合计)	—	40226.46	133.50	17470.92	64.70

2009年外商投资行业(或产业)分布情况表

行业或产业	项目数(个)		投资总额(万美元)		合同外资(万美元)		实到外资	
	个数	比上年(±%)	金额	比上年(±%)	金额	比上年(±%)	金额	比上年(±%)
合计	131	100.00	51139.40	100.00	35641.97	100.00	31100	87.26
生产型	4	3.10	86.47	0.20	70.85	0.20	—	—
非生产型	127	96.90	51052.93	99.80	35571.12	99.80	—	—

注:以上数据不含增资项目。

2009 年外商投资主要来源地情况表

国别(地区)	项目数(个)	投资总额(万美元)	合同外资(万美元)
日　本	13	21475.62	13743.76
中国香港	40	9546.20	7634.21
新加坡	6	3544.00	3359.60
美　国	10	3359.30	3288.30
维尔京群岛	7	4694.42	2892.16
荷　兰	3	4050.00	1635.00
加拿大	2	1020.00	1020.00
新西兰	3	619.92	546.68
毛里求斯	1	950.00	500.00
韩　国	13	371.62	265.30
比利时	2	672.69	129.00

注：以上数据不含增资项目。

截至 2009 年，闸北区累计批准建立外商投资企业 1197 家，累计合同外资 35.72 亿美元。

四、对外贸易

1—12 月，全区实现外贸进出口总额 66063 万美元，比上年下降 49.4%。其中，进口 25704 万美元，比上年下降 65.4%；出口 40359 万美元，比上年下降 28.1%。出口贸易，按企业性质分：三资企业 16250 万美元，外贸公司 7088 万美元，自营出口企业 17021 万美元；按贸易方式分：一般贸易 38428 万美元，加工贸易 1930 万美元；按产品类型分：机电产品 17688 万美元，纺织产品 9692 万美元，贱金属及其产品 4401 万美元。

2009 年出口商品主要输往地情况表

国别(地区)	出口额(万美元)	占比(%)
美　国	8365	20.73
日　本	5748	14.25
东　盟	3044	7.54
韩　国	1803	4.47
尼日利亚	1655	4.10

2009 年主要出口商品情况表

商品名称	出口额(万美元)	占比(%)	比上年(±%)
机电、音响设备	17688	43.83	−18.94
纺织原料及纺织品	13026	32.28	−9.86
贱金属及其制品	4401	10.90	−34.91
杂项制品	1575	3.90	−35.24
鞋帽伞等	1350	3.34	−22.39

普陀区商务

商务党工委书记
章连德

一、概述

2009年，面对金融危机下的严峻形势，在区委、区政府的领导下，普陀区商务工作坚持以科学发展观为指导，紧紧围绕“四个确保”的要求，坚定信心，积极应对，振奋精神，聚焦重点，全面完成年初确定的各项目标任务，为区域经济发展做出了应有的贡献。全年实现社会消费品零售总额254.59亿元，比上年增长6.26%；吸引合同外资3.48亿美元，完成年度计划的173.77%，比上年增长15.42%；外贸出口额7.01亿美元，比上年下降31.64%。

二、商业经济

2009年，全区实现区属商业销售营业额1235.4亿元，比上年增长7.09%；实现区属社会消费品零售总额254.59亿元，比上年增长6.26%。区商务系统招商引资引进项目

2009年10月22日，国家海关总署加工贸易司副司长吕伟红，市政府副秘书长、市发改委主任周波为上海西北物流园区保税物流中心揭牌

150个,注册资金55668万元,完成全年3亿元指标的185.56%。

2009年,兰溪路商业社区被评为全国商业示范社区,曹杨商城黄金柜组荣获全国"巾帼文明岗"称号,百联中环购物广场等5家企业获得2009年上海商业"诚信经营"示范店荣誉称号,麦芙乐食品公司等4家企业获得2009年上海商业优质服务先进集体称号,新华书店曹家渡店、曹杨商城玉兰油柜组员工获2009年上海商业服务品牌(个人)奖,武宁百货等7家企业员工获得2009年上海商业优质服务先进个人称号,友谊商店新工艺品商场员工获得2009年上海商业销售能手称号,家乐福武宁店外墙"梦幻巴黎壁画"获"百联杯"优秀商业形象作品评选活动特别奖、红星美凯龙橱窗作品"以人为本"获"百联杯"橱窗陈列银奖。

2009年普陀区商业发展有如下特点:

(一) 假日经济拉动消费

2009年,区消费市场在四大节日期间的表现呈U字型走势。其中,元旦、"十一"销售额均呈两位数增长,春节、五一略低。除传统节日外,上海旅游节、购物节也成为促进消费,拉动经济的重要推力,各大商家抓住假日契机,大力推出促销活动,带动了居民的购物热情。旅游节、购物节期间,百联中环购物广场同比增长21.81%。"十一"期间,曹杨商场销售额同比增长73.24%;12月31日岁末促销,亚新生活广场销售额是上年同期的三倍。

(二) "以旧换新"政策拉动家电市场

8月份启动的家电"以旧换新"政策进一步激发居民消费欲望,家电市场一改上半年的持续低迷,销售量急速反弹,政策拉动下实现的销售规模几乎占据家电卖场的半壁江山。如永乐光新店上半年销售同比仍趋于下降,政策实施后全年销售比上年增长155.74%。截至年底,全区通过"以旧换新"销售五类家电产品总量共计4.47万台,回收旧家电总量共计5.63万台。

(三) 两大商圈蓬勃发展

2009年,普陀中环商圈正式成为12个市级商业中心之一。商圈内龙头企业百联中环购物广场进行业态调整,引进第一食品商店、宝大祥、室内卡丁车馆等业态,全年营业额比上年增长17.96%。长寿商圈内,亚新生活广场多次积极调整业态,全年营业额比上年增长3.51%;调频壹购物中心于5月亮相营业,吸引了长寿路周边的高端消费层;芳汇广场启动改造工程,积极调整招商,展现老牌购物广场新风貌;而7号线长寿路站的开通对整个长寿商圈的进一步繁荣也起到积极推动作用。但是,中环、长寿两大商圈的发展,对定位社区商业的传统百货却造成一定的冲击和影响,如华联商厦普陀店全年销售比上年下降3.81%,曹杨商城比上年下降1.51%。

三、吸引外资

年内引进合同外资34753.39万美元,完成年度计划的173.77%。新批项目102个,吸引合同外资18831.84万美元。其中:合资项目90个,吸引外资2188.13万美元;独资项目11个,吸引外资16619.27万美元;合作项目1个,吸引外资24.44万美元。增资项目45个,吸引外资15921.55万美元。

2009年普陀区吸引外资特点:

(一) 第三产业发展势态良好

尤以现代服务业、商贸类项目增长较快,产业结构更趋合理。全年第三产业共新设立项目80个,吸引合同外资16992.14万美元;增资老项目24个,吸引合同外资7696.81万美元;两者占引进合同外资总额的71.04%。

(二) 引进合同外资稳步增长,比上年增长15.42%,达到34753.39万美元

其中1000万美元以上的企业有上海润雅房地产反正有限公司(增资),上海康鹏化学有限公司(增资),上海长润江和房地产发展有限公司(增资),上海先灵葆雅制药有限公司(增资),富鼎置业(上海)有限公司,上海远成实业有限公司,引进合同外资达到15184.55万美元,占引进合同外资总额的43.69%。

(三)独资仍为投资主要方式

引进独资合同外资16619.27万美元,占全区合同外资的47.82%,比上年增长105.62%。

(四)房地产大项目推进取得较大进展

由香港李嘉诚旗下的长江实业投资的A3-A6地块项目公司2008年全部获准设立通过商务部备案,2009年完成A3、A5地块2个项目的增资,为真如城市副中心启动的全面开发建设奠定了基础。

2009年吸引外资情况表

单位:万美元

吸引外资	批准外资企业		
	项目数(个)	合同外资	比上年(±%)
合计	147	34753.39	15.42
外商直接投资	102	18831.84	13.20
其中:合资	11	2188.13	-74.42
合作	1	24.44	—
独资	90	16619.27	105.62
老企业增资	45	15921.55	18.17

2009外资项目产业分布情况表

项目	产业分布	项目数(个)	占项目总数(%)	合同外资(万美元)	占合同外资总额(%)
合计		147	100.00	34753.39	100.00
新批项目	第二产业	22	14.97	1804.06	5.19
	第三产业	80	54.41	16992.14	48.89
增资项目	第二产业	21	14.29	8260.38	23.77
	第三产业	24	16.33	7696.81	22.15

2009年外商投资主要来源地情况表(含增资)

国别(地区)	项目数	合同外资(万美元)	占比(%)
中国香港	45	17291.87	49.76
维尔京群岛	8	10758.40	30.96
百慕大	1	2250.00	6.47
新西兰	2	1026.40	2.95
日本	20	847.13	2.44
美国	15	809.30	2.33
中国台湾	7	427.89	1.23
萨摩亚	3	236.00	0.68
澳大利亚	4	223.06	0.64
新加坡	6	163.00	0.47
德国	4	149.30	0.43

四、对外贸易

2009年全区直接出口额70138.2万美元,比上年下降31.64%。

(一)从出口企业的类型分析

外资企业、内资企业、外贸公司的出口均出现30%左右大幅度的下降,特别是外资企业的下跌接近40%。外商投资出口企业116家,合计出口额25537.9万美元,比上年下降39.38%,占全区年出口总额的36.41%。出口超过1000万美元的企业有2家,合计出口额7017.7万美元,占外资企业出口总额的27.48%。内资企业合计出口额40568.4万美元,比上年下降24.70%,占全区年出口总额的57.84%。出口额超过1000万美元的企业有5家,合计出口额18176.6万美元。外贸公司出口4031.9万美元,比上年下降38.84%,占全区年出口总额的5.75%。

(二)从出口商品输往地分析

2009年全区出口商品涉及的国家及地区达到了147个。出口日本的商品总值最多,达14123.1万美元,比上年下降5.62%;其次为出口美国的商品降幅最大,出口额10195.2万美元,比上年下降35.26%;再次为出口哈萨克斯坦的商品,出口额5334.8万美元,比上年增长1698.12%。

(三)从出口商品类别分析

2009年区出口商品结构较往年略有调整。机电类产品出口虽仍保持出口产品类型首位,但出口金额仅为31240.3万美元,大减40.13%。纺织类产品出口额虽然下降至13913.7万美元,比上年下降13.22%,但升至出口商品总类第二位。化工类产品出口7615.8万美元,比上年略降5.16%,由位列上年第五升至今年季军。金属制品出口呈下降趋势,达6239.1万美元,下跌至出口商品总类第四位。家具出口2009年因出口市场萎缩,快速滑落,跌出前五,第五位由高新技术商品取而代之,出口金额为5487.9万美元。

(四)从贸易方式来分析

2009年全区一般贸易出口额远远高于加工贸易的出口。一般贸易合计出口额55457万美元,占出口总额的79.07%,比上年下降27.11%。加工贸易出口额7130万美元,占出口总额的10.17%,比上年下降57.81%。其中来料加工出口额2092.7万美元,比上年比下降21.39%;进料加工出口额5037.3万美元,比上年下降64.62%。对外承包工程货物,出口额7503.9万美元,比上年下降21.73%。

2009年出口商品结构情况表

商品名称	出口额(万美元)	占比(%)	比上年(±)%
机电产品	31240.3	44.54	-40.13
纺 织 品	13913.7	19.84	-13.22
化工产品	7615.8	10.86	-5.16
贱金属产品	6239.1	8.90	-58.42
高新技术	5487.9	7.82	-36.44

2009 年出口商品主要输往地情况表

国别(地区)	出口额(万美元)	占比(%)	比上年(±%)
日　本	14123.1	20.14	-5.62
美　国	10195.2	14.54	-35.26
哈萨克斯坦	5334.8	7.61	1698.12
德　国	3791.9	5.41	-38.25
印　度	2503.1	3.57	-56.17

五、2010 年发展趋向

2010 年是上海世博会的举办之年,是“十一五”规划各项目标任务的完成之年,是“十二五”规划的谋划之年,也是实施区各项工作三年推进计划的承上启下之年。全力做好 2010 年产业发展各项工作,对于普陀经济结构调整和发展方式转变具有十分重要的意义。普陀区商务工作的总体要求是:紧紧围绕中央提出的“五个更加注重”和市委、市政府提出的“五个确保”的要求,以世博中心工作为主线,提升窗口服务水平;以调结构、促转型为重要任务,促进产业结构调整;以落实商贸业、产业园区、西北综合物流园区三年推进计划为抓手,着力提升区商贸服务业发展能级,促进产业发展,增强产业对区域经济的贡献度,为全面提高区域经济核心竞争力与可持续发展做出积极的贡献。

进一步扩大产业规模,提升对区域经济发展的贡献度。2010 年,完成区属商业销售营业额 1310 亿元,同比增长 7%;完成区属社会消费品零售总额 280 亿元,同比增长 10%;商贸业实现区级税收增长 19%,达到 8.23 亿元,占区级税收比重上升 2 个百分点。进一步提高外向型经济发展质量。完成区外贸进出口总额 11 亿美元;与相关委办局共同引进合同外资 3.8 亿美元。

宝山区商务

商务委员会主任
曹晋和

一、概述

2009年，宝山区商务工作坚持“抓项目促投资、扩内需促消费、强服务促管理”，以加快调整结构步伐、大力发展服务经济、繁荣市场促进消费、提高吸收内外资水平和质量、强化服务帮扶企业作为全年重点工作，振奋精神，努力拼搏，克服宏观经济形势的不利影响，全面完成“保增长、调结构、扩内需、迎世博”各项工作任务。

2009年，全区实现社会消费零售总额272.49亿元，比上年增长15.4%，超额完成区人代会确定增长13%的目标。商品销售总额完成1823.92亿元，比上年下降2.3%。商业税收完成25.78亿元。吸收合同外资15986万美元，比上年下降55%；年度实到外资20557万美元，比上年增长22.7%。外贸进出口总额18.2亿美元，比上年下降48.33%。其中出口12.1亿美元，比上年下降49.67%；进口6.1亿美元，比上年下降45.47%。

2009年10月23日，宝山区在上海智力产业园区举行“2009年首届派代电子商务年会暨上海电子商务创新服务示范基地揭牌”仪式

二、商业经济

2009年，全区实现社会消费零售总额272.49亿元，比上年增长15.4%，超额完成区人代会确定增长13%的目标。商品销售总额完成1823.92亿元，比上年下降2.3%。商业税收完成25.78亿元。社会消费品零售总额增幅较大的主要原因：汽车零售和大型商业网点成为支持全区零售业增长的主要动力，汽车零售完成零售额40.69亿元，比上年增长56.0%，占全区社会消费品零售总额的14.9%，比全市占比高出6个百分点以上。集贸市场和建材市场两类市场较为活跃，集贸市场成交额85.67亿元，比上年增长27.9%。随着房产市场的红火，建材需求也有所增加，全年成交额10.27亿元，增长42.2%。餐饮业消费快速增长，全年销售16.43亿元，增长25%。这些都有力的支持了全区商业又好又快的发展态势，带动全区全年零售额的稳定增长。

2009年，宝山区引进一批体量大、业态新、知名度高的商业项目。沃尔玛（殷高西路店）等一批商业项目相继开业，巴黎春天百货大华店、家乐福（沪太路）、绿地集团商业商务项目、万达广场、宜家家居等在建、拟建商业项目加快推进。在业态结构调整上，年内完成北翼商厦由百货商厦向以品牌为主的大型主题食品商店的转型调整。连锁经营发展迅速，商业大卖场、超市、便利店、折扣店、主题专业专卖店等新型商业业态成为商业发展的重要组成部分。截至2009年底，区域内超过5000平方米的大型商业设施有28家，综合型卖场18家，综合百货2家，专业店、专卖店8家。区域内社区、街坊分布近160家标准型超市和300余家便利店，31家汽车销售公司（4S店）等一批新型商业企业，满足了社区居民群众对社区日常便捷生活的不同层次消费需求。

2009年开工、竣工的主要商业项目情况表

序号	项目名称	属地	占地（亩）	建筑面积（万㎡）	功能定位	投资额（万元）	开工、竣工时间
	合　计		320.07	37.61		226000	
1	上海国际家居总部基地（建配龙）	淞南	30.00	8.60	办公商业	40000	2009年12月竣工
2	巴黎春天	大场	18.47	4.90	商业	15000	2009年11月竣工
3	顾村沪太路商业商务中心	顾村	210.00	14.00	商业	140000	2009年5月开工
4	（大华虎城）商业商务大楼C2	大场	25.14	2.61	商业、商务	7000	2009年1月开工
5	（大华虎城）嘉年华广场	大场	36.46	7.50	商业	24000	2009年1月开工

2009年商业发展及特点：

（一）商业功能布局不断优化

宝山商业加快现代化商业建设进程，引进了一批体量大、业态新、知名度高的商业项目，易买得、红星美凯龙、新易百货、沃尔玛、安信商业广场、北斗星商业广场等一批规模化、专业化、品牌化主题卖场和专业品牌市场先后落户宝山。截至2009年底，区域内有大卖场18家，大型专业家电建材卖场26家，汽车销售公司（4S店）31家，以及遍布社区、街坊的标准型超市、便利店近400家。

（二）市场营销活动丰富多彩

宝山区积极推进职能转变，探索全社会商业协调发展新模式，加强全区商业城市化氛围，按照整体联动、重点突出、亮点不断、贴近消费的要求，把握节日商机，促进企业间的互通和借鉴，以节兴市，造节兴市，实现商业营销活动企业联合、行业联动、地区互动的目标，组织了春节、五一、国庆黄金周节庆主题营销活动，以及着力打造宝山刀鱼节、美食节等主题活动品牌。

（三）诚信经营意识不断巩固

坚持商业诚信体系建设，倡导依法经营，文明经商，持续开展“百城万店无假货”购物放心示范街（店）创建活动，规范培育市场。牡丹江路商业街被评为“申城万店无假货”活动示范街、诚信经营示范街，黄金广场、宝钢商场等一批商业企业荣获上海市“申城万店无假货”活动示范店称号，北翼商业街获得上海市商业特色街称号。

（四）软件硬件环境不断改善

宝山区不断加强商业职业技术能力教育，规范服务、星级服务、品牌服务理念深入人心，商贸企业涌现出许多市级、区级服务明星和先进集体、个人。抓住世博会机遇，引导商业企业加强员工双语、导购服务知识等培训，提高服务接待水准，不断提升企业管理水平。硬件方面，宝山区积极推进政府实事项目标准化菜市场改造，累计建设标准化菜市场48家。不断加强市场食品安全监管，建立主副食品流通安全追溯系统30余家，努力为居民提供安全放心的消费环境。

三、吸引外资

2009年，宝山区批准外资项目60个，（其中新批项目41个，增资项目19个），比上年下降39%；总投资额32240万美元，比上年下降41.14%。吸收合同外资15986万美元（其中新批合同外资5701万美元，增资合同外资10285万美元），比上年下降55%。年度实到外资20557万美元，比上年增长22.7%。

2009年吸引外资情况表

吸引外资方式	批准外资企业			合同外资		实到外资	
	项目数（个）	总投资额（万美元）	比上年（±%）	金额（万美元）	比上年（±%）	金额（万美元）	比上年（±%）
合　计	60	32240	-41	15986	-55	20557	22.7
外商直接投资							
其中:合资	17	11794	39	3048	-30	10138	123.7
合作	19	7357	-51	4775	-46	432	-77.1
独资	24	13070	-58	8163	-63	9987	-3.4
外方其他投资							

2009年，外商直接投资生产型项目20个，合同外资4487万美元，占引进外资总数的28%。项目主要涉及金属制品业、非金属矿物制品业、通用设备制造业、专用设备制造业。非生产型项目同比增长明显，年度吸收非生产型项目40个，合同外资11499万美元，占合同外资总量的72%。项目主要涉及批发业、零售业、交通运输和仓储业、餐饮业、商务服务业。

2009 年外商投资行业(或产业)分布情况表

行业(或产业)	项目数(个)		投资总额(万美元)		合同外资(万美元)		实到外资(万美元)	
	个数	占比(%)	金额	占比(%)	金额	占比(%)	金额	占比(%)
合　计	60	100.0	32240	100	15986	100	20557	100
生产型项目	20	33.3	10917	34	4487	28	8969	44
非生产型项目	40	66.7	21323	66	11499	72	11588	56

2009 年吸引外资的主要领域、方式及特点:2009 年引进合同外资产业比例为:第一产业 4775 万美元,占 29.87%;第二产业 4486 万美元,占 28.06%;第三产业 6725 万美元,占 42.07%。外资逐步投向服务业,年内批准的外资项目中,服务业项目 32 个,占项目总数 64%,合同外资 4876 万美元,是二产项目合同外资的 1.28 倍。外商投资涉及商业、租赁、咨询、设计等领域,投资领域不断拓展,产业结构进一步优化。

2009 年,外商直接投资主要来自中国港澳、台湾地区和日韩、欧洲等国家。其中港澳地区项目 23 个,合同外资 4625 万美元,比上年减少 67.4%。中国台湾项目 8 个,合同外资 129 万美元,比上年增长 100.7%。日韩项目 10 个,合同外资 1210 万美元,比上年减少 59.8%。欧洲项目 7 个,合同外资 375 万美元,比上年减少 92.5%。

2009 年外商投资主要来源地情况表

国别(地区)	项　目　数			投资总额(万美元)	合同外资(万美元)
	新批	增资	中转外		
中国港澳	14	7	2	13428	4625
中国台湾	8	—	—	204	129
日　韩	8	2	—	2260	1210
欧　洲	5	2	—	753	375
美　国	1	—	—	2000	1500
其　他	4	6	—	13550	8131

截至 2009 年底,全区已批准建立三资企业 13428 家,总投资额 76.6 亿美元,总协议(合同)外资额 39.7 亿美元。

四、出口贸易

2009 年,全区外贸进出口总额 18.2 亿美元,比上年下降 48.33%。其中出口额 12.1 亿美元,比上年下降 49.67%;进口 6.1 亿美元,比上年下降 45.47%。下降主要原因,是由于受到全球金融危机的影响。

(一) 外部需求严重萎缩

企业出口订单大幅减少,其中集装箱制造企业是受影响最严重的企业之一,4 家集装箱企业已基本停产。另外,铝材、机电产品等一些商品在国际市场价格持续下降,也引起出口企业贸易额大幅下降。

(二) 国际贸易融资困难

金融机构纷纷收缩信贷规模,国外进口商和经销商资金压力加大,纷纷采取减库存、压订单、延迟原先的交货期等方式规避风险,国外进口商订单短期化现象越来越明显,出口企业收款延长,收汇风险上升。加上国内银行为防范风险对出口企业慎贷、惜贷现象普遍，出口企业特别是中小企业资金紧张状况仍未得到有效缓解。另外，与中国产品结构相似的部分发展中国家货币对美元大幅贬值，对中国产品的价格优势形成较大冲击，这无疑是对出口企业雪上加霜。

在2009年度出口商品中，集装箱、未锻造的铝及铝材、变压器、钢铁或铝制结构体及其部件、钢材、冷冻机和制冷设备的出口额居前，总额达7.26亿美元，占全区出口总值的六成。其中，受全球经济衰退、外需不足影响，全区集装箱和未锻造的铝及铝材出口额仅为3.3亿美元和1.7亿美元，比上年降幅分别达65.64%和52.29%。变压器、医药品、印刷机械、半导体器件等技术含量、附加值较高的产品出口剧增，比上年分别增长57.46%、17.73%、29.00%和90.53%。进口方面，区内企业积极利用国际市场资源，大幅度增加进口铝材、纸浆、铬矿砂、天然橡胶等资源类产品，增幅分别为4倍、0.5倍、4.1倍和3.6倍。

2009年主要出口商品情况表

商品名称	出口额(万美元)	占比(%)	比上年(±%)
集装箱	33478.07	27.67	-65.64
未锻造的铝及铝材	17378.94	14.36	-52.29
变压器	7043.23	5.82	57.46
钢铁或铝制结构体及其部件	5453.03	4.51	-28.92
钢　材	5089.36	4.21	-65.15
冷冻机和制冷设备	4156.35	3.43	-44.60

2009年度，世界主要市场需求普遍低迷，宝山区对美国、欧盟、日本、东盟、中国香港的出口额大幅下降，合计仅为9.2亿美元，占全区出口总值的76.35%。其中，对美国出口额2.7亿美元，比上年下降58.23%；对欧盟出口额2.6亿美元，比上年下降46.26%；对日本出口额1.8亿美元，比上年下降53.78%；对东盟出口额1.6亿美元，比上年下降33.51%；对中国香港出口额0.6亿美元，比上年下降46.44%。在欧美等传统市场需求不足的情况下，区外贸企业拓展国际市场取得明显成效，对非洲、中东等新兴市场的出口大幅增长。2009年对卡塔尔、阿曼、利比亚、安哥拉、孟加拉国、沙特阿拉伯、尼日利亚等国的出口增幅分别达到7.8倍、3.6倍、2.6倍、1.6倍、51.98%、23.09%和12.62%。这也从一个方面体现了宝山区对外贸易市场格局正朝着合理化、多元化方向转变。

2009年出口商品主要输往地情况表

国别(地区)	出口额(万美元)	占比(%)	比上年(%)
美　国	26919.18	22.25	-58.23
欧　盟	25898.16	21.40	-46.26
日　本	18212.02	15.05	-53.78
东　盟	15656.83	12.94	-33.51
中国香港	5699.77	4.71	-46.44
非　洲	7953.36	6.57	26.52

五、对外经济合作

加强企业“走出去”的政策宣传和指导工作，支持宝山外资外贸企业逆境中发展。2009年度，宝山区有3家企业获准从事境外一般商品的进出口贸易。其中，上海业钢实业有限公司赴中国香港投资，投资额为20万美元；上海东方康桥房地产有限公司赴中国香港投资，投资额为50万港元；上海豪海国际贸易有限公司赴越南投资，投资额为50万美元。

闵行区商务

商务委员会主任
蔡潇飞

一、概述

2009年，闵行区商务工作在顺利完成政府机构改革的基础上，联合相关委办局形成工作合力，依靠镇、街道、工业园区和区内企业集团，积极应对国际金融危机的挑战，按照年初提出的“保增长、调结构、扩内需、扶企业、迎世博”的要求，狠抓项目落地和促开工、促竣工，加大产业结构调整力度，为实现区域经济稳步增长发挥了应有的作用。

（一）指标完成情况

2009年，闵行经济在逆境中保持了良好的发展势头，经济总量实现平稳较快增长。全区实现生产总值1236.3亿元，比上年增长10.3%。其中，第二产业完成802.1亿元，比上年增长3.3%；第三产业完成432.6亿元，比上年增长26.6%，高于第二产业增加值增幅23.3个百分点，成为全区经济实现平稳较快增长的主要推动力。2009年实现商品销

2009年9月15日，“世博论坛——虹桥综合交通枢纽与长三角联动发展”在闵行区举办。图为论坛上嘉宾围绕虹桥综合交通枢纽与上海国际贸易中心建设的主题进行深度对话

售收入1237.9亿元，比上年增长33.0%。实现社会消费品零售总额372.8亿元，比上年增长15.3%。第三产业完成税收收入132.8亿元，比上年增长7.5%。2009年，全区吸收合同外资12.0亿美元，实际到位外资11.26亿美元；全区外贸总进出口236.8亿美元，外贸出口175.6亿美元。

（二）主要工作措施

1. 坚定不移“调结构”，推动区域经济转型。以“大虹桥”开发为契机，加快推动服务业发展。举办“闵行世博论坛——虹桥交通枢纽与长三角联动与发展”，向国内外推介枢纽及虹桥商务区，达成共识，把闵行打造成为上海国际贸易中心的重要承载区之一。与市商务委签订合作共建协议，高层次建立商务区工作对接机制。积极争取在枢纽周边建设与虹桥商务区主体功能相适应的标志性综合会展中心，加快建设紧邻虹桥商务区的国际医疗园区，高标准调整商务区内产业结构。借助虹桥枢纽建设带来的交通及区位转换，闵北商务区、七宝生态商务区、莘庄商务区等服务业功能区域建设稳步推进，将重点服务和辐射长三角，成为承接综合会展、高端物流、总部经济、商务服务的重要平台。

2. 千方百计“扩内需”，取得明显成效。不断完善商业网络体系。莘庄仲盛世界商城、世贸虹桥购物中心相继开业，提升了区域消费水平，满足居民多层次的生活消费需求。开展“闵行休闲购物季”、“IN闵行·IN时尚”等形式多样的主题营销活动，提升了七宝商城、南方商城、莘庄地铁广场等主要商圈及吴中路、十尚坊、虹梅休闲街、七宝老街等商业特色街的销售业绩和知名度。积极落实区内家电下乡销售网点布局备案工作，加强对家电下乡流通企业的后续监管，立足于通过推行家电下乡政策使农民得实惠、企业得市场、政府得民心。

3. 真心实意“扶企业”，提供贴近需求的服务。中小企业改制上市进展顺利，全市12家中小板上市企业中闵行有5家，继续在全市中小板上市企业家数和募集资金数方面保持前列。搭建“闵行区出口企业集约承保金融服务平台”，与中国银行闵行支行共同举办“国际贸易人民币结算及供应链融资研讨会”，积极推进跨境贸易人民币结算的试点工作，推动闵行区外贸经济的稳定增长。优化完善企业发展的政策环境，加快行政审批改革，率先试行外资网上审批系统。

4. 齐心协力“迎世博”，不断提升窗口服务质量。积极履行闵行区迎世博窗口服务指挥部办公室工作职责，重点抓好与世博需求有关的服务领域，全面完成2009年度推进行动20项重点工作任务。组织10万余人次的窗口行业从业人员知识、技能、双语培训，开展了各类服务技能、知识竞赛活动，开展10次“窗口服务日”集中行动，并在上海市迎世博600天城市服务文明指数测评中连续4次获得郊区第一。

二、商业经济

（一）指标完成情况

商业经济由低到高快速发展。商品销售收入、社会消费品零售总额规模不断扩大，2009年实现商品销售收入1237.9亿元，比上年增长33.0%；实现社会消费品零售总额372.8亿元，比上年增长15.3%，增幅超过GDP增长5个百分点，成为拉动全区GDP增长的重要力量。批发零售业税收快速增长，2009年实现税收33.6亿元，在整个第三产业创造的税收总额当中排名第二，比上年增长18.3%。外商及港、澳、台商业呈高速增长之势，全年实现社会零售总额42.5亿元，比上年增长76.1%，居各类性质的商业企业之首。

（二）新开业主要项目

1. 世贸虹桥购物中心。位于金汇路

528号,总建筑面积约20万平方米,为地下1层,地上6层的建筑格局。为了适应现代消费理念,世贸虹桥购物中心定位为社区型综合时尚生活馆,精心构筑以主题品牌系列支撑的经营组合,形成休闲美食餐饮、高档进口家具、精品超市、知名品牌服饰、化妆品、珠宝、文化娱乐影城和KTV、运动休闲、儿童用品和家电家居等各大主题系列,分布于各楼层的主题区域内,涵盖了消费领域各种标杆品牌,还拥有精品超级生活馆、培训学校及美容美发等服务项目。

2. 仲盛世界商城。位于都市路5001号,总建筑面积约29万平方米,为地上五层、地下三层的建筑格局。仲盛世界商城定位为大型区域型购物中心,业态布局分为主力店、次主力店和普通店三个层次。三家主力店——家乐福、百盛、百安居均已开业;次主力店品牌有CGV电影院、星期八小镇、百思买、优衣库、丝芙兰、好乐迪、电玩城等。其中,CGV电影院由上影集团与韩国CGV集团合资。普通店中,依恋集团已有7个品牌入驻。此外,餐饮也是仲盛世界商城重要的组成部分。

(三) 商业发展特点

1. 商业网络体系不断完善。根据国家和市商务主管部门关于千方百计扩大内需的要求,进一步调整和完善三级社区商业网络服务体系,莘庄仲盛世界商城、世贸虹桥购物中心相继开业,提升了区域消费水平。牵头设立6个菜市场、2个专业市场,满足居民生活消费需求。

2. 主题营销活动形式多样。为进一步放大假日经济效应,根据“政府引导、企业为主、市场运作”的原则,组织区内知名商业企业在春节、五一、十一等黄金周期间举办“闵行休闲购物季”、“IN闵行·IN时尚”等系列主题营销活动,扩大了全区百货、汽车、超市、餐饮的销售业绩,提升了七宝商城、南方商城、莘庄地铁广场等主要商圈及吴中路、十尚坊、虹梅休闲街、七宝老街等商业特色街的知名度。

3. 家电下乡销售工作顺利推行。积极落实区内家电下乡销售网点布局备案工作,年内共受理78家企业的备案申请,经审核对其中符合要求的72家进行了备案,赋予其营销资格。在备案过程中,坚持快捷、高效、优质、便民的原则,严格和规范管理,防止假冒伪劣产品及非家电下乡产品进入家电下乡流通体系,同时不断加大家电下乡政策的宣传力度,并在备案审核的基础上加强对家电下乡流通企业的后续监管,立足于通过推行家电下乡政策使农民得实惠、企业得市场、政府得民心。

4. 积极落实2009年市政府实事项目。完成43个标准化菜市场食品安全信息查询系统的建设任务,实现了信息公开化,便民服务数字化,追踪溯源及时化,使市民明白购物、放心消费。

三、吸引外资

2009年全区批准三资企业的总投资17.50亿美元,吸收合同外资12.0亿美元,超额完成全年吸收外资9亿美元任务。外资实际到位11.26亿美元、比上年增长11%。

2009年全区批准三资企业388家。其中合资企业37家,合同外资0.49亿美元;独资企业351家,合同外资4.69亿美元。在这388家企业中,第二产业77家,第三产业311家。其中,1000万美元以上的15家,总投资4.64亿美元,合同外资2.54亿美元。

2009年全区新批准项目388个,其中生产型项目77个,包括先进制造业59个,其他制造业18个;非生产型项目311个,包括生产性服务业67个,房地产业5个,其他服务业236个,投资性公司3个。全年新设1000万美元以上的大项目15家,总投资4.64亿美元,合同外资2.54亿美元。

2009 年吸引外资情况表

吸引外资方式	批准外资企业		合同外资		实到外资	
	项目数（个）	比上年（±%）	外资金额（万美元）	比上年（±%）	外资金额（万美元）	比上年（±%）
合　计	457	-15.00	120319	-25.30	112500	11.30
外商直接投资	457	-15.00	120319	-25.30	112500	—
其中:合资	28	32.00	9222	-17.20	11139	—
合作	0	0	3717	-1.89	1285	—
独资	429	-18.20	107380	-27.70	148651	—

2009 年外商投资行业（或产业）分布情况表

行业（或产业）	项　目　数		合同外资	
	个数	占比（%）	金额（万美元）	占比（%）
合　计	388	100.00	120319	100.00
生产型项目	77	19.80	38217	31.80
非生产型项目	311	80.20	82102	68.20

2009 年外商直接投资主要来自 43 个国家和地区，位于前 5 位的分别是：中国香港、维尔京群岛、日本、美国和中国台湾。

2009 年外商投资来源地情况表

国别（地区）	项目数（个）	投资总额（万美元）	合同金额（万美元）
合　计	388	174808	120319
中国香港	103	48532	24298
维尔京群岛	15	23756	15778
日　本	34	20154	12204
美　国	27	16501	15736
中国台湾	66	9489	7385
德　国	12	8838	4261
开曼群岛	1	7019	6485
法　国	3	6205	4495
加拿大	4	5479	5249
韩　国	49	4705	2928
英　国	11	3584	1308
萨摩亚	10	3028	1624
巴　西	1	2990	900
文　莱	2	2150	2541

（续表）

国别(地区)	项目数(个)	投资总额(万美元)	合同金额(万美元)
瑞　士	2	1656	1181
巴巴多斯	1	1213	1150
新加坡	11	1211	6084
新西兰	3	1102	1028
澳大利亚	5	1080	725
塞舌尔	4	441	310
毛里求斯	1	328	270
瑞　典	1	284	218
荷　兰	1	225	173
意大利	3	155	129
泰　国	1	143	100
马来西亚	0	137	107
印　度	2	127	90
芬　兰	1	123	99
百慕大	1	114	80
多米尼加	0	40	1640
巴基斯坦	1	29	29
土耳其	1	21	14
奥地利	1	20	15
比利时	1	20	14
伊　朗	1	20	14
西班牙	1	14	11
尼日利亚	1	11	11
丹　麦	1	10	22
希　腊	1	7	7
印度尼西亚	1	7	5
俄罗斯	1	4	3
沙特阿拉伯	0	0	10
其　他	2	3836	1588

2009年开工投产企业3097家，比上年增长28.1%；实现销售收入2987.4亿元，比上年增长42.8%；实现利润124.3亿元，比上年增长1.1倍；实现外税收入170.8亿元，比上年增长9.40；实现外贸出口181.4亿美元，比上年增长33.0%。

四、对外贸易

2009年,全区外贸进出口总额236.8亿美元,比上年下降5.55%。全区外贸出口175.6亿美元,比上年下降3.17%,其中内资企业出口8.6亿美元,比上年下降3.37%。外贸进口61.1亿美元,比上年下降11.77%。

出口大类商品比上年虽略有下降,但高新技术产品的出口保持了稳步的增长。2009年机电产品出口157.4亿美元,比上年下降0.87%。高新技术产品出口133.98亿美元,比上年增长5.42%,其中计算机与通讯技术出口123.78亿美元,比上年增长6.23%。部分劳动密集型产品出口出现不同程度的回升。其中纺织品出口为6.35亿美元,比上年下降13.43%;鞋类出口比上年增长0.11%;其他如玩具、塑料制品类等的出口均有小幅回升。

对新兴市场的出口保持增长,对传统市场出口稳步回暖。2009年,对东盟市场出口9.06亿美元,比上年增长11.73%;对拉美市场出口8.11亿美元,比上年增长15.59%;对非洲市场出口1.33亿美元,比上年增长25.82%;对传统的北美洲市场出口63.55亿美元,比上年增长18.39%;对中国香港、日本、及欧盟市场的出口环比均有所回升。

2009年出口商品主要输往地情况表

国别(地区)	出口额(万美元)	占比(%)
欧　盟	474079.60	27.00
美　国	596262.30	33.90
日　本	122207.00	6.90
中国香港	81241.50	4.60
东　盟	90612.90	5.10
非　洲	13335.90	0.70

2009年主要出口商品情况表

商品名称	出口额(万美元)	占比(%)	比上年(±%)
机电产品	1573932.40	89.60	-0.87
纺织品	63576.20	3.60	-13.43
杂项制品	45739.60	2.60	-21.58
贱金属及其制品	23518.30	1.30	-34.26
光学、医疗等仪器	23804.50	1.30	-62.07

嘉定区商务

一、概述

2009年，嘉定区商务工作积极应对国际金融危机的冲击，进一步解放思想，克服前所未有的困难，发挥政府服务协调作用，加快外资产业结构调整和转型升级的推进步伐，加大招商引资的力度，稳步发展外资先进制造业和服务业，引导企业适应市场变化，调整出口战略，吸引外资和外贸出口完成了年度预期目标。

第一、优化外资产业结构。在巩固先进制造业的同时，注重引进总部、研发中心、销售中心，成效显著。第二、提升外贸项目规模。新批、增资1000万美元以上项目的合同外资占比超过85%。第三、创新招商方式。引导和支持老企业增资，充分利用社会力量招商引资，开展主动走出去，积极引进来等灵活多样的招商活动，保持了引进外资的一定数量，提高了引进项目的质量。第四、加强服务企业。跟踪项目信息，开展全程服务，直至完成审批。跟踪重点出口企业，协调解决各种困难，推动出口稳步回升。

利用外资和外贸出口的稳步发展为全区经济战胜危机带来的困难提供了有力支撑。2009年全区综合经济实力有了较快增长。完成增加值706.2亿元，可比增长11.2%；完成工业总产值2360.5亿元，比上年增长9.3%；完成财政收入232.77亿元，比上年增长13.2%。

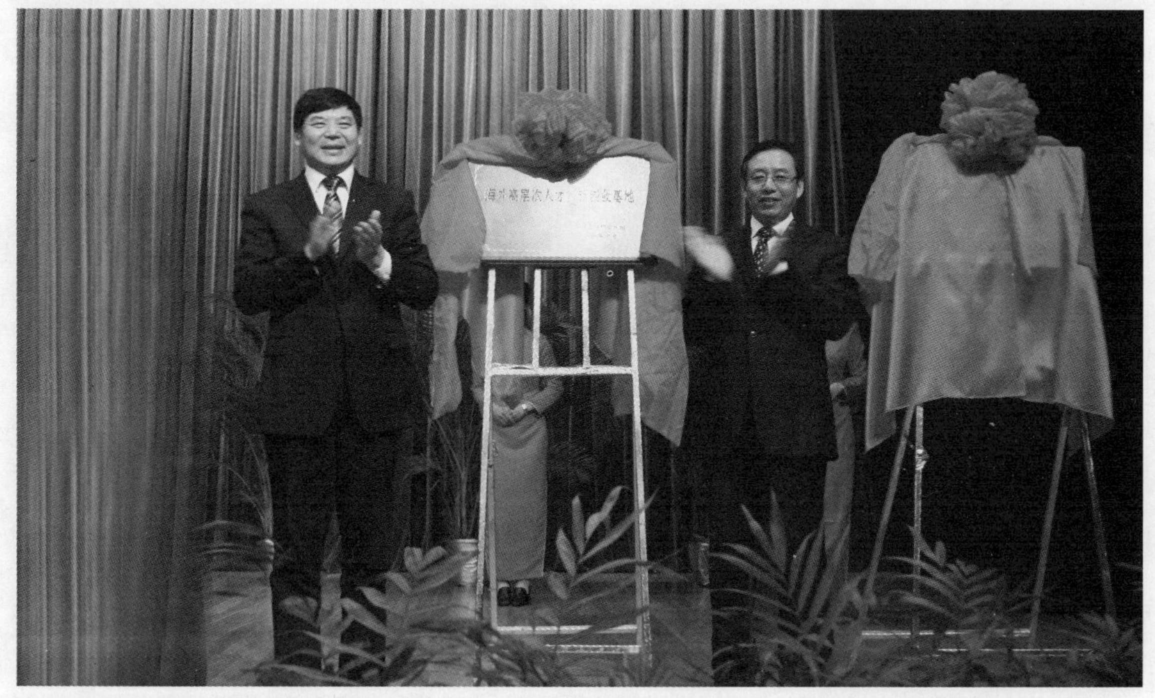

嘉定区区委书记金建忠(左)与区委副书记、区长孙继伟(右)为“海外高层次人才创新创业基地”揭牌

2009年区引进合同外资85342万美元，比上年减少25.5%；外贸出口627673万美元，比上年减少21.35%；外资到位资金63548万美元，比上年减少3.3%。引进合同外资、外贸出口、外资到位资金在上海市郊各区县排行榜上分别位列第二名、第五名、第二名。

二、商业经济

2009年，全区商业经济实现平稳较快增长，消费品市场保持稳定运行态势。全区实现社会消费品零售总额209.1亿元，比上年增长9.1%，较上年净增17.5亿元。实现商业增加值53.9亿元，可比增长9.1%，占三产增加值的23.3%。实现商业收税33.7亿元，比上年增长3.4%，占全区三产税收的38.7%。全区实现商品销售总额582.4亿元，比上年增长11.4%。商业经济增长的主要原因：一是汽车购置税优惠、家电下乡、以旧换新等政策措施得到落实，提升了消费者购买意愿；二是百货业、装饰建材市场、综合卖场等销售增长明显；三是汽车消费跨越式增长。

2009年社会消费品零售情况表

分　类	金额(亿元)	比上年(±%)
合　计	209.1	9.1
吃的商品	62.8	6.5
穿的商品	11.8	5.3
用的商品	116.2	7.7
烧的商品	18.3	34.5

2009年商品销售情况表

分　类	金额(亿元)	比上年(±%)
合　计	582.4	11.4
零售(居民集团)	190.2	6.9
批发销售	392.2	13.8

2009年商业经济发展的主要特点：1. 消费品市场实现平稳运行。2. 政策效应与节日营销双轮带动，提供了消费动力。3. 重点流通企业销售平稳增长，主要业态总体上行。4. 专业市场销售呈波浪式上升并出现分化。

三、吸引外资

2009年全区批准外商投资项目143个，比上年增加11个；总投资190370万美元，比上年减少11.5%；引进合同外资85342万美元，比上年减少25.5%。在世界经济危机冲击面前，引进合同外资仍保持一定数量和质量的主要原因：一是利用老企业增资和利用社会招商力量推荐新项目，提升了项目规模。投资额1000万美元以上的35个项目，合同外资占总额的85.2%。二是注重引进外资服务业项目，房地产、总部经济和商贸业引进合同外资占总数55.8%。三是嘉定新城建设、轨道交通11号线建设引来一批大项目落户。四是上海国际汽车城建设顺利推进，吸引了一批汽车零部件制造商投资设厂。

2009 年吸引外资情况表

吸引外资方式	批准外资企业			合同外资		实到外资	
	项目数（个）	总投资额（万美元）	比上年（±%）	金额（万美元）	比上年（±%）	金额（万美元）	比上年（±%）
合　计	143	190370	-11.5	85342	-25.5	63548	-3.3
外商直接投资							
其中：合资	25	—	—	30087	187.6	—	—
合作	1	—	—	6412	-32.6	—	—
独资	117	—	—	48843	-48.3	—	—

2009 年外商投资行业（或产业）分布情况表

行业（或产业）	项目数		合同外资		实到外资	
	个数	占比（%）	金额（万美元）	占比（%）	金额（万美元）	占比（%）
合　计	143	100.0	85342	100.0	63548	100.0
生产型项目	43	30.1	37663	44.1	—	—
非生产型项目	100	69.9	47679	55.9	—	—

2009 年引进合同外资产业比例为：第一产业 0；第二产业 37663 万美元，占 44.1%；第三产业 47679 万美元，占 55.9%。当年新增投资中，第三产保持强劲势头，主要是依托嘉定新城建设、轨道交通 11 号线建设、上海国际汽车城建设而设立的房地产和总部经济项目。其中，房地产项目合同外资 2.72 亿美元，总部经济合同外资 1.5 亿美元，分别占三产合同外资总额的 57.1% 和 31.2%。第二产业中合同外资额列入前 5 位的行业分别是：通信设备和计算机设备制造业 13143 万美元，食品制造业 6494 万美元，电气机械及器材制造业 4656 万美元，交通运输设备制品业 4592 万美元，金属制品业 3530 万美元。主要特点是外商投资二、三产业结构进一步稳固，引进合同外资中第三产业占 55.9%，继续保持领先优势。制造业合同外资占总额 44.1%，制造业中，通信、计算机、电气、汽车零部件等技术含量较高行业占 59.4%。

2009 年外资来源的国别和地区共有 35 个，比上年增加 3 个。

2009 年外资来源地情况表

国别（地区）	项目数（个）		合同外资（万美元）	
	新　批	增　资	新　批	增　资
合　计	143	116	54684	30658
中国香港	52	20	41274	4734
美　国	9	7	4066	444
芬　兰	2	1	3016	93
韩　国	6	1	2159	10
日　本	14	17	2124	3218

（续表）

国别(地区)	项目数(个)		合同外资(万美元)	
	新　批	增　资	新　批	增　资
新加坡	5	9	2046	1250
中国台湾	17	15	938	2869
意大利	3	0	820	0
塞舌尔	4	1	606	145
新西兰	1	0	512	0
维尔京群岛	3	8	344	6373
德　国	5	13	336	2647
英　国	1	0	200	0
瑞　士	1	2	200	190
法　国	2	0	186	0
澳大利亚	5	1	144	-75
挪　威	1	0	44	0
巴基斯坦	2	0	34	0
瑞　典	1	1	30	309
萨摩亚	1	2	27	-193
丹　麦	1	0	20	0
比利时	1	0	16	0
老　挝	1	0	15	0
阿尔及利亚	1	0	15	0
西班牙	1	0	14	0
加拿大	1	1	10	15
印度尼西亚	0	1	0	-17
毛里求斯	0	5	0	1562
荷　兰	0	2	0	411
洪都拉斯	0	1	0	121
奥地利	0	1	0	0
马来西亚	0	1	0	200
巴巴多斯	0	1	0	-150

（续表）

国别（地区）	项目数（个）		合同外资（万美元）	
	新　批	增　资	新　批	增　资
开曼群岛	0	1	0	500
文　莱	0	2	0	6
国（地）别不详的	2	2	-4512	5996

截至2009年底，全区累计批准外商投资项目3674个，总投资222.65亿美元，引进合同外资101.10亿美元。其中，合资项目1031个，合同外资23.78亿美元；合作项目765个，合同外资15.64亿美元；独资项目1877个，合同外资61.58亿美元；外商投资股份制公司1个，合同外资120万美元。

四、对外贸易

2009年全区外贸直接出口额627673万美元，比上年减少21.35%。其原因：主要是受国际经济危机冲击，国际市场需求萎缩，导致出口商品量下降。其中一般贸易比上年减少15.30%，全区68家重点出口企业直接出口减少了23.4%，自营进出口企业出口额比上年减少5.34%。

出口商品中，机电产品出口321417万美元，占总额51.21%。

2009年商品出口洲际分布情况表

洲别（地区）	出口额（万美元）	占比（%）	比上年（±%）
合　计	627673	100.00	-21.35
亚　洲	283972	45.08	-19.16
北美洲	145405	23.17	-17.71
欧　洲	134876	21.49	-29.36
拉丁美洲	31331	4.99	-17.62
大洋洲及太平洋岛屿	20644	3.29	-21.28
非　洲	10460	1.67	-24.78
其　他	985	0.16	-24.78

从嘉定出口商品市场的洲分布看，亚洲、北美洲、欧洲占总额的89.74%，与上年基本持平。从国别、地区看，美国和日本仍是嘉定出口的主要市场。其中，美国市场占总额21.29%，比上年减少17.43%；日本市场占总额20.17%，比上年减少19.87%；对中国香港出口比上年减少35.97%；对韩国出口占比增加了1.98个百分点，比上年增加长11.82%；德国、英国、澳大利亚、新加坡、意大利、西班牙仍保持在出口市场前10位行列中。

2009 年出口商品主要输往地情况表

国别(地区)	出口额(亿美元)	占比(%)	比上年(±%)
日　本	126583	20.17	-19.87
美　国	133645	21.29	-17.43
中国香港	36503	5.82	-35.97
德　国	27526	4.39	-21.32
韩　国	32870	5.24	11.82
英　国	18770	2.99	-19.96
澳大利亚	18857	3.00	-16.92
新加坡	14525	2.31	-21.34
意大利	13299	2.12	-26.76
西班牙	11799	1.88	-21.12

在嘉定区出口商品中加工贸易的比重继续下降。2009 年以加工贸易形式出口的商品金额 319452 万美元,比上年减少 26.46%,占全区出口总额 50.89%,下降 3.61 个百分点。其中,进料加工产品出口 281247 万美元,来料加工装配产品出口 38205 万美元。以一般贸易形式出口的商品金额 307942 万美元,比上年减少 15.3%,占比 49.11%,上升 3.61 个百分点。从近几年出口形式看,在全区出口商品的份额中,一般贸易上升的趋势相当明显,与加工贸易各占五成左右。

五、2010 年发展趋向

2010 年嘉定区商务工作发展的指导思想是:贯彻落实科学发展观,全面贯彻落实中央、市、区经济工作会议精神,围绕“坚定不移调结构,脚踏实地促发展”的工作要求,切实转变经济发展方式,优化产业规划布局,提升利用外资产业能级,力争引进外资和外贸出口达到新的水平。发展目标是:进一步优化产业结构,合理安排产业布局,稳固先进制造业,提升现代服务业,着力引进文化信息产业项目、总部型项目、汽车及零部件制造项目,形成三、二、一产业结构格局。主要指标是:引进合同外资 8.5 亿美元,外资到位资金 4.5 亿美元,外贸出口 60 亿美元。

金山区商务

经济委员会主任
徐　斌

一、概述

2009年2月5日，金山区党政机构改革，组建新的区经济委员会。将原区经济委员会、对外经济委员会的有关职责，整合划入新组建的区经济委员会。挂商务委员会、粮食局牌子。

2009年金山区坚持以科学发展观为统领，努力克服宏观形势带来的不利影响，着力推进经济结构调整和经济发展方式转变，积极主动加强服务企业，在严峻的宏观形势下，工、商业经济保持了平稳发展。

2009年金山区工业总产值完成912.1亿元，比上年下降8.79%；规模工业产值完成584.9亿元，比上年下降9.81%；工业性投入完成62.92亿元，比上年下降17%。内资到位资金完成68.84亿元，比上年下降21%；外资到位资金完成15127万美元，比上年下降20%。合同利用外资完成12507.6万美元，比上年下降58.7%。完成进出口总额28.87亿美元，比上年下降14.3%，其中：出口额13.93亿美元，比上年下降19.21%，进口14.94亿美元，比上年下降9.12%，全年贸易逆差1.01亿美元。社会消费品零售总额完成182.8亿元，比上年增长6.5%；经济小区完成35.96亿元，比上年增长10.4%。

二、商业经济

2009年，金山区社会消费品零售额完成182.8亿元，比上年增长6.5%；第三产业

2009年金山区举行外商投资促进恳谈会

GDP 完成 116.7 亿元，比上年增长 12.7%；第三产业占全区 GDP 比重:37.4%。

（一）主要工作

1. *积极开展迎世博 600 天窗口行动*。制定实施工作意见和细化方案，召开金山区迎世博 600 天窗口服务指挥部工作会议进行落实。形成窗口工作日常机制，制定工作例会制度、监督检查制度和信息报送制度，加强上下联动。进一步加强员工培训工作，全年窗口单位培训人数达 3.2 万人，其中包括 2 期的手语培训班。加强监督检查力度和整改力度，同时围绕三五活动日开展各类活动营造宣传氛围。通过努力，金山区窗口服务工作在全市测评中取得排名 4、4、3、3、3 的成绩。

2. *召开第三产业工作会议，确定 2009 年度第三产业经济指标和考核细则*。明确 29 个重点项目并进行跟踪，及时掌握并确保全区三产重点项目进度。

3. *召开全区服务业推介会*。推介会着重推出 42 个重点服务业项目，分为商贸业；餐饮、宾馆类、旅游业；商务楼宇；大型批发市场及待开发商业项目 4 大类，涵盖商铺、大型交易市场、宾馆、商务楼宇、酒店式公寓、购物中心、旅游项目以及商业地产开发等诸多方面，涉及项目总建筑面积 280 万平方米，总投资额 70 亿元。会上签约了 6 个项目。

4. *启动家电下乡工作*。金山区为落实好家电下乡工作，对申报的 150 多家定点销售网点进行逐一登门勘察，完成 84 家网点的审核定点。自 4 月 28 日启动以来销售情况正常，补贴发放迅速，对区商业销售起到一定的促进作用。

5. *服务重点区域、重点项目*。为百联购物中心的进驻做好业态及可行性分析。帮助金石湾国际化工生产性服务业功能区取得市经委授牌。做好重点区域如绿地老街、华府海景等项目的业态控制，帮助做好国际贸易城、金山车市等大型批发市场及金上海生活广场的展示、庆典活动。开展商业特色街评选活动，其中石化北随塘河路特色餐饮街被命名为市级特色商业街，推进重点区域的商业发展。

6. *加强促销管理，确保市场供应*。在春节、五一、十一等重要假日，各商业企业高度重视、全力以赴地做好节日市场供应工作，保障食品质量安全、货源充沛和物价稳定。

（二）运行特点

1. *三产总体形势回暖*。累计完成税收 39.4 亿元，比上年增长 5.4%。完成三产增加值 116.7 亿元，可比增长 12.9%，现价增长 12.7%，占全区增加值比重为 37.4%，较上年提升 4.2 个百分点。第三产业累计增加值下半年逐月递增，月度增幅显著，产业回暖势头强劲，已超额完成年初目标。

2. *消费市场活力重现*。社会消费品零售额 182.8 亿元，比上年增长 6.5%。集市贸易成交额 31.6 亿元，比上年增长 17.3%。批发和零售业实现增加值 23.8 亿元，比上年增长 11.9%，是带动三产增加值增长的主要力量。商业销售比上年由年初的大幅跳动，经历 3—7 月份的震荡波动，下半年以来累计增幅逐月增加，恢复到往年的正常水平。元旦、春节、五一、十一，四个假期抽样商业服务业企业共实现销售 11219 万元，较上年增长 8.9%。

实现旅游企业营业收入 6.74 亿元，比上年增长 16.4%，接待游客 232 万人次，比上年增长 31.3%，已超额完成全年计划。随着旅游业人数的增加，也带动了餐饮住宿的发展，完成住宿和餐饮业增加值 3.8 亿元，比上年增长 15.7%，增幅在 14 个行业中排名第二。

房地产业增加值 11.7 亿元，比上年增幅 15.0%。住宅总施工面积 236.3 亿平方米，比上年上升 49.9%；竣工 78.6 万平方米，比上年上升 64.2%；销售面积 76.6 平方米，比上年上升 107.9%；销售额 34 亿元，比上年上升 127.3%；空置面积近 2 万平方米，比上年下降 54.1%。商品房供应、消费、单价均大幅上升。

销售家电下乡产品3167件680万元，共补贴2487笔，合计发放补贴资金69万元；家电以旧换新实现24924件9271万元，合计发放补贴资金675万元，均取得了较好的成绩。

数据显示，在多种因素促进下，2009年消费信心逐步好转，消费市场逐步恢复。

3. 重点项目推进有力。百联金山社区购物中心项目将形成新的商业地标，蓝色海岸生活广场为金山区商业街提升提供了实用范本，童博园、国贸城、金山车市为大型贸易城项目改造提供了良好的借鉴。截至年底，28个项目推进情况总体良好，计划总投资116亿元，到位资金约41.7亿元，占计划投资额的36%。建成或开业6项：化工物流产业园、蓝色海岸生活广场、上海服装城、汽摩配综合发展中心、国际贸易城、金上海生活广场。完全竣工（含招商中）5项：新枫泾步行街、天乐四星级宾馆、东兰汇聚大酒店、长三角物流港、金山工业区南区职工生活基地。部分竣工（含招商中）6项："金石湾"生产性服务业功能区、高尔夫球场5星级会所、金行大酒店、上海服装机械城、上海电器城、东方文化中心。在建7项：百联金山社区购物中心、金山嘴海鲜美食城、华府海景、儿童博览园、枫泾中大街、廊荷园、标准化菜市场猪肉安全查询系统。

三、吸引外资

2009年金山区新批外商投资项目79个，增资项目25个。在新批外商投资企业中，中外合资企业21家，外商独资企业58家。投资总额27592.6万美元，比上年下降49.1%；合同外资12507.6万美元，比上年下降58.7%；实到外资15127.1万美元，比上年下降20%。

2009年吸引外资情况表

吸引外资方式	批准外资企业				合同外资			实到外资	
	项目数（个）	总投资（万美元）		比上年（±%）	金额（万美元）		比上年（±%）	金额（万美元）	比上年（±%）
		全部	增资		全部	增资			
合计	79	27592.6	4072.8	-49.1	12507.6	2613.2	-58.7	15127.1	-20.0
合资	21	12301.5	380.0	-30.0	3397.4	216.0	-44.0	5040.2	—
合作	0	200.0	200.0	-20.0	200.0	200.0	-2.4	100.0	—
独资	58	15291.1	3492.8	-57.9	9110.2	2247.2	-62.0	9986.9	—

2009年金山区吸引第二产业项目39个，占新批项目总数的49.4%，占比呈逐年下降趋势；投资总额21549.3万美元，占新批项目投资总额的91.6%；合同外资8407万美元，占新批项目合同外资总额的85%。第三产业外资项目39个，占比进一步提高，占79个新批项目的49.4%；投资总额1760.5万美元，占新批项目投资总额的7.5%；合同外资1337.4万美元，占新批项目合同外资总额的13.5%。第一产业项目1个，占新批项目总数的1.3%，总投资210万美元，占新批项目投资总额的0.9%；合同外资150万美元，占新批项目合同外资总额的1.5%。

2009 年外商投资行业(或产业)分布情况表

产　业	项目数		投资总额(万美元)		合同外资(万美元)		实到外资(万美元)	
	个数	占比(%)	金额	占比(%)	金额	占比(%)	金额	占比(%)
合　计	79	100.0	27592.6	100.0	12507.6	100.0	15127.1	100.0
第一产业	1	1.3	210.0	0.9	150.0	1.5	0	0
第二产业	39	49.4	21549.3	91.6	8407.0	85.0	12785.7	84.5
第三产业	39	49.4	1760.5	7.5	1337.4	13.5	2341.4	15.5

2009 年吸引外资主要呈以下特点:

(一) 受全球金融危机影响,外资主要指标大幅下降

受席卷全球的金融危机的影响投资者投资意愿不强,消费者购买力下降,产能过剩。这些不利因素直接影响了外资的流入,严重影响了外资的引进。

(二) 制造业项目数逐年下降,服务业项目数上升的趋势在延续

2009 年,第三产业外资项目数首次与二产外资项目数齐平各占外资项目总数的 49.4%。

(三) 中国台港澳仍然是区外资主要来源地

2009 年外商直接投资主要来自于中国台港澳、欧盟、美国、东南亚等 24 个国家和地区。其中,中国台港澳地区投资企业共 29 个,占项目总数的 36.7%;投资总额 10674.3 万美元,占 38.68%;合同外资 4416.2 万美元,占 35.3%。

2009 年外商投资主要来源地情况表

国别(地区)	项目数(个)	投资总额(万美元)	合同外资(万美元)
中国台港澳	29	10674.3	4416.2
欧　盟	13	4129.9	990.0
东南亚	13	1868.2	1609.9
美　国	5	1773.4	864.4
日　本	6	863.4	241.0
其　他	13	8283.4	5826.1

四、对外贸易

2009 年,全区出口商品总额 139310 万美元,比上年减少 19.21%。其中三资企业出口总额 9.72 亿美元,占全区出口总额的 69.75%。出口总额超过 1000 万美元的企业 28 家,其中上海嘉乐股份有限公司出口额 8778 万美元,列出口企业第一位。民营企业出口额 3.6 亿美元,比上年减少 26.5%。受国际金融危机影响,出口产品中,纺织原料及纺织制品出口略有下降,出口额 5.72 亿美元,占出口总额的 41.0%;橡胶及其制品、钢铁制品、矿物材料制品及陶瓷品比重有所上升,塑料及贵金属制品、钢铁制品、玻璃及其制品等产品出口比重明显下降。

2009 年主要出口商品情况表

商品名称	出口额(万美元)	占比(%)	比上年(±%)
纺织原料及纺织制品	57157	41.02	-6.58
化学工业品	16118	11.56	-16.50
塑料及制品	15675	11.25	0.57
机电产品	9703	6.96	-24.71
贱金属及制品	7856	5.63	-37.71
皮革制品、箱包	3980	2.85	-20.97
橡胶及其制品	3027	2.17	-24.33

2009 年,出口商品主销日本、美国、东盟、韩国、德国、中国台湾、澳大利亚和中国香港等 30 多个国家和地区。其中销往东盟、澳大利亚、印度尼西亚、越南、泰国的商品额增长迅速,销往德国的商品额略有下降。

2009 年出口商品主要销往地情况表

国别(地区)	出口额(万美元)	占比(%)	国家和地区	出口额(万美元)	占比(%)
日　本	48473	34.82	韩　国	7323	5.26
欧　洲	24441	17.55	德　国	6570	4.71
美　国	15717	11.29	中国台湾	6202	4.45
东　盟	11070	7.95	澳大利亚	5933	4.26

五、生产经营

2009 年,全区已投产外商及港澳台投资企业 421 家,完成销售收入 2496158 万元,比上年增长 1.5%;实现利润 196515 万元,比上年增长 106.7%;缴纳税金 134916 万元,比上年增长 3.3%。其中,上海华普国润汽车有限公司以销售收入 196794 万元居第一位,上海同瑞服饰有限公司以利润总额 22565 万元居第一位。

六、对外经济合作

2009 年全区输出对外劳务(研修)人员 148 名,主要输往日本等国家,主要工种以缝纫、电子等为主。

松江区商务

经济委员会主任
何胜友

一、概述

2009年，松江区针对外部需求萎缩引起的外资引进、外贸出口受到较大影响等困难，把压力变动力，加快转变经济发展方式，重新审视新形势下外资招商工作的紧迫性，重新认识对外贸易在全区经济发展中的重要作用，开拓创新，强化服务，形成合力，使外向型经济稳步发展。一是努力构建“展示、交易、交流、合作”平台，广泛开展对外贸易洽谈和战略合作，鼓励企业开拓国际新市场。二是围绕外商投资、企业生产经营、出口贸易、金融危机对外向型经济影响等情况进行全面调研分析，提出针对性措施。三是召开外商投资招商工作推进会，对高质量、符合产业发展导向的外资项目，要求做到资料齐全马上办，资料不齐指导办，紧急项目加班办，特殊项目跟踪办，重大项目领导亲自办。四是鼓励“三资”企业增资扩股，增设研发机构和生产基地，把上端产品与中端产品相对接，形成新的生产能力。

2009年，全区已投产“三资”企业1933

松江区召开外商投资招商工作推进会

家，比上年1412家增加521家，增长36.9%；实现销售收入2812.8亿元，比上年下降9.2%；实现利润73.7亿元，比上年增长9%；实现外税收入86.7亿元，比上年增长7.7%。

二、吸引外资

2009年，松江区共批准外商投资项目130个(其中，中外合资16个，外商独资114个)，总投资10.81亿美元(其中，增资3.38亿美元)，比上年下降22.9%；合同外资5.21亿美元(其中，新设项目3.16亿美元，增资项目2.05亿美元)，比上年下降36.4%。年内，增资项目95个，总投资3.38亿美元，比上年下降52.9%；外商实际到位资金5.89亿美元，比上年下降33.2%。

2009年吸引外资情况表

吸引外资方式	批准外商投资企业			合同外资	
	项目数（个）	投资总额（万美元）	比上年（±%）	金额（万美元）	比上年（±%）
合　计	—	108082	−22.9	52091.0	−36.4
直接投资	130	74251	8.6	31579.4	−28.1
其中：合资	16	10676	172.9	3365.5	120.7
独资	114	63575	−1.4	28213.9	−33.5
老企业增资	95	33831	−52.9	20511.7	−46.0

2009年，吸引外资受到国际金融危机冲击和外商投资周期性回落两个方面的主要影响，出现一些新情况：

1. 项目数量减少，规模较小。

全年新批准外商投资项目比上年下降11%，新设项目合同外资比上年下降28.1%。新设项目平均合同外资243万美元，比上年的301万美元减少58万美元，下降19.3%。新增项目总投资超过1000万美元的只有24个，占项目总数的18.5%。

2. 第三产业项目比重较低。

在新批准的外商投资项目130个中第三产业有58个，占44.6%；合同外资1.18亿美元，比上年的2.6亿美元减少1.42亿美元，下降54.6%；占全区合同外资22.6%，比重比上年下降9.1个百分点。

3. 老企业增资下降明显。

增资项目数比上年减少50个，下降34.5%；总投资比上年减少3.8亿美元，下降52.9%；合同外资比上年减少1.75亿美元，下降46%。

外商投资在逆势中有新的变化：一是新设项目主要涉及现代装备制造业、电子制造业和精细化工制造业，有利于加快建设先进制造业基地，工业项目数占55.4%。二是新设项目大部分向标准厂房集中，有利于盘活存量，少用增量资源，一方面使存量变增量，另一方面降低企业初始成本，再一方面加快投产见效速度。

2009年，松江区外商投资者分别来自中国香港、中国台湾、日本、法国、美国、韩国、维尔京群岛等26个国家和地区。

2009 年外商投资来源地情况表

国别(地区)	批准项目数(个)	总投资(万美元)	合同外资(万美元)
总　　计	130	108082	52091
中国香港	35	28924	13556
中国台湾	28	4695	2815
日　　本	15	19386	8611
法　　国	4	5388	2256
美　　国	5	16854	6134
加 拿 大	1	300	214
新 加 坡	2	3709	1972
荷　　兰	2	1299	766
澳大利亚	3	701	336
韩　　国	7	622	485
德　　国	1	1494	823
新 西 兰	2	543	535
丹　　麦	—	10	7
英　　国	2	1197	618
马来西亚	1	59	51
瑞　　士	—	28	20
意 大 利	4	309	204
萨 摩 亚	2	528	1395
俄 罗 斯	1	28	10
开曼群岛	—	2243	1357
塞 舌 尔	—	210	150
土 耳 其	1	7	5
文　　莱	3	3910	1370
西 班 牙	1	20	14
毛利求斯	2	2893	1880
维尔京群岛	8	12725	6507

截至 2009 年底,松江区累计批准外商投资项目 3552 个(中外合资 892 个、中外合作 312 个、外商独资 2348 个),总投资 219.28 亿美元,合同外资 134.28 亿美元。外商投资者来自 57 个国家和地区。

三、出口贸易

2009 年,松江区实现直接出口创汇 280.90 亿美元,比上年下降 14.7%;实现外贸出口拨交值 2038.83 亿元,比上年下降 15.8%。尽管外贸出口受到较大影响,但也有许多亮点。一是外贸出口企业数量增加,2008 年是 1123 家,2009 年是 1323 家,增加 17.8%,有更多企业走向国际市场。二是对外合作交流活跃,5 月的韩国企业采购会,9 月的上海中国采购大会以及广交会、华交会等为外贸出口企业提供许多新的商机,10 月份,全区产品出口总额达32.2亿美元,比历史上出口额最高月份仅相差3.6个百分点。三是一批重点外贸出口企业的出口拨交值保持增长,其中,达功电脑增长2.4%,国基电子增长10.8%,展运电子增长20.7%。四是松江的外资企业为全区创造98%的出口,许多企业的产品在国际市场具有一定的占有率和知名度。

2009年,松江区出口商品有三个主要特点:一是加工贸易产品出口比重高。出口总额达274.61亿美元,占全区产品出口额的97.7%。二是出口产品品种集中。以机电产品为主,这类产品出口总额达233.87亿美元,占全区产品出口总额的83.2%。三是以美国、欧盟和日本为主要出口市场。其中,产品出口到美国102.3亿美元、欧盟85亿美元、日本19.7亿美元,分别占全区产品出口额的36.4%、30.3%和7%。

2009年出口商品主要输往地情况表

国别(地区)	出口额(万美元)	占比(%)	比上年(±%)
美　国	1023437.38	36.40	-18.03
欧　盟	849775.49	30.30	-10.94
日　本	197103.29	7.01	-20.10
中国香港	170859.33	6.08	-6.11
中国台湾	40592.04	1.44	-36.47

2009年主要出口商品情况表

商品名称	出口额(万美元)	占比(%)	比上年(±%)
机电产品	2338666.25	83.24	-15.10
纺织服装	60937.49	2.17	-16.40
塑胶化工	30128.35	1.07	-24.10
杂项制品	19341.38	0.69	-18.16
光学医疗器材	57936.47	2.06	29.80

青浦区商务

经济委员会主任
徐惠新

一、概述

2009年，面对金融危机带来的严峻挑战，青浦区深入落实科学发展观，以内外贸管理机构合二为一为契机，加大内外贸工作协调推进力度，内贸工作着力于扩内需、提信心，外贸管理着力于保市场、保份额，认真贯彻落实各项政策，积极采取一系列针对性措施，全区商务经济总体上保持平稳向好发展趋势。

二、商业经济

2009年，青浦区加大现代服务业推进力度，积极落实拉动内需各项政策，努力促进产业升级转型。全区实现社会消费品零售总额首次突破200亿元大关，达207.6亿元，比上年增长17.8%，完成年度计划任务的101.6%，继续保持较快增长的发展势头，增速名列市郊前列。

（一）运行特点

1. 全年消费增速呈现前缓后快态势。年初数月，全区社会消费品零售总额总体比较低迷，至6月底累计同比增长15.1%。下半年，随着全国经济大环境好转，居民消费信

青浦区召开经贸工作座谈会

心逐步增强，各大商场围绕国庆、中秋等传统节日和上海购物节等商机大搞营销活动，累计销售额同比增幅稳步攀升，9月底达到17.4%，年底为17.9%。单月销售额12月达到最高峰，为19.2亿元，同比增长18.2%。

2. 家电促销政策拉动内需作用明显。2009年，国家相继出台“家电下乡”和“家电以旧换新”政策。青浦区认真贯彻执行，有效发挥了政策拉动消费、活跃市场的作用。其中，针对农民消费特点开展的“家电下乡”活动，青浦区于4月30日正式启动，至年底全区共备案销售网点79家，“家电下乡”销售各类家电产品2339台，销售金额475.6万元。针对电视机等五类家电产品的“家电以旧换新”活动于8月11日正式启动，至年底全区共备案销售网点33家，回收网点18家，销售新家电16632台，销售金额达6469.3万元。

3. “假日经济”效应继续显现。“五一”节日三天，全区定点统计的19家大中型商业企业共实现销售8291万元，同比增长12.5%。“十一”黄金周，在国庆节和中秋节叠加效应的影响下，结合“2009上海购物节”，各大商场开展各种促销活动，19家大中型商业企业节日8天实现销售1.7亿元，同比增长52.7%。

（二）主要工作

1. 贯彻家电促销政策。区商务主管部门精心组织，扎实工作，认真贯彻家电促销政策。具体工作措施主要有：①重视政策宣传，认真做好政策释疑工作，使政策家喻户晓。②开展销售网点备案的受理审核工作，严格执行备案程序。③加强对销售网点的监督管理，督促有关职能监督部门认真开展销售网点巡视检查，及时处理相关举报投诉，维护家电市场流通秩序。④督促商家宣传促销和服务到位。严格要求各销售商提供送货上门、安装调试、使用辅导、上门维修等服务。

2. 开展购物节系列活动。结合2009上海购物节活动，全区各大中型商场推出了一系列形式多样、丰富多彩的营销活动，形成了一道多姿多彩的购物风景线。如：永乐家电的“永乐生活电器节”，苏宁电器的“金九银十电器家装季”，吉盛伟邦“JSWB2009上海家具展销会”，世纪联华的“酷棒抵扣大行动”，东方商厦的“双节共享，盛世同欢”等营销活动，让消费者得到更多实惠。此外，奥特莱斯品牌直销广场的品牌折扣惊喜游与朱家角古镇休闲游分别被列为上海购物节十大专线。开展购物节系列活动，使消费者买到更优质的商品，享受更便捷的购物服务。

3. 商业服务业“诚信经营”示范创建活动。青浦区以迎世博为契机，组织开展商业服务业“诚信经营”示范创建活动。全区商贸企业积极响应，积极培育“以真诚赢得信誉，用信誉保证效益”的理念，进一步提高营造诚信为主、操守为重、守信光荣、失信可耻的市场环境和氛围。9月15日，在上海市商业“诚信兴商”活动大会上，青浦区的东方商厦、奥特莱斯品牌直销广场、新华书店、稻香村商场荣获“上海市诚信经营示范店（企业）”称号，朱家角北大街荣获“上海市诚信经营示范街”称号。

4. 迎世博窗口服务行业服务品牌创建活动。结合迎世博工作，在全区商贸企业中开展“优质服务示范窗口”和“优质服务示范员”创建活动。经过推荐评选，全区有6个班组被评为上海市迎世博窗口服务行业“优质服务示范窗口”，6人为上海市迎世博窗口服务行业“优质服务示范员”。凭着优质的服务和组织工作，青浦区经委商业服务科荣获了由上海市精神文明建设委员会和市迎世博600天行动社会动员、城市管理、窗口服务指挥部联合颁发的“迎世博贡献奖—优质服务奖”。通过开展服务品牌创建活动，有效改善和提升商贸企业员工的服务技能、服务方式、服务艺术。

（三）商贸设施建设

1. 现代服务业集聚区建设有序开展。

吉盛伟邦国际家具村二期全部工程完成结构封顶，建筑面积212915平方米，预计2010年9月开始营业。珠江创展国际时尚中心西区投建前期工作已结，将于2010年2月正式开工，建筑面积146590平方米。以五天创意产业园区、德邦物流、上海惠尔物流等为代表的生产型服务企业，呈现出集中集聚发展的态势。

2. 大型专业市场建设扎实推进。上海意邦国际建材家居品牌中心的主要功能区建成，已进入装修阶段，预计2010年上半年开始营业；上海西郊国际农产品交易中心主要功能区完成建设，预计2010年3月底开始营业。

3. 老城区商业网点布局不断完善。金地格林郡"世纪联华"超市于2009年12月18日开业；绿港购物广场1万平方米结构封顶，开始招商。原东风饭店沿青安路街面房改造即将完工，预计2010年5月1日开业。

4. 青浦工业园区生产性服务业的发展取得积极进展。第一家正式的跨国公司地区总部——希悦尔亚太地区总部正式落户；世界500强企业——斯伦贝谢公司的亚太地区研发中心和加工中心于12月23日签约落户并追加投资1.2亿美元。

三、吸引外资

2009年青浦区共吸收合同外资51806万美元，比上年下降3.2%。其中新批项目86个（含17个迁入项目），吸收合同外资25798.39万美元，比上年减少16.1%；增资项目76个，吸收合同外资26007.8万美元，比上年增加14.3%。2009年全区完成实到外资39374万美元，比上年减少13.5%，共有154家出资企业，平均每户到位外资255.7万美元。

2009年吸引外资情况表

吸引外资方式	批准外资企业	合同外资		实到外资
	企业数（个）	外资金额（万美元）	比上年（±%）	外资金额（万美元）
合　计	86	51806.20	-3.20	39374.10
外商直接投资	86	51806.20	-3.20	39374.10
其中:合资	11	1895.20	-90.30	1937.60
合作	1	630.00	-80.10	2459.00
独资	74	49281.00	60.40	34977.50
外方其他投资	—	—	—	—

2009年外商投资行业分布情况表

行　业	项目数		合同外资（万美元）		实到外资（万美元）	
	个数	占比（%）	金额	占比（%）	金额	占比（%）
合　计	86	100.00	51806.20	100.00	39374.10	100.00
生产型项目	39	45.30	33228.30	64.10	28296.20	71.90
非生产型项目	47	54.70	18577.90	35.90	11077.90	28.10

2009 年外商投资主要来源地情况表

国别(地区)	项目数(个)	投资总额(万美元)	合同外资(万美元)
合　计	86	35753.32	25798.39
中国香港	25	16367.34	11803.40
中国台湾	12	2179.50	1547.88
美　国	8	380.47	146.47
维尔京群岛	6	4009.00	2797.00
日　本	6	169.18	126.03
意大利	4	466.00	271.00
德　国	4	373.47	266.63
新加坡	3	155.00	109.00
韩　国	3	128.00	55.20
开曼群岛	2	4980.00	4000.00
法　国	2	1500.00	1100.00
塞舌尔	1	2980.00	2500.00
新西兰	1	732.00	513.00
萨摩亚	1	420.00	157.50
卢森堡	1	418.89	97.74
加拿大	1	176.00	60.00
英　国	1	161.00	117.00
印　度	1	72.00	51.00
丹　麦	1	50.00	50.00
瑞　士	1	15.22	15.22
芬　兰	1	10.25	7.32
荷　兰	1	10.00	7.00

2009 年青浦区吸引外资特点：

(一) 新批项目合同外资继续呈现萎缩态势,但好于全市平均水平

全年新批外资项目 86 家,吸收合同外资 25798.39 万美元,比上年下降 16.1%(全市下降幅度为 23.9%)。其中外商投资制造业新设项目 39 个,与上年持平。制造业新设项目中土地批租项目 2 个,租赁厂房项目 37 个,合同外资合计为 9056.5 万美元;服务业新设项目 47 个,比上年增加 18 个,合同外资为 16741.89 万美元。服务业项目新设数目数首次超过制造业新设项目数。

(二) 外资大项目仍占主导,但比重也呈下滑趋势

全年新批合同外资 1000 万美元以上大项目有 6 家,合同外资 18564 万美元;增资大项目有 8 个,合同外资为 14708.5 万美元。14 个大项目合同外资合计为 33272.5 万美元,比上年减少 18.7%,占全年合同外资总数的 64.2%,与上年相比,项目数减少 2 个,合同外资占比下降近 11 个百分点。

(三) 投资来源结构比例没有发生较大变化

全年引进外资排名前三位的地区是中国

香港、欧美和维尔京群岛，合同外资占比分别为31.1%、18.1%、18%。

（四）企业增资保持一定规模，制造业企业增资占绝对多数

全年共批准增资项目76家，合同外资26007.8万美元，比上年增加14.3%，占合同外资总额的50.2%。其中67家是制造业企业增资，合计吸收合同外资24168.8万美元，占比为92.9%。全年合同外资增加500万美元以上的企业有13家，合计增加合同外资17708.5万美元，其中多家企业近年来已是多次大规模增资扩股，如海德堡、星科金朋、展华电子等企业，体现了历年引进项目的质量和水平。

（五）新批服务业项目仍以商业企业为主

随着商业领域进一步对外资开放，市商务委相继下放外资商业批发、零售等行业的审批权限，全区新设商业企业数量明显增加，全年引进的47个服务业企业中，有30家为商贸型企业，占比为63.8%。另有6家为咨询服务企业、4家为计算机软件开发企业、1家为人才中介服务企业、1家为物流企业、2家为房地产企业、1家为房产中介企业、1家为建筑企业、1家为维修服务企业。

四、对外贸易

（一）从贸易额看

2009年，受全球经济危机影响，青浦区进出口贸易出现大幅下降，降幅一度达到25%以上。但自9月开始，呈现恢复性增长趋势，9—12月连续4个月单月进出口额都在10亿美元左右，增幅都达到20%左右，下降趋势明显受到遏止。全年进出口总额为97.2亿美元，比上年下降6.19%，降幅低于全国下降幅度7.7个百分点，低于全市下降幅度7.6个百分点。其中，出口额为55.78亿美元，比上年下降9.73%；进口额为41.42亿美元，比上年下降0.96%。

（二）从贸易方式看

2009年，全区加工贸易进出口企业308家，比上年减少66家，进出口额为58.85亿美元，比上年下降0.32%，占全区进出口总额的62.03%；一般贸易进出口企业1110家，比上年减少102家，进出口额为36.01亿美元，比上年下降14.43%，占全区进出口总额的37.97%。

（三）从经营主体看

2009年，全区共有695家外资企业开展进出口业务，比上年减少96家，进出口额为83.12亿美元，比上年下降5.83%，占全区进出口总额的85.51%；计有461家内资企业开展进出口业务，比上年减少31家，进出口额为14.08亿美元，比上年下降8.3%，占全区进出口总额的14.49%。

（四）从出口产品看

2009年电子信息类产品进出口额42.15亿美元，比上年增长12.4%，占全区进出口总额的43.37%；纺织服装类产品进出口额8.86亿美元，比上年下降7.07%，占全区进出口总额的9.12%；精密机电类产品进出口额16.81亿美元，比上年下降19.26%，占全区进出口总额的17.29%；高新技术产业进出口额2.35亿美元，比上年下降29.19%，占全区进出口总额的2.42%；文体休闲类产品进出口额7.62亿美元，比上年下降14.61%，占全区进出口总额的7.85%。

（五）从市场看

2009年，全区出口商品销往地有61个国家地区，进口商品来源地有98个国家地区。区主要的进出口市场依次分别为美国、东盟、日本、欧盟。其中，对美国市场的进出口额为24.6亿美元，比上年下降3.28%；对东盟市场的进出口额为17.23亿美元，比上年增长60.32；对日本市场的进出口额为15.3亿美元，比上年下降20.65%；对欧盟市场的进出口额为13.25亿美元，比上年下降18.49%。

2009 年出口商品主要输往地情况表

国别(地区)	出口额(万美元)	占比(%)
美　　国	87808	15.75
日　　本	87274	15.66
欧　　盟	74707	13.40
新 加 坡	64742	11.61
中国香港	46579	8.36
马来西亚	46061	8.26
韩　　国	23884	4.28
意 大 利	20889	3.75
中国台湾	19373	3.48
德　　国	13892	2.49

2009 年主要出口商品情况表

商品名称	出口额(万美元)	占比(%)	比上年(±%)
机电、音像设备及其零部件	307789	55.17	-0.36
纺织原料及纺织制品	77173	13.83	-4.61
杂项制品	54780	9.82	-15.22
车辆、航空器、船舶及零部件	26532	4.76	-34.76
塑料及其制品;橡胶及其制品	24621	4.41	-16.89
贱金属及其制品	21556	3.86	-37.77
化学工业及其相关工业的产品	9428	1.69	-12.67
革、毛皮及制品;箱包	8149	1.46	-24.96
光学、医疗等仪器;钟表;乐器	7579	1.36	-4.14
木浆等;废纸;纸、纸板	6814	1.22	-14.67
鞋帽伞等;羽毛品;人发制品	4695	0.84	-3.59

五、对外经济合作

2009 年全年共批准 5 个项目赴境外投资,分别为上海美特幕墙有限公司、上海欣展橡胶有限公司、上海六和医疗器材有限公司、上海金升蓊丝印器材有限公司、上海安盛集团有限公司。境外投资额达到 912.5 万美元,涉及美国、中国香港、阿联酋、荷兰、维尔京群岛等国家(地区)。青浦区历年累计境外投资企业共有 29 家,投资总额 1736.5 万美元,涉及国家有日本、加拿大、美国、阿联酋等 13 个国家和地区。

2009 年青浦外经国际劳务公司外派赴日本研修生 94 名,主要工种为缝纫、机械加工。

奉贤区商务

经济委员会主任
张　琪

一、概述

2009年，面对国际金融危机对全区外经贸工作带来的严重影响，奉贤区紧紧围绕学习并贯彻落实科学发展观活动的精神，以迎世博为契机，始终保持昂扬向上的精神状态，坚定发展信心，围绕“三区一基地”建设，进一步解放思想，转变观念，创新思路，调整策略，攻坚克难，集中力量在引进服务上下功夫，千方百计在集约资源上作文章，着力在优化经济结构，提高经济增长质量，加强节能减排和生态环境保护，坚定不移地做好各项工作，为实现年初确定的各项目标而不懈努力。

全年共完成生产总值429.09亿元，比上年增长13%；实现商品销售总额548.07亿元，比上年增长17.7%；完成社会消费品零售总额213.17亿元，比上年增长15.7%；实现商业税收17.75亿元，比上年减少2.4%；吸引合同外资5.08亿美元，比上年下降7.32%；外贸出口35.93亿美元，比上年下降13.1%；外资到位3.88亿美元，比上年增

2009年11月，区政府举办奉贤投资环境推介会，上海30多家外商投资机构代表到奉贤参观考察投资环境，并听取奉贤产业发展等情况介绍

长14.12%。

二、商业经济

2009年,奉贤区大力发展商业服务业,以迎世博工作为契机,调整商业服务业发展结构,加快推进服务业集聚区建设,快速提高商业服务业发展水平,克服金融危机影响,继续保持全区商业服务业快速增长。全年实现商业增加值35.54亿元,比上年增长13.08%;实现商品销售总额548.07亿元,比上年增长17.7%;实现社会消费品零售总额213.17亿元,比上年增长15.7%;完成第三产业增加值134.51亿元,比上年增长14.4%,占全区比重31.3%,比上年提高0.2个百分点;实现商业税收17.75亿元,比上年减少2.4%;实现第三产业税收40.58亿元,比上年增长14.6%。

商贸业成为区服务业的"主力军",在区服务业中占有重要地位。2009年商贸企业(含批发零售业、住宿和餐饮业)共19567家,占全区服务业企业的53.27%;实现纳税总额达到29.53亿元,比上年增长9.84%,占第三产业税收总额72.77%;增加值占服务业增加值比重为26.42%,成为区服务业增加值比重最大的行业。另外,奉贤区的商业将逐步打造以楼宇经济为中心的总部商务区、以休闲旅游及商务会务为中心的旅游业、以软件业为基础的信息服务业等多元化商业发展。

三、吸引外资

2009年,奉贤区共审批引进外商投资项目193个(其中市批32个,商务部批3个),比上年增长0.52%;增资项目72个,比上年下降6.49%。投资总额117450.33万美元,比上年增长11.48%;其中增资部分为35863.95万美元,占投资总额的30.54%;注册资本56553.11万美元,比上年下降3.66%;吸收合同外资50885.95万美元,比上年下降7.32%;其中增资部分为17045.44万美元,占合同外资总额的33.5%。

2009年利用外资情况表

利用外资方式	批准外资企业			合同利用外资	
	项目数(个)	总投资额(万美元)	比上年(±%)	金额(万美元)	比上年(±%)
合　计	121	117450.33	11.48	50885.95	-7.32
外方直接投资合计	121	81586.38	83.55	33840.51	33.24
合资企业	32	7841.03	-33.12	3137.50	-29.25
合作企业	1	70.00	-97.79	30.00	-98.80
独资企业	88	73675.35	149.26	30673.01	66.18
增资企业	72(不计入合计)	35863.95	-41.91	17045.44	-45.44

2009 年奉贤区外商投资规模情况表

新批项目					
投资规模	项目数	投资总额	占比(%)	合同外资	占比(%)
合　计	121	81586.38	100.00	33840.51	100.00
100 万美元以下	76	2330.42	2.86	1423.64	4.21
100—499 万美元	24	4593.23	5.63	3035.10	8.97
500—999 万美元	14	9765.30	11.97	6061.00	17.91
1000 万美元以上	7	64897.43	79.54	23320.77	68.91
增资项目					
投资规模	项目数	投资总额	占比(%)	合同外资	占比(%)
合　计	72	35863.95	100.00	17045.44	100.00
100 万美元以下	34	966.20	2.69	1882.95	11.05
100—499 万美元	25	5706.63	15.91	3980.93	23.35
500—999 万美元	4	2901.12	8.09	1450.56	8.51
1000 万美元以上	9	26290.00	73.31	9731.00	57.09

2009 年新设外商投资产业分布情况表

<table>
<tr><th colspan="2" rowspan="2">项目类型</th><th rowspan="2">产业分类</th><th colspan="2">项目数</th><th colspan="2">投资总额</th><th colspan="2">合同外资</th></tr>
<tr><th>个数</th><th>占比(%)</th><th>金额(万美元)</th><th>占比(%)</th><th>金额(万美元)</th><th>占比(%)</th></tr>
<tr><td rowspan="4">新批项目</td><td colspan="2">合　计</td><td>121</td><td>100.00</td><td>81586.38</td><td>100.00</td><td>33840.51</td><td>100.00</td></tr>
<tr><td rowspan="2">生产型</td><td>第一产业</td><td>1</td><td>0.83</td><td>880.00</td><td>1.08</td><td>198.00</td><td>0.59</td></tr>
<tr><td>第二产业</td><td>50</td><td>41.32</td><td>18687.65</td><td>22.91</td><td>10582.69</td><td>31.27</td></tr>
<tr><td>非生产型</td><td>第三产业</td><td>70</td><td>57.85</td><td>62018.73</td><td>76.01</td><td>23059.82</td><td>68.14</td></tr>
<tr><td rowspan="4">增资项目</td><td colspan="2">合　计</td><td>72</td><td>100.00</td><td>35863.95</td><td>100.00</td><td>17045.44</td><td>100.00</td></tr>
<tr><td rowspan="2">生产型</td><td>第一产业</td><td>4</td><td>5.56</td><td>1260.00</td><td>3.51</td><td>526.80</td><td>3.09</td></tr>
<tr><td>第二产业</td><td>52</td><td>72.22</td><td>31023.27</td><td>86.50</td><td>14156.82</td><td>83.05</td></tr>
<tr><td>非生产型</td><td>第三产业</td><td>16</td><td>22.22</td><td>3580.68</td><td>9.99</td><td>2361.82</td><td>13.86</td></tr>
</table>

2009 年，来奉贤区的外商投资新项目最多的国家和地区列前 5 名的是香港特别行政区、日本、美国、德国、韩国、中国台湾；合同外资（含新项目及增资项目）列前 5 位的是香港特别行政区、日本、美国、法国、德国。

2009年外商投资来源地情况表

	国别(地区)	项目数	投资总额(万美元)	合同外资(万美元)
新批项目	新项目合计数	121	81586.38	33840.51
	中国香港	35	62739.80	24238.62
	日　本	22	2615.16	1285.06
	美　国	10	1884.57	1324.56
	德　国	6	470.32	307.20
	韩　国	6	394.00	185.72
	中国台湾	6	234.23	160.31
	英　国	4	2378.00	1749
	新加坡	4	1993.42	298.34
	新西兰	4	770.00	610.00
	维尔京群岛	4	76.00	54.00
	法　国	3	5093.76	1816.82
	澳大利亚	2	539.11	528.65
	瑞　士	2	470.00	216.50
	西班牙	2	95.29	57.85
	墨西哥	2	71.00	54.00
	塞舌尔共和国	1	800.00	400.00
	萨摩亚	1	700.00	350.00
	荷　兰	1	105.50	74.00
	瑞　典	1	60.00	60.00
	意大利	1	36.82	26.30
	土耳其	1	21.00	15.00
	加拿大	1	20.00	14.00
	马来西亚	1	134.00	9.58
	印度尼西亚	1	5.00	5.00
增资项目	增资项目合计数	72	35863.95	17045.44
	日　本	18	10780.92	5878.04

（续表）

	国别(地区)	项目数	投资总额(万美元)	合同外资(万美元)
增资项目	增资项目合计数	72	35863.95	17045.44
	日　本	18	10780.92	5878.04
	中国香港	13	6029.54	3283.58
	美　国	5	9030.76	1266.76
	德　国	5	3179.00	1856.00
	维尔京群岛	4	1544.00	950.00
	中国台湾	4	318.00	256.00
	韩　国	3	445.00	569.00
	新加坡	3	45.30	186.69
	意大利	2	527.00	285.00
	瑞　士	2	107.50	160.75
	澳大利亚	2	39.90	44.18
	马来西亚	2	25.00	17.60
	西班牙	1	2400.00	1500.00
	法　国	1	840.00	420.00
	瑞　典	1	214.00	150.00
	毛里求斯	1	155.00	150.00
	加拿大	1	120.03	23.84
	英　国	1	28.00	20.00
	荷　兰	1	21.00	15.00
	文　莱	1	14.00	10.00
	委内瑞拉	1	0	3.00

据2009年度外商投资企业工商联合年检数据反映，全区共有1040家企业参加年检，参检率为93.8%（参检率以区审批企业为依据），参检通过率为100%。其中：合资企业301家，合作企业27家，独资企业709家。投产开工企业833家，筹建企业176家，停业31家。全区年检企业投资总额658990.7万美元，比上年增加12.3%；注册资本362321万美元，比上年增加12%；合同外资总额311863.9万美元，比上年增加13.9%；外方实收资本236936.3万美元，比上年增加6.3%；从业人数达102115人；销售收入6056695.8万元，比上年增加19.2%；利润总额113609.9万元，比上年增加12.9%；纳税总额235390万元；全区外商投资企业总资产6133884.53万元，负债总额3600744.95万元。

四、对外贸易

2009年,奉贤区外贸进出口总额61.55亿美元,比上年减少11.83%。其中进口额25.64亿美元,比上年减少9.98%;出口额35.93亿美元,比上年减少13.10%。

截至2009年底,全区共有进出口企业1079家。出口企业中外商投资企业552家,合计出口额27.8亿美元,比上年减少12.26%,占出口总额的77.38%;内资企业527家,合计出口额为7.63亿美元,比上年减少14.06%,占出口总额的21.25%。出口额达1亿美元以上的有5家企业,5000万美元以上的有2家,1000万美元以上的有50家。

2009年区主要出口商品为机电产品、机械产品、服装类产品、塑料制品、车辆零附件产品等。

2009年,出口商品主要销往美国、日本、中国台湾、荷兰、韩国等100多个国家和地区。

2009年主要出口商品情况表

商品名称	出口额(万美元)	占比(%)	比上年(±%)
年出口总额	615500.00	100.00	-11.83
电机电气设备	107652.97	29.96	-7.83
锅炉、机械制品	51084.54	14.22	-23.05
车辆及其零附件	19751.56	5.50	10.61
塑料类制品	19708.98	5.49	-11.73
铜及其制品	19521.17	5.43	-1.21
家具、寝具制品	17912.17	4.99	10.07
针织类服装	15001.8	4.18	2.44
非针织类服装	13103.35	3.65	-15.8
有机化学品	11316.89	3.15	-22.05
钢铁制品	10943.61	3.05	-44.68

2009年出口商品主要输出地情况表

国别(地区)	出口额(万美元)	占比(%)	比上年(±%)
美　国	69489.11	19.34	-13.06
日　本	68865.59	19.17	-1.35
中国台湾	22582.24	6.29	-19.54
荷　兰	22037.26	6.13	4.60
韩　国	16152.56	4.50	-18.06
德　国	16129.50	4.49	-9.78
中国香港	13226.39	3.68	-8.74
澳大利亚	12686.32	3.53	30.99
印　度	9037.96	2.52	4.08
比 利 时	8222.72	2.29	-37.61
阿拉伯联合酋长国	7920.44	2.20	52.23

全年一般贸易出口额为138974.08万美元，比上年减少24.86%，占出口总额的38.68%；加工贸易出口额为209612.23万美元，比上年减少8.25%，占出口总额的58.34%。其中进料加工贸易200728.25万美元，比上年减少6.24%，占出口总额的55.87%；来料加工贸易为8883.98万美元，比上年减少38.14%，占出口总额的2.47%。

五、对外经济合作

2009年，全年对外劳务合作输送劳务人员共计8批50人。主要输出到日本、墨西哥等国家和地区。工种主要以缝纫工为主，还有检品工、电焊工、捻线工、扳金工等。

六、2010年发展思路

深入贯彻落实科学发展，围绕"三区一基地"功能定位，全方位、深层次、多领域吸收利用外资，提升产业结构，扩大外资规模，提高外资质量。在招商引资上有新思路，在利用外资上有新探索，在服务方式上有新的突破，在调整产业中有新的举措，进一步提升发展内涵和服务外向经济的质量、水平。抢抓机遇，稳定规模，优化结构，注重效益，强化管理，加强研究，促进区外向型经济又好又快发展。

2010年外向型经济工作的目标：吸收合同外资4亿美元，到位资金3亿美元，完成外贸直接出口额38亿美元，实现社会消费品零售总额244亿元。

崇明县商务

经济委员会主任
沈　忠

一、概述

2009年，崇明县认真贯彻中共十七大、十七届三中全会精神，自觉实践科学发展观，落实生态岛建设对产业发展提出的新要求，克服全球金融危机带来的不利影响，抓住上海长江隧桥开通的大好机遇，加大引进外资力度，加强外贸行业管理，规范外派劳务市场，推进全县商务工作稳定健康发展。

2009年，全县完成国内生产总值170.6亿元，比上年增长18.4%；商品销售总额111.20亿元，比上年增长14.8%；社会消费品零售总额39.53亿元，比上年增长15.9%；商业税收总额5.73亿元，比上年增长2.14%；实到外资2345.9万美元，比上年增长17.7%；外贸进出口总额3.56亿美元，比上年下降28.9%；外派劳务976人；共批准外资项目25个，比上年减26.5%，总投资1373万美元，比上年减41.6%。

图为投入使用的横跨长兴岛和崇明岛在世界上位居第五的上海长江大桥。该桥是世界上最大的公轨合建斜拉桥，其桥面预留了轨道交通空间，将来有条件开通城市轨道交通

二、商业经济

2009年,全县实现商品销售总额111.20亿元,比上年增长14.8%;社会消费品零售总额39.53亿元,完成年度目标任务的101.7%,比上年增长15.9%,增幅比上年提高2.5个百分点;商业增加值9.59亿元,比上年增长15.9%,商业增加值规模和增速继续保持第三产业行业领先。

商业经济增速加快,对推动全县经济增长作出了贡献。各类商品销售全面增长,吃、穿、用、烧类商品旺销,全县消费品市场保持较快增长势头,呈现稳中有升的发展态势。分行业看,批零住餐业发展较快,在消费热点的推动下,商贸餐饮行业紧紧抓住经济形势发展良好的有利时机,积极转变经营观念,引导消费,开拓市场,不断提高综合服务水平,促进了贸易、餐饮业的发展。10月底长江隧桥正式通车后,来崇游客增多,带来住宿餐饮业和集贸市场的繁荣,给崇明三岛消费品市场注入了新的活力。2009年,全县批发零售贸易业实现消费品零售额35.54亿元,比上年增长16.1%;餐饮业零售额1.94亿元,比上年增长16.5%;其他行业零售额2.05亿元,比上年增长12.6%。批发零售贸易业增速居于各行业之首,比上年提高2.6个百分点,市场份额由上年的89%上升到90%。住房热销,带动了建筑及装潢材料等相关商品销售的快速增长。随着住房制度的改革和城市改造步伐的加快,商品房投资升温,城乡居民购买住房的比例明显上升。2009年,全县现房销售额7.60亿元,期房销售额4.76亿元。旅游产业拉动内需,消费市场持续增长。2009年,各宾馆酒店和各旅游景点的经营保持了良好的发展态势。

三、吸引外资

受国际金融危机影响,外商来崇明投资的意愿明显减弱。2009年,共审核、新批准的外商投资项目25个,总投资额1373.0万美元,合同外资1113.5万美元,分别比上年下降26.5%、41.6%、47.1%。全县外商投资企业实际到位外资2345.9万美元,比上年增长17.7%。

2009年吸引外资情况表

吸引外资方式	批准外资企业			合同外资		实到外资	
	项目数（个）	总投资额（万美元）	比上年（±%）	金额（万美元）	比上年（±%）	金额（万美元）	比上年（±%）
合　计	25	1373	-41.6	1113.5	-47.1	2345.9	17.7
外商直接投资	25	1373	-41.6	1113.5	-47.1	2345.9	17.7
其中:合资	1	11	-94.5	4.1	-96.1	2303.2	—
合作	—	—	—	—	—	—	—
独资	24	1362	-29.0	1109.4	-36.4	42.7	—
外方其他投资	—	—	—	—	—	—	—

2009年外商直接投资非生产型项目25个,占行业总数的100%;总投资额1373.0万美元,占行业总投入数的100%;合同外资额1113.5万美元,占行业总投入数的100%。

2009 年外商投资行业(或产业)分布情况表

行业或产业	项目数		投资总额(万美元)		合同外资(万美元)		实到外资(万美元)	
	个数	占比(%)	金额	占比(%)	金额	占比(%)	金额	占比(%)
合　　计	25	100.0	1373	100.0	1113.5	100.0	1053.9	100.0
生产型项目	—	—	—	—	—	—	—	—
非生产型项目	25	100.0	1373	100.0	1113.5	100.0	1053.9	100.0

2009 年共有 10 个国家和地区的投资者来崇投资,以中国香港、美国、中国台湾的投资最多,三地共有 16 个项目,占新批项目总数的 64.0%。

2009 年外商投资主要来源地情况表

国别(地区)	项目数(个)	投资总额(万美元)	合同金额(万美元)
中国香港	9	365	354.5
美　　国	4	75	69.0
中国台湾	3	58	56.0

2009 年吸引外资的特点:

(一) 新批外资企业全部从事第三产业

2009 年新设立外商投资企业 25 个,全部是咨询服务类企业,并以注册型企业为主,注册地在崇明,经营活动在市区。

(二) 投资方式以独资为主

近年来外商投资方式从改革开放之初的中外合资方式向独资经营方式转移,并呈逐年增加之势。25 家企业中,外商独资 24 家,中外合资仅有 1 家。外商独资企业占全部外资企业的比重从 2008 年的 54.8% 提高到 2009 年的 60.2%,提高了 5.2 个百分点。

(三) 外资企业投资规模较小

25 家外商投资企业,投资总额 1373 万美元,合同利用外资 1113.5 万美元,平均每个企业投资总额 54.9 万美元,合同利用外资 44.5 万美元。

(四) 外商投资资金来源地比较集中

外商投资企业来源地主要集中在中国香港、美国、中国台湾和日本,这 4 个来源地的 16 个投资项目占到全年新批企业总数的 76%。

截至 2009 年底,全县实际有外商投资企业 192 家,总投资额 4.296 亿美元,合同外资 2.221 亿美元。其中:合资企业 69 家,总投资额 2.924 亿美元,合同外资 1.105 亿美元;合作企业 8 家,总投资 671 万美元,合同外资 502 万美元;独资企业 115 家,总投资 1.305 亿美元,合同外资 1.066 亿美元。

四、对外贸易

2009 年全县进出口额 3.56 亿美元,比上年下降 28.9%。其中出口额 2.91 亿美元,比上年下降 28.2%;进口额 0.648 亿美元,比上年下降 31.8%。

全县外贸出口中,外商投资企业出口额较上年减少 0.76 亿美元,降幅为 23.9%,占全县出口总额的 82.57%;具有自营进出口权企业出口额较上年下降 43.3%,占全县出口额比重的 17.43%。全年有 3 家企业出口额千万美元以上,其中上海华润大东船务工程有限公司继续保持领先,外贸出口占全县外贸出口的 41.3%。全县外贸进口中,外商投资企业进口额比上年减少 459 万美元,降幅为 22.5%,占全县进口额的 24.4%;具有自营进出口权的企业进口额比上年减少 2568 万美元,降幅为 34.4%,占全县进口额的75.6%。

2009年出口商品中，从数值角度来看，贱金属及其制品出口额（不锈钢餐具）比上年减少8901万美元，降幅为28.9%；植物产品出口额比上年增长80万美元，增幅为18.8%。

2009年主要出口商品情况表

商品名称	出口额（万美元）	占比（%）	比上年（±%）
总　　额	29121	100.00	-28.20
贱金属及其制品	21949	75.37	-28.90
纺织原料及纺织制品	3152	10.82	-13.00
机电、音像设备及其零部件	1255	4.31	-37.60
杂项制品	765	2.63	9.76

2009年出口商品共销往89个国家和地区，与上年相比增加17个国家和地区。从数量来看，对以往的主要贸易国出口额大幅度减少，其中对日本出口额减少1008万美元，比上年下降21.13%；对韩国出口额减少187万美元，比上年下降27.19%；对美国出口额减少376万美元，比上年下降22.49%。而对利比里亚出口增加幅度较大，出口额增加1686万美元，是上年的1.3倍。

2009年出口商品主要输往地情况表

国别（地区）	出口额（万美元）	占比（%）
总　　值	29121	100.00
利比里亚	7413	25.46
日　　本	3767	12.94
中国香港	2349	8.07
巴 拿 马	2095	7.20

五、对外经济合作

2009年共有2项境外投资项目获批，分别是上海王狮实业有限公司投资中国香港，上海鹏欣（集团）有限公司增资玻利维亚，两项合计投资额1307万美元。

为了贯彻落实商务部等七部委文件的精神，县经济委员会联合各职能部门开展清理整顿外派劳务市场秩序专项行动，通过媒体播放通告1800多条次，出动人员24人次，对崇明县20家开展外派劳务业务的企业进行检查。共查出各类违规事项20多项，责令3家公司停业整顿，并召集外经企业负责人召开专题会议，要求各企业对照违规事项进行整改。全年共外派劳务人员916名，主要派往日本、美国、新加坡等国家和地区。外派人员主要从事邮轮服务员、水手、轻纺、食品加工、电子加工、机械加工等。至年底，全县在境外务工人员共2736名，比上年减少1216人。

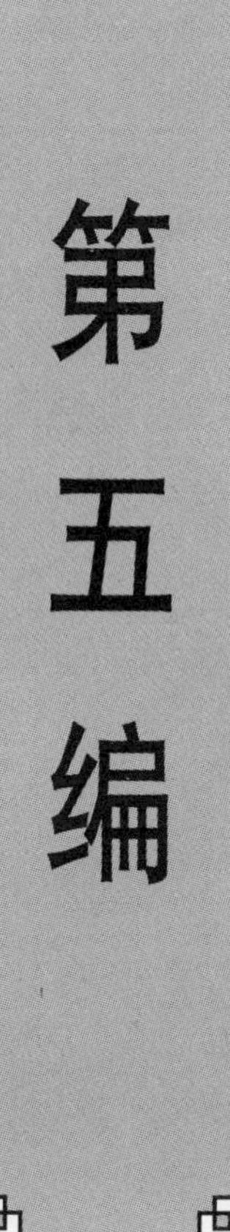

专　集

机构·商贸法律法规
协会·大事记

一、上海市商务委员会组织机构

委领导

上海市政府副秘书长、市商务委党组书记、主任：沙海林

党组副书记、副主任（正局级）：张新生

党组成员、副主任（正局级）：王新培

党组成员、副主任：菅和平

党组成员、纪检组组长、副主任：赵抗美

党组成员、副主任：顾　军

党组成员、副主任：黄　峰

党组成员、秘书长：顾嘉禾

巡视员（副局级）：胡文君

巡视员（副局级）：俞建明

委处室及其负责人

办公室

副主任（正处级）：邓福顺

副主任：嵇光宇

副主任：尤永生

副主任：陈晓明

综合处（研究室）

副处长、副主任（正处级）：陈章远

副处长、副主任：李清娟

副处长、副主任：马俊生

干部人事处

处　长：余如鹤

副处长：陆　屹

老干部处

处　长：章会东

副处长：时诗展

财务处

处　长：朱　红

副处长：郑步芬

副处长：陈伟权

公平贸易处（法制处）

处　长：申卫华

外事处

处　长：戴　刚

副处长：沈　清

市场体系建设处

处　长：刘　敏

副处长：高　瑞

副处长：徐秀立

服务业发展处

处　长：李　泓

市场运行调控处（市副食品管理办公室）

处　长：吴星宝

副处长：宗望原

副处长：李子顺

副处长：朱文群

商贸行业管理处

处　长：徐文杰

市场秩序管理处

处　长：吴建业

外贸发展处

处　长：濮韶华

副处长（正处级）：蒋雪根

副处长：罗志松

副处长：范　洁

副处长：杨　晓

国际服务贸易处

处　长：孙嘉荣

副处长（正处级）：阎　蓓

外国投资管理处
处　长：黄　峰(兼)
副处长：汤　超
外商投资促进处(台港澳商务处)
处　长：田忠法
副处长(正处级)：王松回
副处长：徐士良
机电和科技产业处(市机电产品进出口办公室)
处　长：臧新兴
副处长：李　磊

对外经济合作处
处　长：桑　琦
副处长：金　颖
副处长：尚晓辉
副处长：孔福安
机关党委
机关党委副书记：华天雄
机关党委副书记：聂训南
监察室
纪检组副组长、监察室主任：谷　健

上海市商务委员会直属单位

单位名称	负责人姓名	单 位 地 址	邮 编	电 话
上海市粮食局	张新生(兼)	南苏州路1455号2号楼	200041	62874530
上海市钻石交易联合办公室	杨国强(兼)	世纪大道1701号中国钻石交易中心大厦	200121	50158008
上海市外国投资促进中心	杨国强(兼)	娄山关路83号15F	200336	62368800
上海市外经贸教育培训中心	赵文山	福州路89号611室、国权路75号	200002	63295838 55096446
上海市国际经济贸易研究所	高耀松	古北路620号2号楼409室	200336	52062981
上海外经贸计算中心(网络中心)	李 悦	中山南路1088号南浦大厦4F	200011	63685000
上海外经贸服务中心	陈鼎业	娄山关路55号14F	200336	62702626
上海外经交流(外劳救援)中心	陈能国(主持)	中山北路2020号18F中星大厦CD座	200063	60900337
上海钻石鉴定研究中心	苗 青	世纪大道88号金茂大厦7F	200120	50499988
上海外经贸老干部服务中心	章会东(兼)	娄山关路55号1605室	200336	52881132
上海市酒类专卖管理局	卢荣华	延安西路691弄1号	200050	52382401
上海市酒类产品质量监督检验站	卢荣华(兼)	延安西路691弄1号	200050	52382401
上海市商业网点管理办公室	沈国英	新闸路945号307室	200041	62561946
上海市商业经济研究(信息)中心	齐晓斋	威海路48号23F	200003	52857888
上海市商业展览办公室	邵国亮	定西路788号7FA座	200052	52581801
上海商业人才开发服务中心	方名山(兼)	新闸路945号310室	200041	62180075
上海商业杂志社	方名山(兼)	新闸路945号311室	200041	62727208
国际商业技术杂志社	唐安丽	新闸路945号314室	200041	52288051
上海市财贸老干部活动中心	时诗展(兼)	肇家浜路268号15F	200032	52881129
上海市良商老干部管理中心	叶松根	吴中东路514号	200235	64270948

二、商贸法律法规

国家商贸法律法规

2009 年国家新颁布的商贸法规规章目录

法规规章名称	发布机关	发布日期	实施日期
《国务院关于修改〈国务院对确需保留的行政审批项目设定行政许可的决定〉的决定》	国务院	2009年1月29日	2009年1月29日
《禁止进口限制进口技术管理办法》	商务部	2009年2月1日	2009年3月4日
《技术进出口合同登记管理办法》	商务部	2009年2月1日	2009年3月4日
《外商投资商业领域管理办法补充规定(四)》	商务部	2009年2月5日	2009年2月5日
《旅行社条例》	国务院	2009年2月20日	2009年5月1日
《废弃电器电子产品回收处理管理条例》	国务院	2009年2月25日	2011月1月1日
《中华人民共和国食品安全法》	全国人大常委会	2009年2月28日	2009年6月1日
《境外投资管理办法》	商务部	2009年3月16日	2009年5月1日
《禁止出口限制出口技术管理办法》	商务部、科学技术部	2009年4月20日	2009年5月20日
《外国机构在中国境内提供金融信息服务管理规定》	国务院新闻办公室、商务部、国家工商行政管理总局	2009年4月30日	2009年6月1日
《两用物项和技术出口通用许可管理办法》	商务部	2009年5月13日	2009年7月1日
《关于外国投资者并购境内企业的规定》	商务部	2009年6月22日	2009年6月22日
《中华人民共和国食品安全法实施条例》	国务院	2009年7月20日	2009年7月20日
《关于〈外商投资图书、报纸、期刊分销企业管理办法〉的补充规定(二)》	新闻出版总署、商务部	2009年8月20日	2009年10月1日
《关于〈中外合作音像制品分销企业管理办法〉的补充规定》	新闻出版总署、商务部	2009年8月20日	2009年10月1日
《对外承包工程资格管理办法》	商务部、住房和城乡建设部	2009年9月28日	2009年10月1日
《金融业经营者集中申报营业额计算办法》	商务部、中国人民银行、中国银行业监督管理委员会、中国证券监督管理委员会、中国保险监督管理委员会	2009年7月15日	2009年8月15日
《经营者集中申报办法》	商务部	2009年11月21日	2010年1月1日
《经营者集中审查办法》	商务部	2009年11月24日	2010年1月1日
《外国企业或者个人在中国境内设立合伙企业管理办法》	国务院	2009年11月25日	2010年3月1日
《关于境内企业承接服务外包业务信息保护的若干规定》	商务部、工业和信息化部	2009年12月28日	2010年2月1日

上海商贸法规

2009 年上海新颁布的商贸法规规章目录

法规规章名称	发布机关	发布日期	实施日期
《上海市旅馆业管理办法》	上海市人民政府	2009 年 3 月 20 日	2009 年 5 月 1 日
《上海市农药经营使用管理规定》	上海市人民政府	2009 年 4 月 17 日	2009 年 6 月 1 日

三、协　　会

上海商贸业协会选登

行业协会的发展已经越来越成为推动上海经济社会发展的重要力量。实践证明,行业协会在完善社会主义市场经济体制,促进政府职能转变,加快产业结构调整和升级,在企业与市场、企业与政府之间,充分发挥了桥梁纽带作用。上海商务系统已有行业协会80余家(含社团组织)。其中内贸60家,外贸20家。在上海市商务委员会领导下,行业协会不断提升自身能力,为推动上海经济发展做了大量工作。他们积极加强与政府互动合作,及时掌握所属会员单位的信息,在为企业服务中加强协调,交流经验,制定标准,诚信建设,人才培训,品牌创新等方面工作,取得了显著成效。

为进一步发挥上海商务系统行业协会的作用,2010版年鉴新辟《协会选登》栏目,首次选登16家协会,以后将陆续选登。

上海进出口商会

上海进出口商会(简称“商会”)成立于2009年11月12日,其前身是成立于1997年的上海对外经济贸易企业协会。商会是上海从事进出口业务的企业和与进出口相关的单位、团体依法自愿组成的行业性、非营利性社会团体法人。商会会长汤庆福。行业主管部门是上海市商务委员会。现有会员单位6400家。商会宗旨:遵守国家宪法、法律、法规和政策,遵守行业道德,履行“服务、协调、代表、自律”的职能,反映进出口企业呼声,维护进出口企业权益,规范进出口企业行为,提升进出口企业素质,帮助进出口企业成长,成为进出口企业与政府联系的纽带,成为进出口企业走向国际市场的桥梁,成为进出口企业交流合作的平台,推动上海国际贸易中心建设,促进全市进出口行业发展。商会业务:政策解读、信息服务、业务咨询、资质培训、调查研究、法律支援、品牌建设、贸易促进、展销组织、对外交流、报刊编印、行业协调、会员联谊等。

2009年商会主要活动及业绩:1. 宣传解读外贸政策,帮助会员企业争取政策、用好政策。全年共举办各类政策通报解读活动11场。商会帮助会员单位进入上海首批跨境贸易人民币结算试点企业,向上申报2009—2010年度国家文化出口重点企业和重点项目及进入机电产品进口项目补贴等政策先行先试范围。2. 深入行业调研,向上反映外贸企业真实情况,提出政策建议。商会先后拟写了"外贸企业围绕'国七条'提出24条建议","对进一步调整外贸政策的8点建议"和"对2010年外贸形势的分析与预测"等,引起有关政府部门的重视,有些政策建议已被采纳或部分采纳。3. 围绕全市商务工作的重点,积极发挥商会作用。商会的"上海建设国际贸易中心要研究十大问题"研究报告,得到市领导和市商务委的高度重视;参与市商务委牵头组织的"加快推进上海国际贸易中心建设"总课题组的研究工作,积极提出思路和建议;协助市商务委承办"上海外贸产品内销订货会"和开发"外贸产品购销信息网(浦江网)"等。4. 搭建贸易平台,帮助外贸企业开拓市场。商会举办了6场国际市场推介会,商会与普华永道会计师事务所和德国凯伦国际律师事务所合作举办"企业并购在德国"高级研讨会,受到合作各方及与会者的好评。5. 贴近企业需求,拓展培训内容,帮助外贸企业提升素质和能力。商会全年举办新外贸企业领导人培训班37期,培训2454人。举办各类专题业务培训班35期,培训1230人。受中国外经贸企业协会委托,2009年组织1080人报名参加国际商务单证员资格培训考试,商会被评为先进考试点。6. 办好周报和网站,不断优化信息服务。周报《外经贸之窗》全年编发50期,每期发行量达15000余份。商会网站一年中更新信息753条,回答在线咨询85条,点击率达13万次。7. 做好政府委托事项,拓宽服务企业之路。商会协助市商务委做好高级国际商务师申报、评审工作和协助推进全市公平贸易工作。承接市商务委委托的自动进口许可证窗口工作,公开向企业作出服务承诺,实行免费服务。还承担了市商务委委托的广交会、华交会的有关管理和服务工作。8. 提供个性化服务,帮助外贸企业排忧解难。商会为企业释疑解惑,维护企业正当权益,通过加强与市商务委、海关、商检、税务、外汇管理等部门的沟通和合作,全年帮助会员单位解决各类疑难事项70余件。

商会地址:江宁路445号6A
邮　　编:200041
电子信箱:office@ shccie. org. cn
网　　址:www. shccie. org. cn
传　　真:62717251
电　　话:62717808

上海市外商投资企业协会

上海市外商投资企业协会(简称"协会")成立于1988年3月15日。是上海市第一个经市政府批准成立的由外商投资企业、台港澳侨投资企业、从事外商投资服务工作的机构和科研单位、外商在沪从事投资业务的机构及其它有关组织和社会人士联合组成的,为在沪外商投资企业或机构服务的非营利性具有独立法人资格的社会团体。现有会员企业2500家。协会会长沙麟。行业主管部门是上海市商务委员会。协会宗旨:遵守中华人民共和国宪法,贯彻、执行国家对外开放、鼓励外商投资的法律、法规和政策,努力为会员和投资者服务,维护其合法权益,增进会员企业之间、外资会员企业和政府机构之间的沟通交流,反映企业诉求,解读政府政策,为改进企业商务环境提供服务,促进发展。

2009年协会主要活动及业绩:1. 为企业排忧解难,与企业共渡时艰。深入企业调研,组织座谈会,听取呼声,反映诉求,通过4期《情况反映》上报市委、市府,问题都得到认真处理;组织企业参加各类展会,拓展国内外市场;组织29次、达900多人次的各类讲座,开展大量的研讨和交流活动,引导外资企业做好员工队伍的稳定工作。为了应对金融危机,全年组织外经贸形势报告、国际贸易风险防范、合同风险防范、出口信用保险政策、"新上海人"留沪政策等各类培训讲座24次,参加培训达2300余人次。受理企业投诉,为企业化解矛盾,全年直接受理的投诉有22件,已结案21件。2. 通过继续参与立法建言、办好信息交流双月早餐会,发挥专业委员会(分会)的作用等,巩固、扩大服务平台的效果和影响,探索新的活动方式。3. 认真做好政府委托事项,配合政府有关部门顺利完成对全市3.9万家外资企业的联合年检工作,与市商务委一起对881家上海外商投资"双优"企业进行表彰。4. 成功举办上海市外资企业座谈会、百家外企参观长江隧桥工程以及协会理事高尔夫邀请赛等各类大型活动。5. 加强协会自身建设。围绕协会中心任务,开展爱国主义教育和廉洁自律教育,加强党团组织建设,提高协会员工的思想政治水平,提升了协会的服务水平和凝聚力。

协会地址:娄山关路55号新虹桥大厦615室
邮　　编:200336
电子信箱:saefi@saefi.org.cn
网　　址:www.saefi.org.cn
传　　真:62751423
电　　话:62958677

上海市烹饪协会

上海市烹饪协会(简称"协会")成立于1986年2月。是上海餐饮行业中最早成立的经社团局核准的市级协会。行业主管部门是上海市商务委员会。协会会长沈思明。协会现有团体会员1220家,个人会员1098人。

协会宗旨:弘扬中华饮食文化,繁荣上海餐饮市场;研究推进烹饪技术,培养开发技术人才,为发展上海烹饪餐饮事业服务。主要职能:行业管理,行业规范,行业自律;服务企业,服务社会;反映行业诉求,建言献策,为政府部门提供决策依据。

2009年协会主要工作及业绩:1. 深入企业调研,总结推广成功经验。宣传应对危机做法,引导企业妥善应对金融危机;2. 倡导搞好春节餐饮市场服务,举办"白领午餐"展评,参与世博餐饮服务招商工作,协助世博会引进八大菜系,举办第十一届FHC上海国际烹饪艺术比赛;3. 宣传《食品安全法》,召开

2009年5月,协会在良安饭店,召开上海餐饮行业宣传贯彻《食品安全法》大会

"09上海餐饮发展论坛暨品牌原料供需对接会",加强餐饮业防御甲型H1N1流感;4. 抓标准化、品牌和队伍建设,组队参加国家级酒家酒店评审员培训,制定修改《餐饮业中餐厨房管理规范》,认定上海餐饮名店、评定团餐品牌企业,推荐会员企业申报上海市著名商标,评定上海名厨和餐饮服务明星,评选新中国60年上海餐饮业技术精英;5. 举办"09上海购物节迎世博特色菜点展示会",推荐特色餐饮企业参与购物节营销,参与主办"魅力餐饮、品味杨浦"烹饪技艺展评活动,举办2009上海旅游美食节,举办"上海名菜名点名宴认定"活动;6. 组织上海选手参加第六届全烹赛决赛,积极参与中烹协换届选举,推荐中国餐饮业功勋人物和杰出人物,组团参加第十九届中国厨师节;7. 加强国内外交流合作,协助兄弟省市举办美食节,加强与兄弟协会合作开展活动,支持会员单位开展名厨联谊交流,与外国领事馆合作举办烹饪餐饮活动;8. 加强协会组织建设,积极发展会员,扩大会员队伍。

协会地址:福州路107号313室
邮　　编:200002
电子信箱:shprxh@126.com
网　　址:http://www.cooking.net.cn
传　　真:33130647
电　　话:63212096

上海市旅游行业协会

上海市旅游行业协会(简称"协会")成立于1990年3月。为上海市从事旅游开发、饭店、国内旅行社、国际旅行社、旅游景点、旅游教育、旅游团队接待单位、水上旅游和旅游信息等企事业及其他相关经济组织自愿参加组成、实行行业服务和行业自律的跨部门、跨所有制的非营利的行业性社会团体法人。协会实行团体会员制。

协会宗旨:为会员提供服务,代表和维护行业的共同利益和会员的合法权益,推动行业诚信建设,保障行业公平竞争,沟通会员与政府、社会的联系,发挥纽带和桥梁作用,促进上海旅游业的发展和繁荣。

协会下设不具独立法人资格的7个分会:国内旅行社分会、国际旅行社分会、饭店业分会、旅游教育分会、旅游景点分会、接待旅游团队推荐单位分会和水上旅游分会。截至2009年底拥有会员单位1414家。

协会业务范围:行业培训,资质认证,业务咨询,信息服务,质量评估,行业评比,会展招商,旅游推介,国内外合作与交流。

2009年协会主要活动及业绩:1. 凝聚合力,应对金融危机的冲击。面对金融危机冲击,协会组织会员单位积极应对,各分会分别开展研讨活动，提出对策；携手联合促销，推出多项优惠活动。2. 推进行业建设，加强行业自律。举办“学习、贯彻《旅行社条例》专题讲座”；参与2009版国内旅游合同示范文本的修订与推广，制订填写新版合同的指导意见；参与全市旅游行风评议；配合、组织全市旅行社和星级饭店服务满意度指数测评；完成“旅游行业管理和诚信建设系统”网的信息更新和维护工作。3. 切实履行职能，服务会员单位。推进旅行社责任险统保工作，建立协调机构；坚持法律咨询日制度，依法帮助会员单位解决急难问题，维护会员单位合法权益；编发会刊，为会员单位提供网络等信息交流平台；为会员单位参加相关交易会、专题活动等提供会务服务；受市旅游局委托，负责全市旅行社年检和导游员年审的资料受理工作；为旅行社营业部进行备案、编号和授牌；为旅行社和导游员办理各种手续；协调水上旅游单位完成旅游节黄浦江“彩船大巡游”任务。4. 加强业内交流，推进对外合作。参与接待台湾旅游界访沪人士和来沪旅游推介促销活动，组织赴台考察、促销活动，推进沪台旅游合作；协助境内外旅游组织来沪举办旅游推介活动；组织会员单位多次赴外省市考察旅游资源。

协会地址：金陵东路2号5楼
邮　　编：200002
电子信箱：lyxhsh@ sina. com
网　　址：www. lyw. sh. gov. cn
传　　真：63391600
电　　话：63391513

上海市物流协会

上海市物流协会（简称“协会”）是上海市物流与商贸流通企业，以及相关单位等自愿组成、实行行业服务和自律管理、跨系统、跨部门、跨所有制和非营利的社会团体法人，成立于2007年4月。现有团体会员近900家。协会会长贺涛。行业主管部门是上海市商务委员会。协会以行业服务、行业自律、行业代表、行业协调为基本职能，发挥政府与企业之间的桥梁、纽带作用，维护会员合法权益；维护物流市场的公开、公平、公正和有序运行；加强与国际同行的交流；充分发挥上海的地域资源优势，立足上海，联合长三角地区，辐射全国，走向世界；推动上海现代物流产业的发展，加快形成服务经济为主的产业结构，为上海实现“四个率先”，建成“四个中心”战略目标发挥作用。

2009年协会主要工作及业绩：1. 面对国际金融危机的冲击，着力于提高企业积极应对、共渡时艰的信心。发表“告会员书”，统一思想，鼓舞斗志。召开各种类型物流企业座谈会，围绕若干应对主题，进行交流，制定对策，走出困境。协会还开展大走访，抱团取暖，推动物流企业的业务联动。2. 抓住《物流业调整和振兴规划》颁布的有利时机，召开协会一届三次理事会暨会员代表大会，学习贯彻《规划》精神。与物流学会联合举办“学习贯彻国务院《规划》，服务世博论坛”，通过交流发言，找到了推进上海世博物流发展新的着力点。举办相关学习《规划》研讨会，进行行业调研，对行业现状和对策建议，形成书面报告报送市发改委。3. 围绕市政府贯彻《规划》的重大举措，积极参与、配合市发改委、经信委、工商局开展多项有关物流业发展的研讨活动，推动全市物流新发展。4. 积极参与市政府“十二五”规划的制定工作，提出行业发展的基本思路。开展行业发展的专题调研，积极反映行业发展和企业成长的情况及诉求。协会根据市政府制定“十二五”规划的基本要求，形成“关于上海物流业发展的建议”上报市发改委。5. 举办庆祝新中国建国六十周年系列活动，开展“上海现代物流综合实验基地”评比（共评出 7 家），编辑出版《上海物流指南》，动员物流企业再创上海物流业的新辉煌。6. 完成 14 家企业的国家标准 A 级物流企业评审和复评工作，开展国家标准物流信用企业评审和“上海服务名牌”评审的各项工作，落实物流企业税收政策试点，参与现代物流标准化建设和标准化示范合同文本的推广，帮助企业开展物流综合保险试点工作，促进物流企业核心竞争力的提高。

协会地址：江西中路 406 号三楼
邮　　编：200002
电子信箱：cz20032005@163.com
网　　址：www.sh56.cn
传　　真：63210791
电　　话：63210791

上海餐饮行业协会

上海餐饮行业协会（简称“协会”）成立于 1989 年。是唯一得到上海市政府确认的上海餐饮业具有法人资格的行业协会。协会会长陈红军。行业主管部门是上海市商务委员会。协会宗旨：贯彻国家政策法令，为会员服务，维护餐饮业的合法权益，发挥桥梁和纽带作用，推进餐饮业持续稳定发展。协会主要职责：餐饮业务指导，制订行规行约，发布行业标准，评定企业等级，开展业务统计，发布行业信息，组织技术考评，举办招商会展，接受培训咨询，出具公信证明，以及承办法律授权和政府委托的有关事项。

协会现有会员单位 642 个，共 3000 余家企业，沪上知名大型餐饮企业都囊括在内。

2009 年协会主要活动及业绩：1. 成功举办 2009 年中国（上海）餐饮博览会，世博餐饮经营成为主题。许多世博餐饮供应企业，借助展会平台，展示交流专为世博会设计的菜点，完善菜点创新。许多老字号、上海服务名牌企业、著名商标企业、上海品牌企业，参加迎世博“酒总杯”上海餐饮特色企业名菜名点展示，为做好世博餐饮供应打基础。餐博会评出上海市名菜名点 121 个，全市名菜名点总数已达到 759 个。2. 协会与市烹饪协会联手开展“新中国六十年上海餐饮业技术精英”评选活动，97 名技术精英整体亮

2009 年 11 月，第四届中国（上海）国际餐饮博览会在光大会展中心举办

相餐博会，体现了海派餐饮文化的魅力。借助餐博会平台，许多世博餐饮供应商展示餐饮业需要的新的原材料、调味料、海产品、新一代餐饮信息化管理系统等。3. 2009 年上海购物节期间，协会与市商务委服务业发展处、浦东新区经委、市烹饪协会共同举办“2009 上海购物节餐饮业迎世博特色菜点展示”活动，40 家餐饮企业参加，集中展示了特色菜肴和创新菜肴。4. 经过自查、抽查、市民巡访团检查，全市评选出首届 122 家文明餐厅。5. 建设世博餐饮放心店，到世博会开幕时完成 1000 家创建目标。6. 在全行业推广餐饮业卓越现场管理（六 T 实务），采用办班培训、编写六 T 实务教科书、企业按照教材自学，然后组织对其验收、组织经验交流等方法推广。共有 172 家企业（门店 309 家）实行六 T 管理，通过推广六 T 实务，确保企业经营规范、有序、管理要求不走样，提升员工当家作主的积极性，促进企业现代科学管理进程，提升企业现代化管理水平。

协会地址：四川南路 26 号 712 室
邮　　编：200002
电子信箱：Chsra@ 126. com
网　　址：www. sra. org. cn
传　　真：63736190
电　　话：63287513

上海人才服务行业协会

上海人才服务行业协会（简称“协会”）成立于 2002 年 4 月 9 日。为上海市人力资源服务机构行业企事业单位自愿组成的跨部门、跨所有制的非营利的行业性社会团体法人。协会会长郭丽娟。现有各种所有制会员单位 331 家。协会以“立足上海、服务全国、走向世界”为宗旨，以做大、做强人才服务产业为目标，以“上海一流、全国领先、国际接轨”为努力方向，遵守宪法、法律、法规和国家政策，维护人力资源服务机构的合法权益，加强会员之间的协调和自律、规范业务活动、维护行业道德风尚、维护市场秩序、促进上海人力资源服务市场的健康发展。

2009 年协会主要活动及业绩：1. 协助国家及上海市起草推进人力资源服务业发展规划。深化产业调研，充分反映行业诉求及企业呼声；通过调研起草完成《上海市人力资源服务外包企业走访调研报告》和《上海人才服务机构从业人员情况报告》；组织召开各类研讨会，推进政府与市场交流：在成都成功举办“2009 跨地区人力资源外包（派遣）高峰论坛”，组织召开“中国人力资源服务业发展研讨会”，探讨产业发展动向和战略，为政府制定政策提供参考。先后参与完成国家《关于推进人力资源服务业发展的意见（初稿）》、《闸北区关于建立人力资源服务产业集聚区报告》、《徐汇区人力资源服务产业发展规划》等文件的起草工作。2. 行业标准化建设逐步完善。协会承接《流动人员人事档案管理服务规范》等三项标准（草案）的意见征求工作；牵头《人力资源服务行业常用术语应用标准（草案）》的起草工作；正式确定将《人力资源派遣服务规范》列入 2009 年第二批上海市地方标准制定项目。3. 为会员单位嫁接 4 方面商机。嫁接政府商机，引进多家知名机构入驻“上海人才大厦”；嫁接行业商机，拉动内需，推进社会经济发展；嫁接国内商机，与兄弟省市合作拓展人才引进、输出的交流渠道；嫁接国际的商机，组织考察团赴东欧、日本进行公务考察，接待韩国人力公团来访，探讨行业发展形势，建立合作机会。4. 深化行业品牌化建设。有106家机构被评为“2008—2009年上海信得过人才服务机构”称号，有8家单位被评为“上海服务名牌”。5. 培训从业人员。协会为市考试院指定报名点之一，共接待2256人次报考人才中介职业资格考试，为540多人提供考前培训；举办“2009年上海市人才中介职业资格继续教育”，有408名中介师、750名中介员参加培训；全年举办4期“免费讲坛”和第八期人才派遣(人事外包)实务操作班。6. 推进大学生就业。开展2次“人才服务进校园”活动，为近10万大学生创造就业机会；全面推进派遣见习计划试点，共提供见习岗位1249个，招收见习学员1718人。

协会地址：浦东南路1036号1402室
邮　　编：200120
电子信箱：shrca@ shrca. org
网　　址：www. shrca. org
传　　真：58884556
电　　话：58884561

上海交电家电商业行业协会

上海交电家电商业行业协会(简称“协会”)成立于1988年10月。为顺应市场经济发展和政府职能的转变，于2003年2月经改革调整，真正走上了依法民主办会、市场化运作的新道路。协会会长陈晓。行业主管部门是上海市商务委员会。行业业务涉及家用电器的制造、流通、服务、回收利用和处置，以家电流通业为主。

2009年12月，在松青城大酒店举行
上海家电名品嘉年华

协会宗旨：严格遵守国家有关法律、法规和政策，遵守社会道德风尚，以政府经济发展战略为指导，做好企业与政府、企业与社会沟通的桥梁；运用信息、咨询、调研、协调、培训、评比等多种形式为行业和会员提供服务；协助政府从事行业管理，维护市场秩序，保护会员合法权益，推动全行业经济的繁荣和发展。

协会现拥有会员企业308家，会员企业占据市场份额85%以上。下属分支机构和组织有：厨卫电器专业委员会、手机销售专业委员会、维修专业委员会、质量专业委员会、郊县专业工作委员会、服务专业委员会、教育培训中心、平板电视销售专业委员会、空调技术专家工作小组和家电报修一线通。定期出版月刊《上海新家电》。

协会的工作理念是：有利于行业的可持续发展，有利于消费者权益的保护，有利于会员企业经济效益的提高。

2009年协会主要活动及业绩：在市商务委的直接领导下，相关处室与协会共同成立上海地区家电下乡工作小组办公室，启动了上海地区家电下乡工作。协会组织了两次由

32家中标销售企业集中参与的信息系统及业务培训;设计并组织印制家电下乡活动宣传单页;安排专线电话接受社会各界有关家电下乡工作的咨询。

在年中空调旺季前启动的节能空调惠民工程中,协会秉承历年来对节能空调特别是变频空调不遗余力的推广理念,通过与市发改委、市节能监察中心以及相关空调企业的多次沟通,提出上海地区在国家原有补贴政策基础上进行加补的政策建议。同时依托多年来搜集的相关行业基础统计数据,撰写专项市场分析报告,为加补政策建议提供量化依据,最终促成上海地区率先全国对变频空调实施补贴,有力推动了变频空调在上海地区的普及。

2009年国家出台家电以旧换新政策,协会为政策落实投入了大量人力,直接参与从前期出具行业分析报告为政策提供理论依据和相关量化指标,到政策出台后在行业内广泛宣传,组织落实相关企业参与招投标,安排回收凭证有序发放,协调政企矛盾以及接受政策咨询投诉等多项工作。为上海地区在该项政策的实施中走在试点省区前列做出了贡献。

2009年协会在标准化工作中亦取得丰硕成果。协会撰写的全国首部规范家电维修企业经营服务行为的地方标准DB31/T 460—2009《家电维修企业经营服务规范》正式实施。另一部协会撰写的行业标准SB/T 10429—2007《家电专业店经营规范》荣获2009年上海市标准化优秀成果二等奖。

协会地址:大田路129号A幢9楼F座
邮　　编:200041
电子信箱:shjjli@ vip. sina. com
网　　址:http//www. shjjd. cn
传　　真:52287260
电　　话:52287261

上海市副食品行业协会

上海市副食品行业协会(简称"协会")成立于1987年4月。为上海市副食品经营行业企事业单位自愿组成的跨部门、跨所有制的非营利的行业性社会团体法人。协会现有各种所有制会员单位209家,协会秘书长高桂铭。行业主管部门是上海市商务委员会。

协会主要职责是,通过信息服务、自律建设和教育培训等多项工作,与会员单位一起共同努力实现副食品市场的繁荣稳定和副食商品的安全放心供应;编发《副食品行业简讯》、《信息交流》,定期召开市、区行业经理联席会,各类研讨会、交流会,推动行业发展;积极参加标准化菜市场建设管理,加强行业食品安全卫生管理和标准化菜市场的长效管理;制订和实施"行规公约",规范市场管理,塑造企业新形象,提高行业整体素质。

2009年协会主要活动及业绩:1. 组织召开五届四次会员大会,表彰行业服务明星46名,企业先进个人25名。2. 与相关单位联合开展"星级标准化菜市场评定活动"。评定出173家星级菜市场,并召开了表彰大会。3. 组织会员企业去外省市学习,促进行业工作。4. 建立先进标准化菜市场联席会制度,召开4次联席会开展学习交流,推动星级标准化菜市场创建活动。在江杨市场开展对国办《限塑令》执行情况和问题的调研。协助七宝农产品批发市场开展调研和维权工作。5. 配合市政府研究室开展对摊位费调研，为行业减负解困所涉及的垃圾清运费和马路乱设摊等问题积极反映并提出解决办法的建议，供领导决策参考。6. 组织推荐并参加"2009上海零售业十大杰出人物"评选活动。7. 全年印发副食品行业简讯和信息交流共22期。做好政府有关部门要求的年检、劳务费专题整治和政企分开情况的调查及上报。

协会地址：福州路17号206室
邮　　编：200002
电子邮箱：SNFTA@126.COM
传　　真：63234814
电　　话：63234884　63234905

上海国际经济技术合作协会

上海国际经济技术合作协会（简称"协会"）成立于1994年。是具有社团法人资格的行业社会团体。协会会长周晓临。行业主管部门是上海市商务委员会。协会宗旨：遵守中华人民共和国法律法规，致力于促进上海对外投资、对外承包工程、劳务合作和其他国际经济技术合作事业的发展。协会主要职责：当政府参谋，为行业引领，行业自律，信息与咨询，帮助企业开展国际业务，促进行业的对外交流与合作。

2010年4月15日，外经协会会长周晓临率上海企业代表与伊朗东阿塞拜疆省政府代表团洽谈交流合作事宜。

协会现有会员企业180余家，涵盖了上海市主要的对外直接投资、国际工程承包、设计咨询、人力资源合作、以及主要成套设备制造等企事业单位。

2009年协会的主要工作：1. 针对金融危机对外经事业的影响，以帮助企业应对挑战、寻求机遇、走出困境为重点，展开多题多项调研，明确行业发展思路，找准对策，寻找多方合作，同心协力助推"走出去"。2. 为弘扬先进，激励企业，勇克危机，协会积极组织了第四届上海市实施"走出去"战略先进企业评选。振华重工、上海电气、宝钢集团、大通国际劳务等29家企业成为先进企业。同时评定了17家诚信A级企业。3. 开展有针对性的业务促进活动，帮助企业开拓市场。年内首次组织企业参加3个境外展会，探索国外市场；协会到外经企业现场办公，针对企业现状与存在困难，传递海外信息，指点迷津；组织中外企业对口交流，举办境外市场推介，安排配对式洽淡，穿针引线，推进中外企业合作交流。4. 创新服务方式，加强网站建设，目前已与世界200个投资促进机构，213家我驻外使馆经商处网站建立了链接，网站12个版块，年内更新信息1400余条，为历年之最。办好《外经广角》，拓展对外联络，提高服务的"软实力"，帮助企业获得高质量的指导信息。2009年，协会举办5次培训，共有5000余人次参加了培训，涉及专业培训、商务外语培训、劳务人员培训等。协会还搭建省际交流平台，为企业合作创造了条件。

协会地址：江宁路445号
邮　　编：200041
网　　址：www. saietc. org
传　　真：62177244
电　　话：62717264、62185770

上海粮油行业协会

上海粮油行业协会（简称“协会”）成立于1992年12月。下辖一个联购供应专业委员会，会员数150家。协会会长朱元旦。行业主管部门是上海市商务委员会。

协会宗旨：遵守国家法律、法规和政策，遵守社会道德规范，依据市场经济规律，维护粮油企业合法权益，为粮油企业开展全方位服务，加强行业管理，搞活粮油经营，促进上海粮油行业发展。

协会接受和承办政府主管部门转移和委托的各项职能；根据行业的特点制定并监督执行行规行约；推进跨国、跨地区、跨行业的联系和合作，举办商品交易、产品展销、技术转让、物资交流等活动；收集整理国内外粮食、油脂、粮油食品的加工生产、市场流通、经营管理、技术开发等方面的资料和信息，向会员传递，并提供经济、技术、法律咨询服务；沟通行业与政府、会员之间及会员与其他企业、部门的联系，协助调解纠纷。

2009年协会主要活动及业绩：1. 深入开展创名牌、创名优工作，推进放心粮油工程。引导企业争创“上海名牌”、“上海名优食品”和“上海食用农产品优质畅销品牌”，提高企业产品质量，扩大知名品牌粮油产品市场份额，保证食品质量安全；向市经委推荐在行业中有一定影响的15家会员企业的知名品牌，汇编《2010世博食品推介》一书，扩大粮油品牌的社会知名度；组织放心粮油进社区活动，通过宣传“放心粮油”产品，推进与扩大粮油知名品牌产品在消费者中的知名度；加大对“放心粮油”、“放心粮店”的监督力度，切实维护协会的权威和“放心粮油”、“放心粮店”的信誉。2. 抓好行业自律，增强企业社会责任感。在2009年3·15国际消费者权益保护日期间，协会与上海商报、上海粮油制品质检站等单位合作，深入超市、卖场、批发市场，实地调查粮油产品质量情况，为政府主管部门加强粮油食品质量安全的监管提供客观的依据，并将调查结果通过媒体向社会公布，形成政府、协会、企业对粮油食品安全齐抓共管的格局，推动粮油企业的行业自律。3. 加强协会自身建设，服务会员企业。加大发展会员企业力度，2009年共发展会员10家；加强会员企业之间互动交流，组织相关会员企业参加兄弟省市交流活动；支持配合协会会员单位射阳县大米协会开展打假活动；帮助会员企业申购“菜蓝子”工程车额度；与上海市粮食经济研究会在2009年秋粮收购工作前，联合召开粮食收储企业收购交流研讨会，为企业决策提供有价值的参考。

协会地址：浦东张杨路88号1006A室
邮　　编：200122
网　　址：http://www. shliangyou. com
传　　真：58889299
电　　话：68871118＊1006

上海百货商业行业协会

上海百货商业行业协会(简称“协会”)成立于1988年12月。是上海市经营百货商品为主的百货商厦、购物中心、城市广场、专业专卖店及生产企业与其他有关经济组织、科学院所,自愿组成的跨部门、跨所有制的非营利的行业性社会团体法人。协会会长黄真诚。行业主管部门是上海市商务委员会。现有团体会员140余户。

协会宗旨:维护市场秩序,维护会员企业的合法权益,在行业管理中发挥积极作用,推动行业的振兴和繁荣。

2009年8月,协会在东方商厦南东店召开迎世博服务观摩会

协会主要工作:沟通市场信息,指导行业经营,召开市场信息发布会,市场研讨会,商品推介会,提供多种信息为会员服务;开展优质服务竞赛,树立行业新形象,制订相关行业服务标准及行规公约,以加强行业自律管理;开展咨询服务,为企业、行业提供市场、商品、政策的信息与咨询建议,出版有“上海都市百货”会刊和建有“上海百货”网站,参与举办各类相关的展览会。

2009年协会主要活动与业绩:1. 积极应对金融危机,促进百货业销售稳定增长。搭建平台积极沟通行业经营现状;充分利用协会会刊和网站为会员企业提供信息服务;积极参与上海购物节,据统计,95%以上的会员企业参加了购物节,实现销售较上年同期增长22.66%;组织企业参加各类活动,开阔眼界,拓展思路;召开百货价格管理经验交流会,推荐新世界股份公司和友谊南方商城的典型,促进价格诚信体系的建立。2. 以迎世博为重点,切实提高上海百货业的服务质量。4月,协会召开服务表彰会树立服务典型;5月,协会召开年度服务工作会议;举办多项活动深化服务工作,开办《质量管理、顾客满意、组织处理投诉指南》标准培训班和“零售店现场服务管理”培训讲座,召开“迎世博服务形象购物环境现场观摩会”,进一步提升了服务水平和公众满意度。3. 用迎世博工作的要求提高管理水平。继续开展分等定级工作,对37户大中型企业完成诚信档案建档;组团参加“金鼎百货店经验交流会”向兄弟同行学习;配合商务部开展分等定级复评工作。

协会地址:西藏中路725弄41号三楼
邮　　编:200003
电子信箱:bhhyxh@126.com
网　　址:www.baihuo.org
传　　真:63596368
电　　话:63180508

上海婚庆行业协会

上海婚庆行业协会(简称"协会")成立于2004年。行业主管部门是上海市商务委员会。协会会长曹仲华。

协会主要职责:行业统计,行业调研,行业评比,技术培训,会展招商,维权争议,公信证明,行业准入资格资质审核,发布行业信息等。

协会会员均为团体会员。共有各种所有制会员单位140家。

2009年,协会主要活动与业绩:1. 加强行业自律。与上海市工商行政管理局联合制定《上海市婚礼庆典合同示范文本》,并在会员单位推广试行;与新入会的会员企业签署《上海婚庆行业自律公约书》;以"树立诚信达标,打造行业品牌、诚信服务"为出发点,围绕"六公开、三满意"的内容展开工作,培育出更多的具有创新能力和优质品牌的婚庆企业。2."协会"秘书处常年秉公受理消费者投诉并在协会组织的有关会议上对典型投诉案例组织分析讨论,提高认识,改进服务;组织会员企业积极参与有关各方开展的保护消费者权益活动。3. 开展内外交流活动。协会组织会员企业赴日本、美国和兄弟省市考察交流,开展行业企业联谊活动,学习交流行业经营管理、技艺切磋,沟通行业信息;组织会员企业参加有关部门组织的品牌建设推进工作。4. 在经济危机环境下,对业内企业经营状况开展调查工作,帮助企业共克时艰,对解决企业用工难等问题采取了一系列举措。5. 本着"和谐社会、以人为本"服务宗旨,提倡先进的服务理念,发扬先进的婚礼文化,开展行业规范,树立先进的创新管理,建立良好的诚信体系,促进了行业的健康发展,会员队伍不断壮大,已成为上海老百姓心目中的结婚办喜事的称心而又放心的民间组织。

协会地址: 福州路107号309室
邮　　编: 200002
电子信箱: webmaster@ wta. org. cn
网　　址: www. wta. org. cn
传　　真: 63216383
电　　话: 63731049

上海市肉类行业协会

上海市肉类行业协会(简称"协会")成立于1996年11月。为上海市肉类行业企事业单位自愿组成的跨部门、跨所有制的非营利的行业性社会团体法人。协会秘书长郁麟驹。行业主管部门是上海市商务委员会。协会宗旨:以政府经济发展战略为指导,坚持改革开放的方针，贯彻国家政策法令，发挥桥梁和纽带作用；加强行业自律管理，维护企业合法权益，增强企业市场竞争力，为振兴肉类行业、繁荣肉类市场服务。协会主要职责：标准制订，行业管理，调查研究，信息交流，技术培训，技术考核，业务咨询，业务指导。

协会现有团体会员119家。会员企业以畜禽屠宰加工企业和肉制品加工及肉类商品经营企业为主体，兼纳部分畜禽养殖、食品机械、食品添加剂等企事业单位。

2009年协会主要活动及业绩：1. 积极加强行业自律，立足行业规范发展。协会召开上海部分肉类批发市场负责人会议，商讨肉类商品流通主渠道批发市场如何在控制注水牛肉问题上发挥积极作用，经认真讨论，一致同意签署了《上海肉类行业流通主渠道控制注水牛肉承诺书》。嗣后，由肉类行业协会牵头，对上海经营规模较大的生猪经营户与相关屠宰场共同发起组建肉类商品流通专业委员会，组织会员之间开展“瘦肉精”检测抽查和互查，确保肉类食品的食用安全。2. 迎世博，推进品牌发展。肉类行业协会和生猪行业协会联合召开了“迎世博、保供应、重安全，进一步推动上海本地生猪产销联动专题研讨会”。为确保世博会期间食品安全，协会推荐9家品牌企业和产品为世博推荐食品。同时参与举办“2009年第四届上海食用农产品〈畅销品牌〉评选活动”，行业内有近30家企业品牌被评为“上海畅销品牌”等各类称号。3. 认真抓好业务知识宣传和培训。为贯彻新修订的《生猪屠宰管理条例》，协会会同市食品协会先后办4期屠宰工人培训班、1期肉品品质检验员培训班。126名一线屠宰技术工作和40位品质检验员，经考试全部合格。4. 强化协会功能，为会员单位提供多方位服务。协会为企业提供各类咨询活动86次，牵线搭桥帮助企业间的合作6次。为行业内品牌企业报审国家名牌、市级名牌、著名商标等出具相关证明8次。协会秘书处会同上海食品协会开展培育、扶持“上海名优食品”活动，肉类行业有5家会员单位的6只产品被认定为2009年度“上海名优食品”。

协会地址：四川中路49号104室
邮　　编：200002
电子信箱：shrlxh@126.com
网　　址：www.shrlxh.biz.sh.cn
传　　真：63213152
电　　话：63213152

上海市蛋品行业协会

上海市蛋品行业协会（简称“协会”）成立于1995年5月。为上海市蛋品生产、加工、流通及行业企事业单位自愿组成的跨部门、跨所有制的非营利的行业性社会团体法人。协会现有各类所有制会员单位65家，其中会员单位国有3家，集体、民营50家，股份制12家。副会长单位5家、理事单位24家，协会下设13个区县联络站。协会会长范钦杰。协会的行业主管部门是上海市商务委员会。

协会宗旨：以政府经济发展战略为指导，在行业管理中发挥积极作用；为增强企业市场竞争力，促进上海市蛋品行业的发展提供服务；维护会员合法权益，遵守法律、法规，贯彻执行国家的方针、政策,协助政府从事行业管理,发挥政府与企业、企业与社会之间沟通的纽带和桥梁作用,促进上海蛋品行业的健康发展。

2009年协会主要抓6个方面工作:1. 加强调查研究,针对蛋鸡场加种疫苗及蛋鸡的生产效益两个问题,及时掌握产地情况,积极反映会员单位呼声,受到市畜牧等部门重视,给予适当的政策扶持。2. 基本完成改扩建规划,稳定了郊区蛋鸡生产。3. 加强产销联系,建立稳定的货源基地,以满足日益增加的蛋品需求。4. 加强企业自律,确保蛋品质量,为世博会提供安全优质的蛋品。5. 加强正面宣传、稳定蛋品市场。6. 办好蛋品通讯,为会员单位提供信息服务。

协会地址:四川中路49号101室
邮　　编:200002
电子信箱:dpyxh@yahoo.com.cn
传　　真:63298150
电　　话:63212691

上海市酿酒专业协会

上海市酿酒专业协会(简称"协会")成立于1989年。为上海市专门从事酒类生产和经营相关的企业及有关酒类科研、教育等单位自愿组成的跨部门、跨系统具有法人资格的行业组织。协会的主管部门是上海市商务委员会。协会会长葛俊杰。现有会员单位80家。涵盖上海市啤酒、黄酒、葡萄酒、白酒、老白酒、配制酒、洋酒等所有酒种的生产企业和部分酒类经销商。其中酒类生产企业占上海合法酒类生产企业的50%,包含了国有、三资、私有、股份合作等性质的企业,其会员企业的产量占全市酒品产量的95%以上。协会设立酿酒科技咨询服务部,聘请国家级高级工程师、教授、博士后、国家级评酒员等专家为咨询顾问,为行业及国内外各界提供有关酿酒方面的科技咨询和市场信息等服务。

协会宗旨:遵守国家宪法和各项方针、政策,坚持社会主义四项基本原则,坚持改革开放,发展社会主义市场经济;开拓横向经济联系,促进内外交流,推动酒类行业的发展,繁荣酒类商品市场;为企业提供规划、协调、信息、咨询、培训、组织会展活动等服务;在政府和企业间起桥梁和纽带作用,通过组织、服务,推动各方面的合作,协助政府部门搞好行业管理;利用协会涵盖工业和商业的独特优势,在厂家和商家,批发与零售之间发挥桥梁和中介作用,有利于厂商、批零之间更紧密地联系。

2009年协会主要活动及业绩:1. 抓坚持学习,提高协会工作人员思想理论和工作水平。2. 做好做强信息咨询服务。全年"协会"共向国内外同行提供各类信息300多条、咨询50多家次、80多人次;利用互联网加大信息量;增强《上海酿酒简讯》的出版力度;通过大众媒体及时向外发布信息;这些综合服务举措,既为政府有关部门提供作为决策依据,又使企业适时了解和掌握有关的政策、法规、市场产销情况,引导企业产销决策更合理。3. 为会员企业提供各类服务。如实施名牌战略,开展上海市名优食品的评选活动;组织开展《老白酒催陈净化处理》设备的鉴定工作;参与国家对企业的"清洁生产"工作的审定;组织举办《上海国际葡萄酒与烈酒展览会》;组织会员企业参加大学生招聘专场活动;贯彻执行《食品安全法》的宣传与落实等。4. 加强与国外的交流,组织企业多次参加国际性展览,促进中外同行交流,为企业发现新商机。5. 在加强与完善服务中,积极稳妥地发展新会员,扩大行业的覆盖面,使协会工作充满生机。

协会地址:大木桥路620号202室
邮　　编:200032
电子信箱:webmaster@ shdrinks. org. cn
网　　址:www. shdrinks. org. cn
传　　真:64180239
电　　话:64181119

四、2009年上海商务工作大事记

一　月

1月4日　“上海外资网上办事系统”正式开通。

1月8日　上海国际贸易摩擦形势预测研判及对策措施专家座谈会召开，就国际贸易摩擦形势预判、贸易摩擦对上海的影响与应对、技术性贸易壁垒与知识产权对上海产业影响及对策等专题展开讨论。

1月10—11日　市政府副秘书长、商务委主任沙海林带领机关各部门和委属各单位的主要负责同志专程赴都江堰地震灾区，学习感受当地党员和干部群众伟大的抗震救灾精神，并初步确定了帮扶意向。

1月16日　市政府副秘书长、商务委主任沙海林主持召开全市服务外包工作专题会议，重点研讨苏州技术先进型服务企业试点政策落地，整合全市政策资源，聚焦服务外包工作。

1月20—21日　商务部副部长蒋耀平来上海调研金融危机以来加工贸易、一般贸易出口情况以及大型成套设备企业生产经营情况。先后听取了上海外高桥造船有限公司、昌硕科技(上海)有限公司、宝钢股份有限公司、上海百联集团有限公司等企业应对金融危机的情况汇报，并就具体措施提出了建议。

二　月

2月1日　市商务委开发的全国首个“外资统计网上直报系统”正式启用。

2月6日　由市商务委主办，市外商投资企业协会、市投资促进中心和外服公司协办的“2009年上海商务情况通报会”在香格里拉大酒店召开。市政府有关委办局领导、外国领馆官员、外资企业代表、跨国公司地区总部代表、贸易和投资促进机构代表等共约350人出席。会议通报了2008年上海经济发展情况和商务运行情况，并就2009年上海经济和社会发展展望、上海商务工作总体思路和举措与会议代表进行了沟通。

2月6日　副市长唐登杰主持召开全市服务外包工作座谈会，贯彻落实国务院2月2日召开的全国服务外包工作座谈会精神，部署上海贯彻落实国办9号文相关工作。

2月16—27日　为应对全球金融危机对上海外资工作的影响，市商务委组团由副主任杨国强带队专程赴德国、法国和美国拜访15家跨国公司总部(其中12家为500强企业)，了解国外企业对中国和上海投资战略的调整情况。

2月18日　上海首次认定中国外运华东有限公司等20家企业为“上海市国际物流(货代)行业重点企业”，以此推动具有一定经营规模和实力、市场竞争力强的在沪国际物流(货代)企业朝着规模化、专业化和网络化方向发展，带动上海物流企业做大做强。

2月23日　市政府召开上海市2009年粮食工作会议。副市长唐登杰出席会议。会议提出了2009年粮食工作的目标任务、工作内容等相关要求，明确夏粮、秋粮收购的具体措施,为确保上海粮食供应及安全奠定基础。

2月24日 市商务委与市财政局共同发布"关于印发《上海市鼓励跨国公司地区总部发展专项资金使用和管理试行办法》的通知"。

2月25日 市政府召开2009年上海市商务工作会议。市长韩正出席并在讲话中指出,要站在全局的高度思考和谋划上海商务工作,围绕加快建设"四个中心",在上海加快形成以服务经济为主导的产业结构进程中,充分认识商务工作的重要性,全力提升上海整体竞争力和服务能力。

2月26—27日 商务部反垄断局与日本国际协力机构(JICA)主办,上海市商务委协办的"中日反垄断法研讨会"在上海新锦江饭店召开。研讨会主题是反垄断法的意义以及其对企业活动的影响。这是我国反垄断法生效以来第一次面向中外企业进行宣传。中外企业共有170多人参加了会议。

三　月

3月1—5日 第19届中国华东进出口商品交易会在上海新国际博览中心举行。本届华交会境外客商来自140个国家和地区,达18229人;境外参展企业交易团120家企业,分别来自美国、英国、意大利、日本、韩国等11个国家和地区。本届交易会出口总成交为22.4亿美元。

3月6日 上海市服务贸易发展联席会议第二次专题会议召开。会议通报了2009年工作设想,研究探讨如何加快上海服务贸易重点领域发展。副市长唐登杰在会上要求各有关部门集思广益、拓宽思路、统筹兼顾,合力推进上海服务贸易的发展。

3月9日 副市长唐登杰和市政府副秘书长、商务委主任沙海林赴外高桥保税区三凯进出口公司和保税区管委会进行调研,听取了保税区管委会关于抓住上海国际贸易中心建设有利时机,拓展功能,打造保税区进出口贸易基地的设想和做法。

3月10日 上海贸易便利化联席会议成立。联席会议由市商务委牵头,由上海海关、上海进出口检验检疫局等10个部门组成,下设工作小组。工作小组牵头起草了全国第一个地方贸易便利化工作的规范性文件:《上海市贸易便利化工作规程》,全国第一个衡量贸易便利化工作效率的指标体系:《上海市贸易便利化效率指标框架》。

3月20日 市政府办公厅印发《关于保持上海对外贸易稳定增长若干意见》。《意见》有八部分内容:一是增强为企业服务的意识,二是推进加工贸易转型升级,三是加大金融扶持力度,四是支持企业开拓新兴市场,五是鼓励企业扩大进口贸易,六是提高贸易便利化水平,七是发挥投资与出口的互动作用,八是加大财税支持力度。

3月24日 市商务委会同外经协会召开2009年上海市对外劳务工作研讨会。这是上海市外派劳务和境外就业并轨后的第一次对外劳务工作会议。会议对如何化解经济危机所引发的突发事件和如何在危机中积极抓住机遇进行了探讨。还对被评为2008年度对外劳务合作企业A级诚信等级的17家企业颁发了证书。

3月27日 市商务委召开机关全体干部大会,市政府副秘书长、商务委主任沙海林宣布委机关新任正副处长名单,同时下发《上海市商务委员会内设机构主要职责》。至此,市商务委"三定"工作顺利结束。

四　月

4月3日 上海市商务委、发展改革委等18个委办局联合下发《上海市贯彻落实商务部等十四个部门〈关于保护和促进老字号发展的若干意见〉的实施意见》。实施意见提出通过全社会的努力,建立保护和促进老字号发展的支持体系,挖掘整理传统产品和技艺,增强老字号企业自身创新和市场竞争力，培育一批具有自主品牌、发展潜力大、竞争能力强、社会影响广、文化特色浓的知名老字号。

4月10日　市商务委、财政局成立上海市家电下乡工作小组，负责统筹、协调全市家电下乡推广工作，工作小组办公室设在市商务委，成员由市商务委、市财政局、市经济信息化委、市质监局有关处室及家电行业协会负责人组成。工作小组下发《关于本市推广家电下乡工作的意见》，要求有关区县商务和财政主管部门成立相应组织机构，落实职能部门，加强沟通协作，形成工作机制，确保国家和上海家电下乡各项政策顺利实施。

4月14日　自由贸易协定宣讲会在上海召开。国家商务部、财政部、海关总署及质监总局的资深专家为参会企业详细介绍了我国自由贸易区谈判情况，以及自由贸易区优惠政策和企业如何利用相关优惠政策方面的内容。

4月15日　上海国际服装文化节15周年庆典活动在上海大剧院举行。活动以“为城市着色，为上海添彩”为主题。每年一届的上海国际服装文化节，在服装时尚领域促进中外交流，推动产业升级，扶植民族品牌，发展专业教育，培育新生力量，弘扬中华服饰文化，推进上海国际贸易中心和国际时尚之都建设起到一定作用。

4月20日　市政府副秘书长、商务委主任沙海林与上海市国家税务局、上海市地方税务局局长顾炬共同签署《税贸协作备忘录》。根据协作备忘录，税贸双方联手，共同推进加快上海国际贸易中心建设，创造上海贸易便利化的良好环境，支持和帮助企业应对国际金融危机，努力保持外贸稳定增长，促进上海商务事业长期健康发展。

4月30日　市商务委与工商银行上海分行举行“关于全面支持上海商务事业发展合作备忘录”签约仪式。市政府副秘书长、商务委主任沙海林出席签字仪式并讲话。根据合作备忘录，双方将本着“政策性推动，市场化运作”的原则，建立银贸合作关系，共同推动扩大国内消费、确保出口平稳增长、提高利用外资质量和水平、大力促进服务贸易、实施“走出去”战略，加快商务工作健康发展。

五　　月

5月8日　市商务委举办境外投资企业及机构颁证仪式，为商务部新的《境外投资管理办法》正式实施后的第一批14家境外投资企业及机构颁发批准证书。同时，市商务委根据上海实际情况出台《关于境外投资核准工作的实施细则（试行）》，精简了企业的申请材料、核准流程。

5月9—10日　市商务委副主任张新生带领上海百联集团、蔬菜集团等18家大型商贸企业赴成都考察，与成都商贸局达成《沪蓉农产品销售合作框架协议》。期间，上海企业与都江堰三家企业开展农商对接活动，签订4300吨猕猴桃供销合作协议，采购龙泉水蜜桃3000万元。果品公司在都江堰金色阳光公司建立猕猴桃品牌基地。百联集团引进郫县近百个产品。

5月12日　2009年上海最大的对外直接投资项目——上海联和投资有限公司并购联和国际有限公司项目获商务部批准。该项目投资总额为3.294亿美元，经营范围为“在境外从事投资、融资和相关咨询业务”。并购后联和国际将出资3.285亿美元增持开曼宏力公司股份。

5月19日　上海市进出口公平贸易行业工作站第一次工作会议召开。

5月20日　市政府印发《关于促进上海服务贸易全面发展的实施意见》。《意见》共有15条，涉及加强组织领导、发展服务出口和进口、加大财政支持力度、强化政府服务和服务贸易促进体系、完善服务贸易统计、培育国际品牌和加强人才建设等7个方面。

5月26日　市政府办公厅发布《关于促进本市服务外包产业发展的实施意见》。实施意见根据发展高端、承接离岸、完善功能、集聚总部、区域合作的总体思路，以及因地制宜、整合聚焦、先行先试、注重公共服务等原则制定，主要分为财税政策、人力资源与劳动保护、政府其他服务三个方面。

5月26日 市商务委在徐汇区召开“上海商业营销促销工作现场会”。会议要求各单位创新营销促销方式，力争完成全年社会消费品零售总额同比增长12%的目标。

5月28日 市长韩正到市商务委调研指导工作。韩正在听取委领导工作汇报后表示，市委、市政府充分肯定商务委组建以来的各项工作，要求商务委在促进全市服务业发展中承担主要职责。市商务委在研究工作时，要站高一步，想深一些，站在促进全市经济结构调整的角度研究问题，推动工作。

5月30日—6月4日 市商务委组团参加商务部、上海市政府和福建省政府共同主办的第42届阿尔及尔国际博览会中国馆活动，上海参展企业累计成交2243万美元，达成合作项目意向6个。

5月31日 上海市政府办公厅转发市商务委等五部门制订的《上海鼓励老旧汽车淘汰更新补贴暂行办法》，并于6月1日起正式施行。

六　月

6月2日 市商务委召开“上海特色商业街工作推进会”。黄浦、静安区商务委分别介绍了福建中路、吴江路等特色商业街建设情况；杏花楼集团介绍了云南路美食街改建情况。

6月3日 “海南—上海百家市场联销海南农产品宣传促销活动”在江桥批发市场举行。

6月4日 第十四届泛阿拉伯/非洲地区国际汽车及零部件展在埃及首都开罗举行。上海市副市长唐登杰为上海展区启动剪彩，宣布上海展区启动，上海市21家企业共设25个摊位，展会期间接待客商325人，现场成交23万美元，意向成交410万美元。

6月8日 中国(上海)—突尼斯投资贸易洽谈会在突尼斯举行。洽谈会由上海市政府和突尼斯发展与国际合作部共同主办，副市长唐登杰和突尼斯发展与国际合作部国务秘书出席并作演讲。上海43家企业参加，现场达成贸易意向368万美元，投资意向项目4个、约810万美元。

6月12日 商务部和上海市人民政府在上海签署《商务部和上海市人民政府关于共同推进上海市商务工作全面发展的合作协议》。根据《协议》，双方将在政策研究、国际贸易中心建设、商贸流通、市场体系建设、进出口贸易、服务贸易、利用外资、对外经济合作、开发区建设、人力资源开发、区域商务合作等方面开展紧密合作。合作重点包括共同推动上海市建设国际贸易中心，加快现代流通体系建设，努力搞活流通扩大消费，保持对外贸易稳定增长，提高利用外资质量和水平，支持“走出去”加快发展，大力发展服务贸易，推进电子商务发展，培养高素质商务人才队伍等九个方面。

6月18日 市商务委与中国电信上海公司签署《发展电子商务，加快上海“国际贸易中心”建设合作备忘录》。双方本着“政策推动，市场运作”的原则，共同推动上海地区电子商务的应用与发展，营造适合电子商务企业发展的良好环境，进一步利用电子商务促进上海商务工作全面健康发展。

6月18日 《商务部、外交部、公安部、监察部、交通运输部、国资委、工商总局关于开展清理整顿外派劳务市场秩序专项行动的通知》下达并召开电视电话会议贯彻。上海市确定自6月18日至9月30日开展清理整顿外派劳务市场秩序专项行动，确保清理整顿取得积极成效。

6月19日 “2009上海购物节”组委会召开第一次全体会议。购物节名誉主任、副市长唐登杰到会并讲话，要求努力把购物节作为展示上海商业良好形象的重要舞台，力争推出一批精心打造、深受欢迎的经典活动项目，让7000万海内外宾客在观看世博园区的同时，感受到上海商业服务业整体风貌和水平。

6月23—24日　第二届中国国际服务外包合作大会在南京召开。会上，中国国际投资促进会发布中国十大服务外包领军企业、五大在华全球服务供应商和100家成长型企业名单，上海药明康德位列领军企业行列，睿智化学、微创等6家企业被评为成长性企业。

6月24日　上海市服务贸易发展联席会议第3次专题会议召开。市商务委汇报了《上海市服务贸易发展中长期规划纲要》，通报服务贸易统计等相关工作。副市长唐登杰要求合力推进服务贸易的政策落实、统计和专项资金等工作，抓出实效。《规划纲要》于9月7日由市政府印发，作为上海2009—2020年上海服务贸易发展的蓝图和行动纲领。

同日　市商务委会同外经协会召开"上海市实施'走出去'战略先进企业表彰会"。会议交流并表彰由上海外经协会组织评定的2006—2008年度29家上海"走出去"先进企业。

同日　上海市商务系统政风行风测评工作会在市商务委召开。会议研究分析近年来在行政审批、政务公开、网上办事、规范收费等方面群众反映强烈的突出问题，围绕迎世博、实现"两高一少"等重点目标，提出2009年度市商务系统加强政风行风建设的整改目标和整改措施。

6月25日　市商务委员会和普陀区人民政府签署"关于共同推进普陀区加快商贸物流建设和商务工作全面发展的合作协议"。

同日　市商务委和浦东新区人民政府在张江高科技园区签署了上海服务外包人才培训中心共建协议。同时为上海服务外包人才培训中心揭牌。

6月30日　2009年外商投资企业联合年检工作顺利结束。此次上海参检企业31671家。

七　　月

7月2日　市商务委召开"推进商业节能降耗专题会议"。市发改委、各区县商务委、市节能监察中心、百联集团、光明集团、大型超市、家电专业店、餐饮企业、沐浴企业、有关行业协会负责人参加会议。会议要求有关单位要加强节能降耗工作的组织领导，认真抓好节能降耗指标的分解，确保节能降耗目标任务顺利完成。

7月3日　市政府召开推进现代服务业集聚区建设联席会议专题会议，研究部署集聚区建设工作。副市长唐登杰在讲话中要求各部门和各区县高度重视集聚区建设工作，加快推进建设步伐。

7月6日　跨境贸易人民币结算第一单业务顺利落户上海。

7月8—9日　中国香港举办第三届中国(香港)国际服务贸易洽谈会。上海市商务委主办的"沪港中医药服务贸易合作发展论坛"作为洽谈会的组成部分，得到了商务部、国家中医药局与沪港中医药界专家学者的高度重视，香港媒体对此进行了广泛报道。

7月16—17日　上海外贸产品内销订货会在上海世贸商城举行。本次订货会为外贸企业开辟内销市场创造机会，推动内外贸融合发展。超过170家外贸企业展示了内销样品，23家采购企业带来了采购清单，合作意向总金额超过1.1亿元。"订货会"期间还分别举行了"外贸企业进商场合作协议"签约仪式及"外贸产品购销信息网"开通仪式。

7月20日　商务部委托上海承办的"发展中国家信息技术应用培训班"举行开班仪式。来自24个亚洲国家的46名信息技术官员参加了培训班。

7 月 21 日 市政府举行第 16 批跨国公司地区总部颁证仪式。

7 月 24 日 上海市 2008 年度绩效考核工作总结会议在友谊会堂召开。市商务委在 2008 年度绩效考核中获得优秀。

7 月 30 日 上海市政府印发《本市贯彻〈物流业调整和振兴规划〉的实施方案》,实施期限为 2009—2011 年。《方案》提出了推进本市物流业发展的八项主要任务和八大政策措施,明确了各相关职能部门的分工职责,确立了到 2011 年将上海“基本建成国际重要物流枢纽和亚太物流中心之一”的目标。为贯彻这一实施方案,市政府于 8 月 14 日,专门召开全市推进现代物流业发展大会。

7 月 31 日 根据国家相关条例规定,上海市商务委下发《上海市商务委员会关于开展商业特许经营备案工作的通知》。

八 月

8 月 1 日 上海市商务委下放外资审批权限,将累计投资总额 1 亿美元以下的鼓励类、允许类外资项目的设立和变更事项以及累计投资总额 1 亿美元以下、不涉及钢铁、贵金属、铁矿石、燃料油、天然橡胶、图书、报纸、期刊、成品油、药品、汽车、农药、农膜、盐、烟草、化肥、粮食、植物油、食糖、棉花、音像制品、原油、氧化铝等 23 种重要商品、不涉及零售的外资商业企业的设立和变更事项的审批下放到区县。12 月 1 日,又进一步下放外资审批权限,将投资总额 1 亿美元以下、单一店铺面积不超过 1000 平方米的商业零售、经营性租赁、职业介绍机构、人才中介公司、会展公司和外资并购的审批权,下放到黄浦区等 16 个已接入外资网上办事系统的区县。

8 月 3 日 上海市生物医药产业推进大会召开,并为新认定的浦东张江—周康研发核心区和产业基地、闵行研发和产业基地、徐汇临床外包服务和产业基地、奉贤产业基地、金山产业基地、青浦产业基地六个“国家科技兴贸创新基地(生物医药)”授牌,启动了上海科技兴贸创新基地(生物医药)区域基地的建设。

8 月 10 日 市商务委、财政局、环保局、公安局等 10 个委办局根据国家下发的《关于印发汽车以旧换新实施办法的通知》制定《上海市汽车以旧换新实施细则》,与 6 月 1 日开始施行的《上海市鼓励老旧汽车淘汰更新补贴暂行办法》并列执行,对提前报废在本市登记上牌并符合条件的老旧汽车、“黄标车”,同时换购新车车主给予 3000 元—6000 元不等的补贴,符合条件的车主可享受双重补贴。

8 月 11 日 市科委、商务委、财政局、税务局、发改委联合发布《上海市技术先进型服务企业认定管理试行办法》,并据此开始本市技术先进型服务企业认定工作。

8 月 12 日 “上海外高桥国际贸易示范区”举行揭牌仪式。该示范区是上海根据中央有关建设“四个中心”的要求批准设立的,是上海推进国际贸易中心建设的重要举措。

8 月 12—13 日 全国“放心肉”服务体系建设试点工作会议在上海召开。市商务委副主任张新生在会上就上海开展猪肉食品安全工作作了交流发言并介绍了上海猪肉流通安全信息追溯系统建设工作情况。

8 月 15—18 日 2009 年巴西圣保罗国际家庭用品及礼品博览会暨上海商品展在巴西圣保罗举行。巴西圣保罗国际家庭用品及礼品展览会是南美最大的消费品博览会,每年举办一届。上海参展企业 32 家,展览面积 450 平方米,现场成交 30 万美元,意向成交 750 万美元。

8 月 19 日 市商务委印发《上海市软件出口(创新)园区认定和管理暂行办法》,并首次认定浦东软件园、徐汇软件基地、陆家嘴软件园、复旦软件园、创智天地园区、天华信息科技园、紫竹科学园区等 7 家园区为“上海市软件出口(创新)园区”。

8月26日　上海市政风行风监督员第六组一行9人，到市商务委检查政风行风建设工作，对市商务委开展政风行风建设工作给予肯定。

九　月

9月2—4日　华交会波兰展在波兹南国际展览中心举行。来自上海等10个省市的131家纺织服装企业参展，展览净面积约1600平方米，主要参展商品为服装、面料及配件，累计成交318.49万欧元，其中，现场成交43.71万欧元，意向成交274.78万欧元。

9月7日　市商务委发布《上海市服务外包示范区认定管理暂行办法》。市服务外包示范区认定小组由市商务委、发展改革委、经济信息化委、科委组成，认定办公室设在市商务委。

9月11—15日　市商务委协助上海电气(集团)总公司成功收购美国高斯国际公司。高斯公司主要业务是制造和销售轮转印刷设备系列产品和辅助设备，在美国、欧洲、亚洲共设有8家工厂与一个研发和销售支持机构。作为国内最大的机械装备制造集团之一的上海电气(集团)总公司，共出资1.6亿美元收购该公司，由此奠定在国际印刷机械行业的重要地位。

9月12日　2009上海购物节开幕式在浦东新区隆重举行。国家商务部副部长姜增伟、中国银联董事长刘廷焕以及上海市有关领导、各区县政府、各相关行业协会、企业集团负责人出席开幕式。购物节闭幕式10月8日在卢湾区复兴公园举行。参与本次活动的企业共实现零售总额372亿元，同比增长21.6%，比上届购物节销售增加2.1百分点。又于11月6日在新世界商城召开购物节总结表彰大会，颁发了优秀组织奖、特别贡献奖及营销大赛相关奖项，命名了2009度零售业十大杰出人物、上海商业服务品牌等荣誉称号。

9月14日　市政府办公厅印发《关于建立上海市整顿和规范市场经济秩序联席会议的通知》。联席会议由市商务委、发展改革委、经济信息化委、公安局等38个成员单位组成，市政府副秘书长、商务委主任沙海林为召集人，联席会议的日常工作由市商务委承担。联席会议负责研究整顿和规范市场经济秩序工作中的重大问题；讨论确定年度工作重点，并督促落实；建立部门配合协作机制，加强行政执法与刑事司法的衔接；指导区县整顿和规范市场经济秩序工作；协调重大案件，办理市政府交办的其他事项。

9月15日　市商务委与闵行区政府签署“依托虹桥综合交通枢纽，服务国际贸易中心建设合作协议”。

9月18日　商务部在上海召开外商投资融资租赁行业座谈会。

9月19日　市商务委与市金融办、中国外商投资企业协会租赁业委员会在上海共同主办了“中国融资租赁峰会”。

9月20日　《上海商务年鉴》创刊，《上海商务年鉴》是新中国成立后出版的上海首卷商务年鉴。年鉴全面记录上海商务发展轨迹，展示上海商务的崭新风貌和发展历史，为上海商务改革开放、商务经营发展、商务文化建设等提供多方面服务。

9月21—26日　2009中国(上海)国际跨国采购大会在上海世贸商城举行。来自32个国家和地区的270多家国际采购商、供应商参加展会。大会期间，商务部与上海市及联合国代表分别为“上海进口产品展贸中心”和“联合国(上海)采购物流中心”揭牌。

9月23日　市人民政府办公厅转发市商务委、发展改革委和财政局制定的《上海市服务贸易发展专项资金的使用和管理办法》。发展资金主要用于上海市服务贸易发展中的重点领域和关键环节，促进上海市服务贸易扩大规模，提升能级。

9月24—27日　“2009中华老字号博览会”在上海展览中心东一馆隆重开幕。上海银行和上海老字号企业联合推出“申城老字号联名卡”,在开幕式上首发。来自北京、天津、江苏、广东、浙江、山西、四川、上海等8个省市238家老字号企业参加展会。

9月25日 上海市政府印发《2009—2012年上海服务业发展规划》。规划明确了到2012年上海服务业发展的总体目标、14个服务业重点领域、服务业布局载体,以及推进服务业发展的8项措施,是全面推进上海服务业发展的重要规范性文件。

9月25—26日 2009中国(上海)国际跨国采购大会——汽车零部件分会在安亭汽车会展中心举行。此次展会共有15个国家及地区的42家汽车零部件采购商设展,参会2400多人,供应商800余家。

9月30日 由市商务委牵头,各相关委办局协同,自6月18日至9月30日在全市范围内开展的清理整顿外派劳务市场秩序专项行动,累计排查各类外派劳务相关企业和机构2384家,依法查处无证无照经营企业12家,清理有经营资格外派企业2家,破获涉及外派劳务诈骗案件4起。

十 月

10月8—11日 市商务委组成上海参展团,参加“2009年第四届中国(长沙)食品博览会”。参展团采取“统一组团、统一设计、统一布展、统一参展”形式,通过推出上海名优食品企业和产品,支持中西部地区经济和进一步扩大消费需求,展示上海经济社会发展新面貌,拓展沪湘两地食品流通交流渠道。

10月9日 市政府办公厅转发《市商务委关于进一步搞好社区商业建设意见》。《意见》进一步明确社区商业建设的指导思想、工作目标、基本原则,对搞好大型居住社区建设基地商业配套等工作提出具体要求。通知要求各级政府将社区商业建设工作放在重要位置,并作为年度部门绩效考核和分管领导述职的重要内容。10月28日,市商务委专门召开落实和推进工作会议。要求各单位认真落实,扎实工作,开拓进取,努力推动上海社区商业建设快速健康发展。

10月13日 由上海市商务委与浙江省发改委、江苏省经信委共同举办的2009长三角地区现代物流联动发展大会暨中国(浙江)长三角物流发展合作论坛在浙江省宁波市召开。来自三地有关政府部门、行业协会、物流企业的200多人出席了会议。会上,三地物流主管部门、质量技术监督局、食品药品监督管理局共同签署了《长三角地区推进医药物流标准化工作的合作备忘录》;三地物流行业协会通过了《中国长三角地区物流发展联席会议行规公约》。

10月15日—11月4日 第106届中国进出口商品交易会在广州琶洲展馆举行。上海交易团共3306个展位,794家企业参展,出口成交12.2亿美元。

10月21—22日 2009上海软件外包国际峰会分别在上海虹桥迎宾馆、上海浦东软件园、上海浦西洲际酒店举行。峰会围绕“信心、责任与合作”主题,探讨我国软件外包发展的应对良策,近1000余人次参加了峰会的4个专题论坛、3个合作交流专场、3场“接发包见面会”和1个专业年会。

10月28日 市商务委召开《上海市商业网点布局规划纲要(2009年—2020年)》发布说明会。《规划纲要》提出了上海市未来5至10年商业网点布局规划的指导思想、规划原则、布局层次、相关指标和实施措施等具体意见。

同日 市商务委牵头编制的《2009上海服务贸易发展报告》(蓝皮书)由上海三联书店正式出版。该书包括总报告、统计报告、专题报告、政策文件和数据表组5个部分。其中“总报告”对2008年上海服务贸易发展特点作了概括,并提出了2009年促进上海服务贸易发展的工作思路。

同日 市商务委发布《上海服务外包人

才培训基地认定管理办法(试行)》和《上海服务外包人才实训基地认定管理办法(试行)》。上海服务外包人才培训基地和实训基地由市商务委员会委托上海服务外包人才培训中心进行具体认定评估工作。

十一月

11月2日　上海市人民政府与瑞士诺华公司在市政府举行签约仪式。上海市市长韩正,副市长唐登杰,诺华公司董事长兼首席执行官魏思乐博士出席。副市长唐登杰主持,市政府副秘书长、商务委主任沙海林与诺华公司中国区总裁李振福分别代表上海市人民政府和诺华公司签署"关于在上海进一步加大研究开发投资战略合作备忘录"。根据合作备忘录,诺华公司将在未来5年内共投资10亿美元在上海建立全球第三大研发中心,针对中国的高发疾病从事新药基础研发。

11月3日　市商务委、发改委、财政局联合发布《上海市促进服务外包产业发展专项资金使用和管理试行办法》。服务外包产业发展专项资金主要用于上海市服务外包发展中的重点领域和关键环节,促进服务外包产业健康快速发展,重点支持离岸、高端、总部型服务外包发展。

11月3—7日　由国家发展改革委、商务部、工信部、科技部、教育部、中科院、中国工程院、中国贸促会和上海市政府共同主办的2009中国国际工业博览会于在上海新国际博览中心举行。本届"中国工博会"展览面积126500平方米,参展展位5302个,共有11.83万观众前来参观洽谈,产品和技术成交17.44亿元。

11月6日　市商务委和市经信委共同召开涉商事业单位整体平移划转工作会议。由市政府批准,市酒类专卖局、市酒类产品质量监督检验站、市商业网点管理办公室、市商业展览办公室、市商业经济研究中心(市商业信息中心)、市良商老干部管理中心、市财贸老干部活动中心、上海商业人才开发服务中心、《上海商业》杂志社、《国际商业》杂志社等10家涉商事业单位正式划归市商务委管理。

11月16—21日　市商务委组团参加全国第十一届高交会。展会由"信息技术与产品展"、"新能源与节能环保展"、"国家高新技术成果展"等组成,展区总面积超过10万平方米。市商务委参加"国家高新技术成果展"展区的展示,介绍上海市国家科技兴贸创新基地(生物医药)建设情况和张江等六大区域性产业基地发展情况及上海生物医药领域高新技术创新成果等。

11月17—20日　第六届中国(约旦)商品展在约旦安曼国际汽车展览中心举行。展会由市商务委、经信委和国资委联合主办。展会设置工业机械设备、建筑与材料、汽车与配件、专业电力与能源、广告印刷包装、日用消费品及工程承包等七大展区。共有266家参展企业347个展位,面积达10000平米,共有来自约旦、伊拉克、黎巴嫩等33个国家的9378名专业观众参展。约旦展已成为上海乃至我国在海外自主举办规模最大的展览之一,展会现场成交额达到1980万美元,意向成交额6380万美元。

11月19—22日　2009年印尼中国技术设备和商品展在印尼雅加达国际展览中心举办,展会由上海市商务委、经信委、国资委、科委联合主办。展会涉及仪电仪器、新能源、电子消费品、机械、轻工等产品,展出面积4000平方米,参展企业近60家,根据展会现场不完全统计,成交约2700万美元。

11月23日　商务部和海关总署发布《关于开展国际服务外包业务进口货物保税监管试点工作的通知》。作为全国20个服务外包示范城市之一的上海,被选为开展对国际服务外包业务进口货物保税监管试点城市。

十二月

12月4日　上海市服务贸易工作会议

在虹桥迎宾馆召开。会议总结2009年以来的主要工作,分析上海服务贸易的发展环境,提出了上海服务贸易发展的总体思路。

同日 商务部服贸司在易贸资讯(上海)有限公司召开"上海市服务贸易企业座谈会",来自上海软件、科技、文化、物流等单位负责人出席会议。会上,服贸司司长胡景岩肯定了上海近年来在服务贸易发展中取得的成绩,要求中央与地方、政府与企业、地方与地方优势互补,形成合力,加强协作,保持上海服务贸易在全国的领先地位。

12月8日 根据《上海市服务外包重点企业认定管理暂行办法》,经专家组评审,市商务委认定了第二批44家上海市服务外包重点企业。

12月9—12日 2009东盟中国中小企业商品(越南)博览会在越南胡志明市国际会议展览中心举办。展会组织了上海、山东两地的服装、面料、辅料、农药、化肥、化工机械等领域的40余家企业参展。观众近10000人次,其中专业客商796人次,实际成交达到292万美元,成交意向约1200万美元。

12月10—11日 首次"江浙沪两省一市服务贸易工作交流会议"在浙江省长兴县举行。两省一市就服务贸易发展现状及经验作了交流,并筹划建立"江浙沪两省一市服务贸易工作交流会议"联系机制,进一步加大上海软件出口企业与江浙企业的互动交流。

12月14日 根据《上海市服务外包专业园区认定和管理暂行办法》,市商务委认定了上海市陆家嘴信息技术服务外包专业园区、上海市长宁数字媒体服务外包专业园区、上海市天地信息技术服务外包专业园区三家园区。

12月15—16日 市商务委在松江召开全市商务工作务虚会。会议分为"抓世博机遇、建设国际贸易中心、结构调整、完善上海贸易投资环境"四个板块和"物流发展、服务贸易、电子商务、商业发展与民生、商务人才与培养"五个专题研究探讨2010年的工作方向、工作思路、工作重点以及工作措施。

12月17日 市政府举行第17批跨国公司地区总部颁证仪式,为18家新认定的跨国公司地区总部颁发了认定证书。

12月17日 市商务委制定《上海服务外包人才培训统计管理办法》(试行),并委托上海服务外包人才培训中心进行人才培训统计工作。

12月18—19日 上海服务外包工作总结会在嘉定区召开。会议总结2009年上海服务外包工作,提出2010年工作设想,并就专项资金申报、国家服务外包专项资金审计、服务外包业务统计系统,服务外包示范区、专业园区、重点企业认定,以及技术先进型服务企业评审等方面情况分别进行了专题介绍。

12月18—21日 市商务委组织百联、光明、蔬菜集团及麦德龙、家乐福、TESCO超市等13家企业赴南昌市参加国家商务部、农业部和江西省政府举办的"2009中国绿色食品博览会"采购商专题活动。参展团与当地政府和企业交流了商业市场信息,达成了多项采购意向。

12月23日 市长韩正主持召开上海流通领域大集团负责人座谈会。座谈会上,市政府副秘书长、商务委主任沙海林汇报了全市流通领域的工作情况,百联集团、光明集团、东方集团、兰生集团、锦江集团、长发集团等大型商贸流通企业负责人作了交流发言。韩正在听取大家发言后指出,要进一步解放思想,更新观念,抓住世博机遇,抓住上海转型机遇,流通骨干企业要为上海经济发展转型做出更大贡献。

12月23日 根据《上海服务外包示范区认定管理暂行办法》,闸北区被授予"上海市服务外包示范区"称号。

12月25—29日 市商务委协助上海锦江国际酒店集团有限公司完成对美国州际酒店集团并购项目。

12月28日　市商务委和财政局共同印发《上海市重要商品储备补贴资金管理办法的通知》。管理办法对补贴资金的支持方式、预算、拨付、项目管理、财务管理和监管作了明确规定。

12月29日　市商务委召开上海再生资源回收体系建设工作会议。会上,为"在线收废"宝山分中心揭牌,从而实现了"在线收废"全市联网。会后,上海废旧物资回收行业协会正式更名为上海市再生资源回收利用行业协会。

12月30日　市商务委成功协调解决牙买加帕米拉酒店工程项目拖欠劳务人员工资突发事件。事件发生后,市商务委启动应急处置机制,首次动用劳务合作备用金并紧急协调机票,劳务人员全部安全地返回家乡。中国驻牙买加经商参赞致电市商务委,感谢上海市政府千方百计化解危机,避免恶性事件发生。

统　计

对外贸易往来的国家和地区
内外贸统计表

一、对外贸易往来的国家和地区

2009年上半年，在上年全球发生经济危机的继续影响下，上海的对外贸易继续下滑，但降幅开始收窄并逐渐走高，全年呈前低后高态势。上海全年与全球229个国家和地区有贸易往来，进出口总额达2777.30亿美元，比上年下降13.8%，比上年下滑27.6个百分点。其中出口额1419.10亿美元，比上年下降16.2%，比上年下滑33.9个百分点；进口额1358.20亿美元，比上年下降11.1%，比上年下滑21个百分点。欧盟仍然是上海最大的贸易伙伴，全年对欧盟的进出口总额为600.99亿美元，但比上年下降16.44%，比上年下滑36.75个百分点。欧盟、美国、日本、东盟和中国香港仍为上海的五大重点出口市场，但比上年均有不同的下降。而上海对新兴市场的出口降幅则较小，对非洲出口比上年仅降3.53%，对东盟和中东地区的出口降幅分别为10.23%与12.30%。

2009年上海对外贸易往来国家和地区一览表

单位：亿美元

国别(地区)			进出口金额	进出口比上年(±%)	出口金额	出口比上年(±%)	进口金额	进口比上年(±%)
亚洲	中国	香港	1197789	-13.14	1098649	-12.61	99139	-18.59
		澳门	9451	35.75	9175	39.67	276	-29.83
		台湾	1519203	-12.33	406902	-7.38	1112301	-14.01
	东亚	日本	3868027	-16.39	1608390	-19.74	2259637	-13.83
		韩国	1394209	-25.20	468966	-21.42	925244	-26.99
	东盟国家		2868722	-18.01	1279428	-10.23	1590295	-23.35
	中东国家		694184	-6.51	494121	-12.30	200063	11.70
非洲			473413	-2.34	321821	-3.53	151592	0.30
欧洲	欧盟国家		6009931	-16.44	3495537	-19.79	2514394	-11.29
	俄罗斯		253306	-6.81	103399	-42.76	149907	64.41
美洲	美国		4718478	-11.71	3209402	-13.75	1509076	-7.02
	加拿大		386605	-20.64	227403	-24.59	159202	-14.23
	拉丁美洲国家		1470175	-10.59	586449	-21.35	883727	-1.66
大洋洲	澳大利亚		711401	-10.12	341535	-14.64	369866	-5.49
	新西兰		82988	6.44	32959	-22.02	50029	40.12

2006—2009 年上海与中国香港贸易情况表

金额单位:万美元

年份	进出口		出口		进口	
	金额	比上年(±%)	金额	比上年(±%)	金额	比上年(±%)
2006	1106348	14.10	1020080	19.12	86268	-23.86
2007	1396890	26.26	1250838	22.62	146052	69.30
2008	1379016	-1.28	1257243	0.51	121772	-16.62
2009	1197789	-13.14	1098649	-12.61	99139	-18.59

2006—2009 年上海与中国澳门贸易情况表

金额单位:万美元

年份	进出口		出口		进口	
	金额	比上年(±%)	金额	比上年(±%)	金额	比上年(±%)
2006	5118	23.08	4791	27.78	327	-20.02
2007	6143	20.03	5719	19.36	425	29.82
2008	6962	13.33	6569	14.87	393	-7.35
2009	9451	35.75	9175	39.67	276	-29.83

2006—2009 年上海与中国台湾贸易情况表

金额单位:万美元

年份	进出口		出口		进口	
	金额	比上年(±%)	金额	比上年(±%)	金额	比上年(±%)
2006	1528707	22.84	355621	38.33	1173086	18.81
2007	1673308	9.46	446057	25.43	1227251	4.62
2008	1732913	3.56	439315	-1.51	1293598	5.41
2009	1519203	-12.33	406902	-7.38	1112301	-14.01

2006—2009 年上海与日本贸易情况表

金额单位:万美元

年份	进出口		出口		进口	
	金额	比上年(±%)	金额	比上年(±%)	金额	比上年(±%)
2006	3437557	13.71	1515772	13.57	1921784	13.82
2007	3948292	14.86	1705259	12.50	2243033	16.72
2008	4626033	17.17	2003856	17.51	2622178	16.90
2009	3868027	-16.39	1608390	-19.74	2259637	-13.83

2006—2009 年上海与韩国贸易情况表

金额单位:万美元

年份	进出口		出口		进口	
	金额	比上年(±%)	金额	比上年(±%)	金额	比上年(±%)
2006	1360884	21.32	386807	27.42	974077	19.06
2007	1716298	26.12	491671	27.11	1224627	25.72
2008	1863982	8.60	596785	21.38	1267197	3.48
2009	1394209	-25.20	468966	-21.42	925244	-26.99

2006—2009 年上海与东盟贸易情况表

金额单位:万美元

年份	进出口		出口		进口	
	金额	比上年(±%)	金额	比上年(±%)	金额	比上年(±%)
2006	2652992	20.62	897244	22.07	1755748	19.89
2007	3378055	27.33	1167097	30.08	2210958	25.93
2008	3499963	3.61	1425263	22.12	2074700	-6.16
2009	2869722	-18.01	1279428	-10.23	1590295	-23.35

2006—2009 年上海与中东 17 国贸易情况表

金额单位:万美元

年份	进出口		出口		进口	
	金额	比上年(±%)	金额	比上年(±%)	金额	比上年(±%)
2006	437815	33.26	313419	39.38	124395	19.98
2007	568641	29.88	412252	31.53	156389	25.72
2008	742508	30.58	563402	36.66	179105	14.53
2009	694184	-6.51	494121	-12.30	200063	11.70

2006—2009 年上海与非洲贸易情况表

金额单位:万美元

年份	进出口		出口		进口	
	金额	比上年(±%)	金额	比上年(±%)	金额	比上年(±%)
2006	305032	35.91	194926	40.05	110106	29.16
2007	364525	19.50	236422	21.29	128103	16.35
2008	484749	32.98	333606	41.11	151143	17.99
2009	473413	-2.34	321821	-3.53	151592	0.30

2006—2009 年上海与欧盟贸易情况表

金额单位:万美元

年份	进出口		出口		进口	
	金额	比上年(±%)	金额	比上年(±%)	金额	比上年(±%)
2006	4565329	25.10	2618962	27.16	1946366	22.43
2007	5977919	30.94	3523086	34.52	2454833	26.12
2008	7192307	20.31	4357905	23.70	2834402	15.46
2009	6009931	-16.44	3495537	-19.79	2514394	-11.29

2006—2009 年上海与俄罗斯贸易情况表

金额单位:万美元

年份	进出口		出口		进口	
	金额	比上年(±%)	金额	比上年(±%)	金额	比上年(±%)
2006	127402	31.44	71986	55.17	55415	9.66
2007	183868	44.32	119446	65.93	64421	16.25
2008	271813	47.83	180631	51.22	91181	41.54
2009	253306	-6.81	103399	-42.76	149907	64.41

2006—2009 年上海与美国贸易情况表

金额单位:万美元

年份	进出口		出口		进口	
	金额	比上年(±%)	金额	比上年(±%)	金额	比上年(±%)
2006	4144434	22.82	2827674	24.37	1316760	19.62
2007	4930421	18.96	3461134	22.40	1469287	11.58
2008	5344123	8.39	3721048	7.51	1623076	10.47
2009	4718478	-11.71	3209402	-13.75	1509076	-7.02

2006—2009 年上海与加拿大贸易情况表

金额单位:万美元

年份	进出口		出口		进口	
	金额	比上年(±%)	金额	比上年(±%)	金额	比上年(±%)
2006	334340	14.72	220352	17.66	113989	9.43
2007	432930	29.49	262247	19.01	170683	49.74
2008	487167	12.53	301546	14.99	185621	8.75
2009	386605	-20.64	227403	-24.59	159202	-14.23

2006—2009 年上海与拉丁美洲贸易情况表

金额单位:万美元

年份	进出口		出口		进口	
	金额	比上年(±%)	金额	比上年(±%)	金额	比上年(±%)
2006	792761	23.08	351949	41.37	440812	11.55
2007	1312340	65.54	505547	43.64	806793	83.02
2008	1644237	25.29	745623	47.49	898614	11.38
2009	1470175	-10.59	586449	-21.35	883727	-1.66

2006—2009 年上海与澳大利亚贸易情况表

金额单位:万美元

年份	进出口		出口		进口	
	金额	比上年(±%)	金额	比上年(±%)	金额	比上年(±%)
2006	474489	20.84	247261	34.17	227228	9.05
2007	635219	33.87	322049	30.25	313170	37.82
2008	791461	24.60	400123	24.24	391338	24.96
2009	711401	-10.12	341535	-14.64	369866	-5.49

2006—2009 年上海与新西兰贸易情况表

金额单位:万美元

年份	进出口		出口		进口	
	金额	比上年(±%)	金额	比上年(±%)	金额	比上年(±%)
2006	51096	14.77	27901	27.80	23195	2.23
2007	63549	24.37	36980	32.54	26569	14.55
2008	77968	22.69	42263	14.29	35705	34.39
2009	82988	6.44	32959	-22.02	50029	40.12

资料来源:上海市商务委员会外贸发展处。

二、内外贸统计表

国内贸易

2009 年上海限额以上批发贸易业产业活动单位和从业人员情况表

类　　别	法人企业（个）	产业活动单位数（个）	从业人员（人）
总　计	4088	5667	238130
按登记注册类型分			
内资企业	3220	4539	140832
国　有	219	442	17427
集　体	78	119	3392
私　营	2319	2657	68888
股份制公司	580	1296	49893
其他内资	24	25	1232
港澳台商投资	219	321	25045
外商投资	649	807	72253
按行业分			
农畜产品批发	27	33	1381
食品、饮料及烟草制品批发	240	876	29307
#米、面制品及食用油批发	39	79	2034
烟草制品批发	23	523	8460
纺织、服装及日用品批发	493	663	55635
#服装批发	182	267	22619
文化、体育用品及器材批发	110	139	9067
医药及医疗器材批发	146	186	22486
矿产品、建材及化工产品批发	1721	2124	42833
#煤炭及制品批发	70	72	1904
石油及制品批发	105	187	6015
金属及金属矿批发	914	988	16290
建材批发	107	124	3590
机械设备、五金交电及电子产品批发	1011	1230	60474
#汽车、摩托车及零配件批发	91	97	6550
家用电器批发	58	72	5137
计算机、软件及辅助设备批发	119	162	8596
贸易经济与代理	144	161	6413
其他批发	196	255	10534

资料来源：上海市统计局。

2009年上海限额以上零售贸易业产业活动单位和从业人员情况表

类　　别	法人企业（个）	产业活动单位数（个）	从业人员（人）
总　计	1376	10982	279922
按登记注册类型分			
内资企业	1228	9777	212468
国　有	142	1315	12980
集　体	81	339	4407
私　营	558	1507	44864
股份制公司	407	6530	148225
其他内资	40	86	1992
港澳台商投资	70	289	17031
外商投资	78	916	50423
按行业分			
综合零售业	218	5935	156562
#百货零售	95	273	21730
超级市场零售	90	1600	107284
食品、饮料及烟草制品专门零售	89	1081	9704
纺织、服装及日用品专门零售	154	649	27586
#服装零售	84	401	17783
文化、体育用品及器材专门零售	97	336	10029
#体育用品零售	5	40	1158
图书零售	16	149	3473
医药及医疗器材专门零售	79	1220	11902
#药品零售	73	1157	11310
汽车、摩托车、燃料及零配件专门零售	495	1066	30212
#汽车零售	288	307	19491
机动车燃料零售	167	709	8950
家用电器及电子产品专门零售	92	369	19944
#家用电器零售	38	207	15282
计算机、软件及辅助设备零售	39	105	3378
通信设备零售	10	52	1192
五金、家具及室内装修材料专门零售	71	145	8816
无店铺及其他零售	81	181	5167
#邮购及电子销售	7	12	1573

资料来源：上海市统计局。

2006—2009 年上海批发零售贸易业、餐饮业产业活动单位情况表

年 份	产业活动单位数（万个）	其中			
		批发零售贸易业	其中		餐饮业
			批发业	零售业	
2006	33.95	30.73	7.89	22.84	3.22
2007	33.53	30.29	7.98	22.31	3.24
2008	39.16	35.96	9.49	26.47	3.20
2009	39.12	35.89	9.53	26.36	3.23

注：1. 1978—1992 年，产业活动单位数包括服务业，1993 年以后则不包括服务业。
2. 产业活动单位数含个体户数。

2006—2009 年上海批发零售贸易业、餐饮业从业人员情况表

年 份	产业活动单位数（万个）	其中			
		批发零售贸易业	其中		餐饮业
			批发业	零售业	
2006	203.51	174.49	86.32	88.17	29.02
2007	204.46	175.50	86.23	89.27	28.96
2008	202.84	172.72	87.98	84.74	30.12
2009	205.49	175.32	90.36	84.96	30.17

注：本表从业人员是指本行业的全部从业人员。

2006—2009 年上海主要消费品零售量情况表（一）

年份	皮鞋（万双）	化妆品（亿元）	照相机（万架）	彩色电视机（万台）	洗衣机（万台）	家用空调器（万台）	摄像机（万架）	电冰箱（万台）
2006	3086	54.54	40.75	136.49	70.84	118.51	6.55	65.16
2007	3448	67.7	45.52	146.12	76.21	143.23	7.08	72.26
2008	3965	82.28	51.06	160.79	83.96	154.94	7.70	79.56
2009	4331	98.00	56.62	180.99	92.96	168.27	8.21	85.36

2006—2009 年上海主要消费品零售量情况表（二）

年份	汽车（万辆）	金饰品（亿元）	微波炉（万台）	热水淋浴器（万台）	电脑（台）	脱排油烟机（万台）	钢琴（台）	移动电话机（万台）
2006	9.55	48.23	68.77	45.14	242472	39.18	6203	230.29
2007	11.04	58.53	73.86	50.71	266758	3.25	7311	251.10
2008	13.15	75.25	83.09	56.79	301347	47.85	8199	276.01
2009	14.50	88.00	91.23	63.45	337125	51.79	8683	295.75

本页资料来源：上海市统计局。

2006—2009 年上海批发零售贸易业商品销售总额情况表

单位:亿元

商品名称	2006 年	2007 年	2008 年	2009 年
商品销售总额	15504.05	20400.79	26798.44	31974.39
#食　品	960.78	1198.52	1471.59	1670.66
饮　料	140.38	169.07	190.11	210.68
烟　酒	711.21	889.13	932.01	1043.75
服装、鞋帽	678.30	734.74	862.10	1022.19
针、纺织品	405.48	452.14	526.67	568.49
化妆品	150.14	165.23	201.09	282.26
金银珠宝	94.61	104.94	139.37	221.31
日用品	435.17	538.29	579.83	636.28
五金、电料	121.79	134.59	151.62	172.73
体育、娱乐用品	73.05	80.43	93.76	101.56
书报、杂志	106.21	117.42	136.96	149.39
电子出版物及音像制品	41.47	50.19	58.15	65.87
家用电器和音响器材	459.59	502.10	591.81	639.27
中西药品	361.87	410.33	467.16	712.23
文化、办公用品	481.93	646.27	762.19	1017.01
家　具	147.02	160.24	179.85	188.50
通信器材	345.00	400.18	496.22	385.69
建筑及装潢材料	313.92	368.95	444.79	445.11
机电产品及设备	2217.86	2831.48	3426.08	3018.78

资料来源:上海市统计局。

2009 年上海主要超市公司基本情况表

名　称	网点(个)	其中		销售额(亿元)
		本市	市外	
联华超市公司	5599	3308	2291	671.70
#上海联家超市有限公司	19	19	—	65.49
上海华联超市公司	1755	969	786	150.27
大润发超市公司	63	12	51	448.05

（续表）

名　　称	网点(个)	其中		销售额(亿元)
		本市	市外	
农工商超市有限公司	3322	2215	1107	267.38
麦德龙现购自运有限公司	42	4	38	103.57
上海易初莲花连锁超市有限公司	21	21	—	83.10
华联集团吉买盛购物中心有限公司	22	20	2	39.26
上海家得利超市有限公司	139	139	—	27.98
上海欧尚超市有限公司	3	3	—	10.36
上海易买得超市有限公司	10	10	—	16.11
上海捷强烟草糖酒（集团）连锁有限公司	412	205	207	9.99
上海屈臣士日用品有限公司	68	68	—	12.03
上海家家乐商业发展有限公司	30	30	—	1.90
上海城市超市有限公司	6	6	—	2.28

2006—2009年上海批发零售贸易业销售、库存总额情况表

单位:亿元

指　　标	2006年	2007年	2008年	2009年
商品销售总额	15504.05	20400.79	26798.44	31974.39
零　　售	2896.29	3278.25	3853.14	4405.65
批　　发	12607.76	17122.54	22945.30	27568.74
年末库存总额	419.76	473.49	1182.84	1221.90

注：本表为国内批发零售贸易业、物资供销业、对外贸易业统计口径。

2009年上海批发零售贸易业商品购、销、存总额情况表

单位:亿元

类　　别	商品销售总额	商品库存总额
总　计	31974.39	1221.90
限额以上单位	23511.53	1038.78
#国有及国有控股	5807.56	361.44
限额以下单位	8462.86	183.12

本页资料来源:上海市统计局。

2009年上海限额以上零售贸易业商品购、销、存总额情况表

单位:亿元

类别	商品购进总额	商品销售总额	商品库存总额
总计	2613.88	3287.80	234.95
按登记注册类型分			
内资企业	1829.25	2301.43	177.73
国有企业	150.04	162.86	12.94
集体企业	24.70	30.06	1.51
股份合作企业	21.79	22.43	0.97
联营企业	26.22	28.32	1.33
有限责任公司	780.91	1002.44	64.36
股份有限公司	329.24	376.06	39.48
私营企业	488.38	670.06	56.62
其他企业	7.97	9.20	0.52
港澳台商投资企业	384.83	434.28	23.34
外商投资企业	399.80	552.09	33.88
按行业分			
#综合零售业	1154.00	1471.50	68.52
食品、饮料及烟草制品专门零售	48.71	56.42	3.15
纺织、服装及日用品专门零售	161.38	256.68	30.16
文化、体育用品及器材专门零售	134.89	151.84	44.99
医药及医疗器材专门零售	54.36	63.52	8.34
汽车、摩托车、燃料及零配件专门零售	791.39	859.36	37.37
家用电器及电子产品专门零售	150.92	281.79	35.09
五金、家具及室内装修材料专门零售	52.67	64.69	4.26

2006—2009年上海限额以上批发零售贸易业主要生产资料销售量情况表

单位:万吨

生产资料名称	2006年	2007年	2008年	2009年
钢材	2656.65	3590.85	3734.78	4893.93
铜	60.06	46.34	67.97	45.27
铝	33.76	42.54	41.44	35.89
煤炭	3315.22	4818.79	5589.34	6705.54
汽油	1186.33	1324.26	1440.08	1516.60
煤油	309.40	538.93	524.49	842.20
柴油	3085.83	3055.15	3253.77	2930.65
水泥	169.20	251.79	266.80	428.55

本页资料来源:上海市统计局。

2009年上海限额以上批发贸易业商品购、销、存总额情况表

单位:亿元

类 别	商品购进总额	商品销售总额	商品库存总额
总 计	18595.29	20223.73	803.83
按登记注册类型分			
内资企业	13367.94	14052.07	518.19
国有企业	4295.02	4434.69	140.32
集体企业	139.98	154.72	2.18
股份合作企业	41.55	40.89	2.17
联营企业	116.51	116.89	4.07
有限责任公司	3105.17	3274.91	164.43
股份有限公司	1359.27	1425.43	40.74
私营企业	4285.04	4575.66	163.48
其他企业	25.40	28.88	0.80
港澳台商投资企业	1149.08	1347.54	79.69
外商投资企业	4078.27	4824.12	205.95
按行业分			
农畜产品批发	110.11	112.10	27.87
食品、饮料及烟草制品批发	899.57	1045.64	68.09
#米、面制品及食用油批发	142.33	159.73	14.36
烟草制品批发	294.62	337.52	4.63
纺织、服装及日用品批发	1021.63	1439.73	97.61
#服装批发	337.51	475.65	33.25
文化、体育用品及器材批发	300.17	339.40	19.73
医药及医疗器材批发	665.44	764.93	49.93
矿产品、建材及化工产品批发	10539.42	10886.85	301.14
#煤炭及制品批发	620.59	635.71	4.75
石油及制品批发	2984.88	3100.49	29.53
金属及金属矿批发	5490.77	5564.68	197.12
建材批发	177.12	209.99	10.80
化肥批发	67.09	74.97	4.08
机械设备、五金交电及电子产品批发	4047.21	4477.79	164.18
#汽车、摩托车及零配件批发	1165.94	1269.00	31.10
家用电器批发	340.21	353.08	7.99
计算机、软件及辅助设备批发	898.32	904.98	34.24
贸易经纪与代理	404.88	504.16	27.84
其他批发	606.86	653.13	47.44

资料来源:上海市统计局。

2006—2009 年上海社会消费品零售总额情况表

年　份	社会消费品零售总额	按商品用途分			
		食品类	衣着类	用品类	燃料类
2006	3375.20	1119.77	379.83	1770.75	104.85
2007	3873.30	1204.70	435.88	2032.07	200.65
2008	4577.23	1383.63	515.09	2401.39	277.12
2009	5173.24	1609.01	582.17	2714.06	268.00

说明：① 2006—2009 年社会消费品零售总额及分组依二经普数据，按国家统计局规定进行了修订。
② 资料来源：上海市统计局。

对外贸易

2006—2009 年按国别(地区)分的上海关区出口总额情况表

单位：亿美元

国别(地区)	2006 年	2007 年	2008 年	2009 年
总　　计	2665.65	3284.80	3936.50	3251.28
亚　　洲	1086.64	1307.46	1534.93	1303.43
# 中国香港	184.74	207.43	208.84	169.74
中国台湾	77.40	92.18	96.23	80.79
日　　本	334.85	367.58	422.12	362.86
韩　　国	103.98	124.37	143.71	110.54
新 加 坡	65.67	78.79	94.72	78.64
马来西亚	46.73	59.86	62.25	52.70
泰　　国	28.24	34.97	46.42	41.53
菲 律 宾	19.67	23.45	27.34	22.03
巴基斯坦	10.21	12.14	16.09	14.07
科 威 特	1.81	3.29	3.61	3.65
沙特阿拉伯	11.45	16.88	23.32	18.65
阿拉伯联合酋长国	27.96	36.11	54.35	39.26
非　　洲	73.16	89.32	125.82	109.65
# 埃　　及	8.23	10.44	13.26	10.59
苏　　丹	3.09	4.58	5.73	4.22
欧　　洲	632.46	846.67	1057.07	819.17
# 德　　国	122.30	156.33	201.25	163.15
法　　国	53.57	89.21	95.37	89.37
意 大 利	55.87	70.79	93.26	70.87
荷　　兰	91.16	112.13	129.91	103.38
英　　国	75.54	94.67	109.70	94.92
瑞　　典	10.78	14.86	17.27	13.49
俄 罗 斯	22.95	37.41	54.33	31.10
美　　洲	812.55	963.14	1121.90	932.43
# 美　　国	646.99	749.33	833.28	711.71
加 拿 大	54.39	63.39	74.76	59.24
巴　　西	23.94	33.01	56.81	45.19
智　　利	10.18	13.25	17.77	12.86
大洋洲及太平洋岛屿	60.84	78.21	95.73	86.60
# 澳大利亚	52.71	66.43	82.39	72.44
新 西 兰	6.40	8.51	9.80	7.81
其 他	—	—	1.05	—

说明：① 资料来源：上海海关。

② “其他”为无国别数(以下同)。

2006—2009年按国别(地区)分的上海关区进口总额情况表

单位：亿美元

国别(地区)	2006年	2007年	2008年	2009年
总　计	1621.89	1924.29	2129.07	1903.61
亚　洲	1020.51	1164.38	1245.79	1054.13
#中国香港	14.23	19.89	16.86	13.30
中国台湾	181.37	189.15	190.76	155.05
日　本	311.91	361.20	419.06	352.04
韩　国	176.27	209.77	221.56	177.53
新加坡	39.77	38.95	41.07	35.25
马来西亚	52.00	54.19	55.43	53.06
泰　国	41.99	50.08	57.63	50.75
菲律宾	53.29	82.06	61.98	26.06
巴基斯坦	1.48	1.49	1.67	1.98
科威特	0.27	0.43	0.49	0.37
沙特阿拉伯	3.72	4.55	4.97	5.68
阿拉伯联合酋长国	0.99	1.04	1.24	1.27
非　洲	16.30	18.31	29.74	26.92
#埃　及	0.40	0.52	0.66	1.12
南　非	8.09	9.09	15.03	12.36
欧　洲	320.15	406.63	490.51	461.14
#德　国	125.93	164.44	190.94	173.95
法　国	40.31	45.31	53.40	45.92
意大利	29.56	34.05	41.45	36.07
荷　兰	9.12	10.00	12.63	11.74
英　国	20.30	25.48	30.28	24.56
瑞　典	13.08	16.09	21.37	26.74
俄罗斯	8.55	11.54	18.38	18.23
美　洲	234.63	298.01	323.00	319.04
#美　国	170.62	193.90	218.06	197.46
加拿大	16.57	23.15	21.59	18.80
巴　西	12.34	17.25	17.15	18.99
智　利	16.70	41.02	42.09	54.97
大洋洲及太平洋岛屿	30.13	36.75	39.81	42.28
#澳大利亚	25.15	31.95	34.16	35.61
新西兰	3.70	4.54	5.57	6.34
其　他	0.17	0.21	0.22	0.10

资料来源:上海海关。

2006—2009年上海关区出口总额分类情况表

单位:万美元

年　份	关区出口总额	其中				
		#一般贸易	#来料加工装配贸易	#进料加工贸易	#对外承包工程货物	#出料加工贸易
2006	2665.65	1319.56	212.77	1058.07	9.45	0.14
2007	3284.80	1659.44	228.77	1273.71	20.55	0.17
2008	3936.50	2050.49	240.91	1467.78	53.92	0.23
2009	3251.28	1647.82	175.38	1252.87	69.78	0.13

资料来源:上海海关。

2006—2009 年上海关区进口总额分类情况表

单位：万美元

年　份	关区进口总　　额	其　　中				
		#一般贸易	#来料加工装配贸易	#进料加工贸易	#对商投资企业进口设备	#租赁贸易
2006	1621.89	574.40	122.52	497.41	73.72	23.74
2007	1924.29	719.30	154.88	528.03	75.22	24.46
2008	2129.07	848.23	174.86	525.68	76.91	22.21
2009	1903.61	883.2	121.4	428.62	38.92	4.36

资料来源：上海海关。

2006—2009 年上海市进出口总额情况表

年份	上海市进出口总额（亿美元）	上海市进口总额（亿美元）	上海市出口总额（亿美元）	进出口差额（亿美元）	进出口总额相当于生产总值的比例（%）	出口总额相当于生产总值的比例（%）
2006	2274.89	1139.16	1135.73	−3.43	174.9	87.3
2007	2829.73	1390.45	1439.28	48.83	179.3	91.2
2008	3221.38	1527.88	1693.5	165.62	163.3	85.9
2009	2777.31	1358.17	1419.14	60.97	127.3	65.1

资料来源：上海海关。

2008—2009 年海外企业情况表

指　　标	2008 年新增	至 2008 年底累计	2009 年新增	至 2009 年底累计
企业数（个）	104	1 163	166	1 329
投资额（万美元）	70 810	372 622	153 644	526 266

资料来源：上海市统计局。

2008—2009 年国际会展情况表

指　　标	2008 年	2009 年
举办国际会展次数（次）	294	243
国际会展展出总面积（万平方米）	597	561

资料来源：上海市统计局。

2006—2009 年上海外贸进出口贸易额及其增长速度情况表

年　份	进出口总额		出口额		进口额	
	（亿美元）	比上年（±%）	（亿美元）	比上年（±%）	（亿美元）	比上年（±%）
2006	2275.37	22.11	1135.94	25.21	1139.43	19.16
2007	2829.73	24.37	1439.28	26.71	1390.45	22.03
2008	3221.38	13.84	1693.50	17.66	1527.88	9.88
2009	2777.31	−13.79	1419.14	−16.2	1358.17	−11.11

资料来源：均为上海市商务委员会外贸发展处。

2008—2009 年上海外贸各商品进出口贸易差额(按 SITC 分类)表

单位:万美元

商品名称	2008 年				2009 年			
	进出口	进　口	出　口	进出口差额	进出口	进　口	出　口	进出口差额
总　　值	32213790	15278790	16935000	-1656210	27773105	13581732	14191373	-609641
一、初级产品	2556121	2106078	450043	1656035	1946202	1686684	259518	1427166
0 类　食品及活动物	251916	175799	76117	99682	272690	198524	74166	124358
00 章. 活动物	797	153	645	-492	2015	1386	629	757
01 章. 肉及肉制品	25288	22299	2989	19310	25728	22120	3608	18512
02 章. 乳品及蛋品	22637	21549	1088	20461	25068	24887	181	24706
03 章. 鱼、甲壳及软体类动物等	29104	14276	14827	-551	26647	15827	10820	5007
04 章. 谷物及其制品	6847	3867	2980	887	7832	5253	2579	2674
05 章. 蔬菜及水果	46538	28430	18108	10322	54277	34292	19985	14307
06 章. 糖、糖制品及蜂蜜	7856	3838	4018	-180	7295	3238	4057	-819
07 章. 咖啡、茶、可可、调味料等	21726	11489	10237	1252	20698	12334	8364	3970
08 章. 饲料(不包括未碾磨谷物)	24047	18420	5627	12793	26468	19023	7446	11577
09 章. 杂项食品	67078	51479	15600	35879	76662	60163	16499	43664
1 类　饮料及烟类	91064	70970	20094	50876	77722	60654	17068	43586
11 章. 饮料	79383	69502	9881	59621	64227	58462	5764	52698
12 章. 烟草及其制品	11680	1468	10212	-8744	13495	2191	11304	-9113
2 类　非食用原料(燃料除外)	1420325	1354878	65447	1289431	1106927	1055789	51138	1004651
21 章. 生皮及生毛皮	4312	2127	2185	-58	4169	4169	0	4169
22 章. 油籽及含油果实	269670	269477	193	269284	209467	209289	178	209111
23 章. 生橡胶(包括合成橡胶等)	66968	63140	3827	59313	69241	65995	3246	62749
24 章. 软木及木材	119871	106247	13624	92623	118334	110215	8119	102096
25 章. 纸浆及废纸	47243	47078	166	46912	41276	40964	312	40652
26 章. 纺织纤维(羊毛条除外)等	75515	67733	7782	59951	53487	46051	7435	38616
27 章. 天然肥料及矿物(煤石油等)	38818	29872	8946	20926	27408	21451	5957	15494
28 章. 金属矿砂及金属废料	760968	759237	1730	757507	546275	545750	524	545226
29 章. 其他动、植物原料	36959	9966	26994	-17028	37271	11904	25367	-13463
3 类　矿物燃料、润滑油及有关原料	674443	387097	287346	99751	388392	272822	115569	157253
32 章. 煤、焦炭及煤砖	79608	17554	62054	-44500	39739	37396	2343	35053
33 章. 石油、石油产品及有关原料	574159	348879	225280	123599	308452	195228	113224	82004
34 章. 天然气及人造气	20676	20663	13	20650	40201	40198	3	40195

（续表一）

商品名称	2008年				2009年			
	进出口	进口	出口	进出口差额	进出口	进口	出口	进出口差额
4类 动植物油、脂及蜡	118374	117335	1039	116296	100472	98896	1576	97320
41章.动物油、脂	3425	3122	303	2819	3475	2949	525	2424
42章.植物油、脂	111658	111219	439	110780	92754	92410	343	92067
43章.已加工的动植物油、脂等	3291	2993	298	2695	4243	3536	707	2829
二、工业制品	29657669	13172712	16484957	-3312245	25826903	11895048	13931855	-2036807
5类 化学成品及有关产品	2877273	1984756	892517	1092239	2608170	1909528	698642	1210886
51章.有机化学品	799137	522365	276771	245594	713039	507907	205132	302775
52章.无机化学品	239739	97589	142150	-44561	142280	71165	71115	50
53章.染料、鞣料及着色料	170112	104594	65518	39076	149908	96391	53518	42873
54章.医药品	271807	185404	86403	99001	323249	225175	98074	127101
55章.精油、香料及盥洗、光洁制	166724	105696	61028	44668	167473	105212	62261	42951
56章.制成废料	5880	51	5829	-5778	1687	18	1669	-1651
57章.初级形状的塑料	693109	582383	110726	471657	623213	534925	88288	446637
58章.非初级形状的塑料	202136	141246	60890	80356	167310	123178	44132	79046
59章.其他化学原料及产品	328629	245427	83202	162225	320011	245559	74452	171107
6类 按原料分类的制成品	4140213	1833418	2306795	-473377	3571241	1981574	1589667	391907
61章.皮革、皮革制品及已鞣毛皮	43857	34427	9429	24998	32597	26958	5639	21319
62章.橡胶制品	134220	80174	54046	26128	126760	80206	46554	33652
63章.软木及木制品(家具除外)	97455	6779	90677	-83898	69487	6233	63254	-57021
64章.纸及纸板;纸浆、纸及纸板	121913	65925	55988	9937	112411	64134	48277	15857
65章.纺纱、织物、制成品	650434	200861	449573	-248712	601514	193146	408369	-215223
66章.非金属矿物制品	336973	160223	176750	-16527	296939	164212	132728	31484
67章.钢铁	875234	321084	554150	-233066	490316	273374	216942	56432
68章.有色金属	995191	724713	270478	454235	1155827	968426	187401	781025
69章.金属制品	884935	239232	645703	-406471	685389	204885	480504	-275619
7类 机械及运输设备	18148895	7883982	10264913	-2380931	15712576	6719587	8992989	-2273402
71章.动力机械及设备	603701	307610	296091	11519	523106	288579	234528	54051
72章.特种工业专用机械	862146	439635	422510	17125	651397	354672	296724	57948
73章.金工机械	245931	162605	83326	79279	182806	121119	61687	59432
74章.通用工业机械设备及零件	1965127	948211	1016916	-68705	1606240	744591	861649	-117058
75章.办公用机械及自动数据处理	5540827	1090774	4450053	-3359279	4939774	872481	4067293	-3194812
76章.电信及声音的录制及重放装	1471284	407044	1064240	-657196	1237262	391503	845759	-454256
77章.电力机械、器具及其电气零件	5988687	3982229	2006457	1975772	5184297	3427487	1756810	1670677
78章.陆路车辆(包括气垫式)	829607	299888	529718	-229830	635799	333920	301880	32040

（续表二）

商品名称	2008年				2009年			
	进出口	进口	出口	进出口差额	进出口	进口	出口	进出口差额
79章.其他运输设备	641584	245984	395600	-149616	751896	185235	566660	-381425
8类　杂项制品	4464383	1461967	3002416	-1540449	3908550	1276231	2632319	-1356088
81章.活动房屋;卫生水道供热等	88938	10085	78853	-68768	76196	12648	63549	-50901
82章.家具及其零件:褥垫及类似	379322	38543	340779	-302236	318791	36813	281978	-245165
83章.旅行用品、手提包及类似品	148039	35410	112629	-77219	136910	41663	95247	-53584
84章.服装及衣着附件	1278425	79788	1198637	-1118849	1188889	78503	1110386	-1031883
85章.鞋靴	130529	35828	94701	-58873	120967	34163	86804	-52641
87章.专业、科学及控制用仪器等	1185825	791481	394344	397137	935884	615000	320884	294116
88章.摄影器材、光学物品及钟表	290874	215394	75480	139914	254640	190835	63805	127030
89章.杂项制品	962431	255437	706994	-451557	876272	266607	609665	-343058
9类　未分类的商品	26905	8589	18316	-9727	26366	8128	18238	-10110
93章. 特殊交易品及未分类商品	26848	8589	18259	-9670	26349	8120	18229	-10109
96章. 非法定货币的硬币(金币除外)	1	0	1	-1	8	8	0	8
97章. 非货币用黄金(金矿砂除外)	56	0	56	-56	9	0	9	-9

2008—2009年上海与世界各地贸易关系情况表

单位:万美元

国别(地区)	2008年				2009年			
	进出口	进口	出口	进出口差额	进出口	进口	出口	进出口差额
总　值	32213790	15278790	16935000	-1656210	27773105	13581732	14191373	-609641
亚　洲	15473288	8786577	6686711	2099866	13205007	7465469	5739538	1725931
中国香港	1379016	121772	1257243	-1135471	1197789	99139	1098649	-999510
印　度	477520	152372	325149	-172777	447062	131373	315690	-184317
日　本	4626033	2622178	2003856	618322	3868027	2259637	1608390	651247
韩　国	1863982	1267197	596785	670412	1394209	925244	468966	456278
中　国	1046887	1046887	0	1046887	1128923	1128923	0	1128923
中国台湾	1732913	1293598	439315	854283	1519203	1112301	406902	705399
东　盟	3499963	2074700	1425263	649437	2869722	1590295	1279428	310867
马来西亚	814100	532036	282064	249972	782391	481968	300423	181545
新加坡	797333	286720	510613	-223893	751720	267464	484256	-216792
泰　国	648971	473150	175821	297329	579335	434245	145089	289156
非　洲	484749	151143	333606	-182463	473413	151592	321821	-170229
欧　洲	7868652	3189287	4679365	-1490078	6685246	2977660	3707585	-729925

（续表）

国别(地区)	2008年				2009年			
	进出口	进口	出口	进出口差额	进出口	进口	出口	进出口差额
英国	684397	232451	451945	-219494	516230	164511	351719	-187208
德国	2044906	1115500	929406	186094	1680236	967037	713199	253838
法国	966729	423552	543177	-119625	866807	362946	503861	-140915
意大利	582113	269775	312338	-42563	474986	239346	235640	3706
荷兰	713269	91911	621359	-529448	590448	78883	511565	-432682
拉丁美洲	1644237	898614	745623	152991	1470175	883727	586449	297278
巴西	511291	338857	172433	166424	468620	319394	149226	170168
北美洲	5836557	1809571	4026986	-2217415	5106186	1669365	3436821	-1767456
美国	5344123	1623076	3721048	-2097972	4718478	1509076	3209402	-1700326
大洋洲	904647	441939	462708	-20769	832817	433656	399160	34496
澳大利亚	791461	391338	400123	-8785	711401	369866	341535	28331

2006—2009年上海外贸出口贸易方式情况表

单位:万美元

贸易方式	2006年		2007年		2008年		2009年	
	出口额	占比(%)	出口额	占比(%)	出口额	占比(%)	出口额	占比(%)
总值	11359127	100.00	14392845	100.00	16935000	100.00	14191373	100
一般贸易	4331539	38.13	5392746	37.47	6421587	37.92	4886215	34.43
国家间、国际组织无偿援助和赠送的物资	470	0.00	891	0.01	1449	0.01	4375	0.03
来料加工装配贸易	551160	4.85	875138	6.08	1091187	6.44	721165	5.08
进料加工贸易	5826429	51.29	7092362	49.28	8088678	47.76	7425102	52.32
对外承包工程货物	11588	0.10	33447	0.23	121101	0.72	136700	0.96
出料加工贸易	1264	0.01	1664	0.01	1796	0.01	1076	0.01
保税仓库进出境货物	207081	1.82	239444	1.66	364617	2.15	246846	1.74
保税区仓储转口货物	428448	3.77	756017	5.25	842085	4.97	768218	5.41
易货贸易	0	0.00	—	—	—	—	2	0
租赁贸易	14	0.00	—	—	—	—	—	—
寄售代销贸易	—	—	6	0.00	—	—	2	0
其它	1134	0.01	1131	0.01	984	0.01	1672	0.01

2006—2009 年上海外贸出口商品结构(按 SITC 分类)情况表

单位:万美元

商品结构	2006 年		2007 年		2008 年		2009 年	
	出口额	占比(%)	出口额	占比(%)	出口额	占比(%)	出口额	占比(%)
总　值	11359127	100.00	14392845	100.00	16935000	100.00	14191373	100.00
一、初级产品	275321	2.42	320948	2.23	450043	2.66	259518	1.83
0 类　食品及活动物	66230	0.58	80122	0.56	76117	0.45	74166	0.52
00 章. 活动物	659	0.01	581	0.00	645	0.00	629	0.00
01 章. 肉及肉制品	6975	0.06	4924	0.03	2989	0.02	3608	0.03
02 章. 乳品及蛋品	583	0.01	2058	0.01	1088	0.01	181	0.00
03 章. 鱼、甲壳及软体类动物等	12127	0.11	12091	0.08	14827	0.09	10820	0.08
04 章. 谷物及其制品	3887	0.03	5402	0.04	2980	0.02	2579	0.02
05 章. 蔬菜及水果	19316	0.17	21730	0.15	18108	0.11	19985	0.14
06 章. 糖、糖制品及蜂蜜	1704	0.02	1964	0.01	4018	0.02	4057	0.03
07 章. 咖啡、茶、可可、调味料等	5637	0.05	7508	0.05	10237	0.06	8364	0.06
08 章. 饲料(不包括未碾磨谷物)	959	0.01	3291	0.02	5627	0.03	7446	0.05
09 章. 杂项食品	14383	0.13	20574	0.14	15600	0.09	16499	0.12
1 类　饮料及烟类	14713	0.13	19768	0.14	20094	0.12	17068	0.12
11 章. 饮料	3462	0.03	8205	0.06	9881	0.06	5764	0.04
12 章. 烟草及其制品	11250	0.10	11563	0.08	10212	0.06	11304	0.08
2 类　非食用原料(燃料除外)	52062	0.46	61508	0.43	65447	0.39	51138	0.36
21 章. 生皮及生毛皮	1524	0.01	2113	0.01	2185	0.01	—	—
22 章. 油籽及含油果实	221	0.00	210	0.00	193	0.00	178	0.00
23 章. 生橡胶(包括合成橡胶等)	1534	0.01	2152	0.01	3827	0.02	3246	0.02
24 章. 软木及木材	17229	0.15	19293	0.13	13624	0.08	8119	0.06
25 章. 纸浆及废纸	47	0.00	308	0.00	166	0.00	312	0.00
26 章. 纺织纤维(羊毛条除外)	7985	0.07	9114	0.06	7782	0.05	7435	0.05
27 章. 天然肥料及矿物(煤石油等)	6040	0.05	6473	0.04	8946	0.05	5957	0.04
28 章. 金属矿砂及金属废料	998	0.01	3346	0.02	1730	0.01	524	0.00
29 章. 其他动、植物原料	16484	0.15	18499	0.13	26994	0.16	25367	0.18
3 类　矿物燃料、润滑油及有关原	140526	1.24	158945	1.10	287346	1.70	115569	0.81
32 章. 煤、焦炭及煤砖	17814	0.16	29654	0.21	62054	0.37	2343	0.02
33 章. 石油、石油产品及有关原料	122707	1.08	129284	0.90	225280	1.33	113224	0.80
34 章. 天然气及人造气	5	0.00	8	0.00	13	0.00	3	0.00
4 类　动植物油、脂及蜡	1791	0.02	606	0.00	1039	0.01	1576	0.01

（续表一）

商品结构	2006年		2007年		2008年		2009年	
	出口额	占比(%)	出口额	占比(%)	出口额	占比(%)	出口额	占比(%)
41章.动物油、脂	217	0.00	178	0.00	303	0.00	525	0.00
42章.植物油、脂	1419	0.01	98	0.00	439	0.00	343	0.00
43章.已加工的动植物油、脂等	155	0.00	330	0.00	298	0.00	707	0.00
二、工业制品	11083806	97.58	14071896	97.77	16484957	97.34	13931855	98.17
5类　化学成品及有关产品	527120	4.64	700470	4.87	892517	5.27	698642	4.92
51章.有机化学品	149967	1.32	184813	1.28	276771	1.63	205132	1.45
52章.无机化学品	74342	0.65	118711	0.82	142150	0.84	71115	0.50
53章.染料、鞣料及着色料	49188	0.43	62259	0.43	65518	0.39	53518	0.38
54章.医药品	48149	0.42	60463	0.42	86403	0.51	98074	0.69
55章.精油、香料及盥洗、光洁制	41417	0.36	51544	0.36	61028	0.36	62261	0.44
56章.制成废料	1621	0.01	4808	0.03	5829	0.03	1669	0.01
57章.初级形状的塑料	71306	0.63	97422	0.68	110726	0.65	88288	0.62
58章.非初级形状的塑料	42622	0.38	51952	0.36	60890	0.36	44132	0.31
59章.其他化学原料及产品	48509	0.43	68498	0.48	83202	0.49	74452	0.52
6类　按原料分类的制成品	1775202	15.63	2152872	14.96	2306795	13.62	1589667	11.20
61章.皮革、皮革制品及已鞣毛皮	18132	0.16	16719	0.12	9429	0.06	5639	0.04
62章.橡胶制品	47540	0.42	55434	0.39	54046	0.32	46554	0.33
63章.软木及木制品(家具除外)	88640	0.78	104926	0.73	90677	0.54	63254	0.45
64章.纸及纸板;纸浆、纸及纸板	38063	0.34	49961	0.35	55988	0.33	48277	0.34
65章.纺纱、织物、制成品等	414842	3.65	421084	2.93	449573	2.65	408369	2.88
66章.非金属矿物制品	131900	1.16	149359	1.04	176750	1.04	132728	0.94
67章.钢铁	373116	3.28	515836	3.58	554150	3.27	216942	1.53
68章.有色金属	222183	1.96	290879	2.02	270478	1.60	187401	1.32
69章.金属制品	440786	3.88	548674	3.81	645703	3.81	480504	3.39
7类　机械及运输设备	6566089	57.80	8532751	59.28	10264913	60.61	8992989	63.37
71章.动力机械及设备	139887	1.23	175828	1.22	296091	1.75	234528	1.65
72章.特种工业专用机械	149692	1.32	321960	2.24	422510	2.49	296724	2.09
73章.金工机械	54794	0.48	68986	0.48	83326	0.49	61687	0.43
74章.通用工业机械设备及零件	576367	5.07	751302	5.22	1016916	6.00	861649	6.07
75章.办公用机械及自动数据处理	2458014	21.64	3542319	24.61	4450053	26.28	4067293	28.66
76章.电信及声音的录制及重放装	1006579	8.86	1032851	7.18	1064240	6.28	845759	5.96
77章.电力机械、器具及其电气零件	1638042	14.42	1928706	13.40	2006457	11.85	1756810	12.38

（续表二）

商品结构	2006年		2007年		2008年		2009年	
	出口额	占比(%)	出口额	占比(%)	出口额	占比(%)	出口额	占比(%)
78章.陆路车辆(包括气垫式)	354599	3.12	484093	3.36	529718	3.13	301880	2.13
79章.其他运输设备	188114	1.66	226705	1.58	395600	2.34	566660	3.99
8类　杂项制品	2201842	19.38	2673463	18.57	3002416	17.73	2632319	18.55
81章.活动房屋;卫生水道供热等	54715	0.48	67750	0.47	78853	0.47	63549	0.45
82章.家具及其零件:褥垫及类似品	230112	2.03	295660	2.05	340779	2.01	281978	1.99
83章.旅行用品、手提包及类似品	81687	0.72	98997	0.69	112629	0.67	95247	0.67
84章.服装及衣着附件	997469	8.78	1116193	7.76	1198637	7.08	1110386	7.82
85章.鞋靴	84615	0.74	88958	0.62	94701	0.56	86804	0.61
87章.专业、科学及控制用仪器等	295313	2.60	352270	2.45	394344	2.33	320884	2.26
88章.摄影器材、光学物品及钟表	47485	0.42	58359	0.41	75480	0.45	63805	0.45
89章.杂项制品	410448	3.61	595277	4.14	706994	4.17	609665	4.30
9类　未分类的商品	13553	0.12	12340	0.09	18316	0.11	18238	0.13
93章.特殊交易品及未分类商品	13520	0.12	12290	0.09	18259	0.11	18229	0.13
96章.非法定货币的硬币(金币除外)	0	0.00	2	0.00	1	0.00	0	0.00
97章.非货币用黄金(金矿砂除外)	33	0.00	49	0.00	56	0.00	9	0.00

2006—2009年上海外贸进口商品结构(按SITC分类)情况表

单位:万美元

商品结构	2006年		2007年		2008年		2009年	
	出口额	占比(%)	出口额	占比(%)	出口额	占比(%)	出口额	占比(%)
总　值	11393834	100.00	13904460	100.00	15278790	100.00	13581732	100.00
一、初级产品	1213282	10.65	1566995	11.27	2106078	13.78	1686684	12.42
0类　食品及活动物	94362	0.83	132597	0.95	175799	1.15	198524	1.46
00章.活动物	77	0.00	129	0.00	153	0.00	1386	0.01
01章.肉及肉制品	11704	0.10	16083	0.12	22299	0.15	22120	0.16
02章.乳品及蛋品	12354	0.11	18432	0.13	21549	0.14	24887	0.18
03章.鱼、甲壳及软体类动物等	12592	0.11	14492	0.10	14276	0.09	15827	0.12
04章.谷物及其制品	2394	0.02	2681	0.02	3867	0.03	5253	0.04
05章.蔬菜及水果	17641	0.15	22742	0.16	28430	0.19	34292	0.25
06章.糖、糖制品及蜂蜜	2220	0.02	4058	0.03	3838	0.03	3238	0.02
07章.咖啡、茶、可可、调味料等	6560	0.06	8717	0.06	11489	0.08	12334	0.09

（续表一）

商品结构	2006年		2007年		2008年		2009年	
	出口额	占比(%)	出口额	占比(%)	出口额	占比(%)	出口额	占比(%)
08章.饲料(不包括未碾磨谷物)	6988	0.06	9404	0.07	18420	0.12	19023	0.14
09章.杂项食品	21831	0.19	35859	0.26	51479	0.34	60163	0.44
1类 饮料及烟类	43207	0.38	58492	0.42	70970	0.46	60654	0.45
11章.饮料	41235	0.36	57674	0.41	69502	0.45	58462	0.43
12章.烟草及其制品	1973	0.02	818	0.01	1468	0.01	2191	0.02
2类 非食用原料(燃料除外)	746722	6.55	974368	7.01	1354878	8.87	1055789	7.77
21章.生皮及生毛皮	6915	0.06	1901	0.01	2127	0.01	4169	0.03
22章.油籽及含油果实	67761	0.59	123274	0.89	269477	1.76	209289	1.54
23章.生橡胶(包括合成橡胶等)	46874	0.41	52837	0.38	63140	0.41	65995	0.49
24章.软木及木材	101328	0.89	101042	0.73	106247	0.70	110215	0.81
25章.纸浆及废纸	29446	0.26	33971	0.24	47078	0.31	40964	0.30
26章.纺织纤维(羊毛条除外)	76151	0.67	68585	0.49	67733	0.44	46051	0.34
27章.天然肥料及矿物(煤石油等)	18875	0.17	24488	0.18	29872	0.20	21451	0.16
28章.金属矿砂及金属废料	392845	3.45	559603	4.02	759237	4.97	545750	4.02
29章.其他动、植物原料	6526	0.06	8666	0.06	9966	0.07	11904	0.09
3类 矿物燃料、润滑油及有关原	279680	2.45	268862	1.93	387097	2.53	272822	2.01
32章.煤、焦炭及煤砖	8216	0.07	10544	0.08	17554	0.11	37396	0.28
33章.石油、石油产品及有关原料	246534	2.16	233817	1.68	348879	2.28	195228	1.44
34章.天然气及人造气	24930	0.22	24501	0.18	20663	0.14	40198	0.30
4类 动植物油、脂及蜡	49311	0.43	132676	0.95	117335	0.77	98896	0.73
41章.动物油、脂	1735	0.02	2389	0.02	3122	0.02	2949	0.02
42章.植物油、脂	45751	0.40	127861	0.92	111219	0.73	92410	0.68
43章.已加工的动植物油、脂等	1825	0.02	2426	0.02	2993	0.02	3536	0.03
二、工业制品	10180552	89.35	12337465	88.73	13172712	86.22	11895048	87.58
5类 化学成品及有关产品	1425828	12.51	1752413	12.60	1984756	12.99	1909528	14.06
51章.有机化学品	407574	3.58	529455	3.81	522365	3.42	507907	3.74
52章.无机化学品	63157	0.55	78418	0.56	97589	0.64	71165	0.52
53章.染料、鞣料及着色料	90029	0.79	99150	0.71	104594	0.68	96391	0.71
54章.医药品	97608	0.86	124968	0.90	185404	1.21	225175	1.66
55章.精油、香料及盥洗、光洁制	55979	0.49	75295	0.54	105696	0.69	105212	0.77
56章.制成废料	123	0.00	28	0.00	51	0.00	18	0.00
57章.初级形状的塑料	410154	3.60	519756	3.74	582383	3.81	534925	3.94

（续表二）

商品结构	2006年		2007年		2008年		2009年	
	出口额	占比(%)	出口额	占比(%)	出口额	占比(%)	出口额	占比(%)
58章.非初级形状的塑料	97074	0.85	118242	0.85	141246	0.92	123178	0.91
59章.其他化学原料及产品	204127	1.79	207101	1.49	245427	1.61	245559	1.81
6类 按原料分类的制成品	1413121	12.40	1763740	12.68	1833418	12.00	1981574	14.59
61章.皮革、皮革制品及已鞣毛皮	27088	0.24	34317	0.25	34427	0.23	26958	0.20
62章.橡胶制品	59147	0.52	66759	0.48	80174	0.52	80206	0.59
63章.软木及木制品(家具除外)	9250	0.08	7822	0.06	6779	0.04	6233	0.05
64章.纸及纸板;纸浆、纸及纸板	50867	0.45	57772	0.42	65925	0.43	64134	0.47
65章.纺纱、织物、制成品等	195318	1.71	192076	1.38	200861	1.31	193146	1.42
66章.非金属矿物制品	119961	1.05	151755	1.09	160223	1.05	164212	1.21
67章.钢铁	281470	2.47	307228	2.21	321084	2.10	273374	2.01
68章.有色金属	503076	4.42	747573	5.38	724713	4.74	968426	7.13
69章.金属制品	166944	1.47	198438	1.43	239232	1.57	204885	1.51
7类 机械及运输设备	6280801	55.12	7619101	54.80	7883982	51.60	6719587	49.48
71章.动力机械及设备	220287	1.93	271719	1.95	307610	2.01	288579	2.12
72章.特种工业专用机械	267845	2.35	421676	3.03	439635	2.88	354672	2.61
73章.金工机械	130506	1.15	152042	1.09	162605	1.06	121119	0.89
74章.通用工业机械设备及零件	552454	4.85	795796	5.72	948211	6.21	744591	5.48
75章.办公用机械及自动数据处理	1045579	9.18	1029722	7.41	1090774	7.14	872481	6.42
76章.电信及声音的录制及重放装	338044	2.97	345090	2.48	407044	2.66	391503	2.88
77章.电力机械、器具及其电气零件	3215103	28.22	4030527	28.99	3982229	26.06	3427487	25.24
78章.陆路车辆(包括气垫式)	225425	1.98	279674	2.01	299888	1.96	333920	2.46
79章.其他运输设备	285558	2.51	292854	2.11	245984	1.61	185235	1.36
8类 杂项制品	1049567	9.21	1191576	8.57	1461967	9.57	1276231	9.40
81章.活动房屋;卫生水道供热等	5884	0.05	7865	0.06	10085	0.07	12648	0.09
82章.家具及其零件:褥垫及类似品	16110	0.14	29160	0.21	38543	0.25	36813	0.27
83章.旅行用品、手提包及类似品	13100	0.11	21396	0.15	35410	0.23	41663	0.31
84章.服装及衣着附件	33567	0.29	51055	0.37	79788	0.52	78503	0.58
85章.鞋靴	13356	0.12	18316	0.13	35828	0.23	34163	0.25
87章.专业、科学及控制用仪器等	631459	5.54	688916	4.95	791481	5.18	615000	4.53
88章.摄影器材、光学物品及钟表	149466	1.31	152996	1.10	215394	1.41	190835	1.41
89章.杂项制品	186625	1.64	221872	1.60	255437	1.67	266607	1.96
9类 未分类的商品	11236	0.10	10635	0.08	8589	0.06	8128	0.06
93章.特殊交易品及未分类商品	11236	0.10	10634	0.08	8589	0.06	8120	0.06
96章.非法定货币的硬币(金币除外)	0	0.00	1	0.00	0	0.00	8	0.00

2006—2009 年上海外贸出口商品输往地情况表

单位:万美元

国别(地区)	2006 年		2007 年		2008 年		2009 年	
	出口额	占比(%)	出口额	占比(%)	出口额	占比(%)	出口额	占比(%)
总　值	11359127	100.00	14392845	100.00	16935000	100.00	14191373	100.00
亚　洲	4690749	41.29	5791040	40.24	6686711	39.48	5739538	40.44
中国香港	1020080	8.98	1250838	8.69	1257243	7.42	1098649	7.74
日　本	1515772	13.34	1705259	11.85	2003856	11.83	1608390	11.33
韩　国	386807	3.41	491671	3.42	596785	3.52	468966	3.30
中国台湾	355621	3.13	446057	3.10	439315	2.59	406902	2.87
东　盟	897244	7.90	1167097	8.11	1425263	8.42	1279428	9.02
马来西亚	229596	2.02	288334	2.00	282064	1.67	300423	2.12
菲律宾	108746	0.96	115020	0.80	145648	0.86	105885	0.75
新加坡	298751	2.63	396846	2.76	510613	3.02	484256	3.41
泰　国	115071	1.01	146826	1.02	175821	1.04	145089	1.02
非　洲	194926	1.72	236422	1.64	333606	1.97	321821	2.27
欧　洲	2783269	24.50	3750950	26.06	4679365	27.63	3707585	26.13
英　国	323650	2.85	414050	2.88	451945	2.67	351719	2.48
德　国	559649	4.93	682506	4.74	929406	5.49	713199	5.03
法　国	261406	2.30	520986	3.62	543177	3.21	503861	3.55
意大利	191203	1.68	229188	1.59	312338	1.84	235640	1.66
荷　兰	402789	3.55	538834	3.74	621359	3.67	511565	3.60
拉丁美洲	351949	3.10	505547	3.51	745623	4.40	586449	4.13
北美洲	3054396	26.89	3727931	25.90	4026986	23.78	3436821	24.22
加拿大	220352	1.94	262247	1.82	301546	1.78	227403	1.60
美　国	2827674	24.89	3461134	24.05	3721048	21.97	3209402	22.62
大洋洲	283838	2.50	380954	2.65	462708	2.73	399160	2.81
澳大利亚	247261	2.18	322049	2.24	400123	2.36	341535	2.41

2006—2009 年上海外贸进口商品来源地情况表

单位:万美元

国别(地区)	2006 年		2007 年		2008 年		2009 年	
	出口额	占比(%)	出口额	占比(%)	出口额	占比(%)	出口额	占比(%)
总　值	11393834	100.00	13904460	100.00	15278790	100.00	13581732	100.00
亚　洲	6988863	61.34	8255491	59.37	8786577	57.51	7465469	54.97

（续表）

国别(地区)	2006 年		2007 年		2008 年		2009 年	
	出口额	占比(%)	出口额	占比(%)	出口额	占比(%)	出口额	占比(%)
中国香港	86268	0.76	146052	1.05	121772	0.80	99139	0.73
日　本	1921784	16.87	2243033	16.13	2622178	17.16	2259637	16.64
韩　国	974077	8.55	1224627	8.81	1267197	8.29	925244	6.81
中　国	792374	6.95	902297	6.49	1046887	6.85	1128923	8.31
中国台湾	1173086	10.30	1227251	8.83	1293598	8.47	1112301	8.19
东　盟	1755748	15.41	2210958	15.90	2074700	13.58	1590295	11.71
马来西亚	466854	4.10	520196	3.74	532036	3.48	481968	3.55
菲律宾	520997	4.57	807942	5.81	595036	3.89	231938	1.71
新加坡	303078	2.66	302478	2.18	286720	1.88	267464	1.97
泰　国	314921	2.76	403267	2.90	473150	3.10	434245	3.20
非　洲	110106	0.97	128103	0.92	151143	0.99	151592	1.12
欧　洲	2146555	18.84	2714237	19.52	3189287	20.87	2977660	21.92
英　国	154497	1.36	196055	1.41	232451	1.52	164511	1.21
德　国	763381	6.70	1018723	7.33	1115500	7.30	967037	7.12
法　国	338508	2.97	372516	2.68	423552	2.77	362946	2.67
意大利	190001	1.67	226303	1.63	269775	1.77	239346	1.76
荷　兰	70213	0.62	76724	0.55	91911	0.60	78883	0.58
拉丁美洲	440812	3.87	806793	5.80	898614	5.88	883727	6.51
北美洲	1432015	12.57	1641072	11.80	1809571	11.84	1669365	12.29
加拿大	113989	1.00	170683	1.23	185621	1.21	159202	1.17
美　国	1316760	11.56	1469287	10.57	1623076	10.62	1509076	11.11
大洋洲	274214	2.41	357419	2.57	441939	2.89	433656	3.19
澳大利亚	227228	1.99	313170	2.25	391338	2.56	369866	2.72
其　他			1347	0.01	1660	0.01	262	0.00

根据2006年3月1日起施行的《中华人民共和国海关统计条例》中第九条如果货物的原产国是中国，那么进口该货物的原产国统计就列名为中国，也就是国货复进口。

资料来源：上海市商务委员会外贸发展处。

吸引外资

2009 年上海吸引外资方式情况表

吸引方式	2009 年			2008 年			合同外资比上年(±%)
	项目(个)	合同外资(亿美元)	占比(%)	项目(个)	合同外资(亿美元)	占比(%)	2008 年
合 计	3090	133.01	100.00	3748	171.12	100.00	-22.27
合 资	361	17.40	13.08	360	24.10	14.08	-27.80
合 作	7	3.73	2.80	23	3.25	1.90	14.77
独 资	2721	109.23	82.12	3364	142.9	83.51	-23.56
股份制	1	2.65	1.99	1	0.87	0.51	204.60

2006—2009 年上海外商直接投资基本情况表

年 份	项目数(个)	合同外资(亿美元)	实到外资(亿美元)
2006	4061	145.74	71.07
2007	4206	148.69	79.20
2008	3748	171.12	100.84
2009	3090	133.01	105.38

资料来源:上海市商务委员会外商投资促进处。

对外经济合作

2006—2009 年上海对外承包工程、劳务合作基本情况表

年　份	年末在外人数（人）	全年外派人数（人次）	承包工程合同项目（个）	合同金额（万美元）	营业额（万美元）
2006	27561	15726	2724	545723	470179
2007	30231	18598	821	734747	502441
2008	27459	16173	5815	1113987	559560
2009	26250	13926	2638	1240205	734105

2006—2009 年上海派往境外从事对外承包工程、劳务合作人次情况表

单位：人次

年　份	合　计	承包工程	劳务合作
2006	15726	3019	12676
2007	18598	6446	12100
2008	16173	5062	11072
2009	13926	4494	9432

2006—2009 年上海在境外从事对外承包工程、劳务合作人次情况表

单位：人次

年　份	合　计	承包工程	劳务合作
2006	27561	3531	24002
2007	30231	6374	23834
2008	27459	7270	20165
2009	26250	8178	18072

2006—2009 年上海对外承包工程、劳务合作合同金额情况表

单位：万美元

年　份	合　计	承包工程	劳务合作
2006	545723	508953	34960
2007	734747	669931	50778
2008	1113987	1045972	58990
2009	1240205	1193790	46415

2006—2009 年上海对外承包工程、劳务合作营业额情况表

单位：万美元

年　份	合　计	承包工程	劳务合作
2006	470179	429336	40170
2007	502441	449076	51689
2008	559560	490707	66324
2009	734105	665664	68441

资料来源：上海市商务委员会外经处。

技术贸易

2009 年上海市技术进口行业排名前 10 位情况表

行　业	合同数（项）	金额（万美元）	行　业	合同数（项）	金额（万美元）
总　计	2571	445497.61	科学研究和综合技术服务业	172	7562.32
制造业	1438	322724.95	批发和零售贸易、餐饮业	49	2160.46
社会服务业	273	58340.24	交通运输、仓储及邮电通信业	16	1116.12
其他行业	293	27974.12	电力、煤气及水的生产和供应业	2	232.76
房地产业	252	13014.11	农、林、牧、渔业	2	60.23
建筑业	70	12239.22			

2009 年上海市技术进口来源地排名前 10 位情况表

国别(地区)	合同数（项）	金额（万美元）	国别(地区)	合同数（项）	金额（万美元）
总　计	2571	445497.61	荷　兰	20	20473.42
美　国	393	200937.38	中国香港	165	15749.30
日　本	487	53471.09	英　国	54	14383.33
德　国	579	49765.90	瑞　士	28	5898.42
维尔京群岛	67	26505.90	中国台湾	103	5558.71
韩　国	72	23510.38			

2009 年上海高新技术产品出口分类表

品　名	出口额（亿美元）	比上年（±%）	品　名	出口额（亿美元）	比上年（±%）
总　计	636.16	-10.79	计算机集成制造技术	7.99	-33.14
计算机与通讯技术	485.48	-10.15	材料技术	2.19	-11.68
电子技术	108.86	-5.82	航空航天技术	2.11	-55.47
光电技术	14.66	-20.83	生物技术	0.39	-16.91
生命科学技术	14.25	-23.97	其他技术	0.22	-8.74

2009 年上海高新技术产品出口输往地排名表

国别(地区)	出口额（亿美元）	比上年（±%）	国别(地区)	出口额（亿美元）	比上年（±%）
总　计	636.16	-10.79	荷　兰	34.27	-16.28
美　国	183.97	-4.21	中国台湾	24.27	9.48
中国香港	57.95	-18.70	新加坡	24.16	3.33
日　本	36.57	-22.08	卢森堡	23.75	-2.34
德　国	36.37	-28.54	马来西亚	20.10	24.52
法　国	35.33	-0.54			

资料来源：上海市商务委员会机电和科技产业处。

商贸便览

上海商贸资料
中国·世界经贸资料

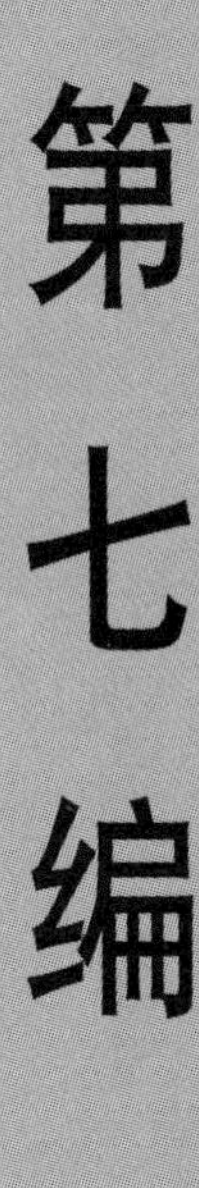

一、上海商贸资料

2009 年中国·上海商贸情况对照表

类别	项　目	单　位	中　国		上　海	
			数量	比上年(±%)	数量	比上年(±%)
内贸	商品销售总额	亿　元	—	—	31974.39	19.30
	社会消费品零售总额	亿　元	—	—	5172.80	14.00
外贸	进出口总额	亿美元	22072.70	-13.90	2777.30	-13.80
	其中:出口额	亿美元	12016.70	-16.00	1419.10	-16.20
	进口额	亿美元	10056.00	-11.20	1358.20	-11.10
吸引外资	新批外商投资项目	个	23435	14.80	3090	-17.56
	实际引进外资额	亿美元	900.30	2.60	105.38	4.50
	累计实际引进外资额	亿美元	—	—	953.05	—
对外投资	新批对外投资项目	个	2283	—	249	140.22
	投资总额	亿美元	433	6.50	15.36	117.00
	其中中方投资	亿美元	—	—	14.85	143.00
对外经济合作	新签劳务、工程、设计合同	项	—	—	7480	—
	合同总额	亿美元	1262	20.70	124.02	12.20
	完成营业额	亿美元	777.00	37.30	73.41	31.80
	派出劳务人员	万人次	39.50	—	1.39	38.37
服务贸易	进出口总额	亿美元	2868.00	-5.80	747.32	-5.70
	其中:出口额	亿美元	1286.00	-12.20	299.26	-13.40
	进口额	亿美元	1582.00	0.10	448.06	0.30

2009 年上海市进出口贸易往来前 20 位国家(地区)一览表

排序	出口		进口		排序	出口		进口	
	国别(地区)	金额(亿美元)	国别(地区)	金额(亿美元)		国别(地区)	金额(亿美元)	国别(地区)	金额(亿美元)
1	美国	320.94	日本	225.96	11	澳大利亚	34.15	巴西	31.94
2	日本	160.84	美国	150.91	12	印度	31.57	智利	31.21
3	中国香港	109.86	中国	112.89	13	马来西亚	30.04	新加坡	26.75
4	德国	71.32	中国台湾	111.23	14	卢森堡	23.96	意大利	23.93
5	荷兰	51.16	德国	96.70	15	意大利	23.56	菲律宾	23.19
6	法国	50.39	韩国	92.52	16	加拿大	22.74	瑞士	21.89
7	新加坡	48.43	马来西亚	48.20	17	阿拉伯酋长国	19.50	比利时	17.49
8	韩国	46.90	泰国	43.42	18	墨西哥	17.23	英国	16.45
9	中国台湾	40.69	澳大利亚	36.99	19	巴西	14.92	加拿大	15.92
10	英国	35.17	法国	36.29	20	西班牙	14.67	俄罗斯	14.99

2009 年上海市外商投资合同额前 20 位国家(地区)情况表

排序	国别(地区)	项目数(个)	投资额(万美元)	排序	国别(地区)	项目数(个)	投资额(万美元)
	总计	3090	1330083	11	中国台湾	286	15970
1	中国香港	1122	748397	12	新西兰	40	14310
2	日本	358	115035	13	巴巴多斯	3	9510
3	新加坡	139	70463	14	马来西亚	19	8855
4	维尔京群岛	91	45487	15	比利时	9	8787
5	荷兰	33	45183	16	英国	70	8704
6	美国	245	40770	17	意大利	57	6941
7	德国	89	36244	18	塞舌尔	24	5656
8	法国	49	31331	19	加拿大	43	5329
9	毛里求斯	18	22245	20	萨摩亚	38	5051
10	韩国	134	16346				

历届中国华东进出口商品交易会一览表

届次	年份	展馆（万平方米）	摊位（个）	参展省市（个）	参展企业（家）	到会外商（人次）	国别(地区)（个）	总成交额（万美元）
1	1991	22.10	1050	7	607	6018	71	102261
2	1992	2.90	1450	7	700	6341	78	133247
3	1993	3.50	1750	15	1000	6741	84	164784
4	1994	3.60	1800	20	1000	7788	90	180508
5	1995	5.10	2500	36	1400	7906	100	214100
6	1996	4.90	2500	37	1500	7543	104	223600
7	1997	6.42	2537	35	1500	7738	125	223144
8	1998	6.38	2625	33	2000	6518	150	195500
9	1999	5.18	2216	32	2000	6108	130	120600
10	2000	4.40	1926	32	1926	7277	120	129500
11	2001	6.12	2807	37	340	10562	126	153200
12	2002	5.76	2850	35	3000	13646	154	168900
13	2003	5.75	2966	35	3000	15749	175	204000
14	2004	8.05	4158	14	3100	18915	—	255900
15	2005	8.05	4158	39	3300	20558	151	297372
16	2006	10.35	5346	39	3540	23660	—	332119
17	2007	10.35	5346	39	3522	18557	117	355300
18	2008	10.35	5346	39	3592	19263	145	367800
19	2009	10.35	5312	39	3500	18229	140	224000

2009年上海百货商厦(单体)销售前10强名录

排序	企业名称	销售额（亿元）	排序	企业名称	销售额（亿元）
1	第一八佰伴	34.85	6	置地广场	9.39
2	新世界商城	26.53	7	太平洋百货(徐汇店)	8.93
3	东方商厦(徐汇店)	15.31	8	永安百货	7.04
4	第一百货	12.91	9	东方商厦(南东店)	6.85
5	汇金百货	9.98	10	太平洋百货(淮海店)	6.51

二、中国·世界经贸资料

2001—2009 年中国进出口贸易额情况表

单位:亿美元

年份	进出口总额	比上年(±%)	占世贸总额的比重(%)	位次	出口额	比上年(±%)	进口额	比上年(±%)	顺逆差额
2001	5097.7	7.5	4.04	6	2661.5	6.8	2436.1	8.2	225.4
2002	6207.9	21.8	4.74	5	3255.7	22.3	2952.2	21.2	303.5
2003	8512.1	37.1	5.47	4	4383.7	34.6	4128.4	39.9	255.3
2004	11547.4	35.7	6.21	3	5933.6	35.4	5613.8	36.0	319.8
2005	14221.2	23.2	—	3	7620.0	28.4	6601.2	17.6	1019.0
2006	17606.9	23.8	7.20	3	9690.8	27.2	7916.1	19.9	1018.8
2007	21738.0	23.5	8.00	3	12180.0	25.7	9558.0	20.8	2622.0
2008	25616.3	17.8	—	3	14285.5	17.2	11330.8	18.5	2954.7
2009	22072.7	-13.9			12016.7	-16.0	10056.0	-11.2	1960.7

2009 年中国三大贸易往来国别(地区)排名表

单位:亿美元

排名	国别(地区)	进出口总额	比上年(±%)
1	欧盟	3640.9	-14.5
2	美国	2982.6	-10.6
3	日本	2288.5	-14.2

1990—2009 年中国引进外资情况表

单位:亿美元

年份	总计		年份	总计	
	项目数(个)	实际引进额		项目数(个)	实际引进额
1990	7371	102.90	2000	22347	493.56
1991	13086	115.50	2001	26139	468.46
1992	48858	192.00	2002	34171	527.43
1993	83595	398.60	2003	48081	535.05
1994	47646	432.10	2004	43664	606.30
1995	37184	481.30	2005	44011	603.25
1996	24673	548.00	2006	41473	630.21
1997	21046	519.33	2007	37872	747.00
1998	19846	455.82	2008	27514	923.95
1999	17022	526.60	2009	23435	900.30

2009年中国实到外资额前10位来源地情况表

排序	国家（地区）	实到外资额（亿美元）	排序	国家（地区）	实到外资额（亿美元）
1	中国香港	539.93	6	韩　国	27.03
2	中国台湾	65.63	7	英　国	14.69
3	日　本	41.17	8	德　国	12.27
4	新加坡	38.86	9	中国澳门	10.00
5	美　国	35.76	10	加拿大	9.59

2009年上海、中国、全球服务贸易对照表

单位：亿美元

国家（地区）	服务贸易					
	出口		进口		进出口	
	出口额	比上年（±%）	进口额	比上年（±%）	总额	比上年（±%）
上　海	299.26	-13.4	448.06	0.3	747.32	-5.7
中　国	1286.00	-12.2	1582.00	0.1	2868.00	-5.8
全　球	33116.00	-12.9	31145.00	-11.9	64261.00	-12.4
中国香港	863.93	-6.2	442.47	-5.7	1306.11	-6.0
新加坡	736.53	-11.2	739.27	-6.3	1475.80	-8.8

说明：上海和中国服务贸易数据来源于商务部公布的2009年居民和非居民间服务贸易统计数据。全球、中国香港和新加坡的数据来源于世界贸易组织贸易统计数据库。

2001—2009年中国出口商品交易会一览表

年份	届次		到会客商（人）		来自国别（个）		成交额（百万美元）		全年成交额（百万美元）	比上年（±%）
	春季	秋季	春季	秋季	春季	秋季	春季	秋季		
2001	89	90	111886	101382	181	176	15774	13367	29141	1.90
2002	91	92	120576	135482	185	191	16850	18470	35320	21.20
2003	93	94	23128	150485	167	201	4420	20490	24910	-70.53
2004	96	96	159717	167926	203	203	24510	27200	51710	107.59
2005	97	98	195464	177000	210	210	29230	29430	56935	10.10
2006	99	100	190011	192691	210	212	32220	34060	66280	16.41
2007	101	102	206749	189500	211	213	36390	37450	73840	11.41
2008	103	104	192013	174562	210	213	38230	31550	75680	2.49
2009	105	106	165436	188170	209	212	26230	34070	60300	-20.32

把更好的服务给您 才是我们的目标

和运租车，是台湾新车租赁市场上响当当的“NO.1”品牌。十年前，和运租车携欧美流行的“汽车租赁”概念登陆台湾，为企业带来崭新的理财思路和优质服务，稳扎稳打地得到越来越多企业的认可和支持。作为台湾租车市场的培育者和领导者，现在的和运，已经成为台湾最具规模及完备服务的新车租赁公司，是拥有最多车辆的专业租车团队，更建构了全台最绵密的租车网络。

2007年3月9日，和运国际租赁有限公司在上海正式成立，随后在苏州、昆山、杭州三地设立分公司，在长三角构建出完善的服务网络。三年来，和运不仅仅将“顾客为先、专业为本”的优质服务理念一脉相承带来大陆，将规范的租车市场服务准则带来大陆，更携自身优势成为首家连接大陆与台湾的国际性服务企业。

和运有一句很温暖的广告语：“在台湾，我们是NO.1；在内地，您是我们的NO.1”——为了给长三角的企业提供完美的租车方案，和运的工作团队一直为提供专业、真挚、全面的人性化服务而不懈努力着。在长三角地区，短短三年和运就与许多的企业客户建立良好业务关系，这个令人骄傲的成绩正是客户对和运努力提供优质服务的肯定。由于租赁概念在中国尚处于萌芽期，相信未来将极具发展潜力，和运亦将秉持服务客户的初衷为您的资金需求设计方案，相信透过租赁方式不但可以使您的企业资金更为活跃，更可让您专注在本业的经营而无后顾之忧。

公司地址：上海市普陀区怒江北路427号9楼D座
电话：021-61170567 4008862886
网址：www.easylease.com.cn

上海龙阳
精密复合铜管有限公司

龙阳铜管：“做精密铜管行业的**领先者**。”

龙阳公司成立于2001年3月，由金龙精密铜管集团股份有限公司、日本中央物产株式会社、上海汇阳实业有限公司共同投资兴建的一家中外合资企业。主要生产和销售高精度空调与制冷用无缝铜管、高效传热内螺纹铜管，年生产能力5万吨。目前龙阳公司是国内唯一一家获得日本JIS H 3300认证和西班牙AENOR认证的铜管加工企业。

公司引进世界领先的生产与检测设备，熔化铸造炉、行星轧机、联拉机、盘拉机、在线退火与光亮退火炉分别来自德、意、英、澳、日等国最顶级设备，同时配备了光谱分析仪、涡流探伤仪、单管相变传热实验台、空调&两器热传综合实验台等一系列精密检测设备，为创造精品提供了有力的保障。

公司依托中国科学院精密铜管工程研究中心的技术支持，依靠自身的研发团队与专利技术，成功开发出一系列精细化、大螺旋角、瘦齿形高效内螺纹管，而其采用的行星球模旋压工艺也代表了世界领先的高精度内螺纹加工技术。

李长杰　全国人大代表、教授级高级工程师。现任金龙精密铜管集团股份有限公司董事长，引领着世界制冷用精密铜管行业的发展和技术进步，确立了“为客户创造精品，为员工创造价值，为社会创造财富”的金龙企业宗旨，他勇于突破陈规，开拓创新，锐意进取，精益求精，连续多次荣获省市劳动模范、技术改造先进个人荣誉称号。

主要客户：

三菱、夏普、大金、富士通、日立、格力、美的、海尔、奥克斯、海信等国内外高端客户，同时产品还销往欧洲、东南亚等市场。

公司荣誉：

公司先后荣获上海市高新技术企业、上海市名牌产品、上海市著名商标、全国实施卓越绩效模式先进企业等荣誉，并于2009年列入上海百强企业、上海制造业企业50强。

联系方式：

公司地址：上海市浦东新区张江高科技产业东区
庆达路488号
电　　话：021-68918866
传　　真：021-58976602
网　　址：www.shlytg.com

升逸豪环保工程科技（上海）有限公司

升逸豪环保工程科技（上海）有限公司是配合政府节能减排政策以住宅产业化为实施目标的企业，我公司自2006年成立以来以“住者有其屋”作为对社会贡献的理念，积极研发新型建材等构件做为住宅产业化的基础，先后投入人民币2000万元的研发资金，获得多项 创新专利，经数年努力成功完成内外墙板、楼板、屋顶板、阳台、梁柱连结件等工厂化生产线与施工现场组装工艺，达成住宅产业化的充分与必要条件，创建了“钢骨框架轻板集成装配式住宅建筑体系，由本建筑体系所建造的环保节能住宅提供以下特点：

1、高品质的住家：新型环保建材，特优科技住宅。

2、安全的住家：耐震8级，抗12级强风，耐火、耐水。

3、舒适的住家：隔热保温性能佳，防音遮音性优越，换气通风流畅。

4、耐久的住家：镀锌钢骨结构，防锈、防腐、防虫蛀。

5、信赖的住家：设计标准化，部件工厂化生产保证住宅质量。

本公司产品无论是三层以下办公楼、独幢别墅或是连排公寓已在国内外市场销售，特别是在中东，澳洲，非洲及东南亚市场发展迅猛，质量获得客户一致肯定与好评。

组建中的住宅

组建中的住宅

组建中的住宅

上海证大房地产有限公司

证大·大拇指商业广场（下简称“大拇指广场”）是由证大集团旗下的上海证大房地产有限公司在浦东开发的大型综合性商业项目，于2005年7月正式开业，项目总投资8亿人民币，占地面积约5.2万平方米，总建筑面积约11万平方米，是一个满足全方位、多元化需求的标志性现代社区商业。

证大集团是一家以专业金融综合投资及房地产开发经营为主的大型民营企业集团，集团自1993年创立以来，在董事长戴志康先生的带领下，经过十几年千锤百炼的市场竞争，迅速成长，无论是在房地产开发经营发面，还是在资本、信息、创意、金融市场等各方面都充分发挥和体现了优势，“喜玛拉雅艺术中心”、“九间堂园林别墅”、“大拇指广场”等项目的成功都已使证大成为业界知名品牌。“大拇指广场”是证大集团在上海浦东联洋国际新社区开发的精品力作。“大拇指广场”座落于芳甸路、迎春路、丁香路的交汇处，毗邻世纪公园、上海科技馆、浦东新国际博览中心，距小陆家嘴地区15分钟的车程、张江高科技园区仅8分钟的车程。“大拇指广场”周边集聚了大量高素质、高层次消费人群，水清木华、虹桥二十一世纪城、仁恒河滨城等众多楼盘（建筑面积共计247万平方米），如众星拱月般辐射“大拇指广场”四周，此外周边世纪公园板块、碧云金桥板块、张江板块等社区人口超过80万。整个“大拇指广场”以块状规划，共计22个建筑体块，以购物、美食、休闲、娱乐为特色的主题业态与多个主题广场融为一体，其中酒店办公为3.1万平方米、商业零售为2.8万平方米、餐饮娱乐为2万平方米、教育文化和生活配套为0.9万平方米。另外停车场和公共区域为2.1万平方米。

经营理念

“大拇指广场”自开业以来，通过商家资源合理地整合、有序地管理，正在被越来越多的人所向往。同时积极利用广场资源，努力开展各种商业文化活动，使广场天天有商业推广，月月有主题文化活动。

“大拇指广场”处处展示着繁荣、和谐、文明、时尚的高雅气质，为居民提供了一个购物、娱乐、休闲、餐饮、会友的理想平台。2006年入选“上海十大时尚地标性场所--最具艺术感的场所”、2007年被评为“全国示范性社区商业”、2008年被评为消费者放心示范街。“大拇指广场”为提高社区居民的生活品质发挥了重要作用；为将浦东建设成为国际时尚前沿阵地添砖加瓦；为向全国展示浦东的时尚新魅力搭起诠释之桥；为向全世界展示上海特有的海派文化建立展示之窗。

功能定位及业态分布

“大拇指广场”由世界著名设计公司美国ARQ负责整体建筑和设计，现代自由主义的风格设计、开放简洁的建筑立面、移步换景的购物空间形成了产品独有的特性。同时在设计上采取居住区域、购物区域、聚会休闲区域相对隔离的新模式；使商场室外化，中庭广场化。整个广场通过先进的设计理念、匠心独具的景观设计、亲和的人性化环境布局展现了独特的魅力。

“大拇指广场”在功能定位上区别于都市型购物中心和区域型购物中心，凸显社区型购物中心商业特征；区别于封闭式百货购物中心，凸显开放式空间，使商业形态更休闲、轻松、惬意；同时通过公共区域各种雕塑（如LOVE雕塑、大拇指雕塑、有容乃大雕塑等），凸显广场浓厚的艺术氛围。秉承“一站式购物、一家休闲、一天逛街”的现代消费理念，“大拇指广场”引进84个品牌经销商入驻其中，融商业零售、餐饮、休闲娱乐、文化教育和生活配套等丰富业态于一体，充分满足了周边居民的消费和定位要求。

“大拇指广场”充分考虑地区居民的日常生活消费需求：在零售方面以大型连锁超市----世界500强“家乐福”为主力、芳甸路女装主题街（卓可、也秀等）、鞋类（GEOX、NINE WEST等）、休闲用品（蓝梯高尔夫、德霖高尔夫等）、数码精品专卖（索尼）等为次主力业态，满载核心购物区。

在餐饮方面，“大拇指广场”以中华美食（唐朝酒店、味知堂茶餐厅等）、国际连锁餐饮（星巴克、哈根达斯、必胜客、KFC、味千拉面、棒约翰等）为主力店，异域风情餐厅（韩国炉边盛谈、花月亭日本料理、希腊餐厅等）、甜美西点（酷圣石、许留山）等次主力店，挑战味蕾，全方位地满足地区居民的美食享受。

在休闲娱乐方面，“大拇指广场”以量贩式连锁KTV——好乐迪为主力店，美容美发（曼都、秀发丽昂等）、酒吧（马龙、哇吧、美丽时光）、健身（优悠瑜伽、康友足浴）等为次主力业态为地区居民全力打造休闲娱乐王国。

“大拇指广场”在文化艺术和教育方面，以证大现代艺术馆艺术超市、儿童科技营为主力，青桐书屋、星宝宝为次主力店，满足居民精神文化层次的需求。

此外，“大拇指广场”为全方位、多角度地满足地区居民生活所需，引进了中国银行、交通银行、浦发银行、上海银行、德申会口腔诊所等等。

甜甜圈的起源众说纷纭，但确定的是：把平凡的甜甜圈，变得多「彩」多「滋」，是Dunkin' Donuts 的创办人- Bill Rosenberg在60 年前发扬光大的。

在1950年代时，Bill和他的伙伴们在创业初期，绞尽脑汁地想帮自己的甜甜圈店起一个响亮的名字，正在肠枯思竭之际，有人忽然想到甜甜圈最美味的吃法就是：将圆滚滚的甜甜圈，用灌篮的方式灌进咖啡的沾料。顿时，所有人都开窍了，他们想到甜甜圈店就可以利用「DUNK」这个本意为「灌篮」的单字，而取名为DUNKIN' DONUTS，这就成为了品牌命名的由来。这样一方面可以当做我们自有的品牌，一方面也可以让消费者知道最美味的甜甜圈吃法，就是配着美式热咖啡；一口甜甜圈，一口热咖啡，才是无可取代的美式经典吃法。有了如此有创意的店名，Bill和他的伙伴们继续研发如何让甜甜圈展现更多、更新的面貌，他们在甜甜圈中间加入了各式各样的巧克力酱或是不同口味的果酱，表面上也加上了不同的酱料。

经过了60年的创业与拓展，Dunkin' Donuts凭着甜甜圈+香醇咖啡，征服全美男女老少的味蕾，1963年全美门店数达到一百家，1966年成立Dunkin' Donuts University。至今，全球已达9,000多个门市，遍布在世界31个国家，上海也于2008年加入了这个多彩多滋的王国。

如今，Dunkin' Donuts是全世界最大的甜甜圈、咖啡连锁企业，不但一年销售的甜甜圈可以绕地球5.8圈，而且全球每秒可以销售出47杯咖啡！

Double巧摩堤

蓝莓coolatta

黑巧之恋

领结卷

摩卡拿铁

DD活力烘饼

Dunkin donuts 上海门店地址：

淮海路门店地址：卢湾区淮海中路2号（近西藏中路）
石门店地址：静安区石门一路239-243号（近威海路）
南京东路店地址：黄浦区南京东路299号宏伊国际广场一楼S-109单
荣华西道店地址：长宁区荣华西道99弄1号101室
南京西路店地址：南京西路338号天安中心大厦104-105室
淮海二路店地址：淮海中路333号太平洋百货B2
碧云路店：浦东新区碧云路555号家乐福超市一楼入口处
杨高中路店：浦东新区杨高中路2128号易初莲花超市入口处
五角场店：杨浦区淞沪路8号百联又一城B1层
天山正大店：长宁区天山西路541号正大生活馆一楼M-8#
闵行欧尚店：闵行区东川路2092号欧尚超市一楼（近超市入口处）
瑞虹店：虹口区临平路123号瑞虹生活广场B1层

Kimberly-Clark
金佰利

成立于1872年的金佰利公司，是全球健康卫生护理领域的行业领导者，《财富》杂志全球500强公司之一。个人健康护理用品、家庭生活用纸、商用消费产品和医疗健康护理用品是金佰利公司四大核心业务，年营业额超过190亿美元，在35个国家设有生产设施，产品销往150多个国家和地区，全球员工超过56,000人，现已发展成为全球最大的纸巾生产厂商和全美第二大家庭和个人护理用品公司，并连续五年荣登道琼斯全球可持续发展指数的个人护理用品行业可持续发展指数榜首。

金佰利在中国的业务发展始于1994年。目前，金佰利在上海、北京、南京等地拥有3家生产机构。金佰利公司致力于在中国的长期发展战略，在华投资总额已超过100亿人民币。

在十余年的奋斗历程中，金佰利公司大力投资旗下的各个品牌，如Kleenex®舒洁®、Huggies® 好奇®、Kotex®高洁丝和Depend®得伴等，这些品牌已经成为了中国的著名品牌，并赢得了成千上万中国消费者的喜爱。

Kleenex® 舒洁®

家庭生活用纸

Kleenex®舒洁®，来自世界著名的生活用纸制造商金佰利公司，诞生于1924年。Kleenex®舒洁®品牌多年来被《商业周刊》评为全球最有价值前100品牌之一。每天全球140多个国家的几千万人和您一起享用Kleenex®舒洁®高品质产品。

柔·软·爱在舒洁

婴儿护理用品

好奇®HUGGIES®纸尿裤诞生于1978年，是全球技术创新领先的婴儿纸尿裤品牌。好奇®HUGGIES®努力提供最优秀表现的产品，从每一个细节为宝宝考虑，让宝宝在他的世界里无拘无束的自由探索、发现、快乐地成长！

好奇®HUGGIES®，自由自在，乐在探索！

妇女卫生护理用品

1920年，高洁丝研发出世界上新型的抛换式卫生巾，为全世界的女人奉上焕然一新的呵护！今天，除了提升吸收及防漏功能，高洁丝以更创新的视角，关注你的健康。时光流转，创新永恒——永远做的比你想的更好！

Kotex®高洁丝，先吸后呼，健康好舒服！

高洁丝瞬吸篮卫生巾，凝结金佰利公司的高科技专利技术－蓝色单向渗透层，是中国品牌结合国外先进技术的代表。真正体现对中国妇女的不懈关爱。

自由自在，只要我爱！

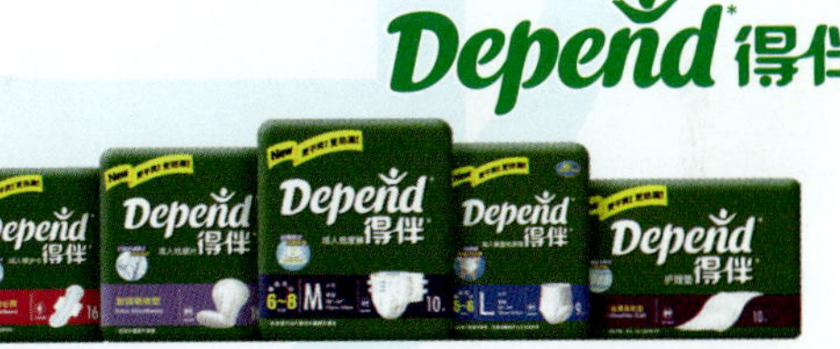

成人失禁护理用品

Depend®得伴，全球成人失禁护理领导品牌。自1980年诞生之日起，Depend®得伴始终坚持产品创新，研发出多款从轻度到中重度失禁的成人失禁护理产品。畅销全球几十个国家，为全球上千万尿失禁人群及看护者带来福音，使深受尿失禁困扰的人群受到舒适、专业的防漏保护。

Depend®得伴，自由享受美好生活！

金佰利公司商用消费部针对商业客户的卫生场所及工作区域中遇到的问题，运用专业技术及创新理念，不断研究开发品质卓越、物有所值的产品，力求提供最有效的解决方案以满足您的需求。旗下WypeAll®等品牌，能够满足制作及商业设施的特殊清洁要求。

如需更多资料，敬请浏览公司网站：www.kimberly-clark.com.cn

上海市
浦东商场股份有限公司

企业经营

2009年，受全球金融危机经济萧条的继续影响，国内百货零售市场需求仍处于相对较弱状态，但市场竞争更趋激烈。公司在严峻的市场环境下，继续保持积极进取的精神，不畏市场挑战，理性参与竞争，抓好结构调整，加强经营管理，控制经营成本，提升经营质量。2009年实现营业收入63,143万元，同比增长8.07%；零售67,093万元(含税)，同比增长5.76%；实现利润4,733万元，同比增长15.58%；税后净利3,799万元，同比增长13.96%；资产负债率37.05%，同比下降3.68个百分点，较好地完成了年度经营目标，主要经济指标达到历史最好水平。

企业发展

在市场经济危机中，企业努力巩固已有的市场份额，并积极开拓，力求取得新的发展。南汇地区一直是公司发展的重点，在董事会的支持下，企业在市场逆境中把握新的发展机遇，最终以租赁形式在原南汇区惠南镇东门大街成功开设了南汇店，营业面积15000平方米，提早实现了进入南汇市场的企业战略目标，且当年就实现经营持平，体现了企业市场开拓能力和抵御风险能力在不断提升，为公司实现新的发展创造了良好条件。

2010年公司紧紧抓住了上海世博会带来的商机，积极推进企业经济持续增长。克服经济危机和市场挑战带来的各种困难，积极寻找企业发展新途径，力争在市场复苏中抓住先机，再创新的业绩。

生态建筑·森呼吸

14000 平方米的海洁特外墙砖，相当于 980 棵白杨树的净化效果。

效果图

YKK中国集团介绍

YKK株式会社以拉链为中心的YKK 品牌发斯宁事业和以门窗为中心的YKK AP品牌建材事业为两大核心，加上以技术力量为中心来支援两大事业的工业机械事业，共拥有三大事业集团和两大世界品牌。目前在包括日本的70个国家及地区设立了117家公司。在中国，YKK至今一共设立了12家公司，其中5家公司共12个据点落户上海，2002年在上海设立了投资性公司----威可楷（中国）投资有限公司，用以统括YKK在中国设立的所有事业公司。

YKK AP品牌门窗早年为上海国贸中心、瑞金大厦、八百伴、力宝广场等上海一批知名建筑配套。如今随着中国经济的腾飞，人民生活水平和住宅产业水平的飞速提高，YKK AP积极响应国家环保要求，生产节能减排的产品，为汤臣湖庭花园、好世鹿鸣苑以及外滩标志性建筑上海大厦的修复工程提供门窗产品。YKK门窗产品根据中国南北地区不同的气候特点专门研制开发了铝合金门窗、塑钢门窗、断桥铝合金门窗等大类，为中国的城市商务楼及普通百姓住宅提供节能减排的优质产品。

2010年，YKK最早在上海设立的上海吉田拉链有限公司迎来了一件大喜事，该厂继闵行工厂之后位于浦东临港的分厂正式开业了。公司严格按照中国国家环保行业要求，在上海市政府的倡导之下，在环保、排放等方面投入巨额资金，通过包括废水废气处理、固废处置、绿色外墙、节能隔热百叶窗和中水回用等一系列高科技化手段，打造出了一个名副其实的"绿色科技厂区"。此外，工厂的废水处理标准更高于政府及法律要求，通过实现水资源循环利用，节约和降低水处理费用及生产成本开展清洁生产活动实现了经济发展和环境保护的双赢。在厂房建设方面也遵循节能环保原则，厂房外墙面使用了共计14,000平方米环保型绿色外墙砖，将有效利用太阳光，通过光触媒作用所产生的活性氧对大气中的有害物质进行分解净化，产生相当于980棵白杨树净化空气的效果。

YKK在中国的事业发展顺畅，使得公司领导坚信，企业的发展离不开当地政府的积极支持，而作为一家时刻抱有社会责任感的企业，也应对社会做出贡献。YKK中国集团一直注重履行社会责任，通过捐资捐物、义务植树、慰问贫困学校等方式来进行实践。为表彰YKK中国集团对社会所作出的社会责任方面的贡献，浦东新区特授予统括公司YKK（中国）投资有限公司"社会责任达标企业"称号。这正符合了YKK企业精神"善之巡环"所倡导的不为他人作出贡献，则企业自身也不能繁荣发展的中心思想。

YKK衷心希望通过对发斯宁事业和建材事业孜孜不倦的追求为提高中国服装箱包质量和改善办公住宅环境作出贡献。

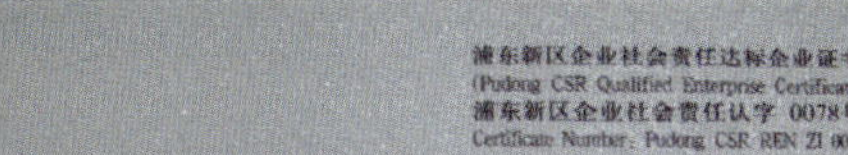

浦东新区企业社会责任达标企业证书
(Pudong CSR Qualified Enterprise Certificate)
浦东新区企业社会责任认字 0078号
Certificate Number: Pudong CSR REN ZI 0078

威可楷(中国)投资有限公司：

根据上海市浦东新区人民政府关于《浦东新区推进企业履行社会责任的若干意见》，经评估，确认贵公司为浦东新区企业社会责任达标企业。

According to the "Measures of Promoting Enterprises to Fulfill Social Responsibility of Pudong New Area" issued by Shanghai Pudong New Area People's Government, You have been certificated as the CSR Qualified Enterprise of Pudong New Area after evaluation.

浦东新区建立企业社会责任体系联席会议办公室
二〇〇九年七月
Pudong Joint-Conference Office of Corporate Social Responsibility
July, 2009

威可楷(中国)投资有限公司
YKK(CHINA)INVESTMENT CO.,LTD
地址:上海浦东新区陆家嘴环路1000号汇丰大厦25楼 邮编:200120
电话:021-6841-2400 传真: 021-6841-3500

上海吉田拉链有限公司
SHANGHAI YKK ZIPPER CO.,LTD
地址:上海市淮海中路1010号嘉华中心23楼 邮编:200031
电话:021-5403-8181 传真:021-5405-1881

威可楷爱普(上海)门窗系统有限公司
YKK AP(ShangHai)CO.,LTD
地址:上海市辛耕路133号永新城3楼 邮编:200032
电话:021-3368-6622 传真:021-3368-6008

威可楷发斯宁辅料国际贸易(上海)有限公司
YKK FASTENING PRODUCTS SALES(ShangHai)CO.,LTD
地址:上海市娄山关路83号新虹桥中心大厦25楼 邮编:200336
电话:021-6236-9292 传真:021-6236-9068

上海YKK国际贸易有限公司
地址:上海市外高桥保税区华申路27号B1栋5F 邮编:200131
电话:021-5866-1515
传真:021-5866-2525

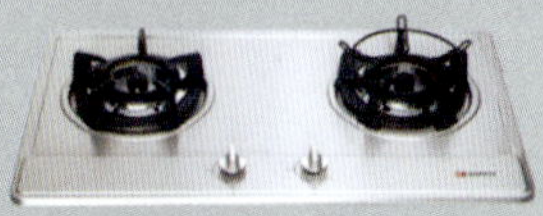

JBC 上海加华 上海加華商務廣場 SHANGHAI JIAHUA BUSINESS PLAZA

庭院式涉外办公楼

WWW.JBCSH.COM

虹桥开发区
中山西路
凯旋路
长宁新天地
淮海西路
交通大学
番禺路
虹桥路
徐家汇商圈
JBC 加华

优雅的办公环境

JBC沪上首家庭院式商务办公楼,内设有庭院式咖啡吧，别具一格的盆栽,一流的商务会馆和品位高雅的中西文化走廊，多个喷泉流水造景，幽雅清静，绿色宜人。

房型有20--2300平方米多种形式，内部装潢豪华讲究，也可根据客户的要求进行自由分隔和装修，且还有100多个停车位等多种配套设施。

优越的地理位置

位于虹桥路(淮海西路口)，东靠徐家汇黄金商圈，西邻虹桥开发区。轨道3、4、10号线虹桥路站。内环高架吴中路上下口，十多条公交线路都近在咫尺。两旁高档住宅区、大型酒店、宾馆、休闲娱乐中心……

优化的性价组合

临近徐家汇商业中心，地段优越，价格仅徐家汇商务楼宇一半，出租率常年保持在95%以上，充分证明了本广场卓越的品质和良好的企业形象。

虹桥路沿街商铺245㎡；办公房1000㎡上下层一套、450㎡一套、20-160㎡多套到期可租，欢迎参观洽谈！

地址:上海市徐汇区虹桥路808号（近淮海西路）
电话：021-64868888 / 64479999　**传真**：021-64078989
E-mail:info@jbcsh.com

“空间188”创意产业园

www.space188.com

联系地址：东江湾路188号
联系人：黄诚
联系电话：56718888

“空间188”创意产业集聚区是上海市经济委员会第二批授牌的创意产业园区。位于东江湾路188号，在虹口足球场南面300米处，东面是四川北路商业街，南面是多伦路文化街，轻轨3号线和即将开通得M8线都可以到达，公交路线多达十几条，在园区门口即可换车，是一个交通便利，文化底蕴深厚，商业氛围浓重的风水宝地。

本园区的前身是生产继电器的上海无线电八厂,现属于上海仪电控股（集团）公司。这次,由上海仪电控股（集团）公司提供场地，加拿大南海岸国际投资有限公司出资设计改造，打造成创意产业园区。园区分为前庭和后庭两部份，共占地面积二十亩，建筑面积30000平方米。前庭由多栋宽敞明亮的厂房组成，后庭为四、五幢建于上世纪三十年代的老洋房。经过改建以后，我们会将洋房的历史文化底蕴和厂房的空间通透感有机结合起来，将洋房的精巧雅致和厂房的开阔大气相结合，再配以100米左右的街面长廊，将打造出一个由明显建筑风格和特色的“空间188”创意产业园区。

目前，本园区已与虹口区政府合作将园区定位为“上海市数字媒体产业园”，主要招租对象是以TMT数字新媒体为核心产业的整体产业链的相关企业。将从事数字电视内容制作、网络运营、数据传播、终端接收设备及研发相关科技支持的公司集聚起来，形成一个真正的TMT产业王国。

裕群自动化机械（上海）有限公司

Abundant Community Automation Machine (Shanghai)Co., Ltd.

本公司本着有企业文化，追求新知，并不断改良设备，以最新最佳的品质呈现给工商企业界，并能以最优质的效率，提升产业的发展及进步。减少人力资源浪费，而达到安全又有效率的境界，更企盼企业界能够继续爱护，支持，并在齐心努力下开创新契机。以正直、努力、勤简的工作作风，努力帮助客户生产最好的产品实现更理想的工业产品自动化，保证产品性能状态最优化，努力得取客户认同，发现创新。

裕群水平循环生产测试线，运行平稳，专为电子工业设备，电子制造工厂提供，有良好的运行速度，提供节电装置。

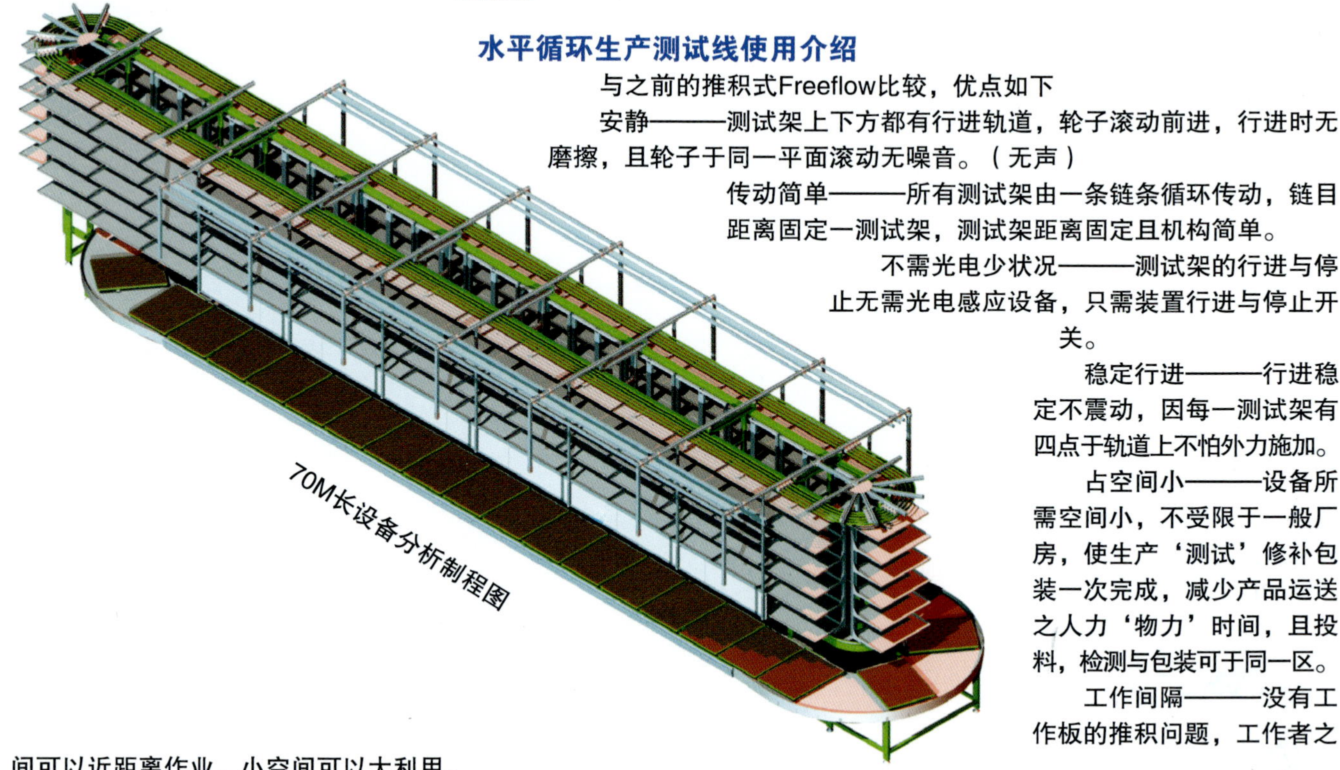

水平循环生产测试线使用介绍

与之前的推积式Freeflow比较，优点如下

安静———测试架上下方都有行进轨道，轮子滚动前进，行进时无磨擦，且轮子于同一平面滚动无噪音。（无声）

传动简单———所有测试架由一条链条循环传动，链目距离固定一测试架，测试架距离固定且机构简单。

不需光电少状况———测试架的行进与停止无需光电感应设备，只需装置行进与停止开关。

稳定行进———行进稳定不震动，因每一测试架有四点于轨道上不怕外力施加。

占空间小———设备所需空间小，不受限于一般厂房，使生产‘测试’修补包装一次完成，减少产品运送之人力‘物力’时间，且投料，检测与包装可于同一区。

工作间隔———没有工作板的推积问题，工作者之间可以近距离作业，小空间可以大利用。

无停止的效益损失———不需要停止机构，在作业员的工作时间， 并不停止，有效而强迫的要求作业者在时限内完成，使生产稳定控制。

成本低———因为是以传统的传动方式，减少了许多电控的设备零件，如：停止机构，光电开关，大大的减少设备的成本及日常的维护成本，故障率也远低其它同类型设备。

70M长设备分析

进出测试线前后之作业人员，以635mm为间隔，共可放置各100名，共200名作业人员，请参照制程图。

测试线台车可置笔记型计算机共1312台。

以70M售价约在18万美金（详细估价需以实际使用配件为主，此价只供参考）

使用介绍

主机体，区分为测试线及生产线，而测试线位于生产线上方而于生产线行进方向相反。（例如：生产线若为顺时针方向，则测试线则为逆时针方向）

于投入端，设置捡料区，直接备齐一件完成品进入测试线时，所需材料，并置于生产线台车上，由 生产工作人员取用，台车板台标准尺寸600mm*800mm。

工作人员于生产线，依组装测试需求排列，遇产品自行运作时间，则拉开人员间隔。

生产过程中，使用的治具，可由测试线及生产 线之间的回收皮带输送机回收到前端作业员处，或于生产线下方，加设一条皮带输送机，直接送至另一侧给其作业员使用。

主机体后侧，左右各一名放置及取出测试物品人员。

生产过程中，所需仪器，均可轻易设置放置架，不论是挂于SOP 操作说明板架，或横隔于生产线台车上方的跨桥，或吊于工具轨道上。

生产过程中，可于必须使用电源处，任意取段放置集电轨，以供应所需电源。

生产线台车上，均有插座，行进至有电轨处立即供电。

本公司还另生产皮带输送机，大型TV生产线等相关产品，望有所相关需要单位来电或前来洽谈！

地址：上海市松江区车墩镇北闵路27号 邮编：201611 电话：021-57602551 传真：021-57601185

发展安全 专注取证 坚如磐石

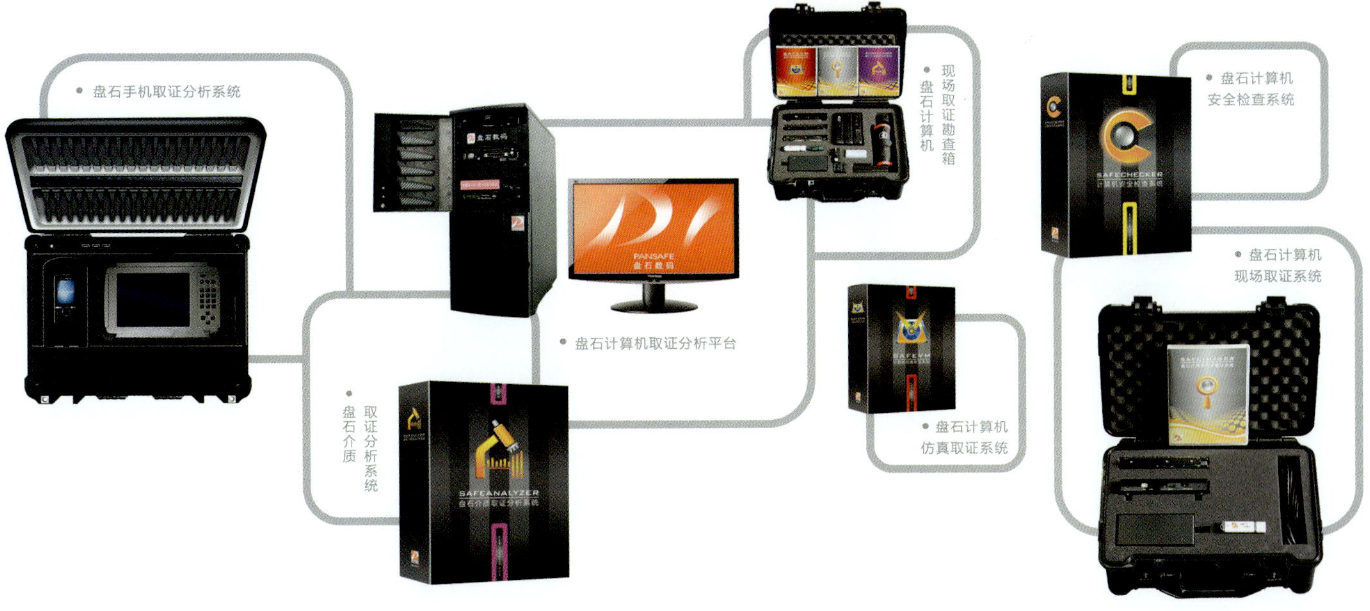

公司简介

上海盘石数码信息技术有限公司成立于2002 年，从2004 年4 月起，专注于计算机、手机、PDA等电子设备的取证软、硬件产品开发与技术服务，是中国最早在此领域投入完全自主研发的企业，目前已经推出了Safe系列电子取证产品及解决方案，产品处于国内领先、国际同步阶段。截至2009年底，产品已经部署到全国所有省份（包含香港特别行政区），2010年正在积极推进到东南亚、非洲市场。近几年来盘石公司组织了数十场针对公安部、国家安全部等全国性、或区域性人员技术培训，推动了整个行业的持续发展，协助破获了几十起涉及电子证据的重大案件，如政治、色情、赌博、知识产权纠纷等，多起案件在中央电视台、东方卫视等媒体作了专题报道，参与的部分案件成为公安部11局年度精品案件。公司承建了公安部、北京、上海、湖北、安徽、浙江、云南等十几个省市公安厅（局）电子物证鉴定实验室。。

2010年，公司与沪上两所名牌大学-上海交通大学、华东政法学院达成合作意向，成为两所大学的教学实习基地，为学生提供修读实践课程提供方便，并和两所大学在电子取证学术研究领域展开合作。

目前公司资质包括：
2005年，上海市软件企业（上海信息委认定）
2007年，计算机司法鉴定资质（上海市司法局、司法部认定，全国通用）提供面向社会的计算机司法鉴定服务。
2009年，上海市高新技术企业（上海市科委认定）。

服务范围列表

刑事诉讼、民事诉讼、行政执法、财务审计、公司调查、保险行业、知识产权保护等案件中涉及计算机、手机等电子数据司法鉴定。

1. 符合中国物证鉴定法律与相关技术规范的专业化鉴定机构
2. 接受公检法系统、律师事务所、企业与个人的委托，提供电子数据司法鉴定与调查服务
3. 出具司法鉴定意见书，提供出庭质询服务

上海盘石数码信息技术有限公司

地址：上海市中江路879号
天地软件园19号楼4楼
电话：021-52658848
传真：021-56809766
邮件：tech@pansafe.com
网址：http://www.pansafe.com
论坛：www.pansafe.com/forum

上海汽车信息产业投资有限公司

上海汽车信息产业投资有限公司（SAIS），由上海汽车工业（集团）总公司于2000年投资成立，注册资金1亿元人民币，是一家投身汽车制造业的信息技术与服务公司。公司向顾客提供发展战略、解决方案及相关服务。2009年公司销售收入超过1.5亿元人民币。

公司致力于通过自身的资源、智慧、丰富的行业背景和专家技术为快速发展的国内汽车行业提供高质量专业化的IT技术支持和服务，同时积极开拓业外市场，2009年在其它行业销售收入占31%的比重。

公司帮助客户处理全球经济飞速发展下出现的业务和技术问题。主要业务范围包括业务咨询、产品生命周期管理（PLM）、企业管理与应用解决方案（SAP/QAD）、电子商务实施（采购平台、配件交易平台）、智能化布线以及系统运行、汽车后市场解决方案（DMS、CRM）、围绕汽车用户的通讯服务Telematics等。公司拥有众多国内外合作伙伴，帮助客户推动企业发展、抓住机遇，在激烈的市场竞争中取得领先地位。

上海汽车信息产业投资有限公司战略目标：巩固成熟业务，突出重点，持续推进产业信息化，成为一流的汽车及制造业IT服务供应商；培育新兴项目，围绕汽车，加快实现信息产业化，成为汽车电子信息产品和服务的专业提供商。

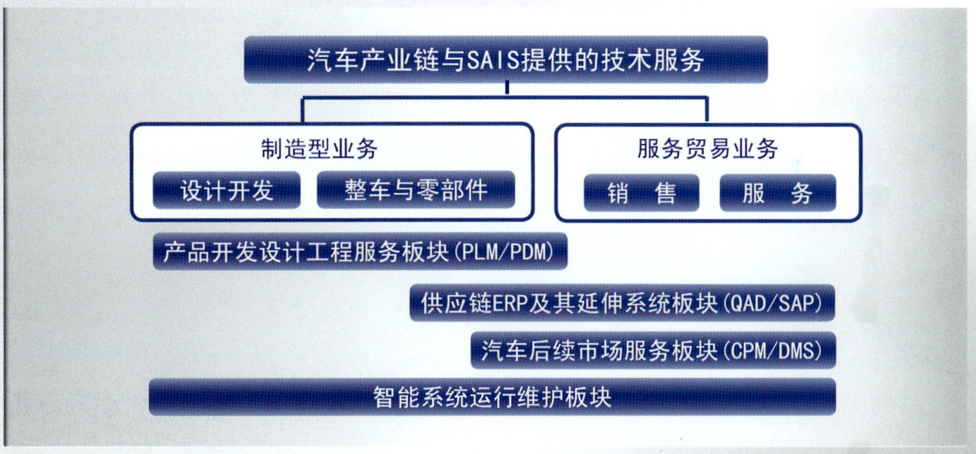

产品开发设计工程服务板块

为企业产品设计开发提供：计算机辅助、研发的项目管理、数据管理和工程技术服务，针对市场客户需要进行产品设计，缩短“产品设计—试制试验—小批量生产—大批量生产—推向市场”的周期，提高设计效率，在整个汽车供应链上的协同开发，加快整车上市时间。

ERP供应链及其延伸系统板块

为以企业资源规划ERP为主的企业管理信息提供系统解决方案及其延伸业务，如质量管理、制造执行管理、定制开发、以及应用托管服务等。

汽车后续市场服务板块

规划集团统一的消费型服务数据平台，以信息技术引导汽车服务版块的业务规划，形成完整的客户价值链经营管理；运用信息技术为汽车销售、服务等渠道管理提供支持。

智能系统运行维护板块

提供建筑智能化系统和信息平台架构的设计、实施、管理和运营维护；提供智能化制造系统的设计、实施和运营维护。

汽车电子信息系统板块

紧密围绕汽车驾乘人员日常驾乘行为方式，开发先进、适用并且具有价格竞争力的车载电子产品的自有品牌，满足其在日常出行过程中的各种需求，提供便捷、易用、稳定的各类相关信息和增值服务。

上海港汇房地产开发有限公司

港汇广场(Grand Gateway)是由香港恒隆集团主要投资及管理，总面积40余万平方米，总投资55亿人民币。由国际化购物中心、甲级双塔型写字楼、高档涉外酒店式公寓共同组合的大型综合性商业地产，坐落于华山路、虹桥路侧交界处，地铁一号、九号、十一号三条轨交线环拥，俯瞰上海徐家汇商业中心。

港汇广场购物中心正门处2,500平方米的外广场，设有39级大台阶和6层阶梯灯光喷水池组。商场内采用直径达45.6米、支座标高35米的中庭巨大玻璃采光穹顶，加之中庭两翼跨越整个商场的玻璃采光顶。商场内94部升降梯和手扶梯及1,400个地下停车位为消费者购物提供了方便。商场共有地上六层和地下一层的七个营业层面，分为7万余m^2的营业面积和6万m^2的公共区域，设置了15000m^2的港汇新翼、5000m^2的港汇五楼美食广场、露天美食内街、精品超市、国家五星级电影院、数码世界等多个主题性区域，专营店品类涵盖了男女服饰、包袋、鞋履、餐饮、化妆品、手表、珠宝、儿童乐园、书店等百余项品类。港汇广场通过优化自身业态，已引入了Emporio Armani、Burberry、Kenzo、Ermenegildo Zegna、Max Mara、Bally近三十个国际品牌，向大众传递一种高品质的生活方式与消费理念。

51层、高225米港汇中心双塔写字楼，总建筑面积达13.4万平方米，每座塔楼分别设置16部电梯，内部装修完全依照国际A级办公楼装修标准，拥有最先进的设施和优越的办公条件。adidas、OMNICOM等世界500强或世界著名企业入驻办公。港汇广场服务式公寓，包括港汇花园一座(RT1)、二座(RT2)及港汇服务式公寓(SA)三栋建筑，总建筑面积达8.5万平方米，拥有635套单元可供出租、配备有高级私家会所及其屋顶游泳池、网球场、花园，为住户提供高品质的居住环境及专业服务，是上海最具规模的外籍人士服务式公寓。

港汇广场以气势雄伟的外观、不断推陈出新的创意与优质的服务保证，已成为上海市21世纪的一个地标性建筑！

上海港汇房地产开发有限公司
上海虹桥路1号
电话：+86(21)64070111转173
传真：+86(21)64072800
网址：www.grandgateway.com

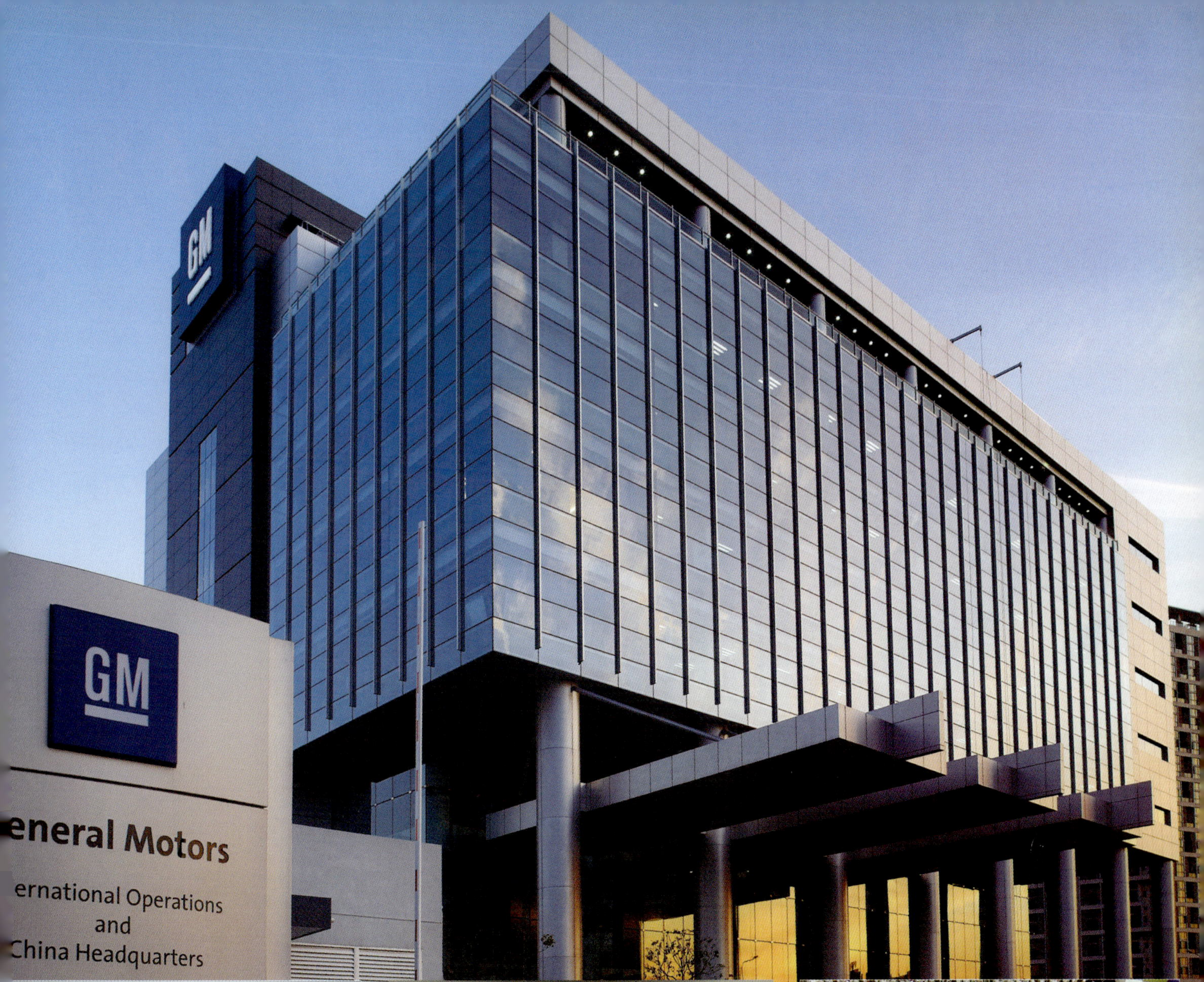

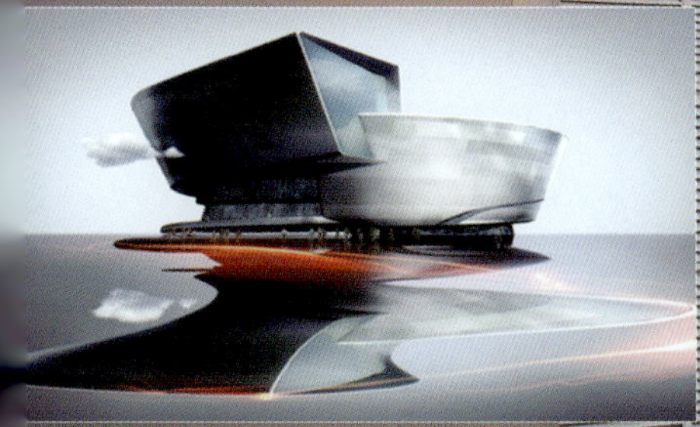

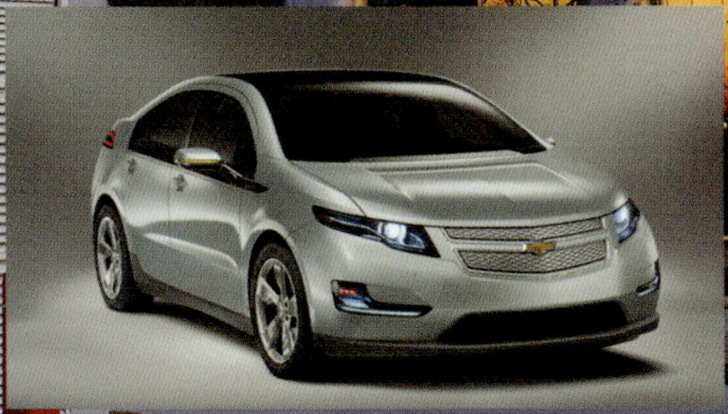

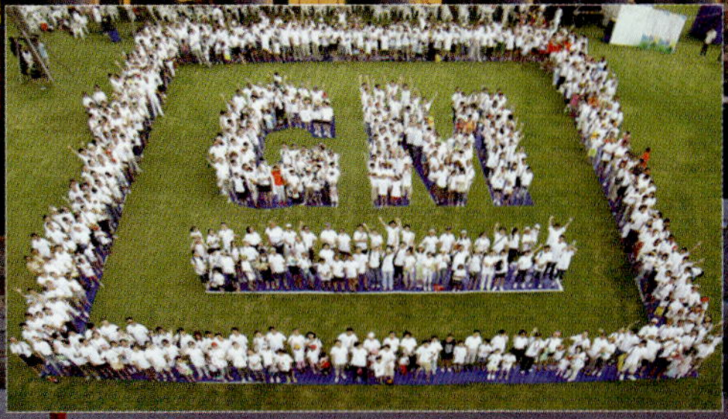

2010年上海世博会汽车全球合作伙伴联合成员

t Member of Global Automobile Partner of Expo 2010 Shanghai China

通用汽车（中国）投资有限公司是通用汽车公司在上海建立的独资企业，也是通用汽车公司在中国的合资企业的投资方。通用汽车中国园区位于上海浦东新区金桥出口加工区，国际运营部及中国总部等在华运营和业务机构坐落于此。

通用汽车在华建立了10家合资企业和2家全资子公司，分别进口、生产和销售别克、雪佛兰、凯迪拉克、欧宝、五菱、解放等品牌的系列产品，所提供的产品系列之丰富位居所有在华跨国汽车企业之首，涵盖中高档轿车、多功能旅行车、紧凑型轿车、微型车和轻型卡车等。2009年通用汽车销售创历史新高，销售量共计1,826,424辆，同比增长66.9%，连续5年在中国市场领先于其他跨国汽车制造商。通用汽车公司及其在华合作伙伴上汽集团是中国2010年上海世博会全球汽车联合合作伙伴。

通用汽车通过不断推出高品质、前瞻性设计、燃油经济性更佳的新产品，积极履行以消费者为核心的全新公司战略。通用汽车在华的发展愿景是：携手战略合作伙伴，致力于成为中国汽车工业的最佳参与者和支持者；通用汽车一直秉持着：立足中国、携手中国、用心中国的理念，希望能成为中国汽车产业前进和发展的推动者和积极力量，能为中国的发展做出力所能及的贡献，合作双赢，共同发展。

通用汽车始终将自己视为本地社会的一员企业公民，积极履行企业公民的社会责任，致力于与中国人民共建更安全、更清洁、更健康的家园。

米　顿　罗
MILTON ROY
世界上第一台计量泵的发明者

胜　达　因
Sundyne
世界上第一台磁力泵的发明者

米顿罗于1936年发明世界上第一台计量泵，胜达因HMD公司于1946年发明世界上第一台无泄漏磁力泵。从此，它们在全世界范围内始终保持技术领先并成为行业应用的开拓先锋，产品广泛应用于石化、化工、石油/天然气、水处理、发电、纸浆造纸、制药、食品等行业。

米顿罗与胜达因的母公司美国汉胜公司在中国设立的独资企业——汉胜工业设备（上海）有限公司负责米顿罗与胜达因在中国及亚太地区的产品生产、销售与技术服务，同时也是两个品牌全球采购与产品研发的一个重要基地。

汉胜与世界著名的开利空调、奥的斯电梯、普惠发动机、西科斯基飞机等同属世界500强的美国联合技术公司。

米顿罗与胜达因产品在中国各行业的安装使用已超过30万台。拥有绝对的市场占有率、完善的技术支持及售后服务体系，汉胜工业（上海）已经成为各种工业过程流体输送设备的首选供应商之一。

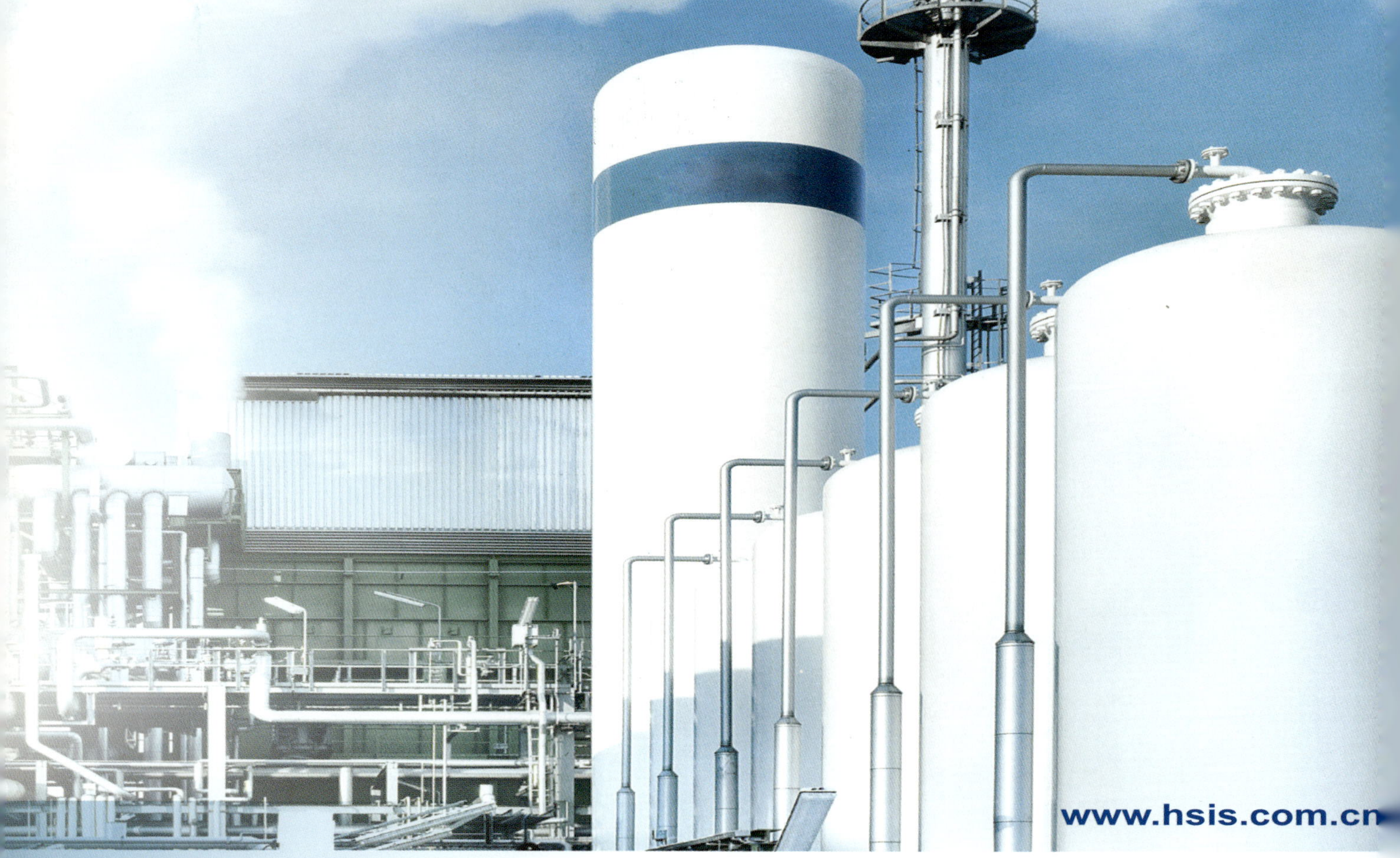

地址：上海市莘庄工业区申富路879号1栋
电话：021–61211600　　传真：021–54425266

北京：010–59070641　　成都：028–86199340
广州：020–38912408　　西安：029–87208269

Hamilton Sundstrand
A United Technologies Company
汉胜工业设备(上海)有限公司

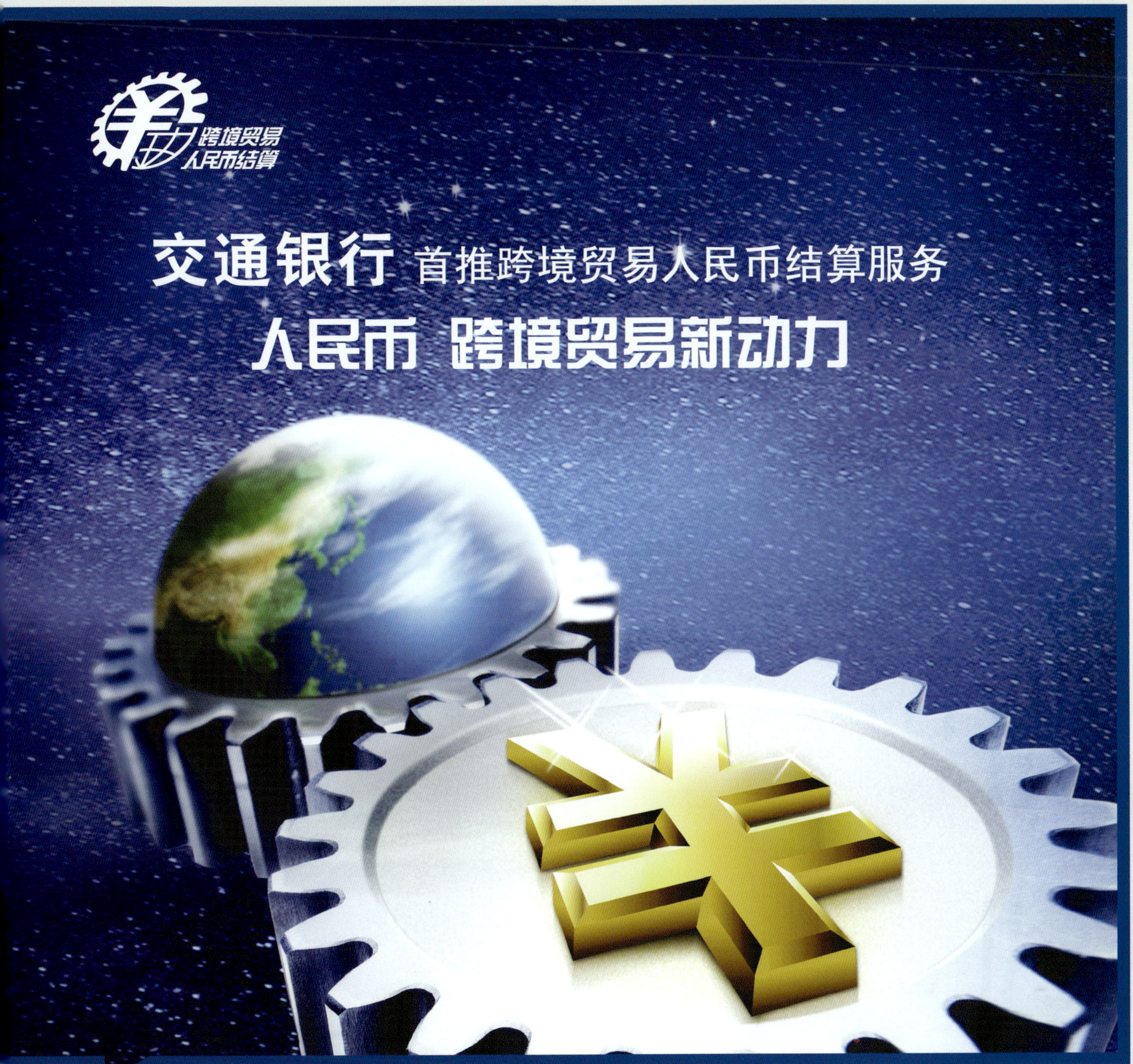
跨境贸易
人民币结算
交通银行 首推跨境贸易人民币结算服务
人民币 跨境贸易新动力

上海斯迪尔电子交易市场

上海斯迪尔电子交易市场是通过“上海钢材网”作为交易平台，依托自主研发的现货电子超市、中远期订货、代订货、进出口平台以及资讯、资金、物流三大服务产品，为钢材相关企业及贸易商提供现货买卖、信息资讯、物流配送等服务。上海斯迪尔电子交易市场主要交易类型是现货电子超市、中远期订货(电子盘)，交易品种主要是螺纹钢。

市场总裁卢胜波先生曾经担任宝钢国贸主管钢材经营的副总经理，是沪上著名的钢贸销售和经营管理专家。在成功的把宝钢先进管理方法及国企文化运用到民企后，目前斯迪尔现货电子超市在电子商务技术的应用上更为贴切市场需求，也更具操作性。

斯迪尔市场的经营特点是把现货电子超市、中远期交易作为一个系统，贸易商和终端客户在实践中往往会充分发挥现货电子超市与中远期二者互为耦合，互为补充的长处，通过现货和中远期交易两个市场的反向交易达到套期保值和锁定利润的目的，以规避现货价格波动带来的风险。

上海斯迪尔电子交易市场开业六年多来为钢材流通企业，服务贸易商作出了很大的奉献。上海市人大常委会副主任任文燕、时任上海市经委副主任陈海钢及上海市信息委、市建委等部委领导曾多次到斯迪尔电子交易市场来作社会市场调研，为市政府出台电子交易等决策提供信息和有关数据。

尤其是上海斯迪尔现货电子超市自2005年6月推出，成为上海市信息委资金支持项目。2007年被上海市经济委员会经济运行中心和上海市商业信息中心评为“信息工作先进单位”；2008年被评为上海市“品牌产品”；2009年1月15日通过了由上海市经济和信息化委员会组成的专家组的验收。

地址：上海中山北一路1230号柏树大厦B区4楼

邮编：200437

总机：021-65615911

百联集团置业有限公司

百联集团置业有限公司于2005年7月由百联集团房产置业事业部转制而成立，由原一百集团、华联集团、友谊集团和物资集团的房地产开发企业、物业管理企业、房屋租赁企业通过整合归并组建形成。公司注册资金2.68亿元，经营范围为房地产开发、经营、租赁、置换、咨询服务、物业管理、建筑、装饰材料的销售等。

百联集团置业有限公司是由百联集团投资的国有独资企业，公司成立初期就提出了“建成具有一流商业房地产开发能力和一流商业物业经营管理水平的企业”，成为集团房地资源管理中心和房地资产运作平台，为百联集团发展战略发挥支撑作用的战略目标。

五年来，公司坚持专业化分工，市场化运作，集约化经营，基本完成资产、业态、人员的整合，确定了“一条发展主线”（积极慎重推进商业房地产开发）、推进“三项业务”（以物业管理、租赁经营和市场经营为主要业务）的发展态势，形成了“一司一业”的经营格局。2009年实现主营业务4.8亿元，利润总额1.2亿元。2007年度荣获“中国商业地产最佳运营机构”称号，2008年度荣获“上海市房地产开发企业诚信承诺先进单位”称号。

IPS
环迅支付
环迅支付
十周年
IPS

上海浦东汉威阀门有限公司创建于1992年，座落在上海经济最具活力的浦东新区，毗邻上海浦东国际机场，地铁二号线旁，交通十分便利。公司前身是的上海汉威特种阀门制造有限公司。2007年、2009年上海市高新技术企业，2009年上海市小巨人企业。

本公司特别注重产品的创新，拥有专业的技术开发部门——汉威阀门研发中心。包括七个部门，分别为：技术开发室、产品开发室、工艺开发研究室、试制试验室、技术测试室、技术档案室、统计核算科。研发中心共有专职研发人员28名，86%为大专以上学历，素质好，技术水平高。既有一些几十年从事阀门设计制造、经验丰富的老专家，有一批掌握现代设计技能、机械、液压、电子、仪表和自动控制等多学科的年轻工程师，还配备有长期从事阀门加工制造的高等级技术工人，构成了一支老中青相结合，结构合理的梯形团队。是国内外具有很强的设计开发和科研与生产相结合的阀门制造企业。

公司拥有先进的数控加工中心、数控机床及金加工和切削加工设备；全自动埋弧焊机、气体保护焊机等焊接设备；先进的理化、无损检测、光谱分析、材料力学性能试验、光学硬度计、超声波测厚仪、热处理设备；拥有先进的阀门综合性能测试、寿命试验装置和设备，同时具有一整套先进而完善的质量控制体系以及完善的质量保证体系，具备ISO9001、ISO龄前14000、OHSE 18000、API、CE/PED和TS质量体系认证以及API607、API 6FA、PDO等国际、国家及区域性认证。

本公司拥有多项自主知识产权的高新技术专利产品：大型石化装置和生物工程上应用的模拟移动床吸附分离器和色谱分离装置的24通旋转阀以及全焊接区域供热专用球阀等专利产品是汉威公司的标志性高新技术产品。公司的主导特色产品有：API 6D高性能管线球阀、高性能止回阀和高性能蝶阀；特种阀门：放料阀、插板阀（刀形闸阀）、角阀等；常规的通用阀：闸阀、截止阀、止回阀等。产品尺寸范围：3/8″~116″（DN10~DN2900）；压力等级范围：ASME/ANSI Class150~2500Lb（PN0.25~42.0Mpa）；材料可提供铸造或锻造的各种碳钢、合金钢、不锈钢以及双相不锈钢、钛合金、镍基合金等特殊材料；产品的工作温度范围可满足-196℃~+700℃。产品广泛应用在石油、天然气输送管线以及炼油、化工、电厂、城建、水处理等诸多领域，产品完全符合ASME、ANSI、API、GB、DIN和BS标准，80%以上的产品出口欧美、中东、中亚、日本和东南亚等国家和地区。

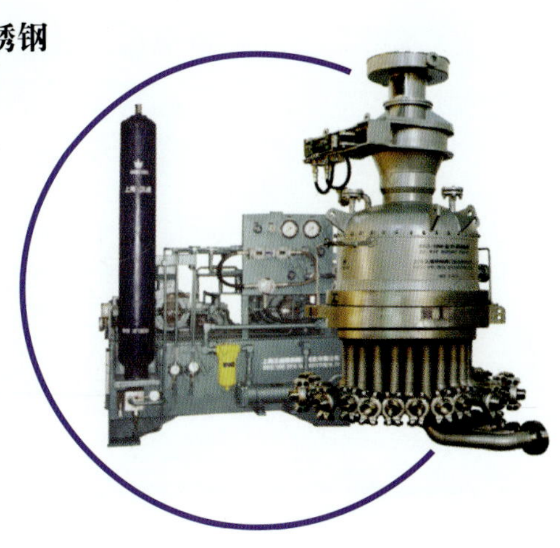

上海浦东汉威阀门有限公司
Shanghai Pudong Hanwei Valve Co., Ltd.
Tel:(0086) 021-68783961　　Fax:(0086) 021-68783962

得才

艺康中国 – 全球领先的“食医住行”风险管理专家

关于艺康：

艺康集团（Ecolab Inc）是全球清洁、消毒、食品安全和预防感染领域的开拓者和领导者，为餐饮服务、食品饮料加工、医疗保健和酒店宾馆等行业提供全方位的整体解决方案和服务。服务遍及全球160多个国家和地区。集团全球年销售收入约60亿美元，雇员超过26000人，为《财富》杂志500强企业之一，纽约证券交易所上市代号为ECL。

艺康中国自1987年于上海设厂运营，至今已有二十余年服务中国市场的丰富经验，总部设于上海，拥有数个生产基地，公司业务覆盖全国，为全中国饮食服务行业、宾馆酒店、饮料、酿酒、乳品、食品及肉禽加工、零售及商业设施与医疗保健等行业的成千上万个集团客户提供全方位解决方案与卓越品质的服务。

强化公众的“食医住行”风险保障

艺康是一家具有高度社会责任感的企业，一贯地致力于通过更清洁、更安全、更健康、更有效率与更可持续发展的运营和解决方案强化公众的“食医住行”风险保障。在全球各地的食品饮料加工工厂、餐厅、酒店、医疗机构、制药与医疗器械工厂、超市零售、学校、大型会议中心、机场等场所、和餐桌上的各类食品饮料，公众都可享受到艺康全方位解决方案的保护。这种无处不在的食医住行风险管理，每时每刻在改善着大众的生活品质、保障公众的健康。

成绩卓著的“食医住行”风险管理专家

作为全球领先的“食医住行”风险管理专家，艺康中国在各个领域都取得了卓越的成就：

清洁消毒：

- 是公认的清洁消毒专家，全球领先的全方位保护得到市场的高度认可。
- 协助政府部门制定卫生标准，支持政府推动清洁消毒标准与操作规范。
- 卫生部的特殊研究，如肉类加工工厂的卫生标准、冷链运输车卫生操作规范等。

食品安全：

- 是公认的食品安全专家，创新的的全方位食品安全解决方案不仅得到市场的高度认可并大幅提升食品安全保障。
- 成功地保障2008年北京奥运会食品安全，奥运餐桌食品160余万份，食品原材料近5000车次，无一例食品安全异常。
- 为2010世博会美国馆、澳大利亚馆、巴西馆等多个场馆提供全方位清洁消毒、食品安全解决方案及服务。
- 与商务部下的独立法人权威认证机构中食恒信（北京）质量认证中心（FQCC）在北京正式签署了合作协议，合力推动HACCP认证在中国的广泛应用，正式将中国的食品卫生安全提到了国际领先的水准。
- 推出全方位食品安全解决方案，强化相关行业的食品安全风险管理。帮助客户在每一个经营场所内通过更好、更一致的食品安全控制从而保护其品牌。
- 把全球领先的食品安全管理经验——SERVSAFE®食品安全项目带入中国，为中国培养国际化的食品安全人才。

预防感染：

- 艺康积极支持“预防胜于治疗”的理念，通过采取积极主动的预防措施，善用社会医疗资源，把受疾病感染的风险降至最低。
- 艺康创建了『360度预防院内感染解决方案』控制体系，有效降低院内感染的风险，最大保障病患和医务人员安全，节省医疗资源，创建优质医疗环境。
- 是公认的预防感染专家，创新的的预防感染解决方案不仅得到市场的高度认可并大幅提升预防感染保障。

可持续发展：

- 是公认的具有高度社会责任感的企业，积极推动关注“整体效果”（能源、安全、水与废物）的艺康可持续发展方案来实现我们“创建一个更清洁、更安全、更健康世界”的远景。
- 从为数众多的中国企业中脱颖而出，荣登《经济观察报》最佳低碳企业前50名。
- 在中国推出多项全球领先的可持续发展方案，如革命性的Ensure商用低温环保洗衣方案。该解决方案通过降低主洗温度、环境友善的配方帮助洗衣行业及宾馆酒店业大幅减少能源消耗，提高清洗效率，降低对环境的影响，从而达到可持续发展。

伴随中国经济的高速发展和新《食品安全法》的实施，中国的清洁消毒与食品安全市场需求迅速攀升，根据集团的全球发展战略，艺康中国将成为与北美和欧洲比肩的三大业务重心。2009年，艺康斥资2亿余人民币于上海浦东成立艺康（中国）投资有限公司，全面支持中国在清洁消毒、食品安全、预防感染领域的研发、生产、物流、人才培养及可持续发展赶超国际先进水平。2010年，艺康投资4亿多人民币建设的新生产基地在太仓破土动工，依托长三角的地理及经济优势，带动上下游相关行业的发展。

艺康中国 - 全球领先的“食医住行”风险管理专家，正以实际行动履行让世界更清洁、更安全、更健康、更有效率、更可持续发展的庄严承诺。

上海海亮铜业有限公司

上海海亮铜业有限公司是由浙江海亮股份有限公司与香港海亮铜贸易有限公司合资组建的，位于上海市奉贤区四团镇现代都市工业园内。注册资本1亿美金，建设用地面积约252750平方米，建筑面积为150000平方米。

上海海亮铜业有限公司主要生产空调与制冷设备用无缝铜管（φ4mm～30mm）和热交换器用铜合金无缝管（φ4mm～160mm）。广泛应用于空调制冷、建筑水道、装备制造、汽车工业、电子信息、交通运输、五金机械、电力、海水淡化等行业和领域。

上海海亮铜业有限公司针对铜合金冷凝管和铜合金内螺纹盘管的加工特性，在工艺、装备、模具及新产品研发等方面取得了明显的技术突破，“新型高耐蚀铜合金冷凝管”、“高精度三线拉伸机”等多项技术被授予发明专利和实用新型专利。

由于我公司具有的先进装备和技术优势，实现了冷凝管的高产稳产，已成为我国铜合金冷凝管研发生产的龙头企业和加工基地，成功开发了sitindustrie（思迪）、SIDEM等国外大客户，是我国铜合金冷凝管最主要的出口制造商。铜合金内螺纹盘管盘管主要应用于空调和制冷行业，产品远销国外如美国、东南亚、中东、欧盟等国家和地区，在国内主要销售给空调和制冷企业的一线品牌，如科龙、海信等。

公司获2007年度奉贤区四团镇十佳模范先进单位；2008年底公司通过了ISO9001、ISO14001、ISO18001三合一体系认证；公司获2008年度四团镇工业经济发展旗；获2007-2008年度奉贤区文明单位，工人先锋号；2008年被区政府授予劳动关系和谐企业；2008年底经过奉贤区科教区领导的同意，成为2008年奉贤区高新技术企业；2009年获奉贤区五一劳动奖状，2009年公司产品获得上海市名牌产品称号，公司被评为奉贤区2009年度安全生产先进单位。此外，2008年公司对上海市慈善事业也给予了关心和支持，捐赠了三万元人民币，并荣获了捐赠证书；公司为四团小学国际跳棋队捐赠两万元；为渔墩村老年春节补贴捐赠两万元；为“蓝天下的挚爱”活动捐赠六万元。2009年捐赠上海市政府基金“蓝天下至爱”3万元，为渔村老人春节补贴捐赠2万元，资助奉贤区四团小学“海亮国际跳棋队”参赛费1.888万元，赠四才小学教师节慰问费1万元，捐赠至五墩村老年重阳节2万元。公司的此类善举，在社会上取得了很大的反响。

上海海亮有限公司2009年公司总人数860人。公司2009年共完成产品产量41400吨，产值为17.9亿元，销售收入为14.6亿元（比08年增长36%），利润为1.03亿元（比08年增长102%），职工2009年人均应发工资2813元，同比2008年上升40%。

盘管生产车间

合金管生产车间

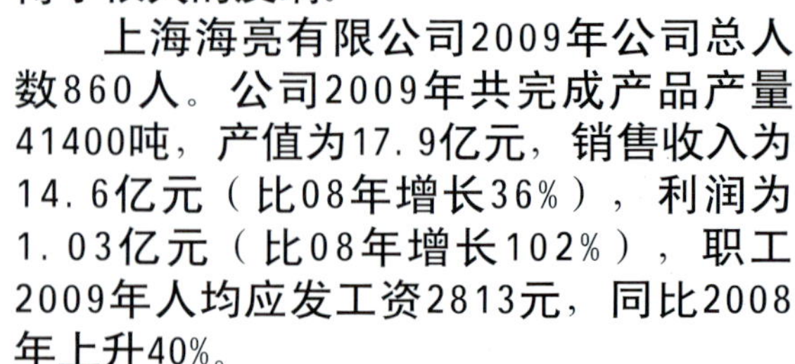

光面管

蚊香管

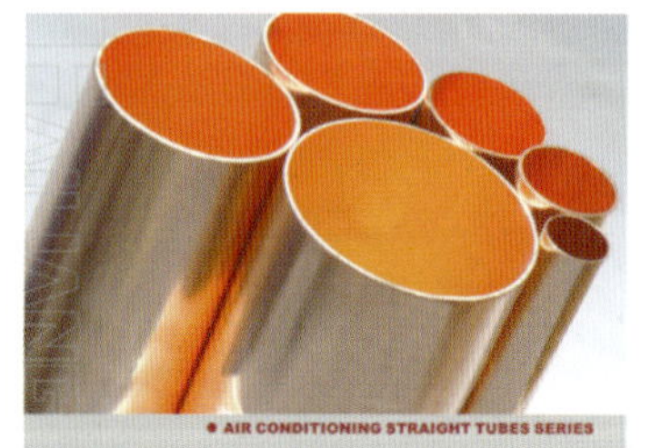

合金管

内螺纹管

上海钢之源

让钢铁生意更好做

发改委领导颁发100万元扶持基金

上海市副市长莅临公司指导

公司会议大厅

上海钢之源电子交易中心有限公司成立于2008年7月，坐落于上海国际钢铁服务中心——钢领，公司由清华大学钢铁研究生班同学共同出资组建而成，得到了清华大学校友会的大力支持，清华钢铁同学会上海办事处落户钢之源，同学会刊物《清园钢铁》亦由钢之源承办。

钢之源以让“钢铁生意更好做”为已任，构筑先进的钢铁电子商务平台，提供全面的信息、交易、结算、物流、融资等专项服务。

股东优势：股东由有理想、有抱负、并致力于改变传统钢铁贸易模式的行业精英组成；

产权优势：全国数家电子交易市场中，目前唯一一家拥有自主产权、自我命名的钢之源大厦；

系统优势：交易系统安全、稳定、高效、便捷，行情系统与钢材期货开盘同步，可以直接查看套利指数；

金融优势：与银行一起为客户提供融资担保等服务；

信息优势：信息准确、及时、专业、权威；

交收优势：科学的交收管理办法，符合现有钢铁贸易的流通模式；

物流优势：轻轻一点，即得到订货、加工、配送的一条龙式服务。

上海意仓工贸有限公司

上海意仓工贸有限公司(以下简称“意仓公司”)是2007年8月批准设立专业从事家用电器的销售、维修、回收的企业。

公司经营范围包括：日用百货、计算机、软件及辅助设备、五金交电、通讯设备、货运代理、家电维修；

公司设有业务部、市场部、物流部、办公室、客服部，各部门规章制度健全、培训到位、各部门职责清晰、协作能力。

公司基本建设情况

(1) 培养了一支专业团队

公司严格实行现代企业管理制度，法人治理结构完善，监督考核机制健全。公司汇集多方有识之士和合作者人力资源优势，打造了一支人员精干、爱岗敬业、求真务实、品学兼优、开拓进取的家电回收处置的专业管理团队。公司还与上海大学等科研院校建立了产、学、研联盟。

(2) 运营服务规范

为全市广大市民提供了持续3年，覆盖全市的专业回收处理服务。运营服务基本实现“六个统一”，即标识、车辆、服装、规范、检测、配送“六统一”。公司设立回收热线，5天内上门回收，拥有专门物流运输车队。市民只需拨打回收热线，便可享受评估、上门回收、运输、无害化处置等一站式服务。

(3) 遍布全市多个回收网络

结合家电“以旧换新”政策，本公司现有网点6个，并将力争覆盖全市18区县。

(4)全过程的信息化管理

公司建立了废旧家电回收利用信息管理系统和相关数据库，实时录入家电回收信息。设立专业网站将废旧家电回收处理的流程，回收指导价格，专业处理技术和市场信息及时发布，打造了废旧家电交易的信息化平台，服务我市的家电回收利用处置产业。

公司总部办公地址:华夏东路2625号　厂房地址:金桥路699号

上海亿通国际股份有限公司
(Shanghai E&P International,INC.)

上海亿通国际股份有限公司(Shanghai E&P International,INC.)是一家以口岸物流信息和电子商务统一平台建设和运营为主的控股型现代物流信息服务企业，是中国大陆口岸物流信息化建设领域的先行者和引领者。

公司成立以来，根据国家口岸管理部门和上海市政府授权，在上海口岸相关政府部门和单位支持下，大力推动上海口岸物流信息资源整合，积极参与上海国际航运中心信息网络建设，并陆续承担了大通关平台、特殊区域联网监管系统、洋山深水港综合信息服务平台、口岸电子支付系统等市级重大项目建设任务，建成了联通包括海关、检验检疫在内的口岸监管单位和外经贸、工商等地方政府相关部门以及国内外主要金融机构的全国最大的地方电子口岸平台，服务网络覆盖上海海港、空港口岸和所有特殊监管区域，并辐射长三角和长江流域，与香港、台湾等泛亚地区的物流信息网络衔接，服务功能贯穿“交易”、“监管”、“物流”、“支付”四大业务环节，开发了一批创新性应用项目，为上海国际航运中心建设和上海航空枢纽建设提供了重要的技术支撑和保障。

亿通公司也发展成为主营业务收入连年高速增长，客户遍及海内外，业务范围涉及现代物流各环节，集口岸物流信息和电子商务平台运营商、软件开发和系统集成商、物流信息及应用服务提供商为一体的全国知名的口岸物流信息服务企业。

作为中国大陆口岸物流信息服务领域的龙头企业，亿通公司取得了众多的荣誉，于2003年被国家信息产业部和人力资源部联合授予“全国信息产业系统先进集体” 称号，2004年被科技部评为“现代物流优秀典型模式”，2007年被人力资源部和中国物流与采购联合会评为 “全国物流行业先进集体”。

亿通公司将紧紧围绕现代物流信息服务产业链，以现代物流公共信息服务平台建设和运营为核心，积极响应长三角、长江流域的物流信息一体化进程，大力拓展跨区域、跨国界、全覆盖的物流信息采集、处理和交换、相关软硬件产品销售和增值服务业务，构建具有高度市场竞争力的现代物流信息服务产业集团。

东方先导糖酒有限公司

东方先导糖酒有限公司是2003年由上海市糖业烟酒（集团）有限公司投资组建，是大型国企光明食品旗下的核心主业板块，注册资金人民币肆亿伍仟万元。公司经过七年发展，在国内率先实现了糖业全产业链经营格局，目前已拥有17家销售企业、3家生产企业、2家加工企业和1家物流企业，同时拥有年产量约30万吨的食糖生产基地、万吨级码头和铁路专用线，构建了覆盖中国十一个省、四个直辖市的多层次的食糖资源、营销、物流和信息网络体系，经营着在全国食糖行业具有广泛知名度的以“玉棠”商标品牌为代表的系列食糖产品。2009年，公司食糖销售量突破141万吨，已占到全国市场消费量的10%以上，成为了国内领先的食糖生产商和国内最大的食糖销售商及民用小包装供应商，经营规模和企业效益在中国糖业界居于领先地位。

东方先导自成立以来，根据烟糖集团糖业产业发展战略目标，积极推进集“资源控制、网络拓展、现代物流、电子商务、期现货经营”五位一体的现代商业模式，已经成为在中国糖业产业界具有一定影响力的综合性产业集团：在资源控制上，通过收购兼并、战略联合等形式，在广西、海南、云南等食糖主产区投资控股了3家食糖生产企业，同时，不断加大投入，建立了合理利益补偿、“保底联动”等多项惠农机制和扶持措施，并推动甘蔗种植技术革新和品种改良，与基地农户建立了稳定的产供关系，产品质量也得到明显提高；在网络拓展上，在全国四大直辖市及四川、山东、江苏等十余个省区都设立了食糖经销公司，并与多家知名的大中型食品制造、加工企业建立了长期合作关系，形成了辐射华东、华北、西南、华南、华中等主要区域的市场网络体系；在物流配送上，构建了覆盖沿海经济带、辐射内地的专业物流体系，现代物流信息平台建设正稳步推进；在品牌建设上，公司经营的“玉棠”系列食糖产品，凭借规格全、质量好等特点，受到了全国消费者的欢迎，在上海及周边地区市场占有率连续多年保持第一，获得了“上海市著名商标”、“上海名牌产品”等殊荣，同时，东方先导也被评为了上海市“农业产业化重点龙头企业”、上海市“三优企业”。

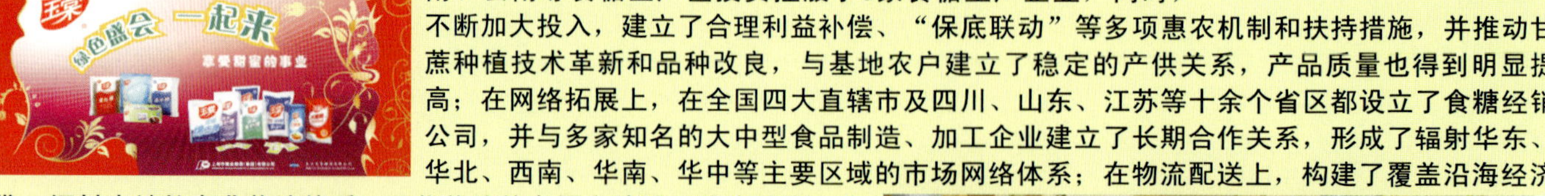

在目前糖业产业发展迈入新阶段之际，公司将坚持“五位一体”的战略发展模式，坚持科技创新和服务至上的发展理念，坚持内涵发展与外延扩张相结合的发展道路，加快调整管控架构、转变经营模式和提升管理水平，进一步充实和完善“资源在产区，管理在上海，销售在全国”的战略架构，提升糖业产业的品牌核心竞争力，探索利用国际资本平台，实现资源布局向海外延伸，努力形成辐射全国、对接海外的产业格局，力争把东方先导建设成为资源丰富、网络完善、模式领先、治理规范、具有全国影响力和国际竞争力的行业龙头企业和精品企业，做大做强我们的甜蜜事业。

小 | 南 | 國 | 集 | 團

WHM GROUP

小南国集团简介

小南国是一家业态横跨中餐正餐、酒店、SPA、甜品、日式快餐和烧烤的餐饮服务集团。旗下品牌包括小南国、小南国花园酒店、满记甜品和麵加等，其中高级中餐连锁是小南国集团的核心产业，已在香港、东京、北京、上海、苏州、南京、大连等城市，拥有大型中餐厅近 30 家。

根据中国烹饪协会与中国商业联合会、
中华商业信息中心联合发布的
《2008 年度中国餐饮百强企业》名单显示，
小南国集团排名第 28 位，
在上海的餐饮企业中排在第 4 位，
是上海民营企业的第一把交椅。

1987 年成立至今，从 4 张小桌起家，发展到全球拥有 1 万名员工和 10 万平方米店铺面积的规模，小南国一路走来都坚持用心为每位顾客烹调最健康的美食。小南国的"用心"不仅仅停留于表面环境的奢华，也不仅仅表现在菜品的精致，最用心的是对食材的选择！一滴水、一粒米里都有大世界，正是因为从这些最基础的细节都用心苛求达到最高品质，才成就了今天的小南国！

小南国集团旗下品牌

上海冈三华大计算机系统有限公司

上海冈三华大计算机系统有限公司是一家主要从事计算机信息技术研发，金融、物流领域内相关产品的开发、推广及整体技术方案提供的高科技企业。

公司总部坐落于上海天地软件园内，是上海市信息化委员会认定的软件企业，已通过ISO9001质量管理体系、ISO27001信息安全管理体系相关认证，目前正在进行CMMI3能力成熟度模型认证，研发办公场地面积约1400余平米。

公司成立于2005年7月，前身为华东师范大学计算中心冈三开发组，从1991年承担冈三情报株式会社委托进行证券金融软件开发开始，至今已有近20年的软件开发经验。

公司成立之初，确立面向日本软件外包开发的企业发展方针，目前已与日本冈三证券、NEC、日本昭和等大型企业建立起了长期稳定的业务关系。2007年开始，公司对发展战略进行了调整，充分依托公司近20年的国外外包服务经验，在进行海外外包服务的同时进行金融、物流领域内相关产品的开发，以扩大公司产品业务范围。

五年来，公司从规模到收益都得到了飞速的发展：

1. 公司由成立初期的仅1个系统开发部、20余人的小型公司发展到拥有1家全资子公司（南通华冈计算机系统有限公司）、1个海外事务所、5个系统开发部，且具备研发、人事、财务、总务、品质、技术支持等职能部门、200余人的中型公司，建立了现代化的企业管理制度。

2. 公司运营良好，营业额提升非常显著。公司营业额由创立初始年度的100余万元飞越到2009年底的2900余万元。

3. 公司技术研发力量雄厚。目前，已拥有金融、物流等相关领域软件著作权8个、软件产品登记1个。

4. 公司先后被上海市相关部门评定为 上海市服务外包重点企业、2009年度上海明星软件企业，并获得2008上海软件出口企业十强称号。

公司已在行业内初步树立起“冈三华大”品牌形象。

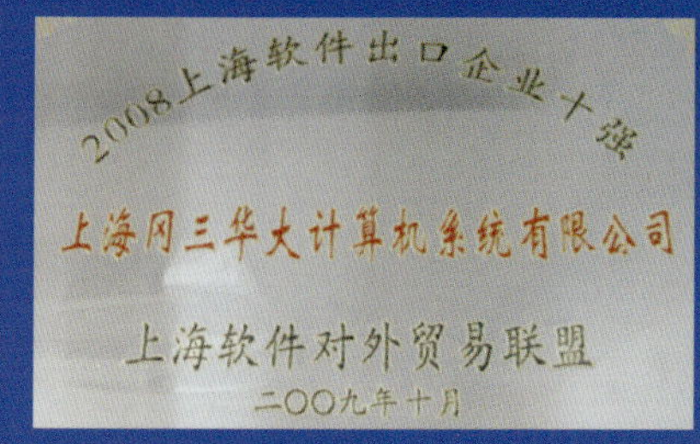

上海软件出口企业十强

上海服务外包重点企业

上海明星软件企业
（成长型）

上海明星软件企业
（出口型）

上海苏食肉品配供有限公司

上海苏食肉品配供有限公司是江苏省食品集团有限公司下属的全资子公司，是以肉类食品物流配送、连锁经营为主营业务的现代化流通企业，成立于1992年，现有员工400多人。公司依托江苏丰富的农产品资源，满足上海旺盛的市场需求，重视食品安全，不断提升产品质量和服务水平，成为上海市场最具影响力的肉品品牌之一，连续多年被市有关部门评选为十大畅销品牌。公司投资建成的现代化低温物流中心，能储存冷却猪肉1500头(约80吨)、冻品2000吨，自备冷藏车25辆，从收货、加工分割到配送做到全程冷链不断和全过程的质量控制，确保每天对客户的配供做到质量保证、数量充足、配送准时、服务到位。苏食客户遍布上海，现有苏食肉品专卖店(点)350多个，直接配供机关、学校、厂矿企业、食品加工厂等终端客户150个，为100多个卖场直接供货，成为大润发、易买得、欧尚、麦德龙、沃尔玛等大卖场第一主力供应商，在冷冻三场、上海农副产品批发中心、江阳北路农副产品批发市场开设了苏食批发部，形成了批发(市场)、零售、配送(卖场)、供应(单位)四种形式的供应体系。今年被上海市质监部门推荐为世博会三大肉类供应商之一，为世博园区内的餐饮企业如老城隍庙、苏浙汇、博海、神农氏等二十多家供应肉禽产品。经营门类齐全，日常供应的品种有各类猪肉及副产品、家禽、牛羊肉、腌腊制品、调理品、卤菜等，每天销售量近100吨，年销售额5亿多元，在上海市场占有较大份额。苏食人秉承"让客户满意"的服务理念，努力实践"苏食肉品、放心称心"的质量承诺，决心为广大上海市民吃放心肉做出更多贡献。

- 环氧地坪
- 工业涂料
- 艺术地坪
- 汽车涂料
- 外墙保温
- 钢结构防腐
- 墙面涂料
- 自流平水泥

上海正欧化工、正欧涂料和正欧节能科技有限公司，集研发、生产、施工服务于一体，建有先进的生产基地和实验中心。通过了ISO9001和ISO14001管理体系认证，曾荣获有关部门和行业10多项荣誉证书及表彰。

公司经过多年汽车漆开发和技术引进工作，集聚了一批业界精英，能满足各种车型的涂装要求，尤其在色彩开发上见长，能开发出独具风格的流行色彩，让您的丰富想象成为现实。其它有：地坪涂料，建筑涂料，防腐涂料等系列产品。

公司有专业施工资质，有经验丰富的施工团队，以保障产品的成功应用，尤其在地坪涂装方面优势突出。

我们的成功来自客户的信赖和支持，我们将继续增大研发投入，寻求最优质的超级技术，使“正欧”成为国际品质商标的象征。

上海正欧化工有限公司
上海正欧涂料有限公司
上海正欧节能科技有限公司

地址：上海市嘉定区宝钱公路1958号
电话：021-59951567 59950038
59959188 59950364
传真：021-59951582 59951952
Http:www.zheng.cc
E-mail:floor@zheng.cc

上海捷瑞家居有限公司是一家主要经营室外花园家具的专业出口公司，。我们有着在中国室外家具具有先进水平的工厂，在做钢，铁，铝制家具中，以及其他一些花园配件中都具有丰富的经验。我们的客户是一些世界著名室外家具经销商和零售商。通过与国际主要的一些零售商合作的经验，我们清楚的意识到要领先于其他的竞争者，最主要的是款式，价格，质量，交货期和服务。我们工厂具备一级的管材和喷粉系统和有丰富经验的编藤工人，我们研发部的设计师和工程师将科技元素和美学概念运用到了我们的每件产品中。我们的质量已通过ISO9001专业认证。如果您对我们的产品感兴趣或有任何问题的话，可以与我们公司直接联系。我们相信没了中间商会使供销双方都得利。

J&R Household Co. Ltd.Is a professional supplier of outdoor and garden furniture products. Our factories are the leading producers of outdoor furniture in China and have over ten years experience of producing steel, and aluminum outdoor furniture, as well as garden accessories. We have supplied outdoor furniture to major importers and retailers in Europe and the United States. Through our experience dealing with major international customers, we clearly understand your need to stay ahead of competitors by offering the best value in terms of design, price, quality, in time delivery and service. Our factories are fully equipped to handle your orders, with first-rate tube and coating systems, as well as having workers experienced in weaving. Our designers and engineers from R&D put their technical strength and aesthetics concept in furniture design into every product we make. We have received ISO9001 certification partially as a result of our focus on quality and efficiency. In the meantime, we are the member of COC chains, this enables us to supply you FSC certified products from China. To streamline the process, we have our own production facilities to deal directly with you. Dealing directly with you will allow us to shorten your time-to-market and allow for better communication and service. We do believe we can be your good partner in China and this will bring us joint benefit. Please do not hesitate to contact us in relating to all questions on products, and our services. To get to know our product ranges immediately, we do suggest that you can visit our website at: HYPERLINK "http://www.jrsh.cn" www.jrsh.cn and contact us as soon as possible to get your ID to be able to login. We are waiting to serve you.

上海捷瑞家居有限公司

J&R HOUSEHOLD CO. LTD.

J&R HOUSEHOLD CO., LTD
2F North, No.4, Lane 175, Suide Road, Shanghai 200331,China
tel: +86-21-51070101;51070123;51071079
fax: +86-21-51072233
email:info@jrsh.cn

上海安祺科技有限公司

上海安祺科技有限公司是一家国内合资的民营高科技（股份）有限公司，成立于2000年10月，是一家集贸易、系统集成、产品开发和四技服务为一体的综合性公司。经营业务主要有计算机软、硬件的应用开发，无线射频技术及相关产品的研发、制造，系统解决方案项目集成和工程施工；通讯设备领域的“四技”服务，通讯设备维修，通讯设备及配件、仪器、仪表的批发；通讯网络的技术开发、技术咨询、技术服务、技术转让、计算机网络的维护、仪器仪表的租赁、计量检测、维修、维护、测试、进出口贸易等。

公司重视人才培养，现由一批海内外高科技研发优秀人才和长期从事通信行业及IT服务业，具有客服意识的专业技术人员和企业管理人员组成，100%具有大专以上学历，50%具有高级职称或硕士、博士学位，年龄结构合理，人才搭配恰当。公司依托著名高校（复旦、交大、清华等）及科研所的合作与支持，特别加强了和中科院上海分院的合作，联合研制节能环保、安全等国家重点发展的行业，充分发挥资本和人才优势的组合，引进国外以先进技术开发的具有高科技含量的品牌产品，建设在通信领域四技服务为主的高科技现代化企业，每年业绩稳定增长。

公司注重质量管理和诚信承诺，连续获得2001至2008年度松江经济城优秀企业，2002至2009年松江区民营企业先进单位，同时还被江苏省评为“2008年江苏省十佳民营企业”，被中国名牌事业促进会评选为“全国重点保护企业”，2009年10月获得“中国著名品牌企业”，11月又荣获“全国3.15维权保障优秀企业”荣誉称号。目前公司拥有ISO9001质量管理体系认证、企业信用资质等级AAA证书、合同信用等级AA证书，并建立了计量校准实验室。鉴于公司长期以来追求产品质量，2008年被江苏省吸纳为江苏省名牌促进会副会长单位，黄平副总经理被聘为副秘书长。

公司办公地址位于淮海中路的爱美高大厦，办公环境幽雅，闹中取静，交通便利。为发展业务需要，在香港设立分公司，负责境外业务。

公司设有产品贸易部、科技研发部、四技服务部、综合管理部等部门，实行总经理负责制。

产品贸易部主要经营国际上各著名通信仪表厂商中优质和特色产品。主要为美国JDSU（Acterna）公司的传输仪表、各类光仪表、光网络测试仪、接入网测试仪、数据分析仪、IPTV分析仪等；美国Agilent的软交换、数据分析仪、3G仪表及网络优化产品；普斯米公司的3G仿真监测仪表，日讯的路测仪表，以及图智公司的WLAN各类仪表；Agilent的3G、4G、5G及无线产品，并提供认证中心集成产品；法国Astellia信令分析仪、信令采集分析仪；德国R&S公司频谱仪、美国3M公司FTTX产品系列、天馈线保护盒等。

在推广仪表的同时，和厂方一起帮助客户建立先进的通信测试方案，并率先展开了集贸易、培训、计量、维护、维修、咨询为一体的一站式服务，建立的计量校准实验室于2008年6月12日通过了上海市质量技术监督局的认证，正在为上海贝尔和上海电信提供优质的计量服务。安祺作为上述公司在华东区运营商的特级代理和服务商，重点服务于上海、江苏、浙江地区，以优质和卓越的服务取信于用户，在不断超越自我中实现超越顾客期望的承诺，在不断创新中持续发展，在永不满足中与时俱进。

科技开发部和上海平安投资公司合作从事无线射频技术及相关产品的研发、制造、系统解决方案项目集成。主要产品有：RFID仓储式管理系统、RFID智能机房管理系统、机场防入侵系统、医院导航系统等，并加大力度推广介绍自主开发的RFID集成设备和软件信息库。自主开发的数字化仓库管理，被中国电信集团江苏省电信公司采用并全省推广，并与中科院上海微分所合作，将其产品推广到军队，将成为军标安全认证产品。

公司以超越自我，超越顾客的期望为宗旨；以构建城信体系，实现超值服务为目标；以永不满足，与时俱进作为时代精神；树立利人利已、实现共赢的核心价值观。

公司关爱生命，促进和谐，长期从事慈善事业，参与“母婴平安，关爱生命”等等慈善活动，荣获宋庆龄基金会荣誉证书，也是2007年夏季特殊奥林匹克运动会的特别鸣谢单位，并参与了“珍爱生命、抗癌防癌”系列活动。在这次四川汶川大地震中公司积极参与了中国电信的抗震救灾工作，全体员工自发的参加赈灾捐款活动，并继续和全国人民一起为受灾地区提供各种援助，表达全体员工的爱心。

上海周浦万千百货

上海周浦万千百货有限公司是万达集团旗下的万千百货股份公司在中国开设的第6家百货店，落户于素有“小上海”之称的浦东新区周浦镇上，地处沪南公路与年家浜路交叉口，东南是浦东国际机场和在建的深水港，离上海市区仅二十公里的距离，交通十分便利。

2009年9月19日盛大开业的上海周浦万千百货，营业面积达2.5万平方米，定位于中高端时尚社区型百货，共五个楼层构成：

一楼 精致生活馆，主营化妆品、女鞋女包、钟表眼镜、黄金珠宝；
二楼 时尚少女馆，主营少女装、时尚配饰；
三楼 魅力淑女馆，主营淑女装、少淑女装、女性内衣、羊绒羊毛等；
四楼 博雅绅士馆，主营绅士正装、商务休闲、牛仔、男鞋、男包等；
五楼 活力稚趣馆，主营运动服饰、童装童玩、小家电、床品家居等。

上海周浦万千作为万千百货在华东地区的前沿阵地，从成立之日起，就被集团、股份公司领导和社会各界人士寄予厚望与期许。随着浦东新区世博园、迪斯尼乐园等项目陆续开发，周浦万达广场这座南浦东最大综合商业设施在周康地区商圈发展优势日益显现，上海周浦万千百货也将力争打造成为外环线上最闪亮的明珠。

营业时间：10：00-22：00
地址：浦东新区沪南公路3459号
万达广场内（年家浜路口）
周边公交：沪南线、龙平芦线、992路、975路、451路、581路年家浜路站下即可。
公司电话：38230888
团购/VIP服务热线：38230808

External Economaic Consulting Company of Shanghai Commerce

上海商业对外经济咨询服务公司

上海商业对外经济咨询服务公司系上海市商务委员会直属单位。成立十多年来，已承办各类涉外咨询服务项目300多个，引进外资数十亿美元。主要业务范围：为国内外投资者提供投资政策环境咨询服务、介绍合作对象、推荐经营场所；申办独资、合资、合作企业；编制项目可行性研究报告、合同、章程及办理营业执照等；为国内外投资者开展市场调查、策划经营定位、营销策略、市场布局；为投资决策者提供全方位服务；为多家已批准的外商投资企业担任常年咨询顾问。

公司法定代表人、总经理：郁文

公司地址：上海市中潭路100弄274号1201室

邮编：200061

电子信箱：yuwenlink@sina.com

电话：0086-21-61172932

传真：0086-21-61172932 61172937

主要业绩：

一、　为国外投资商在华设立合资、合作、独资商业批发、零售、物流配送及投资性公司及其开设分支机构编制可行性报告、办理有关申报手续。如我司申办的国内首家外资零售企业第一八佰伴、国内首家外资商业批发企业百红（日本丸红）、国内首家外资专业超市百安居、大型综合超市易买得、家乐福、欧尚、特易购、大润发、易初莲花、以及久光百货、九海百盛、友谊正大、良菱配销、全家便利、特易购Express、迪卡侬体育用品、屈臣氏、万宁、莎莎化妆品、百佳、豪迪丰等。公司业务除上海地区外，还扩展到南京、杭州、宁波、绍兴、嘉兴、湖州、苏州、常州、无锡和泰州等长三角地区和北京市。

二、　与外方合作组建中外合作公司。如与美国百胜集团合作成立上海必胜客有限公司、与法国索迪斯万通国际有限公司合作成立上海索迪斯万通服务有限公司、与美国胜家公司合作成立上海胜家商业有限公司等。

三、　为境外房地产投资商兴建的商业裙房申办开设附设商场、餐饮、娱乐中心，如港汇、正大、汇金、恒隆、仙乐斯、中环、来福士等购物中心（广场），并为这些购物广场开设路易威登等数十家国际知名品牌专卖店申办有关手续。

四、　接受决策咨询调查。如为法国家乐福、加拿大HUDSON ' S BAY来沪投资咨询调查、东京银行商业市场调查、日本芳香剂设立工业企业前期调查等。

五、　接受委托为待开业或已开业商厦进行市场调查、研究目标市场、定位、商场布局、经营结构、营销策略、管理制度、中长期发展规划等咨询服务，如为浦东时代广场、豫园紫禁城商场营销策划，为第一八佰伴制订三年、五年规划等。

六、　为外企担任常年咨询顾问。如英国英之杰商业服务公司、汇金房地产公司等。

公司1999年起连续六届（每届两年）被评为上海市信誉咨询企业。

世博因分享更美好

FOUR POINTS BY SHERATON
福朋喜来登
由由酒店
FOUR POINTS
BY SHERATON

地铁四号线 Line 4
塘桥站 Tangqiao
浦东南路
浦建路

上海宝隆国际贸易有限公司

上海宝隆国际贸易有限公司是由上海新工联集团有限公司和香港崇哲兴业有限公司投资组建的专业性进出口公司。公司坚持多元化的经营理念，主营业务有：国际奢侈品牌代理、酒店用品供应、进出口、物流配送、展柜设计制作、木制品加工、人力资源服务等。产品包括：纺织服装、水晶制品、珠宝饰品、化工产品、家居用品、建材、电器、皮具及食品等。2009年度公司进出口总额列上海浦东新区百强企业第33位，其中进口总额列百强企业第21位。

宝隆公司注重与跨国集团和世界顶尖品牌公司在中国合作，目前是Hermes和Lalique等奢侈品牌在中国地区唯一的进口物流代理商；也是英国Wedgwood瓷器、德国Hummel、Goebel品牌和法国Lalique、Haviland和Alexandre Zouari等品牌在中国，上海或华东地区的总经销商；宝隆公司在上海、杭州及苏州等周边地区的高档商场——如上海恒隆广场、梅龙镇商城、虹桥友谊商城、浦东第一八佰伴以及杭州大厦等大型商厦内拥有自己的品牌专柜。酒店供应品成功入驻浦东香格里拉大酒店，上海波特曼丽嘉酒店，上海璞俪大酒店，上海大酒店，上海半岛酒店，杭州悦榕庄，浦东星河湾酒店，北京雅诗阁酒店公寓，拉萨ST.REGIS酒店，上海和平费尔蒙酒店等。

地址：上海天潼路133号8楼（家化金融大厦）　网址：www.sh-baolong.com　TEL：63212297　FAX：63214385

上海百联南桥购物中心有限公司

上海百联南桥购物中心有限公司位于奉贤区南桥镇百齐路588号，总建筑面积近4.8万平方米，分地上五层、地下一层，汇聚主题百货东方商厦（奉贤店）、国美家电连锁、屈臣氏连锁超市、好乐迪量贩式卡拉OK、必胜客、味千拉面、豆捞金坊、港式茶餐、韩林炭烤、永和大王、蹦蹦乐电玩城等知名企业品牌。

公司自2008年1月19日开业以来，得到了奉贤区政府有关部门的大力关心和支持，销售不断稳步上涨。公司在经营上结合奉贤当地消费市场，通过不断调整品牌提高销售；在营销上通过开展各种大型营销、促销活动为企业树立良好形象；在管理上通过各种培训活动不断强化员工队伍建设。通过二年的努力，百联南桥购物中心已成为百联股份业绩增长最快的门店之一。

敬奉贤人、礼在东方

上海市第一百货商店

大型国有百货零售企业，1949年10月成立，坐落于南京路西藏路口，隶属于百联集团，共有地下三层，地上八层，建筑面积为7万多平方米；2008年11月，商店整体扩建修缮工程竣工，商店环境和硬件设施得到了全面提升，成为集购物、娱乐、餐饮于一体的综合性百货商店。

六十年来，商店涌现出以马桂宁为代表的全国劳模和许多优秀营业员。1996年成为全国第一家通过ISO9002质量管理体系认证的商业企业，2006年被商务部评为全国首批金鼎百货商店。2009年商店实现销售额13亿元，利润6000万元。

上海新大洲物流有限公司

上海新大洲物流有限公司是由上市公司新大洲控股股份有限公司投资设立的专业物流服务商。公司注册资本2000万元人民币，资产近亿元，专注于国内仓储、运输、配送、方案设计等专业化物流管理服务。

公司目前在上海、北京、天津、广州、武汉等城市设有物流基地，共拥有10万多平方米的储运仓库。自有箱式运输车辆100余辆，从事电子、服装、鞋帽等高端产品专线城际运输；长期加盟的社会车辆1000余辆，从事家电、摩托车、机电设备等物品的运输。采用GPS卫星定位系统、管车宝等跟踪系统，基于Internet技术的物流信息管理平台，为客户提供实时仓储管理、货物跟踪、网上查询和办理委托业务。

上海宝山经济发展区

上海宝山经济发展区于1993年3月经宝山区人民政府批准设立。是上海市第一个实行由区直管的民营经济发展区，现占地面积130公顷。上海宝山经济发展区东临长江入海口处和最近经过二期改建的上海港罗泾港区，西近嘉定科技城，南依宝山钢铁总厂和上海浦东钢铁有限公司，北靠江苏省太仓市明代三宝太监郑和下西洋的浏河港。上海宝山经济发展区內建有面积达10000余平方米的融商住、办公、餐饮、娱乐为一体的具有现代气息的标志性建筑--飞士大厦和飞士办公大楼。国家一级公路沪太路贯穿发展区南北，发展区拥有比较完备的基础设施，特别是飞虹路、飞云路、长发路、罗宁路等公路纵横交错，交通便捷畅通，地理位置独特，投资环境优越。

上海宝山经济发展区欢迎您！

东方国际商业（集团）有限公司成立于1999年1月4日，是东方国际（集团）有限公司的全资子公司。

公司主营进出口贸易，经营的产品涉及服装、纺织品、轻工、食品、机电及工艺品等各大类，出口的国家和地区60余个，与世界各国客商保持良好的合作关系和长期的业务往来。

公司始终坚持以客户满意为追求目标，已获得ISO9001:2000质量体系认证，拥有商检一类、海关A类的企业资质，公司致力于不断提高经营管理水平，努力打造优质服务的企业品牌。

东方国际商业（集团）有限公司

Auchan 欧尚集团

欧尚集团是法国主要商业集团之一，创始人和总裁是杰拉尔.米里曳。欧尚集团诞生于1961年，是当时首次把自选、廉价和服务放在同一建筑物中进行经营的超市。欧尚集团主力业态为大型超级市场、超级市场、便利店，同时涉足加工生产和金融业。欧尚集团诞生于1961年，2009年集团营业额达396亿欧元（税后）。目前，在全世界拥有468个大型超级市场，726个超级市场，管理289个商业中心，员工人数20万人。欧尚集团在世界500强排名第126位，为法国排名第二的商业集团，是极富竞争力的集团。欧尚集团近年来及时实施拓展海外市场的战略，在中国、波兰、匈牙利、俄罗斯、摩洛哥等国投资，成为迅速崛起的国际商业集团。

欧尚超市是以零售为主，其商品60%为食品，食品当中30%为生鲜冷冻产品，他们以提供廉价商品和服务，改善消费者的购买能力和生活水平为目标。

欧尚于1996年进入中国市场，1999年第一家超市在上海杨浦区开业。杨浦中原店的建筑面积为15000平方米，经营商品品种达2万多种，其中60%为食品。经过2003年的扩建，目前的经营面积已由原来的8000平方米扩大到11000多平方米，使购物环境更加优美。

为了进一步推动在上海和中国地区的发展，欧尚中国第二家大卖场——欧尚长阳店已于2001年9月底隆重开业。该店位于杨浦区长阳路，临青路口，总投资额约为8000万人民币，总建筑面积32000平方米，营业面积达到10000平方米，拥有90个车位。购物环境及设施已达到欧美水平。一楼为宽敞明亮的商业长廊和美食广场并设有收货区、仓库及停车场，二楼为拥有60个收银台的大型超市，三楼为公司总部，有国内、外采购中心等在此办公。长阳店开业以来，业绩蒸蒸日上，日营业额约百万，日客单量达18000多张。

2002年，上海欧尚配送服务有限公司也正式成立。配送公司（国内采购中心）统一采购，为欧尚公司在全国开设大型超市提供商品配送。同时，配送公司开展市场调研，对商品实行优胜劣汰，满足市场的需求，提高公司的经济效益，并促进和提高供应商的商品品种和质量。配送公司还对超市的经营、管理、技术和信息提供咨询服务。2006年，上海欧尚配送服务有限公司更名为欧尚（中国）投资有限公司，该公司主要负责欧尚集团在中国境内的投资工作。目前，欧尚集团已在中国开出三十六家分店，除了上海的五家和北京四家店外，还包括苏州店、无锡1号店、无锡2号店、杭州店、成都金牛店、成都高新店、南京店1号店、南京2号店、南京3号店、宁波1号店、宁波2号店、常州1号店、常州2号店、常州3号店、常熟1号店、常熟2号店、舟山店、张家港店、昆山店、嘉兴店、台州店、芜湖1号店、芜湖2号店、扬州店、丹阳店、长兴店、镇江店，还有正在筹备的北京、绍兴等地的分店。

htc
quietly brilliant

威宏电子（上海）有限公司

威宏电子（上海）有限公司成立于2007年1月，为外商独资企业，注册资本5590万美元，投资总额1.6亿美元，位于浦东新区康桥工业园区，投资方是宏达国际电子股份有限公司（HTC Corporation），成立于1997年，是全球知名的智能型手机研发和设计制造厂商，全球领导无线信息及通讯技术的世界级企业。我司经营范围主要包括：研发，设计，生产，组装电子计算机、掌上电脑、手机及上述产品的零配件，设计、开发计算机软件，销售公司自产产品，并提供相关的技术咨询和技术服务。

使命与能力

HTC的使命是要藉由提供附加价值的设计、世界级的制造、以及物流与服务能力，使其在行动信息和通讯装置等方面站稳领导与创新的地位。

HTC（Hero）荣获GSM协会（GSMA）主办的第15届全球行动奖之「2010年度最佳手机」

上海文聪信息科技有限公司

上海文聪信息科技有限公司是注册在上海市普陀区的高科技企业，获ISO9000认证、并一直得到当地政府的扶植和大力支持的企业。公司主要从事IT网络、楼宇自动化运营服务、行业软件产品开发应用与服务、车辆GPS运营及服务、广告媒体平台的开发和经营。

2010年文聪经政府大力支持，统一了上海省际客运车载视屏平台，实现网络联播。上海省际客运移动电视作为新媒体平台，是市政府“宣传世博、倡导安全”的重点工程。移动电视特点与传统媒体不同，扩展了受众范围，同时降低了宣传成本，而且宣传回报周期短，强势收视，随时看、随心看的流动媒体，针对区域市场，能深化、细化区域市场开发的新媒体。

总经理：虞晓东

上海汇金担保有限公司创立于2003年1月，是一家从事综合业务的民营担保公司。汇金担保随着中小企业的蓬勃发展应运而生，伴着市场经济的快速发展而不断壮大。几年来，一直以服务于中小企业为宗旨，始终紧跟经济发展的脉搏和国家宏观经济政策的调控，把握机遇，努力开拓。通过多年的探索，逐步掌握了担保这一高风险行业的规律和操作方法，依法经营、规范运作，坚持将风险控制放在第一位的经营理念，积累了大量控制风险的经验，为众多中小企业缓解了融资难问题，创造了良好的经济效益和社会效益，成为上海担保行业的龙头企业。

公司成立至今，一直保持着拼搏进取、开拓创新的良好势态，秉承了**“诚信是金”**的理念，与各大合作银行及企业建立了良好稳定的合作关系，并以科学严谨的风险控制手段和优质的服务，赢得业界的一致好评。目前在金融危机的大背景下，汇金公司全体员工以更踏实、更矫健的步伐走好每一层发展的台阶，做好每一项工作。汇金公司将坚定**“携手合作、共铸辉煌”**的信心，与合作伙伴共同开创更广阔、更远大的前景与未来。

公司地址：上海南京西路1168号中信泰富2703室
联系电话：021-62891201　传真：021-62892337
邮　　编：200041

上海力拓针织有限公司
Shanghai LiTuo Knitting Co., Ltd

上海力拓针织有限公司创建于2002年，是一家新兴的专业生产各类运动袜厂，从事外贸业务已有8年。

公司产品全出口，主要销往日本和美国。生产品牌有：Adidas，Champion，Hanes，TOMMY，Esprit等，是生产Adidas品牌运动品制作的A级生产企业。

公司现有袜机320台，公司员工350人。年销售额5000万元。

公司诚信经营，被评为“上海运动袜名牌企业”，“上海银牌企业”。

Shanghai LiTuo Knitting Co., LTD, one newly rising factory, was established in 2002, and manufacture specially all kinds of sport socks. It is nearly 8 yeats for the company to enagaged in foreign trade business. The products brands of the company are Adidas, Champion, Hanes, TOMMY, Esprit etc., and most of them sell to Japan and U.S.A.

The company possesses of 320 sock machines, and has 350 employees.

The company adheres by the tenet “ manages sincerely ”, and was awarded the title of “ Shanghai famous brand sport ’ s socks enterprise ” and “ Shanghai silver medal enterprise.

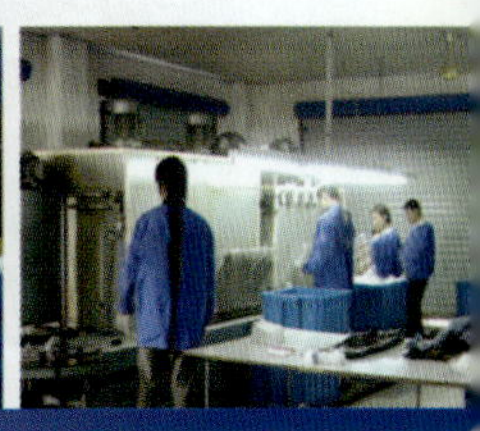

地址：上海兰溪路10弄3号1108室
电话：021-62579981 62577619 62575160 62573571 62573968　传真：021-62167015
邮编：200062　E-mail：Maopeixin@go2mao.com

上海海烟物流发展有限公司

上海海烟物流发展有限公司成立于2002年6月，公司在上海烟草集团的领导下，实施集约化经营，整合了上海烟草和糖酒业的优势资源，专注于烟草、酒类、食品、百货的分销与配送。公司通过几年的努力，形成以现代物流和卷烟、糖酒商品营销为核心的三大主营业务。09年，公司销售总额为60亿元，卷烟配送范围覆盖全市，达到3.4万家客户。目前，公司共经销代理113个品牌，拥有供应商客户86 家，商品销往 20 家有限公司、34家集团型终端客户和4000多家门店，涉及大卖场、超市、便利店等多种现代连锁业态。我们以“服务创造价值”作为企业理念，努力成为流通领域最佳的供应链服务商。

上海柴油机股份有限公司（简称“上柴股份”）是上海汽车集团股份有限公司控股的上市公司，是中国主要的发动机制造企业之一，主要从事发动机及其零部件和柴油发电机组等的研发设计、制造和销售业务。

公司始建于1947年，1993年上柴股份在上海证券交易所发行A股、B股挂牌上市。目前，公司拥有114、121、135三大产品系列，功率范围覆盖60-755马力，其中天然气发动机是上柴在市场上最有竞争力的产品之一。产品主要用于载重汽车、客车、工程机械、船舶、电站机组等设备的动力配套，远销50多个国家和地区。

Shanghai Diesel Engine Co., Ltd. (SDEC), as a public stock company under SAIC GROUP, is one of major engine manufacturers in China engaged in design, development, manufacture and sale of diesel engine components and generating sets. SDEC was founded in 1947. SDEC issued its stocks in A share and B share at Shanghai Stock Exchange in 1993 and became a public stock company since then. SDEC now has three family products including 114, 121 and 135 series engines, horsepower ranging from 60 to 755 HP. Natural gas engine is one of our most competitive products in the market. The engines are suitable for heavy-duty vehicles, bus, construction machinery, marine, generating sets, etc. and well accepted in more than 50 countries and regions over the world.

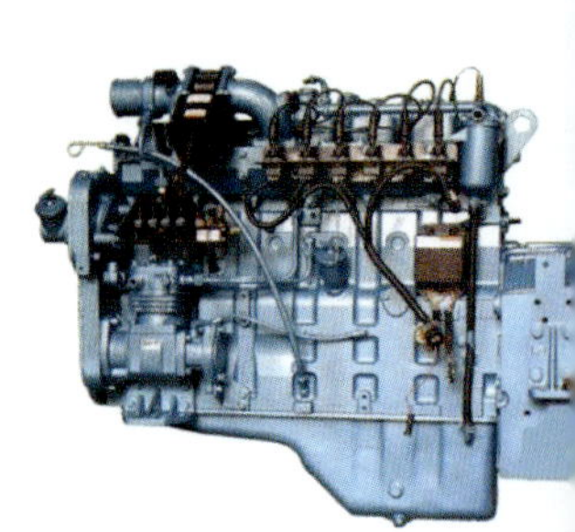

公司地址：上海市军工路2636号　Address: 2636 Jun Gong Road, Shanghai
邮编 Post Code：200438　电话 Tel：0086-21-6574 5656
传真 Fax：0086-21-6560 8826　网站 Website：www.sdec.com.cn

夏普商贸（中国）有限公司

夏普公司创业于1912年。夏普的经营思想中明确指出了我们并不一味追求规模的大小，我们以诚意和独到的技术来为全世界的文化和福利的提高作贡献。从1953年起夏普相继推出了多个“日本首次”、“世界首次”的产品。同时夏普公司还以世界第一的生产业绩和高水平的技术力量为防止地球变暖作贡献。提出新的环境蓝图“Eco-Positive企业”，即努力实现环境贡献大大超出环境负荷的目标，全公司正积为实现这一新的目标而努力。

2005年10月夏普公司在上海成立了夏普商贸（中国）有限公司，对于夏普来说，中国是比世界其他地区更显重要的地域。在此情况下，夏普公司为了实现进一步飞跃，不断推进“独一无二战略”，致力于提高收益及增大企业价值。针对中国市场的消费习惯及特点推出了适合中国消费者使用的液晶电视、数码投影仪、空调、冰箱、数码复合机、传真机、太阳能电池等。同时夏普的第十代液晶工厂也已于2009年10月1日投产，为了成为一家在激烈市场竞争中不断前进的公司，夏普将通过不断的推进技术革新、降低成本，以期提高竞争力。

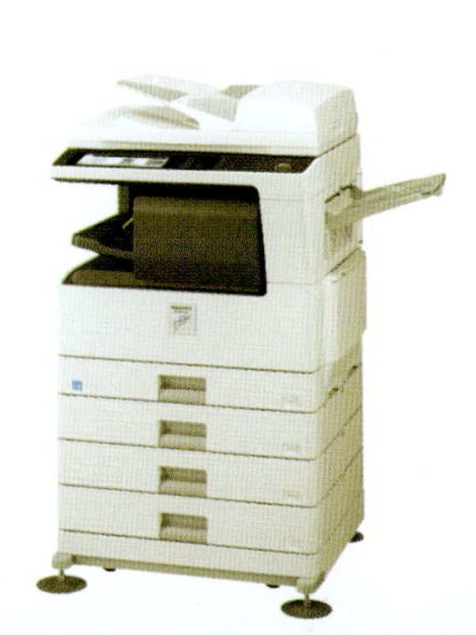

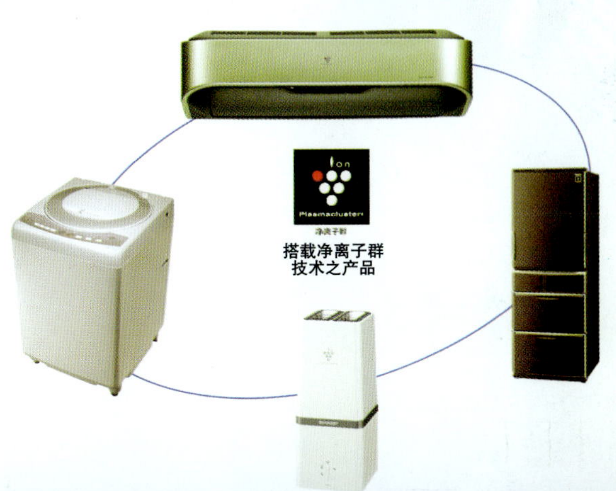

创造与分享，与中国软件产业共成长

—— 上海中软资源技术服务有限公司

中软国际(HK354)是根植中国、服务全球的IT服务提供商，致力于为遍及全球的客户提供全面的服务，打造中国智造综合平台。中软国际成立于2000年，于2003年在香港联交所上市。

上海中软资源技术服务有限公司隶属于中软国际，成立于2004年12月。它依托中软国际集团，凭借良好的企业运行机制、稳定的人才队伍、科学的管理手段、高效的工作作风、踏实负责的工作态度、丰富的跨文化管理经验，已成为Microsoft、IBM、HP、KODAK等国际知名IT企业的软件外包服务提供商。尤其与微软的合作中，在Windows 9X/2000/XP、Exchange Server、Newsgroup技术支持以及MSN的Hotmail、Member Experience等项目开发领域积累了丰富的经验。

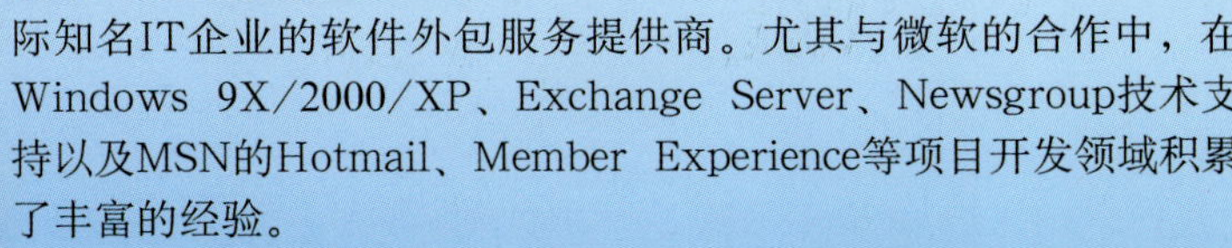

公司现有员工近700人，其中95%以上的员工拥有学士或者硕士学位；90%的员工拥有流利的英语口语交流能力；85%的员工拥有2年以上IT从业经验；70%的员工毕业于中国一流大学；35%的员工拥有行业资格认证，如：PMP/MCSD/SCJP/Oracle DBA；20%的员工具有国外留学或培训经历。

在与国际IT巨头合作的过程中，公司形成了以软件开发、软件测试、技术服务与支持为主的三大外包业务，目前在软件外包领域处于领先地位。公司荣获“2005中国软件企业出口20强第6名”、“2005中国软件企业外包20强第6名”、“2006中国软件企业出口第5名”、“2006中国软件企业外包第5名”、“2007中国软件企业出口第4名”、“2007中国软件企业外包第4名”及“2008中国软件企业（服务外包）品牌之星”、“2008优秀软件外包20强”、“2008软件出口品牌之星”、“2009中国服务外包领军企业”、IAOP“2009年全球外包100强”等称号。

上海万达，城市综合体的代表作

江桥万达广场效果图

上海万达广场是万达集团开发营运的第三代商业地产的精锐之作，是“城市综合体”开发的典范，凭借其特有的“订单式”商业模式、紧贴市场的品牌招商、专业的经营管理和营销推广，迅速成长为行业内的龙头企业。已开业的五角场店和周浦店更是以其一站式的购物理念赢得了广大消费者的青睐，成为消费者购物、休闲、娱乐的重要聚集地。2011年即将开业的上海江桥万达广场，以55万平方米的超大综合体量在西上海拔地而起，在未来凭借大虹桥的发展优势，它无疑是未来最具潜力的商业中心之一。

江桥万达广场效果图

江桥万达广场效果图

上海东竞自动化系统有限公司

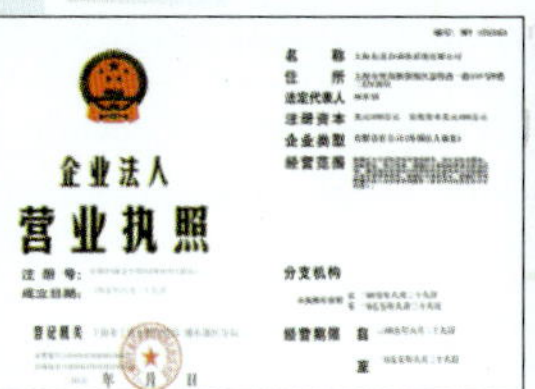

公司简介

上海东竞自动化系统有限公司系香港东兴集团全资注册的外商独资企业，注册资本为100万美圆。是从事自动化控制系统的研发、设计、技术服务、系统集成和工业自动化产品的工程承包和销售的专业公司，是日本三菱电机工业自动化指定系统集成商，并与多家国际著名自动化产品供应商有着良好的合作关系。

公司拥有一支以中、青年为主体的高素质工程技术专业队伍，具有强劲的自动化技术和项目管理的开发、推广与应用能力，为用户提供从工程咨询、规划、研发、制造、设计到安装、调试、维护的全方位服务。公司业务涉及全国各地。

业务领域

公司以产品集成为主要竞争力，为用户提供从芯片处理、智能图像分析、自动化控制为一体的管理平台和应用方案的一站式服务。业务方向涉及电厂水、煤、渣处理程控系统；建材行业；冶金；煤矿；汽车；舞台设备；市政工程（水利、道路等监控）；半导体行业；石油化工行业；军工行业等行业。

上海凯捷时装有限公司有韩国实业家吴文泰先生创立于1992年6月，主要生产高档女装，产品出口到美国、日本等多个国家。公司总部位于上海闵行开发区，在东京、汉城等地设有分公司和办事处。生产基地包括上海凯捷、海门凯捷和松江凯捷三个部分，公司包括生产部、营业部、技术部、设计部、面料部、内销部、企划部、人事部、贸易部、财务部等部门，自有厂房近25，000平方米。员工近3000人，年生产总值达4500万美元。凯捷公司凭这优异的质量和先进的工艺，在业内有良好的声誉，也赢得了众多的客户，包括许多世界知名的高档品牌。

上海双鹿电器有限公司

上海双鹿电器有限公司（前身是上海电冰箱厂——我国最早的国营冰箱制造企业之一）是一家专门生产“双鹿”牌家电产品的股份制企业。公司总部位于上海西南重要的交通枢纽——松江区泖港镇工业区，总投资2.5亿元，占地面积140多亩，厂房面积达85000多平方米，拥有三条全新的自动化程度高的先进生产流水线，现有员工2000多人，年冰箱生产能力100万台。

公司坚持以质量为核心的经营理念，重视产品开发和技术创新。引进意大利PERROS公司无氟发泡设备、丹麦AGRAMKOW公司生产的MAX95多功能充注设备，德国INFICON公司HLD5000型检漏设备，投资建造了从钣金、吸塑、发泡到检漏生产能力大、高度自动化的先进无氟生产流水线。产品已先后通过了ISO9001、3C、CE、CB、GS等认证，畅销国内二十多个省市和地区，并出口欧洲、美洲、大洋洲、非洲和亚洲等地区。

公司始终本着诚信、敬业、创新、服务的经营理念，坚持以人为本，重视人才的引进和培养机制，以顾客需求为导向，建立快捷、迅速的电器资讯系统，不断丰富产品线，形成以冰箱为主，同时发展冷柜、陈列柜、空调等相关多元化制冷产业，把“双鹿”品牌推向国内、国际竞争的舞台，力争打造成新的上海名牌，中国名牌。

优秀到卓越、双鹿要做的：

1、要让双鹿的事业赢得员工的心；
2、产品的高科技含量、完善的售后服务，赢得消费者的心；
3、与合作伙伴共赢的机制赢得经销商的心；
4、仁爱为怀、公平公正的公司文化赢得企业员工的心；
5、在严峻竞争环境下的高速增长赢得股东的心；
6、饮水思源、公益捐赠赢得社会团体的心。

双鹿的承诺

1、双鹿将一如既往地专注于制冷产业的垂直开掘，保持核心技术领先地位；
2、以更好的产品和服务回馈消费者；
3、以持续的优异业绩回报广大客户。

双鹿的目标

务实创新、团结一致、奋力拼搏，必将实现从优秀到卓越的目标，为中国经济的发展做出更大的贡献。

上海银星汽车维修有限公司

公司前称上海浦江汽车修理厂，始建于1996年7月，于2006年1月更名为上海银星汽车维修有限公司。位于奉 区府所在地南桥镇南亭公路1301号，处于沪杭公路、南亭公路、亭大高速公路出入口交汇处，地理位置十分优越。 司是奉贤区唯一具有一类资质的汽车修理企业，是一个有相当实力和规模的专业汽车修理企业。公司以汽车修理 危险品）为主体，另设有停车场、车友俱乐部经营业务。

公司始终追求开拓市场，扩大发展，实施一流管理的汽车修理业务，创建一流企业的经营宗旨，切实搞好车 修理。公司是上海市奉贤区危险品车辆定点维修单位；是宇通客车、金龙客车、玉柴发动机的特约维修单位；又 保公司奉贤支公司、中华联合奉贤支公司、太平洋奉贤支公司、都邦保险奉贤支公司事故定损、理赔、维修一条 务单位。

公司拥有一个懂管理，善经营，勇于开拓市场的高素质领导班子，拥有一批有事业心和责任感强的管理人员， 拥有一支敬业爱岗、服务优质、业务熟练的员工队伍。公司在车辆修理中狠抓服务质量和安全管理，以优质、高 规范服务于社会。历年来公司被行业管理部门均评为汽车修理先进单位。几年来，公司投入大量的人力、财力、 发展汽车修理服务事业。公司的基建投资达2000万元以上。占地面积50余亩，建筑面积达4800余平方米，绿化面 厂区的30%，使公司真正成为终年常青、四季花香的花园式厂区。

公司现有牵引车一辆，四轮定位仪一台，举升机十二台，大客车喷漆房，四合一检测仪，并拥有钣金台、水磨台、烘漆房、镗缸机等设施。其设备总资产高达500万元以上，年收入高达1000万元。公司现拥有高级经济师、高级政工师、工程师、助理工程师、会计师、助理会计师等技术人员12人，并拥有机修、钣金、油漆、电工等高级工8人，中级工12人。公司内部管理严格，职责岗位明确，操作规范有序。公司于2009年5月通过ISO9001-2008质量管理体系新版本的确认工作。

公司坚持以科学发展观适应市场竞争，以此顺应车辆修理业务的发展。按照现代化企业制度框架建立新型的企业模式。加强内部管理，致力于管理科学化、服务规范化，不断发展创新。公司质量方针：质量是企业的核心，安全是企业的生命。公司质量目标：车辆修理出厂合格率达到100%，客户满意度达到95%以上。公司紧紧依靠全体员工共同努力，开拓创新，把企业做优、做强、做大，以安全优质，温馨服务打造“银星”品牌，为创建和谐社会作出应有的贡献。

地址：上海市奉贤区南桥镇南亭公路1301号
电话：021-57425001　传真：021-57425130

上海山富数码喷绘复合材料有限公司

山富公司诞生于1998年，2003年迁入上海市松江区新浜镇，我公司应广告而生，应广告而发展，山富公司从一个生产销售广告即时贴的企业，发展成为集广告耗材和展示器材之大成，研发、生产、销售一体化，国内市场网络化，国外市场区域化的综合型集团企业。

山富公司创始人王和，早年投身广告，深悟艺术之道，立志于广告材料技术的发展，投身于民族工业事业，誓以世界广告材料行业的发展同步，短短几年，企业规模成倍增长，产品技术行业领先，市场份额国内领先。山富公司以广纳贤才，广泛吸收的博大胸怀，吸纳了大批技术人才和行业精英，山富公司深知，企业之道，用人之道。山富公司深知，商业之道诚为本，建功立业营销优先，客户之道信为先，以诚信和服务，山富公司销售网络迅速发展，产品畅销国内，远销国外、日本、韩国、英国、德国、加拿大、澳洲纷纷留下了山富公司的服务。山富公司总部位于国际大都市上海市松江区新浜工业开发区。公司全称为上海山富数码喷绘复合材料有限公司。占地总面积49208平米，拥有国内先进的耗材涂布生产线33条，国际先进的挤压嘴涂布线2条，干湿复合生产线1条，淋膜生产线2条，各类分切配套设备60多套。

山富数码喷绘复合材料有限公司专注于写真喷绘耗材、冷裱膜、数码相纸、灯片、车身贴、压敏胶、汽车防爆膜、各种展示器材等八大系列产品的生产与销售.山富数码喷绘复合材料有限公司依托上海总部的地域优势，面向全球，全面展开，企业规模不断扩大，技术水平不断提高，产品种类不断延伸。形成了规模化的生产与销售模式。以“源源山富”、“普莱特”、“崎特美”等品牌为代表的产品通过公司设立在北京、上海、广州、杭州、成都、武汉等55个办事处、经销商覆盖全国各省会城市和主要的大中城市。公司产品还通过外贸部和公司在香港、德国、加拿大、澳大利亚、英国的办事处销往世界各地。同时还为美国、韩国、日本等知名公司做OEM贴牌生产.山富数码喷绘复合材料有限公司于2010年5月25日通过ISO9001：2008版质量管理体系认证。建立了完善的质量管理体系。从胶水、涂料、涂布、贴合、分切、包装一条龙生产中全部由品管部介入加以控制.山富数码喷绘复合材料有限公司具有雄厚的产品设计开发能力，公司的研发中心占地1300平方米，现有技术人员27人，其中包括1名博士生导师，5名博士生，11名高级工程师及10名技术人员。该研发部下设产品开发部，标准化实验室，及与哈尔滨工业大学化学系筹建的联合基础实验室。我们凭借科学的设计理念和一流的实验设备不断开发出引领市场潮流，符合市场需求的新产品。

山富数码喷绘复合材料有限公司本着“勤劳、朴实、团结、爱心”的经营理念，为实现“成为最具活力的企业，并在所服务的市场中领先，让每一个接受源源服务的人都能感受到快乐”的企业使命而努力奋斗。

崎特美 Qitemei　Gentleman　普莱克　BK　YUAN YUAN　源源山富

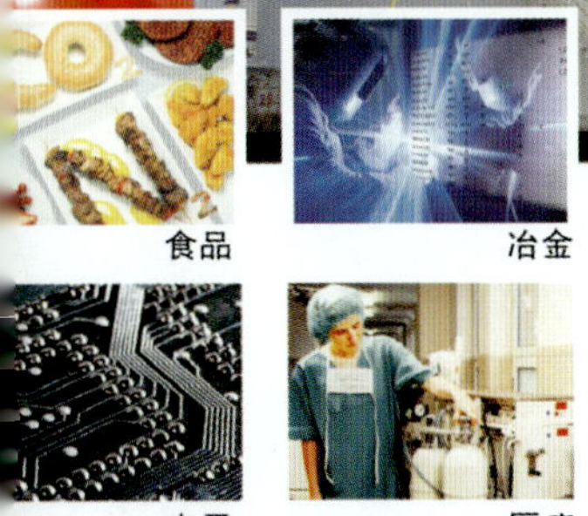

红坊国际公共文化艺术社区

红坊国际公共文化艺术社区位于淮海西路 570 号，以打造国际公共文化艺术平台为特色。园区占地面积约 50000 平方米，建筑面积约 46000 平方米。园区内公益性的上海城市雕塑艺术中心占地约 20000 平方米，其中室外公共展示空间占地约 10000 平方米。

该区域前身是始建于 1956 年的原上钢十厂冷轧带钢厂厂房群，通过保护性改造和功能重塑，充分展示了对城市工业遗产保护与再利用的理念，并在再利用中渗透了文化的气韵。

红坊国际公共文化艺术社区以城市雕塑等公共艺术为先导，集公共文化艺术展示交流、艺术储备、艺术交易、艺术教育四大功能于一体的公益性文化艺术平台，通过不断举办国际性的文化艺术展览活动，加强上海与国际文化艺术的交流互动，将不断推动上海乃至全国的文化艺术事业繁荣发展。

远纺工业(上海)有限公司

Far Eastern Industries (Shanghai) CO.,LTD.

远纺公司是台湾远东纺织股份有限公司在上海的子公司，创建于1996年，现在总投资为5.26亿美元。公司位于上海浦东陆家嘴金融贸易区，下属工厂坐落在奉贤区、星火开发区。工厂占地面积643,600平方米。

经营范围

制造、加工聚酯切片、聚酯瓶级切片、高功能聚酯薄(胶)片、涤纶差别化短纤维、涤纶差别化长丝、弹力丝，并销售公司自产产品；同时从事自产产品上下游产品(如PTA、MEG等)的进出口业务。

质量管理体系

2000年被评为上海市外商投资先进技术企业。2001～2004先后通过DNV(挪威船级社)ISO9001：2000国际质量管理体系认证，ISO-14000环境管理体系认证，ISO-CHSAS-18000职业健康安全管理体系认证。2001-2009年多次被评为上海市外商投资企业50强、100强，上海市企业100强，上海市进出口企业100强。全国外商投资双优企业、对外贸易企业500强、制造业企业500强。

产品、产能

产品名称		产能（吨/年）
聚酯	纤维级切片	500,000
聚酯	瓶级切片	380,000
聚酯	薄（胶）片	28,000
涤纶	短纤维	110,000
涤纶	长丝	43,000
涤纶	弹力丝	43,000

公司地址：上海市浦东东方路800号宝安大厦31-33，21楼
电话：021-68751888 传真：021-68760809 邮编：200122

工厂地址：上海市浦东星火开发区白沙路198号
电话：021-57501888 传真：021-57503241 邮编：201419

科技纺织的先导、时尚纺织的支撑

——上海市纺织科学研究院

上海市纺织科学研究院创建于1956年，原为中国纺织工业部纺织科学研究院上海分院，1959年更名为上海市纺织科学研究院，隶属于上海纺织(集团)有限公司。全院下辖六所三中心：上海市合成纤维研究所、上海纺织工业技术监督所、上海市毛麻纺织科学技术研究所、上海市服装研究所、上海市印染技术研究所、上海市色织科学技术研究所、上海纺织节能环保中心、上海纺织新产品开发中心和上海纺织科技发展中心。

本院研发手段齐全，配套完整；纺织研发精英汇萃，成果丰硕。50多年来不断致力于纺织产品、工艺、设备和材料的开发应用研究，研究领域延伸至环保、医药、建筑、冶金、家电、汽车、航空航天等相关产业，是我国目前规模最大，纺织专业设置最齐全的综合性纺织研发机构。历年来共获得国家和上海市重大科研成果奖和发明专利千余项。本院通过ISO9001、ISO14001、GB/T28001管理体系认证和国家实验室认证。

我院贯彻“科技与时尚”、走高端纺织的发展战略，以集团中央研究院的功能定位和国内一流、国际知名的纺织研究院的水平定位为目标，集聚上海纺织科研资源，以建设高标准、高水平的新科研综合楼为契机，加快情报信息、标准检测、项目研发、成果转化“四大平台”的建设，为集团主业提供技术支撑，为行业提供技术服务，面向上海、面向长三角、面向全中国。

本院提供产业链科技服务项目主要有：

1. 上海纺织研发公共服务平台
2. 面料开发设计服务
3. 新型纤维开发与应用服务
4. 上海纺织检测服务平台
5. 技术专利咨询服务
6. 化学染料、助剂开发与应用服务
7. 纺织节能、环保工程服务
8. 期刊、文摘、科技图书信息服务

地址：上海市平凉路988号　电话：55210011×各部　传真：55214191
网址：http://www.stri.com.cn　http://www.strdsp.com.cn　E-mail: strichsh@online.sh.cn

红宝石食品有限公司

RUBY FOODS CO., LTD.

中英合作红宝石食品有限公司创立于1986年，公司坚持“经典与时尚融合、品质与效能共存、和谐与责任统一”的经营理念，以市场为中心，以消费需求为导向，稳步发展不断壮大。公司自成立以来，根据食品生产的新标准多次扩大、改造、重组食品生产基地。目前拥有位于徐泾地区占地8000多平方米，建筑总面积5000平方米的现代化食品生产基地。从原料进厂到成品出厂进行严格的质量跟踪，确保食品生产流程符合国家制定的食品卫生法规要求。同时，根据消费者的需求，逐步在各区增设专营店。目前，已在静安、卢湾、黄浦、长宁、普陀、宝山、虹口、闵行、徐汇、浦东、青浦等区设立了二十多个专卖店。产品多次被评为市优质产品，公司多次被市、区评为优秀三资企业和外商投资企业优胜奖。

纮华电子科技是大型外商独资企业，在上海设立生产研发基地。公司现有员工600多名，其中中国大陆分支机构遍及北京、上海、深圳及南京，投资总额超过3仟万美元。

公司自主研发生产半导体系统集成电路芯片及模块的产品，产品含括先进无线通信，蓝牙，摄像头，全球定位系统，移动电视，并提供完整配套的产品售后应用服务。在专业领域方面，我公司处于全世界前三名令领先地位。

公司管理及研发技术团队均来自业界顶级企业，有着丰富的业界经验及实践成果，其它公司员工也具备在相关产业工作的经验，为企业的健康及高速成长打下了良好的基础。

Customized Add-on Card

SiP module

USB Dongle

Stamp module

Azurewave Technologies is a large firm foreign-owned company and have setup both R&D center and production facility in Shanghai China. Employee is now up to 600, including the other branch offices in Beijing, Shenzhen and Nanjing. Company total investment is more than 30 million U.S. dollars worldwide.

AzureWave self designed and produced the world smallest SiP IC, mini module cards which aims to the main stream market in Wireless communication, Bluetooth, Camera module, GPS, DVB and so on. AzureWave also deliver comprehensive service and application support to their entire customer. At this high-end industry, AzureWave is now being ranked as one of the top three leading companies position.

The company whole management and R&D teams were all coming from the worldwide leading companies, has extensive industry experience with excellent results of performance. The other employees are all having fruitful experience in the same industry and laid a good foundation for company to a healthy and rapid growth.

纮华电子科技（上海）有限公司

地址：上海市嘉定区马陆镇陈宝路66弄8号
邮编：201801
电话：86-21-39156666 传真：86-21-69151580
www.azurewave.com

SINOMAX 東亞 海棉

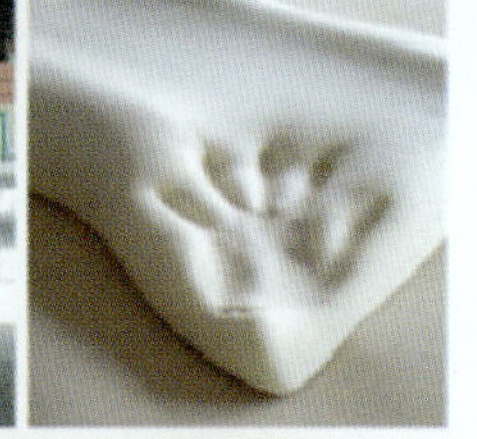

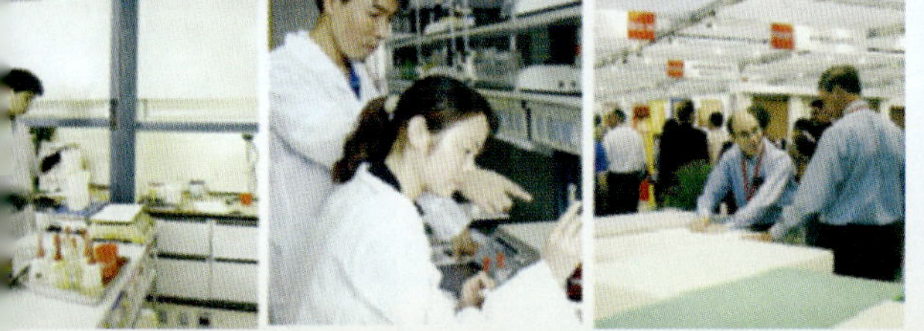

圣诺盟聚氨脂（上海）有限公司

圣诺盟聚氨脂（上海）有限公司是东亚海绵的主要生产基地之一，公司筹建于2001年，现有50000平方米厂房面积，300多名员工，拥有数千万元国际国内先进生产设备，全自动化异型切割车间，拥有一支独立从事原料、设备、产品一条龙科研的研发队伍，年产海绵量4万吨。目前在国内聚氨酯生产企业中，集团生产产量和出口量均具全国第一。我们的主要产品有：各种家具海绵、高阻燃低产烟率海绵、慢回弹海绵、高舒适度海绵、环保型海绵等产品。东亚海绵制作过程精益求精，检验程序层层把关，确保每一寸出厂海绵达到客户标准。产品采用国内标准GB/T10802-2006和国际先进标准ISO5999-1982，经过了市场的严格考验，获得了香港名牌、香港超级品牌、上海市名牌等荣誉，在客户心中形成“好的家居，用好的海绵，就选东亚海绵。”

Sinomax Polyurethanes (Shanghai) Co., Ltd

Sinomax Polyurethanes (Shanghai) Co., Ltd is one of main production bases of East Asia Sponge, prepared in 2001.It has 50000 square meters of factory building, more than 300 employees, with tens million worthy of domestic or international advanced equipments ,completely automatic special-shape cutting workshop, one team of researchers covering raw material, equipment, product. The annual output of sponge is 4 million tons. The group's output and export are ranked first in domestic polyurethane production enterprises. Our main products are: sofa foam, high-comfort foam, fire-retardant foam, memory foam, environmental protection sponges and other foam products. We ensure our sponge meets customer' s standards through excellence process and strict test. With the domestic standard GB/T10802-2006 and international standard ISO5999-1982, Sinomax is a super brand in Hongkong and Shanghai. East Asia sponge is ideal choice for good furniture!

产品类别：普通绵系列，高回弹海绵系列，防火阻燃绵，慢回弹海绵及其制品，环保型海绵
主要品牌：东亚海绵 赛诺
企业荣誉：ISO9001国际质量管理体系认证，阻燃防火海绵能达到英国BS5852和美国加州CA117标准

上海厂地址：上海市嘉定区马陆镇李家村科福路899号
联系人：刘友鑫
电话：021-69157666 13916208855
客服邮箱：lyx8855@126.com
公司网址：www.sinomax-sh.com

浙江厂地址：中国浙江嘉善县魏塘镇南星路68号
联系人：张果
电话：0573-84757488 13615737668
客服邮箱：zhangguo@sinomax.net
公司网址：www.sinomax-zj.com.cn

青山控股集团上海国际贸易有限公司

青山控股集团上海国际贸易有限公司（简称青山国际）是青山控股集团旗下专业从事钢铁产品、原料及设备国际国内贸易的子公司。公司于2005年5月8日成立，注册资本4000万人民币，位于上海市浦东新区陆家嘴金融贸易区金茂大厦内。

作为青山控股集团面向全国和世界的重要窗口，青山国际主要经营不锈钢产品的国内外业务，包括不锈钢连铸坯、圆钢、荒管、无缝管、焊管、光亮棒、线材、微丝和板卷等。青山控股集团产品品种齐全，质量控制体系完善，产品广泛应用于各个邻域。

自成立以来，一直大力开展不锈钢产品和原料的进出口业务，同时也已逐步开展了普碳钢、合金钢、金属复合板、钢铁原料等的进出 口贸易。公司在石油，石化，核电和造船等行 业参与了多项重大工程项目的钢铁材料供应， 并已成为这些行业中专业的供货商和服务商。

青山国际积极推进青山控股集团的全球化经营的战略方针，2007年初在美国休斯敦市设立了分公司，并已在欧洲和东南亚等区域与当地的合作伙伴联合开展了营销业务，积极地推进了青山控股集团构建全球性的营销和采购网络的工作。凭借优异的产品质量和良好的服务，与美国、德国、比利时、英国、印度、日本、韩国等20多个国家和地区的100多家客户建立了业务关系。